SAMMLUNG TUSCULUM

LUKIAN

BAND II
PHILOSOPHISCHE SCHRIFTEN

Griechisch-deutsch

Übersetzt und mit Anmerkungen versehen
von Peter von Möllendorff

Unter Mitwirkung von Jens Gerlach

DE GRUYTER

ISBN 978-3-11-070409-9
e-ISBN (PDF) 978-3-11-070428-0

Library of Congress Control Number: 2022946302

Bibliografische Information der Deutschen Nationalbibliothek
Die Deutsche Nationalbibliothek verzeichnet diese Publikation in der Deutschen Nationalbibliografie; detaillierte bibliografische Daten sind im Internet über http://dnb.dnb.de abrufbar.

Für Einbandgestaltung verwendete Abbildungen:
Cologny (Genève), Fondation Martin Bodmer, Cod. Bodmer 5: 3v/4r
(www.e-codices.unifr.ch)

Satz im Verlag
Druck und Bindung: Beltz Bad Langensalza GmbH

♾ Gedruckt auf säurefreiem Papier
Printed in Germany

www.degruyter.com

INHALT

EINLEITUNG

Ja, es gibt sie, die wirklich und wahrhaftig der Philosophie anhängen …

– dieses Statement aus dem Mund des Parrhesiades im *Fischer* (37), der oft als auktoriale Maske Lukians verstanden wird, scheint sich auf den ersten Blick nicht mit dessen Ruf vereinbaren zu lassen, ein unerbittlicher Spötter zu sein, geht dieses Verdikt doch nicht am wenigsten auf seine Philosophensatiren zurück.

Die griechische Philosophie hatte sich in der Nachfolge der vorsokratischen Philosophie und von Sokrates' Wirken in Athen seit Platon und Aristoteles und dann vor allem im Hellenismus schulmäßig organisiert; Lukian lässt in *Leben unterm Hammer* zehn solche Schulen zum Verkauf anbieten. Deren öffentliches Ansehen in der Kaiserzeit wurde dadurch gesteigert, dass es unter den Gebildeten zum guten Ton gehörte, nicht nur rhetorische Expertise zu erwerben, sondern seine Bildung beim Philosophen zu vervollständigen, der nicht nur, oft sogar eher weniger, für die Vermittlung von philosophischem Fachwissen zuständig war, sondern vor allem auch Hilfestellungen zur Bewältigung lebenspraktischer Fragen und von Problemen des ethischen Miteinanders bot. Ziel war hierbei nicht die Aufrechterhaltung einer klar abgegrenzten Schuldogmatik, sondern das Gelingen des Alltags, und entsprechend besitzt die kaiserzeitliche Philosophie durchaus synkretistische Züge. Zur sozialen Bedeutung der Philosophie in dieser Zeit passt es, dass Kaiser Marc Aurel im Jahr 176 n. Chr. vier besoldete Lehrstühle einrichtete; unter anderem darum geht es im *Eunuch*. Der von Lukian vermittelte Eindruck, den Philosophen komme eine besondere Verantwortung im sozialen Miteinander zu, deckt sich daher mit der gesellschaftlichen Realität; daher ist seine Kritik, ebenso wie sein Bemühen, die eigentlichen Anliegen der Philosophie zu verdeutlichen, kein bloßes intellektuelles

Spiel und erhebt nicht den Anspruch einer fachlichen Auseinandersetzung mit dem zeitgenössischen Philosophieren, sondern versteht sich als unmittelbarer Zugriff auf Probleme der Lebenswelt.

Und hier lässt Lukian an den Philosophen seiner Zeit kaum ein gutes Haar. Zwar stellt er ihre fachliche Kompetenz nicht eigentlich in Frage, anders als er es bei den zeitgenössischen Rhetorikern tut. Aber ihren tatsächlichen Wert bemisst er an ihrem Beitrag zum gesellschaftlichen Alltag, wie er auch, in *Gastmahl* 35, Bildung allgemein ausdrücklich zurückweist, wenn sie bloßes ›Buchwissen‹ bleibe. Vermögen die Philosophen das Leben der Gemeinschaft (κοινὸς βίος) und das gemeinsame gesellschaftliche Handeln (συμπολιτεύεσθαι) zu befördern (*Hermotimos* 84)? Sind sie anständiger als die ›normalen Leute‹, die philosophischen Laien (ἰδιῶται), und können ihnen deshalb als Vorbild dienen? Und wenn sie Schüler nehmen: Machen sie diese dann zu besseren Menschen? Das ist die Messlatte, die Lukian an die kaiserzeitlichen Philosophen anlegt, und so geht es in der Mehrzahl der Texte dieses Bandes um die Entlarvung philosophischer Scharlatane, die zum einen den ethischen Maximen ihrer philosophischen Schulzugehörigkeit – ob Platoniker, Stoiker, Kyniker, Aristoteliker, Pythagoreer und alle Übrigen – selbst nicht folgen, zum anderen aber den Nimbus, den ihnen ihre Profession und ihr entsprechendes Auftreten mit langem Bart und strengem Gesicht verleihen, nur dazu nutzen, unter der Hand über die Stränge zu schlagen. Ihre Gier nach Reichtum, Luxus und Erotik muss dabei gar nicht immer von außen bloßgestellt werden. Nicht selten gehen die Pferde so sehr mit ihnen durch, dass sie sich selbst in aller Öffentlichkeit durch ihr Verhalten blamieren; am fulminantesten hat Lukian das im *Eunuch* und im *Gastmahl* karikiert, an dessen Ende die zum Hochzeitsfest geladenen Philosophen einander mit Brathühnchen verprügeln.

Lukians Schriften zur Philosophie zielen also nicht auf Erkenntnis ab, sondern auf ethische Prüfung, in der Nachfolge des Sokrates. Das wird besonders deutlich, wenn er, wie in der Versteigerung

der philosophischen Lebensformen (*Leben unterm Hammer*), die verschiedenen Lehren ohne erkennbare Präferenz nebeneinandergestellt. Hier bringen die Götter Zeus und Hermes, in einer Parodie des Mythos von der Lebenswahl in Platons *Staat* (Buch X), die auf den Weisungen der unterschiedlichen philosophischen Schulen basierenden ›Leben‹ – und nicht etwa: die berühmten Begründer dieser Lebensformen – zum Verkauf, teils zu Schleuderpreisen, teils für exorbitante Summen, und lassen die Käufer wie auf dem Sklavenmarkt die jeweiligen Kompetenzen und wichtigsten Lehren erfragen. Die Satire wendet sich hier nicht eigentlich gegen jene Lehren selbst (die allerdings dann in ein ironisches Licht gerückt werden, wenn es um reine Formalismen, etwa die Syllogistik, oder Logikspielereien geht), sondern nicht zuletzt dagegen, dass sich die zeitgenössischen Philosophen für ihre Unterrichtungen entlohnen lassen (vgl. *Nigrinus* 25): Wie sie ihre Lehren verkaufen, so werden hier die aus ihren Lehren resultierenden ›Leben‹ verhökert. Daher sind auch die Käufer in die Kritik einbezogen, die sich bisweilen allzu leicht das Geld aus der Tasche ziehen lassen. Auch sie, die aus Lukians elitärer Sicht eigentlichen Träger der Gesellschaft, eben jene normalen Gebildeten, wären durchaus aufgefordert, bei der Wahl ihrer Lebensweise mehr Vernunft walten zu lassen.

Parrhesiades, eine der vielen auktorialen Masken Lukians, kann sich daher berechtigt fühlen, seine Aufgabe, jenseits dieser Prüfung, gegenüber den philosophischen Schulgründern, die der irrigen Meinung sind, seine Schmähungen richteten sich gegen sie, folgendermaßen zu formulieren (*Fischer* 6):

Wo oder wann hätte ich euch denn misshandelt, ich, der ich stets und ohne Unterlass die Philosophie bewundert, euch selbst über den grünen Klee gelobt und mich mit den Schriften beschäftigt habe, die ihr hinterlassen habt? Und genau das, was ich vorbringe: Von wem anders als von euch hätte ich das denn übernommen und wie die Biene aus der Blüte gesaugt, um es den Menschen zu präsentieren? Und die sind voll der An-

> *erkennung, jeder weiß genau, woher jede Blüte stammt und von wem und wie ich sie gepflückt habe, und nach außen hin bewundern sie für diese Blütenlese mich, in Wahrheit bewundern sie aber euch und die Wiese, die eurige, die ihr so viele bunte und immer wieder andersfarbige Blumen habt emporsprießen lassen – versteht man nur, sie zu pflücken, miteinander zu verflechten und so zum Strauß zu binden, dass sie sich nicht beißen.*

Denkerische Originalität ist hier explizit nicht das angestrebte Ziel, ebenso nicht die Weitergabe der Dogmatik einzelner Schulen, sondern, neben der ethischen Prüfung der Philosophierenden, die Bündelung und das ästhetisch gelungene Arrangement der Buntheit der klassischen Tradition: Die Blütenlese dient hier als Metapher, wie sie auch für Epigramm-Kränze geläufig war – und wie natürlich auch *Leben unterm Hammer* selbst eine solche Blütenlese darstellt.

Während der ›Sohn der Redefreiheit‹, Parrhesiades, nur in diesem einen Dialog, dem *Fischer*, auftritt, spielt eine weitere Figur, Lykinos, eine sehr viel bedeutendere Rolle in Lukians Œuvre und kommt nicht nur in vier der zehn in diesem Band versammelten philosophischen Texte vor, sondern wird den Lesern auch noch in diversen weiteren Zusammenhängen begegnen. Er wurde daher in der älteren Forschung auch kurzerhand als Synonym für Lukian verstanden, steht deutlich in der Nachfolge des Sokrates, des erbarmungslosen Entlarvers von Pose und Scheinwissen, und ist insofern besonders raffiniert angelegt, als er bisweilen, wie im *Kyniker*, auch einmal seinen Meister findet: Denn dort weist ihm sein Gesprächspartner nach, dass seine üblichen Verdächtigungen der Bigotterie aus der Luft gegriffen sind. Meist allerdings ist er wie sein klassischer Vorgänger den anderen überlegen, am deutlichsten und dramatischsten sicher in dem langen Dialog *Hermotimos oder Lebensentscheidungen*, in dem ihm nicht nur ein vager biographischer Hintergrund verliehen wird, sondern in dem er vor allem dem sechzigjährigen Titelhelden mühelos nachweist, dass er seit über 20 Jahren auf einen Scharlatan unter den Stoikern hereingefallen ist.

Lykinos verwickelt Hermotimos, der das Erreichen der Glückseligkeit (εὐδαιμονία) zu seinem Lebensziel erkoren hat, in immer neue skeptische Argumentationen, die zu der unwiderleglichen Einsicht führen, dass letztgültiges Wissen – das Hermotimos mit der Eudaimonie gleichsetzt – nicht zu erlangen ist. Diese Fallibilität menschlichen Erkenntnisstrebens ist wohl der Grund, warum die im *Fischer* und in den *Ausreißern* auftretende Personifikation der Philosophie nicht selbst in der Lage ist, in ihrem Metier für Ordnung zu sorgen, anders und konkreter formuliert: warum das Philosophieren als solches kein Wissen bereitstellt, das so zwingend wäre, dass die Philosophierenden gar nicht anders könnten, als recht zu handeln. Wenn es aber kein ultimativ begründbares Wissen gibt, dann gibt es auch keine epistemische Grundlage für rechtes Handeln, und das mag erklären, warum ›Philosophia‹ im *Fischer* naiv und in den *Ausreißern* weinerlich reagiert.

Die harsche Kritik am sozialen Versagen vieler zeitgenössischer Philosophen trifft zum einen vor allem die Stoiker, die besonders viele Anhänger anzogen und ihre Umwelt durch ihr seriöses Auftreten im Straßenbild beindruckten (vgl. *Hermotimos* 16–18: Hermotimos' Aufklärung findet entsprechend mitten auf der Straße statt), zum anderen ihr genaues Gegenbild, die erklärtermaßen antiintellektuellen und provokativen Kyniker. Gerade sie gerierten sich in ihrer Bedürfnislosigkeit und plakativen gesellschaftlichen Selbstmarginalisierung als sichtbare Exempel guter Lebensführung und präsentierten sich ihren Mitbürgern gern als lebendiger Vorwurf, sich zu sehr an Äußerlichkeiten zu orientieren. Doch selbst das konnte bloße Pose sein, entweder als vermeintlicher Freifahrtschein für dreistes und unerträgliches Verhalten wie im *Gastmahl* oder zur Kaschierung eines in Wirklichkeit ganz anderen Lebensstiles wie in den *Ausreißern*; in diesem Text kommt (13. 17) übrigens sehr deutlich heraus, dass gerade die kynische Philosophie auch als Auffangbecken für Menschen in den niedrigsten sozialen Stellungen dienen konnte, die ansonsten an ihren Bildungs- und Aufstiegschancen verzweifelten. Umgekehrt ist

es dann aber eben doch der Kynismus, dem Lukian zum einen in Gestalt des *Demonax*, der, sei er eine fiktive Gestalt oder auch nicht, den Kynikern zumindest nahesteht, zum anderen in Gestalt des anonymen *Kynikers* Persönlichkeiten entnimmt, die ein untadeliges Leben führen und damit als positive Leitbilder starken Philosophierens gelten können. Lukian ist also kein ausschließlicher Satiriker; jedoch, wie wiederum der *Demonax* zeigt, gehört die *vis satirica* durchaus zu den Belehrungsinstrumenten des Philosophen.

Fragt man nach weiteren affirmativen Philosophenportraits, gerät schließlich der *Nigrinos* in den Blick. Der Text operiert auf der Grundlage einer komplexen medialen Situation: Einem Brief von Lukian – wie sich der Sprecher hier ausnahmsweise einmal nennt – an Nigrinos, in dem Lukian demonstrieren will, wie er sich aktuell fühlt, ist ein schriftlicher Dialog zwischen zwei anonymen Sprechern A und B beigefügt, in dem B dem A von einer Begegnung mit Nigrinos erzählt, und wie sehr Nigrinos ihn für die Philosophie begeistert habe. Dieses Gespräch wiederum wird von einem Monolog des Nigrinos dominiert, der seiner Athenfreundlichkeit und seiner Abneigung gegen Rom – wo das Gespräch (*Nigr.* 17f.) stattfindet – freien Lauf lässt und Sitten und Gebräuche der Römer geißelt; ebenso wird das Verhalten der Philosophen, ganz im beschriebenen Sinne, harsch kritisiert (24f.). Es schließt sich dann seitens des Sprechers eine Laudatio auf Nigrinos' eigenes Verhalten an (26):

> *Für diejenigen, die ihn nachahmen wollen, bietet er keineswegs zu verachtende vorbildliche Verhaltensweisen: Zurückhaltung beim Essen und Trinken, maßvolle sportliche Betätigung, eine ehrfurchteinflößende Miene, unauffällige Kleidung und zu alledem Ausgewogenheit des Denkens und einen sanften Charakter.*

Der Sprecher gibt sich tief berührt (35):

> *Und als er schließlich fertig war, da ging es mir gerade so wie den Phäaken: Eine ganze Zeit schaute ich ihn wie verzaubert an, dann brach*

> *mir, von Betäubung und Schwindel ergriffen, der Schweiß in Strömen aus, mir blieben, als ich etwas sagen wollte, die Worte im Halse stecken, und es verschlug mir die Sprache, mir versagte die Stimme, meine Zunge geriet ins Stolpern, und schließlich brach ich aus lauter Verzweiflung in Tränen aus. Denn seine Worte hatten mich nicht nur oberflächlich und leicht verletzt, sondern die Wunde war tief und lebensgefährlich, und so gut war die Rede gezielt, dass sie sich, wenn ich das so ausdrücken darf, durch und durch in meine Seele bohrte.*

Haben wir mit Nigrinos also ein weiteres Beispiel nachahmenswerten Philosophierens vor uns? Das könnte man denken, wenn es nicht auch Leser gäbe, die einen ironischen Unterton zu hören meinen. Womöglich passt es nicht wirklich zu dem von Lykinos im *Hermotimos* vorgetragenen philosophischen Ideal des gemeinschaftlichen bürgerlichen Lebens, wenn Nigrinos über sich selbst sagt, dass er

> *beschloss, in Zukunft das Haus zu hüten. Ich ziehe dieses Leben hier vor, das der Welt weibisch und risikolos vorkommt, und hier drinnen pflege ich Zwiesprache mit der Philosophie selbst, mit Platon, mit der Wahrheit, und indem ich hier meinen Platz einnehme wie in einem Theater mit zehntausend Sitzen, beobachte ich von ganz weit oben alles, was so vor sich geht, und manchmal vermag mir das einige Ablenkung und Anlass zum Lachen zu bieten, manchmal wieder bietet es aber auch Gelegenheit, einen Mann auf seine tatsächliche innere Festigkeit zu prüfen.*

Müsste er nicht stattdessen das belehrende Gespräch mit den fehlgeleiteten Menschen suchen, über die er spottet? Auch die Pose des Gebildeten, in der er seinen Gast begrüßt, wirkt entschieden plakativ (2):

> *Drinnen treffe ich ihn mit einem Buch in der Hand und ringsherum viele Büsten alter Philosophen. In ihrer Mitte stand eine kleine Tafel mit Zeichnungen geometrischer Figuren, außerdem eine Kugel aus Weidengeflecht, die, wie es aussah, das All darstellte.*

Und wenn im *Hermotimos* die einzig erfolgversprechende philosophische Praxis die permanente sokratische Selbstbefragung zu sein scheint: Was sollen wir dann von dem selbstgewissen Monologisieren des Nigrinos halten? Vielleicht läuft es also darauf hinaus, dass Nigrinos ein Philosoph im besten Sinne des Wortes sein könnte, wenn er seine Philosophie sich im Alltag und in der Konfrontation mit der schnöden Welt bewähren ließe, wie Demonax und Lykinos es tun; in jedem Fall spielt er seine Rolle wenigstens überzeugend und erfüllt damit ein Mindestmaß an Glaubwürdigkeit, wie es Parrhesiades fordert (*Fischer* 37):

> *Ich ertrüge sie ja, wären sie wenigstens in ihrer Schauspielerei glaubwürdig. Aber wie es aussieht, könnte eher ein Geier eine Nachtigall geben als die einen Philosophen.*

Schließlich bleibt ein kurzer und selten gelesener Dialog zu erwähnen, in dem – ungewöhnlich genug – Sokrates und sein Freund Chairephon als Sprecher auftreten und, angeregt durch den Schrei des Eisvogels, der dem Mythos gemäß einer Metamorphose der um ihren Ehemann Keyx klagenden Alkyone entsprungen sein soll, über den Umgang mit dem Unglaublichen diskutieren. Können gebildete Menschen annehmen, ein solcher Mythos sei wahr? Ja, meint Sokrates. Denn konfrontieren uns das All, die Welt und allein nur der Mensch nicht tagtäglich mit viel größeren Wundern der Entwicklung des einen aus dem anderen, als es eine solche Verwandlung tut? Das Gespräch soll jeden, der an die Unbegrenztheit der Möglichkeiten menschlichen Wissens glaubt, Bescheidenheit lehren.

Ein wesentliches Anliegen Lukians ist stets die Gestaltung einer dem Inhalt angemessenen Form. Daher sind die Texte dieses Bandes formal völlig unterschiedlich. Monologische Textformen – Biographie im *Demonax*, die belehrende Unterweisung des Philosophen im *Nigrinos*, Alltagserzählung im *Eunuch* und im *Gastmahl* – wechseln mit dialogischen Modi – von Gesprächen sokratischer Natur wie im *Eisvogel*, im *Kyniker* und, sehr viel stärker, im *Hermotimos*

über ›Alltagsgespräche‹ auf dem Sklavenmarkt in *Leben unterm Hammer* bis hin zu dramatisierten Dialogen mit integrierten Ortswechseln wie in den *Ausreißern* und im *Fischer*. Die beiden letztgenannten Texte lassen sich dabei als Paradebeispiele der Gattungsmischung aus philosophischem Dialog und klassischer Komödie ansehen, die Lukian – vgl. Band 1 (Rhetorische Schriften) 18–20 – für seine bedeutendste literarische Kreation hielt.

Am Anfang und am Ende dieses Bandes stehen jeweils zwei Texte, in denen das Philosophieren und die Philosophen affirmativ präsentiert werden: *Demonax* und *Nigrinos* auf der einen, *Eisvogel* und *Kyniker* auf der anderen Seite. Dabei leitet der *Nigrinos* mit seinen ambivalenten Wertungen bereits zur Mittelsektion über, in der, in zunehmender Drastik, scheiternde Philosophen vorgeführt werden: *Hermotimos*, *Eunuch*, *Ausreißer* und *Gastmahl*. Hier nimmt der *Hermotimos* insofern eine Sonderstellung ein, als der Titelheld nicht nur komische, sondern durchaus auch tragische Züge besitzt. Es folgt als Abschluss der Mittelsektion das Dialogpaar *Leben unterm Hammer* und *Fischer*: Die Handlung des *Fischers* nimmt ihren Ausgang ausdrücklich von der Publikation (26) der Versteigerung der philosophischen Lebensformen.[1]

1 Ältere Fassungen einzelner Übersetzungen, die andernorts erschienen sind, wurden für die vorliegende Ausgabe vollständig überarbeitet: *Hermotimos* in: *Lukian. Hermotimos oder Lohnt es sich, Philosophie zu studieren?* Herausgegeben, übersetzt und kommentiert, Darmstadt (Wissenschaftliche Buchgesellschaft) 2000 [TzF 74]. *Nigrinos* und *Gastmahl* in: *Lukian. Gegen den ungebildeten Büchernarren*. Ausgewählte Werke. Übersetzung, kurzer Kommentar, Glossar und Einführung, Zürich / Düsseldorf (Artemis & Winkler) 2006 [Bibliothek der Alten Welt].

TEXT UND ÜBERSETZUNG

ΔΗΜΩΝΑΚΤΟΣ ΒΙΟΣ

[1] Ἔμελλεν ἄρα μηδὲ ὁ καθ᾽ ἡμᾶς βίος τὸ παντάπασιν ἄμοιρος ἔσεσθαι ἀνδρῶν λόγου καὶ μνήμης ἀξίων, ἀλλὰ καὶ σώματος ἀρετὴν ὑπερφυᾶ καὶ γνώμην ἄκρως φιλόσοφον ἐκφαίνειν· λέγω δὲ εἴς τε τὸν Βοιώτιον Σώστρατον ἀναφέρων, ὃν Ἡρακλέα οἱ Ἕλληνες ἐκάλουν καὶ ᾤοντο εἶναι, καὶ μάλιστα εἰς Δημώνακτα τὸν φιλόσοφον, οὓς καὶ εἶδον αὐτὸς καὶ ἰδὼν ἐθαύμασα, θατέρῳ δὲ τῷ Δημώνακτι καὶ ἐπὶ μήκιστον συνεγενόμην. περὶ μὲν οὖν Σωστράτου ἐν ἄλλῳ βιβλίῳ γέγραπταί μοι καὶ δεδήλωται μέγεθός τε αὐτοῦ καὶ ἰσχύος ὑπερβολὴ καὶ ἡ ὕπαιθρος ἐν τῷ Παρνασσῷ δίαιτα καὶ ἡ ἐπίπονος εὐνὴ καὶ τροφαὶ ὄρειοι καὶ ἔργα οὐκ ἀπῳδὰ τοῦ ὀνόματος ὅσα ἢ λῃστὰς αἴρων ἔπραξεν ἢ ὁδοποιῶν τὰ ἄβατα ἢ γεφυρῶν τὰ δύσπορα. [2] περὶ δὲ Δημώνακτος ἤδη δίκαιον λέγειν ἀμφοῖν ἕνεκα, ὡς ἐκεῖνός τε διὰ μνήμης εἴη τοῖς ἀρίστοις τό γε κατ᾽ ἐμὲ καὶ οἱ γενναιότατοι τῶν νέων καὶ πρὸς φιλοσοφίαν ὁρμῶντες ἔχοιεν μὴ πρὸς τὰ ἀρχαῖα μόνα τῶν παραδειγμάτων σφᾶς αὐτοὺς ῥυθμίζειν, ἀλλὰ κἀκ τοῦ ἡμετέρου βίου κανόνα προτίθεσθαι καὶ ζηλοῦν ἐκεῖνον ἄριστον ὧν οἶδα ἐγὼ φιλοσόφων γενόμενον.

[3] Ἦν δὲ τὸ μὲν γένος Κύπριος, οὐ τῶν ἀφανῶν ὅσα εἰς ἀξίωμα πολιτικὸν καὶ κτῆσιν. οὐ μὴν ἀλλὰ καὶ πάντων τούτων ὑπεράνω γενόμενος καὶ ἀξιώσας ἑαυτὸν τῶν καλλίστων πρὸς φιλοσοφίαν ὥρμησεν οὐκ Ἀγαθοβούλου μὰ Δί᾽ οὐδὲ Δημητρίου πρὸ αὐτοῦ οὐδὲ Ἐπικτήτου

DAS LEBEN DES DEMONAX

[1] Wirklich, auch unserer Epoche war es beschieden, nicht völlig ohne Menschen zu bleiben, die es verdienen, dass man von ihnen spricht und sich ihrer erinnert; ganz im Gegenteil, sie sollte sowohl ungemeine körperliche Tüchtigkeit als auch außergewöhnlich tiefsinnige Geisteskraft ans Licht der Welt bringen. Damit meine ich zum einen Sostratos aus Boiotien, den die Griechen Herakles nannten und den sie auch dafür hielten, zum anderen und vor allem den Philosophen Demonax.[1] Beide habe ich selbst kennenlernen dürfen und war, als ich sie kennenlernte, ganz hingerissen, mit dem zweitgenannten aber, Demonax, durfte ich sogar eine lange Zeit gemeinsam verbringen. Nun habe ich mich zu Sostratos in einer anderen Schrift geäußert[2] und dort seine körperliche Größe, seine übermäßige Kraft, sein Leben im Freien auf dem Parnass, sein unbequemes Lager, seine Ernährung aus der Bergwelt sowie seine Taten dargestellt, die so gut zu seinem Namen passten,[3] Taten, die er bei der Aushebung von Räuberbanden, bei der Bahnung von Pfaden in unwegsamem Gelände und beim Bau von Brücken über schwer zu querende Flüsse vollbrachte. [2] Jetzt aber über Demonax zu sprechen ist aus zwei Gründen gerechtfertigt, erstens, damit er, soweit ich jedenfalls etwas dazu tun kann, in der Erinnerung der Besten einen festen Platz einnimmt, zweitens, damit die vielversprechendsten unter den jungen Leuten ihr Leben, wenn sie sich der Philosophie zuwenden, nicht nur nach dem Takt der klassischen Vorbilder ordnen müssen, sondern sich auch aus unserer eigenen Epoche einen Maßstab vor Augen stellen und jenem Mann nacheifern können, der unter den mir bekannten Philosophen der beste war.

[3] Er stammte von Zypern, und war, was politische Würden und Reichtum betrifft, nicht von schlechten Eltern. Aber nicht nur das! Weil er weit über all diesen Dingen stand und sich zu den schönsten Hoffnungen berechtigt sah, wandte er sich der Philosophie zu, und zwar ohne dass, bei Zeus, Agathobulos oder noch vor ihm Demetri-

ἐπεγειράντων, ἀλλὰ πᾶσι μὲν συνεγένετο τούτοις καὶ ἔτι Τιμοκράτει τῷ Ἡρακλεώτῃ σοφῷ ἀνδρὶ φωνήν τε καὶ γνώμην μάλιστα κεκοσμημένῳ· ἀλλ᾽ ὅ γε Δημῶναξ οὐχ ὑπὸ τούτων τινός, ὡς ἔφην, παρακληθείς, ἀλλ᾽ ὑπ᾽ οἰκείας πρὸς τὰ καλὰ ὁρμῆς καὶ ἐμφύτου πρὸς φιλοσοφίαν ἔρωτος ἐκ παίδων εὐθὺς κεκινημένος ὑπερεῖδεν μὲν τῶν ἀνθρωπείων ἀγαθῶν ἁπάντων, ὅλον δὲ παραδοὺς ἑαυτὸν ἐλευθερίᾳ καὶ παρρησίᾳ διετέλεσεν αὐτός τε ὀρθῷ καὶ ὑγιεῖ καὶ ἀνεπιλήπτῳ βίῳ χρώμενος καὶ τοῖς ὁρῶσι καὶ ἀκούουσι παράδειγμα παρέχων τὴν ἑαυτοῦ γνώμην καὶ τὴν ἐν τῷ φιλοσοφεῖν ἀλήθειαν. **[4]** οὐ μὴν ἀνίπτοις γε ποσίν, τὸ τοῦ λόγου, πρὸς ταῦτα ἧξεν, ἀλλὰ καὶ ποιηταῖς σύντροφος ἐγένετο καὶ τῶν πλείστων ἐμέμνητο καὶ λέγειν ἤσκητο καὶ τὰς ἐν φιλοσοφίᾳ προαιρέσεις οὐκ ἐπ᾽ ὀλίγον οὐδὲ κατὰ τὴν παροιμίαν ἄκρῳ τῷ δακτύλῳ ἁψάμενος ἠπίστατο, καὶ τὸ σῶμα δὲ ἐγεγύμναστο καὶ πρὸς καρτερίαν διεπεπόνητο, καὶ τὸ ὅλον ἐμεμελήκει αὐτῷ μηδενὸς ἄλλου προσδεᾶ εἶναι· ὥστε ἐπεὶ καὶ ἔμαθεν οὐκέτι ἑαυτῷ διαρκῶν, ἑκὼν ἀπῆλθε τοῦ βίου πολὺν ὑπὲρ αὐτοῦ λόγον τοῖς ἀρίστοις τῶν Ἑλλήνων καταλιπών.

[5] Φιλοσοφίας δὲ εἶδος οὐχ ἓν ἀποτεμόμενος, ἀλλὰ πολλὰς ἐς ταὐτὸ καταμίξας οὐ πάνυ τι ἐξέφαινε τίνι αὐτῶν ἔχαιρεν· ἐῴκει δὲ τῷ Σωκράτει μᾶλλον ᾠκειῶσθαι, εἰ καὶ τῷ σχήματι καὶ τῇ τοῦ βίου ῥᾳστώνῃ τὸν Σινωπέα ζηλοῦν ἔδοξεν, οὐ παραχαράττων τὰ εἰς τὴν δίαιταν, ὡς θαυμάζοιτο καὶ ἀποβλέποιτο ὑπὸ τῶν ἐντυγχανόντων, ἀλλ᾽ ὁμοδίαιτος

os oder Epiktet ihn dazu ermutigt hätten;[4] vielmehr suchte er ihrer aller Gegenwart und außerdem noch die des Timokrates aus Herakleia, eines klugen Kopfes mit schöner Stimme und brillantem Verstand.[5] Aber Demonax, wie gesagt, ließ sich von keinem von ihnen erst bitten, sondern fühlte von Haus aus einen Drang zum Schönen und wurde schon von klein an von einem angeborenen Begehren nach Philosophie getrieben. Deshalb würdigte er nichts von dem, was Menschen gemeinhin für gut halten, auch nur eines Blickes und widmete sich ganz und unaufhörlich der Freiheit der Rede und der Lebensführung, einer Lebensführung, in der er für sich selbst den Maßstäben von Geradheit, gesundem Menschenverstand und Tadellosigkeit gehorchte und zugleich denjenigen, die ihn sahen und hörten, sein Denken und die unbedingte Wahrhaftigkeit seines Philosophierens als Beispiel und Leitlinie bot. **[4]** Indes kam er, wie man so sagt, nicht mit ungewaschenen Füßen dorthin, sondern er war mit den Dichtern groß geworden, behielt fast alles im Kopf, war routiniert im Reden, kannte die Schulrichtungen der Philosophie nicht nur oberflächlich und hatte sie auch nicht nur, wie das Sprichwort es formuliert, mit den Fingerspitzen berührt, sein Körper war durchtrainiert und gestählt, und überhaupt war es ihm ein Anliegen, nichts und niemanden zu benötigen. Und so schied er, als er feststellen musste, dass er seine Selbständigkeit nicht mehr zu wahren vermochte, freiwillig aus dem Leben und hinterließ den Besten der Griechen eine Menge Gesprächsstoff.

[5] Da er sich nicht eine philosophische Schule aussuchte, sondern viele Richtungen des Philosophierens miteinander vermischte, ließ er nicht erkennen, an welcher er am meisten Gefallen fand. Er erweckte den Eindruck besonderer Vertrautheit mit Sokrates, wenn er auch hinsichtlich der Gestaltung und der Unbeschwertheit seines Lebens dem Mann aus Sinope[6] nachzueifern schien; dabei entwarf er keinen neuen Lebensstil, um von seinem Umfeld bewundert und angestaunt zu werden, sondern er beteiligte sich am Gemeinschaftsleben, stand mit beiden Beinen fest auf dem Boden, und im sozialen

ἅπασι καὶ πεζὸς ὢν καὶ οὐδ᾽ ἐπ᾽ ὀλίγον τύφῳ κάτοχος συνῆν καὶ συνεπολιτεύετο, τὴν μὲν τοῦ Σωκράτους εἰρωνείαν οὐ προσιέμενος, [6] χάριτος δὲ Ἀττικῆς μεστὰς ἀποφαίνων τὰς συνουσίας, ὡς τοὺς προσομιλήσαντας ἀπιέναι μήτε καταφρονήσαντας ὡς ἀγεννοῦς μήτε τὸ σκυθρωπὸν τῶν ἐπιτιμήσεων ἀποφεύγοντας, παντοίους δὲ ὑπ᾽ εὐφροσύνης γενομένους καὶ κοσμιωτέρους παρὰ πολὺ καὶ φαιδροτέρους καὶ πρὸς τὸ μέλλον εὐέλπιδας. [7] οὐδεπώποτε γοῦν ὤφθη κεκραγὼς ἢ ὑπερδιατεινόμενος ἢ ἀγανακτῶν, οὐδ᾽ εἰ ἐπιτιμᾶν τῳ δέοι, ἀλλὰ τῶν μὲν ἁμαρτημάτων καθήπτετο, τοῖς δὲ ἁμαρτάνουσι συνεγίνωσκεν, καὶ τὸ παράδειγμα παρὰ τῶν ἰατρῶν ἠξίου λαμβάνειν τὰ μὲν νοσήματα ἰωμένων, ὀργῇ δὲ πρὸς τοὺς νοσοῦντας οὐ χρωμένων· ἡγεῖτο γὰρ ἀνθρώπου μὲν εἶναι τὸ ἁμαρτάνειν, θεοῦ δὲ ἢ ἀνδρὸς ἰσοθέου τὰ πταισθέντα ἐπανορθοῦν.

[8] Τοιούτῳ δὴ βίῳ χρώμενος εἰς ἑαυτὸν μὲν οὐδενὸς ἐδεῖτο, φίλοις δὲ συνέπραττε τὰ εἰκότα, καὶ τοὺς μὲν εὐτυχεῖν δοκοῦντας αὐτῶν ὑπεμίμνησκεν ὡς ἐπ᾽ ὀλιγοχρονίοις τοῖς δοκοῦσιν ἀγαθοῖς ἐπαιρομένους, τοὺς δὲ ἢ πενίαν ὀδυρομένους ἢ φυγὴν δυσχεραίνοντας ἢ γῆρας ἢ νόσον αἰτιωμένους σὺν γέλωτι παρεμυθεῖτο, οὐχ ὁρῶντας ὅτι μετὰ μικρὸν αὐτοῖς παύσεται μὲν τὰ ἀνιῶντα, λήθη δέ τις ἀγαθῶν καὶ κακῶν καὶ ἐλευθερία μακρὰ πάντας ἐν ὀλίγῳ καταλήψεται. [9] ἔμελεν δὲ αὐτῷ καὶ ἀδελφοὺς στασιάζοντας διαλλάττειν καὶ γυναιξὶ πρὸς τοὺς γεγαμηκότας εἰρήνην πρυτανεύειν· καί που καὶ δήμοις ταραττομένοις ἐμμελῶς διελέχθη καὶ τοὺς πλείστους αὐτῶν ἔπεισεν ὑπουργεῖν τῇ πατρίδι τὰ μέτρια.

Τοιοῦτός τις ἦν ὁ τρόπος τῆς φιλοσοφίας αὐτοῦ, πρᾶος καὶ ἥμερος καὶ φαιδρός· [10] μόνον αὐτὸν ἠνία φίλου νόσος ἢ θάνατος, ὡς ἂν καὶ τὸ μέγιστον τῶν ἐν ἀνθρώποις ἀγαθῶν τὴν φιλίαν ἡγούμενον. καὶ διὰ

und politischen Miteinander war ihm alle Aufgeblasenheit fremd:[7] Von der Ironie eines Sokrates wollte er nichts wissen, **[6]** bei Zusammenkünften glänzte er mit attischem Charme, und so verließ man ihn nach einem Treffen, ohne ihn als abstoßend zu verachten, auch nicht, um finsteren Belehrungen zu entgehen; vielmehr wusste man sich vor guter Laune gar nicht zu lassen, man fühlte sich um Vieles gebessert, heiterer und optimistischer. **[7]** Nie erlebte man ihn lärmend, angespannt oder verärgert, nicht einmal dann, wenn er jemanden ermahnen musste, sondern er kritisierte die Missetaten, für die Missetäter hingegen zeigte er Verständnis, und er fand es richtig, sich ein Beispiel an den Ärzten zu nehmen, die Krankheiten heilen, aber nicht gegen die Kranken in Zorn geraten; denn er vertrat die Auffassung, Irren sei menschlich, Verfehlungen zu berichtigen hingegen Sache eines Gottes oder eines gottgleichen Menschen.

[8] Indem er sein Leben auf solche Weise führte, verlangte er nichts für sich selbst, und dem entsprach die Art, in der er seine Freunde unterstützte, indem er nämlich diejenigen unter ihnen, denen es gut zu gehen schien, daran zu erinnern pflegte, wie kurzlebig die vermeintlichen Güter seien, durch die sie sich erhoben fühlten, während er diejenigen, die über ihre Bedürftigkeit klagten, sich über ihr Exil grämten oder ihr Alter oder eine Krankheit für ihr Unglück verantwortlich machten, lachend tröstete: Sie sähen ja nicht, dass binnen kurzem ihr Kummer ein Ende finden werde, Gutes und Schlechtes in Vergessenheit geraten und sie alle bald die große Freiheit finden würden. **[9]** Es lag ihm am Herzen, feindliche Brüder zu versöhnen, zwischen Frauen und ihren Ehemännern Frieden zu stiften. Ja, es kam sogar vor, dass er aufgebrachten Volksmengen mit freundlichen Worten ins Gewissen redete, und meistens gelang es ihm, sie davon zu überzeugen, ihrer Heimat gegenüber in angemessener Weise ihre Pflicht zu tun.

Dies in etwa war die Art seines Philosophierens: sanft, zurückhaltend, heiter. **[10]** Ihn betrübte allein Krankheit oder Tod eines Freundes, gerade als ob er als höchstes der menschlichen Güter die Freund-

τοῦτο φίλος μὲν ἦν ἅπασι καὶ οὐκ ἔστιν ὅντινα οὐκ οἰκεῖον ἐνόμιζεν, ἄνθρωπόν γε ὄντα, πλέον δὲ ἢ ἔλαττον ἔχαιρε συνὼν ἐνίοις αὐτῶν, μόνους ἐξιστάμενος ὁπόσοι ἂν ἐδόκουν αὐτῷ ὑπὲρ τὴν τῆς θεραπείας ἐλπίδα διαμαρτάνειν. καὶ πάντα ταῦτα μετὰ Χαρίτων καὶ Ἀφροδίτης αὐτῆς ἔπραττέν τε καὶ ἔλεγεν, ὡς ἀεί, τὸ κωμικὸν ἐκεῖνο, τὴν πειθὼ τοῖς χείλεσιν αὐτοῦ ἐπικαθῆσθαι.

[11] Τοιγαροῦν καὶ Ἀθηναίων ὅ τε σύμπας δῆμος καὶ οἱ ἐν τέλει ὑπερφυῶς ἐθαύμαζον αὐτὸν καὶ διετέλουν ὥς τινα τῶν κρειττόνων προσβλέποντες. καίτοι ἐν ἀρχῇ προσέκρουε τοῖς πολλοῖς αὐτῶν καὶ μῖσος οὐ μεῖον τοῦ ⟨Σωκράτους⟩ παρὰ τοῖς πλήθεσιν ἐκτήσατο ἐπί τε τῇ παρρησίᾳ καὶ ἐλευθερίᾳ, καί τινες ἐπ᾽ αὐτὸν συνέστησαν Ἄνυτοι καὶ Μέλητοι τὰ αὐτὰ κατηγοροῦντες ἅπερ κἀκείνου οἱ τότε, ὅτι οὔτε θύων ὤφθη πώποτε οὔτε ἐμυήθη μόνος ἁπάντων ταῖς Ἐλευσινίαις· πρὸς ἅπερ ἀνδρείως μάλα στεφανωσάμενος καὶ καθαρὸν ἱμάτιον ἀναλαβὼν καὶ παρελθὼν εἰς τὴν ἐκκλησίαν τὰ μὲν ἐμμελῶς, τὰ δὲ καὶ τραχύτερον ἢ κατὰ τὴν ἑαυτοῦ προαίρεσιν ἀπελογήσατο· πρὸς μὲν γὰρ τὸ μὴ τεθυκέναι πώποτε τῇ Ἀθηνᾷ »Μὴ θαυμάσητε,« ἔφη, »ὦ ἄνδρες Ἀθηναῖοι, εἰ μὴ πρότερον αὐτῇ ἔθυσα, οὐδὲ γὰρ δεῖσθαι αὐτὴν τῶν παρ᾽ ἐμοῦ θυσιῶν ὑπελάμβανον.« πρὸς δὲ θάτερον, τὸ τῶν μυστηρίων, ταύτην ἔφη ἔχειν αἰτίαν τοῦ μὴ κοινωνῆσαι σφίσι τῆς τελετῆς, ὅτι, ἄν τε φαῦλα ᾖ τὰ μυστήρια, οὐ σιωπήσεται πρὸς τοὺς μηδέπω μεμυημένους, ἀλλ᾽ ἀποτρέψει αὐτοὺς τῶν ὀργίων, ἄν τε καλά, πᾶσιν αὐτὰ ἐξαγορεύσειν ὑπὸ φιλανθρωπίας· ὥστε τοὺς Ἀθηναίους ἤδη λίθους ἐπ᾽ αὐτὸν ἐν ταῖν χεροῖν ἔχοντας πράους αὐτῷ καὶ ἵλεως γενέσθαι αὐτίκα καὶ τὸ ἀπ᾽

schaft angesehen hätte. Und so kam es, dass er zwar allen Freund war und es niemanden gab, den er nicht für seinen Nächsten hielt, war der doch ein Mensch! –, ihre Gesellschaft aber im einen Fall mehr, im anderen weniger genoss, mit Ausnahme allein derjenigen, deren Fehlverhalten ihm jenseits jeder Hoffnung auf Heilung schien. Dies alles verrichtete und sagte er stets mit den Chariten, ja, Aphrodite selbst als seinen Begleiterinnen, als ob, wie es in der Komödie heißt, die Überzeugungskraft persönlich auf seinen Lippen säße.[8]

[11] So bewunderten ihn also in Athen sowohl das ganze Volk als auch die Amtsträger über alle Maßen und sahen ihn wie einen der Mächtigen an. Dabei war er anfangs mit den Leuten aneinandergeraten und hatte bei der Menge für seine offene Rede und Freiheitlichkeit keinen geringeren Hass geerntet als Sokrates[9], und es verbündeten sich auch Leute wie Anytos und Meletos gegen ihn, mit der gleichen Anklage, die auch ihre Vorgänger gegen jenen erhoben hatten:[10] Weder habe man ihn je opfern gesehen noch sei er, als einziger von allen, in die Mysterien der eleusinischen Göttinnen[11] eingeweiht. Worauf er sich wie ein rechter Mann, bekränzt und in einen sauberen Mantel gekleidet, in die Volksversammlung begab und dort manches sehr freundlich, anderes hingegen sogar in harscherem Ton, als es seiner Einstellung entsprach, zu seiner Verteidigung vorbrachte. Zu dem Vorwurf, er habe noch nie der Athene geopfert, sagte er: »Wundert euch nicht, Athener, dass ich ihr bislang nicht geopfert habe, hatte ich doch nicht angenommen, sie habe meine Opfer nötig.« Zu dem anderen Vorwurf, der Sache mit den Mysterien, sagte er, er habe dafür, dass er nicht mit ihnen gemeinsam an der Einweihungsfeier teilgenommen habe, den folgenden Grund, nämlich, dass er, wenn die Mysterien eine minderwertige Veranstaltung seien, gegenüber den noch nicht Eingeweihten kein Schweigen bewahren, sondern sie von den Festlichkeiten abhalten werde; seien sie aber schön, werde er das aus Menschenfreundlichkeit allen ausplaudern. Da verziehen ihm die Athener, die schon die Steine in den Händen gehalten und gegen ihn erhoben hatten, waren mit einem Schlag

ἐκείνου ἀρξαμένους τιμᾶν καὶ αἰδεῖσθαι καὶ τὰ τελευταῖα θαυμάζειν, καίτοι εὐθὺς ἐν ἀρχῇ τῶν πρὸς αὐτοὺς λόγων τραχυτέρῳ ἐχρήσατο τῷ προοιμίῳ· »Ἄνδρες γὰρ,« ἔφη, »Ἀθηναῖοι, ἐμὲ μὲν ὁρῶντες ἐστεφανωμένον ὑμεῖς ἤδη κἀμὲ καταθύσατε, τὸ γὰρ πρότερον οὐκ ἐκαλλιερήσατε.«

[12] Βούλομαι δὲ ἔνια παραθέσθαι τῶν εὐστόχως τε ἅμα καὶ ἀστείως ὑπ' αὐτοῦ λελεγμένων· ἄρξασθαι δὲ ἀπὸ Φαβωρίνου καλὸν καὶ ὧν πρὸς ἐκεῖνον εἶπεν. ἐπεὶ γὰρ ὁ Φαβωρῖνος ἀκούσας τινὸς ὡς ἐν γέλωτι ποιοῖτο τὰς ὁμιλίας αὐτοῦ καὶ μάλιστα τῶν ἐν αὐταῖς μελῶν τὸ ἐπικεκλασμένον σφόδρα ὡς ἀγεννὲς καὶ γυναικεῖον καὶ φιλοσοφίᾳ ἥκιστα πρέπον, προσελθὼν ἠρώτα τὸν Δημώνακτα, τίς ὢν χλευάζοι τὰ αὐτοῦ· »Ἄνθρωπος,« ἔφη, »οὐκ εὐαπάτητα ἔχων τὰ ὦτα.« ἐγκειμένου δὲ τοῦ σοφιστοῦ καὶ ἐρωτῶντος »Τίνα δὲ καὶ ἐφόδια ἔχων, ὦ Δημῶναξ, ἐκ παιδείας εἰς φιλοσοφίαν ἥκεις;«, »Ὄρχεις,« ἔφη.

[13] Ἄλλοτε δέ ποτε ὁ αὐτὸς προσελθὼν ἠρώτα τὸν Δημώνακτα, τίνα αἵρεσιν ἀσπάζεται μᾶλλον ἐν φιλοσοφίᾳ· ὁ δέ »Τίς γάρ σοι εἶπεν ὅτι φιλοσοφῶ;« καὶ ἀπιὼν ἤδη παρ' αὐτοῦ μάλα ἡδὺ ἐγέλασεν· τοῦ δὲ ἐρωτήσαντος, ἐφ' ὅτῳ γελᾷ, ἐκεῖνος ἔφη »Γελοῖόν μοι εἶναι ἔδοξεν, εἰ σὺ ἀπὸ τοῦ πώγωνος ἀξιοῖς κρίνεσθαι τοὺς φιλοσοφοῦντας αὐτὸς πώγωνα οὐκ ἔχων.«

[14] Τοῦ δὲ Σιδωνίου ποτὲ σοφιστοῦ Ἀθήνησιν εὐδοκιμοῦντος καὶ λέγοντος ὑπὲρ αὐτοῦ ἔπαινόν τινα τοιοῦτον, ὅτι πάσης φιλοσοφίας πεπείραται – οὐ χεῖρον δὲ αὐτὰ εἰπεῖν ἃ ἔλεγεν· »Ἐὰν Ἀριστοτέλης με καλῇ ἐπὶ τὸ Λύκειον, ἕψομαι· ἂν Πλάτων ἐπὶ τὴν Ἀκαδημίαν, ἀφίξομαι· ἂν Ζήνων, ἐν τῇ Ποικίλῃ διατρίψω· ἂν Πυθαγόρας καλῇ, σιωπήσομαι.« ἀναστὰς οὖν ἐκ μέσων τῶν ἀκροωμένων »Οὗτος,« ἔφη

gnädig gesinnt und erwiesen ihm von diesem Augenblick an Ehren, empfanden Scheu vor ihm und bewunderten ihn schließlich sehr, und das, wo er doch anfangs seine Rede an sie recht harsch eingeleitet hatte: »Männer von Athen,« hatte er nämlich gesagt, »ihr seht mich bekränzt – also opfert jetzt auch mich, denn euer früheres Opfer hat euch ja keinen Segen gebracht.«[12]

[12] Ich möchte einige seiner treffenden und zugleich geistreichen Äußerungen hierhersetzen; und am besten beginne ich mit Favorinos und dem, was er zu ihm sagte.[13] Als nämlich Favorinos, der von irgendjemandem gehört hatte, dass Demonax seine Deklamationen lächerlich machte und vor allem sein fisteliges Timbre als kümmerlich, weibisch und fürs Philosophieren ungeeignet verspottete, da ging er ihn an und fragte ihn, für wen er sich denn halte, dass er seine Manier verunglimpfe: »Für einen Menschen,« sagte er, »den seine Ohren nicht leicht trügen.« Als der Sophist aber insistierte und ihn fragte: »Und mit welcher Ausstattung, Demonax, kommst du von der allgemeinen Bildung zur Philosophie?[14]« – da sagte er: »Mit Hoden!«

[13] Als derselbe den Demonax ein andermal anging und ihn fragte, welche philosophische Doktrin er bevorzuge, da sagte er: »Wer hat dir denn gesagt, dass ich ein Philosoph sei?« – lachte sich eins und wollte sich schon abwenden, da fragte der, worüber er lache, und er antwortete: »Es kommt mir ziemlich witzig vor, dass du findest, Philosophen sollten sich durch ihren Bart unterscheiden, wo du selbst gar keinen hast.«[15]

[14] Der Sophist aus Sidon,[16] der in Athen sehr bekannt war und in einer Lobrede über sich selbst einmal etwas äußerte wie: Er sei in jeder philosophischen Richtung beschlagen – ich kann ihn genauso gut selbst zitieren: »Wenn mich Aristoteles zum Lykeion ruft, werde ich seinem Ruf folgen; wenn mich Platon zur Akademie ruft, bin ich zur Stelle; wenn Zenon, wähle ich meinen Aufenthalt in der Poikile; ruft mich Pythagoras, werde ich schweigen.«[17] Da erhob sich Demonax, der mitten unter den Zuhörern gesessen

προσειπὼν τὸ ὄνομα, »καλεῖ σε Πυθαγόρας.«

[15] Πύθωνος δέ τινος τῶν ἐν Μακεδονίᾳ εὐπαρύφων νεανίσκου ὡραίου ἐρεσχηλοῦντος αὐτὸν καὶ προτείνοντος ἐρώτημά τι σοφιστικὸν καὶ κελεύοντος εἰπεῖν τοῦ συλλογισμοῦ τὴν λύσιν »Ἕν,« ἔφη, »οἶδα, τέκνον, ὅτι περαίνει.« ἀγανακτήσαντος δὲ ἐκείνου ἐπὶ τῷ τῆς ἀμφιβολίας σκώμματι καὶ συναπειλήσαντος »Αὐτίκα σοι μάλα τὸν ἄνδρα δείξω,« ὁ δὲ σὺν γέλωτι ἠρώτησεν »Καὶ γὰρ ἄνδρα ἔχεις;«

[16] Ἐπεὶ δέ τις ἀθλητὴς καταγελασθεὶς ὑπ᾽ αὐτοῦ, ὅτι ἐσθῆτα ὤφθη ἀνθινὴν ἀμπεχόμενος Ὀλυμπιονίκης ὤν, ἐπάταξεν αὐτὸν εἰς τὴν κεφαλὴν λίθῳ καὶ αἷμα ἐρρύη, οἱ μὲν παρόντες ἠγανάκτουν ὡς αὐτὸς ἕκαστος τετυπτημένος καὶ ἐβόων πρὸς τὸν ἀνθύπατον ἰέναι, ὁ δὲ Δημῶναξ »Μηδαμῶς,« ἔφη, »ὦ ἄνδρες, πρὸς τὸν ἀνθύπατον, ἀλλ᾽ ἐπὶ τὸν ἰατρόν.«

[17] Ἐπεὶ δέ ποτε καὶ χρυσοῦν δακτύλιον ὁδῷ βαδίζων εὗρεν, γραμματεῖον ἐν ἀγορᾷ προθεὶς ἠξίου τὸν ἀπολέσαντα, ὅστις εἴη τοῦ δακτυλίου δεσπότης, ἥκειν καὶ εἰπόντα ὁλκὴν αὐτοῦ καὶ λίθον καὶ τύπον ἀπολαμβάνειν· ἧκεν οὖν τις μειρακίσκος ὡραῖος αὐτὸς ἀπολωλεκέναι λέγων. ἐπεὶ δὲ οὐδὲν ὑγιὲς ἔλεγεν »Ἄπιθι,« ἔφη, »ὦ παῖ, καὶ τὸν ἑαυτοῦ δακτύλιον φύλαττε, τοῦτον γὰρ οὐκ ἀπολώλεκας.«

[18] Τῶν δὲ ἀπὸ τῆς Ῥωμαίων βουλῆς τις Ἀθήνησιν υἱὸν αὐτῷ δείξας πάνυ ὡραῖον, θηλυδρίαν δὲ καὶ διακεκλασμένον, »Προσαγορεύει σε,« ἔφη, »ὁ ἐμὸς υἱὸς οὑτοσί,« καὶ ὁ Δημῶναξ »Καλός,« ἔφη, »καὶ σοῦ ἄξιος καὶ τῇ μητρὶ ὅμοιος.«

[19] Τὸν δὲ Κυνικὸν ⟨τὸν⟩ ἐν ἄρκτου δέρματι φιλοσοφοῦντα οὐχ Ὀνωρᾶτον, ὥσπερ ὠνομάζετο, ἀλλ᾽ Ἀρκεσίλαον καλεῖν ἠξίου.

hatte, und sagte: »He, du,« er fügte seinen Namen hinzu, »Pythagoras ruft dich!«

[15] Ein gewisser Python, ein hübsches Jüngelchen der makedonischen Haute Volée, wollte ihn triezen, legte ihm eine typisch sophistische Fangfrage vor und forderte ihn auf, ihm die Lösung des Syllogismus zu nennen – darauf sagte er: »Eins weiß ich, mein Kindchen, dass er nämlich zum – Schuss kommt.«[18] Als der sich über den zweideutigen Witz ärgerte und ihm drohte: »Ich zeig dir gleich meinen Mann!«, da lachte er und fragte: »Ach, einen Mann hast du also auch?«

[16] Als ihm einmal ein Athlet, den er ausgelacht hatte, weil er, obwohl Olympionike, sich in einem blütenbestickten Gewand hatte sehen lassen, einen Stein auf den Kopf drosch und Blut floss, da gerieten die Umstehenden in Wut, als ob sie selbst getroffen worden wären, und brüllten, man müsse zum Prokonsul gehen – Demonax hingegen sagte: »Aber nicht doch, Männer! Nicht zum Prokonsul – zum Arzt!«

[17] Als er einmal einen goldenen Ring auf der Straße gefunden hatte, stellte er ein Schild auf der Agora auf und forderte denjenigen, der den Ring verloren habe, auf, er solle kommen und sein Gewicht, den Stein und die Gravur beschreiben; er werde ihn dann zurückerhalten. Da kam nun so ein hübsches Bürschlein und behauptete, er sei es, der ihn verloren habe. Als er aber nichts zur Sache anzugeben hatte, sagte Demonax: »Verschwinde, Junge! Der Ring hier ist dir nicht von deinem Finger geglitten – pass lieber auf, dass dir keiner seinen Finger in deinen – Ring steckt!«[19]

[18] Ein römischer Senator führte ihm in Athen seinen recht hübschen Sohn vor, einen ziemlich mädchenhaften und schwächlichen Typ, und sagte: »Es grüßt dich mein Sohn hier!« – darauf Demonax: »Ein schöner Kerl, deiner würdig und ganz die Mutter!«

[19] Den Kyniker, der seine Philosophie im Bärenfell betrieb, sollte man, so forderte er, nicht Honoratus, wie sein Name war, sondern Arkesilaos nennen.[20]

Ἐρωτήσαντος δέ τινος, τίς αὐτῷ ὅρος εὐδαιμονίας εἶναι δοκεῖ, μόνον εὐδαίμονα ἔφη τὸν ἐλεύθερον· ἐκείνου δὲ φήσαντος πολλοὺς ἐλευθέρους εἶναι, **[20]** »Ἀλλ' ἐκεῖνον νομίζω τὸν μήτε ἐλπίζοντά τι μήτε δεδιότα·« ὁ δέ »Καὶ πῶς ἄν,« ἔφη, »τοῦτό τις δύναιτο; ἅπαντες γὰρ ὡς τὸ πολὺ τούτοις δεδουλώμεθα.« »Καὶ μὴν εἰ κατανοήσεις τὰ τῶν ἀνθρώπων πράγματα, εὕροις ἂν αὐτὰ οὔτε ἐλπίδος οὔτε φόβου ἄξια, παυσομένων πάντως καὶ τῶν ἀνιαρῶν καὶ τῶν ἡδέων.«

[21] Περεγρίνου δὲ τοῦ Πρωτέως ἐπιτιμῶντος αὐτῷ, ὅτι ἐγέλα τὰ πολλὰ καὶ τοῖς ἀνθρώποις προσέπαιζε, καὶ λέγοντος »Δημῶναξ, οὐ κυνᾷς,« ἀπεκρίνατο »Περεγρῖνε, οὐκ ἀνθρωπίζεις.«

[22] Καὶ μὴν καὶ φυσικόν τινα περὶ τῶν ἀντιπόδων διαλεγόμενον ἀναστήσας καὶ ἐπὶ φρέαρ ἀγαγὼν καὶ δείξας αὐτῷ τὴν ἐν τῷ ὕδατι σκιὰν ἤρετο »Τοιούτους ἄρα τοὺς ἀντίποδας εἶναι λέγεις;«

[23] Ἀλλὰ καὶ μάγου τινὸς εἶναι λέγοντος καὶ ἐπῳδὰς ἔχειν ἰσχυράς, ὡς ὑπ' αὐτῶν ἅπαντας ἀναπεισθῆναι παρέχειν αὐτῷ ὁπόσα βούλεται »Μὴ θαύμαζε,« ἔφη· »καὶ γὰρ αὐτὸς ὁμότεχνός εἰμί σοι, καὶ εἰ βούλει, ἕπου πρὸς τὴν ἀρτόπωλιν καὶ ὄψει με διὰ μιᾶς ἐπῳδῆς καὶ μικροῦ τοῦ φαρμάκου πείθοντα αὐτὴν δοῦναί μοι τῶν ἄρτων,« αἰνιττόμενος τὸ νόμισμα ὡς τὰ ἴσα τῇ ἐπῳδῇ δυνάμενον.

[24] Ἐπεὶ δὲ Ἡρῴδης ὁ πάνυ ἐπένθει τὸν Πολυδεύκη πρὸ ὥρας ἀποθανόντα καὶ ἠξίου ὄχημα ζεύγνυσθαι αὐτῷ καὶ ἵππους παρίστασθαι ὡς ἀναβησομένῳ καὶ δεῖπνον παρασκευάζεσθαι, προσελθών »Παρὰ Πολυδεύκους,« ἔφη, »κομίζω σοί τινα ἐπιστολήν.« ἡσθέντος δὲ ἐκείνου καὶ οἰηθέντος ὅτι κατὰ τὸ κοινὸν καὶ αὐτὸς τοῖς ἄλλοις συντρέ-

Als ihn einmal jemand fragte, was für ihn die Definition von Glück sei, antwortete er, glücklich sei allein der Freie; als der nun meinte, frei seien doch viele: **[20]** »Nein, den halte ich für frei, der weder etwas erhofft noch etwas fürchtet.« Darauf der andere: »Und wie sollte man das können? Wir sind doch alle Sklaven der Hoffnung und der Furcht.« »Gewiss. Wenn du allerdings die menschlichen Angelegenheiten genau bedenkst, wirst du wohl feststellen, dass sie weder Hoffnung noch Furcht verdienen. Es hat doch alles einmal ein Ende, das Betrübliche wie das Angenehme.«

[21] Dem Peregrinos Proteus, der ihm vorwarf, dass er so oft lache und mit den Menschen seinen Scherz treibe, und sagte: »Demonax, du bist kein richtiger Hund!«, antwortete er: »Peregrinos, du bist kein richtiger Mensch!«[21]

[22] Ja, und einen Naturwissenschaftler, der über die Antipoden dozierte, bat er aufzustehen, führte ihn zu einem Brunnen, zeigte ihm seinen Schatten im Wasser und fragte: »Von der Art, sagst du, sind also die Antipoden?«[22]

[23] Nun, zu einem Mann, der sich als Zauberer ausgab und behauptete, er besitze mächtige Beschwörungen, durch die er alle dazu bringen könne, ihm jeden Wunsch zu erfüllen, sagte er: »Das ist nichts Besonderes! Ich bin ein Mitbruder deiner Zunft, und wenn du Lust hast, komm mit zur Bäckerin und sieh zu, wie ich sie mit nur einer einzigen Beschwörung und ein klein bisschen Zaubertrank dazu bringe, mir von ihren Broten zu geben!« Damit spielte er auf das Münzgeld an, das die gleiche Macht wie eine Beschwörung besitze.

[24] Als der berühmte Herodes in seiner Trauer um den allzu früh verstorbenen Polydeukes sogar verlangte,[23] man solle ein Gespann für ihn anschirren und Pferde bereitstellen wie für einen, der gleich losfahren werde, und ein Mahl zubereiten, da begab sich Demonax zu ihm und sagte: »Ich komme im Auftrag von Polydeukes.« Da freute sich Herodes und glaubte, dass sich auch Demonax, wie die Allgemeinheit, zusammen mit den anderen auf seinen Kum-

χει τῷ πάθει αὐτοῦ, καὶ εἰπόντος »Τί οὖν, ὦ Δημῶναξ, Πολυδεύκης ἀξιοῖ;« »Αἰτιᾶταί σε,« ἔφη, »ὅτι μὴ ἤδη πρὸς αὐτὸν ἄπει.«

[25] Ὁ δ' αὐτὸς υἱὸν πενθοῦντι καὶ ἐν σκότῳ ἑαυτὸν καθείρξαντι προσελθὼν ἔλεγεν μάγος τε εἶναι καὶ δύνασθαι αὐτῷ ἀναγαγεῖν τοῦ παιδὸς τὸ εἴδωλον, εἰ μόνον αὐτῷ τρεῖς τινας ἀνθρώπους ὀνομάσειε μηδένα πώποτε πεπενθηκότας· ἐπὶ πολὺ δὲ ἐκείνου ἐνδοιάσαντος καὶ ἀποροῦντος – οὐ γὰρ εἶχέν τινα, οἶμαι, εἰπεῖν τοιοῦτον – »Εἶτ',« ἔφη, »ὦ γελοῖε, μόνος ἀφόρητα πάσχειν νομίζεις μηδένα ὁρῶν πένθους ἄμοιρον;«

[26] Καὶ μὴν κἀκείνων καταγελᾶν ἠξίου τῶν ἐν ταῖς ὁμιλίαις πάνυ ἀρχαίοις καὶ ξένοις ὀνόμασι χρωμένων· ἑνὶ γοῦν ἐρωτηθέντι ὑπ' αὐτοῦ λόγον τινὰ καὶ ὑπεραττικῶς ἀποκριθέντι »Ἐγὼ μέν σε,« ἔφη, »ὦ ἑταῖρε, νῦν ἠρώτησα, σὺ δέ μοι ὡς ἐπ' Ἀγαμέμνονος ἀποκρίνῃ.«

[27] Εἰπόντος δέ τινος τῶν ἑταίρων »Ἀπίωμεν, Δημῶναξ, εἰς τὸ Ἀσκληπιεῖον καὶ προσευξώμεθα ὑπὲρ τοῦ υἱοῦ,« »Πάνυ,« ἔφη, »κωφὸν ἡγῇ τὸν Ἀσκληπιόν, εἰ μὴ δύναται κἀντεῦθεν ἡμῶν εὐχομένων ἀκούειν.«

[28] Ἰδὼν δέ ποτε δύο τινὰς φιλοσόφους κομιδῇ ἀπαιδεύτως ἐν ζητήσει ἐρίζοντας καὶ τὸν μὲν ἄτοπα ἐρωτῶντα, τὸν δὲ οὐδὲν πρὸς λόγον ἀποκρινόμενον, »Οὐ δοκεῖ ὑμῖν,« ἔφη, »ὦ φίλοι, ὁ μὲν ἕτερος τούτων τράγον ἀμέλγειν, ὁ δὲ αὐτῷ κόσκινον ὑποτιθέναι;«

[29] Ἀγαθοκλέους δὲ τοῦ Περιπατητικοῦ μέγα φρονοῦντος ὅτι μόνος αὐτός ἐστιν καὶ πρῶτος τῶν διαλεκτικῶν, ἔφη »Καὶ μήν, ὦ

mer einlassen wolle, doch als er fragte: »Was, Demonax, möchte denn Polydeukes?«, sagte er: »Er macht dir Vorwürfe, weil du immer noch nicht unterwegs zu ihm bist.«

[25] Und er begab sich auch zu einem, der seinen Sohn betrauerte und sich im Dunkeln eingeschlossen hatte, und behauptete, er sei ein Zauberer und besitze die Macht, ihm den Geist seines Sohnes zurückzubringen, vorausgesetzt, er könne ihm drei Menschen nennen, die noch nie um jemanden getrauert hätten. Als der nun lange hin und her überlegte und um eine Antwort verlegen war – denn so einen Menschen, denke ich, konnte er nicht anführen –, sagte er: »Und da glaubst du, lachhafter Mensch, dein Kummer allein sei unerträglich, wo du doch niemanden siehst, der nicht sein gerüttelt Maß an Trauer besäße?«

[26] Ebenso fand er es richtig, jeden auszulachen, der im Gespräch sehr archaische und ungeläufige Wörter verwendete. So sagte er jedenfalls mal zu einem, der auf seine Frage nach einem bestimmten Sachverhalt in hyperattizistischer Manier geantwortet hatte: »Lieber Freund, ich habe dich hier und jetzt gefragt, aber du hast mir geantwortet wie zu Zeiten Agamemnons.«

[27] Und als einmal einer seiner Freunde sagte: »Demonax, wir wollen zum Asklepiostempel gehen und dort für meinen Sohn beten!«, da antwortete er: »Du hältst den Asklepios wohl für ziemlich taub, wenn du glaubst, dass er unsere Gebete von hier aus nicht hören könne.«

[28] Als er mal zwei Philosophen auf die ungebildetste Weise über eine Untersuchung streiten sah, wobei der eine nichts zur Sache Gehöriges fragte, der andere nicht auf das vorgetragene Argument antwortete, sagte er: »Habt ihr nicht auch den Eindruck, Freunde, dass der eine von ihnen einen Bock melkt und der andere ihm ein Sieb unterhält?«

[29] Der Peripatetiker Agathokles prahlte, er sei der erste und einzige Dialektiker – darauf Demonax: »Und doch bist du, Aga-

Ἀγαθόκλεις, εἰ μὲν πρῶτος, οὐ μόνος, εἰ δὲ μόνος, οὐ πρῶτος.«

[30] Κεθήγου δὲ τοῦ ὑπατικοῦ, ὁπότε διὰ τῆς Ἑλλάδος εἰς τὴν Ἀσίαν ἀπῄει πρεσβεύσων τῷ πατρί, πολλὰ καταγέλαστα καὶ λέγοντος καὶ ποιοῦντος, ἐπειδὴ τῶν ἑταίρων τις ὁρῶν ταῦτα ἔλεγεν αὐτὸν μέγα κάθαρμα εἶναι, »Μὰ τὸν Δί',« ἔφη ὁ Δημῶναξ, »οὐδὲ μέγα.«

[31] Καὶ Ἀπολλώνιον δέ ποτε τὸν φιλόσοφον ἰδὼν μετὰ πολλῶν τῶν μαθητῶν ἐξελαύνοντα – ἤδη δὲ ἀπῄει μετάπεμπτος ὡς ἐπὶ παιδείᾳ τῷ βασιλεῖ συνεσόμενος – »Προσέρχεται,« ἔφη, »Ἀπολλώνιος καὶ οἱ Ἀργοναῦται αὐτοῦ.«

[32] Ἄλλου δέ ποτε ἐρομένου εἰ ἀθάνατος αὐτῷ ἡ ψυχὴ δοκεῖ εἶναι, »Ἀθάνατος,« ἔφη, »ἀλλ' ὡς πάντα.«

[33] Περὶ μέντοι Ἡρῴδου ἔλεγεν ἀληθεύειν τὸν Πλάτωνα φάμενον, οὐ μίαν ἡμᾶς ψυχὴν ἔχειν· οὐ γὰρ εἶναι τῆς αὐτῆς ψυχῆς Ῥήγιλλαν καὶ Πολυδεύκη ὡς ζῶντας ἑστιᾶν καὶ τὰ τοιαῦτα μελετᾶν.

[34] Ἐτόλμησε δέ ποτε καὶ Ἀθηναίους ἐρωτῆσαι δημοσίᾳ τῆς προρρήσεως ἀκούσας, διὰ τίνα αἰτίαν ἀποκλείουσι τοὺς βαρβάρους, καὶ ταῦτα τοῦ τὴν τελετὴν αὐτοῖς καταστησαμένου Εὐμόλπου βαρβάρου καὶ Θρᾳκὸς ὄντος.

[35] Ἐπεὶ δέ ποτε πλεῖν μέλλοντι αὐτῷ διὰ χειμῶνος ἔφη τις τῶν φίλων »Οὐ δέδοικας μὴ ἀνατραπέντος τοῦ σκάφους ὑπὸ ἰχθύων καταβρωθῇς;« »Ἀγνώμων ἂν εἴην,« ἔφη, »ὀκνῶν ὑπὸ ἰχθύων καταδασθῆναι τοσούτους αὐτὸς ἰχθῦς καταφαγών.«

[36] Ῥήτορι δέ τινι κάκιστα μελετήσαντι συνεβούλευεν ἀσκεῖν καὶ γυμνάζεσθαι· τοῦ δὲ εἰπόντος »Ἀεὶ ἐπ' ἐμαυτοῦ λέγω,« »Εἰκότως

thokles, wenn der erste, nicht der einzige, und wenn der einzige, dann nicht der erste.«[24]

[30] Als der Konsular Cethegus auf dem Weg nach Asia, wo er seinem Vater als Legat dienen sollte,[25] durch Griechenland kam und dort viel Lachhaftes sagte und tat, da sagte Demonax, als einer seiner Freunde, der das mitansah, bemerkte, Cethegus sei wirklich ein übler Kotzbrocken: »Aber nein, für ›übler‹ reicht's nicht!«

[31] Einmal sah er auch den Philosophen Apollonios mit vielen seiner Schüler des Weges ziehen – er machte sich gerade auf die Reise zum Kaiser, bestellt, sich an dessen Erziehung zu beteiligen –, und da sagte er: »Da kommt Apollonios mit seinen Argonauten.«[26]

[32] Und als ihn mal ein anderer fragte, ob er die Seele für unsterblich halte, erwiderte er: »Für unsterblich, aber auch nicht für unsterblicher als alles übrige.«

[33] Über Herodes indes pflegte er zu sagen, Platon habe mit seiner Behauptung, wir hätten nicht nur eine einzelne Seele, recht gehabt;[27] denn man könne nicht mit ein und derselben Seele Regilla[28] und Polydeukes bewirten, als seien sie noch am Leben, und zugleich derart deklamieren.

[34] Einmal wagte er sogar, die Athener, nachdem er ihre Ankündigung der Mysterien vernommen hatte, in aller Öffentlichkeit zu fragen, aus welchem Grund sie die Barbaren von der Teilnahme ausschlössen, wo doch Eumolpos, der ihnen den Kult eingerichtet habe, nicht nur Barbar, sondern sogar Thraker gewesen sei.[29]

[35] Als er einmal im Winter eine Seereise unternehmen wollte und einer seiner Freunde ihn fragte: »Hast du keine Angst, dass dein Boot umschlägt und du von den Fischen gefressen wirst?«, antwortete er: »Mir würde ja wohl jeder Sinn für das rechte Maß abgehen, wenn ich zögerte, mich von Fischen fressen zu lassen, wo ich selbst schon so viele Fische verspeist habe.«

[36] Einem Redner, der furchtbar schlecht deklamierte, empfahl er zu üben und zu trainieren. Und als der sagte: »Ich rede ständig

τοίνυν,« ἔφη, »τοιαῦτα λέγεις μωρῷ ἀκροατῇ χρώμενος.«

[37] Καὶ μάντιν δέ ποτε ἰδὼν δημοσίᾳ ἐπὶ μισθῷ μαντευόμενον »Οὐχ ὁρῶ,« ἔφη, »ἐφ' ὅτῳ τὸν μισθὸν ἀπαιτεῖς· εἰ μὲν γὰρ ὡς ἀλλάξαι τι δυνάμενος τῶν ἐπικεκλωσμένων, ὀλίγον αἰτεῖς ὁπόσον ἂν αἰτῇς, εἰ δὲ ὡς δέδοκται τῷ θεῷ πάντα ἔσται, τί σου δύναται ἡ μαντική;«

[38] Πρεσβύτου δέ τινος Ῥωμαίου εὐσωματοῦντος καὶ τὴν ἐνόπλιον αὐτῷ μάχην πρὸς πάτταλον ἐπιδειξαμένου καὶ ἐρομένου »Πῶς σοι, Δημῶναξ, μεμαχῆσθαι ἔδοξα;« »Καλῶς, ἔφη, ἂν ξύλινον τὸν ἀνταγωνιστὴν ἔχῃς.«

[39] Καὶ μὴν καὶ πρὸς τὰς ἀπόρους τῶν ἐρωτήσεων πάνυ εὐστόχως παρεσκεύαστο· ἐρομένου γάρ τινος ἐπὶ χλευασμῷ »Εἰ χιλίας μνᾶς ξύλων καύσαιμι, ὦ Δημῶναξ, πόσαι μναῖ ἂν καπνοῦ γένοιντο;« »Στῆσον,« ἔφη, »τὴν σποδόν, καὶ τὸ λοιπὸν πᾶν καπνός ἐστιν.«

[40] Πολυβίου δέ τινος, κομιδῇ ἀπαιδεύτου ἀνθρώπου καὶ σολοίκου, εἰπόντος »Ὁ βασιλεύς με τῇ Ῥωμαίων πολιτείᾳ τετίμηκεν·« »Εἴθε σε,« ἔφη, »Ἕλληνα μᾶλλον ἢ Ῥωμαῖον πεποιήκει.«

[41] Ἰδὼν δέ τινα τῶν εὐπαρύφων ἐπὶ τῷ πλάτει τῆς πορφύρας μέγα φρονοῦντα, κύψας αὐτοῦ πρὸς τὸ οὖς καὶ τῆς ἐσθῆτος λαβόμενος καὶ δείξας »Τοῦτο μέντοι πρὸ σοῦ πρόβατον ἐφόρει καὶ ἦν πρόβατον.«

[42] Ἐπεὶ μέντοι λουόμενος ὤκνησεν ἐς τὸ ὕδωρ ζέον ἐμβῆναι, καὶ ᾐτιάσατό τις ὡς ἀποδειλιάσαντα, »Εἰπέ μοι,« ἔφη, »ὑπὲρ πατρίδος αὐτὸ πείσεσθαι ἔμελλον;«

[43] Ἐρομένου δέ τινος »Ποῖα νομίζεις εἶναι τὰ ἐν Ἅιδου;« »Περίμεινον,« ἔφη, »κἀκεῖθέν σοι ἐπιστελῶ.«

[44] Ἀδμήτῳ δέ τινι ποιητῇ φαύλῳ λέγοντι γεγραφέναι μονόστιχον ἐπίγραμμα, ὅπερ ἐν ταῖς διαθήκαις κεκέλευκεν ἐπιγραφῆναι αὐτοῦ τῇ

vor mich hin«, sagte er: »Dann ist es natürlich kein Wunder, dass du so redest! Bei einem so dummen Zuhörer!«

[37] Und als er sah, wie ein Wahrsager seine Wahrsagungen öffentlich gegen Entlohnung anbot, sagte er: »Mir ist nicht klar, wofür du eigentlich Lohn verlangst. Wenn nämlich dafür, dass du das Verhängte ändern kannst, dann verlangst du, wie viel du auch forderst, doch wenig; wenn aber alles kommt, wie es Gott gefällt, was bringt dann deine Wahrsagerei?«

[38] Ein alter Römer von kräftigem Körperbau, der ihm seine Kampfkraft im Gefecht mit einem Pfahl demonstrierte, fragte ihn: »Wie findest du mich so als Kämpfer?« Er antwortete: »Erstklassig – vorausgesetzt, dein Gegner ist aus Holz.«

[39] In der Tat war er auch mit großer Treffsicherheit gegen Fangfragen gerüstet. Denn als ihn mal einer zum Spott fragte: »Wenn ich tausend Minen Holz verbrenne, wie viele Minen Rauch bekomme ich dann?«, antwortete er: »Wieg die Asche, die Differenz ist der Rauch.«[30]

[40] Als ein gewisser Polybios, ein ziemlich ungebildeter und geschmackloser Mensch, sagte: »Der Kaiser hat mir das römische Bürgerrecht verliehen«, antwortete er: »Hätte er dich mal lieber zu einem Griechen als zu einem Römer gemacht!«

[41] Als er mal einen von den Vornehmen sah, der auf die Breite seines Purpurstreifens unbändig stolz war, packte er ihn an der Toga, zeigte auf sie und flüsterte ihm ins Ohr: »Nichtsdestoweniger hat das vor dir ein Schaf getragen – und war doch ein Schaf.«

[42] Als er indes beim Baden einmal zögerte, in siedend heißes Wasser zu steigen, und einer ihm Feigheit vorwarf, returnierte er: »Sag mal, geht es hier um mein Vaterland?«

[43] Auf die Frage »Wie, glaubst du, ist es im Hades?« antwortete er: »Wart's ab, ich schreib dir, sobald ich da bin.«

[44] Zu einem gewissen Admetos, einem unfähigen Dichter, der sagte, er habe ein aus einem Vers bestehendes Epigramm verfasst, das, so habe er in seinem Testament verfügt, auf seinen Grab-

στήλῃ – οὐ χεῖρον δὲ καὶ αὐτὸ εἰπεῖν,

Γαῖα λάβ' Ἀδμήτου ἔλυτρον, βῆ δ' εἰς θεὸν αὐτός –

γελάσας εἶπεν »Οὕτω καλόν ἐστιν, ὦ Ἄδμητε, τὸ ἐπίγραμμα, ὥστε ἐβουλόμην αὐτὸ ἤδη ἐπιγεγράφθαι.«

[45] Ἰδὼν δέ τις ἐπὶ τῶν σκελῶν αὐτοῦ οἷα τοῖς γέρουσιν ἐπιεικῶς γίνεται, ἤρετο »Τί τοῦτο, ὦ Δημῶναξ;« ὁ δὲ μειδιάσας »Χάρων με ἔδακεν,« ἔφη.

[46] Καὶ μέντοι καὶ Λακεδαιμόνιόν τινα ἰδὼν τὸν αὑτοῦ οἰκέτην μαστιγοῦντα »Παῦσαι,« ἔφη, »ὁμότιμον σαυτοῦ τὸν δοῦλον ἀποφαίνων.«

[47] Δανάης δέ τινος πρὸς τὸν ἀδελφὸν δίκην ἐχούσης »Κρίθητι,« ἔφη, »οὐ γὰρ εἶ Δανάη ἡ Ἀκρισίου θυγάτηρ.«

[48] Μάλιστα δὲ ἐπολέμει τοῖς οὐ πρὸς ἀλήθειαν ἀλλὰ πρὸς ἐπίδειξιν φιλοσοφοῦσιν· ἕνα γοῦν ἰδὼν Κυνικὸν τρίβωνα μὲν καὶ πήραν ἔχοντα, ἀντὶ δὲ τῆς βακτηρίας ὕπερον, καὶ κεκραγότα καὶ λέγοντα ὅτι Ἀντισθένους καὶ Κράτητος καὶ Διογένους ἐστὶ ζηλωτής, »Μὴ ψεύδου,« ἔφη, »σὺ γὰρ Ὑπερείδου μαθητὴς ὢν τυγχάνεις.«

[49] Ἐπεὶ μέντοι πολλοὺς τῶν ἀθλητῶν ἑώρα κακομαχοῦντας καὶ παρὰ τὸν νόμον ἐναγώνιον ἀντὶ τοῦ παγκρατιάζειν δάκνοντας, »Οὐκ ἀπεικότως,« ἔφη, »τοὺς νῦν ἀθλητὰς οἱ παρομαρτοῦντες λέοντας καλοῦσιν.«

[50] Ἀστεῖον δὲ κἀκεῖνο αὐτοῦ καὶ δηκτικὸν ἅμα τὸ πρὸς τὸν ἀνθύπατον εἰρημένον· ἦν μὲν γὰρ τῶν πιττουμένων τὰ σκέλη καὶ τὸ σῶμα ὅλον· Κυνικοῦ δέ τινος ἐπὶ λίθον ἀναβάντος καὶ αὐτὸ τοῦτο

stein eingraviert werden solle – ich kann es ebenso gut auch gleich wörtlich zitieren:

> Gaia, die Erde, nahm Admetos' Körper, er selbst ging zur Gottheit –,

sagte er lachend: »Dein Epigramm, lieber Admetos, ist so gelungen, dass ich mir wünschte, es wäre schon – geritzt.«

[45] Einer sah an seinen Beinen die üblichen Alterserscheinungen und fragte: »Was ist das denn, Demonax?« Da lächelte er und sagte: »Charon hat mich gebissen.«

[46] Als er freilich einen Spartaner seinen Diener auspeitschen sah, sagte er: »Hör auf, einen Sklaven wie Deinesgleichen zu behandeln!«[31]

[47] Als eine gewisse Danae mit ihrem Bruder prozessierte, sagte er: »Warte das Urteil in aller Ruhe ab! Du bist ja nicht Danae, die Tochter des Akrisios!«[32]

[48] Am erbittertsten bekämpfte er Leute, die Philosophie nicht mit dem Ziel der Wahrheitsfindung betrieben, sondern um sich öffentlich zu produzieren. Als er nun einen Kyniker mit Umhang und Ranzen und mit einem Knüppel anstelle eines Stockes erblickte, der herumbrüllte und behauptete, er sei Jünger des Antisthenes, des Krates und des Diogenes, da sagte er: »Lüg nicht! Du bist ja Schüler des Hypereides.«[33]

[49] Als er zusehen musste, wie viele Athleten unfair kämpften und einander gegen die Wettkampfregeln mit Bissen traktierten, anstatt zu ringen und zu boxen,[34] da sagte er: »Es passt gar nicht schlecht, dass die heutigen Athleten von ihren Anhängern ›Löwen‹ genannt werden.«

[50] Geistreich und zugleich bissig war auch seine folgende Bemerkung, die er an den Prokonsul richtete; der war nämlich einer von den Leuten, die ihre Beine und den ganzen Körper mit Hilfe von Pech epilieren. Als nun ein Kyniker auf einen Stein kletterte, genau dieses Verhalten anprangerte und ihn als Schwuchtel ver-

κατηγοροῦντος αὐτοῦ καὶ εἰς κιναιδίαν διαβάλλοντος, ἀγανακτήσας καὶ κατασπασθῆναι τὸν Κυνικὸν κελεύσας ἔμελλεν ἢ ξύλοις συντρίψειν ἢ καὶ φυγῇ ζημιώσειν· ἀλλ' ὅ γε Δημῶναξ παρατυχὼν παρῃτεῖτο συγγνώμην ἔχειν αὐτῷ κατά τινα πάτριον τοῖς Κυνικοῖς παρρησίαν θρασυνομένῳ. εἰπόντος δὲ τοῦ ἀνθυπάτου »Νῦν μέν σοι ἀφίημι αὐτόν, ἂν δὲ ὕστερον τοιοῦτόν τι τολμήσῃ, τί παθεῖν ἄξιός ἐστιν;« καὶ ὁ Δημῶναξ »Δρωπακισθῆναι τότε αὐτὸν κέλευσον.«

[51] Ἄλλῳ δέ τινι στρατοπέδων ἅμα καὶ ἔθνους τοῦ μεγίστου τὴν ἀρχὴν ἐμπιστευθέντι ἐκ βασιλέως ἐρομένῳ, πῶς ἄριστα ἄρξει; »Ἀοργήτως,« ἔφη, »καὶ ὀλίγα μὲν λαλῶν, πολλὰ δὲ ἀκούων.«

[52] Ἐρομένῳ δέ τινι εἰ καὶ αὐτὸς πλακοῦντας ἐσθίοι, »Οἴει οὖν,« ἔφη, »τοῖς μωροῖς τὰς μελίσσας τιθέναι τὰ κηρία;«

[53] Πρὸς δὲ τῇ Ποικίλῃ ἀνδριάντα ἰδὼν τὴν χεῖρα ἀποκεκομμένον, ὀψὲ ἔφη Ἀθηναίους εἰκόνι χαλκῇ τετιμηκέναι τὸν Κυνέγειρον.

[54] Καὶ μὴν καὶ Ῥουφῖνον τὸν Κύπριον – λέγω δὴ τὸν χωλὸν τὸν ἐκ τοῦ περιπάτου – ἰδὼν ἐπὶ πολὺ τοῖς περιπάτοις ἐνδιατρίβοντα »Οὐδέν ἐστιν,« ἔφη, »ἀναισχυντότερον χωλοῦ Περιπατητικοῦ.«

[55] Ἐπεὶ δέ ποτε ὁ Ἐπίκτητος ἐπιτιμῶν ἅμα συνεβούλευεν αὐτῷ ἀγαγέσθαι γυναῖκα καὶ παιδοποιήσασθαι – πρέπειν γὰρ καὶ τοῦτο φιλοσόφῳ ἀνδρὶ ἕτερον ἀντ' αὐτοῦ καταλιπεῖν τῇ φύσει – ἐλεγκτικώτατα πρὸς αὐτὸν ἀπεκρίνατο »Οὐκοῦν, ὦ Ἐπίκτητε, δός μοι μίαν τῶν σαυτοῦ θυγατέρων.«

[56] Καὶ μὴν τὸ πρὸς Ἑρμῖνον τὸν Ἀριστοτελικὸν ἄξιον ἀπομνημονεῦσαι· εἰδὼς γὰρ αὐτὸν παγκάκιστον μὲν ὄντα καὶ μυρία κακὰ ἐργαζόμενον τὸν Ἀριστοτέλη, καὶ διὰ στόματος αὐτοῦ τὰς δέκα κατηγορίας

leumdete, geriet der Prokonsul in Wut, ließ ihn herunterzerren und war schon drauf und dran, ihn mit Knüppeln prügeln zu lassen oder ihn sogar mit Verbannung zu bestrafen. Doch Demonax, der zufällig vorbeikam, bat ihn, er solle ihm verzeihen, weil seine dreiste und offene Redeweise nun mal sozusagen Geburtsrecht der Kyniker sei. Da sagte der Prokonsul: »Für heute will ich ihn dir zuliebe davonkommen lassen; aber wenn er sich noch einmal eine solche Frechheit erlaubt, welche Strafe verdient er dann?« Darauf Demonax: »Dann lass ihn epilieren!«

[51] Einem anderen, dem der Kaiser das Kommando über Legionen und zugleich die größte Provinz anvertraut hatte und der ihn fragte, auf welche Weise er sein Amt am besten führen könne, antwortete er: »Immer ruhig bleiben, und wenig reden, viel zuhören!«

[52] Einem, der ihn fragte, ob jemand wie er eigentlich Kuchen esse, antwortete er: »Du glaubst also, die Bienen bauen ihre Waben für die Dummköpfe?«[35]

[53] Als er bei der Poikile eine Statue mit abgeschlagener Hand erblickte, sagte er, allzu spät hätten die Athener den Kynegeiros mit einem Standbild aus Bronze geehrt.[36]

[54] Und als er den Rufinos von Zypern – ich meine natürlich den Hinker aus dem Peripatos[37] – ständig in den Promenaden des Lykeions flanieren sah, sagte er: »Gibt es eine größere Schande als einen hinkenden Peripatetiker?«

[55] Als ihm einmal Epiktet mit leichtem Tadel nahelegte, eine Frau zu ehelichen und Kinder in die Welt zu setzen – auch das gehöre sich doch für einen Philosophen: der Welt einen Ersatz für sich zu hinterlassen –, da brachte er ihn mit seiner Antwort zum Schweigen: »Gut, Epiktet, dann gib mir doch eine von deinen Töchtern!«[38]

[56] Und wirklich erinnerungswürdig ist auch, was er zu dem Aristoteliker Herminos sagte. Da er wusste, dass der ein ganz übler Kerl war und den Aristoteles tausendfach malträtiert hatte, außerdem, dass er dessen zehn ›Anzeigen‹, die Kategorien, ständig im

ἔχοντα »Ἑρμῖνε,« ἔφη, »ἀληθῶς ἄξιος εἶ δέκα κατηγοριῶν.«

[57] Ἀθηναίων δὲ σκεπτομένων κατὰ ζῆλον τὸν πρὸς Κορινθίους καταστήσασθαι θέαν μονομάχων, προελθὼν εἰς αὐτούς »Μὴ πρότερον ταῦτα, ὦ Ἀθηναῖοι, ψηφίσησθε, ἂν μὴ τοῦ Ἐλέου τὸν βωμὸν καθέλητε.«

[58] Ἐπεὶ δὲ εἰς Ὀλυμπίαν ποτὲ ἐλθόντι αὐτῷ Ἠλεῖοι εἰκόνα χαλκῆν ἐψηφίσαντο, »Μηδαμῶς τοῦτο,« ἔφη, »ὦ ἄνδρες Ἠλεῖοι, μὴ δόξητε ὀνειδίζειν τοῖς προγόνοις ὑμῶν, ὅτι μήτε Σωκράτους μήτε Διογένους εἰκόνα ἀνατεθείκασιν.«

[59] Ἤκουσα δὲ αὐτοῦ ποτε καὶ πρός τινα τῶν νόμων ἔμπειρον ταῦτα λέγοντος, ὅτι κινδυνεύουσιν ἄχρηστοι εἶναι οἱ νόμοι, ἄν τε πονηροῖς ἄν τε ἀγαθοῖς γράφωνται· οἱ μὲν γὰρ οὐ δέονται νόμων, οἱ δὲ ὑπὸ νόμων οὐδὲν βελτίους γίγνονται.

[60] Τῶν δὲ Ὁμήρου στίχον ἕνα ᾖδεν μάλιστα –

κάτθαν' ὁμῶς ὅ τ' ἀεργὸς ἀνὴρ ὅ τε πολλὰ ἐοργώς.

[61] Ἐπῄνει δὲ καὶ τὸν Θερσίτην ὡς Κυνικόν τινα δημηγόρον.

[62] Ἐρωτηθεὶς δέ ποτε, τίς αὐτῷ ἀρέσκοι τῶν φιλοσόφων, ἔφη »Πάντες μὲν θαυμαστοί· ἐγὼ δὲ Σωκράτη μὲν σέβω, θαυμάζω δὲ Διογένη καὶ φιλῶ Ἀρίστιππον.«

[63] Ἐβίου δὲ ἔτη ὀλίγου δέοντα τῶν ἑκατὸν ἄνοσος, ἄλυπος, οὐδένα ἐνοχλήσας τι ἢ αἰτήσας, φίλοις χρήσιμος, ἐχθρὸν οὐδένα οὐδεπώποτε ἐσχηκώς· καὶ τοσοῦτον ἔρωτα ἔσχον πρὸς αὐτὸν Ἀθηναῖοί τε αὐτοὶ καὶ ἅπασα ἡ Ἑλλάς, ὥστε παριόντι ὑπεξανίστασθαι μὲν τοὺς ἄρχοντας, σιωπὴν δὲ γίνεσθαι παρὰ πάντων. τὸ τελευταῖον δὲ ἤδη ὑπέργηρως ὢν ἄκλητος εἰς ἣν τύχοι παριὼν οἰκίαν ἐδείπνει καὶ ἐκάθευδε, τῶν ἐνοικούντων θεοῦ τινα ἐπιφάνειαν ἡγουμένων τὸ πρᾶγμα καί

Mund führte, sagte er: »Herminos, du hast wirklich und wahrhaftig zehn kategorische Anzeigen verdient.«[39]

[57] Als die Athener darüber nachdachten, ob sie in Konkurrenz zu den Korinthern ein Gladiatorenspektakel inszenieren sollten, da trat er vor sie und sagte: »Beschließt das bloß nicht, Athener, bevor ihr nicht den Altar des Erbarmens abgerissen habt.«[40]

[58] Als er einmal nach Olympia kam und die Eleer die Aufstellung einer Bronzestatue für ihn beschlossen, sagte er: »Lasst das lieber, Männer aus Elis, sonst sieht es noch so aus, als wolltet ihr eure Vorfahren tadeln, weil sie weder für Sokrates noch für Diogenes ein Standbild errichtet haben.«

[59] Einmal hörte ich ihn zu einem Rechtskundigen[41] sagen, Gesetze seien womöglich generell nutzlos, und zwar sowohl wenn sie für schlechte als auch wenn sie für gute Menschen verfasst würden; denn letztere benötigten keine Gesetze, erstere würden durch Gesetze kein bisschen besser.

[60] Von den Versen Homers rezitierte er einen besonders gern:

Beide müssen sie sterben: wer nichts tut, genau wie wer viel tut.[42]

[61] Auch den Thersites[43] lobte er gern, als sei er eine Art kynischer Demagoge.

[62] Als man ihn einmal fragte, wen von den Philosophen er schätze, sagte er: »Sie alle sind wunderbare Menschen. Aber ich persönlich verehre Sokrates, bewundere Diogenes und liebe Aristipp.«[44]

[63] Er wurde beinahe hundert Jahre alt und blieb in seinem Leben ohne Krankheit und ohne Kummer; er fiel niemandem zur Last und verlangte nie etwas; seinen Freunden war er von Nutzen, einen Feind jedoch hat er nie gehabt, keinen einzigen;[45] und so innig verehrten ihn die Athener und ganz Griechenland, dass sich, wenn er vorüberging, die Archonten erhoben und alle verstummten. Zu guter Letzt, als er schon mehr als alt war, betrat er auch ohne Einladung jedes Haus, an dem er gerade vorüberkam, speiste und schlief dort, und die Bewohner hielten das für die Erscheinung

τινα ἀγαθὸν δαίμονα εἰσεληλυθέναι αὐτοῖς εἰς τὴν οἰκίαν. παριόντα δὲ αἱ ἀρτοπώλιδες ἀνθεῖλκον πρὸς αὐτὰς ἑκάστη ἀξιοῦσα παρ᾽ αὐτῆς λαμβάνειν τῶν ἄρτων, καὶ τοῦτο εὐτυχίαν ἑαυτῆς ἡ δεδωκυῖα ᾤετο. καὶ μὴν καὶ οἱ παῖδες ὀπώρας προσέφερον αὐτῷ πατέρα ὀνομάζοντες. **[64]** στάσεως δέ ποτε Ἀθήνησι γενομένης εἰσῆλθεν εἰς τὴν ἐκκλησίαν καὶ φανεὶς μόνον σιωπᾶν ἐποίησεν αὐτούς· ὁ δὲ ἰδὼν ἤδη μετεγνωκότας οὐδὲν εἰπὼν καὶ αὐτὸς ἀπηλλάγη.

[65] Ὅτε δὲ συνῆκεν οὐκέθ᾽ οἷός τε ὢν αὐτῷ ἐπικουρεῖν, εἰπὼν πρὸς τοὺς παρόντας τὸν ἐναγώνιον τῶν κηρύκων πόδα

Λήγει μὲν ἀγὼν τῶν καλλίστων
ἄθλων ταμίας, καιρὸς δὲ καλεῖ
μηκέτι μέλλειν,

καὶ πάντων ἀποσχόμενος ἀπῆλθεν τοῦ βίου φαιδρὸς καὶ οἷος ἀεὶ τοῖς ἐντυγχάνουσιν ἐφαίνετο. **[66]** ὀλίγον δὲ πρὸ τῆς τελευτῆς ἐρομένου τινός »Περὶ ταφῆς τί κελεύεις;« »Μὴ πολυπραγμονεῖτε,« ἔφη· »ἡ γὰρ ὀδμή με θάψει.« φαμένου δὲ ἐκείνου »Τί οὖν; οὐκ αἰσχρὸν ὀρνέοις καὶ κυσὶ βορὰν προτεθῆναι τηλικούτου ἀνδρὸς σῶμα;« »Καὶ μὴν οὐδὲν ἄτοπον,« ἔφη, »τοῦτο, εἰ μέλλω καὶ ἀποθανὼν ζῴοις τισὶ χρήσιμος ἔσεσθαι.« **[67]** οἱ μέντοι Ἀθηναῖοι καὶ ἔθαψαν αὐτὸν δημοσίᾳ μεγαλοπρεπῶς καὶ ἐπὶ πολὺ ἐπένθησαν, καὶ τὸν θᾶκον τὸν λίθινον, ἐφ᾽ οὗ εἰώθει ὁπότε κάμνοι ἀναπαύεσθαι, προσεκύνουν καὶ ἐστεφάνουν ἐς τιμὴν τοῦ ἀνδρός, ἡγούμενοι ἱερὸν εἶναι καὶ τὸν λίθον, ἐφ᾽ οὗ ἐκαθέζετο. ἐπὶ μὲν γὰρ τὴν ἐκφορὰν οὐκ ἔστιν ὅστις οὐκ ἀπήντησεν, καὶ μάλιστα

eines Gottes und waren der Ansicht, ein guter Geist sei in ihr Haus gekommen. Ging er vorbei, zogen ihn die Bäckersfrauen zu ihrem Stand, und jede bat ihn, er solle *ihr* Brot nehmen, und die es ihm geben durfte, hielt das für ein großes Glück. Ja, sogar die Kinder brachten ihm Früchte und nannten ihn ›Vater‹. **[64]** Als einmal in Athen ein Aufstand drohte, begab er sich in die Volksversammlung, und schon sein bloßes Erscheinen ließ sie verstummen; und als er sah, dass sie ihr Verhalten bereits bereuten, sagte er nichts und ging wieder fort.

[65] Als ihm klar wurde, dass er nicht mehr für sich selbst zu sorgen in der Lage war, rezitierte er den Anwesenden den Vers, mit dem die Ausrufer Wettspiele beendeten:

> Vorbei ist der Wettkampf, der schönsten
> Kämpfe Verwalter, es verlangt dieser Augenblick,
> nicht mehr zu verweilen …,[46]

und indem er sich aller Nahrung enthielt, schied er aus dem Leben, voller Heiterkeit und gerade so, wie er stets jedem begegnet war. **[66]** Kurz vor seinem Tod fragte ihn jemand: »Welche Anordnungen triffst du für deine Beisetzung?« Da sagte er: »Ach, macht keine Umstände! Mein Geruch wird mich begraben.« Und als der andere meinte: »Was denn? Ist es nicht eine Schande, dass der Leichnam eines solchen Mannes den Vögeln und Hunden zum Fraß vorgeworfen werden soll?«, da sagte er: »Ich vermag nichts Unpassendes darin zu erkennen, wenn ich auch im Tod noch anderen Lebewesen von Nutzen sein kann.« **[67]** Nichtsdestoweniger bestatteten ihn die Athener in einem prunkvollen Staatsakt und trauerten lange um ihn, und den steinernen Sitz, auf dem er sich, wenn er müde war, für gewöhnlich ausgeruht hatte, den verehrten sie fußfällig und bekränzten ihn, zur Ehrung dieses Mannes, denn sie hielten noch den Stein, auf dem er zu sitzen pflegte, für heilig. Wer säumte nicht den Weg zur Begräbnisstätte? Niemand fehlte,

τῶν φιλοσόφων· οὗτοι μέντοι ὑποδύντες ἐκόμιζον αὐτὸν ἄχρι πρὸς τὸν τάφον.

Ταῦτα ὀλίγα πάνυ ἐκ πολλῶν ἀπεμνημόνευσα, καὶ ἔστιν ἀπὸ τούτων τοῖς ἀναγινώσκουσι λογίζεσθαι ὁποῖος ἐκεῖνος ἀνὴρ ἐγένετο.

vor allem die Philosophen nicht: Sie hoben die Bahre auf ihre Schultern und trugen ihn bis ans Grab.

Dies ganz wenige ist es, von so vielem, was ich in Erinnerung rufen wollte, und schon aus diesem wenigen können die Leser erschließen, was für ein Mann er gewesen ist.

ΝΙΓΡΙΝΟΣ

ΠΡΟΣ ΝΙΓΡΙΝΟΝ ΕΠΙΣΤΟΛΗ

Λουκιανὸς Νιγρίνῳ εὖ πράττειν. Ἡ μὲν παροιμία φησίν, Γλαῦκα εἰς Ἀθήνας, ὡς γελοῖον ὂν εἴ τις ἐκεῖ κομίζοι γλαῦκας, ὅτι πολλαὶ παρ᾽ αὐτοῖς εἰσιν. ἐγὼ δ᾽ εἰ μὲν δύναμιν λόγων ἐπιδείξασθαι βουλόμενος ἔπειτα Νιγρίνῳ γράψας βιβλίον ἔπεμπον, εἰχόμην ἂν τῷ γελοίῳ γλαῦκας ὡς ἀληθῶς ἐμπορευόμενος· ἐπεὶ δὲ μόνην σοι δηλῶσαι τὴν ἐμὴν γνώμην ἐθέλω, ὅπως τε νῦν ἔχω καὶ ὅτι μὴ παρέργως εἴλημμαι πρὸς τῶν σῶν λόγων, ἀποφεύγοιμ᾽ ἂν εἰκότως καὶ τὸ τοῦ Θουκυδίδου λέγοντος ὅτι ἡ ἀμαθία μὲν θράσος, ὀκνηροὺς δὲ τὸ λελογισμένον ἀπεργάζεται· δῆλον γὰρ ὡς οὐχ ἡ ἀμαθία μοι μόνη τῆς τοιαύτης τόλμης, ἀλλὰ καὶ ὁ πρὸς τοὺς λόγους ἔρως αἴτιος. ἔρρωσο.

ΝΙΓΡΙΝΟΥ ΦΙΛΟΣΟΦΙΑ

[1] Ὡς σεμνὸς ἡμῖν σφόδρα καὶ μετέωρος ἐπανελήλυθας. οὐ τοίνυν προσβλέπειν ἡμᾶς ἔτι ἀξιοῖς οὔθ᾽ ὁμιλίας μεταδίδως οὔτε κοινωνεῖς τῶν ὁμοίων λόγων, ἀλλ᾽ ἄφνω μεταβέβλησαι καὶ ὅλως ὑπεροπτικῷ τινι ἔοικας. ἡδέως δ᾽ ἂν παρὰ σοῦ πυθοίμην, ὅθεν οὕτως ἀτόπως ἔχεις καὶ τί τούτων αἴτιον.

Τί γὰρ ἄλλο γε, ὦ ἑταῖρε, ἢ εὐτυχία;

Πῶς λέγεις;

Ὁδοῦ πάρεργον ἥκω σοι εὐδαίμων τε καὶ μακάριος γεγενημένος καὶ

NIGRINOS

Brief an Nigrinos[1]

Lukian wünscht Nigrinos alles Gute. Das Sprichwort sagt: Eine Eule nach Athen – denn es ist lächerlich, Eulen dorthin zu tragen, weil es bei ihnen schon so viele gibt. Und so würde auch ich mich lächerlich machen, wenn ich, nur um meine Beredsamkeit vorzuführen, eine Abhandlung verfasste und dem Nigrinos schickte: Ich wäre wirklich und wahrhaftig ein Eulenhändler. Weil ich dir aber nur meine innere Verfassung klarmachen will – zum einen, wie es mir jetzt geht, zum anderen, dass ich von deinen Ausführungen nicht nur oberflächlich ergriffen bin –, werde ich sicher sogar dem Verdikt des Thukydides entgehen, dass Dummheit tollkühn, Vernunft aber zögerlich mache.[2] Offensichtlich ist ja nicht Dummheit allein an meinem so gewagten Unterfangen schuld, sondern auch meine Liebe zu Worten. Bleib gesund!

[Zwei anonyme Gesprächspartner A und B]

Die Philosophie des Nigrinos

[1] A. Wie schrecklich feierlich und überheblich tust du seit deiner Rückkehr! Keines Blickes würdigst du uns mehr, du lässt dich nicht mehr bei uns sehen, du beteiligst dich nicht mehr an unseren Gesprächen: Nein, du bist auf einmal wie ausgewechselt, die Hochnäsigkeit in Person.[3] Ich wüsste gerne von dir, wie es kommt, dass du dich so merkwürdig benimmst, und was der Grund dafür ist.

B. Was wohl anderes, mein Freund, als ein beglückendes Erlebnis?

A. Was meinst du damit?

B. Eine schöne Nebenwirkung meiner Reise! Da bin ich wieder

τοῦτο δὴ τὸ ἀπὸ τῆς σκηνῆς ὄνομα, τρισόλβιος.

Ἡράκλεις, οὕτως ἐν βραχεῖ;

Καὶ μάλα.

Τί δαὶ τὸ μέγα τοῦτό ἐστιν ἐφ᾽ ὅτῳ καὶ κομᾷς; ἵνα μὴ ἐν κεφαλαίῳ μόνῳ εὐφραινώμεθα, ἔχωμεν δέ τι καὶ ἀκριβὲς εἰδέναι τὸ πᾶν ἀκούσαντες.

Οὐ θαυμαστὸν εἶναί σοι δοκεῖ πρὸς Διός, ἀντὶ μὲν δούλου με ἐλεύθερον, ἀντὶ δὲ πένητος ὡς ἀληθῶς πλούσιον, ἀντὶ δὲ ἀνοήτου τε καὶ τετυφωμένου γενέσθαι μετριώτερον;

[2] Μέγιστον μὲν οὖν· ἀτὰρ οὔπω μανθάνω σαφῶς ὅ τι καὶ λέγεις.

Ἐστάλην μὲν εὐθὺ τῆς πόλεως βουλόμενος ἰατρὸν ὀφθαλμῶν θεάσασθαί τινα· τὸ γάρ μοι πάθος τὸ ἐν τῷ ὀφθαλμῷ μᾶλλον ἐπετείνετο.

Οἶδα τούτων ἕκαστα, καὶ ηὐξάμην σέ τινι σπουδαίῳ ἐπιτυχεῖν.

Δόξαν οὖν μοι διὰ πολλοῦ προσειπεῖν Νιγρῖνον τὸν Πλατωνικὸν φιλόσοφον, ἕωθεν ἐξαναστὰς ὡς αὐτὸν ἀφικόμην καὶ κόψας τὴν θύραν τοῦ παιδὸς εἰσαγγείλαντος ἐκλήθην· καὶ παρελθὼν εἴσω καταλαμβάνω τὸν μὲν ἐν χερσὶ βιβλίον ἔχοντα, πολλὰς δὲ εἰκόνας παλαιῶν φιλοσόφων ἐν κύκλῳ κειμένας. προὔκειτο δὲ ἐν μέσῳ καὶ πινάκιόν τισι τῶν ἀπὸ γεωμετρίας σχημάτων καταγεγραμμένον καὶ σφαιρα καλάμου πρὸς τὸ τοῦ παντὸς μίμημα ὡς ἐδόκει πεποιημένη. **[3]** σφόδρα οὖν με φιλοφρόνως ἀσπασάμενος ἠρώτα ὅ τι πράττοιμι. κἀγὼ πάντα διηγησάμην αὐτῷ, καὶ δῆτα ἐν μέρει καὶ αὐτὸς ἠξίουν εἰδέναι ὅ τι τε πράττοι καὶ εἰ αὖθις αὐτῷ ἐγνωσμένον εἴη στέλλεσθαι τὴν ἐπὶ τῆς Ἑλλάδος.

Ὁ δὲ ἀπ᾽ ἀρχῆς ἀρξάμενος, ὦ ἑταῖρε, περὶ τούτων λέγειν καὶ τὴν ἑαυτοῦ γνώμην διηγεῖσθαι τοσαύτην τινά μου λόγων ἀμβροσίαν κατ-

bei euch, aber glücklich und glückselig, ja genau so, wie man auf der Bühne sagt: dreimal selig.

A. Beim Herakles, so schnell ging das?

B. Allerdings.

A. Ja, was ist das denn Außergewöhnliches, dass dir darüber dermaßen der Kamm schwillt? Und wir wollen uns nicht nur an einer kurzen Zusammenfassung laben – lass uns die ganze Geschichte hören und in allen Einzelheiten kennenlernen!

B. Kommt es dir, bei Zeus, nicht wie ein wahres Wunder vor, dass ich von einem Sklaven zu einem freien Mann, von einem Armen zu einem wahrhaft Reichen, von einem aufgeblasenen Dummkopf zu einem besonneneren Menschen geworden bin?

[2] A. Wie ein gewaltiges Wunder! Allerdings verstehe ich noch nicht ganz, wovon du redest.

B. Ich war doch direkt in die Stadt gereist, um einen Augenarzt aufzusuchen: Mein Augenleiden wurde ja immer schlimmer.

A. Das weiß ich alles, und ich hatte mir so gewünscht, dass du einen fändest, der seine Sache versteht.

B. Nun hatte ich schon lange vor, dem Platoniker Nigrinos einmal wieder meine Aufwartung zu machen. Daher stand ich früh auf, ging zu seinem Haus, klopfte und wurde, nachdem mich der Sklave angemeldet hatte, hineingebeten. Drinnen treffe ich ihn mit einem Buch in der Hand und ringsherum viele Büsten alter Philosophen.[4] In ihrer Mitte stand eine kleine Tafel mit Zeichnungen geometrischer Figuren, außerdem eine Kugel aus Weidengeflecht, die, wie es aussah, das All darstellte. [3] Er begrüßte mich außerordentlich liebenswürdig und fragte mich nach meinem Befinden. Ich berichtete ihm alles und wollte dann natürlich auch meinerseits wissen, wie es ihm gehe und ob er vorhabe, wieder einmal nach Griechenland zu reisen.

Zur Antwort holte er weit aus, um mir seine Grundsätze und Ansichten darzulegen; und in einer solchen Fülle streute er die Ambrosia seiner Worte über mich,[5] dass er sogar die berühmten Sire-

εσκέδασεν, ὥστε καὶ τὰς Σειρῆνας ἐκείνας, εἴ τινες ἄρα ἐγένοντο, καὶ τὰς ἀηδόνας καὶ τὸν Ὁμήρου λωτὸν ἀρχαῖον ἀποδεῖξαι· οὕτω θεσπέσια ἐφθέγξατο. [4] προήχθη γὰρ αὐτήν τε φιλοσοφίαν ἐπαινέσαι καὶ τὴν ἀπὸ ταύτης ἐλευθερίαν καὶ τῶν δημοσίᾳ νομιζομένων ἀγαθῶν καταγελάσαι, πλούτου καὶ δόξης καὶ βασιλείας καὶ τιμῆς, ἔτι τε χρυσοῦ καὶ πορφύρας, καὶ τῶν πάνυ περιβλέπτων τοῖς πολλοῖς, τέως δὲ κἀμοὶ δοκούντων. ἅπερ ἔγωγε ἀτενεῖ καὶ ἀναπεπταμένῃ τῇ ψυχῇ δεξάμενος αὐτίκα μὲν οὐδὲ εἶχον εἰκάσαι ὅπερ ἐπεπόνθειν, ἀλλὰ παντοῖος ἐγιγνόμην· καὶ ἄρτι μὲν ἐλυπούμην, ἐληλεγμένων μοι τῶν φιλτάτων, πλούτου τε καὶ ἀργυρίου καὶ δόξης, καὶ μόνον οὐκ ἐδάκρυον ἐπ᾽ αὐτοῖς καθῃρημένοις, ἄρτι δὲ αὐτὰ μὲν ἐδόκει μοι ταπεινὰ καὶ καταγέλαστα· ἔχαιρον δ᾽ αὖ ὥσπερ ἐκ ζοφεροῦ τινος ἀέρος τοῦ βίου τοῦ πρόσθεν ἐς αἰθρίαν τε καὶ μέγα φῶς ἀναβλέπων· ὥστε δή, τὸ καινότατον, τοῦ ὀφθαλμοῦ μὲν καὶ τῆς περὶ αὐτὸν ἀσθενείας ἐπελανθανόμην, τὴν δὲ ψυχὴν ὀξυδερκέστερος κατὰ μικρὸν ἐγιγνόμην· ἐλελήθειν γὰρ τέως αὐτὴν τυφλώττουσαν περιφέρων. [5] προϊὼν δὲ ἐς τόδε περιήχθην, ὅπερ ἀρτίως ἡμῖν ἐπεκάλεις· γαῦρός τε γὰρ ὑπὸ τοῦ λόγου καὶ μετέωρός εἰμι καὶ ὅλως μικρὸν οὐκέτι οὐδὲν ἐπινοῶ· δοκῶ γάρ μοι ὅμοιόν τι πεπονθέναι πρὸς φιλοσοφίαν, οἷόνπερ καὶ οἱ Ἰνδοὶ πρὸς τὸν οἶνον λέγονται παθεῖν, ὅτε πρῶτον ἔπιον αὐτοῦ· θερμότεροι γὰρ ὄντες φύσει πιόντες ἰσχυρὸν οὕτω ποτὸν αὐτίκα μάλα ἐξεβακχεύθησαν καὶ διπλασίως ὑπὸ τοῦ ἀκράτου ἐξεμάνησαν. οὕτω σοι καὶ αὐτὸς ἔνθεος καὶ μεθύων ὑπὸ τῶν λόγων περιέρχομαι.

[6] Καὶ μὴν τοῦτό γε οὐ μεθύειν, ἀλλὰ νήφειν τε καὶ σωφρονεῖν ἐστιν. ἐγὼ δὲ βουλοίμην ἄν, εἰ οἷόν τε, αὐτῶν ἀκοῦσαι τῶν λόγων· οὐδὲ γὰρ οὐδὲ φθονεῖν αὐτῶν οἶμαι θέμις, ἄλλως τε εἰ καὶ φίλος καὶ περὶ τὰ

nen, wenn es sie denn je gegeben hat, und die Nachtigallen und Homers Lotos hätte alt aussehen lassen:[6] So göttlich sprach er. [4] Denn er ließ sich zu einer Lobeshymne auf die Philosophie selbst hinreißen und auf die Freiheit, die sie schenkt, aber auch zu einer Verhöhnung all dessen, was man allgemein für gut hält, Reichtum, Ruhm, Königsmacht, Ehre, auch Gold und Purpur: all das, was bei den meisten, und bisher auch bei mir, hohe Wertschätzung genießt. Und während ich seinen Ausführungen konzentriert und mit ganzem Herzen lauschte, geriet ich – ich wusste nicht, wie mir geschah – zunehmend außer mir: Bald war ich traurig, weil das, was mir das liebste gewesen war, Reichtum, Silber und Ruhm, verworfen wurde, und es fehlte nicht viel, ich hätte über ihre Vernichtung Tränen vergossen; bald wieder kam mir das alles niedrig und lächerlich vor, und ich fühlte wieder eine Freude in mir aufsteigen, als ob ich aus der Finsternis meines früheren Lebens in hellen Sonnenschein hinaufschaute, so dass ich tatsächlich, und das war noch nie dagewesen, mein Auge und seine Erkrankung vergaß, während mein inneres Auge immer schärfer zu blicken vermochte: Denn dessen Blindheit war mir bis dahin entgangen.[7]

[5] Und so gelangte ich allmählich in jenen Zustand, den du mir eben vorgeworfen hast: Seine Worte haben mich in freudige Erregung versetzt, ich gehe wie auf Wolken und bin unfähig, an etwas Geringes zu denken. Ich habe den Eindruck, mir ist mit der Philosophie etwas Ähnliches passiert wie angeblich den Indern mit dem Wein, als sie ihn zum ersten Mal probierten: Da sie ja schon von Natur aus hitziger sind, gerieten sie, als sie ein so starkes Getränk zu sich nahmen, gleich ganz außer sich und wurden von dem ungemischten Trunk doppelt verrückt. Genau so laufe ich jetzt herum, begeistert und trunken von seiner Rede.

[6] A. Aber das ist doch keine Trunkenheit, sondern Nüchternheit und Vernunft! Ich würde gern, wenn das geht, seine genauen Worte hören! Denn es wäre nicht recht, nein, überhaupt nicht recht, sie geizig für dich zu behalten, schon gar nicht, wo derjenige,

ὅμοια ἐσπουδακὼς ὁ βουλόμενος ἀκούειν εἴη.

Θάρρει, ὦγαθέ· τοῦτο γάρ τοι τὸ τοῦ Ὁμήρου, »σπεύδοντα καὶ αὐτὸν« παρακαλεῖς, καὶ εἴ γε μὴ ἔφθης, αὐτὸς ἂν ἐδεήθην ἀκοῦσαί μου διηγουμένου· μάρτυρα γάρ σε παραστήσασθαι πρὸς τοὺς πολλοὺς ἐθέλω, ὅτι οὐκ ἀλόγως μαίνομαι· ἄλλως τε καὶ ἡδύ μοι τὸ μεμνῆσθαι αὐτῶν πολλάκις, καὶ ταύτην ἤδη μελέτην ἐποιησάμην· ἐπεὶ κἄν τις μὴ παρὼν τύχῃ, καὶ οὕτω δὶς ἢ τρὶς τῆς ἡμέρας ἀνακυκλῶ πρὸς ἐμαυτὸν τὰ εἰρημένα. [7] καὶ ὥσπερ οἱ ἐρασταὶ τῶν παιδικῶν οὐ παρόντων ἔργ᾽ ἄττα καὶ λόγους εἰρημένους αὐτοῖς διαμνημονεύουσι καὶ τούτοις ἐνδιατρίβοντες ἐξαπατῶσι τὴν νόσον, ὡς παρόντων σφίσι τῶν ἀγαπωμένων – ἔνιοι γοῦν αὐτοῖς καὶ προσλαλεῖν οἴονται καὶ ὡς ἄρτι λεγομένων πρὸς αὐτοὺς ὧν τότε ἤκουσαν ἥδονται καὶ προσάψαντες τὴν ψυχὴν τῇ μνήμῃ τῶν παρεληλυθότων σχολὴν οὐκ ἄγουσιν τοῖς ἐν ποσὶν ἀνιᾶσθαι – οὕτω δὴ καὶ αὐτὸς φιλοσοφίας οὐ παρούσης τοὺς λόγους οὓς τότε ἤκουσα συναγείρων καὶ πρὸς ἐμαυτὸν ἀνατυλίττων οὐ μικρὰν ἔχω παραμυθίαν, καὶ ὅλως καθάπερ ἐν πελάγει καὶ νυκτὶ πολλῇ φερόμενος, ἐς πυρσόν τινα τοῦτον ἀποβλέπω, πᾶσι μὲν παρεῖναι τοῖς ὑπ᾽ ἐμοῦ πραττομένοις τὸν ἄνδρα ἐκεῖνον οἰόμενος, ἀεὶ δὲ ὥσπερ ἀκούων αὐτοῦ τὰ αὐτὰ πρός με λέγοντος· ἐνίοτε δέ, καὶ μάλιστα ὅταν ἐνερείσω τὴν ψυχήν, καὶ τὸ πρόσωπον αὐτοῦ μοι φαίνεται καὶ τῆς φωνῆς ὁ ἦχος ἐν ταῖς ἀκοαῖς παραμένει· καὶ γάρ τοι κατὰ τὸν κωμικὸν ὡς ἀληθῶς ἐγκατέλιπέν τι κέντρον τοῖς ἀκούουσιν.

[8] Παῦε, ὦ θαυμάσιε, μικρὸν ἀνακρουόμενος καὶ λέγε ἐξ ἀρχῆς

der sie hören will, dein Freund ist und sich für dieselben Dinge begeistert wie du.

B. Keine Sorge, mein Lieber! Denn ich kann nur mit Homer sagen, dass deine Bitte mich gleichsam »schon auf dem Weg«[8] erreicht. Und wenn du mir nicht zuvorgekommen wärest, hätte ich dich selbst gebeten, dir meine Geschichte anzuhören. Du sollst nämlich vor der Welt mein Zeuge sein, dass ich in meiner Schwärmerei nicht völlig den Verstand verloren habe. Ohnehin ist es mir eine Lust, mir seine Worte immer wieder ins Gedächtnis zurückzurufen, und ich habe auch schon einige Übung darin, wiederhole ich doch das, was er sagte, auch ohne Zuhörer zwei- oder dreimal am Tag für mich selbst. **[7]** Ich verhalte mich ganz wie Verliebte, die, wenn ihr Geliebter nicht da ist, ständig an dessen Worte und Taten denken und, indem sie sich in sie vertiefen, ihrem Liebesleid ein Schnippchen schlagen, so als ob ihr Schatz persönlich anwesend wäre – es gibt ja welche, die glauben sogar mit ihnen zu sprechen und sind so vergnügt, als würden ihnen Dinge, die sie früher hörten, gerade in diesem Augenblick gesagt: Sie gehen so völlig in ihrer Erinnerung an Vergangenes auf, dass sie gar keine Zeit haben, sich mit irgendwelchem Alltagskram herumzuärgern. Genauso suche auch ich mir jetzt, wo die Philosophie in Person nicht bei mir ist, die Worte, die ich damals vernehmen durfte, wieder zusammen und spreche sie mir immer wieder vor, und daraus ziehe ich keinen geringen Trost. Überhaupt schaue ich auf diesen Mann, gerade als führe ich in tiefer Nacht übers Meer, wie auf ein Leuchtfeuer, und mir kommt es so vor, als stehe er bei allem, was ich tue, neben mir, so als ob ich hörte, wie er mir stets aufs Neue dieselben Worte wiederholte. Manchmal, vor allem wenn ich die ganze Kraft meiner Seele darauf richte, sehe ich sogar sein Gesicht vor mir, und in meinen Ohren tönt noch der Klang seiner Stimme – er hat, wie der Komödiendichter es so treffend ausdrückte, wahrhaftig einen Stachel in seinen Hörern zurückgelassen.[9]

[8] A. Schluss, du verrückter Kerl! Nun rudere mal ein Stück

ἀναλαβὼν ἤδη τὰ εἰρημένα· ὡς οὐ μετρίως με ἀποκναίεις περιάγων.

Εὖ λέγεις, καὶ οὕτω χρὴ ποιεῖν. ἀλλ' ἐκεῖνο, ὦ ἑταῖρε – ἤδη τραγικοὺς ἢ καὶ νὴ Δία κωμικοὺς φαύλους ἑώρακας ὑποκριτάς, τῶν συριττομένων λέγω τούτων καὶ διαφθειρόντων τὰ ποιήματα καὶ τὸ τελευταῖον ἐκβαλλομένων, καίτοι τῶν δραμάτων πολλάκις εὖ ἐχόντων τε καὶ νενικηκότων;

Πολλοὺς οἶδα τοιούτους. ἀλλὰ τί τοῦτο;

Δέδοικα μή σοι μεταξὺ δόξω γελοίως αὐτὰ μιμεῖσθαι, τὰ μὲν ἀτάκτως συνείρων, ἐνίοτε δὲ καὶ αὐτὸν ὑπ' ἀσθενείας τὸν νοῦν διαφθείρων, κᾆτα προαχθῇς ἠρέμα καὶ αὐτοῦ καταγνῶναι τοῦ δράματος. καὶ τὸ μὲν ἐμόν, οὐ πάνυ ἄχθομαι, ἡ δὲ ὑπόθεσις οὐ μετρίως με λυπήσειν ἔοικε συνεκπίπτουσα καὶ τὸ ἐμὸν μέρος ἀσχημονοῦσα. **[9]** τοῦτ' οὖν παρ' ὅλον μέμνησό μοι τὸν λόγον, ὡς ὁ μὲν ποιητὴς ἡμῖν τῶν τοιούτων ἁμαρτημάτων ἀνεύθυνος καὶ τῆς σκηνῆς πόρρω ποι κάθηται, οὐδὲν αὐτῷ μέλον τῶν ἐν θεάτρῳ πραγμάτων. ἐγὼ δ' ἐμαυτοῦ σοι πεῖραν παρέχω, ὁποῖός τίς εἰμι τὴν μνήμην ὑποκριτής, οὐδὲν ἀγγέλου τὰ ἄλλα τραγικοῦ διαφέρων. ὥστε κἂν ἐνδεέστερόν τι δοκῶ λέγειν, ἐκεῖνο μὲν ἔστω πρόχειρον, ὡς ἄμεινον ἦν καὶ ἄλλως ὁ ποιητὴς ἴσως διεξῄει· ἐμὲ δὲ κἂν ἐκσυρίττῃς, οὐ πάνυ τι λυπήσομαι.

[10] Ὡς εὖ γε νὴ τὸν Ἑρμῆν καὶ κατὰ τὸν τῶν ῥητόρων νόμον πεπροοιμίασταί σοι· ἔοικας γοῦν κἀκεῖνα προσθήσειν, ὡς δι' ὀλίγου τε ὑμῖν ἡ συνουσία ἐγένετο καὶ ὡς οὐδ' αὐτὸς ἥκεις πρὸς τὸν λόγον

zurück! Fang mit dem Anfang an und wiederhole mir, was er gesagt hat. Du quälst mich ganz schön mit deiner Umständlichkeit.

B. Du hast recht: So muss ich es machen! Aber eins noch, mein Freund – hast du schon mal schlechte Tragödien- oder auch, beim Zeus, Komödienschauspieler gesehen, ich meine welche von denen, die man auspfeift, die ihren Text verhunzen und die zu guter Letzt von der Bühne gejagt werden, und das, obwohl die Dramen selbst eigentlich oft sehr gut sind und einen Preis bekommen haben?[10]

A. Von der Sorte kenne ich viele! Wieso?

B. Ich habe Angst, dass es dir gleich beim Zuhören so vorkommen wird, als ob ich mich in meiner Rolle zum Gespött mache, weil ich einiges wirr aneinanderreihe, dann wieder auch noch den Sinn des Gesagten entstelle, und dass du deshalb nach und nach dazu verleitet wirst, aufgrund meiner Unzulänglichkeit das Drama selbst schlecht zu finden. Was mich betrifft, wäre das nicht so schlimm, was aber seinen Gegenstand, die Sache, um die es geht, anbelangt, würde es mich ziemlich traurig machen, wenn sie mit mir zusammen durchfiele und durch meine Schuld eine schlechte Figur machte. **[9]** Bitte denke also bei meiner ganzen Rede daran, dass für solche Fehler nicht der Dichter verantwortlich ist, der irgendwo weit entfernt von der Bühne sitzt und nichts mit dem zu tun hat, was sich im Theater abspielt. Mich hingegen und meine schauspielerische Gedächtnisleistung darfst du auf die Probe stellen: Zwischen einem tragischen Boten und mir ist ja insgesamt eigentlich gar kein Unterschied. Wenn du also den Eindruck hast, meine Rede sei recht unbefriedigend, dann halte dir immer vor Augen, dass das Stück in Wirklichkeit besser war und der Dichter es vielleicht ganz anders vorgetragen hätte. Mich kannst du ruhig auspfeifen, das wird mir überhaupt nichts ausmachen.

[10] A. Beim Hermes, was für eine Einleitung, in bester Rhetorenmanier! Und jetzt kommt vermutlich der Teil, wo du hinzufügst, dass euer Treffen nur ganz kurz gedauert hat, dass du auf eine Rede gar nicht vorbereitet bist und dass es viel besser wäre, ihn

παρεσκευασμένος καὶ ὡς ἄμεινον εἶχεν αὐτοῦ ταῦτα λέγοντος ἀκούειν· σὺ γὰρ ὀλίγα καὶ ὅσα οἷόν τε ἦν, τυγχάνεις τῇ μνήμῃ συγκεκομισμένος. οὐ ταῦτ᾽ ἐρεῖν ἔμελλες; οὐδὲν οὖν αὐτῶν ἔτι σοι δεῖ πρὸς ἐμέ· νόμισον δὲ τούτου γε ἕνεκα πάντα σοι προειρῆσθαι· ὡς ἐγὼ καὶ βοᾶν καὶ κροτεῖν ἕτοιμος. ἢν δὲ διαμέλλῃς, μνησικακήσω γε παρὰ τὸν ἀγῶνα καὶ ὀξύτατα συρίξομαι.

[11] Καὶ ταῦτα μέν, ἃ σὺ διῆλθες, ἐβουλόμην ἂν εἰρῆσθαί μοι, κἀκεῖνα δέ, ὅτι οὐχ ἑξῆς οὐδὲ ὡς ἐκεῖνος ἔλεγε, ῥῆσίν τινα περὶ πάντων ἐρῶ· πάνυ γὰρ τοῦθ᾽ ἡμῖν ἀδύνατον· οὐδ᾽ αὖ ἐκείνῳ περιθεὶς τοὺς λόγους, μὴ καὶ κατ᾽ ἄλλο τι γένωμαι τοῖς ὑποκριταῖς ἐκείνοις ὅμοιος, οἳ πολλάκις ἢ Ἀγαμέμνονος ἢ Κρέοντος ἢ καὶ Ἡρακλέους αὐτοῦ πρόσωπον ἀνειληφότες, χρυσίδας ἠμφιεσμένοι καὶ δεινὸν βλέποντες καὶ μέγα κεχηνότες μικρὸν φθέγγονται καὶ ἰσχνὸν καὶ γυναικῶδες καὶ τῆς Ἑκάβης ἢ Πολυξένης πολὺ ταπεινότερον. ἵν᾽ οὖν μὴ καὶ αὐτὸς ἐλέγχωμαι πάνυ μεῖζον τῆς ἐμαυτοῦ κεφαλῆς προσωπεῖον περικείμενος καὶ τὴν σκευὴν καταισχύνων, ἀπὸ γυμνοῦ σοι βούλομαι τοὐμοῦ προσώπου προσλαλεῖν, ἵνα μὴ συγκατασπάσω που πεσὼν τὸν ἥρωα ὃν ὑποκρίνομαι.

[12] Οὗτος ἁνὴρ οὐ παύσεται τήμερον πρός με πολλῇ τῇ σκηνῇ καὶ τῇ τραγῳδίᾳ χρώμενος.

Καὶ μὴν παύσομαί γε· πρὸς ἐκεῖνα δὲ ἤδη τρέψομαι. ἡ μὲν ἀρχὴ τῶν λόγων ἔπαινος ἦν Ἑλλάδος καὶ τῶν Ἀθήνησιν ἀνθρώπων, ὅτι φιλοσοφίᾳ καὶ πενίᾳ σύντροφοί εἰσιν καὶ οὔτε τῶν ἀστῶν οὔτε τῶν ξένων οὐδένα τέρπονται ὁρῶντες, ὃς ἂν τρυφὴν εἰσάγειν εἰς αὐτοὺς βιάζηται, ἀλλὰ εἰ καί τις ἀφίκηται παρ᾽ αὐτοὺς οὕτω διακείμενος, ἠρέμα τε μεθαρμόττουσι καὶ παραπαιδαγωγοῦσι καὶ πρὸς τὸ καθαρὸν τῆς διαίτης μεθιστᾶσιν.

[13] Ἐμέμνητο γοῦν τινος τῶν πολυχρύσων, ὃς ἐλθὼν Ἀθήναζε μάλ᾽

selbst reden zu hören, weil du ja leider nur ganz wenig, so viel eben ging, deinem Gedächtnis einverleiben konntest. War's nicht das, was du sagen wolltest? Das kannst du dir bei mir schenken. Nimm daher einfach an, du hättest das alles schon gesagt: Ich bin wild entschlossen, zu jubeln und zu klatschen! Wenn du aber verzögerst, dann merke ich mir das für den Wettkampf, und du wirst die gellendsten Pfiffe zu hören bekommen.

[11] B. Ich wünschte mir, ich hätte all das gesagt, was du aufgezählt hast, und dazu noch, dass ich keine zusammenhängende und allumfassende Rede halten und überhaupt nicht so wie er sprechen werde: Das wäre mir völlig unmöglich. Und ich werde auch nicht ihn als Redner auftreten lassen, damit ich nicht auch noch in dieser Hinsicht den Schauspielern ähnele, die, wenn sie die Maske des Agamemnon oder des Kreon oder sogar des Herakles angelegt und goldene Gewänder angezogen haben, zwar hehr dreinschauen und den Mund weit aufreißen, aber oft nur leise Töne hervorbringen, magere Frauenstimmchen und noch armseliger als Hekabe oder Polyxena. Und damit man mir nicht vorwerfen kann, ich trüge eine Maske, die zu groß für meinen Kopf ist, und ich sei eine Schande für mein Kostüm, will ich sozusagen ganz ungeschminkt mit dir reden, damit ich nicht den Heros, den ich gebe, zusammen mit mir in den Abgrund reiße.

[12] A. Der Kerl will heute einfach nicht aufhören, mir mit Theater und Tragödie in den Ohren zu liegen.

B. Ich hör ja schon auf. Zur Sache! Es fing an mit einem Lob Griechenlands und den Einwohnern Athens, dass sie mit Philosophie und Armut zusammen großwerden und ihnen jeder Bürger oder Fremde, der bei ihnen gewaltsam den Luxus einführen möchte, unwillkommen ist. Im Gegenteil: Wenn jemand mit einer solchen Einstellung zu ihnen kommt, dann bilden und erziehen sie ihn allmählich um und bringen ihn zu einem reinen und lauteren Leben.[11]

[13] So erwähnte er beispielsweise einen von den Superreichen,

ἐπίσημος καὶ φορτικὸς ἀκολούθων ὄχλῳ καὶ ποικίλῃ ἐσθῆτι καὶ χρυσῷ αὐτὸς μὲν ᾤετο ζηλωτὸς εἶναι πᾶσι τοῖς Ἀθηναίοις καὶ ὡς ἂν εὐδαίμων ἀποβλέπεσθαι· τοῖς δ' ἄρα δυστυχεῖν ἐδόκει τὸ ἀνθρώπιον, καὶ παιδεύειν ἐπεχείρουν αὐτὸν οὐ πικρῶς οὐδ' ἄντικρυς ἀπαγορεύοντες ἐν ἐλευθέρᾳ τῇ πόλει καθ' ὅντινα τρόπον βούλεται μὴ βιοῦν· ἀλλ' ἐπεὶ κἀν τοῖς γυμνασίοις καὶ λουτροῖς ὀχληρὸς ἦν θλίβων τοῖς οἰκέταις καὶ στενοχωρῶν τοὺς ἀπαντῶντας, ἡσυχῇ τις ἂν ὑπεφθέγξατο προσποιούμενος λανθάνειν, ὥσπερ οὐ πρὸς αὐτὸν ἐκεῖνον ἀποτείνων, »Δέδοικε μὴ παραπόληται μεταξὺ λουόμενος· καὶ μὴν εἰρήνη γε μακρὰ κατέχει τὸ βαλανεῖον· οὐδὲν οὖν δεῖ στρατοπέδου.« ὁ δὲ ἀκούων ἃ ἦν μεταξὺ ἐπαιδεύετο. τὴν δὲ ἐσθῆτα τὴν ποικίλην καὶ τὰς πορφυρίδας ἐκείνας ἀπέδυσαν αὐτὸν ἀστείως πάνυ τὸ ἀνθηρὸν ἐπισκώπτοντες τῶν χρωμάτων, »Ἔαρ ἤδη,« λέγοντες, καί »Πόθεν ὁ ταὼς οὗτος;« καί »Τάχα τῆς μητρός ἐστιν αὐτοῦ«· καὶ τὰ τοιαῦτα. καὶ τὰ ἄλλα δὲ οὕτως ἀπέσκωπτον, ἢ τῶν δακτυλίων τὸ πλῆθος ἢ τῆς κόμης τὸ περίεργον ἢ τῆς διαίτης τὸ ἀκόλαστον· ὥστε κατὰ μικρὸν ἐσωφρονίσθη καὶ παρὰ πολὺ βελτίων ἀπῆλθε δημοσίᾳ πεπαιδευμένος.

[14] Ὅτι δ' οὐκ αἰσχύνονται πενίαν ὁμολογοῦντες, ἐμέμνητο πρός με φωνῆς τινος, ἣν ἀκοῦσαι πάντων ἔφη κοινῇ προεμένων ἐν τῷ ἀγῶνι τῶν Παναθηναίων· ληφθέντα μὲν γάρ τινα τῶν πολιτῶν ἄγεσθαι παρὰ τὸν ἀγωνοθέτην, ὅτι βαπτὸν ἔχων ἱμάτιον ἐθεώρει, τοὺς δὲ ἰδόντας ἐλεῆσαί τε καὶ παραιτεῖσθαι καὶ τοῦ κήρυκος ἀνειπόντος, ὅτι παρὰ τὸν

der sich, als er nach Athen kam, sehr auffällig und plump verhielt. Er war der Meinung, alle müssten ihn um seinen Haufen von Dienern, seine farbenreiche Kleidung und sein Gold beneiden und ihn als einen Ausbund an Glückseligkeit bestaunen. Denen hingegen tat das Menschlein eigentlich eher leid, und sie gingen daran, ihn zu erziehen, aber nicht auf die unfreundliche Art und auch nicht so, dass sie ihm schlichtweg untersagt hätten, in ihrer freiheitlichen Stadt ganz nach seiner Art zu leben. Vielmehr konnte es, wenn er in den Sportstätten und in den Bädern mit seinen Dienern alle Entgegenkommenden unhöflich zur Seite drängte und an die Wand drückte, durchaus vorkommen, dass einer ruhig und gelassen sagte (wobei er so tat, als ob er nicht gehört werden wolle und als ob das gar nicht direkt auf den Reichen gemünzt sei): »Da hat wohl jemand Angst, dass man ihm beim Baden etwas antun will. Dabei herrscht doch tiefster Friede im ganzen Bad! Was braucht es da ein Heer?« Der hörte, was gemeint war, und mit der Zeit griffen die Erziehungsmaßnahmen. Seine farbenreichen Gewänder und seine Purpurtogen zogen sie ihm aus, indem sie auf ziemlich witzige Weise das blumige Kolorit aufs Korn nahmen, etwa so: «Schon Frühling?« und «Woher kommt denn dieser Pfau?« und «Vielleicht gehört es seiner Mutter?« und andere Witze dieser Art. Auch über alles Übrige machten sie sich auf diese Weise lustig, über seine vielen Ringe, seine aufwendige Frisur, seinen hemmungslosen Lebensstil. So kam er allmählich zur Vernunft und verließ Athen als viel besserer Mensch: das Ergebnis öffentlicher Erziehung.

[14] Als Beweis dafür, dass es in Athen nicht peinlich ist, seine Armut zuzugeben, erwähnte er mir gegenüber eine Äußerung, die er aus dem Munde aller Bürger gemeinsam beim Fest der Panathenäen[12] gehört zu haben behauptete: Es sei nämlich ein Bürger verhaftet und vor den Festorganisator gebracht worden, weil er in einem gefärbten Gewand zugeschaut habe, aber alle, die das sahen, hätten voller Mitleid um seine Freilassung gebeten, und als der Herold öffentlich verkündete, der Mann habe dadurch, dass er in

νόμον ἐποίησεν ⟨ἐν⟩ τοιαύτῃ ἐσθῆτι θεώμενος, ἀναβοῆσαι μιᾷ φωνῇ πάντας ὥσπερ ἐσκεμμένους, συγγνώμην ἀπονέμειν αὐτῷ τοιαῦτά γε ἀμπεχομένῳ· μὴ γὰρ ἔχειν αὐτὸν ἕτερα.

Ταῦτά τε οὖν ἐπῄνει καὶ προσέτι τὴν ἐλευθερίαν τὴν ἐκεῖ καὶ τῆς διαίτης τὸ ἀνεπίφθονον, ἡσυχίαν τε καὶ ἀπραγμοσύνην, ἃ δὴ ἄφθονα παρ' αὐτοῖς ἐστιν. ἀπέφαινε γοῦν φιλοσοφίᾳ συνῳδὸν τὴν παρὰ τοῖς τοιούτοις διατριβὴν καὶ καθαρὸν ἦθος φυλάξαι δυναμένην, σπουδαίῳ τε ἀνδρὶ καὶ πλούτου καταφρονεῖν πεπαιδευμένῳ καὶ τῷ πρὸς τὰ φύσει καλὰ ζῆν προαιρουμένῳ τὸν ἐκεῖ βίον ὡς μάλιστα ἡρμοσμένον. [15] ὅστις δὲ πλούτου ἐρᾷ καὶ χρυσῷ κεκήληται καὶ πορφύρᾳ καὶ δυναστείᾳ μετρεῖ τὸ εὔδαιμον, ἄγευστος μὲν ἐλευθερίας, ἀπείρατος δὲ παρρησίας, ἀθέατος δὲ ἀληθείας, κολακείᾳ τὰ πάντα καὶ δουλείᾳ σύντροφος, ἢ ὅστις ἡδονῇ πᾶσαν τὴν ψυχὴν ἐπιτρέψας ταύτῃ μόνῃ λατρεύειν διέγνωκε, φίλος μὲν περιέργων τραπεζῶν, φίλος δὲ πότων καὶ ἀφροδισίων, ἀνάπλεως γοητείας καὶ ἀπάτης καὶ ψευδολογίας, ἢ ὅστις ἀκούων τέρπεται κρουμάτων τε καὶ τερετισμάτων καὶ διεφθορότων ᾀσμάτων, τοῖς δὴ τοιούτοις πρέπειν τὴν ἐνταῦθα διατριβήν· [16] μεσταὶ γὰρ αὐτοῖς τῶν φιλτάτων πᾶσαι μὲν ἀγυιαί, πᾶσαι δὲ ἀγοραί· πάρεστι δὲ πάσαις πύλαις τὴν ἡδονὴν καταδέχεσθαι, τοῦτο μὲν δι' ὀφθαλμῶν, τοῦτο δὲ δι' ὤτων τε καὶ ῥινῶν, τοῦτο δὲ καὶ διὰ λαιμοῦ καὶ δι' ἀφροδισίων· ὑφ' ἧς δὴ ῥεούσης ἀενάῳ τε καὶ θολερῷ ῥεύματι πᾶσαι μὲν ἀνευρύνονται ὁδοί· συνεισέρχεται γὰρ μοιχεία καὶ φιλαργυρία καὶ ἐπιορκία καὶ τὸ τοιοῦτο φῦλον τῶν ἡδονῶν, παρασύρεται δὲ τῆς ψυχῆς ὑποκλυζομένης πάντοθεν αἰδὼς καὶ ἀρετὴ καὶ δικαιοσύνη· τῶν δὲ ἔρημος ὁ χῶρος γενόμενος

einem solchen Gewand dem Festzug zugeschaut habe, gegen das Gesetz verstoßen, da hätten sie wie aus einem Munde und gerade so, als ob sie es geplant hätten, aufgeschrien, man müsse ihm diese Kleidung nachsehen: Er habe eben keine andere.

Über all dies war er des Lobes voll, und darüber hinaus pries er die liberale Gesinnung und Toleranz dort, die ruhige Zurückhaltung und Unaufgeregtheit, die es bei ihnen im Überfluss gibt. Er legte dar, dass die Lebensführung bei solchen Menschen in Einklang mit den Geboten der Philosophie stehe und den Charakter lauter und rein zu bewahren vermöge und dass, wer seriös sei und wer, dazu erzogen, Reichtum zu verachten, sich dafür entschieden habe, sein Leben dem wesenhaft Schönen und Guten[13] zu weihen, es am passendsten dort verbringe. **[15]** Wer hingegen den Reichtum liebe und sich vom Glanz des Goldes blenden lasse, wer den Grad des Glückes an Purpurstreifen und Machtstellung messe, ohne die Freiheit gekostet, ohne das freie Wort kennengelernt, ohne die Wahrheit geschaut zu haben, in allem ein Genosse sklavischer Schmeichelei, oder wer das ganze Trachten seiner Seele der Lust zuwende und entschlossen sei, ihr allein zu dienen, ein Freund aufwendiger Tafelfreuden, ein Freund des Weines und der Liebe, ein Ausbund an Scharlatanerie, an Lug und an Trug, oder wer Gefallen finde am Klang der Saiten, an Geträller und anstößigen Liedern – für solche Leute sei der Aufenthalt in dieser Stadt hier viel passender. **[16]** Zum Bersten voll von dem, was ihnen lieb und wert ist, sind hier alle Straßen, alle Plätze, an allen Toren steht die Lust wohlfeil parat, hier für die Augen, dort für Ohren und Nase, da wieder für Gurgel und Unterleib. Vor dem ewig-trüben Strömen der Lust verbreitern sich alle Wege: Denn mit ihr zusammen drängen Unzucht, Geiz, Meineid und das ganze Volk der Leidenschaften in die Seele, sie versinkt in deren von überall heranwogenden Fluten, und Tugend, Gerechtigkeit und schamvolle Zurückhaltung werden gewaltsam verdrängt. Liegt das Land der Seele, von ihnen verwaist, dann erst einmal

δίψης ἀεὶ πιμπλάμενος ἀνθεῖ πολλαῖς τε καὶ ἀγρίαις ἐπιθυμίαις.

Τοιαύτην ἀπέφαινε τὴν πόλιν καὶ τοσούτων διδάσκαλον ἀγαθῶν. [17] »Ἐγὼ γοῦν,« ἔφη, »ὅτε τὸ πρῶτον ἐπανῄειν ἀπὸ τῆς Ἑλλάδος, πλησίον που γενόμενος ἐπιστήσας ἐμαυτὸν λόγον ἀπῄτουν τῆς δεῦρο ἀφίξεως, ἐκεῖνα δὴ τὰ τοῦ Ὁμήρου λέγων,

τίπτ' αὖτ', ὦ δύστηνε, λιπὼν φάος ἠελίοιο,

τὴν Ἑλλάδα καὶ τὴν εὐτυχίαν ἐκείνην καὶ τὴν ἐλευθερίαν, ἤλυθες, ὄφρα ἴδῃς τὸν ἐνταῦθα θόρυβον, συκοφάντας καὶ προσαγορεύσεις ὑπερηφάνους καὶ δεῖπνα καὶ κόλακας καὶ μιαιφονίας καὶ διαθηκῶν προσδοκίας καὶ φιλίας ἐπιπλάστους; ἢ τί καὶ πράξειν διέγνωκας μήτ' ἀπαλλάττεσθαι μήτε χρῆσθαι τοῖς καθεστῶσι δυνάμενος;

[18] Οὕτω δὴ βουλευσάμενος καὶ καθάπερ ὁ Ζεὺς τὸν Ἕκτορα ὑπεξαγαγὼν ἐμαυτὸν ἐκ βελέων, φασίν,

ἔκ τ' ἀνδροκτασίης ἔκ θ' αἵματος ἔκ τε κυδοιμοῦ,

τὸ λοιπὸν οἰκουρεῖν εἱλόμην καὶ βίον τινὰ τοῦτον γυναικώδη καὶ ἄτολμον τοῖς πολλοῖς δοκοῦντα προτιθέμενος αὐτῇ φιλοσοφίᾳ καὶ Πλάτωνι καὶ ἀληθείᾳ προσλαλῶ, καὶ καθίσας ἐμαυτὸν ὥσπερ ἐν θεάτρῳ μυριάνδρῳ σφόδρα που μετέωρος ἐπισκοπῶ τὰ γιγνόμενα, τοῦτο μὲν πολλὴν ψυχαγωγίαν καὶ γέλωτα παρέχειν δυνάμενα, τοῦτο δὲ καὶ πεῖραν ἀνδρὸς ὡς ἀληθῶς βεβαίου λαβεῖν.

[19] Εἰ γὰρ χρὴ καὶ κακῶν ἔπαινον εἰπεῖν, μὴ ὑπολάβῃς μεῖζόν τι γυμνάσιον ἀρετῆς ἢ τῆς ψυχῆς δοκιμασίαν ἀληθεστέραν τῆσδε τῆς πόλεως καὶ τῆς ἐνταῦθα διατριβῆς· οὐ γὰρ μικρὸν ἀντισχεῖν τοσαύταις μὲν ἐπιθυμίαις, τοσούτοις δὲ θεάμασι τε καὶ ἀκούσμασι πάντοθεν ἕλκουσι καὶ ἀντιλαμβανομένοις, ἀλλὰ ἀτεχνῶς δεῖ τὸν Ὀδυσσέα μιμη-

brach, so ist es ständig durstig und treibt viele wilde Blumen des Begehrens.

Das also ist Rom, nach seiner Beschreibung, das sind die guten Lehren, die man dort erhält! **[17]** »Als ich jedenfalls«, sagte er, »zum ersten Mal aus Griechenland hierher kam, da blieb ich kurz vor der Stadtgrenze stehen und zog mich selbst zur Rechenschaft für meine Reise, indem ich jenen berühmten Vers Homers zitierte: ›Warum, Unseliger, hast du das Licht der Sonne verlassen‹,[14] Griechenland und dein zufriedenes Leben dort und die Freiheit, und bist gekommen, um den lärmenden Betrieb hier zu sehen, Denunzianten und arrogante Begrüßungen, Gastmähler, Schmeichler, Mord und Totschlag, Erbschleicherei und geheuchelte Freundschaft? Oder was hast du vor zu tun, wo du weder abreisen noch dich so verhalten kannst, wie es die hiesigen Zustände verlangen?

[18] Das waren meine Überlegungen, und wie Zeus den Hektor, so entzog ich mich selbst den Geschossen, wie es bei Homer heißt, ›aus Männermord, aus Vergießen von Blut und dem Schlachtengetümmel‹,[15] und beschloss, in Zukunft das Haus zu hüten. Ich ziehe dieses Leben hier vor, das der Welt weibisch und gefahrlos vorkommt, und hier drinnen pflege ich Zwiesprache mit der Philosophie selbst, mit Platon, mit der Wahrheit, und indem ich hier meinen Platz einnehme wie in einem Theater mit zehntausend Sitzen, beobachte ich von ganz weit oben alles, was so vor sich geht, und manchmal vermag mir das einige Ablenkung und Anlass zum Lachen zu bieten, manchmal wieder bietet es aber auch Gelegenheit, einen Mann auf seine tatsächliche innere Festigkeit zu prüfen.

[19] Denn um nun auch einmal das Schlechte zu loben: Denk nicht, dass es eine bessere Übungsstätte für das Training der Tugend, ein wahrhaftigeres Prüfverfahren für die Seele als diese Stadt hier und den Aufenthalt in ihr gibt! Es ist nämlich keine Kleinigkeit, sich so vielen Verlockungen, so vielen Leckerbissen für Augen und Ohren, die von allen Seiten her an ihr ziehen und sie festhalten, zu widersetzen, sondern man muss sich geradezu den Odysseus

σάμενον παραπλεῖν αὐτὰ μὴ δεδεμένον τὼ χεῖρε – δειλὸν γάρ – μηδὲ τὰ ὦτα κηρῷ φραξάμενον, ἀλλ' ἀκούοντα καὶ λελυμένον καὶ ἀληθῶς ὑπερήφανον. **[20]** ἔνεστι δὲ καὶ φιλοσοφίαν θαυμάσαι παραθεωροῦντα τὴν τοσαύτην ἄνοιαν, καὶ τῶν τῆς τύχης ἀγαθῶν καταφρονεῖν ὁρῶντα ὥσπερ ἐν σκηνῇ καὶ πολυπροσώπῳ δράματι τὸν μὲν ἐξ οἰκέτου δεσπότην προϊόντα, τὸν δ' ἀντὶ πλουσίου πένητα, τὸν δὲ σατράπην ἐκ πένητος ἢ βασιλέα, τὸν δὲ φίλον τούτου, τὸν δὲ ἐχθρόν, τὸν δὲ φυγάδα· τοῦτο γάρ τοι καὶ τὸ δεινότατόν ἐστιν, ὅτι καίτοι μαρτυρομένης τῆς Τύχης παίζειν τὰ τῶν ἀνθρώπων πράγματα καὶ ὁμολογούσης μηδὲν αὐτῶν εἶναι βέβαιον, ὅμως ταῦθ' ὁσημέραι βλέποντες ὀρέγονται καὶ πλούτου καὶ δυναστείας καὶ μεστοὶ περιίασι πάντες οὐ γινομένων ἐλπίδων.

[21] Ὃ δὲ δὴ ἔφην, ὅτι καὶ γελᾶν ἐν τοῖς γιγνομένοις ἔνεστι καὶ ψυχαγωγεῖσθαι, τοῦτο ἤδη σοι φράσω. πῶς γὰρ οὐ γελοῖοι μὲν πλουτοῦντες αὐτοὶ καὶ τὰς πορφυρίδας προφαίνοντες καὶ τοὺς δακτύλους προτείνοντες καὶ πολλὴν κατηγοροῦντες ἀπειροκαλίαν, τὸ δὲ καινότατον, τοὺς ἐντυγχάνοντας ἀλλοτρίᾳ φωνῇ προσαγορεύοντες, ἀγαπᾶν ἀξιοῦντες, ὅτι μόνον αὐτοὺς προσέβλεψαν, οἱ δὲ σεμνότεροι καὶ προσκυνεῖσθαι περιμένοντες, οὐ πόρρωθεν οὐδ' ὡς Πέρσαις νόμος, ἀλλὰ δεῖ προσελθόντα καὶ ὑποκύψαντα καὶ πόρρωθεν τὴν ψυχὴν ταπεινώσαντα καὶ τὸ πάθος αὐτῆς ἐμφανίσαντα τῇ τοῦ σώματος ὁμοιότητι, τὸ στῆθος ἢ τὴν δεξιὰν καταφιλεῖν, ζηλωτὸν καὶ περίβλεπτον τοῖς μηδὲ τούτου

zum Vorbild nehmen und an ihnen vorbeisegeln, aber ohne sich die Hände fesseln zu lassen – denn das ist feige – und ohne sich die Ohren mit Wachs zu verstopfen, sondern mit offenen Ohren, ohne sichernde Fesseln und mit wirklicher, nicht nur gespielter Überlegenheit.[16] **[20]** Man kann die Philosophie, schaut man zugleich auf so viel Unverstand, nur bewundern, und man kann die Güter des Glücks nur verachten, wenn man sieht, gleichsam wie in einem personenreichen Bühnenstück, wie der eine, gerade noch Diener, nun als Herr an die Rampe tritt, der andere wiederum von einem Reichen zum Armen, der nächste von einem Armen zu einem Satrapen oder König wird, der eine der Freund von jenem, der andere sein Feind, und der wieder ein Flüchtling. Und der Gipfel der Ungeheuerlichkeit ist doch, dass, obwohl Tyche ja beständig Zeugnis davon ablegt, dass sie über die Angelegenheiten der Menschen nur lacht, und einräumt, dass es hierin keinerlei Sicherheit gibt, und obwohl man tagtäglich sehen kann, dass es sich so verhält, dennoch alle nach Reichtum und Macht streben und voll von unerfüllten Hoffnungen durchs Leben gehen.

[21] Was ich aber eben sagte – dass einem das Alltagsgeschehen Anlass zum Lachen und Ablenkung bieten kann –, das will ich dir jetzt erklären. Denn wie sollten die Reichen nicht lächerlich sein, die ihre Purpurtogen vorführen und einem ihre Ringe unter die Nase halten, Geschmacklosigkeiten aller Art begehen und, der neueste Schrei, jeden, dem sie begegnen, mit Hilfe der Stimme eines anderen begrüßen, in der Meinung, man müsse damit zufrieden sein, von ihnen bloß angeschaut zu werden; und das gleiche gilt für die höheren Würdenträger, die eine Proskynese erwarten, nicht aus der Ferne und nicht wie bei den Persern, sondern man muss ihnen, wenn man sich genähert und tief verbeugt hat und sich schon in weiter Entfernung innerlich erniedrigt und diese seelische Verfassung durch eine entsprechende Körperhaltung zum Ausdruck gebracht hat, die Brust oder die Rechte küssen! – und diejenigen, die nicht einmal das dürfen, schauen zu und platzen vor Neid: Der

τυγχάνουσιν· ὁ δ' ἕστηκεν παρέχων ἑαυτὸν εἰς πλείω χρόνον ἐξαπατώμενον. ἐπαινῶ δέ γε ταύτης αὐτοὺς τῆς ἀπανθρωπίας, ὅτι μηδὲ τοῖς στόμασιν ἡμᾶς προσίενται.

[22] Πολὺ δὲ τούτων οἱ προσιόντες αὐτοὶ καὶ θεραπεύοντες γελοιότεροι, νυκτὸς μὲν ἐξανιστάμενοι μέσης, περιθέοντες δὲ ἐν κύκλῳ τὴν πόλιν καὶ πρὸς τῶν οἰκετῶν ἀποκλειόμενοι, κύνες καὶ κόλακες καὶ τὰ τοιαῦτα ἀκούειν ὑπομένοντες. γέρας δὲ τῆς πικρᾶς ταύτης αὐτοῖς περιόδου τὸ φορτικὸν ἐκεῖνο δεῖπνον καὶ πολλῶν αἴτιον συμφορῶν, ἐν ᾧ πόσα μὲν ἐμφαγόντες, πόσα δὲ παρὰ γνώμην ἐμπιόντες, πόσα δὲ ὧν οὐκ ἐχρῆν ἀπολαλήσαντες ἢ μεμφόμενοι τὸ τελευταῖον ἢ δυσφοροῦντες ἀπίασιν ἢ διαβάλλοντες τὸ δεῖπνον ἢ ὕβριν ἢ μικρολογίαν ἐγκαλοῦντες. πλήρεις δὲ αὐτῶν ἐμούντων οἱ στενωποὶ καὶ πρὸς τοῖς χαμαιτυπείοις μαχομένων· καὶ μεθ' ἡμέραν οἱ πλείονες αὐτῶν κατακλιθέντες ἰατροῖς παρέχουσιν ἀφορμὰς περιόδων· ἔνιοι μὲν γάρ, τὸ καινότατον, οὐδὲ νοσεῖν σχολάζουσιν.

[23] Ἐγὼ μέντοι γε πολὺ τῶν κολακευομένων ἐξωλεστέρους τοὺς κόλακας ὑπείληφα, καὶ σχεδὸν αὐτοὺς ἐκείνοις καθίστασθαι τῆς ὑπερηφανίας αἰτίους· ὅταν γὰρ αὐτῶν τὴν περιουσίαν θαυμάσωσιν καὶ τὸν χρυσὸν ἐπαινέσωσιν καὶ τοὺς πυλῶνας ἕωθεν ἐμπλήσωσιν καὶ προσελθόντες ὥσπερ δεσπότας προσείπωσιν, τί καὶ φρονήσειν ἐκείνους εἰκός ἐστιν; εἰ δέ γε κοινῷ δόγματι κἂν πρὸς ὀλίγον ἀπέσχοντο τῆσδε τῆς ἐθελοδουλείας, οὐκ ἂν οἴει τοὐναντίον αὐτοὺς ἐλθεῖν ἐπὶ τὰς θύρας τῶν πτωχῶν δεομένους τοὺς πλουσίους, μὴ ἀθέατον αὐτῶν μηδ' ἀμάρτυρον τὴν εὐδαιμονίαν καταλιπεῖν μηδ' ἀνόνητόν τε καὶ ἄχρηστον τῶν τρα-

aber steht da und dehnt die Zeit, in der er sich betrügen lässt, noch freiwillig aus. Immerhin muss ich sie dafür loben, dass sie uns in ihrer allgemeinen Menschenverachtung nicht an ihren Mund lassen.

[22] Noch viel lächerlicher als sie sind aber genau diejenigen, die sie aufsuchen und ihnen ihre Aufwartung machen:[17] Mitten in der Nacht stehen sie auf, laufen die ganze Stadt ab, kriegen von Dienern die Tür vor der Nase zugeschlagen und müssen es sich noch gefallen lassen, als Hunde und Schmeichlerpack und ähnliches tituliert zu werden. Lohn dieses bitteren Satellitendaseins ist dann das berühmte Festmahl, eine abgeschmackte Angelegenheit, die ihnen zudem viele traurige Umstände beschert: Wie viel müssen sie da in sich hineinstopfen, wie viel wider alle Vernunft trinken, wie viel reden, wo sie besser geschwiegen hätten, und zuletzt nörgelnd und missgestimmt, auf das Essen schimpfend oder die Frechheiten oder den Geiz des Gastgebers bemäkelnd nach Hause gehen. Dann verstopfen sie die Gassen, wo sie sich übergeben und vor den Bordellen prügeln; und am folgenden Tag müssen die meisten von ihnen das Bett hüten und verschaffen den Ärzten die Gelegenheit zu Krankenbesuchen. Einige von ihnen, das ist das allerneueste, haben sogar fürs Kranksein keine Zeit!

[23] Allerdings finde ich viel verwerflicher als diejenigen, die sich Schmeicheleien gefallen lassen, die Schmeichler selbst, und fast möchte ich sie für deren Arroganz verantwortlich machen. Wenn sie nämlich ihren Reichtum bestaunen und ihr Gold in den höchsten Tönen preisen und ihre Antichambres schon am frühen Morgen füllen und sie, sobald sie hineindürfen, wie Herrscher begrüßen, was müssen die dann natürlich denken? Wenn sie sich zusammentäten und sich auch nur eine Zeitlang von dieser Liebedienerei zurückhielten, glaubst du nicht, dann kämen umgekehrt die Reichen zu den Türen der Bettler und würden flehen, man solle ihr Glück doch bitte nicht ganz ohne Zuschauer und Zeugen und die Pracht ihrer Tafeln und die Größe ihrer Häuser nicht ganz überflüssig und wirkungslos verkümmern lassen? Denn so gerne sie

πεζῶν τὸ κάλλος καὶ τῶν οἴκων τὸ μέγεθος; οὐ γὰρ οὕτω τοῦ πλουτεῖν ἐρῶσιν ὡς τοῦ διὰ τὸ πλουτεῖν εὐδαιμονίζεσθαι. καὶ οὕτω δὲ ἔχει, μηδὲν ὄφελος εἶναι περικαλλοῦς οἰκίας τῷ οἰκοῦντι μηδὲ χρυσοῦ καὶ ἐλέφαντος, εἰ μή τις αὐτὰ θαυμάζοι. ἐχρῆν οὖν ταύτῃ καθαιρεῖν αὐτῶν καὶ ἀπευωνίζειν τὴν δυναστείαν ἐπιτειχίσαντας τῷ πλούτῳ τὴν ὑπεροψίαν· νῦν δὲ λατρεύοντες εἰς ἀπόνοιαν ἄγουσιν.

[24] Καὶ τὸ μὲν ἄνδρας ἰδιώτας καὶ ἀναφανδὸν τὴν ἀπαιδευσίαν ὁμολογοῦντας τὰ τοιαῦτα ποιεῖν, μετριώτερον ἂν εἰκότως νομισθείη· τὸ δὲ καὶ τῶν φιλοσοφεῖν προσποιουμένων ⟨πολλοὺς⟩ πολλῷ ἔτι τούτων γελοιότερα δρᾶν, τοῦτ᾽ ἤδη τὸ δεινότατόν ἐστι. πῶς γὰρ οἴει τὴν ψυχὴν διατεθεῖσθαί μοι, ὅταν ἴδω τούτων τινά, μάλιστα τῶν προβεβηκότων, ἀναμεμιγμένον κολάκων ὄχλῳ καὶ τῶν ἐπ᾽ ἀξίας τινὰ δορυφοροῦντα καὶ τοῖς ἐπὶ τὰ δεῖπνα παραγγέλλουσι κοινολογούμενον, ἐπισημότερον δὲ τῶν ἄλλων ἀπὸ τοῦ σχήματος ὄντα καὶ φανερώτερον; καὶ ὃ μάλιστα ἀγανακτῶ, ὅτι μὴ καὶ τὴν σκευὴν μεταλαμβάνουσι, τὰ ἄλλα γε ὁμοίως ὑποκρινόμενοι τοῦ δράματος. **[25]** ἃ μὲν γὰρ ἐν τοῖς συμποσίοις ἐργάζονται, τίνι τῶν καλῶν εἰκάσομεν; οὐκ ἐμφοροῦνται μὲν ἀπειροκαλώτερον, μεθύσκονται δὲ φανερώτερον, ἐξανίστανται δὲ πάντων ὕστατοι, πλείω δὲ ἀποφέρειν τῶν ἄλλων ἀξιοῦσιν; οἱ δὲ ἀστειότεροι πολλάκις αὐτῶν καὶ ᾆσαι προήχθησαν.«

Καὶ ταῦτα μὲν οὖν γελοῖα ἡγεῖτο· μάλιστα δὲ ἐμέμνητο τῶν ἐπὶ μισθῷ φιλοσοφούντων καὶ τὴν ἀρετὴν ὤνιον ὥσπερ ἐξ ἀγορᾶς προτιθέντων· ἐργαστήρια γοῦν ἐκάλει καὶ καπηλεῖα τὰς τούτων διατριβάς· ἠξίου

reich sind – noch lieber wollen sie für ihren Reichtum glücklich gepriesen werden! Ja, so ist es: Ein wunderschönes Haus nützt seinem Bewohner nichts, Gold und Elfenbein sind zu gar nichts gut, findet sich nicht einer, der sie bestaunt. Auf diese Weise müsste man ihre Macht schmälern und entwerten, indem man ihren Reichtum mit einer Mauer der Nichtachtung umgäbe. So, wie es jetzt ist, treibt man sie hingegen durch kriecherisches Verhalten in die völlige Unvernunft.

[24] Dass nun Leute sich so verhalten, die nicht zur Zunft der Gebildeten gehören und ihre Unwissenheit auch offen zugeben, das mag noch angehen. Dass hingegen auch viele von denjenigen, die sich als Philosophen ausgeben, noch viel lächerlichere Dinge tun, das ist nun wirklich der Gipfel der Ungeheuerlichkeit. Hast du eine Ahnung, in was für eine seelische Verfassung ich gerate, wenn ich einen von denen sehe, vor allem einen von den Älteren, inmitten einer Traube von Schmeichlern, wie er für einen von den oberen Zehntausend den Leibwächter spielt und mit denen, die für die Esseneinladungen zuständig sind, Verabredungen trifft, ausgezeichnet vor den anderen und sichtbarer als sie durch seine Kleidung?[18] Und worüber ich mich am meisten aufrege, das ist, dass sie nicht gleich Kostüm und Maske anlegen, wo sie doch in allem Übrigen so perfekt schauspielern, als ob sie auf der Bühne stünden. **[25]** Denn was sie so im Laufe festlicher Abende in Szene setzen – mit wem von den ach so großartigen Gästen dürfen wir sie da vergleichen?[19] Stopfen sie sich nicht unmäßiger voll als alle anderen, betrinken sie sich nicht viel offensichtlicher, stehen sie nicht als letzte von allen auf, wollen sie nicht mehr als alle anderen für zuhause einpacken? Und die Urbaneren unter ihnen versteigen sich häufig sogar dazu, zu singen!«

Das alles hielt er für lachhaft. Vor allem aber brachte er die Rede auf diejenigen, die philosophische Erkenntnisse für Geld anbieten und die Tugend wie auf dem Markt zum Verkauf ausstellen: Handwerksbetriebe und Trödelläden nannte er ihre Wirkungsstätten,

γὰρ τὸν πλούτου καταφρονεῖν διδάξοντα πρῶτον αὐτὸν παρέχειν ὑψηλότερον λημμάτων. [26] ἀμέλει καὶ πράττων ταῦτα διετέλει, οὐ μόνον προῖκα τοῖς ἀξιοῦσι συνδιατρίβων, ἀλλὰ καὶ τοῖς δεομένοις ἐπαρκῶν καὶ πάσης περιουσίας καταφρονῶν, τοσούτου δέων ὀρέγεσθαι τῶν οὐδὲν προσηκόντων, ὥστε μηδὲ τῶν ἑαυτοῦ φθειρομένων ποιεῖσθαι πρόνοιαν, ὅς γε καὶ ἀγρὸν οὐ πόρρω τῆς πόλεως κεκτημένος οὐδὲ ἐπιβῆναι αὐτοῦ πολλῶν ἐτῶν ἠξίωσεν, ἀλλ᾽ οὐδὲ τὴν ἀρχὴν αὐτοῦ εἶναι διωμολόγει, ταῦτ᾽ οἶμαι διειληφώς, ὅτι τούτων μὲν φύσει οὐδενός ἐσμεν κύριοι, νόμῳ δὲ καὶ διαδοχῇ τὴν χρῆσιν αὐτῶν εἰς ἀόριστον παραλαμβάνοντες ὀλιγοχρόνιοι δεσπόται νομιζόμεθα, κἀπειδὰν ἡ προθεσμία παρέλθῃ, τηνικαῦτα παραλαβὼν ἄλλος ἀπολαύει τοῦ ὀνόματος.

Οὐ μικρὰ δὲ οὐδὲ ἐκεῖνα παρέχει τοῖς ζηλοῦν ἐθέλουσι παραδείγματα, τῆς τροφῆς τὸ ἀπέριττον καὶ τῶν γυμνασίων τὸ σύμμετρον καὶ τοῦ προσώπου τὸ αἰδέσιμον καὶ τῆς ἐσθῆτος τὸ μέτριον, ἐφ᾽ ἅπασι δὲ τούτοις τῆς διανοίας τὸ ἡρμοσμένον καὶ τὸ ἥμερον τοῦ τρόπου. [27] παρῄνει δὲ τοῖς συνοῦσι μήτ᾽ ἀναβάλλεσθαι τὸ ἀγαθόν, ὅπερ τοὺς πολλοὺς ποιεῖν προθεσμίας ὁριζομένους ἑορτὰς ἢ πανηγύρεις, ὡς ἀπ᾽ ἐκείνων ἀρξομένους τοῦ μὴ ψεύσασθαι καὶ τοῦ τὰ δέοντα ποιῆσαι· ἠξίου γὰρ ἀμέλλητον εἶναι τὴν πρὸς τὸ καλὸν ὁρμήν. δῆλος δὲ ἦν καὶ τῶν τοιούτων κατεγνωκὼς φιλοσόφων, οἳ ταύτην ἄσκησιν ἀρετῆς ὑπελάμβανον, ἢν πολλαῖς ἀνάγκαις καὶ πόνοις τοὺς νέους ἀντέχειν καταγυμνάσωσιν, τοῦτο μὲν ⟨ψυχρολ⟩ουτεῖν οἱ πολλοὶ κελεύοντες, ἄλλοι δὲ μαστιγοῦντες, οἱ δὲ χαριέστεροι καὶ σιδήρῳ τὰς ἐπιφανείας αὐτῶν καταξύον-

und er verlangte, dass jeder, der die Verachtung des Reichtums predigen wolle, zuerst einmal zeigen müsse, dass er selbst hoch über solchen Dingen wie Einnahmen stehe. **[26]** Er persönlich führte sein Leben natürlich ganz nach diesen Grundsätzen, indem er nicht nur denen, die danach verlangten, seine Zeit unentgeltlich widmete, sondern auch den Bedürftigen aushalf und jeglichen Überfluss verachtete, so weit davon entfernt, nach unangemessenem Besitz zu streben, dass er nicht einmal Vorsorge gegen Verlust und Niedergang seines eigenen Besitzes traf: So gehörte ihm ein Grundstück in der Nähe der Stadt, und doch hatte er es seit vielen Jahren zu betreten nicht für nötig erachtet, ja, er leugnete sogar, irgendeinen Anspruch darauf zu haben, was er, glaube ich, damit begründete, dass keines dieser Dinge uns von Natur aus gehöre, sondern wir durch Brauch und Weitergabe ihre Nutznießung für unbestimmte Zeit gepachtet hätten und daher für ein Weilchen als ihre Herren gälten. Und sei die Frist um, dann übernehme sie ein anderer und freue sich an dieser Bezeichnung.

Für diejenigen, die ihn nachahmen wollen, bietet er keineswegs zu verachtende vorbildliche Verhaltensweisen: Zurückhaltung beim Essen und Trinken, maßvolle sportliche Betätigung, eine ehrfurchteinflößende Miene, unauffällige Kleidung und zu alledem Ausgewogenheit des Denkens und einen sanften Charakter. **[27]** Denen, die sich ihm anschlossen, pflegte er zu raten, das rechte Handeln nicht aufzuschieben, wie es die meisten tun, die sich irgendwelche Fest- und Feiertage als Termin setzen, an denen sie damit beginnen wollen, nicht mehr zu lügen und ihre Pflicht zu tun. Er bestand darauf, dass die Hinwendung zum Rechten keinen Aufschub dulde. Es war klar zu erkennen, dass er auch solche Philosophen verachtete, die es für eine Tugendübung halten, wenn sie die jungen Leute darin drillen, Bedrängnissen und Mühen zu widerstehen; die meisten von ihnen verlangen, sich mit kaltem Wasser zu waschen, andere arbeiten mit Peitschenschlägen, und diejenigen unter ihnen, deren Geschmack etwas raffinierter ist, zerkratzen die Haut mit einem

τες. [28] ἡγεῖτο γὰρ χρῆναι πολὺ πρότερον ἐν ταῖς ψυχαῖς τὸ στέρρον τοῦτο καὶ ἀπαθὲς κατασκευάσαι, καὶ τὸν ἄριστα παιδεύειν ἀνθρώπους προαιρούμενον τοῦτο μὲν ψυχῆς, τοῦτο δὲ σώματος, τοῦτο δὲ ἡλικίας τε καὶ τῆς πρότερον ἀγωγῆς ἐστοχάσθαι, ἵνα μὴ τὰ παρὰ δύναμιν ἐπιτάττων ἐλέγχηται· πολλοὺς γοῦν καὶ τελευτᾶν ἔφασκεν οὕτως ἀλόγως ἐπιταθέντας· ἕνα δὲ καὶ αὐτὸς εἶδον, ὃς καὶ γευσάμενος τῶν παρ' ἐκείνοις κακῶν, ἐπειδὴ τάχιστα λόγων ἀληθῶν ἐπήκουσεν, ἀμεταστρεπτὶ φεύγων ὡς αὐτὸν ἀφίκετο καὶ δῆλος ἦν ῥᾷον διακείμενος.

[29] Ἤδη δὲ τούτων ἀποστὰς τῶν ἄλλων αὖθις ἀνθρώπων ἐμέμνητο καὶ τὰς ἐν τῇ πόλει ταραχὰς διεξῄει καὶ τὸν ὠθισμὸν καὶ τὰ θέατρα καὶ τὸν ἱππόδρομον καὶ τὰς τῶν ἡνιόχων εἰκόνας καὶ τὰ τῶν ἵππων ὀνόματα καὶ τοὺς ἐν τοῖς στενωποῖς περὶ τούτων διαλόγους· πολλὴ γὰρ ὡς ἀληθῶς ἡ ἱππομανία καὶ πολλῶν ἤδη σπουδαίων εἶναι δοκούντων ἐπείληπται.

[30] Μετὰ δὲ ταῦτα ἑτέρου δράματος ἥπτετο τῶν ἀμφὶ τὴν νέκυιάν τε καὶ διαθήκας καλινδουμένων, προστιθεὶς ὅτι μίαν φωνὴν οἱ Ῥωμαίων παῖδες ἀληθῆ παρ' ὅλον τὸν βίον προΐενται, τὴν ἐν ταῖς διαθήκαις λέγων, ἵνα μὴ ἀπολαύσωσι τῆς σφετέρας ἀληθείας. ἃ δὲ καὶ μεταξὺ λέγοντος αὐτοῦ γελᾶν προήχθην, ὅτι καὶ συγκατορύττειν ἑαυτοῖς ἀξιοῦσι τὰς ἀμαθίας καὶ τὴν ἀναλγησίαν ἔγγραφον ὁμολογοῦσιν, οἱ μὲν ἐσθῆτας ἑαυτοῖς κελεύοντες συγκαταφλέγεσθαι τῶν παρὰ τὸν βίον τιμίων, οἱ δὲ καὶ παραμένειν τινὰς οἰκέτας τοῖς τάφοις, ἔνιοι δὲ καὶ στέφειν τὰς στήλας ἄνθεσιν, εὐήθεις ἔτι καὶ παρὰ τὴν τελευτὴν διαμένοντες. [31] εἰκάζειν οὖν ἠξίου, τί πέπρακται τούτοις παρὰ τὸν βίον, εἰ τοιαῦτα

Schabeisen. [28] Er war nämlich der Ansicht, man müsse so eine Härte und Unempfindlichkeit viel eher in den Seelen erzeugen, und wer es sich zum Beruf mache, Menschen vollendet zu erziehen, der müsse einerseits auf ihre seelische, andererseits auf ihre körperliche Befindlichkeit, dann auch auf ihr Alter und ihre früheren Lebensumstände Rücksicht nehmen, damit er nicht daran scheitere, dass er mehr verlange, als sie leisten könnten: Viele seien ja durch solche unvernünftigen Überanstrengungen sogar schon zu Tode gekommen. Und einen bekam ich auch selbst zu sehen, der, nachdem er die üblen Verhältnisse bei jenen kennengelernt hatte, sich, ohne einen Blick zurück, zu ihm geflüchtet hatte, nachdem er erst einmal die wahre Lehre vernommen hatte, und dem es nun ganz offensichtlich besser ging.

[29] Nachdem er mit denen fertig war, wandte er sich wieder den anderen Menschen zu und sprach ausgiebig über die Quellen der Verwirrung in dieser Stadt: das Gedränge, die Theater, die Pferderennbahn, die Statuen der Wagenlenker, das Getue um die Namen von Rennpferden und das Gerede darüber in allen Gassen: Denn die Pferdemanie herrscht tatsächlich überall und hat schon viele Leute ergriffen, die man eigentlich für seriös gehalten hätte.

[30] Dann berührte er in seinem Vortrag noch ein weiteres Drama. Es ging um diejenigen Menschen, deren Tun und Trachten nur ums Sterben und Vererben kreist, wobei er hinzusetzte, die Römer würden in ihrem ganzen Leben überhaupt nur ein einziges Mal die Wahrheit sagen, nämlich in ihren Testamenten: Auf diese Weise müssten sie dann nicht die Folgen ihrer Ehrlichkeit tragen. Als er das sagte, musste ich lachen, weil sie ihre Unbildung mit sich begraben wissen wollen und es erlauben, dass ihr Stumpfsinn auch noch schriftlich dokumentiert wird: Die einen ordnen an, dass die Kleider, die ihnen im Leben am liebsten waren, mit ihnen verbrannt werden sollen, die anderen, dass einige ihrer Diener an ihrem Grab Wache stehen, manche wieder wollen, dass ihre Grabsäulen mit Blumen bekränzt werden – naiv noch auf dem Totenbett! [31] Er

περὶ τῶν μετὰ τὸν βίον ἐπισκήπτουσι· τούτους γὰρ εἶναι τοὺς τὸ πολυτελὲς ὄψον ὠνουμένους καὶ τὸν οἶνον ἐν τοῖς συμποσίοις μετὰ κρόκων τε καὶ ἀρωμάτων ἐκχέοντας, τοὺς μέσου χειμῶνος ἐμπιπλαμένους ῥόδων καὶ τὸ σπάνιον αὐτῶν καὶ παράκαιρον ἀγαπῶντας, τὸ δ᾽ ἐν καιρῷ καὶ κατὰ φύσιν ὡς εὐτελὲς ὑπερηφανοῦντας, τούτους εἶναι τοὺς καὶ τὰ μύρα πίνοντας· ὃ καὶ μάλιστα διέσυρεν αὐτῶν, ὅτι μηδὲ χρῆσθαι ἴσασιν ταῖς ἐπιθυμίαις, ἀλλὰ κἀν ταύταις παρανομοῦσι καὶ τοὺς ὅρους συγχέουσι, πάντοθεν τῇ τρυφῇ παραδόντες αὐτῶν τὰς ψυχὰς πατεῖν, καὶ τοῦτο δὴ τὸ ἐν ταῖς τραγῳδίαις τε καὶ κωμῳδίαις λεγόμενον, ἤδη καὶ παρὰ θύραν εἰσβιαζόμενοι. σολοικισμὸν οὖν ἐκάλει τοῦτο τῶν ἡδονῶν.

[32] Ἀπὸ δὲ τῆς αὐτῆς γνώμης κἀκεῖνα ἔλεγεν, ἀτεχνῶς τοῦ Μώμου τὸν λόγον μιμησάμενος· ὡς γὰρ ἐκεῖνος ἐμέμφετο τοῦ ταύρου τὸν δημιουργὸν θεὸν οὐ προθέντα τῶν ὀφθαλμῶν τὰ κέρατα, οὕτω δὴ καὶ αὐτὸς ᾐτιᾶτο τῶν στεφανουμένων, ὅτι μὴ ἴσασι τοῦ στεφάνου τὸν τόπον· »εἰ γάρ τοι,« ἔφη, »τῇ πνοῇ τῶν ἴων τε καὶ ῥόδων χαίρουσιν, ὑπὸ τῇ ῥινὶ μάλιστα ἐχρῆν αὐτοὺς στέφεσθαι παρ᾽ αὐτὴν ὡς οἷόν τε τὴν ἀναπνοήν, ἵν᾽ ὡς πλεῖστον ἀνέσπων τῆς ἡδονῆς.«

[33] Καὶ μὴν κἀκείνους διεγέλα τοὺς θαυμάσιόν τινα τὴν σπουδὴν περὶ τὰ δεῖπνα ποιουμένους χυμῶν τε ποικιλίαις καὶ πεμμάτων περιεργίαις· καὶ γὰρ αὖ καὶ τούτους ἔφασκεν ὀλιγοχρονίου τε καὶ βραχείας ἡδονῆς ἔρωτι πολλὰς πραγματείας ὑπομένειν· ἀπέφαινε γοῦν τεσσάρων δακτύλων αὐτοῖς εἵνεκα πάντα πονεῖσθαι τὸν πόνον, ἐφ᾽ ὅσους ὁ μήκιστος ἀνθρώπου λαιμός ἐστιν· οὔτε γὰρ πρὶν ἐμφαγεῖν ἀπολαύειν τι τῶν ἐωνημένων, οὔτε βρωθέντων ἥδιω γενέσθαι τὴν ἀπὸ τῶν πολυτελεστέρων πλησμονήν· λοιπὸν οὖν εἶναι τὴν ἐν τῇ παρόδῳ

behauptete, er könne, wenn sie derartige Bestimmungen für die Zeit danach träfen, daraus auf ihre Lebensführung schließen! Das seien nämlich genau dieselben Leute, die sich teuerste Speisen auftischen ließen, den Wein beim Gastmahl zum Duft von Krokus und Aromen kredenzten, die mitten im Winter alles mit Rosen füllten und sich an ihrer Seltenheit und Unzeitigkeit freuten, während sie es als billig abtäten, Dinge zu ihrer rechten und natürlichen Zeit zu genießen. Diese Leute seien es auch, die Parfüm tränken. Am heftigsten kritisierte er an ihnen, dass sie nicht einmal mit ihren Wünschen richtig umzugehen wüssten, sondern sogar hier gegen alle Regeln verstießen, jede Grenze überschritten, von jeder Art Luxus ihre Seelen mit Füßen treten ließen, kurz, wie es in der Tragödie und in der Komödie heißt: neben der Tür ins Haus einbrechen.[20] Er nannte das einen Solözismus der Lust.[21]

[32] Ganz in diese Richtung ging auch folgende Bemerkung, frei nach Momos:[22] Wie der nämlich den Gott tadelte, der den Stier erschaffen hatte, weil er ihm nicht die Hörner unter die Augen gesetzt hatte, so beschwerte er selbst sich über diejenigen, die sich Kränze aufsetzen: Sie wüssten nicht einmal, wo der Kranz hingehöre. »Wenn es nämlich«, sagte er, »der Duft der Veilchen und Rosen ist, an dem sie ihre Freude haben, dann gehört der Kranz doch am ehesten unter die Nase, möglichst direkt unter die Nasenlöcher, für maximalen Genuss.«

[33] Des Weiteren verlachte er auch diejenigen, die wer weiß was für einen Aufwand mit den Mahlzeiten treiben, mit einer bunten Vielfalt von Soßen und einer reichen Auswahl an Kuchen; auch die nähmen ja, sagte er, für ein ephemeres und nur kurz währendes Vergnügen alle möglichen Probleme in Kauf. Er legte dar, dass sie für vier Fingerbreit jede Mühe ertrügen: Länger sei nämlich keine menschliche Gurgel. Denn vor dem Hineinbeißen habe man keinen Genuss von seinem Einkauf, und sei der Magen nach dem Essen voll, steige der Genuss ebenfalls nicht mit dem Preis. Es sei also zuletzt ein Genuss im Entrée, den man für so viel Geld erworben

γιγνομένην ἡδονὴν τοσούτων ὠνεῖσθαι χρημάτων. εἰκότα δὲ πάσχειν ἔλεγεν αὐτοὺς ὑπ᾽ ἀπαιδευσίας τὰς ἀληθεστέρας ἡδονὰς ἀγνοοῦντας, ὧν ἁπασῶν φιλοσοφία χορηγός ἐστιν τοῖς πονεῖν προαιρουμένοις.

[34] Περὶ δὲ τῶν ἐν τοῖς βαλανείοις δρωμένων πολλὰ μὲν διεξῄει, τὸ πλῆθος τῶν ἑπομένων τὰς ὕβρεις τοὺς ἐπικειμένους τοῖς οἰκέταις καὶ μικροῦ δεῖν ἐκφερομένους, ἓν δέ τι καὶ μάλιστα μισεῖν ἐῴκει, πολὺ δ᾽ ἐν τῇ πόλει τοῦτο καὶ τοῖς βαλανείοις ἐπιχωριάζον· προϊόντας γάρ τινας τῶν οἰκετῶν δεῖ βοᾶν καὶ παραγγέλλειν προορᾶσθαι τοῖν ποδοῖν, ἢν ὑψηλόν τι ἢ κοῖλον μέλλωσιν ὑπερβαίνειν, καὶ ὑπομιμνήσκειν αὐτούς, τὸ καινότατον, ὅτι βαδίζουσιν. δεινὸν οὖν ἐποιεῖτο, εἰ στόματος μὲν ἀλλοτρίου δειπνοῦντες μὴ δέονται μηδὲ χειρῶν, μηδὲ τῶν ὤτων ἀκούοντες, ὀφθαλμῶν δὲ ὑγιαίνοντες ἀλλοτρίων δέονται προοψομένων καὶ ἀνέχονται φωνὰς ἀκούοντες δυστυχέσιν ἀνθρώποις πρεπούσας καὶ πεπηρωμένοις· ταῦτα γὰρ αὐτὰ πάσχουσιν ἐν ταῖς ἀγοραῖς ἡμέρας μέσης καὶ οἱ τὰς πόλεις ἐπιτετραμμένοι.

[35] Ταῦτά τε καὶ πολλὰ ἕτερα τοιαῦτα διελθὼν κατέπαυσε τὸν λόγον. ἐγὼ δὲ τέως μὲν ἤκουον αὐτοῦ τεθηπώς, μὴ σιωπήσῃ πεφοβημένος· ἐπειδὴ δὲ ἐπαύσατο, τοῦτο δὴ τὸ τῶν Φαιάκων πάθος ἐπεπόνθειν· πολὺν γὰρ δὴ χρόνον ἐς αὐτὸν ἀπέβλεπον κεκηλημένος· εἶτα πολλῇ συγχύσει καὶ ἰλίγγῳ κατειλημμένος τοῦτο μὲν ἱδρῶτι κατερρεόμην, τοῦτο δὲ φθέγξασθαι βουλόμενος ἐξέπιπτόν τε καὶ ἀνεκοπτόμην, καὶ ἥ τε φωνὴ ἐξέλειπε καὶ ἡ γλῶττα διημάρτανε, καὶ τέλος ἐδάκρυον ἀπορούμενος· οὐ γὰρ ἐξ ἐπιπολῆς οὐδ᾽ ὡς ἔτυχεν ἡμῶν ὁ λόγος καθίκε-

habe. Und wie könne das auch anders sein, fand er, wo sie doch aus Unbildung von den wahren und wirklichen Genüssen nichts verstünden: Deren Produktionskosten übernehme die Philosophie – für diejenigen, die bereit seien, den Weg der Anstrengung zu gehen.

[34] Auch über das Verhalten in den Bädern hatte er viel zu sagen, die schiere Masse ihres Kliententrosses, ihr aggressives Verhalten, die Tatsache, dass sie sich auf ihre Diener stützen und sich beinahe von ihnen tragen lassen, als ob sie Leichen auf dem Weg zum Friedhof wären. Eines aber, schien mir, erregte seinen Widerwillen in besonderem Maße, etwas, das in den Bädern dieser Stadt geradezu landesüblich ist: Einige Diener hätten ihnen vorauszugehen und sie mit lauten Rufen zu mahnen, vor sich auf den Weg zu schauen, wenn sie über eine unebene Stelle hinübermüssten, und sie, Gipfel der Verrücktheit, daran zu erinnern, dass sie gehen! Er fand es ungeheuerlich, dass sie zwar für's Essen keinen fremden Mund und keine fremden Hände bräuchten, und ebenso kämen sie beim Hören ohne fremde Ohren aus, dass sie aber, obwohl sie sich bester Gesundheit erfreuten, fremde Augen benötigten, die für sie nach vorn schauen, und dass sie es ertrügen, Zurufe zu hören, die sich für Krüppel und Blinde schickten: Mitten auf dem Markt und am hellichten Tag lassen sich das Leute gefallen, die mit der Führung der Staatsgeschäfte betraut sind!

[35] Damit und mit vielen weiteren derartigen Bemerkungen beendete er seine Ausführungen. Ich hatte ihm die ganze Zeit voller Bewunderung gelauscht, immer in der Angst, er würde aufhören zu reden. Und als er schließlich fertig war, da ging es mir gerade so wie den Phäaken:[23] Eine ganze Zeit lang schaute ich ihn wie verzaubert an, dann brach mir, von Betäubung und Schwindel ergriffen, der Schweiß in Strömen aus, mir blieben, als ich etwas sagen wollte, die Worte im Halse stecken, und es verschlug mir die Sprache, mir versagte die Stimme, meine Zunge geriet ins Stolpern,[24] und schließlich brach ich aus lauter Verzweiflung in Tränen aus. Denn seine Worte hatten mich nicht nur oberflächlich und leicht verletzt, son-

το, βαθεῖα δὲ καὶ καίριος ἡ πληγὴ ἐγένετο, καὶ μάλα εὐστόχως ἐνεχθεὶς ὁ λόγος αὐτήν, εἰ οἷόν τε εἰπεῖν, διέκοψε τὴν ψυχήν.

εἰ γάρ τι δεῖ κἀμὲ ἤδη φιλοσόφων προσάψασθαι λόγων, ὧδε περὶ τούτων ὑπείληφα· [36] δοκεῖ μοι ἀνδρὸς εὐφυοῦς ψυχὴ μάλα σκοπῷ τινι ἁπαλῷ προσεοικέναι. τοξόται δὲ πολλοὶ μὲν ἀνὰ τὸν βίον καὶ μεστοὶ τὰς φαρέτρας ποικίλων τε καὶ παντοδαπῶν λόγων, οὐ μὴν πάντες εὔστοχα τοξεύουσιν, ἀλλ' οἱ μὲν αὐτῶν σφόδρα τὰς νευρὰς ἐπιτείναντες εὐτονώτερον τοῦ δέοντος ἀφιᾶσιν· καὶ ἅπτονται μὲν καὶ οὗτοι τῆς ὁδοῦ, τὰ δὲ βέλη αὐτῶν οὐ μένει ἐν τῷ σκοπῷ, ἀλλ' ὑπὸ τῆς σφοδρότητος διελθόντα καὶ παροδεύσαντα κεχηνυῖαν μόνον τῷ τραύματι τὴν ψυχὴν ἀπέλιπεν. ἄλλοι δὲ πάλιν τούτοις ὑπεναντίως· ὑπὸ γὰρ ἀσθενείας τε καὶ ἀτονίας οὐδὲ ἐφικνεῖται τὰ βέλη αὐτοῖς ἄχρι πρὸς τὸν σκοπόν, ἀλλ' ἐκλυθέντα καταπίπτει πολλάκις ἐκ μέσης τῆς ὁδοῦ· ἢν δέ ποτε καὶ ἐφίκηται, ἄκρον μὲν ἐπιλίγδην ἅπτεται, βαθεῖαν δὲ οὐκ ἐργάζεται πληγήν· οὐ γὰρ ἀπ' ἰσχυρᾶς ἐμβολῆς ἀπεστέλλετο. [37] ὅστις δὲ ἀγαθὸς τοξότης καὶ τούτῳ ὅμοιος, πρῶτον μὲν ἀκριβῶς ὄψεται τὸν σκοπόν, εἰ μὴ σφόδρα μαλακός, εἰ μὴ στερρότερος τοῦ βέλους. γίγνονται γὰρ δὴ καὶ ἄτρωτοι σκοποί. ἐπειδὰν δὲ ταῦτα ἴδῃ, τηνικαῦτα χρίσας τὸ βέλος οὔτε ἰῷ, καθάπερ τὰ Σκυθῶν χρίεται, οὔτε ὀπῷ, καθάπερ τὰ Κουρήτων, ἀλλ' ἠρέμα δηκτικῷ τε καὶ γλυκεῖ φαρμάκῳ, τούτῳ χρίσας εὐτέχνως ἐτόξευσε· τὸ δὲ ἐνεχθὲν εὖ μάλα ἐντόνως καὶ διακόψαν ἄχρι τοῦ διελθεῖν μένει τε καὶ πολὺ τοῦ φαρμάκου ἀφίησιν, ὃ δὴ σκιδνάμενον ὅλην ἐν κύκλῳ τὴν ψυχὴν περιέρχεται. τοῦτό τοι καὶ ἥδονται καὶ δακρύουσι μεταξὺ ἀκούοντες, ὅπερ καὶ αὐτὸς ἔπασχον, ἡσυχῇ ἄρα τοῦ

dern die Wunde war tief und lebensgefährlich, und so gut war die Rede gezielt, dass sie sich, wenn ich das so ausdrücken darf, durch und durch in meine Seele bohrte.

Wenn denn auch ich eine philosophische Argumentation wagen soll, so denke ich darüber folgendermaßen: **[36]** Ich glaube, dass sich die Seele eines Menschen mit guten Anlagen am ehesten einem weichen und zarten Ziel vergleichen lässt. Viele Bogenschützen legen in seinem Leben auf sie an, die Köcher mit verschiedensten und vielfältigsten Argumenten gefüllt. Allerdings können sie keineswegs alle gut mit dem Bogen umgehen: Vielmehr ziehen manche die Sehne weit aus und schießen viel stärker als nötig, und sie treffen zwar, aber ihre Pfeile bleiben nicht im Ziel stecken, sondern durchbohren die Seele durch die Gewalt des Schusses und hinterlassen auf ihrem Weg nur eine klaffende Wunde in ihr. Mit den Schüssen anderer wiederum geht es genau umgekehrt: So schwach und kraftlos sind sie, dass die Pfeile oft gar nicht bis ins Ziel fliegen, sondern die fehlende Spannung sie nach der Hälfte des Weges zu Boden fallen lässt. Kommen sie aber doch ins Ziel, so ritzen sie die Haut nur oberflächlich,[25] schlagen jedoch keine tiefe Wunde: Es steckte einfach keine Kraft dahinter. **[37]** Ein guter und diesem gleichender Bogenschütze jedoch wird erst einmal sein Ziel genau in Augenschein nehmen, ob es nicht zu weich oder gar zu hart für den Pfeil ist. Denn es gibt in der Tat auch Ziele, denen mit Pfeilen nicht beizukommen ist. Hat er sich darüber informiert, dann bestreicht er seine Pfeilspitze nicht mit Gift wie die Skythen und auch nicht mit Feigenmilch wie die Kureten,[26] sondern mit einer langsam wirkenden bittersüßen Substanz, und hat er sie damit bestrichen, dann schießt er den Pfeil nach allen Regeln der Kunst ab. Und der, mit der rechten Spannung geschossen, bohrt sich so tief in sein Ziel, dass er es fast durchschlägt, bleibt darin stecken und gibt den größten Teil der Substanz ab, die sich daraufhin überall in der Seele verteilt. Dann geschieht das, was auch mir passiert ist: Sie lachen und weinen beim Zuhören, während die Substanz allmählich ihre

φαρμάκου τὴν ψυχὴν περιθέοντος. ἐπῄει δ' οὖν μοι πρὸς αὐτὸν τὸ ἔπος ἐκεῖνο λέγειν· »βάλλ' οὕτως, αἴ κέν τι φόως γένηαι.« ὥσπερ γὰρ οἱ τοῦ Φρυγίου αὐλοῦ ἀκούοντες οὐ πάντες μαίνονται, ἀλλ' ὁπόσοι αὐτῶν τῇ Ῥέᾳ λαμβάνονται, οὗτοι δὲ πρὸς τὸ μέλος ὑπομιμνήσκονται τοῦ πάθους, οὕτω δὴ καὶ φιλοσόφων ἀκούοντες οὐ πάντες ἔνθεοι καὶ τραυματίαι ἀπίασιν, ἀλλ' οἷς ὑπῆν τι ἐν τῇ φύσει φιλοσοφίας συγγενές.

[38] Ὡς σεμνὰ καὶ θαυμάσια καὶ θεῖά γε, ὦ ἑταῖρε, διελήλυθας, ἐλελήθεις δέ με πολλῆς ὡς ἀληθῶς τῆς ἀμβροσίας καὶ τοῦ λωτοῦ κεκορεσμένος· ὥστε καὶ μεταξὺ σοῦ λέγοντος ἔπασχόν τι ἐν τῇ ψυχῇ, καὶ παυσαμένου ἄχθομαι καὶ ἵνα δὴ καὶ κατὰ σὲ εἴπω, τέτρωμαι· καὶ μὴ θαυμάσῃς· οἶσθα γὰρ ὅτι καὶ οἱ πρὸς τῶν κυνῶν τῶν λυσσώντων δηχθέντες οὐκ αὐτοὶ μόνοι λυσσῶσιν, ἀλλὰ κἄν τινας ἑτέρους ἐν τῇ μανίᾳ τὸ αὐτὸ τοῦτο διαθῶσιν, καὶ οὗτοι ἔκφρονες γίγνονται· συμμεταβαίνει γάρ τι τοῦ πάθους ἅμα τῷ δήγματι καὶ πολυγονεῖται ἡ νόσος καὶ πολλὴ γίγνεται τῆς μανίας διαδοχή.

Οὐκοῦν καὶ αὐτὸς ἡμῖν ἐρᾶν ὁμολογεῖς;

Πάνυ μὲν οὖν, καὶ προσέτι δέομαί γέ σου κοινήν τινα τὴν θεραπείαν ἐπινοεῖν.

Τὸ τοῦ ἄρα Τηλέφου ἀνάγκη ποιεῖν.

Ποῖον αὖ λέγεις;

Ἐπὶ τὸν τρώσαντα ἐλθόντας ἰᾶσθαι παρακαλεῖν.

Seele durchströmt. Beinahe hätte ich zu ihm jenes Dichterwort gesagt: »Schieß nur, wenn du ein Licht werden willst …«[27] Nicht jeder nämlich, der die phrygische Flöte hört, gerät in Verzückung, sondern nur diejenigen, die von Rhea ergriffen sind, und die brauchen bloß die Melodie zu hören, damit ihr Gedächtnis die dazugehörige Empfindung herbeiruft. Genauso geraten auch nicht alle, die den Philosophen lauschen, in Begeisterung und gehen tief getroffen fort, sondern nur diejenigen, die mit der Philosophie ohnehin schon eine natürliche Verwandtschaft verband.

[38] A. Wie wundersam erhaben, ja geradezu göttlich ist das, mein Freund, was du da erzählt hast! Mir war nicht klar gewesen, dass du dich tatsächlich ganz und gar an Ambrosia und Lotos gesättigt hast.[28] Und so habe auch ich, während du geredet hast, eine merkwürdige Regung in der Seele verspürt, und jetzt ärgere ich mich, dass du aufgehört hast, und bin, um dich zu zitieren, tief getroffen. Kein Wunder: Du weißt ja, dass die Tollwut nicht nur die packt, die selbst von tollwütigen Hunden gebissen werden, sondern, wenn sie in ihrem Wahnsinn andere in denselben Zustand versetzen, diese ebenfalls außer sich geraten. Mit dem Biss geht auch etwas von dem Leiden hinüber, die Krankheit pflanzt sich fort und wandert unaufhaltsam von einem zum anderen.

B. Auch dich hat also das Verlangen gepackt. Gibst du es zu?

A. Allerdings, und ich muss dich sehr bitten, auch für mich über Heilungsmöglichkeiten nachzudenken.

B. Dann gibt es keinen anderen Weg, als das Rezept des Telephos zu befolgen.[29]

A. Welches Rezept?

B. Zu dem zu gehen, der dich so schwer getroffen hat, und von ihm unsere Heilung zu erbitten.

ΕΡΜΟΤΙΜΟΣ Η ΠΕΡΙ ΑΙΡΕΣΕΩΝ

[1] ΛΥΚΙΝΟΣ

Ὅσον, ὦ Ἑρμότιμε, τῷ βιβλίῳ καὶ τῇ τοῦ βαδίσματος σπουδῇ τεκμήρασθαι, παρὰ τὸν διδάσκαλον ἐπειγομένῳ ἔοικας. ἐνενόεις γοῦν τι μεταξὺ προϊὼν καὶ τὰ χείλη διεσάλευες ἠρέμα ὑποτονθορύζων καὶ τὴν χεῖρα ὧδε μετέφερες ὥσπερ τινὰ ῥῆσιν ἐπὶ ἑαυτοῦ διατιθέμενος, ἐρώτημα δή τι τῶν ἀγκύλων συντιθεὶς ἢ σκέμμα σοφιστικὸν ἀναφροντίζων, ὡς μηδὲ ὁδῷ βαδίζων σχολὴν ἄγοις, ἀλλ' ἐνεργὸς εἴης ἀεὶ σπουδαῖόν τι πράττων καὶ ὃ πρὸ ὁδοῦ σοι γένοιτ' ἂν ἐς τὰ μαθήματα.

ΕΡΜΟΤΙΜΟΣ

Νὴ Δί', ὦ Λυκῖνε, τοιοῦτό τι· τὴν γὰρ χθιζὴν συνουσίαν καὶ ἃ εἶπε πρὸς ἡμᾶς, ἀνεπεμπαζόμην ἐπιὼν τῇ μνήμῃ ἕκαστα. χρὴ δὲ μηδένα καιρὸν οἶμαι παριέναι εἰδότας ἀληθὲς ὂν τὸ ὑπὸ τοῦ Κῴου ἰατροῦ εἰρημένον, ὡς ἄρα »βραχὺς μὲν ὁ βίος, μακρὴ δὲ ἡ τέχνη.« καίτοι ἐκεῖνος ἰατρικῆς πέρι ταῦτ' ἔλεγεν, εὐμαθεστέρου πράγματος· φιλοσοφία δὲ καὶ μακρῷ τῷ χρόνῳ ἀνέφικτος, ἢν μὴ πάνυ τις ἐγρηγορὼς ἀτενὲς ἀεὶ καὶ γοργὸν ἀποβλέπῃ ἐς αὐτήν, καὶ τὸ κινδύνευμα οὐ περὶ μικρῶν – ἢ ἄθλιον εἶναι ἐν τῷ πολλῷ τῶν ἰδιωτῶν συρφετῷ παραπολόμενον ἢ εὐδαιμονῆσαι φιλοσοφήσαντα.

[2] ΛΥΚΙΝΟΣ

Τὰ μὲν ἆθλα, ὦ Ἑρμότιμε, θαυμάσια ἡλίκα εἴρηκας. οἶμαί γε μὴν οὐ πόρρω σε εἶναι αὐτῶν, εἴ γε χρὴ εἰκάζειν τῷ τε χρόνῳ ὁπόσον φιλοσοφεῖς καὶ προσέτι τῷ πόνῳ οἷόν μοι οὐ μέτριον ἐκ πολλοῦ ἤδη ἔχειν δοκεῖς. εἰ γάρ τι μέμνημαι, σχεδὸν εἴκοσιν ἔτη ταῦτά ἐστιν ἀφ' οὗ σε οὐδὲν ἄλλο

HERMOTIMOS
ODER LEBENSENTSCHEIDUNGEN[1]

[1] Lykinos
Soll ich raten, Hermotimos? Du bist auf dem Weg zu deinem Professor, nach dem Buch unterm Arm und deinen eifrigen, schnellen Schritten zu urteilen! Und bestimmt warst du dabei in tiefe Betrachtungen versunken: Die Lippen hast Du bewegt und leise irgendetwas vor dich hingemurmelt. Und solche Gesten hast du gemacht, gerade als ob du im Stillen eine Rede entwerfen würdest. War bestimmt eine von den ganz kniffligen Fragen oder so eine trickreiche Knobelei, worüber du da gegrübelt hast. Du gibst wohl nicht mal beim Gehen Ruhe, sondern bist immer eifrig und ernsthaft bei der Sache, wenn du nur im Lernen vorankommst.
Hermotimos
Beim Zeus, Lykinos, du hast schon recht. Ich habe nämlich gerade die Stunde von gestern repetiert und bin alles durchgegangen, was er gesagt hat. Weißt du, man darf einfach keine Sekunde ungenutzt lassen! Es ist eben wahr, was der Arzt aus Kos gesagt hat: »Die Kunst ist lang, und kurz ist unser Leben!«[2] Und dabei hat er das über die Medizin gesagt, eine vergleichsweise einfache Angelegenheit. Aber die Philosophie erst! Das ist eine unendliche Geschichte! Da darfst du nichts verpassen, du musst dich auf sie konzentrieren, du musst völlig auf sie fixiert sein, sonst wird's nichts! Und dabei steht nicht wenig auf dem Spiel! Entweder gehst du nämlich als armseliger Wicht im Haufen der anderen Nichtswisser unter, oder du wirst ein glückseliger Mensch, ein Philosoph!
[2] Lykinos
Was für eine tolle Belohnung, Hermotimos, von der du da sprichst! Du hast es ja wohl auch schon fast geschafft, jedenfalls wenn ich an die lange Zeit denke, die du dich schon mit der Philosophie beschäftigst, und erst recht angesichts der Mühe, die du ja wohl schon investiert hast. Denn wenn ich mich nicht irre, müssen es jetzt doch

ποιοῦντα ἑώρακα, ἢ παρὰ τοὺς διδασκάλους φοιτῶντα καὶ ὡς τὸ πολὺ ἐς βιβλίον ἐπικεκυφότα καὶ ὑπομνήματα τῶν συνουσιῶν ἀπογραφόμενον, ὠχρὸν ἀεὶ ὑπὸ φροντίδων καὶ τὸ σῶμα κατεσκληκότα. δοκεῖς δέ μοι ἀλλ' οὐδὲ ὄναρ ποτὲ ἀνιέναι σεαυτόν, οὕτως ὅλος εἶναι ἐν τῷ πράγματι. ταῦτ' οὖν σκοπουμένῳ μοι φαίνῃ οὐκ ἐς μακρὰν ἐπιλήψεσθαι τῆς εὐδαιμονίας, εἴ γε μὴ λέληθας ἡμᾶς καὶ πάλαι αὐτῇ συνών.

ΕΡΜΟΤΙΜΟΣ

Πόθεν, ὦ Λυκῖνε, ὃς νῦν ἄρχομαι παρακύπτειν ἐς τὴν ὁδόν; ἡ δ' Ἀρετὴ πάνυ πόρρω κατὰ τὸν Ἡσίοδον οἰκεῖ καὶ ἔστιν ὁ οἶμος ἐπ' αὐτὴν μακρός τε καὶ ὄρθιος καὶ τρηχύς, ἱδρῶτα οὐκ ὀλίγον ἔχων τοῖς ὁδοιπόροις.

ΛΥΚΙΝΟΣ

Οὐχ ἱκανὰ οὖν ἵδρωταί σοι, ὦ Ἑρμότιμε, καὶ ὡδοιπόρηται;

ΕΡΜΟΤΙΜΟΣ

Οὔ φημί· οὐδὲν γὰρ ἐκώλυέ με πανευδαίμονα εἶναι ἐπὶ τῷ ἄκρῳ γενόμενον. τὸ δὲ νῦν ἀρχόμεθα ἔτι, ὦ Λυκῖνε.

[3] ΛΥΚΙΝΟΣ

Ἀλλὰ τήν γε ἀρχὴν ὁ αὐτὸς οὗτος Ἡσίοδος ἥμισυ τοῦ παντὸς ἔφη εἶναι, ὥστε κατὰ μέσην τὴν ἄνοδον ἤδη λέγοντες εἶναί σε οὐκ ἂν ἁμάρτοιμεν.

ΕΡΜΟΤΙΜΟΣ

Οὐδέπω οὐδὲ τοῦτο. πάμπολυ γὰρ ἂν ἡμῖν ἤνυστο.

ΛΥΚΙΝΟΣ

Ἀλλὰ ποῦ γάρ σε φῶμεν τῆς ὁδοῦ τυγχάνειν ὄντα;

ΕΡΜΟΤΙΜΟΣ

Ἐν τῇ ὑπωρείᾳ κάτω ἔτι, ὦ Λυκῖνε, ἄρτι προβαίνειν βιαζόμενον. ὀλισθηρὰ δὲ καὶ τραχεῖα καὶ δεῖ χεῖρα ὀρέγοντος.

ΛΥΚΙΝΟΣ

Οὐκοῦν ὁ διδάσκαλός σοι τοῦτο ἱκανὸς ποιῆσαι ἄνωθεν ἐκ τοῦ ἄκρου

schon bald zwanzig Jahre sein, dass ich dich mit nichts anderem mehr beschäftigt sehe als mit deinen Professoren, deinen Büchern und deinen Vorlesungsmitschriften. Blass bist du geworden von der ganzen Denkerei und völlig ausgemergelt![3] Man könnte fast glauben, du entspannst dich nicht mal mehr im Traum, so vertieft bist du in diese Sache! So gesehen kann es doch nicht mehr lange dauern bis zur Glückseligkeit! Oder habe ich was verpasst, und du bist schon bei ihr?

Hermotimos

Ach woher denn, Lykinos! Ich habe doch gerade nur einen ersten Blick auf den Weg geworfen! Die Tugend wohnt weit weg, sagt schon Hesiod, und der Pfad, der zu ihr führt, ist lang, steil und steinig – und nicht wenig schweißtreibend für die Wanderer![4]

Lykinos

Und – noch nicht genug geschwitzt, noch nicht genug marschiert?

Hermotimos

Nein, nein und nochmals nein! Nichts würde mich ja mehr von der völligen Glückseligkeit trennen, wäre ich erst auf dem Gipfel![5] Aber so ... Ich fange erst an, Lykinos.

[3] Lykinos

Aber der Anfang ist ja die Hälfte vom Ganzen, sagt derselbe Hesiod.[6] Ich liege also wohl nicht falsch, wenn ich behaupte, dass du dich schon mitten im Anstieg befindest?!

Hermotimos

Noch nicht mal das! Da wäre ja schon viel geschafft!

Lykinos

Wie weit bist du denn deiner Meinung nach?

Hermotimos

Noch unten am Fuß des Gebirges, Lykinos, da wo es gerade anfängt, anstrengend zu werden: Der Weg ist schlüpfrig und steinig, und man braucht eine helfende Hand.

Lykinos

Und dein Professor? Kann der dir nicht, so wie der Zeus bei Homer

καθάπερ ὁ τοῦ Ὁμήρου Ζεὺς χρυσῆν τινα σειρὰν καθιεὶς τοὺς αὑτοῦ λόγους, ὑφ' ὧν σε ἀνασπᾷ δηλαδὴ καὶ ἀνακουφίζει πρὸς αὑτόν τε καὶ τὴν ἀρετὴν αὐτὸς πρὸ πολλοῦ ἀναβεβηκώς.

ΕΡΜΟΤΙΜΟΣ

Αὐτὸ ἔφησθα, ὦ Λυκῖνε, τὸ γιγνόμενον. ὅσον γοῦν ἐπ' ἐκείνῳ πάλαι ἀνεσπάσμην ἂν καὶ συνῆν αὐτοῖς. τὸ δ' ἐμὸν ἔτι ἐνδεῖ.

[4] ΛΥΚΙΝΟΣ

Ἀλλὰ θαρρεῖν χρὴ καὶ θυμὸν ἔχειν ἀγαθὸν ἐς τὸ τέλος τῆς ὁδοῦ ὁρῶντα καὶ τὴν ἄνω εὐδαιμονίαν, καὶ μάλιστα ἐκείνου ξυμπροθυμουμένου. πλὴν ἀλλὰ τίνα σοι ἐλπίδα ὑποφαίνει ὡς δὴ πότε ἀναβησομένῳ; εἰς νέωτα εἴκαζεν ἐπὶ τὸ ἄκρον ἔσεσθαί σε, οἷον μετὰ τὰ μυστήρια τὰ μεγάλα ἢ Παναθήναια;

ΕΡΜΟΤΙΜΟΣ

Ὀλίγον φῄς, ὦ Λυκῖνε.

ΛΥΚΙΝΟΣ

Ἀλλ' ἐς τὴν ἑξῆς ὀλυμπιάδα;

ΕΡΜΟΤΙΜΟΣ

Καὶ τοῦτο ὀλίγον ὡς πρὸς ἀρετῆς ἄσκησιν καὶ εὐδαιμονίας κτῆσιν.

ΛΥΚΙΝΟΣ

Μετὰ δύο μὲν δὴ ὀλυμπιάδας πάντως; ἢ πολλήν γ' ἂν ὑμῶν ῥᾳθυμίαν καταγνοίη τις εἰ μηδ' ἐν τοσούτῳ χρόνῳ δύνασθε, ὅσον τρὶς ἀπὸ Ἡρακλείων στηλῶν εἰς Ἰνδοὺς ἀπελθεῖν εἶτ' ἐπανελθεῖν ῥᾴδιον, εἰ καὶ μὴ εὐθεῖαν μηδ' ἀεὶ βαδίζοι τις, ἀλλὰ ἐν τοῖς διὰ μέσου ἔθνεσι περιπλανώμενος. καίτοι πόσῳ τινὶ βούλει ὑψηλοτέραν καὶ λισσοτέραν θῶμεν εἶναι τὴν ἄκραν, ἐφ' ἧς ὑμῖν ἡ Ἀρετὴ οἰκεῖ, τῆς Ἀόρνου ἐκείνης, ἣν ἐντὸς ὀλίγων ἡμερῶν Ἀλέξανδρος κατὰ κράτος εἷλεν;

eine goldene Kette,[7] von oben vom Gipfel seine goldenen Worte herablassen, um dich hinaufzubefördern, versteht sich, zu ihm und zur Tugend? Denn er ist ja wohl schon lange oben angekommen.

HERMOTIMOS

Du sagst es, Lykinos, wie es ist. Wenn's nur an ihm läge, er hätte mich schon längst zu sich hochgezogen, und ich wäre mit ihnen vereint. Nur an mir, da hapert's noch.

[4] LYKINOS

Nur Mut! Nur Zuversicht! Denk an das Ende des Weges und an die Glückseligkeit, die dich oben erwartet! Und vor allem, wo einer wie er bei dir ist, der genug Zuversicht für zwei hat! Aber ... macht er dir denn Hoffnungen, ich meine, sagt er, wann du es geschafft haben wirst? Glaubt er, dass du bald oben sein wirst, vielleicht schon nach den großen Mysterien oder den Panathenäen?

HERMOTIMOS

So schnell geht das nicht, Lykinos.

LYKINOS

Aber dann bis zur nächsten Olympiade?[8]

HERMOTIMOS

Auch das ist ein bisschen kurz für einen, der sich in Tugend übt und nach Glückseligkeit strebt!

LYKINOS

Aber doch bestimmt in zwei Olympiaden! Oder wird man euch sonst nicht grobe Nachlässigkeit vorwerfen müssen, wenn ihr es nicht einmal in einem Zeitraum schafft, in dem man leicht dreimal von den Säulen des Herakles nach Indien und wieder zurückreisen könnte,[9] und zwar nicht auf dem direkten Weg und ohne Pause, sondern mit ein paar kleinen Streifzügen durch die Länder dazwischen. Aber gut! Wie viel höher und glatter, würdest du schätzen, ist der Gipfel, auf dem eure Tugend wohnt, als jener Aornos, den Alexander in wenigen Tagen und mit ein paar Gewaltmärschen bezwungen hat?[10]

[5] ΕΡΜΟΤΙΜΟΣ

Οὐδὲν ὅμοιον, ὦ Λυκῖνε, οὐδ᾽ ἔστι τὸ πρᾶγμα τοιοῦτον οἷον σὺ εἰκάζεις, ὡς ὀλίγῳ χρόνῳ κατεργασθῆναι καὶ ἁλῶναι, οὐδ᾽ ἂν μυρίοι Ἀλέξανδροι προσβάλωσιν. ἐπεὶ πολλοὶ ἂν οἱ ἀνιόντες ἦσαν. νῦν δὲ ἐνάρχονται μὲν οὐκ ὀλίγοι μάλα ἐρρωμένως καὶ προσέρχονται ἐπὶ ποσόν, οἱ μὲν ἐπὶ πάνυ ὀλίγον, οἱ δὲ ἐπὶ πλέον· ἐπειδὰν δὲ κατὰ μέσην τὴν ὁδὸν γένωνται πολλοῖς τοῖς ἀπόροις καὶ δυσχερέσιν ἐντυγχάνοντες ἀποδυσπετοῦσί τε καὶ ἀναστρέφουσιν ἀσθμαίνοντες καὶ ἱδρῶτι ῥεόμενοι, οὐ φέροντες τὸν κάματον. ὅσοι δ᾽ ἂν εἰς τέλος διακαρτερήσωσιν οὗτοι πρὸς τὸ ἄκρον ἀφικνοῦνται καὶ τὸ ἀπ᾽ ἐκείνου εὐδαιμονοῦσιν θαυμάσιόν τινα βίον τὸν λοιπὸν βιοῦντες, οἷον μύρμηκας ἀπὸ τοῦ ὕψους ἐπισκοποῦντές τινας τοὺς ἄλλους.

ΛΥΚΙΝΟΣ

Παπαῖ, ὦ Ἑρμότιμε, ἡλίκους ἡμᾶς ἀποφαίνεις οὐδὲ κατὰ τοὺς Πυγμαίους ἐκείνους, ἀλλὰ χαμαὶ παντάπασιν πατεῖν ἐν χρῷ τῆς γῆς. εἰκότως – ὑψηλὰ γὰρ ἤδη φρονεῖς καὶ ἄνωθεν· ἡμεῖς δὴ ὁ συρφετὸς καὶ ὅσοι χαμαὶ ἐρχόμενοι ἐσμέν, μετὰ τῶν θεῶν καὶ ὑμᾶς προσευξόμεθα ὑπερνεφέλους γενομένους καὶ ἀνελθόντας οἷ πάλαι σπεύδετε.

ΕΡΜΟΤΙΜΟΣ

Εἰ γὰρ γένοιτο καὶ ἀνελθεῖν, ὦ Λυκῖνε. ἀλλὰ πάμπολυ τὸ λοιπόν.

[6] ΛΥΚΙΝΟΣ

Ὅμως οὐκ ἔφησθα ὁπόσον, ὡς χρόνῳ περιβαλεῖν.

ΕΡΜΟΤΙΜΟΣ

Οὐδ᾽ αὐτὸς γὰρ οἶδα, ὦ Λυκῖνε, τἀκριβές. εἰκάζω μέντοι οὐ πλείω τῶν εἴκοσιν ἐτῶν ἔσεσθαι, μεθ᾽ ἃ πάντως που ἐπὶ τῷ ἄκρῳ ἐσόμεθα.

[5] HERMOTIMOS

Das lässt sich schlechterdings nicht vergleichen, Lykinos, und überhaupt ist das keine Sache, die sich, wie du das vielleicht meinst, in kurzer Zeit bewältigen und bezwingen lässt, auch wenn tausend Alexanders es versuchten! Da gäb's ja dann jede Menge Tugendgipfelstürmer! Wie's aber jetzt aussieht, machen sich gar nicht wenige voller Selbstvertrauen auf den Weg und kommen auch ein ganzes Stück voran, die einen nicht ganz so weit, die anderen ein bisschen weiter: Doch auf der Mitte des Weges, wenn sie dann auf viele Engpässe und Hindernisse stoßen, geben sie auf und machen kehrt, keuchend und schweißüberströmt, weil sie nicht mehr können. Wer aber bis zum Ende durchhält, der gelangt auf den Gipfel. Und von diesem Augenblick an lebt er für den Rest seines Lebens in Herrlichkeit und Glückseligkeit und kann von oben auf die anderen wie auf Ameisen herabschauen.

LYKINOS

O je, Hermotimos, was machst du aus uns! Nicht einmal Zwerge lässt du uns sein,[11] sondern lässt uns gleich auf der Erde herumkriechen! Ist ja klar: Hohe und hehre Gedanken hegst du bereits, von oben herab. Wir hingegen, der Haufen all derer, die auf dem Boden wandeln,[12] werden euch wie Götter anbeten und verehren, euch dort oben hoch über den Wolken, wo ihr schon immer hinwolltet.

HERMOTIMOS

Ach, käme ich doch nur dort hinauf, Lykinos! Aber es ist noch so weit bis dahin!

[6] LYKINOS

Wie weit es nun eigentlich ist, hast du mir aber noch gar nicht gesagt, ich meine: zeitlich gesehen.

HERMOTIMOS

Ja, das weiß ich selbst nicht so genau, Lykinos; aber ich denke doch, mehr als so zwanzig Jahre werden es nicht sein, und dann bin ich endgültig oben.

ΛΥΚΙΝΟΣ
Ἡράκλεις, πολὺ λέγεις.
ΕΡΜΟΤΙΜΟΣ
Καὶ γὰρ περὶ μεγάλων, ὦ Λυκῖνε, οἱ πόνοι.
ΛΥΚΙΝΟΣ
Τουτὶ μὲν ἴσως ἀληθές. ὑπὲρ δὲ τῶν εἴκοσιν ἐτῶν ὅτι βιώσῃ τοσαῦτα πότερον ὁ διδάσκαλός σου καθυπέσχετο, οὐ μόνον σοφός, ἀλλὰ καὶ μαντικὸς ὢν ἢ χρησμολόγος τις ἢ ὅσοι τὰς Χαλδαίων μεθόδους ἐπίστανται; φασὶ γοῦν εἰδέναι τὰ τοιαῦτα. οὐ γὰρ δὴ σέ γε εἰκὸς ἐπὶ τῷ ἀδήλῳ, εἰ βιώσῃ μέχρι πρὸς τὴν ἀρετήν, τοσούτους πόνους ἀνέχεσθαι καὶ ταλαιπωρεῖν νύκτωρ καὶ μεθ' ἡμέραν οὐκ εἰδότα εἴ σε πλησίον ἤδη τοῦ ἄκρου γενόμενον τὸ χρεὼν ἐπιστὰν κατασπάσει λαβόμενον τοῦ ποδὸς ἐξ ἀτελοῦς τῆς ἐλπίδος.
ΕΡΜΟΤΙΜΟΣ
Ἄπαγε. δύσφημα γὰρ ταῦτα, ὦ Λυκῖνε. ἀλλ' εἴη βιῶναι ὡς μίαν γοῦν ἡμέραν εὐδαιμονήσω σοφὸς γενόμενος.
ΛΥΚΙΝΟΣ
Καὶ ἱκανή σοι ἀντὶ τῶν τοσούτων καμάτων ἡ μία ἡμέρα;
ΕΡΜΟΤΙΜΟΣ
Ἐμοὶ μὲν καὶ ἀκαριαῖον ὁπόσον ἱκανόν.
[7] ΛΥΚΙΝΟΣ
Τὰ δὲ δὴ ἄνω ὅτι εὐδαίμονα καὶ τοιαῦτα ὡς πάντα χρῆν ὑπομεῖναι δι' αὐτά πόθεν ἔχεις εἰδέναι; οὐ γὰρ δὴ αὐτός πω ἀνελήλυθας.
ΕΡΜΟΤΙΜΟΣ
Ἀλλὰ τῷ διδασκάλῳ πιστεύω λέγοντι. ὁ δὲ πάνυ οἶδεν ἅτε ἀκρότατος ἤδη ὤν.

Lykinos

Beim Herakles, das ist aber lang!

Hermotimos

Es geht ja auch um ein großes Ziel, Lykinos. Dafür lohnt sich die Mühe.

Lykinos

Das mag sein. Was aber die zwanzig Jahre angeht: Dass du überhaupt so lange leben wirst, hat dir das dein Professor versprochen – weise ist er ja, vielleicht ist er sogar ein Seher?! –, oder ein Orakeldeuter, oder einer von diesen chaldäischen Zukunftspropheten?[13] Die behaupten ja, so etwas zu wissen. Denn ich darf doch wohl annehmen, dass du nicht ohne Rücksicht darauf, ob du so lange leben wirst, bis zum Erreichen der Tugend, so viel Plackerei auf dich genommen und dich Tag und Nacht geschunden hast, ohne zu wissen, ob dich nicht, wenn du dicht unter dem Gipfel bist, plötzlich der Tod am Fuß packt und dich herabzieht: Dann ist's aus mit allen deinen Hoffnungen!

Hermotimos

Willst du wohl still sein! Beruf es nicht, Lykinos! Nein, ich will leben und wenigstens einen Tag lang die Glückseligkeit genießen, ein Weiser zu sein!

Lykinos

Und das genügt dir, ein Tag? Für so viel Mühe?

Hermotimos

Egal wie viel! Selbst ein kleines bisschen wird mir genügen![14]

[7] Lykinos

Und was ist nun mit den Verhältnissen oben auf dem Gipfel? Dass Glückseligkeit herrscht und die Dinge so sind, dass man dafür alles ertragen muss, woher willst du das wissen? Denn du bist ja selbst noch nicht hinaufgestiegen.

Hermotimos

Da vertraue ich meinem Professor. Der sagt es, und er muss es ja wissen, er ist ja schon ganz oben.

ΛΥΚΙΝΟΣ
Ἔλεγε δὲ πρὸς θεῶν ποῖα τὰ περὶ αὐτῶν ἢ τίνα τὴν εὐδαιμονίαν εἶναι τὴν ἐκεῖ; ἤ που τινὰ πλοῦτον καὶ δόξαν καὶ ἡδονὰς ἀνυπερβλήτους;
ΕΡΜΟΤΙΜΟΣ
Εὐφήμει, ὦ ἑταῖρε. οὐδὲν γάρ ἐστι ταῦτα πρὸς τὸν ἐν τῇ ἀρετῇ βίον.
ΛΥΚΙΝΟΣ
Ἀλλὰ τίνα φησὶ τἀγαθὰ εἰ μὴ ταῦτα ἕξειν πρὸς τὸ τέλος τῆς ἀσκήσεως ἐλθόντας;
ΕΡΜΟΤΙΜΟΣ
Σοφίαν καὶ ἀνδρείαν καὶ τὸ καλὸν αὐτὸ καὶ τὸ δίκαιον καὶ τὸ πάντα ἐπίστασθαι βεβαίως πεπεισμένον ᾗ ἕκαστα ἔχει. πλούτους δὲ καὶ δόξας καὶ ἡδονὰς καὶ ὅσα τοῦ σώματος ταῦτα πάντα κάτω ἀφεῖκεν καὶ ἀποδυσάμενος ἀνέρχεται, ὥσπερ φασὶ τὸν Ἡρακλέα ἐν τῇ Οἴτῃ κατακαυθέντα θεὸν γενέσθαι· καὶ γὰρ ἐκεῖνος ἀποβαλὼν ὁπόσον ἀνθρώπειον εἶχε παρὰ τῆς μητρὸς καὶ καθαρόν τε καὶ ἀκήρατον φέρων τὸ θεῖον ἀνέπτατο ἐς τοὺς θεοὺς διευκρινηθὲν ὑπὸ τοῦ πυρός. καὶ οὗτοι δὴ ὑπὸ φιλοσοφίας ὥσπερ ὑπό τινος πυρὸς ἅπαντα ταῦτα περιαιρεθέντες ἃ τοῖς ἄλλοις θαυμαστὰ εἶναι δοκεῖ οὐκ ὀρθῶς δοξάζουσιν, ἀνελθόντες ἐπὶ τὸ ἄκρον εὐδαιμονοῦσι πλούτου καὶ δόξης καὶ ἡδονῶν ἀλλ᾽ οὐδὲ μεμνημένοι ἔτι, καταγελῶντες δὲ τῶν οἰομένων ταῦτα εἶναι.
[8] ΛΥΚΙΝΟΣ
Νὴ τὸν Ἡρακλέα, ὦ Ἑρμότιμε, τὸν ἐν Οἴτῃ, ἀνδρεῖα καὶ εὐδαίμονα

Lykinos

Bei den Göttern! Und was hat er dir darüber erzählt? Wie ist es dort? Und was herrscht dort für eine Glückseligkeit? Etwa so eine Art Reichtum oder Ehre oder unvergleichliche Vergnügungen und Herrlichkeiten?

Hermotimos

Schweig, Freund! Diese Dinge haben mit einem Leben in Tugend nichts zu tun!

Lykinos

Ja, aber was sollen es denn sonst für herrliche Glücksgüter sein, die denen zuteilwerden, die das anstrengende Training bis zum Ende durchhalten?

Hermotimos

Weisheit und Tapferkeit und das Edle an sich und Gerechtigkeit[15] und absolute Erkenntnis und die tiefe innere Sicherheit, zu wissen, wie es sich um jedes einzelne Ding auf der Welt verhält. Reichtümer und Ehren und Vergnügungen und überhaupt alles, was mit dem Körper zu tun hat, das lässt man hinter sich, das legt man ab wie ein altes Kleid, und dann schreitet man hinan, wie Herakles, von dem es heißt, dass er, nachdem er sich auf dem Oita hatte verbrennen lassen, vergöttlicht wurde. Auch er warf ja alles Irdische – das Erbteil seiner Mutter – von sich, behielt nur das Göttliche, rein und unvermischt, und fuhr gen Himmel, völlig geläutert vom Feuer.[16] So werfen auch diese Menschen unter dem Einfluss der Philosophie wie von einem Feuer versengt all das ab, was den anderen wer weiß was zu sein scheint, denen, die keine Ahnung haben: Dann steigen sie hinauf zum Gipfel und sind voll der Glückseligkeit. Aber an Reichtum, Ehre, Vergnügungen, daran verschwenden sie keinen einzigen Gedanken mehr, ja sie lachen nur über die, die noch glauben, dass es so etwas überhaupt gibt.

[8] Lykinos

Beim Herakles, Hermotimos – dem auf dem Oita! –, Wunderdinge über die Tapferkeit und die Glückseligkeit dort erzählst du! Aber

λέγεις περὶ αὐτῶν. πλὴν ἀλλὰ τόδε μοι εἰπέ, καὶ κατέρχονταί ποτε ἐκ τῆς ἄκρας (ἢν ἐθελήσωσι) χρησόμενοι τοῖς κάτω ἃ καταλελοίπασιν; ἢ ἀνάγκη ἅπαξ ἀνελθόντας αὐτοὺς μένειν καὶ συνεῖναι τῇ ἀρετῇ πλούτου καὶ δόξης καὶ ἡδονῶν καταγελῶντας;

ΕΡΜΟΤΙΜΟΣ

Οὐ μόνον τοῦτο, ὦ Λυκῖνε, ἀλλ' ὃς ἂν ἀποτελεσθῇ πρὸς ἀρετὴν οὔτε ὀργῇ οὔτε φόβῳ οὔτε ἐπιθυμίαις ὁ τοιοῦτος ἂν δουλεύοι οὐδὲ λυποῖτο οὐδὲ ὅλως πάθος ἔτι τοιοῦτον πάθοι ἄν.

ΛΥΚΙΝΟΣ

Καὶ μὴν εἴ γέ με δεῖ μηδὲν ὀκνήσαντα εἰπεῖν τἀληθές – ἀλλ' εὐφημεῖν χρὴ οἶμαι μηδὲ ὅσιον εἶναι ἐξετάζειν τὰ ὑπὸ τῶν σοφῶν γιγνόμενα.

ΕΡΜΟΤΙΜΟΣ

Μηδαμῶς, ἀλλ' εἰπὲ ὅ τι καὶ λέγεις.

ΛΥΚΙΝΟΣ

Ὅρα, ὦ ἑταῖρε, ὡς ἔγωγε καὶ πάνυ ὀκνῶ.

ΕΡΜΟΤΙΜΟΣ

Ἀλλὰ μὴ ὄκνει, ὦ γενναῖε, πρός γε μόνον ἐμὲ λέγων.

[9] ΛΥΚΙΝΟΣ

Τὰ μὲν τοίνυν ἄλλα, ὦ Ἑρμότιμε, διηγουμένῳ σοι παρειπόμην καὶ ἐπίστευον οὕτως ἔχειν, σοφούς τε γίγνεσθαι αὐτοὺς καὶ ἀνδρείους καὶ δικαίους καὶ τὰ ἄλλα· καί πως ἐκηλούμην πρὸς τὸν λόγον. ὁπότε δὲ καὶ πλούτου ἔφησθα καταφρονεῖν σφᾶς καὶ δόξης καὶ ἡδονῶν καὶ μήτε ὀργίζεσθαι μήτε λυπεῖσθαι, πάνυ ἐνταῦθα (μόνω γάρ ἐσμεν) ἐπέστην ἀναμνησθεὶς ἃ πρῴην εἶδον ποιοῦντα – βούλει φῶ τίνα; ἢ ἱκανὸν καὶ ἄνευ τοῦ ὀνόματος;

ΕΡΜΟΤΙΜΟΣ

Μηδαμῶς, ἀλλὰ καὶ τοῦτο εἰπὲ ὅστις ἦν.

sag mir auch das noch: Kommen sie irgendwann auch einmal von ihrem hohen Gipfel herunter, wenn sie Lust haben, um sich mit dem zu beschäftigen, was sie unten zurückgelassen haben,[17] oder lässt es sich nicht vermeiden, dass sie, einmal oben angelangt, dort bleiben, in trautem Beisammensein mit der Tugend, und sich über Reichtum, Ehre und Vergnügungen nur noch lustig machen?

HERMOTIMOS

Nicht nur das, Lykinos! Wer sich vollendet und die Tugend erlangt, der ist nicht mehr Sklave des Zorns, der Angst, der Triebe, der kennt auch keinen Kummer mehr, ja all solche Emotionen sind ihm völlig fremd.

LYKINOS

Und doch ... Also wenn ich einmal die Wahrheit frei heraus sagen soll – aber ich sollte wohl wirklich besser schweigen, glaube ich. Ein Ketzer, wer die Taten der Weisen prüfen will!

HERMOTIMOS

Aber nein! Sag, was du sagen wolltest!

LYKINOS

Mein Freund, du merkst, wie sehr ich zögere!

HERMOTIMOS

Zögere nicht, mein Bester: wir sprechen ja unter vier Augen.

[9] LYKINOS

Als du all das andere dargelegt hast, da konnte ich dir folgen und glaubte dir völlig, dass es sich so verhält, dass sie weise und tapfer und gerecht und so werden, ja ich war wie gebannt von deinen Ausführungen; aber als du sagtest, dass sie auch den Reichtum verachten und Ehre und Vergnügungen und dass sie weder in Zorn geraten noch Trauer empfinden, genau an dieser Stelle – wir sind ja unter uns – musste ich stutzen, weil ich mich daran erinnerte, was ich ihn gestern tun sah – soll ich sagen, wen? Oder geht es auch ohne den Namen?

HERMOTIMOS

Auf keinen Fall! Sag auch, wer es war!

ΛΥΚΙΝΟΣ
Διδάσκαλος αὐτὸς οὗτος ὁ σός – ἀνὴρ τά τε ἄλλα αἰδοῦς ἄξιος καὶ γέρων ἤδη ἐς τὸ ὕστατον.

ΕΡΜΟΤΙΜΟΣ
Τί οὖν δὴ ἐποίει;

ΛΥΚΙΝΟΣ
Τὸν ξένον οἶσθα τὸν Ἡρακλεώτην ὃς ἐκ πολλοῦ συνεφιλοσόφει αὐτῷ μαθητὴς ὤν, τὸν ξανθόν, τὸν ἐριστικόν;

ΕΡΜΟΤΙΜΟΣ
Οἶδα ὃν λέγεις· Δίων αὐτῷ τοὔνομα.

ΛΥΚΙΝΟΣ
Ἐκεῖνον αὐτόν, ἐπεὶ τὸν μισθὸν οἶμαι μὴ ἀπεδίδου κατὰ καιρόν, ἀπήγαγε παρὰ τὸν ἄρχοντα ἔναγχος περιθείς γε αὐτῷ θοἰμάτιον περὶ τὸν τράχηλον καὶ ἐβόα καὶ ὠργίζετο, καὶ εἰ μὴ τῶν συνήθων τινὲς ἐν μέσῳ γενόμενοι ἀφείλοντο τὸν νεανίσκον ἐκ τῶν χειρῶν αὐτοῦ, εὖ ἴσθι προσφὺς ἂν ἀπέτραγεν αὐτοῦ τὴν ῥῖνα ὁ γέρων, οὕτως ἠγανάκτει.

[10] ΕΡΜΟΤΙΜΟΣ
Πονηρὸς γὰρ ἐκεῖνος ἀεὶ καὶ ἀγνώμων, ὦ Λυκῖνε, περὶ τὰς ἀποδόσεις· ἐπεὶ τούς γε ἄλλους οἷς δανείζει πολλοὺς ὄντας οὐδὲν τοιοῦτό πω διατέθεικεν. ἀποδιδόασι γὰρ αὐτῷ κατὰ καιρὸν τοὺς τόκους.

ΛΥΚΙΝΟΣ
Τί δέ, ἂν μὴ ἀποδιδῶσιν, ὦ μακάριε, μέλει τι αὐτῷ καθαρθέντι ἤδη ὑπὸ φιλοσοφίας καὶ μηκέτι τῶν ἐν τῇ Οἴτῃ καταλελειμμένων δεομένῳ;

ΕΡΜΟΤΙΜΟΣ
Οἴει γὰρ ὅτι ἑαυτοῦ χάριν ἐκεῖνος περὶ τὰ τοιαῦτα ἐσπούδακεν; ἀλλ' ἔστιν αὐτῷ παιδία νεογνὰ ὧν κήδεται μὴ ἐν ἀπορίᾳ καταβιώσωσιν.

ΛΥΚΙΝΟΣ
Δέον, ὦ Ἑρμότιμε, ἀναγαγεῖν κἀκεῖνα ἐπὶ τὴν ἀρετήν, ὡς συνευδαιμο-

Lykinos

Dieser Professor selbst, deiner, meine ich, ein in jeder Hinsicht achtunggebietender Mann und hochbetagter Greis.

Hermotimos

Ja, und?! Was tat er denn?

Lykinos

Du kennst doch den Ausländer, den aus Herakleia, der schon lange bei ihm Philosophie studiert, den Blondschopf, der so gut diskutieren kann.

Hermotimos

Ich weiß, wen du meinst. Er heißt Dion.

Lykinos

Eben den schleppte er, weil er, glaube ich, sein Hörergeld nicht rechtzeitig bezahlt hatte, vor den Archon, würgte ihn am Kragen und schrie und tobte, und wären nicht ein paar von seinen Bekannten dazwischen gegangen und hätten ihm das Bürschchen entrissen, also du kannst mir glauben, er hätte sich ihn geschnappt, der Alte, und ihm die Nase abgebissen, so sauer war er.[18]

[10] Hermotimos

Der Dion ist aber auch schlimm, Lykinos, und nachlässig mit dem Bezahlen. Die anderen, denen er Geld vorgestreckt hat, hat er jedenfalls noch nie derartig behandelt, dabei sind das eine ganze Menge. Sie zahlen ihre Zinsen nämlich pünktlich.

Lykinos

Aber was, du Glückseliger, stört es ihn denn, wenn sie nicht zahlen, ihn, den schon philosophisch Gereinigten, der all das, was er auf dem Oita zurückgelassen hat, doch gar nicht mehr braucht?

Hermotimos

Ja, glaubst du denn, dass er sich seinetwegen über diese Dinge so aufregt? Er hat doch kleine Kinder, um die er sich kümmern muss, damit sie nicht in Armut aufwachsen.

Lykinos

Dann, Hermotimos, müsste er eben auch sie zur Tugend hinauf-

νοῖεν αὐτῷ πλούτου καταφρονοῦντες.

[11] ΕΡΜΟΤΙΜΟΣ

Οὐ σχολή μοι, ὦ Λυκῖνε, περὶ τούτων διαλέγεσθαί σοι· σπεύδω γὰρ ἤδη ἀκροάσασθαι αὐτοῦ, μὴ καὶ λάθω τελέως ἀπολειφθείς.

ΛΥΚΙΝΟΣ

Θάρρει, ὤγαθέ. τὸ τήμερον γὰρ ἐκεχειρία ἐπήγγελται. ὥστε ἐγὼ ἀφίημί σοι ὅσον ἔτι λοιπὸν τῆς ὁδοῦ.

ΕΡΜΟΤΙΜΟΣ

Πῶς λέγεις;

ΛΥΚΙΝΟΣ

Ὅτι ἐν τῷ παρόντι οὐκ ἂν ἴδοις αὐτόν, εἴ γε χρὴ πιστεύειν τῷ προγράμματι. πινάκιον γάρ τι ἐκρέματο ὑπὲρ τοῦ πυλῶνος μεγάλοις γράμμασι λέγον »Τήμερον οὐ συμφιλοσοφεῖν«. ἐλέγετο δὲ παρ' Εὐκράτει τῷ πάνυ δειπνήσας χθὲς γενέθλια θυγατρὸς ἑστιῶντι πολλά τε συμφιλοσοφῆσαι ἐν τῷ συμποσίῳ καὶ πρὸς Εὐθύδημον τὸν ἐκ τοῦ Περιπάτου παροξυνθῆναί τι καὶ ἀμφισβητῆσαι αὐτῷ περὶ ὧν ἐκεῖνοι εἰώθασιν ἀντιλέγειν τοῖς ἀπὸ τῆς Στοᾶς. ὑπό τε οὖν τῆς κραυγῆς πονήρως τὴν κεφαλὴν διατεθῆναι καὶ ἱδρῶσαι μάλα πολλὰ ἐς μέσας νύκτας ἀποταθείσης, ὥς φασι, τῆς συνουσίας. ἅμα δὲ καὶ πεπώκει οἶμαι πλείω τοῦ ἱκανοῦ, τῶν παρόντων ὡς εἰκὸς φιλοτησίας προπινόντων, καὶ ἐδεδειπνήκει πλέον ἢ κατὰ γέροντα· ὥστε ἀναστρέψας ἤμεσέ τε ὡς ἔφασκον πολλὰ καὶ μόνον ἀριθμῷ παραλαβὼν τὰ κρέα ὁπόσα τῷ παιδὶ κατόπιν ἑστῶτι παραδεδώκει καὶ σημηνάμενος ἐπιμελῶς τὸ ἀπ' ἐκείνου καθεύδει μηδένα εἰσδέχεσθαι παραγγείλας. ταῦτα δὲ Μίδου ἤκουσα τοῦ οἰκέτου αὐτοῦ διηγουμένου τισὶ τῶν μαθητῶν, οἳ καὶ αὐτοὶ ἀνέστρεφον μάλα πολλοί.

führen, damit sie mit ihm zusammen die Glückseligkeit genießen und den Reichtum verachten.

[11] Hermotimos

Ich habe jetzt keine Zeit, Lykinos, mich mit dir darüber zu unterhalten. Ich muss los, damit ich seine Vorlesung nicht versäume. Sonst verpasse ich unversehens noch endgültig den Anschluss.

Lykinos

Keine Sorge, mein Bester! Heute sind Ferien! Da kannst du dir den Rest des Weges sparen![19]

Hermotimos

Wie bitte?

Lykinos

Nach Lage der Dinge wirst du ihn heute nicht zu Gesicht bekommen, jedenfalls wenn man dem Schild glauben darf. An der Tür hing nämlich ein Täfelchen, darauf stand in großen Buchstaben: »Vorlesung ›Philosophie‹ fällt heute aus!« Es hieß, er habe den Abend bei Eukrates, jawohl: bei *dem* Eukrates, verbracht, der den Geburtstag seiner Tochter feierte. Während des Symposions hat er philosophiert, sich mit dem Peripatetiker Euthydemos angelegt und ist sich mit ihm über einen der üblichen Punkte, wo sie den Stoikern widersprechen, in die Haare geraten.[20] Von der Rumschreierei hat er dann ziemliches Kopfweh bekommen und ist ordentlich ins Schwitzen geraten, weil das Fest bis tief in die Nacht ging, wie man erzählt. Dazu trank er, glaube ich, mehr als ihm guttat, weil ja, wie es so geht, die Gäste einander ständig zuprosten mussten, und aß mehr, als ein alter Mann verträgt. Daher musste er sich heftig übergeben, als er nach Hause kam, erzählten sie, und jetzt, wo er die Fleischstücke, die er dem Diener hinter sich gab, eifrig inventarisiert und gekennzeichnet hat, schläft er. Aber vorher hat er noch Anweisung gegeben, niemanden vorzulassen. Das hab' ich von Midas,[21] seinem Diener, der es einigen deiner Mitschüler erzählte. Die sind jetzt auch alle – es waren gar nicht wenige – nach Hause gegangen.

[12] ΕΡΜΟΤΙΜΟΣ

Ἐκράτησε δὲ πότερος, ὦ Λυκῖνε, ὁ διδάσκαλος ἢ ὁ Εὐθύδημος; εἴ τι καὶ τοιοῦτον ἔλεγεν ὁ Μίδας;

ΛΥΚΙΝΟΣ

Τὰ μὲν πρῶτά φασιν, ὦ Ἑρμότιμε, ἀγχώμαλα σφίσι γενέσθαι, τὸ δ' οὖν τέλος τῆς νίκης καθ' ὑμᾶς ἐγένετο καὶ παρὰ πολὺ ὁ πρεσβύτης ὑπερέσχε. τὸν γοῦν Εὐθύδημον οὐδὲ ἀναιμωτί φασιν ἀπελθεῖν, ἀλλὰ τραῦμα παμμέγεθες ἔχοντα ἐν τῇ κεφαλῇ. ἐπεὶ γὰρ ἀλαζὼν ἦν καὶ ἐλεγκτικὸς καὶ πείθεσθαι οὐκ ἤθελεν οὐδὲ παρεῖχε ῥᾴδιον αὑτὸν ἐλέγχεσθαι, ὁ διδάσκαλός σου ὁ βέλτιστος ὃν εἶχε σκύφον Νεστόρειόν τινα καταφέρει αὐτοῦ πλησίον κατακειμένου, καὶ οὕτως ἐκράτησεν.

ΕΡΜΟΤΙΜΟΣ

Εὖ γε. οὐ γὰρ ἄλλως ἐχρῆν πρὸς τοὺς μὴ ἐθέλοντας εἴκειν τοῖς κρείττοσιν.

ΛΥΚΙΝΟΣ

Ταυτὶ μέν, ὦ Ἑρμότιμε, πάνυ εὔλογα. ἢ τί γὰρ παθὼν Εὐθύδημος ἄνδρα γέροντα παρώξυνεν ἀόργητον καὶ θυμοῦ κρείττονα, σκύφον οὕτω βαρὺν ἐν τῇ χειρὶ ἔχοντα; **[13]** ἀλλά, σχολὴν γὰρ ἄγομεν, τί οὐ διηγῇ μοι ἑταίρῳ ὄντι ὃν τρόπον ὡρμήθης τὸ πρῶτον φιλοσοφεῖν, ὡς καὶ αὐτός, εἰ δυνατὸν ἔτι, συνοδοιποροίην ὑμῖν τὸ ἀπὸ τοῦδε ἀρξάμενος. οὐ γὰρ ἀποκλείσετέ με δηλαδὴ φίλοι ὄντες.

ΕΡΜΟΤΙΜΟΣ

Εἰ γὰρ ἐθελήσειας, ὦ Λυκῖνε· ὄψει ἐν βραχεῖ ὅσον διοίσεις τῶν ἄλλων. παῖδας εὖ ἴσθι οἰήσῃ ἅπαντας ὡς πρὸς σέ, τοσοῦτον ὑπερφρονήσεις αὐτός.

[12] HERMOTIMOS
Wer hat denn gewonnen, Lykinos, mein Professor oder Euthydemos? Falls[22] Midas auch davon etwas erzählt hat?
LYKINOS
Am Anfang, sagten sie, stand es noch unentschieden, Hermotimos, aber am Ende war der Sieg eurer, und der alte Mann war turmhoch überlegen. Euthydemos, heißt es, ist dabei sogar nicht ohne Blutvergießen[23] nach Hause gekommen, sondern mit einem gewaltigen Loch im Kopf. Denn er war frech und spitzfindig und wollte sich einfach nicht überzeugen lassen, ja gab sich wohl auch nur wenige Blößen, und da, er lag nämlich neben ihm, drosch ihm dein Professor, der Gute, seinen Pokal, einen wahren Nestorbecher,[24] auf den Kopf – und so siegte er.
HERMOTIMOS
Jawoll! Genau so muss man mit Leuten umspringen, die vor Stärkeren und Besseren nicht kuschen!
LYKINOS
Weise gesprochen, Hermotimos! Was ist dem Euthydemos auch eingefallen, einen alten Mann, der von einer Selbstbeherrschung sondergleichen ist und sich durch nichts aus der Ruhe bringen lässt, so zu reizen, noch dazu, wo der einen so schweren Pokal in der Hand hielt? [13] Aber – wir haben ja jetzt Zeit! Warum erzählst du mir, deinem Freund, nicht, wie du seinerzeit zum Philosophieren gekommen bist, damit auch ich, wenn's noch möglich ist, euch von nun an auf eurem Weg begleiten kann. Denn ihr werdet mich doch bestimmt nicht ausschließen, wo wir doch Freunde sind!
HERMOTIMOS
Wenn du das doch nur wirklich tun wolltest, Lykinos! Du wirst sehen: In kürzester Zeit wirst du den anderen weit voraus sein, und du kannst mir glauben, für Kinder wirst du sie halten im Vergleich mit dir, so weit oben wirst du stehen und auf alles herabsehen.

ΛΥΚΙΝΟΣ

Ἱκανόν, εἰ μετὰ εἴκοσιν ἔτη γενοίμην τοιοῦτος οἷος σὺ νῦν.

ΕΡΜΟΤΙΜΟΣ

Ἀμέλει. καὶ αὐτὸς κατὰ σὲ γεγονὼς ἠρξάμην φιλοσοφεῖν τετταρακοντούτης σχεδόν – ὁπόσα οἶμαι σὺ νῦν γέγονας.

ΛΥΚΙΝΟΣ

Τοσαῦτα γάρ, ὦ Ἑρμότιμε. ὥστε τὴν αὐτὴν ἄγε λαβὼν κἀμέ – δίκαιον γάρ. καὶ πρῶτόν γέ μοι τοῦτο εἰπέ· δίδοτε ἀντιλέγειν τοῖς μανθάνουσιν ἤν τι μὴ ὀρθῶς λέγεσθαι δοκῇ αὐτοῖς, ἢ οὐκ ἐφίετε τοῦτο τοῖς νεωτέροις;

ΕΡΜΟΤΙΜΟΣ

Οὐ πάνυ. σὺ δέ, ἤν τι βούλῃ, ἐρώτα μεταξὺ καὶ ἀντίλεγε. ῥᾷον γὰρ οὕτω μάθοις.

[14] ΛΥΚΙΝΟΣ

Εὖ γε – νὴ τὸν Ἑρμῆν, ὦ Ἑρμότιμε, αὐτὸν οὗ ἐπώνυμος ὢν τυγχάνεις. ἀτὰρ εἰπέ μοι, μία τις ὁδός ἐστιν ἡ ἐπὶ φιλοσοφίαν ἄγουσα ἡ τῶν Στωϊκῶν ὑμῶν; ἢ ἀληθῆ ἐγὼ ἤκουον ὡς καὶ ἄλλοι πολλοί τινές εἰσιν;

ΕΡΜΟΤΙΜΟΣ

Μάλα πολλοί – Περιπατητικοὶ καὶ Ἐπικούρειοι καὶ οἱ τὸν Πλάτωνα ἐπιγραφόμενοι, καὶ αὖ Διογένους ἄλλοι τινὲς καὶ Ἀντισθένους ζηλωταὶ καὶ οἱ ἀπὸ τοῦ Πυθαγόρου καὶ ἔτι πλείους.

ΛΥΚΙΝΟΣ

Ἀληθῆ ταῦτα· πολλοὶ γάρ εἰσι. πότερον δή, ὦ Ἑρμότιμε, τὰ αὐτὰ οὗτοι λέγουσιν ἢ διάφορα;

ΕΡΜΟΤΙΜΟΣ

Καὶ πάνυ διάφορα.

LYKINOS
Es würde mir schon reichen, wenn ich in zwanzig Jahren so weit wäre wie du jetzt!
HERMOTIMOS
Keine Sorge! Ich habe ja selbst auch ungefähr in deinem Alter mit dem Philosophieren angefangen, also beinahe mit vierzig; so alt bist du, glaube ich, jetzt auch.
LYKINOS
Gerade so alt, Hermotimos![25] Deshalb geh' den Weg noch einmal, nun mit mir. Das gehört sich nämlich so. Und sag mir zuerst Folgendes: Erlaubt ihr euren Schülern zu widersprechen, wenn sie den Eindruck haben, etwas sei falsch, oder erlaubt ihr das den Anfängern nicht?
HERMOTIMOS
Nicht grundsätzlich. Aber du frag ruhig mitten hinein und widersprich, wenn du willst. Denn dann lernt es sich leichter und schneller.
LYKINOS
Gut, beim Hermes, Hermotimos, deinem Namenspatron.[26] **[14]** Aber sag mir, führt nur ein Weg hin zur Philosophie, nämlich der von euch Stoikern, oder habe ich richtig gehört, dass es auch noch viele andere gibt?
HERMOTIMOS
Sehr viele! Peripatetiker, Epikureer, Platoniker, dann noch andere, die auf Diogenes und Antisthenes schwören, die Pythagoreer und noch mehr.[27]
LYKINOS
Allerdings: Das sind viele! Und, Hermotimos, sagen sie alle dasselbe, oder weichen sie voneinander ab?
HERMOTIMOS
Sie weichen voneinander ab, und wie!

ΛΥΚΙΝΟΣ

Τὸ δέ γε ἀληθὲς οἶμαι πάντως που ἓν ἦν αὐτῶν, ἀλλ' οὐ πάντα, διάφορά γε ὄντα.

ΕΡΜΟΤΙΜΟΣ

Πάνυ μὲν οὖν.

[15] ΛΥΚΙΝΟΣ

Ἴθι δή, ὦ φιλότης, ἀπόκριναί μοι· τῷ τότε πιστεύσας τὸ πρῶτον σύ, ὁπότε ᾔεις φιλοσοφήσων πολλῶν σοι θυρῶν ἀναπεπταμένων, παρεὶς σὺ τὰς ἄλλας εἰς τὴν τῶν Στωϊκῶν ἧκες καὶ δι' ἐκείνης ἠξίους ἐπὶ τὴν ἀρετὴν εἰσιέναι ὡς δὴ μόνης ἀληθοῦς οὔσης καὶ τὴν εὐθεῖαν ἐπιδεικνυούσης, τῶν δ' ἄλλων εἰς τυφλὰ καὶ ἀνέξοδα φερουσῶν; τίνι ταῦτ' ἐτεκμαίρου τότε; καὶ μή μοι τὸν νῦν δὴ τοῦτον σεαυτὸν ἐννόει, τὸν εἴτε ἡμίσοφον εἴτε σοφὸν ἤδη τὰ βελτίω κρίνειν ὑπὲρ τοὺς πολλοὺς ἡμᾶς δυνάμενον, ἀλλὰ οὕτως ἀπόκριναι ὁποῖος τότε ἦσθα, ἰδιώτης καὶ κατὰ τὸν νῦν ἐμέ.

ΕΡΜΟΤΙΜΟΣ

Οὐ συνίημι ὅ τι σοι τοῦτο βούλεται, ὦ Λυκῖνε.

ΛΥΚΙΝΟΣ

Καὶ μὴν οὐ πάνυ ἀγκύλον ἠρόμην. πολλῶν γὰρ ὄντων φιλοσόφων, οἷον Πλάτωνος καὶ Ἀριστοτέλους καὶ Ἀντισθένους καὶ τῶν ὑμετέρων προγόνων, τοῦ Χρυσίππου καὶ Ζήνωνος καὶ τῶν ἄλλων ὅσοι εἰσίν, τῷ σὺ πιστεύσας τοὺς μὲν ἄλλους εἴας, ἐξ ἁπάντων δὲ προελόμενος ἅπερ προῄρησαι, ἀξιοῖς κατὰ ταῦτα φιλοσοφεῖν; ἆρα καὶ σὲ ὥσπερ τὸν Χαιρεφῶντα ὁ Πύθιος ἐξέπεμψεν ἐπὶ τὰ Στωϊκῶν ἀρίστους ἐξ ἁπάντων προσειπών; ἔθος γὰρ αὐτῷ ἄλλον ἐπ' ἄλλο εἶδος φιλοσοφίας προτρέπειν τὴν ἁρμόττουσαν οἶμαι ἑκάστῳ εἰδότι.

LYKINOS
Aber die Wahrheit vertritt doch, denke ich, nur eine von ihnen, aber nicht sie alle, bei all ihren Unterschieden?
HERMOTIMOS
Völlig richtig!
[15] LYKINOS
Nun, mein Lieber, dann antworte mir: Als du den Weg der Philosophie beschreiten wolltest und dir viele Tore offenstanden, auf wen oder was hast du dich da zuallererst verlassen? Wie kam es, dass du alle anderen links liegen ließest, aber gerade durch das Tor der Stoiker bei der Tugend einkehren wolltest, gerade als ob dies allein das richtige wäre und dich auf den rechten Weg brächte, die anderen aber sich auf Sackgassen öffneten? Aus welchen Zeichen hast du das geschlossen? Und bitte! Komm mir nicht mit deinem jetzigen Wissen! Natürlich kannst du jetzt, als Halbweiser oder auch schon ganz Weiser, mehr als wir alle Besser und Schlechter abwägen, aber antworte mir bitte so, wie du es damals getan hättest, als du noch ein bloßer Laie warst – eben so einer wie ich jetzt.
HERMOTIMOS
Ich verstehe nicht, worauf du hinauswillst, Lykinos.
LYKINOS
Dabei war das gar keine so vertrackte Frage! Es gibt doch viele Philosophen, Platon beispielsweise und Aristoteles und Antisthenes und eure Urväter, Chrysipp und Zenon und all die anderen: Auf wen hast du dich verlassen, als du die anderen links liegen gelassen hast und stattdessen unter ihnen allen die Wahl trafst, die du getroffen hast? Wie kommt es, dass du dich gerade für diese philosophische Richtung entschieden hast? Hat dich vielleicht etwa der Pythier, wie seinerzeit den Chairephon,[28] auf die Lehre der Stoiker angesetzt und dir *sie* als die beste genannt? Denn er könnte natürlich jedem seine Philosophie zuweisen, kennt er doch, glaube ich, für jeden die passende.

ΕΡΜΟΤΙΜΟΣ
Ἀλλ᾽ οὐδὲν τοιοῦτον, ὦ Λυκῖνε, οὐδὲ ἠρόμην περί γε τούτων τὸν θεόν.
ΛΥΚΙΝΟΣ
Πότερον οὐκ ἄξιον θείας συμβουλίας ἡγούμενος αὐτὸ ἢ ἱκανὸς ᾤου αὐτὸς εἶναι ἑλέσθαι τὸ βέλτιον κατὰ σαυτὸν ἄνευ τοῦ θεοῦ;
ΕΡΜΟΤΙΜΟΣ
Ὤιμην γάρ.
[16] ΛΥΚΙΝΟΣ
Οὐκοῦν καὶ ἡμᾶς διδάσκοις ἂν τοῦτο πρῶτον, ὅπως διαγνωστέον ἡμῖν εὐθὺς ἐν ἀρχῇ, τίς ἡ ἀρίστη φιλοσοφία ἐστὶ καὶ ἡ ἀληθεύουσα καὶ ἣν ἄν τις ἕλοιτο παρεὶς τὰς ἄλλας.
ΕΡΜΟΤΙΜΟΣ
Ἐγώ σοι φράσω. ἑώρων τοὺς πλείστους ἐπ᾽ αὐτὴν ὁρμῶντας ὥστε εἴκαζον ἀμείνω εἶναι αὐτήν.
ΛΥΚΙΝΟΣ
Πόσῳ τινὶ πλείους τῶν Ἐπικουρείων ἢ Πλατωνικῶν ἢ Περιπατητικῶν; ἠρίθμησας γὰρ δηλαδὴ αὐτοὺς καθάπερ ἐν ταῖς χειροτονίαις.
ΕΡΜΟΤΙΜΟΣ
Ἀλλ᾽ οὐκ ἠρίθμησα ἔγωγε, εἴκαζον δέ.
ΛΥΚΙΝΟΣ
Ὡς οὐκ ἐθέλεις διδάξαι με ἀλλ᾽ ἐξαπατᾷς, ὃς περὶ τῶν τοιούτων εἰκασμῷ φῄς καὶ πλήθει κρῖναι ἀποκρυπτόμενος λέγειν πρός με τἀληθές.
ΕΡΜΟΤΙΜΟΣ
Οὐ μόνον τοῦτο, ὦ Λυκῖνε, ἀλλὰ καὶ ἤκουον ἁπάντων λεγόντων ὡς οἱ μὲν Ἐπικούρειοι γλυκύθυμοι καὶ φιλήδονοί εἰσιν, ⟨οἱ⟩ Περιπατητικοὶ δὲ φιλόπλουτοι καὶ ἐριστικοί τινες, οἱ Πλατωνικοὶ δὲ τετύφωνται καὶ φιλόδοξοί εἰσι, περὶ δὲ τῶν Στωϊκῶν πολλοὶ ἔφασκον ὅτι ἀνδρώδεις καὶ

HERMOTIMOS
Natürlich nichts dergleichen, Lykinos, und ich habe über diese Dinge jedenfalls auch nicht den Gott befragt.
LYKINOS
Weil du das nicht für göttlicher Beratung würdig gehalten hast, oder weil du geglaubt hast, selbst klug genug zu sein, um das Beste wählen zu können, auch ohne den Gott?
HERMOTIMOS
Ja, das glaubte ich!
[16] LYKINOS
Willst du mir dann nicht das als erstes beibringen, wie ich gleich am Anfang herausfinde, welche philosophische Richtung die wahre und beste ist und welche man wählen, welche links liegen lassen soll?!
HERMOTIMOS
Das will ich dir sagen: Ich sah, wie die meisten zu *ihr* drängten, und daraus schloss ich, sie müsse wirklich besser sein.
LYKINOS
Wie viele mehr als Epikureer oder Platoniker oder Peripatetiker? Denn du hast sie natürlich gezählt, wie bei den Wahlen!
HERMOTIMOS
Gezählt habe ich sie nicht, aber geschätzt.
LYKINOS
Du willst es mir also nicht verraten, sondern du legst mich herein und behauptest, du hättest in einer so wichtigen Angelegenheit nach bloßer Vermutung und dem Verhalten der Menge entschieden! Du willst mir bloß nicht sagen, wie es wirklich war!
HERMOTIMOS
Das war ja auch nicht alles, Lykinos, sondern ich hatte auch gehört, wie alle sagten, die Epikureer seien weichliche Lustmolche, den Peripatetikern gehe es nur ums Geld und ums Diskutieren, die Platoniker seien aufgeblasene Wichtigtuer; aber über die Stoiker sagten viele, sie seien echte Männer, besäßen in allem das rechte Urteil,

πάντα γιγνώσκουσιν καὶ ὅτι ὁ ταύτην ἰὼν τὴν ὁδὸν μόνος βασιλεύς, μόνος πλούσιος, μόνος σοφὸς καὶ συνόλως ἅπαντα.

[17] ΛΥΚΙΝΟΣ

Ἔλεγον δὲ ταῦτα πρὸς σὲ ἄλλοι δηλαδὴ περὶ αὐτῶν. οὐ γὰρ δὴ ἐκείνοις ἂν αὐτοῖς ἐπίστευσας ἐπαινοῦσιν τὰ αὑτῶν.

ΕΡΜΟΤΙΜΟΣ

Οὐδαμῶς, ἀλλὰ οἱ ἄλλοι ἔλεγον.

ΛΥΚΙΝΟΣ

Οἱ μὲν δὴ ἀντίδοξοι οὐκ ἔλεγον ὡς τὸ εἰκός.

ΕΡΜΟΤΙΜΟΣ

Οὐ γάρ.

ΛΥΚΙΝΟΣ

Οἱ δ' ἄρα ἰδιῶται ταῦτα ἔλεγον.

ΕΡΜΟΤΙΜΟΣ

Καὶ μάλα.

ΛΥΚΙΝΟΣ

Ὁρᾷς ὅπως αὖθις ἐξαπατᾷς με καὶ οὐ λέγεις τἀληθές. ἀλλὰ οἴει Μαργίτῃ διαλέγεσθαί τινι, ὡς πιστεῦσαι ὅτι Ἑρμότιμος, ἀνὴρ συνετός, ἔτη τότε γεγονὼς τεσσαράκοντα, περὶ φιλοσοφίας καὶ φιλοσόφων ἀνδρῶν τοῖς ἰδιώταις ἐπίστευσεν καὶ κατὰ τὰ ὑπ' ἐκείνων λεγόμενα ἐποιεῖτο τὴν αἵρεσιν τῶν κρειττόνων ἀξιῶν. οὐ γὰρ πιστεύσαιμι σοι τοιαῦτα λέγοντι.

[18] ΕΡΜΟΤΙΜΟΣ

Ἀλλ' οἶσθα, ὦ Λυκῖνε, οὐχὶ τοῖς ἄλλοις μόνον ἐπίστευον ἀλλὰ καὶ ἐμαυτῷ. ἑώρων γὰρ αὐτοὺς κοσμίως βαδίζοντας, ἀναβεβλημένους εὐσταλῶς, φροντίζοντας ἀεί, ἀρρενωπούς, ἐν χρῷ κουρίας τοὺς πλείστους, οὐδὲν ἁβρὸν οὐδ' αὖ πάνυ ἐς τὸ ἀδιάφορον ὑπερεκπῖπτον ὡς ἔκπληκτον εἶναι καὶ κυνικὸν ἀτεχνῶς, ἀλλ' ἐπὶ τοῦ μέσου καταστήματος, ὃ δὴ ἄριστον ἅπαντες εἶναί φασιν.

und wer ihren Weg ginge, der würde allein König sein, der allein reich, der allein weise und überhaupt alles![29]

[17] Lykinos
Das haben dir natürlich andere über sie gesagt; denn du wirst ja nicht ihnen und ihrer Selbstanpreisung vertraut haben ...

Hermotimos
Nein, nein! Andere haben das gesagt!

Lykinos
Ihre Gegner haben das jedenfalls sicher nicht gesagt, darf ich annehmen.

Hermotimos
Nein.

Lykinos
Also waren es Laien, die das gesagt haben.

Hermotimos
Genau.

Lykinos
Du legst mich ja schon wieder herein und sagst mir nicht, wie es wirklich war. Du denkst wohl, du hast einen Margites vor dir![30] Ich soll also glauben, dass Hermotimos, ein kluger Mann, damals im vierzigsten Lebensjahr, als es um die Philosophie und die Philosophen ging, sich auf Laien verließ und ihren Ansichten bei seiner Entscheidung folgte, der Entscheidung darüber, was die bessere Wahl sei! Das kann ich dir einfach nicht glauben!

[18] Hermotimos
Ach, weißt du, Lykinos, ich habe mich ja auch nicht nur auf andere verlassen, sondern auch auf mein eigenes Urteil. Ich konnte doch selbst sehen, wie seriös sie auftreten, die Toga in erstklassigem Faltenwurf, immer in Gedanken, mit markigem Blick, die meisten mit kurzgeschnittenem Haar, nicht glattrasiert, aber auch keinen so achtlos ungepflegten Rauschebart, dass man gleich einen Schreck kriegt und sie für Kyniker hält,[31] sondern gerade dazwischen: Die Mitte sei überhaupt immer das Beste, sagen alle.[32]

ΛΥΚΙΝΟΣ

Ἆρ᾽ οὖν κἀκεῖνα εἶδες ποιοῦντας αὐτοὺς ἃ μικρῷ πρόσθεν ἔλεγον αὐτὸς ἑωρακέναι τὸν σὸν διδάσκαλον, ὦ Ἑρμότιμε, πράττοντα; οἷον δανείζοντας καὶ ἀπαιτοῦντας πικρῶς καὶ φιλονίκως πάνυ ἐρίζοντας ἐν ταῖς ξυνουσίαις καὶ τὰ ἄλλα ὅσα ἐπιδείκνυνται; ἢ τούτων ὀλίγον σοι μέλει, ἄχρι ἂν εὐσταλὴς ἡ ἀναβολὴ καὶ ὁ πώγων βαθὺς καὶ ἐν χρῷ ἡ κουρά; καὶ πρὸς τὸ λοιπὸν ἄρα ἔχωμεν τουτονὶ κανόνα καὶ στάθμην ἀκριβῆ τῶν τοιούτων, ὡς Ἑρμότιμός φησιν, καὶ χρὴ ἀπὸ σχημάτων καὶ βαδισμάτων καὶ κουρᾶς διαγινώσκειν τοὺς ἀρίστους, ὃς δ᾽ ἂν μὴ ἔχῃ ταῦτα μηδὲ σκυθρωπὸς ᾖ καί φροντιστικὸς τὸ πρόσωπον, ἀποδοκιμαστέος καὶ ἀποβλητέος; **[19]** ἀλλ᾽ ὅρα μὴ καὶ ταῦτα, ὦ Ἑρμότιμε, παίζεις πρός με πειρώμενος εἰ ἐξαπατώμενος συνίημι.

ΕΡΜΟΤΙΜΟΣ

Διὰ τί τοῦτο ἔφησθα;

ΛΥΚΙΝΟΣ

Ὅτι, ὤγαθέ, ἀνδριάντων ταύτην ἐξέτασιν λέγεις τὴν ἀπὸ τῶν σχημάτων. παρὰ πολὺ γοῦν ἐκεῖνοι εὐσχημονέστεροι καὶ τὰς ἀναβολὰς κοσμιώτεροι, Φειδίου τινὸς ἢ Ἀλκαμένους ἢ Μύρωνος πρὸς τὸ εὐμορφότατον εἰκάσαντος. εἰ δὲ καὶ ὅτι μάλιστα χρὴ τεκμαίρεσθαι τοῖς τοιούτοις, τί ἂν πάθοι τις, εἰ τυφλὸς ὢν ἐπιθυμοίη φιλοσοφεῖν; τῷ διαγνῷ τὸν τὴν ἀμείνω πρααίρεσιν προῃρημένον οὔτε σχῆμα οὔτε βάδισμα ὁρᾶν δυνάμενος;

ΕΡΜΟΤΙΜΟΣ

Ἀλλ᾽ ἔμοιγε οὐ πρὸς τυφλοὺς ὁ λόγος, ὦ Λυκῖνε, οὐδ᾽ ἐμοὶ μέλει τῶν τοιούτων.

ΛΥΚΙΝΟΣ

Ἐχρῆν μέν, ὦ χρηστέ, κοινόν τι τὸ γνώρισμα εἶναι τῶν οὕτω μεγάλων

Lykinos

Und was ist mit dem, was ich deinen Professor mit eigenen Augen tun sah – ich habe es dir ja eben erzählt, Hermotimos! Hast du sie solche Dinge nie tun sehen wie Geld verleihen und dann brutal wieder eintreiben und bei Konferenzen und Symposien den rechten Streithammel herauskehren und all die übrigen Verhaltensweisen, die sie so an den Tag legen? Oder ist dir das nicht so wichtig, solange nur ihre Toga perfekt sitzt, ihr Bart voll und ihr Haar schön kurz geschnitten ist? So wollen wir also in Zukunft dies als Maßstab und Richtschnur bei solchen Fragen nehmen, gemäß der Anweisung des Hermotimos, und, wie es sich gehört, die Besten an ihrer Haltung, ihrem Auftreten und ihrem Bart erkennen! Wer darüber aber nicht verfügt und wer nicht düster und gedankenverloren aussieht, der wird gleich aussortiert und abserviert? **[19]** Mein lieber Hermotimos, pass nur ja auf, dass du mir nicht schon wieder einen Streich spielst und ausprobierst, ob ich merke, dass ich hereingelegt werde!

Hermotimos

Warum sagst du das?

Lykinos

Weil dein Prüfungsverfahren mit seinen Haltungsnoten höchstens für Statuen taugt. Und die stehen ja noch viel schöner da, die Toga sitzt unübertroffen: Denk mal an einen Phidias, einen Alkamenes oder einen Myron![33] In Sachen perfekte Ästhetik geht nichts über sie! Und nimm mal an, man müsste tatsächlich nach diesen Kriterien urteilen, was täte denn dann ein Blinder, der philosophieren wollte? Woran sollte der denn denjenigen erkennen, der die bessere Wahl getroffen hat, wo er doch weder dessen Haltung noch dessen Auftreten sehen könnte?

Hermotimos

Nun lass doch die Blinden aus dem Spiel, Lykinos, was gehen die mich an!

Lykinos

Es wäre aber besser, mein Guter, wenn allen Menschen gleicherma-

καὶ ἅπασι χρησίμων. πλὴν εἰ δοκεῖ, οἱ μὲν ἔξω ἡμῖν φιλοσοφίας μενέτωσαν οἱ τυφλοί, ἐπείπερ μηδὲ ὁρῶσι – καίτοι ἀναγκαῖον ἦν τοῖς τοιούτοις μάλιστα φιλοσοφεῖν ὡς μὴ πάνυ ἄχθοιντο ἐπὶ τῇ συμφορᾷ. οἱ δὲ δὴ βλέποντες κἂν πάνυ ὀξυδερκεῖς ὦσι τί ἂν δύναιντο συνιδεῖν τῶν τῆς ψυχῆς ἀπό γε τῆς ἔξωθεν ταύτης περιβολῆς; **[20]** ὃ δὲ βούλομαι εἰπεῖν τοιόνδε ἐστίν· οὐχ ὅτι τῆς γνώμης τῶν ἀνδρῶν ἔρωτι προσῄεις αὐτοῖς καὶ ἠξίους ἀμείνων γίγνεσθαι ἐς τὰ τῆς γνώμης;

ΕΡΜΟΤΙΜΟΣ

Καὶ μάλα.

ΛΥΚΙΝΟΣ

Πῶς οὖν οἷόν τέ σοι ἦν ἀφ᾽ ὧν ἔφησθα ἐκείνων τῶν γνωρισμάτων διορᾶν τὸν ὀρθῶς φιλοσοφοῦντα ἢ μή; οὐ γὰρ φιλεῖ τὰ τοιαῦτα οὕτω διαφαίνεσθαι, ἀλλ᾽ ἔστιν ἀπόρρητα καὶ ἐν ἀφανεῖ κείμενα, λόγοις καὶ συνουσίαις ἀναδεικνύμενα καὶ ἔργοις τοῖς ὁμοίοις ὀψὲ μόλις. ὁ γοῦν Μῶμος ἀκήκοας οἶμαι ἅτινα ᾐτιάσατο τοῦ Ἡφαίστου· εἰ δὲ μή, ἀλλὰ νῦν ἄκουε. φησὶ γὰρ ὁ μῦθος ἐρίσαι Ἀθηνᾶν καὶ Ποσειδῶνα καὶ Ἥφαιστον εὐτεχνίας πέρι, καὶ τὸν μὲν Ποσειδῶ ταῦρόν τινα ἀναπλάσαι, τὴν Ἀθηνᾶν δὲ οἰκίαν ἐπινοῆσαι, ὁ Ἥφαιστος δὲ ἄνθρωπον ἄρα συνεστήσατο, καὶ ἐπείπερ ἐπὶ τὸν Μῶμον ἧκον ὅνπερ δικαστὴν προείλοντο, θεασάμενος ἐκεῖνος ἑκάστου τὸ ἔργον, τῶν μὲν ἄλλων ἅτινα ᾐτιάσατο περιττὸν ἂν εἴη λέγειν, ἐπὶ τοῦ ἀνθρώπου δὲ τοῦτο ἐμέμψατο καὶ τὸν ἀρχιτέκτονα ἐπέπληξε τὸν Ἥφαιστον διότι μὴ καὶ θυρίδας ἐποίησεν αὐτῷ κατὰ τὸ στέρνον, ὡς ἀναπετασθεισῶν γνώριμα

ßen ein Unterscheidungskriterium zur Verfügung stünde, gerade wenn es sich um etwas von solcher Bedeutung für das Allgemeinwohl handelt. Es sei denn, du wärest etwa der Ansicht, die Blinden sollten ihre Finger von der Philosophie lassen, da sie ja auch nichts sehen können – dabei hätten gerade sie die Philosophie bitter nötig, damit sie nicht an ihrem Schicksal verzweifeln. Aber die Sehenden, was könnten denn die, selbst die Scharfsichtigsten unter ihnen, vom Inneren der Seele erspähen, nur aufgrund dieses äußeren Aussehens? **[20]** Was ich damit sagen will, ist Folgendes: Wolltest du nicht, als du dich diesen Männern aus Faszination für ihre Lehre angeschlossen hast, auch selbst in deinen Ansichten besser werden?

Hermotimos

Auf jeden Fall, ja!

Lykinos

Wie konntest du dann mithilfe jener Unterscheidungskriterien, die du genannt hast, herausfinden, wer richtig oder nicht richtig philosophiert? Denn Fähigkeiten dieser Art pflegen einem ja nicht gerade ins Gesicht zu springen, sondern gehören zu den ganz geheimen und verborgenen Dingen, die sich selbst in Worten, beim Zusammensein und in entsprechendem Tun sogar nach langer Zeit kaum eben zeigen. Der Momos jedenfalls, also, ich glaube, du hast die Geschichte schon mal gehört, was er dem Hephaistos zum Vorwurf gemacht hat, aber wenn nicht, so hör einmal zu! Athene, Poseidon und Hephaistos sollen einmal darüber gestritten haben, wem von ihnen der Meistertitel im Kunsthandwerk zukomme. Da soll Poseidon einen Stier entworfen, Athene das Haus erdacht, Hephaistos schließlich den Menschen gefügt haben. Und als sie dann zum Momos kamen, den sie vorher zum Richter bestimmt hatten, da habe der jedes der drei Kunstwerke genau betrachtet – nun, was er an den ersten beiden zu kritisieren hatte, das gehört nicht hierher, aber am Menschen tadelte er Folgendes und setzte Hephaistos, dem Künstler, schwer zu mit der Frage, warum er ihm nicht noch Fenster in die Brust gesetzt habe, so dass, wenn man sie öffne, jeder

γίγνεσθαι ἅπασιν ἃ βούλεται καὶ ἐπινοεῖ καὶ εἰ ψεύδεται ἢ ἀληθεύει. ἐκεῖνος μὲν οὖν ἅτε ἀμβλυώττων οὕτω περὶ τῶν ἀνθρώπων διενοεῖτο, σὺ δὲ ὑπὲρ τὸν Λυγκέα ἡμῖν δέδορκας καὶ ὁρᾷς τὰ ἔνδον ὡς ἔοικε διὰ τοῦ στέρνου καὶ ἀνέῳκταί σοι τὰ πάντα, ὡς εἰδέναι μὴ μόνον ἃ βουλεύεται καὶ ἃ γιγνώσκει ἕκαστος ἀλλὰ καὶ πότερος ἀμείνων ἢ χείρων.

ΕΡΜΟΤΙΜΟΣ

Παίζεις, ὦ Λυκῖνε. ἐγὼ δὲ κατὰ θεὸν εἱλόμην καὶ οὐ μεταμέλει μοι τῆς αἱρέσεως. **[21]** ἱκανὸν δὲ τοῦτο πρὸς γοῦν ἐμέ.

ΛΥΚΙΝΟΣ

Ὅμως οὐκ ἂν εἴποις, ὦ ἑταῖρε, καὶ πρὸς ἐμέ, ἀλλὰ περιόψει με παραπολόμενον ἐν τῷ πολλῷ συρφετῷ;

ΕΡΜΟΤΙΜΟΣ

Οὐδὲν γάρ σοι ἀρέσκει ὧν ἂν εἴπω.

ΛΥΚΙΝΟΣ

Οὔκ, ὦγαθέ, ἀλλ᾿ οὐδὲν ἐθέλεις εἰπεῖν ὁποῖον ἄν μοι ἀρέσειεν. ἐπεὶ δ᾿ οὖν σὺ ἑκὼν ἀποκρύπτῃ καὶ φθονεῖς ἡμῖν ὡς μὴ ἐξ ἴσου γενοίμεθά σοι φιλοσοφήσαντες, ἐγὼ πειράσομαι ὅπως ἂν οἷός τε ὦ κατ᾿ ἐμαυτὸν ἐξευρεῖν τὴν ἀκριβῆ περὶ τούτων κρίσιν καὶ τὴν ἀσφαλεστάτην αἵρεσιν. ἄκουε δὲ καὶ σύ, εἰ βούλει.

ΕΡΜΟΤΙΜΟΣ

Ἀλλὰ βούλομαι, ὦ Λυκῖνε. ἴσως γάρ τι γνώριμον ἐρεῖς.

ΛΥΚΙΝΟΣ

Σκόπει δὴ καὶ μὴ καταγελάσῃς, εἰ παντάπασιν ἰδιωτικῶς ἀναζητῶ αὐτό· ἀνάγκη γὰρ οὕτως, ἐπεὶ μὴ σὺ ἐθέλεις σαφέστερον εἰπεῖν εἰδὼς ἄμεινον.

[22] Ἔστω δή μοι ἡ μὲν ἀρετὴ τοιόνδε τι οἷον πόλις τις εὐδαίμονας ἔχουσα τοὺς ἐμπολιτευομένους (ὡς φαίη ἂν ὁ διδάσκαλος ὁ σὸς ἐκεῖθέν

sogleich wisse, was er plant und was er denkt, und ob er lügt oder die Wahrheit spricht.[34] Na gut, er war halt scheelsichtig, der Momos, und deshalb dachte er so schlecht vom Menschen, aber du hast ja schärfere Augen als Lynkeus[35] und kannst das Innere eines Menschen, wie es scheint, durch die Brust hindurch sehen und in ihm lesen wie in einem Buch, so dass du nicht nur weißt, was jeder vorhat und denkt, sondern auch, wer besser und wer schlechter ist.

HERMOTIMOS

Ein nettes Geschichtchen, Lykinos. Aber ich habe mit Gott gewählt, und mir tut meine Wahl nicht leid. **[21]** Und das genügt mir.

LYKINOS

Und doch willst du es nicht auch mir erklären, lieber Freund, sondern mit ansehen, wie ich im Pöbelhaufen draufgehe?

HERMOTIMOS

Wenn dir aber auch nichts von dem passt, was ich sage!

LYKINOS

Von wegen, mein Lieber! *Du* bist es, der nichts sagen will, was mir passen würde! Und wenn du ohne Not so damit hinter dem Berg hältst und mir dein Wissen so sehr missgönnst, damit ich dir im Philosophieren nur ja nicht gleichziehe, dann probiere ich es jetzt, so gut ich halt kann, einmal selbst aus, ob ich nicht eine präzise Unterscheidung zustande bringe und eine hundertprozentig sichere Wahl treffen kann. Hör zu, wenn du willst![36]

HERMOTIMOS

Das will ich gerne tun, Lykinos. Vielleicht sagst du ja etwas Vernünftiges.

LYKINOS

Du darfst aber nicht lachen, wenn meine Art zu suchen völlig laienhaft ist.[37] Denn es bleibt mir ja nichts anderes übrig, weil du mir keine genauere Auskunft geben willst, obwohl du es gekonnt hättest. **[22]** Ich sage also jetzt einmal, die Tugend sei so etwas wie eine Stadt, deren Bürger glückselig sind – wie dein Professor es ausdrücken würde, der ja von dort irgendwo hergereist ist –, außerdem

ποθεν ἀφιγμένος), σοφοὺς ἐς τὸ ἀκρότατον, ἀνδρείους ἅπαντας, δικαίους, σώφρονας, ὀλίγον θεῶν ἀποδέοντας· οἷα δὲ πολλὰ γίγνεται παρ' ἡμῖν, ἁρπαζόντων καὶ βιαζομένων καὶ πλεονεκτούντων, οὐδὲν ἂν ἴδοις, φασίν, ἐν ἐκείνῃ τῇ πόλει τολμώμενον, ἀλλὰ ἐν εἰρήνῃ καὶ ὁμονοίᾳ ξυμπολιτεύονται, μάλ' εἰκότως· ἃ γὰρ ἐν ταῖς ἄλλαις πόλεσιν οἶμαι τὰς στάσεις καὶ φιλονικίας ἐγείρει καὶ ὧν ἕνεκα ἐπιβουλεύουσιν ἀλλήλοις, ταῦτα πάντα ἐκποδὼν ἐστιν ἐκείνοις. οὐ γὰρ οὔτε χρυσίον ἔτι οὔτε ἡδονὰς οὔτε δόξας ὁρῶσιν ὡς διαφέρεσθαι περὶ αὐτῶν, ἀλλὰ πάλαι τῆς πόλεως ἐξεληλάκασιν αὐτὰ οὐκ ἀναγκαῖα ἡγησάμενοι ξυμπολιτεύεσθαι. ὥστε γαληνόν τινα καὶ πανευδαίμονα βίον βιοῦσιν ξὺν εὐνομίᾳ καὶ ἰσότητι καὶ ἐλευθερίᾳ καὶ τοῖς ἄλλοις ἀγαθοῖς.

[23] ΕΡΜΟΤΙΜΟΣ

Τί οὖν, ὦ Λυκῖνε; οὐκ ἄξιον ἅπαντας ἐπιθυμεῖν πολίτας γίγνεσθαι τῆς τοιαύτης πόλεως μήτε κάματον ὑπολογιζομένους τὸν ἐν τῇ ὁδῷ μήτε πρὸς τὸ μῆκος τοῦ χρόνου ἀπαγορεύοντας, εἰ μέλλουσιν ἀφικόμενοι ἐγγραφήσεσθαι καὶ αὐτοὶ καὶ μεθέξειν τῆς πολιτείας;

ΛΥΚΙΝΟΣ

Νὴ Δία, ὦ Ἑρμότιμε, πάντων μάλιστα ἐπὶ τούτῳ σπουδαστέον, τῶν δὲ ἄλλων ἀμελητέον, καὶ μήτε πατρίδος τῆς ἐνταῦθα ἐπιλαμβανομένης πολὺν ποιεῖσθαι λόγον μήτε παίδων ἢ γονέων ὅτῳ εἰσὶν ἐπικατεχόντων καὶ κλαυθμυριζομένων ἐπικλᾶσθαι, ἀλλὰ μάλιστα μὲν κἀκείνους παρακαλεῖν ἐπὶ τὴν αὐτὴν ὁδόν, εἰ δὲ μὴ ἐθέλοιεν ἢ μὴ δύναιντο, ἀποσεισάμενον αὐτοὺς χωρεῖν εὐθὺ τῆς πανευδαίμονος ἐκείνης πόλεως καὶ αὐτὸ ἀπορρίψαντα τὸ ἱμάτιον εἰ τούτου ἐπειλημμένοι κατερύκοιεν, ἐσσύμενον ἐκεῖσε – οὐ γὰρ δέος μή σέ τις ἀποκλείσῃ καὶ γυμνὸν ἐκεῖσε ἥκοντα.

weise bis zum Gehtnichtmehr, tapfer alle miteinander, gerecht, besonnen, kurz: Wenig fehlt, und sie wären Götter. Was hingegen bei uns so häufig vorkommt, dass die Leute rauben, erpressen, raffen, nichts davon, so heißt es, würdest du in dieser Stadt jemanden sich erdreisten sehen, sondern in Frieden und Eintracht verwalten sie ihr Gemeinwesen, und das ist nur natürlich: Was nämlich in den anderen Städten, glaube ich, inneren Zwist und Machthader provoziert und weswegen sie einander an die Gurgel gehen, das alles spielt bei jenen keine Rolle. Denn sie schauen nicht auf Geld, Vergnügungen, Ehre und können sich also auch nicht darüber streiten – nein, das haben sie alles längst aus ihrer Stadt verbannt, weil sie es für politisch wertlos hielten. Und so führen sie ein Leben in heiterer, glückseliger Ruhe, mit vollendeten Gesetzen, mit Gleichberechtigung, Freiheit und allem anderen, was das Herz begehrt.[38]

[23] Hermotimos

Na, und also, Lykinos? Ist es das nicht wert, dass wir alle uns danach sehnen, Bürger dieser Stadt zu werden, und nicht ständig die Mühe dagegen aufrechnen, die uns der Weg bereitet, und auch nicht angesichts der Länge der Zeit verzweifeln, wenn wir doch, einmal angekommen, auch selbst als Gemeindemitglieder eingeschrieben und alle Bürgerrechte erhalten werden?

Lykinos

Ja, beim Zeus, Hermotimos, nur darum muss man sich bemühen, alles andere aber links liegen lassen und insbesondere weder um die Heimat, an die wir uns gebunden fühlen, ein großes Gewese machen noch sich von Kindern oder Eltern, falls vorhanden, die einen nicht fortlassen und jammern, erweichen lassen, sondern gerade sie soll man auffordern, denselben Weg zu gehen; wenn sie das aber nicht wollen oder nicht schaffen, dann soll man sie abschütteln und sich geradewegs zu jener ganz und gar glückseligen Stadt begeben, ja sogar seinen Mantel abwerfen, wenn sie sich daran festklammern und einen festhalten, und in großen Sprüngen dorthin enteilen. Und keine Angst! Niemand sperrt dich aus, selbst wenn du nackt

[24] Ἤδη γάρ ποτε καὶ ἄλλοτε πρεσβύτου ἀνδρὸς ἤκουσα διεξιόντος ὅπως τὰ ἐκεῖ πράγματα ἔχοι, καί με προὔτρεπεν ἕπεσθαί οἱ πρὸς τὴν πόλιν· ἡγήσεσθαι γὰρ αὐτὸς καὶ ἐλθόντα ἐγγράψειν καὶ φυλέτην ποιήσεσθαι καὶ φρατρίας μεταδώσειν τῆς αὐτοῦ, ὡς μετὰ πάντων εὐδαιμονοίην. »ἀλλ' ἐγὼ οὐ πιθόμην« ὑπ' ἀνοίας καὶ νεότητος τότε, πρὸ πεντεκαίδεκα σχεδὸν ἐτῶν· ἴσως γὰρ ἂν αὐτὰ ἤδη ἀμφὶ τὰ προάστεια καὶ πρὸς ταῖς πύλαις ἦν. ἔλεγε δ' οὖν περὶ τῆς πόλεως, εἴ γε μέμνημαι, ἄλλα τε πολλὰ καὶ δὴ καὶ τάδε, ὡς ξύμπαντες μὲν ἐπήλυδες καὶ ξένοι εἶεν, αὐθιγενὴς δὲ οὐδὲ εἷς, ἀλλὰ καὶ βαρβάρους ἐμπολιτεύεσθαι πολλοὺς καὶ δούλους καὶ ἀμόρφους καὶ μικροὺς καὶ πένητας, καὶ ὅλως μετέχειν τῆς πόλεως τὸν βουλόμενον· τὸν γὰρ δὴ νόμον αὐτοῖς οὐκ ἀπὸ τιμημάτων ποιεῖσθαι τὴν ἐγγραφὴν οὐδ' ἀπὸ σχημάτων ἢ μεγέθους ἢ κάλλους οὐδ' ἀπὸ γένους, ἀλλὰ ταῦτα μὲν οὐδὲ νομίζεσθαι παρ' αὐτοῖς, ἀποχρῆν δ' ἑκάστῳ πρὸς τὸ πολίτην γενέσθαι σύνεσιν καὶ ἐπιθυμίαν τῶν καλῶν καὶ πόνον καὶ τό λιπαρὲς καὶ τὸ μὴ ἐνδοῦναι μηδὲ μαλακισθῆναι πολλοῖς τοῖς δυσχερέσι κατὰ τὴν ὁδὸν ἐντυγχάνοντα, ὡς ὅστις ἂν ταῦτα ἐπιδείξηται καὶ διεξέλθῃ πορευόμενος ἄχρι πρὸς πόλιν, αὐτίκα μάλα πολίτην ὄντα τοῦτον ὅστις ἂν ᾖ καὶ ἰσότιμον ἅπασι· τὸ δὲ χείρων ἢ κρείττων ἢ εὐπατρίδης ἢ ἀγενὴς ἢ δοῦλος ἢ ἐλεύθερος οὐδὲ ὅλως εἶναι ἢ λέγεσθαι ἐν τῇ πόλει.

[25] ΕΡΜΟΤΙΜΟΣ

Ὁρᾷς, ὦ Λυκῖνε, ὡς οὐ μάτην οὐδὲ περὶ μικρῶν κάμνω πολίτης ἐπιθυμῶν γενέσθαι καὶ αὐτὸς οὕτω καλῆς καὶ εὐδαίμονος πόλεως.

ΛΥΚΙΝΟΣ

Καὶ γὰρ αὐτός, ὦ Ἑρμότιμε, τῶν αὐτῶν σοι ἐρῶ καὶ οὐκ ἔστιν ὅ τι ἂν

kämest! [24] Ich habe das nämlich alles schon mal früher von einem alten Mann gehört, der mir im Einzelnen erzählte, wie es dort zugeht, und der mich zu bewegen suchte, ich solle ihm in diese Stadt folgen: Er würde mich ja selbst führen und mich, sei ich erst angekommen, einbürgern und zum Mitglied seiner Phyle, ja seiner Phratrie machen,[39] damit ich mit ihnen allen zusammen glücklich wäre. »Aber ich folgte ihm nicht«, denn ich war noch jung und ein Dummkopf,[40] damals, vor jetzt fast fünfzehn Jahren. Sonst wäre ich ja vielleicht jetzt schon in den Vororten, ja am Stadttor. Er erzählte von dieser Stadt, wenn ich mich recht erinnere, viele Dinge, darunter vor allem folgendes: Alle sind Einwanderer und Ausländer, keiner ist dort geboren, ja sogar zahlreiche Barbaren, die kein Wort Griechisch sprechen, sind dort Bürger, selbst Sklaven, Behinderte, Almosenempfänger und Obdachlose; einfach jeder kann die Gemeindezugehörigkeit erhalten, jeder, der will. Das Gesetz macht ihre Einbürgerung nämlich nicht von ihrem sozialen Status abhängig, auch nicht von ihrer Gestalt, ihrer Größe oder ihrem guten Aussehen, auch nicht von ihrer Familie und ihrer Ahnentafel. Nein! Diese Dinge gelten bei ihnen gerade gar nichts, sondern es genügt für die Einbürgerung Verstand, Verlangen nach dem Guten, Ausdauer und Beharrlichkeit sowie Unnachgiebigkeit und Härte gegen alle Schwierigkeiten, denen man auf dem Weg begegnet. Und so wird jeder, der diese Fähigkeiten zeigt, seinen Weg geht und in die Stadt gelangt, sofort und gleich Bürger, egal wer und was er ist. Und er genießt die gleichen Rechte wie alle: Schwächere oder Stärkere, Adel oder niedere Herkunft, Sklaven oder freie Bürger gibt es in dieser Stadt nicht, und es wird auch niemand so bezeichnet.

[25] Hermotimos

Siehst du jetzt ein, Lykinos, dass ich mich nicht ohne Grund und wegen irgendwelcher Kleinigkeiten mühe, voller Sehnsucht, auch selbst Bürger einer so schönen, glückseligen Stadt zu werden?

Lykinos

Ich will ja dasselbe wie du, Hermotimos, und es gibt nichts, was ich

μοι πρὸ τούτων εὐξαίμην γενέσθαι. εἰ μὲν οὖν πλησίον ἦν ἡ πόλις καὶ φανερὰ ἰδεῖν ἅπασι, πάλαι ἄν, εὖ ἴσθι, μηδὲν ἐνδοιάσας αὐτὸς ᾔειν ἐς αὐτὴν καὶ ἐπολιτευόμην ἂν ἐκ πολλοῦ, ἐπεὶ δέ, ὡς ὑμεῖς φατε, σύ τε καὶ Ἡσίοδος ὁ ῥαψῳδός, πάνυ πόρρω ἀπῴκισται, ἀνάγκη ζητεῖν ὁδόν τε τὴν ἄγουσαν ἐπ' αὐτὴν καὶ ἡγεμόνα τὸν ἄριστον. ἢ οὐκ οἴει σὺ χρῆναι οὕτω ποιεῖν;

ΕΡΜΟΤΙΜΟΣ

Καὶ πῶς ἂν ἄλλως ἔλθοι τις;

ΛΥΚΙΝΟΣ

Οὐκοῦν ὅσον μὲν ἐπὶ τῷ ὑπισχνεῖσθαι καὶ φάσκειν εἰδέναι πολλὴ ἀφθονία τῶν ἡγησομένων. πολλοὶ γὰρ ἕτοιμοι παρεστᾶσιν αὐτόχθονες ἐκεῖθεν ἕκαστος εἶναι λέγοντες. ὁδός γε μὴν οὐ μία καὶ ἡ αὐτὴ φαίνεται ἀλλὰ πολλαὶ καὶ διάφοροι καὶ οὐδέν ἀλλήλαις ὅμοιαι· ἡ μὲν γὰρ ἐπὶ τὰ ἑσπέρια, ἡ δὲ ἐπὶ τὴν ἕω φέρειν ἔοικεν, ἡ δέ τις ἐπὶ τὰς ἄρκτους, καὶ ἄλλη εὐθὺ τῆς μεσημβρίας, καὶ ἡ μὲν διὰ λειμώνων καὶ φυτῶν καὶ σκιᾶς ἔνυδρος καὶ ἡδεῖα καὶ οὐδὲν ἀντίτυπον ἢ δύσβατον ἔχουσα, ἡ δὲ πετρώδης καὶ τραχεῖα πολὺν ἥλιον καὶ δίψος καὶ κάματον προφαίνουσα. καὶ ὅμως αὗται πᾶσαι πρὸς τὴν πόλιν ἄγειν λέγονται μίαν οὖσαν ἐς τὰ ἐναντιώτατα τελευτῶσαι.

[26] Ἔνθα δή μοι καὶ ἡ πᾶσα ἀπορία ἐστίν. ἐφ' ἣν γὰρ ἂν ἔλθω αὐτῶν, ἀνὴρ κατὰ τὴν ἀρχὴν τῆς ἀτραποῦ ἑκάστης, ἐφεστὼς ἐν τῇ εἰσόδῳ μάλα τις ἀξιόπιστος ὀρέγει τε τὴν χεῖρα καὶ προτρέπει κατὰ τὴν αὑτοῦ ἀπιέναι, λέγων ἕκαστος αὐτῶν μόνος τὴν εὐθεῖαν εἰδέναι τοὺς δ' ἄλλους πλανᾶσθαι μήτε αὐτοὺς ἐληλυθότας μήτε ἄλλοις ἡγήσασθαι δυναμένοις ἀκολουθήσοντας. κἂν ἐπὶ τὸν πλησίον ἀφίκωμαι, κἀκεῖνος τὰ ὅμοια ὑπισχνεῖται περὶ τῆς αὑτοῦ ὁδοῦ καὶ τοὺς ἄλλους κακίζει, καὶ ὁ παρ' αὐτὸν ὁμοίως καὶ ἑξῆς ἅπαντες. τό τε τοίνυν πλῆθος τῶν ὁδῶν καὶ

mir mehr wünschte. Und wäre die Stadt näher und für alle deutlich zu sehen, dann – da kannst du sicher sein – gäbe es für mich kein Zögern: Längst wäre ich dorthin gegangen und wäre dort Bürger. Da sie aber, wie ihr sagt – du und Hesiod, der Rhapsode –, in weiter Entfernung von uns gegründet wurde, müssen wir wohl erst den Weg finden, der dorthin führt, und den besten Führer. Oder meinst du nicht, dass man es so machen muss?

HERMOTIMOS

Wie sollte man sonst dorthin gelangen?

LYKINOS

Also, was Versprechungen betrifft und Behauptungen, Bescheid zu wissen, da herrscht kein Mangel an potentiellen Führern. Denn viele stehen parat, und sie geben alle vor, Einheimische zu sein. Aber der Weg ist nicht etwa ein und derselbe, sondern viele verschiedene gibt's, und sie ähneln einander ganz und gar nicht. Der eine führt nach Westen, der andere, wie's aussieht, nach Osten, der wieder nach Norden und ein vierter geradewegs nach Süden; und der eine führt durch Wiesen, Felder und Wald, viele Quellen liegen an seinem Rand, angenehm ist er, ohne Hindernisse und Schwierigkeiten, aber der andere ist steinig und rau, überall der Sonne ausgesetzt, und man sieht schon am Anfang Hitze, Durst und Erschöpfung voraus.[41] Und doch heißt es von ihnen allen, sie führten zu unserer *einen* Stadt, obwohl es in die verschiedensten Richtungen geht. **[26]** Und genau daher kommt meine ganze Unsicherheit. Wohin ich mich auch wende, am Anfang jedes Pfades steht ein außerordentlich vertrauenerweckender Mann, streckt die Hand aus und beschwört mich, *seinen* Weg zu gehen. Und jeder von ihnen sagt, er allein kenne die richtige Richtung, die anderen irrten sich und seien weder selbst zu der Stadt gelangt noch anderen dorthin gefolgt, die sie hätten führen können. Und komme ich zum nächsten, dann macht auch der ganz ähnliche Versprechungen, was seinen Weg betrifft, und schimpft auf die anderen; und beim nächsten ist es wieder dasselbe, und immer so weiter. Und die Vielzahl eben-

τὸ ἀνόμοιον αὐτῶν οὐ μετρίως ταράττει με καὶ ἀπορεῖν ποιεῖ, καὶ μάλιστα οἱ ἡγεμόνες ὑπερδιατεινόμενοι καὶ τὰ ἑαυτῶν ἕκαστοι ἐπαινοῦντες. οὐ γὰρ οἶδα ἥντινα τραπόμενος ἢ τῷ μᾶλλον ἀκολουθήσας ἀφικοίμην ἂν πρὸς τὴν πόλιν.

[27] ΕΡΜΟΤΙΜΟΣ

Ἀλλ᾽ ἐγώ σε ἀπολύσω τῆς ἀπορίας. τοῖς γὰρ προωδοιπορηκόσιν, ὦ Λυκῖνε, πιστεύσας οὐκ ἂν σφαλείης.

ΛΥΚΙΝΟΣ

Τίσι λέγεις; τοῖς κατὰ ποίαν ὁδὸν ἐλθοῦσιν; ἢ τίνι τῶν ἡγεμόνων ἀκολουθήσασιν; αὖθις γὰρ ἡμῖν τὸ αὐτὸ ἄπορον ἐν ἄλλῃ μορφῇ ἀναφαίνεται ἀπὸ τῶν πραγμάτων ἐπὶ τοὺς ἄνδρας μετεληλυθός.

ΕΡΜΟΤΙΜΟΣ

Πῶς τοῦτο φῄς;

ΛΥΚΙΝΟΣ

Ὅτι ὁ μὲν τὴν Πλάτωνος τραπόμενος καὶ συνοδοιπορήσας μετ᾽ αὐτοῦ ἐκείνην ἐπαινέσεται δῆλον ὅτι, ὁ δὲ τὴν Ἐπικούρου, ἐκείνην, καὶ ἄλλος ἄλλην, σὺ δὲ τὴν ὑμετέραν. ἢ πῶς γάρ, ὦ Ἑρμότιμε; οὐχ οὕτως;

ΕΡΜΟΤΙΜΟΣ

Πῶς γὰρ οὔ;

ΛΥΚΙΝΟΣ

Οὐ τοίνυν ἀπέλυσάς με τῆς ἀπορίας, ἀλλ᾽ ἔτι ὁμοίως ἀγνοῶ τῷ μᾶλλον χρὴ πιστεῦσαι τῶν ὁδοιπόρων. ὁρῶ γὰρ ἕκαστον αὐτῶν, καὶ αὐτὸν τὸν ἡγεμόνα, μιᾶς πεπειραμένον καὶ ἐκείνην ἐπαινοῦντα καὶ λέγοντα ὡς αὕτη μόνη ἄγει ἐπὶ τὴν πόλιν. οὐ μέντοι ἔχω εἰδέναι εἰ ἀληθῆ φησιν. ἀλλ᾽ ὅτι μὲν ἀφῖκται πρός τι τέλος καὶ εἶδέ τινα πόλιν δώσω αὐτῷ ἴσως, εἰ δὲ ἐκείνην εἶδεν ἣν ἐχρῆν ἐν ᾗ ἐπιθυμοῦμεν ἐγώ τε καὶ σὺ πολιτεύσα-

so wie die völlige Verschiedenheit der Wege tun ein Übriges, mich zu verwirren und in innere Nöte zu stürzen, und am meisten diese Führer, die sich förmlich überschlagen und ihren Weg anpreisen. Denn ich weiß einfach nicht, welchen Weg ich nehmen oder wem von ihnen ich mich eher anvertrauen soll, um zu der Stadt zu gelangen.

[27] HERMOTIMOS

Ich weiß eine Lösung für dein Problem. Vertraue dich denen an, Lykinos, die den Weg vor dir gegangen sind – dann kann dir nichts mehr passieren!

LYKINOS

Wen meinst du? Welchen Weg sind sie gegangen, denen ich mich anvertrauen soll, oder welchem Führer sind sie gefolgt? Da steht doch das gleiche Problem wieder vor uns, nur in anderer Gestalt: Nicht mehr die Sache ist jetzt strittig, dafür aber die Person.

HERMOTIMOS

Wie meinst du das?

LYKINOS

Ich meine das so, dass der Verehrer und Weggefährte Platons natürlich diesen Weg loben wird, der Verehrer Epikurs jenen, der dritte wieder einen anderen und du euren.[42] Oder, Hermotimos? Ist es nicht so?

HERMOTIMOS

Wie sollte es anders sein?

LYKINOS

Es kann also keine Rede davon sein, dass du mein Problem gelöst hättest! Ich weiß genauso wenig wie vorher, wem von den Wanderern ich mich anvertrauen soll. Denn ich sehe ja, dass jeder von ihnen und auch ihr Führer nur einen Weg kennt und den anpreist und behauptet, dass er allein zu der Stadt führt. Ob er allerdings richtig liegt, das kann ich nicht beurteilen. Sicher, ich gebe ihm gern zu, dass er an irgendein Ziel gelangt ist und irgendeine Stadt gesehen hat; aber dass es jene Stadt war, um die es geht, jene Stadt, in

σθαι, ἢ δέον εἰς Κόρινθον ἐλθεῖν ὅδ' εἰς Βαβυλῶνα ἀφικόμενος οἴεται Κόρινθον ἑωρακέναι, ἄδηλον ἐμοὶ γοῦν ἔτι – οὐ γὰρ πάντως ὁ τινὰ πόλιν ἰδὼν Κόρινθον εἶδεν, εἴ γε οὐ μόνη πόλις ἐστὶν ἡ Κόρινθος. ὃ δὲ δὴ μάλιστα εἰς ἀπορίαν με καθίστησιν, ἐκεῖνό ἐστιν – τὸ εἰδέναι ὅτι πᾶσα ἀνάγκη μίαν εἶναι τὴν ἀληθῆ ὁδόν· καὶ γὰρ ἡ Κόρινθος μία ἐστίν, αἱ δ' ἄλλαι πανταχόσε μᾶλλον ἢ εἰς Κόρινθον ἄγουσιν, εἰ μή τις οὕτω σφόδρα παραπαίει ὡς οἴεσθαι καὶ τὴν εἰς Ὑπερβορέους καὶ τὴν εἰς Ἰνδοὺς ἄγουσαν εἰς Κόρινθον στέλλειν.

ΕΡΜΟΤΙΜΟΣ

Καὶ πῶς οἷόν τε, ὦ Λυκῖνε; ἄλλη γὰρ ἀλλαχόσε ἄγει.

[28] ΛΥΚΙΝΟΣ

Οὐκοῦν, ὦ καλὲ Ἑρμότιμε, οὐ μικρᾶς δεῖ βουλῆς ἐπὶ τὴν αἵρεσιν τῶν ὁδῶν τε καὶ ἡγεμόνων, οὐδὲ τοῦτο δὴ τὸ τοῦ λόγου ποιήσομεν – ἔνθα ἂν ἡμᾶς οἱ πόδες φέρωσιν, ἐκεῖσε ἄπιμεν· ἐπεὶ λήσομεν οὕτως ἀντὶ τῆς εἰς Κόρινθον ἀγούσης τὴν ἐπὶ Βαβυλῶνος ἢ Βάκτρων ἀπιόντες. οὐδὲ γὰρ οὐδὲ ἐκεῖνο καλῶς ἔχει τῇ τύχῃ ἐπιτρέπειν ὡς τάχα ἂν τὴν ἀρίστην ἑλομένους, εἰ καὶ ἄνευ ἐξετάσεως ὁρμήσαιμεν ἐπὶ μίαν τῶν ὁδῶν ἡντιναοῦν. δυνατὸν μὲν γὰρ καὶ τοῦτο γενέσθαι, καὶ ἴσως ποτὲ ἐγένετο ἐν τῷ μακρῷ χρόνῳ· ἡμᾶς δέ γε περὶ τῶν οὕτω μεγάλων οὐκ οἶμαι δεῖν παραβόλως ἀναρρίπτειν οὐδὲ ἐς στενὸν κομιδῇ κατακλείειν τὴν ἐλπίδα ἐπὶ ῥιπός, ὡς ἡ παροιμία φησί, τὸν Αἰγαῖον ἢ τὸν Ἰόνιον διαπλεῦσαι θέλοντας, ὅτε οὐδὲ αἰτιασαίμεθ' ἂν εὐλόγως τὴν τύχην, εἰ τοξεύουσα καὶ ἀκοντίζουσα μὴ πάντως ἔτυχε τοῦ ἀληθοῦς, ἑνὸς ὄντος ἐν μυρίοις τοῖς

der ich und du um jeden Preis Bürger werden wollen, oder ob einer nach Korinth musste und dann, in Babylon angekommen, meinte, es sei Korinth, was da vor seinen Augen liegt, das ist mir jedenfalls noch völlig unklar.[43] Denn einer, der irgendeine Stadt gesehen hat, hat ja nun ganz bestimmt nicht Korinth gesehen, es sei denn, es gäbe überhaupt keine andere Stadt als Korinth. Was mich aber wirklich am meisten verwirrt, das ist die Tatsache, dass es ohne jeden Zweifel nur einen einzigen richtigen Weg gibt. Denn es gibt ja auch nur ein Korinth, und die anderen Wege führen überallhin, nur eben nicht nach Korinth, wenn einer nicht so sehr von allen guten Geistern verlassen ist, dass er glaubt, auch der Weg zu den Hyperboreern und der nach Indien führe nach Korinth.[44]

Hermotimos

Wie sollte das gehen, Lykinos? Es führt doch nun einmal jeder Weg woanders hin.

[28] Lykinos

Da werden wir also, mein lieber Hermotimos, erst recht mehr als genau über die Wahl der Wege und der Führer nachdenken müssen! An die Redewendung »Immer der Nase nach«[45] wollen wir uns jedenfalls nicht halten; denn dann marschieren wir nach Babylon oder Baktrien[46] und merken es nicht einmal. Aber auch die Alternative, uns einfach dem Zufall zu überlassen, muss wohl ausscheiden: Als ob wir etwa den besten Weg dadurch finden würden, dass wir ohne groß nachzudenken einfach einen der Wege einschlagen! Natürlich ist das möglich und vielleicht in der langen Zeit auch sogar schon einmal vorgekommen. Ich meine aber doch, wir jedenfalls sollten in so wichtigen Fragen nicht leichtsinnig die Würfel entscheiden lassen, und wir sollten auch unsere Hoffnungen nicht ganz auf schwankende Füße stellen, gerade als wollten wir, wie das Sprichwort sagt, die Ägäis oder das Ionische Meer auf einem Floß überqueren. Zumal wir ja dem Schicksal, diesem blinden Schützen, auch keinen Vorwurf machen können, wenn es mit dem Bogen oder dem Speer auf die Wahrheit zielt und sie unter all den zahllo-

ψεύδεσιν, ὅπερ οὐδὲ τῷ Ὁμηρικῷ τοξότῃ ὑπῆρξεν, ὃς δέον τὴν πελειάδα κατατοξεῦσαι, ὁ δὲ τὴν μήρινθον ἐνέτεμεν, ὁ Τεῦκρος, οἶμαι. ἀλλὰ παρὰ πολὺ ἐκεῖνο εὐλογώτερον τῶν πολλῶν τρωθήσεσθαι καὶ περιπεσεῖσθαι τῷ τοξεύματι ἐλπίζειν ἢ πάντως ἐκεῖνο τὸ ἓν ἐξ ἁπάντων. ὁ δὲ κίνδυνος ὅτι οὐ μικρός, εἰ ἀντὶ τῆς ἐπ᾽ εὐθὺ ἀγούσης ἐς τῶν πεπλανημένων μίαν ἀγνοοῦντες ἐμπέσοιμεν, ἐλπίζοντες ἄμεινον αἱρήσεσθαι τὴν τύχην ὑπὲρ ἡμῶν, εἰκάζειν οἶμαι. οὐδὲ γὰρ ἀναστρέψαι ἔτι καὶ ἀνασωθῆναι ὀπίσω ῥάδιον, ἢν ἅπαξ ἐπιδῷ τις αὑτὸν τῇ πνεούσῃ τὰ ἀπόγεια λυσάμενος, ἀλλὰ ἀνάγκη ἐν τῷ πελάγει διαφέρεσθαι ναυτιῶντα ὡς τὸ πολὺ καὶ δεδιότα καὶ καρηβαροῦντα ὑπὸ τοῦ σάλου, δέον ἐξ ἀρχῆς πρὶν ἐκπλεῦσαι ἀναβάντας ἐπὶ σκοπήν τινα σκέψασθαι εἰ ἐπίφορόν ἐστι καὶ οὔριον τὸ πνεῦμα τοῖς Κόρινθόνδε διαπλεῦσαι ἐθέλουσι, καὶ νὴ Δία κυβερνήτην ἕνα τὸν ἄριστον ἐκλέξασθαι καὶ ναῦν εὐπαγῆ οἵαν διαρκέσαι πρὸς τηλικοῦτον κλύδωνα.

[29] ΕΡΜΟΤΙΜΟΣ

Οὕτω γε ἄμεινον, ὦ Λυκῖνε, παρὰ πολύ, πλὴν οἶδά γε ὅτι ἅπαντας ἐν κύκλῳ περιελθὼν οὐκ ἄλλους ἂν εὕροις οὔτε ἡγεμόνας ἀμείνους οὔτε κυβερνήτας ἐμπειροτέρους τῶν Στωϊκῶν, καὶ ἢν ἐθελήσῃς γε ἀφικέσθαι ποτὲ εἰς τὴν Κόρινθον, ἐκείνοις ἕψῃ κατὰ τὰ Χρυσίππου καὶ Ζήνωνος ἴχνη προϊών. ἄλλως δὲ ἀδύνατον.

ΛΥΚΙΝΟΣ

Ὁρᾷς τοῦτο ὡς κοινόν, ὦ Ἑρμότιμε, εἴρηκας; εἴποι γὰρ ἂν αὐτὸ καὶ ὁ τῷ Πλάτωνι ξυνοδοιπορῶν καὶ ὁ Ἐπικούρῳ ἑπόμενος καὶ οἱ ἄλλοι, μὴ ἂν ἐλθεῖν με εἰς τὴν Κόρινθον εἰ μὴ μεθ᾽ ἑαυτοῦ, ἕκαστος. ὥστε ἢ πᾶσι

sen Lügen nicht genau trifft: Denn so ein Treffer ist ja nicht einmal jenem Bogenschützen bei Homer gelungen – der sollte eine Taube herunterschießen und durchtrennte die Schnur: Teukros war's, glaube ich.[47] Aber es ist ja viel wahrscheinlicher, dass man mit seinem Schuss von vielen Zielen zufällig irgendeines trifft als gerade ein ganz bestimmtes. Es sieht mir ganz so aus, als drohe uns nicht geringe Gefahr, wenn wir aus Unwissenheit anstatt auf den richtigen Weg auf einen der Irrwege stoßen, in der Hoffnung, das Schicksal werde für uns schon die beste Wahl treffen. Denn hat man erst einmal die Taue gelöst und sich dem Wind anvertraut, dann kann man nicht mehr so leicht umkehren und den Rückweg antreten, sondern man muss übers Meer irren, seekrank, voller Angst und die meiste Zeit mit Kopfweh von dem Geschaukel. Dabei wäre doch dringend notwendig gewesen, sich gleich zu Anfang, noch vor der Abfahrt, auf einen Ausguck zu begeben und zu schauen, ob der Wind für diejenigen, die nach Korinth segeln wollen, auch günstig ist, und, bei Zeus, einen Steuermann, und zwar den besten, anzuheuern und dazu ein seetüchtiges Schiff zu chartern, dafür gemacht, solchen Wind und solches Wetter auszuhalten.

[29] Hermotimos

Natürlich ist es so viel besser, Lykinos. Ich weiß allerdings, dass du, auch wenn du alle der Reihe nach aufsuchst, nirgendwo bessere Führer oder erfahrenere Steuerleute finden wirst als die Stoiker und dass du, solltest du jedenfalls die Absicht haben, irgendwann einmal in Korinth anzukommen, ihnen folgen wirst, auf den Spuren des Chrysipp und des Zenon. Auf einem anderen Wege aber – unmöglich!

Lykinos

Merkst du eigentlich, Hermotimos, was du hier gerade für eine Plattitüde von dir gegeben hast? Das könnte auch ein Weggefährte Platons und ein Gefolgsmann Epikurs und ebenso gut jeder von den anderen gesagt haben, dass ich niemals nach Korinth gelangen könnte, außer zusammen mit ihm. Es läuft also darauf hinaus, dass

πιστεύειν χρή, ὅπερ γελοιότατον, ἢ ἀπιστεῖν ὁμοίως. μακρῷ γὰρ ἀσφαλέστατον τὸ τοιοῦτον ἄχρι ἂν εὕρωμεν ⟨τὸν⟩ τἀληθῆ ὑπισχνούμενον.

[30] Ἐπεὶ φέρε, εἰ καθάπερ νῦν ἔχω, ἀγνοῶν ἔτι ὅστις ἐξ ἁπάντων ἐστὶν ὁ ἀληθεύων, ἑλοίμην τὰ ὑμέτερα σοὶ πιστεύσας, ἀνδρὶ φίλῳ, ἀτὰρ μόνα γε τὰ τῶν Στωϊκῶν εἰδότι καὶ μίαν ὁδὸν ὁδοιπορήσαντι ταύτην, ἔπειτα θεῶν τις ἀναβιῶναι ποιήσειε Πλάτωνα καὶ Πυθαγόραν καὶ Ἀριστοτέλη καὶ τοὺς ἄλλους, οἱ δὲ περιστάντες ἐρωτῷέν με ἢ καὶ νὴ Δί' ἐς δικαστήριον ἀγαγόντες ὕβρεως ἕκαστος δικάζοιντο λέγοντες· »Ὦ βέλτιστε Λυκῖνε, τί παθὼν ἢ τίνι ποτὲ πιστεύσας Χρύσιππον καὶ Ζήνωνα προετίμησας ἡμῶν, πρεσβυτέρων ὄντων παρὰ πολύ, χθὲς καὶ πρῴην γενομένους, μήτε λόγου μεταδοὺς ἡμῖν μήτε πειραθεὶς ὅλως ὧν φαμέν;« εἰ ταῦτα λέγοιεν τί ἂν ἀποκριναίμην αὐτοῖς; ἢ ἐξαρκέσει μοι ἂν εἴπω ὅτι Ἑρμοτίμῳ ἐπείσθην φίλῳ ἀνδρί; ἀλλὰ φαῖεν ἄν, οἶδ' ὅτι· »Ἡμεῖς, ὦ Λυκῖνε, οὐκ ἴσμεν τὸν Ἑρμότιμον τοῦτον ὅστις ποτέ ἐστιν οὐδὲ ἐκεῖνος ἡμᾶς. ὥστε οὐκ ἐχρῆν ἁπάντων καταγιγνώσκειν οὐδὲ ἐρήμην ἡμῶν καταδιαιτᾶν ἀνδρί πιστεύσαντα μίαν ὁδὸν ἐν φιλοσοφίᾳ καὶ οὐδὲ ταύτην ἴσως ἀκριβῶς κατανοήσαντι. οἱ δέ γε νομοθέται, ὦ Λυκῖνε, οὐχ οὕτω προστάττουσι ποιεῖν τοῖς δικασταῖς οὐδὲ τοῦ ἑτέρου μὲν ἀκούειν, τὸν δέ ἕτερον οὐκ ἐᾶν λέγειν ὑπὲρ ἑαυτοῦ ἃ οἴεται ξυμφέρειν, ἀλλ' ὁμοίως ἀμφοῖν ἀκροᾶσθαι, ὡς ῥᾷον ἀντεξετάζοντες τοὺς λόγους εὑρίσκοιεν τἀληθῆ τε καὶ ψευδῆ, καὶ ἤν γε μὴ οὕτω ποιῶσιν ἐφιέναι δίδωσιν ὁ νόμος εἰς ἕτερον δικαστήριον.«

[31] Τοιαῦτα ἄττα εἰκὸς ἐρεῖν αὐτούς. ἢ τάχ' ἄν τις αὐτῶν καὶ

ich entweder allen vertrauen muss, was ganz und gar lächerlich ist, oder allen in gleicher Weise misstrauen. Das ist jedenfalls mit Abstand das Sicherste, bis wir den haben, der hält, was er verspricht. **[30]** Aber gut! Nehmen wir einmal an, ich würde, in meiner jetzigen Ahnungslosigkeit, wer von ihnen allen die Wahrheit sagt, eure Richtung wählen im Vertrauen auf dich, immerhin einen guten Freund, der aber doch nur die stoische Lehre kennt und nur auf diesem einen Weg gegangen ist, und nun würde ein Gott Platon, Pythagoras, Aristoteles und all die anderen wieder zum Leben erwecken, die würden mich umringen und mich fragen oder mich sogar, beim Zeus, vor Gericht zerren und mich, jeder einzeln, wegen Beleidigung verklagen, ungefähr so:[48] »Bester Lykinos, was hat dich denn geritten oder auf wen hast du gesetzt, dass du Chrysipp und Zenon uns vorgezogen hast, die wir doch viel älter und ehrwürdiger sind als diese jungen Spunde von gestern und vorgestern, ohne uns auch nur zu Wort kommen zu lassen und ohne überhaupt auch nur das ausprobiert zu haben, was wir sagen?« Wenn sie so etwas vorbrächten, was könnte ich ihnen dann antworten? Oder werden sie sich mit der Entschuldigung zufriedengeben, dass ich dem Hermotimos geglaubt habe, einem guten Freund? Nein, sie würden sagen (da bin ich sicher): »Wir, Lykinos, wissen nicht, wer dieser Hermotimos sein soll, und er kennt uns nicht. Deshalb hättest du uns nicht alle links liegen lassen und ungehört verurteilen dürfen, im Vertrauen auf einen Mann, der nur einen Weg im Land der Philosophie und den vielleicht noch nicht einmal besonders genau kennt. So jedenfalls lautet der Auftrag nicht, den die Gesetzgeber den Richtern erteilen, nämlich den einen anzuhören, den anderen aber nichts zu seiner Verteidigung Nützliches vorbringen zu lassen, sondern sie sollen beiden gleichermaßen Gehör schenken, damit sie die Aussagen gegeneinander abwägen und dann leichter herausfinden können, was wahr und was falsch ist; und wenn sie sich an diese Regel nicht halten, dann gestattet der Gesetzgeber, ein anderes Gericht anzurufen.« **[31]** So etwas in der Art werden sie wahrschein-

προσέροιτό με »Εἰπέ μοι,« λέγων, »ὦ Λυκῖνε, εἴ τις Αἰθίοψ μηδεπώποτε ἄλλους ἀνθρώπους ἰδών, οἷοι ἡμεῖς ἐσμεν, διὰ τὸ μὴ ἀποδεδημηκέναι τὸ παράπαν, ἔν τινι συλλόγῳ τῶν Αἰθιόπων διισχυρίζοιτο καὶ λέγοι μηδαμόθι τῆς γῆς ἀνθρώπους εἶναι λευκοὺς ἢ ξανθοὺς μηδὲ ἄλλο τι ἢ μέλανας, ἆρα πιστεύοιτ' ἂν ὑπ' αὐτῶν; ἢ εἴποι τις ἂν πρὸς αὐτὸν τῶν πρεσβυτέρων Αἰθιόπων· 'Σὺ δὲ δὴ πόθεν ταῦτα, ὦ θρασύτατε, οἶσθα; οὐ γὰρ ἀπεδήμησας παρ' ἡμῶν οὐδαμόσε οὐδὲ ⟨εἶδες⟩ νὴ Δία τὰ παρὰ τοῖς ἄλλοις ὁποῖά ἐστι.'« φαίην ἂν ἔγωγε δίκαια ἐρωτῆσαι τὸν πρεσβύτην, ἢ πῶς, ὦ Ἑρμότιμε, συμβουλεύεις;

ΕΡΜΟΤΙΜΟΣ

Οὕτω. δικαιότατα γὰρ ἐπιπλῆξαι δοκεῖ μοι.

ΛΥΚΙΝΟΣ

Καὶ γὰρ ἔμοιγε, ὦ Ἑρμότιμε. ἀλλὰ τὸ μετὰ τοῦτο οὐκέτ' οἶδα εἰ ὁμοίως καὶ σοὶ δόξει. ἐμοὶ μὲν γὰρ καὶ τοῦτο πάνυ δοκεῖ.

ΕΡΜΟΤΙΜΟΣ

Τὸ ποῖον;

[32] ΛΥΚΙΝΟΣ

Ἐπάξει δηλαδὴ ὁ ἀνὴρ καὶ φήσει πρός με ὧδέ πως· »Ἀνάλογον τοίνυν, ὦ Λυκῖνε, κείσθω τις ἡμῖν τὰ Στωϊκῶν μόνα εἰδώς, καθάπερ ὁ σὸς φίλος οὗτος ὁ Ἑρμότιμος, ἀποδημήσας δὲ μηδεπώποτε μήτε ἐς Πλάτωνος μήτε παρὰ τὸν Ἐπίκουρον μήτε ὅλως παρ' ἄλλον τινά. εἰ τοίνυν λέγοι μηδὲν οὕτω καλὸν εἶναι μηδ' ἀληθὲς παρὰ τοῖς πολλοῖς, οἷα τὰ τῆς Στοᾶς ἐστι καὶ ἃ ἐκείνη φησίν, οὐκ ἂν εὐλόγως θρασύς εἶναι δόξειέν σοι περὶ πάντων ἀποφαινόμενος, καὶ ταῦτα ἓν εἰδώς, οὐδεπώποτε ἐξ

lich sagen. Oder vielleicht setzt einer von ihnen noch eins drauf und fragt mich: »Sag mir einmal, Lykinos, wenn ein Äthiopier, der noch nie andere Menschen gesehen hat, solche wie uns, weil er überhaupt noch nie sein Land verlassen hat, wenn der auf einer Versammlung der Äthiopier steif und fest behaupten würde, es gebe nirgendwo auf der Welt weißhäutige oder blonde Menschen, sondern einzig und allein schwarze, würde man ihm dort Glauben schenken? Oder würde ihm einer von den älteren und ehrwürdigeren Äthiopiern sagen: ›He du, woher willst du das denn alles wissen, du Naseweis? Du bist doch noch nie verreist und noch nie, beim Zeus, hast du gesehen, wie es in der übrigen Welt aussieht!‹« Also ich jedenfalls würde sagen, dass die Frage des alten Mannes berechtigt ist.[49] Oder was meinst du dazu, Hermotimos?

HERMOTIMOS

Ganz so! Das halte ich für einen völlig berechtigten Einwand!

LYKINOS

Ich auch, Hermotimos, ich auch. Beim folgenden Punkt bin ich mir allerdings nicht mehr so sicher, ob du das auch noch für so berechtigt halten wirst. Ich jedenfalls schon, sogar für ziemlich berechtigt.

HERMOTIMOS

Und zwar was?

[32] LYKINOS

Der Mann wird ja natürlich noch einen Schritt weitergehen, ungefähr so: »Entsprechendes, Lykinos, soll also nun für einen gelten, der nur die Lehre der Stoiker kennt, wie dein Freund da, dieser Hermotimos, aber noch nie in das Reich Platons gereist ist oder zu Epikur oder überhaupt zu irgendjemand anderem. Wenn er daher jetzt behauptet, bei den meisten gebe es nichts, was an Schönheit und Wahrheit an die Inhalte und Aussagen der Stoa heranreiche, musst du ihn dann nicht vernünftigerweise für einen Naseweis halten, dass er über alle und alles sein Urteil abgibt, und das, wo er sich nur in einem einzigen Bereich auskennt und noch nie einen Fuß über

Αἰθιοπίας τὸν ἕτερον πόδα προελθών;« τί βούλει ἀποκρίνωμαι αὐτῷ;

ΕΡΜΟΤΙΜΟΣ

Τὸ ἀληθέστατον ἐκεῖνο δηλαδή, ὅτι ἡμεῖς τὰ μὲν Στωϊκῶν καὶ πάνυ ἐκμανθάνομεν ὡς ἂν κατὰ ταῦτα φιλοσοφεῖν ἀξιοῦντες, οὐκ ἀγνοοῦμεν δὲ καὶ τὰ ὑπὸ τῶν ἄλλων λεγόμενα. ὁ γὰρ διδάσκαλος κἀκεῖνα μεταξὺ διέξεισι πρὸς ἡμᾶς καὶ ἀνατρέπει γε αὐτὰ προσθεὶς αὐτός.

[33] ΛΥΚΙΝΟΣ

Ἦ νομίζεις ἐνταῦθα σιωπήσεσθαι ἡμῖν τοὺς ἀμφὶ τὸν Πλάτωνα καὶ Πυθαγόραν καὶ Ἐπίκουρον καὶ τοὺς ἄλλους, οὐχὶ δὲ ἀναγελάσαντας ἂν εἰπεῖν πρὸς ἐμέ· »Οἷα ποιεῖ, ὦ Λυκῖνε, ὁ ἑταῖρός σου ὁ Ἑρμότιμος; ἀξιοῖ τοῖς ἀντιδίκοις περὶ ἡμῶν πιστεύειν καὶ οἴεται τοιαῦτα εἶναι τὰ ἡμέτερα ὁποῖα ἂν ἐκεῖνοι φῶσιν ἢ οὐκ εἰδότες ἢ κρυπτόμενοι τἀληθές; οὐκοῦν ἤν τινα καὶ τῶν ἀθλητῶν ἴδῃ ἀσκούμενον πρὸ τοῦ ἀγῶνος λακτίζοντα εἰς τὸν ἀέρα ἢ πὺξ κενὴν πληγήν τινα καταφέροντα, τὸν ἀνταγωνιστὴν δῆθεν παίοντα, εὐθὺς ἀνακηρύξει αὐτὸν ἀγωνοθέτης ὢν ὡς ἄμαχόν τινα ἢ ἐκεῖνα μὲν οἰήσεται ῥᾴδια εἶναι καὶ ἀσφαλῆ τὰ νεανιεύματα οὐδενὸς ἀνταιρομένου αὐτῷ, τὴν δὲ νίκην τηνικαῦτα κρίνεσθαι ὁπόταν καταγωνίσηται τὸν ἀντίπαλον αὐτὸν καὶ κρατήσῃ ὁ δ᾽ ἀπαγορεύσῃ, ἄλλως δὲ οὔ; μὴ τοίνυν μηδὲ Ἑρμότιμος ἀφ᾽ ὧν ἂν οἱ διδάσκαλοι αὐτοῦ σκιαμαχῶσι πρὸς ἡμᾶς ἀπόντας οἰέσθω κρατεῖν αὐτοὺς ἢ τὰ ἡμέτερα τοιαῦτα εἶναι ὡς ἀνατρέπεσθαι ῥᾳδίως. ἐπεὶ τὸ τοιοῦτο ὅμοιον ἂν εἴη τοῖς τῶν παιδίων οἰκοδομήμασιν ἃ κατασκευάσαντες ἐκεῖνοι ἀσθενῆ εὐθὺς ἀνατρέπουσιν, ἢ καὶ νὴ Δία τοῖς τοξεύειν μελετῶσιν, οἳ κάρφη τινὰ συνδήσαντες, ἔπειτα ἐπὶ κοντοῦ πήξαντες οὐ πόρρω προθέμενοι στοχάζονται ἀφιέντες, καὶ ἢν τύχωσί ποτε καὶ διαπείρωσι τὰ κάρφη

Äthiopiens Grenze hinausgesetzt hat?« Was, bitte, soll ich ihm antworten?

HERMOTIMOS

Nun, natürlich nichts anderes als die lautere Wahrheit, dass wir nämlich zwar die stoische Lehre in- und auswendig lernen, da wir ja nach ihr philosophieren wollen, dass wir aber auch die Ansichten der anderen kennen. Denn unser Professor geht zwischendrin auch deren Meinungen mit uns durch, stellt sie uns vor und widerlegt sie.

[33] LYKINOS

Und du glaubst, da werden die Platoniker, die Pythagoreer, die Epikureer und all die anderen Ruhe geben und nicht im Gegenteil in schallendes Gelächter ausbrechen und zu mir sagen: »Lykinos, was macht denn dein Freund da, der Hermotimos? Hält er es für richtig, in den Fragen, die uns und unsere Lehre betreffen, unseren Widersachern Glauben zu schenken, und meint er, unsere Lehre sei wirklich so, wie jene Leute sie darstellen, weil sie die Wahrheit entweder nicht kennen oder sie vertuschen? Ja, würde er denn, wenn er einen Athleten sich vor dem Wettkampf warm machen sähe, wie er in die Luft tritt oder mit den Fäusten Schläge ins Leere niederprasseln lässt – auf den Gegner, selbstverständlich –, würde er als Ringrichter den auf der Stelle kampflos zum Sieger erklären, oder würde er das für einfache und ungefährliche Kinderspiele halten, weil ihm ja noch kein Gegner gegenübersteht, den Sieg ihm aber erst dann zuerkennen, wenn er seinen Widersacher niedergerungen und besiegt und der wiederum aufgegeben hätte, sonst aber nicht? Und genauso soll auch Hermotimos nicht von der Schattenboxerei seiner Professoren gegen uns Abwesende ausgehen und daraus schließen, die seien stärker oder unsere Ansichten ließen sich leicht umstürzen. Denn wo wäre da der Unterschied zu den Sandburgen von Kindern, die sie, wenn sie sie gebaut haben, sofort leicht wieder einreißen, oder, beim Zeus, zu denen, die für ihre Schießübungen Strohpuppen aufbinden, sie auf eine Stange stecken und dann aus kurzer Distanz auf sie zielen, und wenn sie sie einmal

ἀνέκραγον εὐθὺς ὥς τι μέγα ποιήσαντες, εἰ διεξῆλθεν αὐτοῖς τὸ βέλος διὰ τῶν φρύγανων. ἀλλ᾽ οὐ Πέρσαι γε οὕτω ποιοῦσιν οὐδὲ Σκυθῶν ὅσοι τοξόται, ἀλλὰ πρῶτον μὲν αὐτοὶ κινούμενοι ἀφ᾽ ἵππων ὡς τὸ πολὺ τοξεύουσιν, ἔπειτα δὲ καὶ τὰ τοξευόμενα κινεῖσθαι ἀξιοῦσιν οὐχ ἑστῶτα οὐδὲ περιμένοντα τὸ βέλος ἔστ᾽ ἂν ἐμπέσῃ, ἀλλὰ διαδιδράσκοντα ὡς ἔνι μάλιστα. θηρία γέ τοι ὡς τὸ πολὺ κατατοξεύουσι, καὶ ὀρνίθων ἔνιοι τυγχάνουσιν. ἢν δέ ποτε καὶ ἐπὶ σκοποῦ δέῃ πειραθῆναι τοῦ τόνου τῆς πληγῆς, ξύλον ἀντίτυπον ἢ ἀσπίδα ὠμοβοΐνην προθέμενοι διελαύνουσιν, καὶ οὕτως πιστεύουσιν κἂν δι᾽ ὅπλων σφίσι χωρῆσαι τοὺς οἰστούς. εἰπὲ τοίνυν, ὦ Λυκῖνε, παρ᾽ ἡμῶν Ἑρμοτίμῳ ὅτι οἱ διδάσκαλοι αὐτοῦ φρύγανα προθέμενοι κατατοξεύουσιν, εἶτά φασιν ἀνδρῶν ὡπλισμένων κεκρατηκέναι, καὶ εἰκόνας ἡμῶν γραψάμενοι πυκτεύουσι πρὸς ἐκείνας, ⟨καὶ⟩ κρατήσαντες ὡς τὸ εἰκὸς ἡμῶν κρατεῖν οἴονται. ἀλλὰ φαίημεν ἂν ἕκαστος πρὸς αὐτοὺς τὰ τοῦ Ἀχιλλέως ἐκεῖνα, ἅ φησι περὶ τοῦ Ἕκτορος, ὅτι

οὐ γὰρ ἐμῆς κόρυθος λεύσσουσι μετωπον.

ταῦτα μὲν οἱ ξύμπαντες ἐν τῷ μέρει ἕκαστος.«

[34] Ὁ Πλάτων δ᾽ ἄν μοι δοκεῖ καὶ διηγήσασθαί τι τῶν ἐκ Σικελίας ὡς ἂν εἰδὼς τὰ πλεῖστα· τῷ γὰρ Συρακουσίῳ Γέλωνί φασι δυσῶδες εἶναι τὸ στόμα καὶ τοῦτο ἐπὶ πολὺ διαλαθεῖν αὐτὸν οὐδενὸς τολμῶντας ἐλέγχειν τύραννον ἄνδρα, μέχρι δή τινα γυναῖκα ξένην συνενεχθεῖσαν αὐτῷ τολμῆσαι καὶ εἰπεῖν ὅπως ἔχοι. τὸν δὲ παρὰ τὴν γυναῖκα ἐλθόντα ⟨τὴν⟩ ἑαυτοῦ ὀργίζεσθαι ὅτι οὐκ ἐμήνυσε πρὸς αὐτὸν εἰδυῖα μάλιστα τὴν δυσωδίαν, τὴν δὲ παραιτεῖσθαι συγγνώμην ἔχειν αὐτῇ· ὑπὲρ γὰρ τοῦ μὴ πεπειρᾶσθαι ἄλλου ἀνδρὸς μηδὲ ὁμιλῆσαι πλησίον οἰηθῆναι ἅπασι τοῖς ἀνδράσι τοιοῦτό τι ἀποπνεῖν τοῦ στόματος. »καὶ ὁ Ἑρμότιμος τοίγαρ

treffen und durchbohren, gleich jubeln, als ob sie wer weiß was Großartiges geleistet hätten? Die Perser jedenfalls und die skythischen Bogenschützen machen es nicht so,[50] sondern erstens schießen sie meistens von ihren Pferden aus, sind also selbst in Bewegung, zweitens aber richten sie ihre Waffen vorzugsweise auf Ziele, die nicht in Ruhe auf den Einschlag der Pfeile warten, sondern sich möglichst schnell bewegen. Meistens jedenfalls schießen sie auf Tiere, und einige treffen sogar Vögel. Wenn es aber denn einmal gilt, die Spannung des Bogens an einem Ziel zu erproben, dann schießen sie durch massive Holzplatten oder Schilde aus Leder, und dann erst vertrauen sie darauf, dass ihre Pfeile auch Rüstungen durchschlagen könnten. Richte deshalb, Lykinos, dem Hermotimos von uns aus, dass seine Professoren auf Strohpuppen schießen, um dann zu behaupten, sie hätten bewaffnete Männer besiegt, und dass sie mit Fäusten auf die Bilder losgehen, die sie selbst von uns gezeichnet haben, und wenn sie die besiegt haben, was man ja gerade noch erwarten durfte, dann meinen sie, sie hätten uns besiegt. Wir aber könnten ihnen, jeder von uns, jene berühmten Worte Achills über Hektor ins Gesicht schleudern, nämlich: ›Denn sie sehen ja nicht die Stirn meines Helmes‹.[51] Jeder von uns, einer nach dem anderen, könnte ihnen das sagen!«

[34] Platon aber, denke ich, würde mir sogar noch eine Anekdote aus Sizilien erzählen, wo er sich ja bestens auskennt:[52] Gelon von Syrakus,[53] so heißt es, hatte Mundgeruch. Er selbst merkte das lange gar nicht, weil niemand einem Tyrannen so einen Vorwurf zu machen wagte, bis schließlich eine ausländische Frau, die er im Bett hatte, sich traute und ihm sagte, was los war. Da ging er zu seiner Gemahlin und machte ihr bittere Vorwürfe, dass sie ihm nichts gesagt habe, obwohl ihr der Geruch doch wohlbekannt sein musste. Die aber bat ihn um Verzeihung: Sie sei doch nie mit einem anderen Mann zusammengewesen oder einem anderen auch nur nähergekommen, so dass sie geglaubt habe, alle Männer röchen so aus dem Mund. »Und so«, würde Platon sagen, »weiß also auch Hermoti-

ἅτε μόνοις τοῖς Στωϊκοῖς ξυνών,« φαίη ἂν ὁ Πλάτων, »εἰκότως ἀγνοεῖ ὁποῖα τῶν ἄλλων τὰ στόματά ἐστιν.« ὅμοια δ' ἂν καὶ Χρύσιππος εἴποι ἢ ἔτι πλείω τούτων, εἴπερ λιπὼν αὐτὸν ἄκριτον ἐπὶ τὰ Πλάτωνος ὁρμήσαιμι πιστεύσας τινὶ τῶν μόνῳ Πλάτωνι ὡμιληκότων. ἑνί τε λόγῳ ξυνελών φημι, ἄχρι ἂν ἄδηλον ᾖ τίς ἀληθής ἐστι προαίρεσις ἐν φιλοσοφίᾳ, μηδεμίαν αἱρεῖσθαι. ὕβρις γὰρ ἐς τὰς ἄλλας τὸ τοιοῦτον.

[35] ΕΡΜΟΤΙΜΟΣ

Ὦ Λυκῖνε, πρὸς τῆς Ἑστίας, Πλάτωνα μὲν καὶ Ἀριστοτέλη καὶ Ἐπίκουρον καὶ τοὺς ἄλλους ἀτρεμεῖν ἐάσωμεν· οὐ γὰρ κατ' ἐμὲ ἀνταγωνίζεσθαι αὐτοῖς. νῶι δέ, ἐγώ τε καὶ σύ, ἐφ' ἡμῶν αὐτῶν ἐξετάσωμεν, εἰ τοιοῦτόν ἐστι τὸ φιλοσοφίας πρᾶγμα οἷον ἐγώ φημι αὐτὸ εἶναι. Αἰθίοπας δέ γε ἢ τὴν Γέλωνος γυναῖκα τί ἔδει καλεῖν ἐκ Συρακουσῶν ἐπὶ τὸν λόγον;

ΛΥΚΙΝΟΣ

Ἀλλ' ἐκεῖνοι μὲν ἀπίτωσαν ἐκποδών, εἴ σοι δοκοῦσι περιττοὶ εἶναι πρὸς τὸν λόγον. σὺ δὲ λέγε ἤδη. θαυμαστὸν γάρ τι ἐρεῖν ἔοικας.

ΕΡΜΟΤΙΜΟΣ

Δοκεῖ μοι, ὦ Λυκῖνε, καὶ πάνυ δυνατὸν εἶναι μόνα τὰ τῶν Στωϊκῶν ἐκμαθόντα εἰδέναι τἀληθὲς ἀπὸ τούτων, κἂν μὴ τὰ τῶν ἄλλων ἐπεξέλθῃ τις ἐκμανθάνων ἕκαστα. οὑτωσὶ δὲ σκόπει· ἤν τις λέγῃ πρός σε μόνον τοῦτο ὡς αἱ δύο δυάδες τὸν τέτταρα ἀριθμὸν ἀποτελοῦσιν, ἆρα δεήσει περιιόντα σε πυνθάνεσθαι τῶν ἄλλων ὅσοι ἀριθμητικοὶ μή τις ἄρα εἴη πέντε ἢ ἑπτὰ λέγων αὐτὰς εἶναι; ἢ αὐτίκα εἰδείης ἂν ὅτι ὁ ἀνὴρ ἀληθῆ λέγει;

ΛΥΚΙΝΟΣ

Αὐτίκα, ὦ Ἑρμότιμε.

ΕΡΜΟΤΙΜΟΣ

Τί ποτ' οὖν ἀδύνατον εἶναί σοι δοκεῖ, ἐντυγχάνοντά τινα μόνοις τοῖς

mos, weil er ja allein am Mund der Stoiker hängt, natürlich nichts von dem, was der Mund der anderen spricht.« Und Ähnliches würde wohl auch Chrysipp sagen, oder sogar noch mehr, wenn ich ihn verließe, ohne mir ein Urteil gebildet zu haben, und zu Platons Lehre umschwenkte, im Vertrauen auf jemanden, der allein mit Platon verkehrt. Lass es mich mit einem Wort sagen: Solange nicht klar ist, welche philosophische Schule die Wahrheit vertritt, entscheide dich für keine! Denn das wäre eine Beleidigung aller anderen.

[35] HERMOTIMOS

Bei Hestia,[54] Lykinos, wir wollen Aristoteles und Epikur und Platon in ihren Gräbern ruhen lassen: Mit ihnen zu kämpfen übersteigt meine Kräfte. Lieber wollen nur wir beide, nur du und ich, prüfen, ob es sich mit der Philosophie so verhält, wie ich meine. Musstest du denn unbedingt die Äthiopier oder Gelons Frau aus dem fernen Syrakus zu unserem Gespräch herbeizitieren?

LYKINOS

Gut, dann fort mit ihnen, sie sollen uns aus dem Weg gehen, wenn sie dir in unserem Gespräch überflüssig vorkommen. Aber nun raus mit der Sprache! Dir liegt doch etwas auf der Zunge!

HERMOTIMOS

Ich, Lykinos, halte es sogar für ganz und gar möglich, dass man, wenn man nur die Lehre der Stoiker erlernt hat, von dort her schon die Wahrheit kennt, ohne dass man deshalb die Lehren aller anderen im Einzelnen erlernen muss. Betrachte es doch einmal so: Nehmen wir an, einer sagt zu dir nur das Folgende: dass zweimal zwei vier ergibt – ja, wirst du denn jetzt herumgehen und alle Mathematiker fragen müssen, ob sich nicht vielleicht einer findet, der behauptet, es ergebe fünf oder sieben? Wirst du nicht vielmehr sofort wissen, dass der Mann recht hat?

LYKINOS

Sofort, Hermotimos.

HERMOTIMOS

Aber warum hältst du es denn dann für unmöglich, dass man,

Στωϊκοῖς λέγουσι τἀληθῆ πείθεσθαί τε αὐτοῖς καὶ μηκέτι δεῖσθαι τῶν ἄλλων εἰδότα ὡς οὐκ ἄν ποτε τὰ τέτταρα πέντε γένοιτο, κἂν μυρίοι Πλάτωνες ἢ Πυθαγόραι λέγωσιν;

[36] ΛΥΚΙΝΟΣ

Οὐδὲν πρὸς ἔπος, ὦ Ἑρμότιμε. τὰ γὰρ ὁμολογούμενα τοῖς ἀμφισβητουμένοις εἰκάζεις, πάμπολυ αὐτῶν διαφέροντα. ἢ τί ἂν φαίης; ἔστιν ᾧτινι ἐντετύχηκας λέγοντι τὰς δύο δυάδας συντεθείσας τὸν ἑπτὰ ἢ ἕνδεκα ἀριθμὸν ἀποτελεῖν;

ΕΡΜΟΤΙΜΟΣ

Οὐκ ἔγωγε, ἢ μαίνοιτ' ἂν ὁ μὴ τέτταρα ξυμβαίνειν λέγων.

ΛΥΚΙΝΟΣ

Τί δέ; ἐντετύχηκας πώποτε (καὶ πρὸς Χαρίτων πειρῶ ἀληθεύειν) Στωϊκῷ τινι καὶ Ἐπικουρείῳ μὴ διαφερομένοις περὶ ἀρχῆς ἢ τέλους;

ΕΡΜΟΤΙΜΟΣ

Οὐδαμῶς.

ΛΥΚΙΝΟΣ

Ὅρα τοίνυν μή πώς με παραλογίζῃ, ὦ γενναῖε, καὶ ταῦτα φίλον ὄντα. ζητούντων γὰρ ἡμῶν οἵτινες ἀληθεύουσιν ἐν φιλοσοφίᾳ, σὺ τοῦτο προαρπάσας ἔδωκας φέρων τοῖς Στωϊκοῖς, λέγων ὡς οὗτοί εἰσιν οἱ τὰ δὶς δύο τέτταρα τιθέντες, ὅπερ ἄδηλον εἰ οὕτως ἔχει. φαιεν γὰρ ἂν οἱ Ἐπικούρειοι ἢ Πλατωνικοὶ σφᾶς μὲν οὕτω ξυντιθέναι, ὑμᾶς δὲ πέντε ἢ ἑπτὰ λέγειν αὐτά. ἢ οὐ δοκοῦσί σοι τοῦτο ποιεῖν ὁπόταν ὑμεῖς μὲν μόνον τὸ καλὸν ἀγαθὸν ἡγῆσθε εἶναι, οἱ Ἐπικούρειοι δὲ τὸ ἡδύ; καὶ ὅταν ὑμεῖς λέγητε σώματα εἶναι ἅπαντα, ὁ Πλάτων δὲ νομίζῃ καὶ ἀσώματόν τι ἐν

wenn man nur die Stoiker trifft und sie die Wahrheit sagen, ihnen glaubt und die anderen nicht mehr braucht, einfach weil man weiß, dass aus vier nie fünf werden kann, auch nicht wenn zehntausend Platons und Pythagorasse es behaupten?

[36] LYKINOS

Das eine, Hermotimos, hat mit dem anderen nichts zu tun. Du setzt ja Dinge, über die Einigkeit herrscht, mit Streitfragen gleich; da gibt es aber einen gewaltigen Unterschied! Oder was meinst du? Bist du schon mal einem begegnet, der behauptet, zweimal zwei ergebe sieben oder elf?

HERMOTIMOS

Natürlich nicht. Wer sagt, dass nicht vier herauskommt, müsste ja verrückt sein.

LYKINOS

Und nun? Bist du schon mal – und bei den Charitinnen, versuch jetzt die Wahrheit zu sagen! – einem Stoiker und einem Epikureer begegnet, die sich nicht über den Grund oder das Ziel aller Dinge gestritten hätten?

HERMOTIMOS

Noch nie.

LYKINOS

Pass also auf, dass du mich nicht auszutricksen versuchst, mein Guter, und das, wo wir Freunde sind! Da suchen wir beide danach, wer in der Philosophie die Wahrheit verkündet, und du nimmst genau das raffgierig vorweg und legst es den Stoikern in den Schoß, indem du behauptest, sie seien es, die zweimal zwei zu vier multiplizierten, wo gerade das doch ganz unklar ist. Denn die Platoniker und die Epikureer würden das ja wohl ebenfalls von sich behaupten und unterstellen, *bei euch* käme fünf oder sieben heraus. Oder glaubst du nicht, dass sie das tun würden, wenn auf der einen Seite ihr der Überzeugung seid, nur das Edle sei gut, die Epikureer auf der anderen Seite der Ansicht sind, das Angenehme sei es? Und wenn ihr verkündet, alles sei Materie, Platon aber der Meinung ist,

τοῖς οὖσιν εἶναι; ἀλλ' ὅπερ ἔφην, πλεονεκτικῶς πάνυ τὸ ἀμφισβητούμενον συλλαβὼν ὡς ἀναμφιλόγως ἴδιον τῶν Στωϊκῶν δίδως αὐτὰ ἔχειν, καίτοι ἀντιλαμβανομένων τῶν ἄλλων καὶ λεγόντων αὐτῶν τοῦτο εἶναι, ἔνθα δὴ κρίσεως μάλιστα οἶμαι δεῖ. ἂν μὲν οὖν πρόδηλον γένηται τοῦτο ὡς Στωϊκῶν ἐστι μόνον τὰ δὶς δύο τέτταρα ἡγεῖσθαι, ὥρα σιωπᾶν τοῖς ἄλλοις. ἄχρι δ' ἂν αὐτοῦ τούτου πέρι διαμάχωνται, πάντων ὁμοίως ἀκουστέον ἢ εἰδέναι ὅτι πρὸς χάριν δικάζειν δόξομεν.

[37] ΕΡΜΟΤΙΜΟΣ

Οὔ μοι δοκεῖς, ὦ Λυκῖνε, ξυνιέναι πῶς βούλομαι εἰπεῖν.

ΛΥΚΙΝΟΣ

Οὐκοῦν σαφέστερον χρὴ λέγειν εἰ ἑτεροῖόν τι ἀλλὰ μὴ τοιοῦτον φήσεις.

ΕΡΜΟΤΙΜΟΣ

Εἴσῃ αὐτίκα οἷόν τι λέγω. θῶμεν γάρ τινας δύο ἐσεληλυθέναι ἐς τὸ Ἀσκληπιεῖον ἢ ἐς τοῦ Διονύσου τὸ ἱερόν, εἶτα μέντοι φιάλην τινὰ τῶν ἱερῶν ἀπολωλέναι. δεήσει δή που ἀμφοτέρους ἐρευνηθῆναι αὐτοὺς ὁπότερος ὑπὸ κόλπου ἔχει τὴν φιάλην.

ΛΥΚΙΝΟΣ

Καὶ μάλα.

ΕΡΜΟΤΙΜΟΣ

Ἔχει δὲ πάντως ὁ ἕτερος.

ΛΥΚΙΝΟΣ

Πῶς γὰρ οὔ, εἴ γε ἀπόλωλεν;

ΕΡΜΟΤΙΜΟΣ

Οὐκοῦν ἂν παρὰ τῷ προτέρῳ εὕρῃς αὐτήν, οὐκέτι τὸν ἕτερον ἀποδύσεις. πρόδηλον γὰρ ὡς οὐκ ἔχει.

im Seienden gebe es auch etwas Immaterielles? Nein, es ist schon so, wie ich sagte: Das, was strittig ist, raffst du gierig an dich und schenkst es den Stoikern, als ob es ohne jeden Zweifel ihnen gehöre, obwohl die anderen dagegenhalten und behaupten, ihnen komme es zu – und also gibt es hier, denke ich, doch einiges zu klären und zu entscheiden. Wenn dann offen zutage tritt, dass nur die Stoiker zweimal zwei vier sein lassen, dann ist der Augenblick gekommen, wo die anderen schweigen müssen; solange sie aber gerade darüber streiten, müssen wir alle in gleicher Weise anhören oder uns darüber im Klaren sein, dass wir ein Gefälligkeitsurteil abgeben.

[37] HERMOTIMOS

Ich glaube, Lykinos, du verstehst nicht, was ich sagen will.

LYKINOS

Wenn's nicht das ist, was du sagen willst, sondern etwas anderes, dann musst du dich wohl schon klarer ausdrücken.

HERMOTIMOS

Du wirst gleich verstehen, was ich meine. Nehmen wir einmal an, zwei Leute seien im Tempel des Asklepios oder des Dionysos gewesen, und nun fehle eine Schale aus dem Opfergeschirr. Da wird es sich doch nicht umgehen lassen, sie beide zu durchsuchen, um herauszufinden, wer von ihnen die Schale unter der Kleidung versteckt hält.

LYKINOS

Allerdings.

HERMOTIMOS

Einer von beiden hat sie auf jeden Fall.

LYKINOS

Natürlich. Sie ist ja verschwunden.

HERMOTIMOS

Wenn du sie nun beim ersten findest, wirst du doch wohl den anderen nicht mehr ausziehen. Es ist ja dann von vornherein klar, dass er sie nicht hat.

ΛΥΚΙΝΟΣ
Πρόδηλον γάρ.
ΕΡΜΟΤΙΜΟΣ
Καὶ εἴ γε μὴ εὕροιμεν ἐν τῷ τοῦ προτέρου κόλπῳ, ὁ ἕτερος πάντως ἔχει, καὶ οὐδὲν ἐρεύνης οὐδὲ οὕτως δεῖ.
ΛΥΚΙΝΟΣ
Ἔχει γάρ.
ΕΡΜΟΤΙΜΟΣ
Καὶ ἡμεῖς τοίνυν εἰ εὕροιμεν ἤδη παρὰ τοῖς Στωϊκοῖς τὴν φιάλην, οὐκέτι ἐρευνᾶν τοὺς ἄλλους ἀξιώσομεν ἔχοντες ὃ πάλαι ἐζητοῦμεν. ἢ τίνος γὰρ ἂν ἕνεκα ἔτι κάμνοιμεν;
[38] ΛΥΚΙΝΟΣ
Οὐδενός, εἴ γε εὕροιτε καὶ εὑρόντες ἔχοιτε εἰδέναι ὡς ἐκεῖνο ἦν τὸ ἀπολωλός, ἢ ὅλως γνώριμον ὑμῖν εἴη τὸ ἀνάθημα, νῦν δέ, ὦ ἑταῖρε, πρῶτον μὲν οὐ δύο εἰσὶν οἱ παρελθόντες ἐς τὸν νεών, ὡς ἀναγκαῖον εἶναι τὸν ἕτερον αὐτοῖν τὰ φώρια ἔχειν, ἀλλὰ μάλα πολλοί τινες, εἶτα καὶ τὸ ἀπολόμενον αὐτὸ ἄδηλον ὅ τι ποτέ ἐστιν, εἴτε φιάλη τις ἢ σκύφος ἢ στέφανος. ὅσοι γοῦν ἱερεῖς, ἄλλος ἄλλο εἶναι λέγουσιν καὶ οὐδὲ περὶ τῆς ὕλης αὐτῆς ὁμολογοῦσιν, ἀλλ᾽ οἱ μὲν χαλκοῦ, οἱ δὲ ἀργύρου, οἱ δὲ χρυσοῦ, οἱ δὲ κασσιτέρου εἶναι αὐτὸ φάσκουσιν. ἀνάγκη τοίνυν ἅπαντας ἀποδῦσαι τοὺς εἰσελθόντας, εἰ βούλει εὑρεῖν τὸ ἀπολωλός. καὶ γὰρ ἂν παρὰ τῷ πρώτῳ εὐθὺς εὕρῃς φιάλην χρυσῆν, ἔτι καὶ τοὺς ἄλλους σοι ἀποδυτέον.
ΕΡΜΟΤΙΜΟΣ
Διὰ τί, ὦ Λυκῖνε;

Lykinos
Das ist allerdings von vornherein klar.
Hermotimos
Und wenn wir sie wirklich nicht in der Kleidung des ersten finden, hat sie auf jeden Fall der andere, und eine Durchsuchung ist dann ebenfalls nicht nötig.
Lykinos
Der andere muss sie dann ja haben.
Hermotimos
Nicht anders ist es doch in unserem Fall! Wenn wir die Schale schon bei den Stoikern finden, dann werden wir nicht mehr meinen, die anderen durchsuchen zu müssen, halten wir dann doch schon in Händen, was wir so lange gesucht haben. Oder wofür sollten wir uns dann noch abmühen?
[38] Lykinos
Dafür gäbe es keinen Grund, fändet ihr sie nur und wüsstet ihr auch noch, dass das, was ihr gefunden habt, das Verlorene ist, oder wäre euch die Weihgabe ganz und gar bekannt. Wie der Fall aber liegt, mein Freund, sind es erstens nicht zwei Tempelbesucher – dann müsste in der Tat einer von ihnen das Diebesgut haben –, sondern sehr viele, und zweitens ist nicht klar, worum genau es sich bei dem abhandengekommenen Gegenstand handelt, ob um eine Schale, einen Becher oder einen Kranz; von den Priestern jedenfalls sagt jeder etwas anderes, und sie können sich noch nicht einmal auf das Material selbst einigen, sondern die einen behaupten, er sei aus Bronze, die anderen, er sei aus Silber, wieder andere, er sei aus Gold, und noch andere, er sei aus Zinn. Man kommt daher nicht umhin, alle Besucher sich ausziehen zu lassen, wenn man den verschwundenen Gegenstand wiederfinden will. Und selbst wenn du gleich beim ersten eine goldene Schale findest, wirst du doch auch die anderen sich noch ausziehen lassen müssen.
Hermotimos
Wieso denn das, Lykinos?

ΛΥΚΙΝΟΣ

Ὅτι ἄδηλον εἰ φιάλη τὸ ἀπολόμενον ἦν. εἰ δὲ καὶ τοῦτο ὑπὸ πάντων ὁμολογηθείη, ἀλλ' οὔτι γε χρυσῆν ἅπαντές φασιν εἶναι τὴν φιάλην. εἰ δὲ καὶ μάλιστα γνώριμον γένοιτο ὡς φιάλη ἀπόλοιτο χρυσῆ, καὶ σὺ παρὰ τῷ πρώτῳ εὕροις φιάλην χρυσῆν, οὐδὲ οὕτω παύσῃ διερευνώμενος τοὺς ἄλλους· οὐ γὰρ δῆλόν που εἰ αὐτὴ ἦν ἡ τοῦ θεοῦ. ἢ οὐκ οἴει πολλὰς φιάλας εἶναι χρυσᾶς;

ΕΡΜΟΤΙΜΟΣ

Ἔγωγε.

ΛΥΚΙΝΟΣ

Δεήσει δὴ ἐπὶ πάντας ἰέναι ἐρευνῶντα καὶ τὰ παρ' ἑκάστῳ εὑρεθέντα πάντα εἰς μέσον καταθέντα εἰκάζειν ὅ τι ποτὲ αὐτῶν πρέποι ἂν θεῖον κτῆμα οἴεσθαι.

[39] Καὶ γὰρ αὖ τὸ τὴν πολλὴν ἀπορίαν παρεχόμενον τοῦτό ἐστιν, ὅτι ἕκαστος τῶν ἀποδυθησομένων ἔχει τι πάντως, ὁ μὲν σκύφον, ὁ δὲ φιάλην, ὁ δὲ στέφανον, καὶ ὁ μὲν ἐκ χαλκοῦ, ὁ δὲ ἐκ χρυσοῦ, ὁ δὲ ἀργύρου. εἰ δὲ ὃ ἔχει, τοῦτο ἱερόν ἐστιν, οὐδέπω δῆλον. πᾶσα τοίνυν ἀνάγκη ἀπορεῖν ὅντινα ἱερόσυλον εἴπῃς, ὅπου γε καὶ εἰ πάντες τὰ ὅμοια εἶχον ἄδηλον ἦν καὶ οὕτως ὅστις ὁ τὰ τοῦ θεοῦ ὑφῃρημένος – ἔστι γὰρ καὶ ἰδιωτικὰ ἔχειν. τὸ δ' αἴτιον τῆς ἀγνοίας ἕν ἐστιν οἶμαι τὸ ἀνεπίγραφον εἶναι τὴν ἀπολομένην φιάλην (θῶμεν γὰρ φιάλην ἀπολωλέναι), ὡς εἴ γε ἐπεγέγραπτο τοῦ θεοῦ τὸ ὄνομα ἢ τοῦ ἀναθέντος ἧττον ἂν ἐκάμομεν καὶ εὑρόντες τὴν ἐπιγεγραμμένην ἐπεπαύμεθ' ἂν ἀποδύοντες

Lykinos

Weil eben nicht klar ist, ob der abhandengekommene Gegenstand eine Schale war. Und selbst wenn sich darüber alle einig wären, dann sagen ja deshalb noch nicht alle, dass die Schale aus Gold gewesen sei. Aber wenn es auch ganz sicher wäre, dass eine goldene Schale abhandenkam, und du beim ersten eine goldene Schale fändest, dann dürftest du doch noch nicht aufhören, die anderen zu durchsuchen: Denn es ist nicht eindeutig klar, dass es sich dabei um die goldene Schale des Gottes handelt. Oder meinst du nicht auch, dass es viele goldene Schalen gibt?

Hermotimos

Schon!

Lykinos

Es wird sich also nicht umgehen lassen, alle zu durchsuchen, alles, was bei ihnen gefunden wird, in der Mitte aufzustapeln und dann zu überlegen, was davon man billigerweise für Besitz des Gottes halten kann. **[39]** Denn auch das stellt ja wieder ein gravierendes Problem dar, dass in jedem Fall alle Entkleideten etwas bei sich haben, der eine einen Becher, ein zweiter eine Schale, ein dritter einen Kranz, und mal sind sie aus Bronze, mal aus Gold, mal aus Silber. Ob aber das, was sie bei sich tragen, der heilige Gegenstand ist, ist noch nicht klar. Also wird man natürlich völlig ratlos sein, wen man denn nun Tempelräuber nennen soll, wo doch sogar, wenn alle denselben Gegenstand bei sich trügen, nicht klar wäre, wer es ist, der den Gott bestohlen hat; denn es ist ja auch denkbar, dass der Gegenstand tatsächlich seinem Träger gehört. Schuld an dieser Unwissenheit ist allein das Fehlen einer Aufschrift auf der abhandengekommenen Schale – wir wollen mal annehmen, es handele sich um eine Schale –, denn fände sich der Name des Gottes oder des Stifters auf ihr eingraviert, wäre unsere Mühe geringer, und sobald wir die mit der Aufschrift gefunden hätten, könnten wir aufhören, die Übrigen zu belästigen und sich ausziehen zu las-

καὶ ἐνοχλοῦντες τοὺς ἄλλους. οἶμαι δέ σε, ὦ Ἑρμότιμε, καὶ ἀγῶνας ἤδη γυμνικοὺς ἑωρακέναι πολλάκις.

ΕΡΜΟΤΙΜΟΣ

Καὶ ὀρθῶς οἴει. πολλάκις γὰρ καὶ πολλαχόθι.

ΛΥΚΙΝΟΣ

Ἦ οὖν ποτε καὶ παρὰ τοὺς ἀθλοθέτας αὐτοὺς ἐκαθέζου;

ΕΡΜΟΤΙΜΟΣ

Νὴ Δία, ἔναγχος Ὀλυμπίασιν ἐπὶ τὰ λαιὰ τῶν Ἑλλανοδικῶν, Εὐανδρίδου τοῦ Ἠλείου θέαν μοι προκαταλαβόντος ἐν τοῖς ἑαυτοῦ πολίταις· ἐπεθύμουν γὰρ ἐγγύθεν ἅπαντα ὁρᾶν τὰ παρὰ τοῖς Ἑλλανοδίκαις γιγνόμενα.

ΛΥΚΙΝΟΣ

Οἶσθα οὖν καὶ τοῦτο, πῶς κληροῦσιν ὅντινα ᾧτινι χρὴ παλαίειν ἢ παγκρατιάζειν;

ΕΡΜΟΤΙΜΟΣ

Οἶδα γάρ.

ΛΥΚΙΝΟΣ

Οὐκοῦν ἄμεινον σὺ εἴποις ὡς ἐγγύθεν ἰδών.

[40] ΕΡΜΟΤΙΜΟΣ

Τὸ μὲν παλαιὸν ἐπὶ Ἡρακλέους ἀγωνοθετοῦντος φύλλα δάφνης ...

ΛΥΚΙΝΟΣ

Μή μοι τὰ πάλαι, ὦ Ἑρμότιμε, ἃ δὲ εἶδες ἐγγύθεν, ἐκεῖνα λέγε.

ΕΡΜΟΤΙΜΟΣ

Κάλπις ἀργυρᾶ πρόκειται ἱερὰ τοῦ θεοῦ, ἐς ταύτην ἐμβάλλονται κλῆροι μικροί, ὅσον δὴ κυαμιαῖοι τὸ μέγεθος, ἐπιγεγραμμένοι. ἐγγράφεται δὲ ἐς δύο μὲν ἄλφα ἐν ἑκατέρῳ, ἐς δύο δὲ τὸ βῆτα, καὶ ἐς ἄλλους δύο τὸ γάμμα καὶ ἑξῆς κατὰ τὰ αὐτά, ἢν πλείους οἱ ἀθληταὶ ὦσι, δύο ἀεὶ

sen. – Du hast doch übrigens sicher schon oft bei Sportwettkämpfen zugeschaut, Hermotimos?![55]

HERMOTIMOS

Das kannst du wohl glauben! Oft und an vielen Orten![56]

LYKINOS

Und hast du denn auch schon mal direkt bei den Schiedsrichtern gesessen?

HERMOTIMOS

Ja, beim Zeus, erst neulich bei den Olympischen Spielen auf der linken Seite der Hellanodiken, weil Euandrides aus Elis mir einen guten Platz bei seinen eigenen Mitbürgern reserviert hatte; ich wollte nämlich unbedingt alles aus der Nähe sehen, was bei den Hellanodiken passiert.

LYKINOS

Weißt du denn dann auch, wie sie die Kampfpaarungen beim Ringkampf oder beim Pankration auslosen?[57]

HERMOTIMOS

Allerdings.

LYKINOS

Dann erklärst es wohl besser du, weil du es aus der Nähe gesehen hast.

[40] HERMOTIMOS

Nun, im Altertum, als Herakles die Spiele einrichtete, waren es Blätter des Lorbeers, die –

LYKINOS

Halt, Hermotimos, erzähl nicht von den grauen Vorzeiten, sondern von dem, was du selbst aus der Nähe gesehen hast.

HERMOTIMOS

Man stellt eine silberne Urne aus dem Tempelschatz auf. Da hinein kommen kleine Lose, etwa von der Größe einer Bohne, mit einer Aufschrift. Auf zweien von ihnen ist ein Alpha [A] eingraviert, auf zweien ein Beta [B], auf zwei weiteren ein Gamma [Γ] und so fort, wenn es mehr Athleten sind, wobei immer zwei Lose denselben

κλῆροι τὸ αὐτὸ γράμμα ἔχοντες. προσελθὼν δὴ τῶν ἀθλητῶν ἕκαστος προσευξάμενος τῷ Διὶ καθεὶς τὴν χεῖρα ἐς τὴν κάλπιν ἀνασπᾷ τῶν κλήρων ἕνα καὶ μετ᾽ ἐκεῖνον ἕτερος, καὶ παρεστὼς μαστιγοφόρος ἑκάστῳ ἀνέχει αὐτοῦ τὴν χεῖρα οὐ παρέχων ἀναγνῶναι ὅ τι τὸ γράμμα ἐστὶν ὃ ἀνέσπακεν. ἁπάντων δὲ ἤδη ἐχόντων ὁ ἀλυτάρχης οἶμαι ἢ τῶν Ἑλλανοδικῶν αὐτῶν εἷς (οὐκέτι γὰρ τοῦτο μέμνημαι) περιιὼν ἐπισκοπεῖ τοὺς κλήρους ἐν κύκλῳ ἑστώτων καὶ οὕτως τὸν μὲν τὸ ἄλφα ἔχοντα τῷ τὸ ἕτερον ἄλφα ἀνεσπακότι παλαίειν ἢ παγκρατιάζειν συνάπτει, τὸν δὲ τὸ βῆτα ⟨τῷ⟩ τὸ βῆτα ὁμοίως καὶ τοὺς ἄλλους τοὺς ὁμογράμμους κατὰ ταὐτά. οὕτω μέν, ἢν ἄρτιοι ὦσιν οἱ ἀγωνισταί, οἷον ὀκτὼ ἢ τέτταρες ἢ δώδεκα, ἢν δὲ περιττοί, πέντε ἑπτὰ ἐννέα, γράμμα τι περιττὸν ἑνὶ κλήρῳ ἐγγραφὲν συμβάλλεται αὐτοῖς, ἀντίγραφον ἄλλο οὐκ ἔχον. ὃς δ᾽ ἂν τοῦτο ἀνασπάσῃ ἐφεδρεύει περιμένων ἔστ᾽ ἂν ἐκεῖνοι ἀγωνίσωνται· οὐ γὰρ ἔχει τὸ ἀντίγραμμα. καὶ ἔστι τοῦτο οὐ μικρά τις εὐτυχία τοῦ ἀθλητοῦ, τὸ μέλλειν ἀκμῆτα τοῖς κεκμηκόσι συμπεσεῖσθαι.

[41] ΛΥΚΙΝΟΣ

Ἔχ᾽ ἀτρέμα. τούτου γὰρ ἐδεόμην μάλιστα. οὐκοῦν ἐννέα ὄντες ἀνεσπάκασιν ἅπαντες καὶ ἔχουσι τοὺς κλήρους. περιιὼν δὴ (βούλομαι γάρ σε Ἑλλανοδίκην ἀντὶ θεατοῦ ποιῆσαι) ἐπισκόπησον τὰ γράμματα, καὶ οὐ πρότερον οἶμαι μάθοις ἂν ὅστις ὁ ἔφεδρός ἐστιν, ἢν μὴ ἐπὶ πάντας ἔλθῃς καὶ συζεύξῃς αὐτούς.

ΕΡΜΟΤΙΜΟΣ

Πῶς, ὦ Λυκῖνε, τοῦτο φῄς;

ΛΥΚΙΝΟΣ

Ἀδύνατόν ἐστιν εὐθὺς εὑρεῖν τὸ γράμμα ἐκεῖνο τὸ δηλοῦν τὸν ἔφεδρον, ἢ τὸ μὲν γράμμα ἴσως ἂν εὕροις, οὐ μήν εἴσῃ γε εἰ ἐκεῖνός ἐστιν· οὐ γὰρ

Buchstaben tragen. Nun treten die Athleten nacheinander vor, sprechen ein Gebet zu Zeus, greifen in die Urne und holen ein Los heraus; und daneben steht ein Peitschenträger,[58] der jedem Athleten die Hand hochhält und darauf achtet, dass er den Buchstaben, den er gezogen hat, nicht lesen kann. Wenn dann alle ein Los haben, schreitet der Ordner, glaube ich, oder einer von den Hellanodiken selbst – daran kann ich mich nicht mehr erinnern – den Kreis der Athleten ab, betrachtet die Lose und stellt so den, der das eine Alpha gezogen hat, mit dem, der das andere Alpha hat, zum Ringkampf oder zum Pankration zusammen, genauso die beiden mit dem Beta und in derselben Weise die anderen mit dem jeweils gleichen Buchstaben. So jedenfalls funktioniert es, wenn es eine gerade Zahl von Kämpfern gibt, etwa acht, vier oder zwölf; ist es eine ungerade Zahl – fünf, sieben, neun –, dann wird ein weiterer Buchstabe auf ein Los graviert und mit den anderen zusammengeworfen, aber ohne Gegenlos. Wer dieses Los zieht, darf bis zur nächsten Runde aussetzen und warten, bis die anderen gekämpft haben, denn er hat ja keinen Buchstabenpartner. Und das ist ein ganz schön großes Glück für einen Athleten, weil er auf diese Weise, selbst noch frisch, auf schon ermüdete Kämpfer treffen wird.

[41] Lykinos

Halt![59] Genau darum ging es mir nämlich! Jetzt haben also neun Kämpfer alle ihr Los gezogen und halten es in der Hand. Nun geh – ich will dich nämlich vom Zuschauer zum Hellanodiken machen – herum und schau dir die Lose an. Du erfährst nicht eher, glaube ich, wer derjenige ist, der aussetzen darf, als bis du bei allen gewesen bist und sie zu Paaren zusammengestellt hast.

Hermotimos

Wie meinst du das, Lykinos?

Lykinos

Es ist unmöglich, sofort zu Anfang den Buchstaben zu finden, der das Aussetzen bedeutet, oder besser: Den Buchstaben zwar findest du vielleicht, aber du wirst jedenfalls nicht wissen, ob es gerade

προείρηται ὅτι τὸ Κ ἢ τὸ Μ ἢ τὸ Ι ἐστὶν τὸ χειροτονοῦν τὸν ἔφεδρον. ἀλλ' ἐπειδὰν τῷ Α ἐντύχῃς, ζητεῖς τὸν τὸ ἕτερον Α ἔχοντα καὶ εὑρὼν ἐκείνους μὲν ἤδη συνέζευξας, ἐντυχὼν δὲ αὖθις τῷ βῆτα τὸ ἕτερον βῆτα ὅπου ἐστὶν ζητεῖς, τὸ ἀντίπαλον τῷ εὑρεθέντι, καὶ ἐπὶ πάντων ὁμοίως, ἄχρι ἂν ἐκεῖνός σοι περιλειφθῇ ὁ τὸ μόνον γράμμα ἔχων τὸ ἀνανταγώνιστον.

[42] ΕΡΜΟΤΙΜΟΣ

Τί δ' εἰ ἐκείνῳ πρώτῳ ἢ δευτέρῳ ἐντύχῃς, τί ποιήσεις;

ΛΥΚΙΝΟΣ

Οὐ μὲν οὖν, ἀλλὰ σὺ ὁ Ἑλλανοδίκης ἐθέλω εἰδέναι ὅ τι καὶ πράξεις, πότερον αὐτίκα ἐρεῖς ὅτι οὗτός ἐστιν ὁ ἔφεδρος, ἢ δεήσει ἐπὶ πάντας ἐν κύκλῳ ἐλθόντα ἰδεῖν εἴ που αὐτῷ γράμμα ὅμοιόν ἐστιν; ὡς εἴ γε μὴ τοὺς πάντων κλήρους ἴδοις οὐκ ἂν μάθοις τὸν ἔφεδρον.

ΕΡΜΟΤΙΜΟΣ

Καὶ μήν, ὦ Λυκῖνε, ῥᾳδίως ἂν μάθοιμι. ἐπὶ γοῦν τῶν ἐννέα ἢν τὸ Ε εὕρω πρῶτον ἢ δεύτερον, οἶδα ὅτι ἔφεδρος ὁ τοῦτο ἔχων ἐστί.

ΛΥΚΙΝΟΣ

Πῶς, ὦ Ἑρμότιμε;

ΕΡΜΟΤΙΜΟΣ

Οὕτως· τὸ Α δύο αὐτῶν ἔχουσιν καὶ τὸ Β ὁμοίως δύο, τῶν λοιπῶν δὲ τεττάρων ὄντων οἱ μὲν τὸ Γ, οἱ δὲ τὸ Δ πάντως ἀνεσπάκασιν καὶ ἀνήλωται ἤδη ἐς τοὺς ἀθλητὰς ὀκτὼ ὄντας τὰ τέτταρα γράμματα. δῆλον οὖν ὅτι μόνον ἂν οὕτω περιττὸν εἴη τὸ ἑξῆς γράμμα τὸ Ε, καὶ ὁ τοῦτο ἀνεσπακὼς ἔφεδρός ἐστι.

genau derjenige welcher ist. Denn es wird ja nicht vorher bekannt gegeben, dass es das Kappa [K] oder das My [M] oder das Iota [I] ist, das den Aussetzenden bestimmt, sondern wenn du auf das Alpha stößt, dann suchst du den mit dem anderen Alpha, und wenn du sie gefunden hast, dann stellst du sie zusammen; danach, wenn du auf das Beta stößt, suchst du, wo sich das andere Beta befindet, als das Gegenstück zu dem, das du schon gefunden hast, und so weiter bei allen, bis der übrigbleibt, der den einzigen Buchstaben ohne Gegenstück hat.

[42] Hermotimos

Aber was tust du, wenn du gerade auf den als ersten oder zweiten stößt?

Lykinos

Also, bist du hier der Hellanodike oder ich? Von dir will ich wissen, was du tun wirst, ob du sofort sagen wirst, dass er es ist, der aussetzen darf, oder ob du erst zu allen im Kreis hingehen musst, um zu sehen, ob es irgendwo denselben Buchstaben noch einmal gibt? Denn wenn du nicht alle Lose gesehen hast, kannst du nicht wissen, wer aussetzt.

Hermotimos

Das kann ich im Gegenteil ganz leicht wissen, Lykinos; wenn ich jedenfalls im Falle von neun Losen das Epsilon [E] als erstes oder als zweites finde, dann weiß ich, dass sein Besitzer derjenige ist, der aussetzt.

Lykinos

Wie das, Hermotimos?

Hermotimos

Folgendermaßen: Zwei von ihnen haben das Alpha [A] und ebenso zwei das Beta [B], von den Übrigen vier haben die einen das Gamma [Γ], die anderen das Delta [Δ] gezogen, und damit sind die vier Buchstaben für die acht Athleten auch schon aufgebraucht. Daher ist klar, dass allein der folgende Buchstabe, das Epsilon [E], überzählig ist und dass derjenige, der es gezogen hat, aussetzen wird.

ΛΥΚΙΝΟΣ
Πότερον ἐπαινέσω σε, ὦ Ἑρμότιμε, τῆς συνέσεως, ἢ θέλεις ἀντείπω τὰ γ' ἐμοὶ δοκοῦντα ὁποια ἂν ᾖ;

ΕΡΜΟΤΙΜΟΣ
Νὴ Δία. διαπορῶ μέντοι ὅ τι ἂν εὔλογον ἀντειπεῖν ἔχοις πρὸς τοιοῦτον.

[43] ΛΥΚΙΝΟΣ
Σὺ μὲν γὰρ ὡς ἑξῆς πάντων γραφομένων γραμμάτων εἴρηκας, οἷον πρώτου ⟨τοῦ⟩ Α, δευτέρου δὲ τοῦ Β καὶ κατὰ τὴν τάξιν, ἄχρι ἐς ἓν αὐτῶν τελευτήσῃ ὁ ἀριθμὸς τῶν ἀθλητῶν· καὶ δίδωμί σοι Ὀλυμπίασιν οὕτω γίγνεσθαι. τί δέ, εἰ ἐξελόντες ἀτάκτως πέντε γράμματα ἐξ ἁπάντων, τὸ Χ καὶ τὸ Σ καὶ τὸ Ζ καὶ τὸ Κ καὶ τὸ Θ, τὰ μὲν ἄλλα τέτταρα διπλᾶ ἐπὶ τῶν κλήρων τῶν ὀκτὼ γράφοιμεν, τὸ δὲ Ζ μόνον ἐπὶ τοῦ ἐνάτου, ὃ δὴ καὶ δηλοῦν ἔμελλεν ἡμῖν τὸν ἔφεδρον, τί ποιήσεις πρῶτον εὑρὼν τὸ Ζ; τῷ διάγνώσῃ ἔφεδρον ὄντα τὸν ἔχοντα αὐτό, ἢν μὴ ἐπὶ πάντας ἐλθὼν εὕρῃς οὐδὲν αὐτῷ συμφωνοῦν; οὐ γὰρ εἶχες ὥσπερ νῦν τῇ τάξει αὐτῶν τεκμαίρεσθαι.

ΕΡΜΟΤΙΜΟΣ
Δυσαπόκριτον τοῦτο ἐρωτᾷς.

[44] ΛΥΚΙΝΟΣ
Ἰδοὺ δὴ καὶ ἑτέρως τὸ αὐτὸ ἐπισκόπησον. τί γὰρ εἰ μηδὲ γράμματα γράφοιμεν ἐπὶ τῶν κλήρων ἀλλά τινα σημεῖα καὶ χαρακτῆρας, οἷα πολλὰ Αἰγύπτιοι γράφουσιν ἀντὶ τῶν γραμμάτων – κυνοκεφάλους τινὰς καὶ λεοντοκεφάλους ἀνθρώπους; ἢ ἐκεῖνα μὲν ἐάσωμεν, ἐπείπερ ἀλλόκοτά ἐστιν. φέρε δὲ τὰ μονοειδῆ καὶ ἁπλᾶ ἐπιγράψωμεν ὡς οἷόν τε εἰκάσαντες ἀνθρώπους ἐπὶ δυοῖν κλήροιν, δύο ἵππους ἐπὶ δυοῖν καὶ ἀλεκτρυόνας δύο καὶ κύνας δύο, τῷ δὲ ἐνάτῳ λέων ἔστω τοὐπίσημον. ἢν

LYKINOS
Soll ich dich für deinen Scharfsinn loben, Hermotimos, oder willst du, dass ich dir meine wahre Meinung dazu sage?
HERMOTIMOS
Nur zu, beim Zeus! Allerdings frage ich mich, wie du einem solchen Argument vernünftig widersprechen könntest.
[43] LYKINOS
Du hast das hier so dargestellt, als ob die Buchstaben alle in alphabetischer Reihenfolge eingraviert würden, also zuerst das Alpha, dann das Beta und so weiter, bis bei einem von ihnen die Anzahl der Athleten erreicht ist. Und ich gebe dir zu, dass man es in Olympia so macht. Aber was ist, wenn sie fünf beliebige Buchstaben wählen, das Chi [X], das Sigma [Σ], das Zeta [Z], das Kappa [K] und das Theta [Θ], dann vier von ihnen auf je zwei Lose gravieren und nur das Zeta auf das neunte Los, das uns den, der aussetzen wird, offenbaren soll? Was wirst du tun, wenn du zuerst das Zeta findest? Woran wirst du erkennen, dass sein Besitzer es ist, der aussetzen darf, wenn du nicht vorher zu allen Übrigen gehst und dort kein Pendant findest? Dann hilft dir die alphabetische Reihenfolge, anders als eben, gar nichts.
HERMOTIMOS
Da stellst du eine schwer zu beantwortende Frage.
[44] LYKINOS
Nun wollen wir das Ganze noch einmal von einer anderen Seite betrachten! Denn was würde passieren, wenn wir nicht etwa Buchstaben auf die Lose gravieren, sondern irgendwelche Symbole und Zeichen? Die Ägypter verwenden ja viele solche anstelle von Buchstaben, etwa hunds- oder löwenköpfige Menschen. Oder lassen wir dieses fremdartige Zeugs, nehmen wir lieber eindeutige und einfache Symbole und gravieren wir auf zwei Lose, so ähnlich wie möglich, zwei Menschen, auf zwei weitere zwei Pferde, zwei Hähne und zwei Hunde, das Zeichen auf dem neunten Los aber soll ein Löwe sein. Wenn du nun also gleich zu Anfang auf dieses Löwenlos

τοίνυν τῷ λεοντοφόρῳ τούτῳ κλήρῳ ἐν ἀρχῇ ἐντύχῃς, πόθεν ἕξεις εἰπεῖν ὅτι οὗτός ἐστιν ὁ τὸν ἔφεδρον ποιῶν, ἢν μὴ παραθεωρήσῃς ἅπαντας ἐπιὼν εἴ τις καὶ ἄλλος λέοντα ἔχει;

ΕΡΜΟΤΙΜΟΣ

Οὐκ ἔχω ὅ τι σοι ἀποκρίνωμαι, ὦ Λυκῖνε.

[45] ΛΥΚΙΝΟΣ

Εἰκότως· οὐδὲ γὰρ εὐπρόσωπον οὐδέν. ὥστε ἢν ἐθέλωμεν ἢ τὸν ἔχοντα τὴν ἱερὰν φιάλην εὑρεῖν ἢ τὸν ἔφεδρον ἢ τὸν ἄριστα ἡγησόμενον ἡμῖν ἐς τήν πόλιν ἐκείνην τὴν Κόρινθον, ἐπί πάντας ἀναγκαίως ἀφιξόμεθα καὶ ἐξετάσομεν ἄκρως πειρώμενοι καὶ ἀποδύοντες καὶ παραθεωροῦντες. μόλις γὰρ ἂν οὕτω τἀληθὲς ἐκμάθοιμεν. καὶ εἴ γέ τις μέλλοι σύμβουλός μοι ἀξιόπιστος ἔσεσθαι φιλοσοφίας πέρι ἥντινα φιλοσοφητέον, οὗτος ἂν εἴη μόνος ὁ τὰ ὑπὸ πασῶν αὐτῶν λεγόμενα εἰδώς, οἱ δ' ἄλλοι ἀτελεῖς, καὶ οὐκ ἂν πιστεύσαιμι αὐτοῖς, ἔστ' ἂν καὶ μιᾶς ἀπείρατοι ὦσι – τάχα γὰρ ἂν ἡ ἀρίστη ἐκείνη εἴη. οὐ γὰρ δὴ εἴ τις παραστησάμενος καλὸν ἄνθρωπον λέγοι τοῦτον εἶναι κάλλιστον ἀνθρώπων ἁπάντων, πιστεύσαιμεν ἂν αὐτῷ, ἢν μὴ εἰδῶμεν ὅτι πάντας ἀνθρώπους ἑώρακεν. ἴσως μὲν γὰρ καὶ οὗτος καλός, εἰ δὲ πάντων κάλλιστος οὐκ ἂν ἔχοι εἰδέναι μὴ ἰδὼν ἅπαντας. ἡμεῖς δὲ οὐκ αὐτὸ μόνον καλοῦ, ἀλλὰ τοῦ καλλίστου δεόμεθα· καὶ ἢν μὴ τοῦτο εὕρωμεν, οὐδὲν ἡμῖν πλέον πεπρᾶχθαι ἡγησόμεθα. οὐ γὰρ ἀγαπήσομεν ὁποιῳδήποτε καλῷ ἐντυχόντες, ἀλλ' ἐκεῖνο τὸ ἀκρότατον ζητοῦμεν κάλλος, ὅπερ ἀνάγκη ἓν εἶναι.

stößt, woher wirst du dann wissen können, dass dies das Freilos für die nächste Runde ist, wenn du nicht zu allen hingehst und nachsiehst, ob noch ein anderer den Löwen hat?

HERMOTIMOS

Ich weiß nicht, was ich dir antworten soll, Lykinos.[60]

[45] LYKINOS

Natürlich nicht. Das ist ja auch ein äußerst unschönes Ergebnis! Wenn wir also herausfinden wollen, wer die heilige Schale hat oder wer aussetzen darf oder wer uns am sichersten zu jener Stadt, nach Korinth, führen wird, dann müssen wir, ohne Wenn und Aber, zu allen hingehen und sie prüfen, indem wir sie eindringlich auf die Probe stellen, sie sich ausziehen lassen und sie vergleichend inspizieren. Wenn wir Glück haben, finden wir so die Wahrheit heraus. Und wenn ich denn überhaupt jemanden für einen vertrauenswürdigen Ratgeber in der Frage halten kann, welcher philosophischen Richtung ich mich anschließen soll, dann wäre das derjenige, der sämtliche Doktrinen kennt; die anderen hingegen müssten unverrichteter Dinge abziehen, und ich würde ihnen kein Wort glauben, solange sie auch nur bei einer einzigen Doktrin mangelnde Erfahrung erkennen ließen: Denn diese könnte ja gerade jene beste sein. Und bestimmt würden wir einem, der uns einen schönen Menschen hinstellt und behauptet, dies sei der schönste Mensch auf der ganzen Welt, kein Wort glauben, wenn wir nicht wüssten, dass er alle Menschen gesehen hat. Denn vielleicht ist ja auch dieser sein Mensch schön, ob er jedoch der schönste von allen ist, das kann nicht wissen, wer nicht alle gesehen hat. Wir aber brauchen nicht einfach einen schönen, sondern den schönsten Menschen, und wenn wir das nicht finden, dann werden wir nicht glauben, auch nur einen Schritt weiter gekommen zu sein. Denn nur irgendein Schönes getroffen zu haben, damit werden wir nicht zufrieden sein, sondern jenes höchste, absolute Schöne suchen wir, das ohne jeden Zweifel Eines sein muss.

[46] ΕΡΜΟΤΙΜΟΣ

Ἀληθῆ.

ΛΥΚΙΝΟΣ

Τί οὖν; ἔχεις μοί τινα εἰπεῖν ἁπάσης ὁδοῦ πεπειραμένον ἐν φιλοσοφίᾳ καὶ ὃς τά τε ὑπὸ Πυθαγόρου καὶ Πλάτωνος καὶ Ἀριστοτέλους καὶ Χρυσίππου καὶ Ἐπικούρου καὶ τῶν ἄλλων λεγόμενα εἰδὼς τελευτῶν μίαν εἵλετο ἐξ ἁπασῶν ὁδῶν ἀληθῆ τε δοκιμάσας καὶ πείρᾳ μαθὼν ὡς μόνη ἄγει εὐθὺ τῆς εὐδαιμονίας; εἰ γάρ τινα τοιοῦτον εὕροιμεν, παυσόμεθα πράγματα ἔχοντες.

ΕΡΜΟΤΙΜΟΣ

Οὐ ῥᾴδιον, ὦ Λυκῖνε, τοιοῦτον ἄνδρα εὑρεῖν.

[47] ΛΥΚΙΝΟΣ

Τί δὴ οὖν πράξομεν, ὦ Ἑρμότιμε; οὐ γὰρ ἀπαγορευτέον οἶμαι ἐπεὶ μηδενὸς ἡγεμόνος τοιούτου ἔς γε τὸ παρὸν εὐποροῦμεν ἄρα. τόδε πάντων κράτιστόν ἐστι καὶ ἀσφαλέστατον, αὐτὸν ἕκαστον ἀρξάμενον διὰ πάσης προαιρέσεως χωρῆσαι καὶ ἐπισκέψασθαι ἀκριβῶς τὰ ὑπὸ πάντων λεγόμενα;

ΕΡΜΟΤΙΜΟΣ

Ἔοικεν ἀπό γε τούτων. πλὴν ἐκεῖνο μὴ ἐναντίον ᾖ ὃ μικρῷ πρόσθεν ἔλεγες, ὡς οὐ ῥᾴδιον ἐπιδόντα ἑαυτὸν καὶ πετάσαντα τὴν ὀθόνην ἀναδραμεῖν αὖθις. πῶς γὰρ οἷόν τε πάσας ἐπελθεῖν τὰς ὁδοὺς ἐν τῇ πρώτῃ, ὡς φῄς, κατασχεθησομένῳ;

ΛΥΚΙΝΟΣ

Ἐγώ σοι φράσω. τὸ τοῦ Θησέως ἐκεῖνο μιμησόμεθα καί τι λίνον παρὰ τῆς τραγικῆς Ἀριάδνης λαβόντες εἴσιμεν ἐς τὸν λαβύρινθον ἕκαστον, ὡς ἔχειν ἀπραγμόνως μηρυόμενοι αὐτὸ ἐξιέναι.

[46] HERMOTIMOS
Das ist wahr.[61]
LYKINOS
Und nun? Kannst du mir einen nennen, der jeden Weg im Land der Philosophie gegangen ist, der die Lehre des Pythagoras, des Platon, des Aristoteles, des Chrysipp, des Epikur und aller ihrer Kollegen kennt und deshalb schließlich aus all den vielen Wegen einen Weg gewählt hat, weil er ihn für den richtigen erachtete und, da er ihn ausprobiert hat, weiß, dass er allein direkt zur Glückseligkeit führt? Wenn wir so einen finden, dann hat unsere Not ein Ende.
HERMOTIMOS
Nicht einfach, Lykinos, so einen Mann zu finden.
[47] LYKINOS
Was sollen wir denn jetzt tun, Hermotimos? Ich meine, wir sollten nicht aufgeben, bloß weil uns, jedenfalls im Augenblick, kein solcher Führer zur Verfügung steht. Das Beste und Sicherste ist es, dass sich jeder für sich auf den Weg durch jeden einzelnen philosophischen Landstrich macht und das, was die Einzelnen sagen, unter die Lupe nimmt.
HERMOTIMOS
Es sieht fast so aus. Außer dein Einwand von eben hält uns zurück, dass man nicht so leicht wieder zurückkommt, wenn man erst mal losgefahren ist und die Segel gesetzt hat. Denn wie soll man alle Wege abgehen, wenn man, wie du sagst, schon auf dem ersten aufgehalten wird?
LYKINOS
Das will ich dir sagen. Einfach, indem wir an jene berühmte Tat des Theseus denken und mit einem Faden, den wir uns bei der tragischen Ariadne ausborgen, in jedes Labyrinth eindringen, so dass wir, wenn wir ihn aufwickeln, ohne Schwierigkeiten wieder herausfinden.[62]

ΕΡΜΟΤΙΜΟΣ

Τίς ἂν οὖν ἡμῖν Ἀριάδνη γένοιτ' ἂν ἢ πόθεν τοῦ λίνου εὐπορήσομεν;

ΛΥΚΙΝΟΣ

Θάρρει, ὦ ἑταῖρε. δοκῶ γάρ μοι εὑρηκέναι οὗτινος ἐχόμενοι ἐξέλθοιμεν ἄν.

ΕΡΜΟΤΙΜΟΣ

Τί οὖν τοῦτό ἐστιν;

ΛΥΚΙΝΟΣ

Οὐκ ἐμὸν ἐρῶ ἀλλά τινος τῶν σοφῶν, τὸ »νῆφε καὶ μέμνησο ἀπιστεῖν«· ἢν γὰρ μὴ ῥᾳδίως πιστεύωμεν ἀκούοντες ἀλλὰ δικαστικῶς αὐτὸ ποιῶμεν ἀπολιπόντες καὶ τοῖς ἑξῆς λόγον, ἴσως ἂν εὐμαρῶς τοὺς λαβυρίνθους ἐκφύγοιμεν.

ΕΡΜΟΤΙΜΟΣ

Εὖ λέγεις, καὶ τοῦτο ποιῶμεν.

[48] ΛΥΚΙΝΟΣ

Εἶέν. ἐπὶ τίνα δὴ αὐτῶν πρῶτον ἔλθοιμεν ἄν; ἢ τοῦτο μὲν οὐδὲν διοίσει; ἀρξάμενοι δὲ ἀφ' ὁτουοῦν οἷον ἀπὸ Πυθαγόρου ἢν οὕτω τύχῃ, πόσῳ ἂν χρόνῳ οἰόμεθα ἐκμαθεῖν τὰ Πυθαγόρου ἅπαντα; καὶ ⟨μή⟩ μοι ἐξαίρει καὶ τὰ πέντε ἔτη ἐκεῖνα τὰ τῆς σιωπῆς· σὺν δ' οὖν τοῖς πέντε ἱκανὰ τριάκοντα οἶμαι, εἰ δε μή, ἀλλὰ πάντως γε εἴκοσι.

ΕΡΜΟΤΙΜΟΣ

Θῶμεν οὕτως.

ΛΥΚΙΝΟΣ

Εἶτα ἑξῆς τῷ Πλάτωνι θετέον δηλαδὴ τοσαῦτα ἕτερα, ἔτι μὴν καὶ Ἀριστοτέλει οὐκ ἐλάττω.

ΕΡΜΟΤΙΜΟΣ

Οὐ γάρ.

ΛΥΚΙΝΟΣ

Χρυσίππῳ δέ γε οὐκέτι ἐρήσομαί σε πόσα. οἶδα γὰρ παρὰ σοῦ ἀκούσας

Hermotimos

Wer könnte denn unsere Ariadne sein, und woher wollen wir den Faden nehmen?

Lykinos

Nur Mut, mein Freund! Ich glaube nämlich, ich habe etwas gefunden, woran wir uns halten können, um wieder herauszufinden!

Hermotimos

Und was ist das?

Lykinos

Die Maxime stammt nicht von mir, sondern aus dem Mund eines Weisen: »Sei nüchtern und stets misstrauisch!«[63] Denn wenn wir beim Zuhören nicht gleich allen alles glauben, sondern wie ein guter Richter auch die anderen zu Wort kommen lassen, dann werden wir vielleicht den Labyrinthen ohne Schwierigkeiten entkommen.

Hermotimos

Sehr gut! Das wollen wir tun!

[48] Lykinos

In Ordnung! Zu wem von ihnen wollen wir also zuerst gehen? Oder ist das gleichgültig? Fangen wir einfach bei irgendeinem an, zum Beispiel bei Pythagoras, wenn's sich gerade so trifft! Wie viel Zeit, glaubst du, brauchen wir, um die ganze Lehre des Pythagoras in uns aufzunehmen? Und dass du mir ja nicht jene fünf Schweigejahre vergisst![64] Die mitgerechnet müssten dreißig Jahre reichen, denke ich, oder sonst jedenfalls doch zwanzig.

Hermotimos

Setzen wir mal zwanzig an!

Lykinos

Danach müssen wir für Platon natürlich genauso viele Jahre rechnen, und dazu sicher nicht weniger für Aristoteles.

Hermotimos

Bestimmt nicht!

Lykinos

Wie viel wir für Chrysipp benötigen, brauche ich dir ja wohl nicht

ὅτι τετταράκοντα μόγις ἱκανά.

ΕΡΜΟΤΙΜΟΣ

Οὕτως.

ΛΥΚΙΝΟΣ

Εἶτα ἑξῆς Ἐπικούρῳ καὶ τοῖς ἄλλοις. ὡς δὲ οὐ πολλὰ ταῦτα τίθημι, ἐκεῖθεν μάθοις ἄν, ἢν ἐννοήσῃς ὅσοι ὀγδοηκοντούτεις εἰσὶ Στωϊκοὶ ἢ Ἐπικούρειοι ἢ Πλατωνικοὶ ὁμολογοῦντες μὴ πάντα εἰδέναι τὰ τῆς ἑαυτοῦ προαιρέσεως ἕκαστος, ὡς μηδὲν ἐνδεῖν σφίσιν ἐς τὰ μαθήματα. εἰ δὲ μή, ἀλλὰ Χρύσιππός γε καὶ Ἀριστοτέλης καὶ Πλάτων φαῖεν ἄν, καὶ πρὸ τούτων ὁ Σωκράτης οὐδὲν φαυλότερος αὐτῶν, ὃς ἐκεκράγει πρὸς ἅπαντας οὐχ ὅπως μὴ πάντα, ἀλλὰ μηδ' ὅλως εἰδέναι τι ἢ τοῦτο μόνον ὅτι οὐκ οἶδεν. λογισόμεθα οὖν ἐξ ἀρχῆς· εἴκοσι τῷ Πυθαγόρᾳ ἐτίθεμεν, εἶτα Πλάτωνι τοσαῦτα ἕτερα, εἶτα ἑξῆς τοῖς ἄλλοις. πόσα δ' οὖν ταῦτα συντεθέντα ἐν κεφαλαίῳ γένοιτ' ἄν, εἰ δέκα μόνας θεῖμεν τὰς προαιρέσεις ἐν φιλοσοφίᾳ;

ΕΡΜΟΤΙΜΟΣ

Ὑπὲρ διακόσια, ὦ Λυκῖνε.

ΛΥΚΙΝΟΣ

Βούλει οὖν ἀφαιρῶμεν τὸ τέταρτον, ὡς πεντήκοντα καὶ ἑκατὸν ἔτη ἱκανὰ εἶναι, ἢ τὸ ἥμισυ ὅλον;

[49] ΕΡΜΟΤΙΜΟΣ

Αὐτὸς ἂν εἰδείης ἄμεινον· ἐγὼ δὲ ὁρῶ τοῦτο, ὅτι ὀλίγοι ἂν καὶ οὕτω διὰ πασῶν ἐξέλθοιεν ἐκ γενετῆς εὐθὺς ἀρξάμενοι.

ΛΥΚΙΝΟΣ

Τί οὖν πάθοι τις, ὦ Ἑρμότιμε, εἰ τοιοῦτόν ἐστι τὸ πρᾶγμα; ἢ ἀνατρεπτέον ἐκεῖνα τὰ ἤδη ὡμολογημένα, ὡς οὐκ ἄν τις ἕλοιτο ἐκ πολλῶν τὸ

zu erzählen. Ich habe ja von dir selbst gehört, dass vierzig Jahre kaum hinreichen.[65]

Hermotimos

So ist es!

Lykinos

Und dann noch einmal dasselbe für Epikur und die Übrigen. Und dass das nicht zu hoch gegriffen ist, kannst du sehen, wenn du dir einmal überlegst, wie viele achtzigjährige Stoiker, Epikureer oder Platoniker es gibt, die zugeben, dass sie nicht einmal alle Details ihrer eigenen Lehre kennen und nicht sagen können, sie seien mit dem Lernstoff ganz durch. Jedenfalls wären Chrysipp, Aristoteles und Platon sicher dieser Meinung, und vor ihrer Zeit noch Sokrates, der ihnen in nichts nachstand und jedem ins Gesicht schrie, nicht etwa, dass er nicht alles, sondern dass er schlicht überhaupt nichts wisse oder doch nur dies, dass er ›nicht wisse‹. Jetzt wollen wir also mal zusammenzählen: Zwanzig Jahre haben wir für Pythagoras veranschlagt, weitere zwanzig für Platon und ebenso viele jeweils für die Übrigen. Wenn wir die addieren, was gibt das in der Summe, wenn wir nur zehn verschiedene philosophische Schulen annehmen?[66]

Hermotimos

Über 200 Jahre, Lykinos.

Lykinos

Möchtest du, dass wir davon ein Viertel abziehen und festsetzen, dass 150 Jahre reichen, oder sogar nur die Hälfte?

[49] Hermotimos

Das wirst du selbst besser wissen. Ich sehe jedenfalls dies, dass auch dann nur wenige alle Wege abschreiten könnten, selbst wenn sie gleich nach der Geburt damit anfingen.

Lykinos

Was sollen wir denn nun tun, Hermotimos, wo die Sache so steht? Oder müssen wir unsere Ergebnisse wieder umwerfen, obwohl wir übereingekommen waren, man könne nicht aus vielen Möglichkei-

βέλτιστον μὴ οὐχὶ πειραθεὶς ἁπάντων; ὡς τόν γε ἄνευ πείρας αἱρούμενον μαντείᾳ μᾶλλον ἢ κρίσει τἀληθὲς ἀναζητοῦντα; οὐχ οὕτως ἐλέγομεν;

ΕΡΜΟΤΙΜΟΣ

Ναί.

ΛΥΚΙΝΟΣ

Πᾶσα τοίνυν ἀνάγκη ἐπὶ τοσοῦτον βιῶναι ἡμᾶς, εἰ μέλλοιμεν εὖ τε αἱρήσεσθαι ἁπάντων πειραθέντες καὶ ἑλόμενοι φιλοσοφήσειν καὶ φιλοσοφήσαντες εὐδαιμονήσειν. πρὶν δὲ οὕτω ποιῆσαι, ἐν σκότῳ φασὶν ὀρχοίμεθ' ἂν οἷς ἂν τύχωμεν προσπταίοντες καὶ ὅ τι ἂν πρῶτον ἐς τὰς χεῖρας ἔλθῃ, τοῦτο εἶναι τὸ ζητούμενον ὑπολαμβάνοντες διὰ τὸ μὴ εἰδέναι τἀληθές. εἰ δὲ καὶ εὕροιμεν ἄλλως κατά τινα ἀγαθὴν τύχην περιπεσόντες αὐτῷ, οὐχ ἕξομεν βεβαίως εἰδέναι εἰ ἐκεῖνό ἐστιν ὃ ζητοῦμεν. πολλὰ γάρ ἐστιν ὅμοια αὐτοῖς, λέγοντα ἕκαστον αὐτὸ εἶναι τἀληθέστατον.

[50] ΕΡΜΟΤΙΜΟΣ

Ὦ Λυκῖνε, οὐκ οἶδα ὅπως εὔλογα μὲν δοκεῖς μοι λέγειν, ἀτάρ – εἰρήσεται γὰρ τἀληθές – οὐ μετρίως ἀνιᾷς με διεξιὼν αὐτὰ καὶ ἀκριβολογούμενος οὐδὲν δέον. ἴσως δὲ καὶ ἔοικα οὐκ ἐπ' ἀγαθῷ ἐξεληλυθέναι τήμερον ἐκ τῆς οἰκίας καὶ ἐξελθὼν ἐντετυχηκέναι σοι, ὅς με πλησίον ἤδη τῆς ἐλπίδος ὄντα εἰς ἀπορίας φέρων ἐμβέβληκας ἀδύνατον ἀποφαίνων τῆς ἀληθείας τὴν εὕρεσιν ἐτῶν γε τοσούτων δεομένην.

ΛΥΚΙΝΟΣ

Οὐκοῦν, ὦ ἑταῖρε, πολὺ δικαιότερον μέμφοιο ἂν τῷ πατρί σου Μενεκράτει καὶ τῇ μητρὶ ἥτις ποτὲ ἐκαλεῖτο (οὐ γὰρ οἶδα), ἢ καὶ πολὺ

ten die beste aussuchen, wenn man nicht alle ausprobiert habe? Wobei eben derjenige, der ohne vorherige Probe wählt, mehr mithilfe prophetischer Gaben als auf der Grundlage rationaler Entscheidung die Wahrheit sucht. Oder hatten wir das nicht so gesagt?

HERMOTIMOS

Doch.

LYKINOS

Es bleibt uns also tatsächlich nichts anderes übrig, als so lange zu leben, bis wir in der Lage sind, eine gute Wahl zu treffen, weil wir alle Möglichkeiten durchprobiert haben, dann entsprechend unserer Wahl zu philosophieren und durch unser Philosophieren die Glückseligkeit zu erlangen. Bevor es aber so weit ist, werden wir, wie man so schön sagt, im Dunkeln tanzen, gegen alles rempeln, was uns im Weg steht, und das Erstbeste, was uns in die Finger kommt, für das Gesuchte halten, bloß weil wir die Wahrheit nicht kennen. Und selbst gesetzt den Fall, wir fänden sie einfach so durch einen glücklichen Zufall, der uns sozusagen über sie stolpern lässt, so werden wir doch nicht sicher wissen können, ob es wirklich sie ist, die wir suchen, so viele einander ähnelnde Doktrinen gibt es, und jede behauptet, der Inbegriff der Wahrheit zu sein.

[50] HERMOTIMOS

Lykinos, das, was du da sagst, hat alles irgendwie Hand und Fuß,[67] aber – um ehrlich zu sein – du machst mich ziemlich traurig mit deiner umständlichen und grundlosen Haarspalterei. Vielleicht bin ich heute ja auch einfach nicht mit dem richtigen Fuß aufgestanden, und unsere Begegnung steht für mich unter keinem guten Stern; denn du stürzt mich, wo ich doch schon so nah am Ziel meiner Wünsche bin, in tiefe Zweifel mit deinem Nachweis, dass die Wahrheitsfindung, weil sie so viele Jahre beansprucht, ein Ding der Unmöglichkeit ist.

LYKINOS

Es wäre ja wohl gerechter, mein Freund, du würdest deinen Vater, den Menekrates, und deine Mutter – wie hieß sie noch? – tadeln

πρότερον τῇ φύσει ἡμῶν ὅτι σε μὴ κατὰ τὸν Τιθωνὸν πολυετῆ καὶ μακρόβιον ἔθεσαν, ἀλλὰ περιέγραψαν μὴ πλείω βιῶναι τὸ μήκιστον ἐτῶν ἑκατὸν ἄνθρωπον ὄντα. ἐγὼ δὲ μετὰ σοῦ σκεπτόμενος εὗρον τὸ ἐκ τοῦ λόγου ἀποβάν.

[51] ΕΡΜΟΤΙΜΟΣ

Οὔκ, ἀλλὰ ὑβριστὴς ἀεὶ σύ, καὶ οὐκ οἶδ' ὅ τι παθὼν μισεῖς φιλοσοφίαν καὶ ἐς τοὺς φιλοσοφοῦντας ἀποσκώπτεις.

ΛΥΚΙΝΟΣ

Ὦ Ἑρμότιμε, ἥτις μὲν ἡ ἀλήθειά ἐστιν ὑμεῖς ἂν ἄμεινον εἴποιτε οἱ σοφοί, σύ τε καὶ ὁ διδάσκαλος. ἐγὼ δὲ τό γε τοσοῦτον οἶδα, ὡς οὐ πάνυ ἡδεῖά ἐστιν αὐτὴ τοῖς ἀκούουσιν, ἀλλὰ παρευδοκιμεῖται ὑπὸ τοῦ ψεύδους παρὰ πολύ. εὐπροσωπότερον γὰρ ἐκεῖνο καὶ διὰ τοῦτο ἥδιον, ἡ δὲ ἅτε μηδὲν κίβδηλον ἑαυτῇ συνειδυῖα μετὰ παρρησίας διαλέγεται τοῖς ἀνθρώποις καὶ διὰ τοῦτο ἄχθονται αὐτῇ. ἰδού γέ τοι, καὶ σὺ νῦν ἄχθῃ μοι τἀληθὲς ἐξευρόντι περὶ τούτων μετὰ σοῦ καὶ δηλώσαντι οἵων ἐρῶμεν ἐγώ τε καὶ σύ, ὡς οὐ πάνυ ῥᾳδίων. ὥσπερ εἰ ἀνδριάντος ἐρῶν ἐτύγχανες καὶ ᾤου τεύξεσθαι ὑπολαμβάνων ἄνθρωπον εἶναι, ἐγὼ δὲ κατιδὼν ὡς λίθος ἢ χαλκὸς εἴη ἐμήνυσα πρός σε ὑπ' εὐνοίας ὅτι ἀδυνάτων ἐρᾷς, καὶ τότε δύσνουν ἐμὲ εἶναι ᾤου ἂν σαυτῷ διότι σε οὐκ εἴων ἐξαπατᾶσθαι ἀλλόκοτα καὶ ἀνέλπιστα ἐλπίζοντα.

[52] ΕΡΜΟΤΙΜΟΣ

Οὐκοῦν τοῦτο, ὦ Λυκῖνε, φῄς, ὡς οὐ φιλοσοφητέον ἡμῖν, ἀλλὰ χρὴ ἀργίᾳ παραδιδόντας αὑτοὺς ἰδιώτας καταβιῶναι;

oder noch eher unsere Natur, dass sie dich nicht wie den Tithonos mit vielen Jahren und einem überlangen Leben gesegnet, sondern festgelegt haben, dass der Mensch nicht älter als hundert Jahre wird.[68] *Ich* habe bloß mit dir zusammen die Prüfung vorgenommen und das Resultat unseres rationalen Kalküls festgehalten.

[51] Hermotimos

Oh nein! Du stänkerst doch immer gegen alles, und über die Philosophie und die Philosophen schüttest du schon seit je, was weiß ich warum, Hass und Spott aus.

Lykinos

Was die Wahrheit ist, Hermotimos, das könnt ihr Weisen, du und dein Professor, wohl besser erklären. *Ich* weiß nur soviel, dass sie für die, die sie hören müssen, nicht ganz angenehm ist, sondern dass bei den Leuten die Lüge in weit höherem Ansehen steht. Sie schaut ja auch einfach freundlicher drein und gilt daher als liebenswerter. Aber die Wahrheit, die spricht mit den Menschen in aller Offenheit, weil sie von keinem Lug und keinem Trug weiß, und aus diesem Grund ist sie ihnen verhasst. Schau dich doch selbst an! Sogar du bist jetzt böse auf mich, weil ich – mit dir zusammen – die Wahrheit über diese Dinge ans Licht gebracht und dir klargemacht habe, was das eigentlich ist, worauf wir beide, du und ich, so sehr aus sind, und dass das keine einfache Sache ist. Das ist gerade so, als ob du etwa in eine Statue verliebt wärest und glaubtest – in der Meinung, einen Menschen vor dir zu haben –, sie sei dein, und nun käme ich, sähe, dass sie aus Stein oder Bronze ist, würde dir aus lauter Freundlichkeit sagen, was für ein Ding der Unmöglichkeit deine Liebe ist, und prompt würdest du denken, ich hätte was gegen dich, bloß weil ich dich nicht einem aberwitzigen Irrglauben und völlig überspannten Hoffnungen überlasse.

[52] Hermotimos

Du willst also nicht sagen, Lykinos, wir sollten die Finger von der Philosophie lassen, uns stattdessen träge herumräkeln und ein Leben in Unbildung führen?

ΛΥΚΙΝΟΣ

Καὶ ποῦ τοῦτο ἤκουσας ἐμοῦ λέγοντος; ἐγὼ γὰρ οὐχ ὡς οὐ φιλοσοφητέον φημί, ἀλλ’ ἐπείπερ φιλοσοφητέον ὁδοί τε πολλαί εἰσιν ἐπὶ φιλοσοφίαν ἑκάστη καὶ ἀρετὴν ἄγειν φάσκουσαι, ἡ δ’ ἀληθὴς ἐν αὐταῖς ἄδηλος, ἀκριβῆ ποιήσασθαι τὴν διαίρεσιν. ἀδύνατον δέ γε ἡμῖν ἐφαίνετο πολλῶν προτεθέντων ἑλέσθαι τὸ ἄριστον εἰ μὴ ἐπὶ πάντα ἴοι τις πειρώμενος· εἶτά πως μακρὰ ἡ πεῖρα ὤφθη. σὺ δὲ πῶς ἀξιοῖς; αὖθις γὰρ ἐρήσομαι – ὅτῳ πρώτῳ ἂν ἐντύχῃς, τούτῳ ἕψῃ καὶ συμφιλοσοφήσεις κἀκεῖνος ἕρμαιον ποιήσεταί σε;

[53] ΕΡΜΟΤΙΜΟΣ

Καὶ τί σοι ἀποκριναίμην ἂν ἔτι, ὃς οὔτε αὐτόν τινα κρίνειν οἷόν τε εἶναι φῄς, ἢν μὴ φοίνικος ἔτη βιῴῃ πάντας ἐν κύκλῳ περιιὼν καὶ πειρώμενος οὔτε τοῖς προπεπειραμένοις πιστεύειν ἀξιοῖς οὔτε τοῖς πολλοῖς ἐπαινοῦσιν καὶ μαρτυροῦσιν;

ΛΥΚΙΝΟΣ

Τίνας φῂς τοὺς πολλοὺς εἰδότας καὶ πεπειραμένους ἁπάντων; εἰ γάρ τις τοιοῦτός ἐστιν, ἱκανὸς ἔμοιγε καὶ εἷς, καὶ οὐκέτι πολλῶν δεήσει. ἢν δὲ τοὺς οὐκ εἰδότας λέγῃς, οὐδέν τι τὸ πλῆθος αὐτῶν προσάξεταί με πιστεύειν ἄχρι ἂν ἢ μηδὲν ἢ ἓν εἰδότες περὶ ἁπάντων ἀποφαίνωνται.

ΕΡΜΟΤΙΜΟΣ

Μόνος δὲ σὺ τἀληθὲς κατεῖδες, οἱ δέ ἄλλοι ἀνόητοι ἅπαντες ὅσοι φιλοσοφοῦσιν.

LYKINOS
Und wo hättest du mich das je sagen hören? Ich behaupte ja keineswegs, dass man nicht philosophieren soll! Wir müssen nur, gerade weil man philosophieren soll und weil es so viele Wege gibt, die angeblich alle zur Philosophie und zur Vollendung führen, der wirklich richtige unter ihnen aber nicht herauszufinden ist, bei unserer Wahl äußerst genau sein. Denn wir hielten es doch für unmöglich, aus vielen Angeboten das Beste zu wählen, ohne alle ausprobiert zu haben. Und dann kam uns dieses Ausprobieren ziemlich langwierig vor. Und du? Was willst du nun? Ich wiederhole meine Frage: Wirst du dem ersten besten folgen und seine Philosophie annehmen, und wird der dich für einen Glückstreffer halten dürfen?[69]

[53] HERMOTIMOS
Was soll ich dir denn noch antworten? Du hältst es doch weder für möglich, dass irgendjemand selbst eine begründete Entscheidung treffen kann – es sei denn, er würde so alt wie der Vogel Phoenix und würde sich in dieser Zeit nacheinander zu allen hinbegeben und sie prüfen –, noch meinst du, man dürfe denen, die es vorher probiert haben, vertrauen und auch nicht all denen, die sie loben und für sie als Zeugen auftreten!

LYKINOS
Wen meinst du denn mit »all denen«, die Bescheid wissen und alle Lehren ausprobiert haben? Wenn es nämlich so jemanden gibt, dann will ich mich mit ihm zufrieden geben, auch wenn's nur ein einziger ist: Weitere brauche ich dann nicht mehr.[70] Wenn du aber die Unwissenden meinst, dann können sie meinetwegen in ganzen Scharen auftreten, sie werden mich nicht dazu bringen, ihnen zu vertrauen, solange sie offensichtlich nichts oder eben nur eins von allen kennen.

HERMOTIMOS
Und du bist der einzige, der die Wahrheit erkannt hat, die anderen Philosophen aber sind samt und sonders Dummköpfe!

ΛΥΚΙΝΟΣ

Καταψεύδῃ μου, ὦ Ἑρμότιμε, λέγων ὡς ἐγὼ προτίθημί πῃ ἐμαυτὸν τῶν ἄλλων ἢ τάττω ὅλως ἐν τοῖς εἰδόσι, καὶ οὐ μνημονεύεις ὧν ἔφην, οὐκ αὐτὸς εἰδέναι τἀληθὲς ὑπὲρ τοὺς ἄλλους διατεινόμενος ἀλλὰ μετὰ πάντων αὐτὸ ἀγνοεῖν ὁμολογῶν.

[54] ΕΡΜΟΤΙΜΟΣ

Ἀλλ', ὦ Λυκῖνε, τὸ μὲν ἐπὶ πάντας ἐλθεῖν χρῆναι καὶ πειραθῆναι ὧν φασι καὶ τὸ μὴ ἂν ἄλλως ἑλέσθαι τὸ βέλτιον ἢ οὕτως, εὔλογον ἴσως, τὸ δὲ τῇ πείρᾳ ἑκάστῃ τοσαῦτα ἔτη ἀποδιδόναι, παγγέλοιον, ὥσπερ οὐχ οἷόν τε ὂν ἀπ' ὀλίγων καταμαθεῖν τὰ πάντα. ἐμοὶ δὲ καὶ πάνυ ῥᾴδιον εἶναι δοκεῖ τὸ τοιοῦτον καὶ οὐ πολλῆς διατριβῆς δεόμενον. φασί γέ τοι τῶν πλαστῶν τινα, Φειδίαν οἶμαι, ὄνυχα μόνον λέοντος ἰδόντα ἀπ' ἐκείνου ἀναλελογίσθαι, ἡλίκος ἂν ὁ πᾶς λέων γένοιτο κατ' ἀξίαν τοῦ ὄνυχος ἀναπλασθείς. καὶ σὺ δέ, ἤν τίς σοι χεῖρα μόνην ἀνθρώπου δείξῃ τὸ ἄλλο σῶμα κατακαλύψας, εἴσῃ, οἶμαι, αὐτίκα ὅτι ἄνθρωπός ἐστι τὸ κεκαλυμμένον, κἂν μὴ τὸ πᾶν σῶμα ἴδῃς. καὶ τοίνυν τὰ μὲν κεφαλαιώδη ὧν ἅπαντες λέγουσι, ῥᾴδιον καταμαθεῖν ἐν ὀλίγῳ μορίῳ ἡμέρας, τὸ δὲ ὑπερακριβὲς τοῦτο καὶ μακρᾶς τῆς ἐξετάσεως δεόμενον οὐ πάνυ ἀναγκαῖον ἐς τὴν αἵρεσιν τοῦ βελτίονος, ἀλλ' ἔνεστι κρῖναι καὶ ἀπ' ἐκείνων.

[55] ΛΥΚΙΝΟΣ

Παπαί, ὦ Ἑρμότιμε, ὡς ἰσχυρὰ ταῦτα εἴρηκας ἀπὸ τῶν μερῶν ἀξιῶν τὰ ὅλα εἰδέναι. καίτοι ἐγὼ τὰ ἐναντία ἀκούσας μέμνημαι ὡς ὁ μὲν τὸ ὅλον εἰδὼς εἰδείη ἂν καὶ τὸ μέρος, ὁ δὲ μόνον τὸ μέρος οὐκέτι καὶ τὸ ὅλον. οὕτως καί μοι τόδε ἀπόκριναι· ὁ Φειδίας ἄν ποτε ἰδὼν ὄνυχα λέοντος

LYKINOS
Das ist eine üble Verleumdung, Hermotimos, zu behaupten, ich würde mich über die anderen stellen oder mich sogar völlig zu den Wissenden zählen, und du vergisst, was ich gesagt habe, dass ich mich nämlich nicht über die anderen erhebe und steif und fest behaupte, ich kennte die Wahrheit, sondern dass ich eingestehe, sie – genau wie alle anderen – nicht zu kennen.

[54] HERMOTIMOS
Aber, Lykinos, zu allen hingehen und ihre Lehre ausprobieren und prüfen zu müssen und seine Wahl der besten Lehre nicht anders als so zu treffen – das ist zwar vielleicht vernünftig. Aber so viele Jahre auf jede Prüfung zu verwenden, das ist lächerlich. Als ob es nicht möglich wäre, aus einigen wenigen Details aufs Ganze zu schließen! Ein solches Verfahren, scheint mir, ist ziemlich einfach und dauert auch nicht unbedingt lange. Jedenfalls erzählt man sich von einem der Bildhauer, Phidias, glaube ich, er habe von einem Löwen nur die Kralle zu sehen brauchen, um von ihr auf die proportionale Größe des ganzen Löwen zu schließen. Und auch du, wenn man dir nur die Hand eines Menschen zeigt, den übrigen Körper aber verdeckt, wirst sofort wissen, denke ich, dass es sich bei dem, was da verdeckt ist, um einen Menschen handelt, auch wenn du nicht seinen ganzen Körper siehst. Und die Hauptlehren der einzelnen Schulen lernt man ja nun leicht in einem halben Tag, diese unendlich prüfende Übergenauigkeit hingegen ist ganz überflüssig für die richtige Wahl, die sich auch auf der Grundlage jener Hauptlehren treffen lässt.

[55] LYKINOS
Au weia, Hermotimos, was für ein markiges Wort! Und wie unumstößlich du glaubst, vom Teil aufs Ganze schließen zu können! Dabei meine ich mich zu erinnern, das Gegenteil gehört zu haben, dass also derjenige, der das Ganze kennt, auch den Teil kennt, wer aber nur einen Teil kennt, noch lange nicht das Ganze.[71] Deshalb[72] beantworte mir folgende Frage: Hätte Phidias, als er die Löwenkral-

ἔγνω ἂν ὅτι λέοντός ἐστιν, εἰ μὴ ἑωράκει ποτὲ λέοντα ὅλον; ἢ σὺ ἀνθρώπου χεῖρα ἰδὼν ἔσχες ἂν εἰπεῖν ὅτι ἀνθρώπου ἐστὶ μὴ πρότερον εἰδὼς μηδὲ ἑωρακὼς ἄνθρωπον; τί σιγᾷς; ἢ βούλει ἐγὼ ἀποκρίνωμαι ὑπὲρ σοῦ τά γε ἀναγκαῖα ὅτι οὐκ ἂν εἶχες; ὥστε κινδυνεύει ὁ Φειδίας ἄπρακτος ἀπεληλυθέναι μάτην ἀναπλάσας τὸν λέοντα· οὐδὲν γὰρ πρὸς τὸν Διόνυσον ὦπται λέγων. ἢ πῶς ταῦτα ἐκείνοις ὅμοια; τῷ μὲν γὰρ Φειδίᾳ καὶ σοὶ οὐδὲν ἄλλο τοῦ γνωρίζειν τὰ μέρη αἴτιον ἦν ἢ τὸ εἰδέναι τὸ ὅλον – ἄνθρωπον λέγω καὶ λέοντα· ἐν φιλοσοφίᾳ δέ, οἷον τῇ Στωϊκῶν, πῶς ἂν ἀπὸ τοῦ μέρους καὶ τὰ λοιπὰ ἴδοις; ἢ πῶς ἂν ἀποφαίνοιο ὡς καλά; οὐ γὰρ οἶσθα τὸ ὅλον οὗ μέρη ἐκεῖνά ἐστιν.

[56] Ὃ δὲ φῄς, ὅτι τὰ κεφάλαια ῥᾴδιον ἀκοῦσαι ἁπάσης φιλοσοφίας ἐν ὀλίγῳ μορίῳ ἡμέρας (οἷον ἀρχὰς αὐτῶν καὶ τέλη καὶ τί θεοὺς οἴονται εἶναι, τί ψυχήν, καὶ τίνες μὲν σώματα πάντα φασί, τίνες δὲ καὶ ἀσώματα εἶναι ἀξιοῦσι, καὶ ὅτι οἱ μὲν ἡδονήν, οἱ δὲ τὸ καλὸν ἀγαθὸν καὶ εὔδαιμον τίθενται καὶ τὰ τοιαῦτα) οὑτωσὶ μὲν ἀκούσαντας ἀποφήνασθαι ῥᾴδιον καὶ ἔργον οὐδέν· εἰδέναι δὲ ὅστις ὁ τἀληθῆ λέγων ἐστίν, ὅρα μὴ οὐχὶ μορίου ἐστὶν ἡμέρας ἀλλὰ πολλῶν ἡμερῶν δέηται. ἢ τί γὰρ ἐκεῖνοι παθόντες ὑπὲρ αὐτῶν τούτων ἑκατοντάδας καὶ χιλιάδας βιβλίων ἕκαστοι συγγεγράφασιν, ὡς πείσαιεν οἶμαι ἀληθῆ εἶναι τὰ ὀλίγα ἐκεῖνα καὶ ἅ σοι δοκεῖ ῥᾴδια καὶ εὐμαθῆ; νῦν δὲ μάντεως οἶμαι δεήσει σοι κἀνταῦθα πρὸς τὴν αἵρεσιν τῶν κρειττόνων, εἰ μὴ ἀνέχῃ τὴν διατριβὴν

le sah, erkannt, dass es sich um die Kralle eines Löwen handelt, wenn er nicht schon einmal einen ganzen Löwen gesehen hätte? Oder könntest du, wenn du eine Menschenhand siehst, sagen, dass es sich um eine Menschenhand handelt, wenn du nicht vorher vom Menschen gewusst und schon mal einen gesehen hättest? Du schweigst? Soll ich für dich die einzig richtige Antwort geben, dass du es nämlich nicht könntest? Und deshalb wird Phidias wohl unverrichteter Dinge wieder abziehen müssen und den Löwen ganz vergeblich gemeißelt haben. Denn was er da von sich gegeben hat, das hat offensichtlich nichts mit Dionysos zu tun.[73] Oder in welcher Hinsicht soll sein Fall unserem Problem ähneln? Dafür, dass ihr, Phidias und du, die Teile zuordnen konntet, war Ursache nichts anderes als euer Wissen vom Ganzen, vom Menschen meine ich und vom Löwen. Aber in der Philosophie, etwa der stoischen, wie willst du da vom Teil auf den Rest schließen? Oder wie willst du nachweisen, dass dein Schluss richtig ist, wo du doch das Ganze nicht kennst, dessen Teil jene Lehren sind? **[56]** Und was deine Meinung betrifft, dass man sich die Hauptlehren jeder philosophischen Doktrin leicht in einem halben Tag zu Gemüte führen könne, wie etwa, wovon sie ausgehen, worauf sie abzielen, ihre Ansichten vom Wesen der Götter und der Seele, und wer von ihnen lehrt, alles sei Materie, und wer, es gebe auch Immaterielles, und dass die einen die Lust, die anderen das Edle für den Inbegriff des Guten und der Glückseligkeit halten und so weiter: Ihnen bei solchen Darlegungen zuzuhören und sich dann seine Meinung zu bilden ist leicht und mühelos; aber zu wissen, wer die Wahrheit sagt – pass nur auf, dass du dafür nicht mehr als nur einen halben Tag brauchst, sondern im Gegenteil viele Tage. Oder was ist denn in sie gefahren, dass sie alle über eben diese Dinge hunderte und tausende von Büchern geschrieben haben, um zu beweisen, dass jene wenigen und deiner Meinung nach einfachen und leicht verständlichen Hauptlehren wirklich wahr sind? Nun aber, glaube ich, wirst du auch hier einen Seher brauchen für deine Wahl der besten Lehre,

ὡς ἀκριβῶς ἑλέσθαι, αὐτὸς ἅπαντα καὶ ὅλον ἕκαστον κατανοήσας. ἐπίτομος γὰρ αὕτη γένοιτ' ἄν, οὐκ ἔχουσα περιπλοκὰς οὐδ' ἀναβολάς, εἰ μεταστειλάμενος τὸν μάντιν ἀκούσας τῶν κεφαλαίων ἁπάντων σφαγιάζοιο ἐφ' ἑκάστοις· ἀπαλλάξει γάρ σε ὁ θεὸς μυρίων πραγμάτων δείξας ἐν τῷ τοῦ ἱερείου ἥπατι ἅτινά σοι αἱρετέον.

[57] Εἰ δὲ βούλει, καὶ ἄλλο τι ἀπραγμονέστερον ὑποθήσομαί σοι, ὡς μὴ ἱερεῖα καταθύῃς ταυτὶ καὶ θυσιάζῃ τῳ μηδὲ ἱερέα τινὰ τῶν μεγαλομίσθων παρακαλῇς, ἀλλὰ ἐς κάλπιν ἐμβαλὼν γραμματεῖα ἔχοντα τῶν φιλοσόφων ἑκάστου τοὔνομα κέλευε παῖδα – τῶν ἀνήβων ἀμφιθαλῆ τινα – προσελθόντα πρὸς τὴν κάλπιν ἀνελέσθαι ὅ τι ἂν πρῶτον ὑπὸ τὴν χεῖρα ἔλθῃ τῶν γραμματείων, καὶ τὸ λοιπὸν κατὰ τὸν λαχόντα ἐκεῖνον ὅστις ἂν ᾖ φιλοσόφει.

[58] ΕΡΜΟΤΙΜΟΣ

Ταυτὶ μέν, ὦ Λυκῖνε, βωμολοχικὰ καὶ οὐ κατά σε. σὺ δὲ εἰπέ μοι· ἤδη ποτὲ οἶνον ἐπρίω αὐτός;

ΛΥΚΙΝΟΣ

Καὶ μάλα πολλάκις.

ΕΡΜΟΤΙΜΟΣ

Ἆρ' οὖν περιῄεις ἅπαντας ἐν κύκλῳ τοὺς ἐν τῇ πόλει καπήλους ἀπογευόμενος καὶ παραβάλλων καὶ ἀντεξετάξων τοὺς οἴνους;

ΛΥΚΙΝΟΣ

Οὐδαμιῶς.

ΕΡΜΟΤΙΜΟΣ

Ἀπόχρη γὰρ οἶμαί σοι τῷ πρώτῳ χρηστῷ καὶ ἀξίῳ ἐντυχόντι ἀποφέρεσθαι.

ΛΥΚΙΝΟΣ

Νὴ Δία.

wenn du dir nicht die Zeit nimmst, alles und jedes zur Gänze persönlich in Augenschein zu nehmen, so dass du begründet wählen kannst. Das wäre ja eine wirkliche Abkürzung, ganz ohne Serpentinen und verschüttete Stellen, wenn du einen Seher kommen ließest und dann nach Anhörung der Hauptlehren aller Schulen für jede ein Opfertier schlachtetest: Denn der Gott wird dich von unzähligen Schwierigkeiten befreien, indem er dir in der Leber des Opfers zeigt, was du zu wählen hast. **[57]** Wenn du magst, mache ich dir stattdessen folgenden einfacheren Vorschlag, damit du nicht die armen Opfertiere schlachtest und irgendeinem Gott Opfer bringst und dafür womöglich noch einen von diesen sündhaft teuren Opferpriestern engagierst. Wirf lieber kleine Täfelchen mit den Namen aller Philosophen in eine Urne, lass einen knackigen hübschen Jungen herantreten und das Täfelchen wählen, das ihm als erstes in die Finger kommt – und dann philosophiere munter drauf los und halte dich in Zukunft an die Doktrin deines Lostreffers, wer's auch immer sein mag.

[58] HERMOTIMOS

Lass doch das Herumgekaspere, Lykinos, das ist gar nicht dein Stil! Sag mir lieber: Hast du schon mal persönlich Wein gekauft?

LYKINOS

Na und ob, oft!

HERMOTIMOS

Und bist du da nacheinander zu allen Weinhändlern in der Stadt gegangen, um zu probieren und zu vergleichen und die Weine zu verkosten?

LYKINOS

Natürlich nicht!

HERMOTIMOS

Selbstverständlich hast du, denke ich, den ersten guten und sein Geld werten Wein, auf den du gestoßen bist, mit heimgenommen.

LYKINOS

Allerdings!

ΕΡΜΟΤΙΜΟΣ

Καὶ ἀπό γε τοῦ ὀλίγου ἐκείνου γεύματος εἶχες ἂν εἰπεῖν ὁποῖος ἅπας ⟨ὁ⟩ οἶνός ἐστιν;

ΛΥΚΙΝΟΣ

Εἶχον γάρ.

ΕΡΜΟΤΙΜΟΣ

Εἰ δὲ δὴ ἔλεγες προσελθὼν τοῖς καπήλοις· »Ἐπειδὴ κοτύλην πρίασθαι βούλομαι, δότε μοι, ὦ οὗτοι, ἐκπιεῖν ὅλον ἕκαστος ὑμῶν τὸν πίθον, ὡς διὰ παντὸς ἐπεξελθὼν μάθοιμι ὅστις ἀμείνω τὸν οἶνον ἔχει καὶ ὅθεν μοι ὠνητέον.« εἰ ταῦτα ἔλεγες, οὐκ ἂν οἴει καταγελάσαι σου αὐτούς, εἰ δὲ καὶ ἐπὶ πλέον ἐνοχλοίης τάχα ἂν καὶ προσχέαι τοῦ ὕδατος;

ΛΥΚΙΝΟΣ

Οἶμαι ἔγωγε καὶ δίκαιά γ' ἂν πάθοιμι.

ΕΡΜΟΤΙΜΟΣ

Κατὰ ταὐτὰ δὴ καὶ ἐν φιλνσοφίᾳ. τί δεῖ ἐκπιεῖν τὸν πίθον δυναμένους γε ἀπ' ὀλίγου τοῦ γεύματος εἰδέναι ὁποῖον τὸ πᾶν ἐστιν;

[59] ΛΥΚΙΝΟΣ

Ὡς ὀλισθηρὸς εἶ, ὦ Ἑρμότιμε, καὶ διαδιδράσκεις ἐκ τῶν χειρῶν. πλὴν ἀλλὰ ὤνησάς γε· οἰόμενος γὰρ ἐκπεφευγέναι ἐς τὸν αὐτὸν κύρτον ἐμπέπτωκας.

ΕΡΜΟΤΙΜΟΣ

Πῶς τοῦτο ἔφης;

ΛΥΚΙΝΟΣ

Ὅτι αὐθομολογούμενον πρᾶγμα λαβὼν καὶ γνώριμον ἅπασι τὸν οἶνον εἰκάζεις αὐτῷ τὰ ἀνομοιότατα καὶ περὶ ὧν ἀμφισβητοῦσιν ἅπαντες ἀφανῶν ὄντων. ὥστε ἔγωγε οὐκ ἔχω εἰπεῖν καθ' ὅ τι σοι ὅμοιος φιλοσοφία καὶ οἶνος, εἰ μὴ ἄρα κατὰ τοῦτο μόνον, ὅτι καὶ οἱ φιλόσοφοι

HERMOTIMOS
Und schon aufgrund dieses kleinen Schlückchens konntest du doch sagen, wie der Wein insgesamt ist!?
LYKINOS
Das konnte ich, in der Tat!
HERMOTIMOS
Mal angenommen, du wärst aber zu den Weinhändlern gegangen und hättest gesagt: »He, ihr da, ich will zwar nur eine Schale Wein kaufen, aber lasst mich mal jeder das ganze Fass austrinken, damit ich danach besser beurteilen kann, wer von euch den besten Wein hat und bei wem ich ihn kaufen soll!« Glaubst du nicht, sie würden dich auslachen, wenn du das sagtest, und wenn du ihnen noch länger auf die Nerven gingest, würden sie dir einen Eimer Wasser über den Kopf gießen?
LYKINOS
Das glaube ich gern, und recht hätten sie!
HERMOTIMOS
Und genauso ist es auch in der Philosophie: Wieso sollte es nötig sein, das Fass auszutrinken, wo man doch schon aufgrund eines kleinen Schlückchens die Qualität des Ganzen beurteilen kann?
[59] LYKINOS
Wie schlüpfrig du bist, Hermotimos, und mir aus den Händen gleitest! Aber du hast mir doch einen guten Dienst geleistet! Denn du hast zwar gemeint, du wärst entkommen, aber bist schon wieder in die gleiche Falle getappt.[74]
HERMOTIMOS
Wie meinst du das?
LYKINOS
Weil du eine selbstverständliche und allbekannte Sache, den Wein, hernimmst und damit Dinge vergleichst, die völlig verschieden davon sind und über die sich, weil unklar, alle uneins sind. Und deshalb wüsste jedenfalls ich dir nicht zu sagen, in welcher Hinsicht Philosophie und Wein einander ähneln sollen, es sei denn allein in

ἀποδίδονται τὰ μαθήματα ὥσπερ οἱ κάπηλοι – κερασάμενοί γε οἱ πολλοὶ καὶ δολώσαντες καὶ κακομετροῦντες. οὑτωσὶ δὲ ἐπισκοπήσωμεν ὅ τι καὶ λέγεις· τὸν οἶνον φῂς τὸν ἐν τῷ πίθῳ ὅλον αὐτὸν αὑτῷ ὅμοιον εἶναι – καὶ μὰ Δί' οὐδὲν ἄτοπον – ἀλλὰ καὶ εἴ τις γεύσαιτο ἀρυσάμενος ὀλίγον ὅσον αὐτοῦ, εἴσεσθαι αὐτίκα ὁποῖος ἅπας ὁ πίθος ἐστίν, ἀκόλουθον καὶ τοῦτο, καὶ οὐδὲν ἂν ἔγωγέ τι ἀντεῖπον. ὅρα δὴ καὶ τὸ μετὰ τοῦτο· φιλοσοφία καὶ αἱ φιλοσοφοῦντες οἷον ὁ διδάσκαλος ὁ σός, ἆρα ταὐτὰ πρὸς ὑμᾶς λέγει ὁσημέραι καὶ περὶ τῶν αὐτῶν ἢ ἄλλα ἄλλοτε;

ΕΡΜΟΤΙΜΟΣ

Πολλὰ γάρ ἐστι.

ΛΥΚΙΝΟΣ

Πρόδηλον, ὦ ἑταῖρε, ἢ οὐκ ἂν εἴκοσιν ἔτη παρέμενες αὐτῷ κατὰ τὸν Ὀδυσσέα περινοστῶν καὶ περιπλανώμενος, εἰ τὰ αὐτὰ ἔλεγεν, ἀλλὰ ἀπέχρη ἄν σοι καὶ ἅπαξ ἀκούσαντι.

[60] ΕΡΜΟΤΙΜΟΣ

Πῶς γὰρ οὔ;

ΛΥΚΙΝΟΣ

Πῶς οὖν οἷόν τέ σοι ἦν ἀπὸ τοῦ πρώτου γεύματος εἰδέναι τὰ πάντα; οὐ γὰρ τὰ αὐτά γε, ἀλλὰ ἀεὶ ἕτερα καινὰ ἐπὶ καινοῖς ἐλέγετο, οὐχ ὥσπερ ὁ οἶνος ἀεὶ ὁ αὐτὸς ἦν. ὥστε, ὦ ἑταῖρε, ἢν μὴ ὅλον ἐκπίῃς τὸν πίθον, ἄλλως μεθύων περιήεις. ἀτεχνῶς γὰρ ἐν τῷ πυθμένι δοκεῖ μοι ὁ θεὸς κατακρύψαι τὸ φιλοσοφίας ἀγαθὸν ὑπὸ τὴν τρύγα αὐτήν. δεήσει οὖν ὅλον ἐξαντλῆσαι ἐς τέλος, ἢ οὔποτ' ἂν εὕροις τὸ νεκτάρεον ἐκεῖνο πόμα, οὗ πάλαι διψῆν μοι δοκεῖς. σὺ δὲ οἴει τὸ τοιοῦτον αὐτὸ εἶναι, ὡς εἰ μόνον

dieser Hinsicht, dass die Philosophen ihre Lektionen verkaufen wie die Weinhändler – Panscher nämlich die meisten und Betrüger und schlechte Einschenker! Aber bitte, schauen wir an, was du sagst! Du behauptest, der Wein im Fass sei von einheitlicher Qualität, und beim Zeus: nicht dumm! Und wenn jetzt einer auch nur ein klein wenig herausschöpfe und koste, werde er sofort wissen, wie das ganze Fass schmeckt: Auch das ist nur konsequent gedacht, und ich würde dir nicht widersprechen wollen. Aber nun sieh auch weiter! Die Philosophie und die Philosophen wie dein Professor, sagen die auch jeden Tag das Gleiche und sprechen sie immer über die gleichen Dinge, oder bringen sie immer wieder andere und neue Gegenstände zur Sprache?

HERMOTIMOS

Immer wieder Neues natürlich.[75]

LYKINOS

Das, mein Freund, war doch von vornherein klar! Du wärst ja wohl kaum zwanzig Jahre bei ihm geblieben, wie Odysseus herumirrend auf der Suche nach dem Heimweg,[76] wenn er immer dasselbe gesagt hätte, sondern es hätte dir gereicht, es einmal zu hören.

[60] HERMOTIMOS

Wie auch nicht!

LYKINOS

Wie hättest du aber dann von einer ersten Kostprobe auf das Ganze schließen können? Denn es wurde ja nicht immer dasselbe, sondern immer Anderes und Neues über immer neue Fragen gesagt, im Gegensatz zum Wein, der doch immer derselbe ist. Und deshalb, mein Freund, würdest du, falls du das Fass nicht ganz austrinkst, doch auch so wie im Rausch herumlaufen; denn, einfach gesagt, mir scheint, der Gott hat das höchste Gut der Philosophie am Boden verborgen, direkt unter der Hefe. Du wirst also das Fass bis zur Neige austrinken müssen, oder du wirst nie jenen Göttertrank schlürfen, nach dem es dich schon so lange zu dürsten scheint.[77] Du hingegen glaubst, dieses höchste Gut sei von der Art, dass du, wenn

γεύσαιο αὐτοῦ καὶ σπάσαις μικρὸν ὅσον, αὐτίκα σε πάνσοφον γενησόμενον, ὥσπερ φασὶν ἐν Δελφοῖς τὴν πρόμαντιν, ἐπειδὰν πίῃ τοῦ ἱεροῦ νάματος, ἔνθεον εὐθὺς γίγνεσθαι καὶ χρᾶν τοῖς προσιοῦσιν. ἀλλ' οὐχ οὕτως ἔχειν ἔοικε· σύ γ' οὖν ὑπὲρ ἥμισυ τοῦ πίθου ἐκπεπωκὼς ἐνάρχεσθαι ἔτι ἔλεγες. **[61]** ὅρα τοίνυν μὴ τῷδε μᾶλλον φιλοσοφία ἔοικεν· ὁ μὲν γὰρ πίθος ἔτι μενέτω σοι καὶ ὁ κάπηλος, ἐνέστω δὲ μὴ οἶνος, ἀλλὰ πανσπερμία τις, πυρὸς ὑπεράνω καὶ μετὰ τοῦτον κύαμοι, εἶτα κριθαὶ καὶ ὑπὸ ταύταις φακοί, εἶτα ἐρέβινθοι καὶ ἄλλα ποικίλα. πρόσει δὴ σὺ ὠνήσασθαι ἐθέλων τῶν σπερμάτων, καὶ ὃς ἀφελὼν τοῦ πυροῦ, οὗπερ ἦν, ἀνέδωκέ σοι δεῖγμα ἐς τὴν χεῖρα, ὡς ἴδοις· ἆρα οὖν ἔχοις ἂν εἰπεῖν εἰς ἐκεῖνο ἀποβλέπων εἰ καὶ οἱ ἐρέβινθοι καθαροὶ καὶ οἱ φακοὶ εὐτακεῖς καὶ οἱ κύαμοι οὐ διάκενοι;

ΕΡΜΟΤΙΜΟΣ

Οὐδαμῶς.

ΛΥΚΙΝΟΣ

Οὐ τοίνυν οὐδὲ φιλοσοφίαν ἀφ' ἑνὸς ὧν φήσει τις τοῦ πρώτου, μάθοις ἂν ἅπασαν ὁποία ἐστίν· οὐ γὰρ ἕν τι ἦν ὥσπερ ὁ οἶνος, ᾧπερ σὺ αὐτὴν ἀπεικάζεις ἀξιῶν ὁμοίαν εἶναι τῷ γεύματι, τὸ δὲ ἑτεροῖόν τι ὤφθη οὐ παρέργου τῆς ἐξετάσεως δεόμενον. οἶνον μὲν γὰρ φαῦλον πρίασθαι ἐν δυοῖν ὀβολοῖν ὁ κίνδυνος, αὐτόν δέ τινα ἐν τῷ συρφετῷ παραπολεῖσθαι καὶ αὐτὸς ἐν ἀρχῇ ἔφησθα οὐ μικρὸν εἶναι κακόν. ἄλλως τε ὁ μὲν ὅλον ἀξιῶν ἐκπιεῖν τὸν πίθον, ὡς κοτύλην πρίαιτο, ζημιώσαι ἂν τὸν κάπηλον οὕτως ἀπίθανα γευόμενος, φιλοσοφία δὲ οὐδὲν ἂν τοιοῦτο πάθοι, ἀλλὰ κἂν ὅτι πάμπολλα πίῃς, οὐδέν τι ἐλάττων ὁ πίθος γίγνεται οὐδὲ

du nur davon kostest und ein klein wenig schlürfst, gleich rundum weise sein wirst, wie man es von der Seherin in Delphi erzählt: Die sei, kaum dass sie vom heiligen Wasser koste, sogleich voll des Gottes und weissage den Bittstellern. Aber so verhält es sich offensichtlich nicht: Du jedenfalls hast schon mehr als die Hälfte des Fasses ausgetrunken und sagtest trotzdem, du stehest noch am Anfang. **[61]** Pass daher nur auf, dass die Philosophie nicht eher dem Folgenden gleicht: Das Fass und der Händler sollen gleichbleiben, aber drin sein soll nicht Wein, sondern eine Samenmischung, Weizen obendrauf, darunter Bohnen, dann Gerste und darunter Linsen, dann Erbsen und vieles andere. Nun kommst du daher und willst Samen kaufen, der Händler nimmt ein paar Körner aus der Weizenschicht und gibt sie dir als Probe in die Hand, damit du sie dir anschauen kannst – könntest du jetzt, wenn du diese Probe betrachtest, sagen, ob auch die Erbsen sauber und die Linsen gut zu kochen und die Bohnen nicht taub sind?

Hermotimos

Unmöglich, nie!

Lykinos

Also könntest du auch nicht Wesen und Inhalt der ganzen Philosophie erkennen nur aufgrund einer einzigen ersten Auskunft, die dir jemand gibt. Denn sie ist eben doch nicht eines, wie der Wein, mit dem du sie verglichen hast, mit der Behauptung, sie ähnele dem ersten Schluck; jetzt haben wir gesehen, dass der Rest ebenfalls einer nicht nur beiläufigen Untersuchung bedarf. Denn wenn du einen schlechten Wein kaufst, verlierst du schlimmstenfalls zwei Obolen,[78] aber selbst als ein Niemand im Haufen unterzugehen, das wäre, du hast es selbst am Anfang gesagt, eine Katastrophe! Und im Übrigen würde zwar einer, der, nur um eine einzelne Schale Wein zu kaufen, das ganze Fass auszutrinken verlangt, den Händler schädigen, wenn er solche unfassbaren Mengen kostet; der Philosophie hingegen würde das nichts ausmachen, sondern gleich wie viel du trinkst, *dieses* Fass wird nicht leerer, und der Händler wird eben-

ζημιώσεται ὁ κάπηλος. ἐπιρρεῖ γὰρ κατὰ τὴν παροιμίαν τὸ πρᾶγμα ἐξαντλούμενον ἐς τὸ ἔμπαλιν ἢ ὁ τῶν Δαναΐδων πίθος. ἐκεῖνος μὲν γὰρ τὸ ἐμβαλλόμενον οὐ συνεῖχεν, ἀλλὰ διέρρει εὐθύς. ἐντεῦθεν δὲ ἢν ἀφέλῃς τι, πλεῖον τὸ λοιπὸν γίγνεται.

[62] Ἐθέλω δέ σοι καὶ ἄλλο ὅμοιον εἰπεῖν φιλοσοφίας περὶ γεύματος, καὶ μή με νομίσῃς βλασφημεῖν περὶ αὐτῆς ἢν εἴπω ὅτι φαρμάκῳ ὀλεθρίῳ ἔοικεν, οἷον κωνείῳ ἢ ἀκονίτῳ ἢ ἄλλῳ τῶν τοιούτων. οὐδὲ γὰρ ταῦτα, ἐπείπερ θανατηφόρα ἐστίν, ἀποκτείνοι ἄν, εἴ τις ὀλίγον ὅσον ἀκαριαῖον ἀποξύσας αὐτῶν ἄκρῳ τῷ ὄνυχι ἀπογεύσαιτο· ἀλλὰ ἢν μὴ τοσοῦτον ὅσον χρή, καὶ ὅπως καὶ ξὺν οἷς, οὐκ ἂν ἀποθάνοι ὁ προσενεγκάμενος· σὺ δὲ ἠξίους τοὐλάχιστον ἐξαρκεῖν, ὡς ἀποτελέσαι τὴν τοῦ ὅλου γνῶσιν.

[63] ΕΡΜΟΤΙΜΟΣ

Ἔστω ταῦτα ὡς βούλει, Λυκῖνε. τί οὖν; ἑκατὸν χρὴ ἔτη βιῶναι καὶ τοσαῦτα ὑπομεῖναι πράγματα; ἢ οὐκ ἂν ἄλλως φιλοσοφήσαιμεν;

ΛΥΚΙΝΟΣ

Οὐ γάρ, ὦ Ἑρμότιμε· καὶ δεινὸν οὐδέν, εἴ γε ἀληθῆ ἔλεγες ἐν ἀρχῇ, ὡς ὁ μὲν βίος βραχύς, ἡ δὲ τέχνη μακρή. νῦν δὲ οὐκ οἶδ’ ὅ τι παθὼν ἀγανακτεῖς, εἰ μὴ αὐθημερὸν ἡμῖν πρὶν δῦναι ἥλιον Χρύσιππος ἢ Πλάτων ἢ Πυθαγόρας γένοιο.

ΕΡΜΟΤΙΜΟΣ

Περιέρχῃ με, ὦ Λυκῖνε, καὶ συνελαύνεις ἐς στενὸν οὐδὲν ὑπ’ ἐμοῦ δεινὸν παθών, ὑπὸ φθόνου δηλαδή, ὅτι ἐγὼ μὲν προὔκοπτον ἐν τοῖς μαθήμασι, σὺ δὲ ὠλιγώρησας ἑαυτοῦ τηλικοῦτος ὤν.

falls nicht geschädigt. Denn, wie im Sprichwort: Was du herausgeschöpft hast, fließt wieder nach, genau andersherum als beim Fass der Danaiden. Da war es ja so, dass das Fass das, was man hineinschüttete, nicht hielt, sondern alles sofort hindurchfloss: Schöpfst du aber hier etwas heraus, wird der Rest immer nur mehr.[79] **[62]** Aber ich will dir noch einen anderen Vergleich vorlegen, der das Nippen an der Philosophie betrifft, und bitte denk nicht, ich wolle blasphemisch über sie reden, wenn ich sage, dass sie einem tödlichen Gift gleicht, etwa Schierling oder Eisenhut oder einem anderen von der Art. Denn auch diese doch todbringenden Gifte töten nicht, wenn man von ihnen nur eine winzige Menge probiert, die man mit dem Fingernagel abgekratzt hat. Werden sie in einer zu geringen Dosierung, der falschen Verarbeitung, der verkehrten Mischung verabreicht, dann stirbt der, dem man das Gift gibt, nicht: Du aber hattest behauptet, es genüge schon eine winzige Menge, um wirklich alles zu wissen.

[63] HERMOTIMOS

Von mir aus, wie du willst, Lykinos. Und was nun? Müssen wir also hundert Jahre alt werden und solche Schwierigkeiten auf uns nehmen? Oder könnten wir nicht auch auf andere Weise philosophieren?

LYKINOS

Wohl nicht, Hermotimos. Und erstaunlich ist das nicht, jedenfalls wenn du zu Beginn die Wahrheit gesagt hast mit deinem Spruch »Die Kunst ist lang, und kurz ist unser Leben«. Was ist denn jetzt plötzlich los, dass du dich so ärgerst, wenn du nicht noch am selben Tag vor Sonnenuntergang ein Chrysipp, ein Platon oder ein Pythagoras wirst?

HERMOTIMOS

Du hintergehst mich, Lykinos, und du treibst mich in die Enge – dabei habe ich dir nicht das Geringste getan. Natürlich aus Neid, weil ich im Lernen Fortschritte gemacht habe, du aber – und das in deinem Alter! – deine Entwicklung vernachlässigt hast.

ΛΥΚΙΝΟΣ

Οἶσθ᾽ οὖν ὃ δρᾶσον; ἐμοὶ μὲν ὥσπερ κορυβαντιῶντι μὴ πρόσεχε τὸν νοῦν, ἀλλ᾽ ἔα ληρεῖν, σὺ δὲ ὡς ἔχεις προχώρει ἐς τὸ πρόσθε τῆς ὁδοῦ καὶ πέραινε κατὰ τὰ ἐξ ἀρχῆς σοι δεδογμένα περὶ τούτων.

ΕΡΜΟΤΙΜΟΣ

Ἀλλ᾽ οὐκ ἐᾷς σὺ βίαιος ὢν αἱρεῖσθαί τι, ἣν μὴ πειραθῶ ἁπάντων.

ΛΥΚΙΝΟΣ

Καὶ μὴν εὖ εἰδέναι χρὴ ὡς οὐκ ἄν ποτε ἄλλο εἴποιμι. βίαιον δὲ λέγων ἐμὲ ἀναίτιον δοκεῖς μοι κατὰ τὸν ποιητὴν αἰτιάασθαι, αὐτόν, ἔστ᾽ ἂν μὴ ἕτερός σοι λόγος συμμαχήσας ἀφέληται τῆς βίας, ἤδη ἀγόμενον· ἰδού γέ τοι καὶ τάδε πολλῷ βιαιότερα φαίη ἄν σοι ὁ λόγος· σὺ δὲ ἐκεῖνον παρεὶς ἐμὲ ἴσως αἰτιάσῃ.

ΕΡΜΟΤΙΜΟΣ

Τὰ ποῖα; θαυμάζω γάρ, εἴ τι ἄρρητον καταλέλειπται αὐτῷ.

[64] ΛΥΚΙΝΟΣ

Οὐχ ἱκανὸν εἶναί φησι τὸ πάντα ἰδεῖν καί διεξελθεῖν δι᾽ αὐτῶν, ὡς ἔχειν ἤδη ἑλέσθαι τὸ βέλτιστον, ἀλλ᾽ ἔτι τοῦ μεγίστου ἐνδεῖν.

ΕΡΜΟΤΙΜΟΣ

Τίνος τούτου;

ΛΥΚΙΝΟΣ

Κριτικῆς τινος, ὦ θαυμάσιε, καὶ ἐξεταστικῆς παρασκευῆς καὶ νοῦ ὀξέος καὶ διανοίας ἀκριβοῦς καὶ ἀδεκάστου, οἵαν χρὴ εἶναι τὴν περὶ τῶν τηλικούτων δικάσουσαν, ἢ μάτην ἂν ἅπαντα ἑωραμένα εἴη. ἀποδοτέον

LYKINOS
Wenn das so ist, weißt du was?! Scher dich nicht um mich, den Verrückten, sondern lass mich faseln! Mach einfach so weiter wie bisher und geh deinen Weg so zu Ende, wie du es dir am Anfang vorgenommen hast!
HERMOTIMOS
Aber du bist es doch, der mir keine Wahl lässt, brutal wie du bist![80] Alles soll ich ja vorher prüfen!
LYKINOS
Und trotzdem kannst du sicher sein, dass ich von dem, was ich gesagt habe, keinen Deut abweichen werde! Wenn du mich aber brutal nennst, dann, so kommt es mir vor, beschuldigst du mich, wo ich doch unschuldig bin, wie der Dichter sagt.[81] Solange nicht ein anderer LOGOS dich unterstützt und meiner Brutalität entgegentritt, bin ich ihr ja selbst ausgeliefert. Und nun schau nur, was dir mein LOGOS gleich noch viel Brutaleres sagen wird! Aber vielleicht wirst du ihn ignorieren und stattdessen wieder mir Vorwürfe machen.[82]
HERMOTIMOS
Was denn für welche? Ich frage mich, ob dein LOGOS wirklich noch etwas ungesagt gelassen hat.
[64] LYKINOS
Er behauptet, dass es nicht genügt, alles gesehen zu haben und durch alle Lehrgebäude hindurchgeschritten zu sein, um schon die beste Wahl treffen zu können, sondern dass das Wichtigste noch fehlt.
HERMOTIMOS
Und das wäre?
LYKINOS
Na, du bist komisch! Natürlich ein für die kritische Prüfung geeignetes Instrument, ein scharfer Verstand, ein präzises und unbestechliches Denkvermögen, von der Art, wie es sein muss, wenn es sich in so gewichtigen Fragen ein Urteil bilden soll! Sonst wirst du alles

οὖν φησι καὶ τῷ τοιούτῳ χρόνον οὐκ ὀλίγον καὶ προθέμενον ἅπαντα εἰς μέσον αἱρεῖσθαι διαμέλλοντα καὶ βραδύνοντα καὶ πολλάκις ἐπισκοποῦντα, μήτε ἡλικίαν τοῦ λέγοντος ἑκάστου μήτε σχῆμα ἢ δόξαν ἐπὶ σοφίᾳ αἰδούμενον, ἀλλὰ κατὰ τοὺς Ἀρεοπαγίτας αὐτὸ ποιοῦντα, οἳ ἐν νυκτὶ καὶ σκότῳ δικάζουσιν, ὡς μὴ ἐς τοὺς λέγοντας, ἀλλ' ἐς τὰ λεγόμενα ἀποβλέποιεν. καὶ τότ' ἤδη ἐξέσται σοι βεβαίως ἑλομένῳ φιλοσοφεῖν.

ΕΡΜΟΤΙΜΟΣ

Μετὰ τὸν βίον φῄς· ἐκ γὰρ τούτων οὐδενὸς ἀνθρώπων βίος ἐξαρκέσειεν ἂν ὡς ἐπὶ πάντα ἐλθεῖν καὶ ἕκαστον ἀκριβῶς ἐπιδεῖν καὶ ἐπιδόντα κρῖναι καὶ κρίναντα ἑλέσθαι καὶ ἑλόμενον φιλοσοφῆσαι. μόνως γὰρ δὴ οὕτως εὑρεθῆναι φὴς τἀληθές, ἄλλως δὲ οὔ.

[65] ΛΥΚΙΝΟΣ

Ὀκνῶ γάρ σοι εἰπεῖν, ὦ Ἑρμότιμε, ὅτι οὐδὲ τοῦτό πω ἱκανόν, ἀλλ' ἔτι μοι δοκοῦμεν λεληθέναι ἡμᾶς αὐτοὺς οἰόμενοι μέν τι εὑρηκέναι βέβαιον, εὑρόντες δὲ οὐδέν, ὥσπερ οἱ ἁλιεύοντες πολλάκις καθέντες τὰ δίκτυα καὶ βάρους τινὸς αἰσθόμενοι ἀνέλκουσιν, ἰχθῦς παμπόλλους γε περιβεβληκέναι ἐλπίζοντες, εἶτα ἐπειδὰν κάμωσιν ἀνασπῶντες, ἢ λίθος τις ἀναφαίνεται αὐτοῖς ἢ κεράμιον ψάμμῳ σεσαγμένον. σκόπει μὴ καὶ ἡμεῖς τι τοιοῦτον ἀνεσπάκαμεν.

ΕΡΜΟΤΙΜΟΣ

Οὐ μανθάνω τί σοι τὰ δίκτυα ταῦτα βούλεται· ἀτεχνῶς γάρ με περιβάλλεις αὐταῖς.

vergeblich angeschaut haben. Er behauptet weiterhin, mein Logos, jemand, der sich mit solchen Dingen beschäftigt, müsse sich Zeit nehmen, alles vor sich ausbreiten und zögerlich, langsam und immer wieder prüfend seine Auswahl treffen, und zwar ohne Rücksicht auf Alter, Auftreten oder Autorität des Lehrenden, sondern ganz nach der Art der Richter des Areopags, die bei Nacht und in der Dunkelheit Recht sprechen, um nicht auf die Sprechenden, sondern auf das Gesprochene zu achten.[83] Und erst dann wird es dir möglich sein, auf der Grundlage einer unfehlbaren Wahl zu philosophieren.

Hermotimos

Nach dem Tod, meinst du wohl! Denn wenn das so ist, dann reicht ja keines Menschen Leben aus, um erst alle Lehren aufzusuchen, dann jede genau zu betrachten, sie danach zu bewerten, dann, nach der Betrachtung, eine auszuwählen und dann, nach der Auswahl, endlich zu philosophieren. Denn nur so, behauptest du, kann ja die Wahrheit gefunden werden, anders nicht.

[65] Lykinos

Nur zögernd wage ich dir zu sagen, Hermotimos, dass auch das noch nicht reicht. Wir lügen uns, glaube ich, in die Tasche, wenn wir meinen, auf ein sicheres Kriterium gestoßen zu sein, aber eigentlich überhaupt nichts gefunden haben, wie Fischer, die ein ums andere Mal ihre Netze auswerfen und sie, wenn sie merken, dass sie auf etwas Schweres gestoßen sind, wieder einholen in der Hoffnung, richtig viele Fische gefangen zu haben – und dann, wenn sie sich abgemüht haben und das Netz oben ist, bekommen sie nichts zu Gesicht als einen Stein oder einen kleinen Tontopf mit Sand darin. Dass wir nur ja nicht auch etwas in der Art heraufgeholt haben![84]

Hermotimos

Ich verstehe nicht, was du mit diesen Netzen vorhast. Du willst du mich ja doch bloß in ihnen fangen.[85]

ΛΥΚΙΝΟΣ

Οὐκοῦν πειρῶ διεκδῦναι· σὺν θεῷ γὰρ οἶσθα νεῖν, εἰ καί τις ἄλλος· ἐγὼ γὰρ κἂν ἐφ' ἅπαντας ἔλθωμεν πειρώμενοι καὶ τοῦτο ἐργασώμεθά ποτε, οὐδέπω οὐδὲ τοῦτο δῆλον ἔσεσθαι νομίζω, εἴ τις ἐξ αὐτῶν ἔχει τὸ ζητούμενον ἢ πάντες ὁμοίως ἀγνοοῦσιν.

ΕΡΜΟΤΙΜΟΣ

Τί φῄς; οὐδὲ τούτων τις πάντως ἔχει;

ΛΥΚΙΝΟΣ

Ἄδηλον. ἤ σοι ἀδύνατον δοκεῖ ἅπαντας ψεύδεσθαι, τὸ δ' ἀληθὲς ἄλλο τι εἶναι πρὸς μηδενὸς αὐτῶν πω εὑρημένον;

[66] ΕΡΜΟΤΙΜΟΣ

Πῶς οἷόν τε;

ΛΥΚΙΝΟΣ

Οὕτως· ἔστω γὰρ ὁ μὲν ἀληθὴς ἀριθμὸς ἡμῖν εἴκοσιν, οἷον, κυάμους τις εἴκοσιν ἐς τὴν χεῖρα λαβών, ἐπικλεισάμενος ἐρωτάτω δέκα τινάς, ὁπόσοι εἰσὶν οἱ κύαμοι ἐν τῇ χειρὶ αὐτοῦ, οἱ δὲ εἰκάζοντες ὁ μὲν ἑπτά, ὁ δὲ πέντε, ὁ δὲ τριάκοντα λεγέτωσαν, ὁ δέ τις δέκα ἢ πεντεκαίδεκα, καὶ ὅλως ἄλλος ἄλλον τινὰ ἀριθμόν· ἐνδέχεται μέντοι καὶ τύχῃ τινὰ ἀληθεῦσαι, ἢ γάρ;

ΕΡΜΟΤΙΜΟΣ

Ναί.

ΛΥΚΙΝΟΣ

Οὐ μὴν οὐδὲ τοῦτο ἀδύνατον, ἅπαντας ἄλλον ἄλλους ἀριθμοὺς εἰπεῖν, τοὺς ψευδεῖς καὶ οὐκ ὄντας, μηδένα δὲ αὐτῶν φάναι ὅτι εἴκοσιν ὁ ἀνὴρ κυάμους ἔχει. ἢ τί φῄς;

ΕΡΜΟΤΙΜΟΣ

Οὐκ ἀδύνατον.

LYKINOS
Dann versuch doch wegzutauchen! Du weißt ja, mit Gottes Hilfe kannst du so gut schwimmen wie jeder andere. Was ich nämlich sagen will, ist, dass auch dann, wenn wir sie uns alle vornehmen und sie prüfen und damit eines Tages fertig werden sollten, noch nicht einmal geklärt sein wird, ob einer von ihnen das Gesuchte besitzt oder ob sie alle gleich ahnungslos sind.
HERMOTIMOS
Was sagst du da? Überhaupt keiner von ihnen soll es besitzen?
LYKINOS
Mehr als ungewiss! Oder hältst du es für undenkbar, dass sie alle danebenliegen und dass die Wahrheit etwas anderes ist und sich bei keinem von ihnen finden lässt?
[66] HERMOTIMOS
Wie soll das denn zugehen?
LYKINOS
Folgendermaßen: Nehmen wir an, die richtige Zahl sei zwanzig, also beispielsweise: Einer soll zwanzig Bohnen in der Hand verbergen und zehn beliebige Leute fragen, wie viele Bohnen er in der Hand habe. Nun sagt also meinetwegen der eine sieben, der andere fünf, der nächste dreißig, und noch einer sagt zehn oder fünfzehn, eben jeder eine andere Zahl. Es ist immerhin gut möglich, dass einer rein zufällig richtig liegt, oder nicht?
HERMOTIMOS
Ja.
LYKINOS
Genauso gut ist es allerdings auch möglich, dass jeder eine andere Zahl sagt und alle falsch sind, aber keiner von ihnen herausbringt, dass der Mann zwanzig Bohnen in der Hand hat. Oder was meinst du?
HERMOTIMOS
Das ist genauso gut möglich.

ΛΥΚΙΝΟΣ
Κατὰ ταὐτὰ τοίνυν ἅπαντες μὲν οἱ φιλοσοφοῦντες τὴν εὐδαιμονίαν ζητοῦσιν ὁποῖόν τί ἐστι, καὶ λέγουσιν ἄλλος ἄλλο τι αὐτὴν εἶναι, ὁ μὲν ἡδονήν, ὁ δὲ τὸ καλόν, ὁ δὲ ὅσα ἕτερά φασι περὶ αὐτῆς. εἰκὸς μὲν οὖν καὶ τούτων ἕν τι εἶναι τὸ εὔδαιμον, οὐκ ἀπεικὸς δὲ καὶ ἄλλο τι παρ' αὐτὰ πάντα. καὶ ἐοίκαμεν ἡμεῖς ἀνάπαλιν ἢ ἐχρῆν, πρὶν τὴν ἀρχὴν εὑρεῖν, ἐπείγεσθαι πρὸς τὸ τέλος. ἔδει δε μοι πρότερον φανερὸν γενέσθαι ὅτι ἔγνωσται τἀληθὲς καὶ πάντως ἔχει τις αὐτὸ εἰδὼς τῶν φιλοσοφούντων. εἶτα μετὰ τοῦτο τὸ ἑξῆς ἂν ἦν ζητῆσαι, ᾧ πειστέον ἐστίν.
ΕΡΜΟΤΙΜΟΣ
Ὥστε, ὦ Λυκῖνε, τοῦτο φῄς, ὅτι οὐδ' ἂν διὰ πάσης φιλοσοφίας χωρήσωμεν, οὐδὲ τότε πάντως ἕξομεν τἀληθὲς εὑρεῖν;
ΛΥΚΙΝΟΣ
Μὴ ἐμέ, ὦγαθέ, ἐρώτα, ἀλλὰ τὸν λόγου αὖθις αὐτόν· καὶ ἴσως ἂν ἀποκρίναιτό σοι ὅτι οὐδέπω, ἔστ' ἂν ἄδηλον ᾖ εἰ ἕν τι τούτων ἐστὶν ὧν οὗτοι λέγουσιν.
[67] ΕΡΜΟΤΙΜΟΣ
Οὐδέποτε ἄρα ἐξ ὧν σὺ φῂς εὑρήσομεν οὐδὲ φιλοσοφήσομεν, ἀλλὰ δεήσει ἡμᾶς ἰδιώτην τινὰ βίον ζῆν ἀποστάντας τοῦ φιλοσοφεῖν. τοῦτο ξυμβαίνει γε ⟨ἐξ⟩ ὧν φῄς, ἀδύνατον εἶναι φιλοσοφῆσαι καὶ ἀνέφικτον ἀνθρώπῳ γε ὄντι. ἀξιοῖς γὰρ τὸν φιλοσοφήσειν μέλλοντα ἑλέσθαι πρῶτον φιλοσοφίαν τὴν ἀρίστην, ἡ δὲ αἵρεσις οὕτως σοι ἐδόκει μόνως ἀκριβὴς ἂν γενέσθαι, εἰ διὰ πάσης φιλοσοφίας χωρήσαντες ἑλοίμεθα τὴν ἀληθεστάτην. εἶτα λογιζόμενος ἐτῶν ἀριθμόν, ὁπόσος ἑκάστῃ ἱκανός, ὑπερεξέπιπτες ἀπομηκύνων τὸ πρᾶγμα ἐς γενεὰς ἄλλας, ὡς ὑπερήμερον

LYKINOS
In ganz vergleichbarer Weise suchen nun also alle Philosophen nach dem Wesen der Glückseligkeit, und jeder definiert sie anders, der eine als Lust, der andere als das Edle, der dritte als was auch immer. Wahrscheinlich ist die Glückseligkeit ja auch eines von ihnen, aber es ist auch nicht unwahrscheinlich, dass sie etwas ganz anderes ist als all dies. Und mir kommt es so vor, als würden wir – genau anders herum, als es richtig wäre – aufs Ziel loslaufen, bevor wir überhaupt einen Startpunkt gefunden haben. Es müsste doch für mich zuerst einmal Klarheit darüber bestehen, dass die Wahrheit erkannt ist und dass überhaupt einer der Philosophen sie kennt, und danach erst wäre zu untersuchen, wem man sich anvertrauen soll.
HERMOTIMOS
So willst du also darauf hinaus, Lykinos, dass wir nicht einmal dann, wenn wir alle Wege der Philosophie abgehen, ganz sicher sein können, die Wahrheit zu finden?
LYKINOS
Frag das nicht mich, mein Bester, sondern wieder den LOGOS selbst! Und vielleicht wird er dir antworten: So lange nicht, wie unklar ist, ob von dem, was sie vorbringen, eines die Wahrheit ist.
[67] HERMOTIMOS
Also werden wir sie nie finden – das folgt jedenfalls aus dem, was du sagst –, und nie werden wir philosophieren, sondern wir werden uns von der Philosophie abwenden und das Leben von Ungebildeten führen müssen. Denn aus dem, was du sagst, geht doch eines hervor: Dass Philosophie unmöglich und nicht zu verwirklichen ist, jedenfalls nicht für den Menschen. Was du verlangst, ist ja nämlich das Folgende: Wenn man philosophieren will, soll man erst die beste Philosophie wählen, aber diese Wahl konnte deiner Meinung nach erst dann exakt sein, wenn wir sie nach einem Durchgang durch die gesamte Philosophie träfen. Dann hast du ausgerechnet, wie viele Jahre für die einzelne Lehre angemessen seien, und bist dabei weit übers Ziel hinausgeschossen, indem du die Angelegenheit bis in die

γίγνεσθαι τἀληθὲς τοῦ ἑκάστου βίου. τελευτῶν δὲ καὶ τοῦτο αὐτὸ οὐκ ἀνενδοίαστον ἀποφαίνεις, ἄδηλον εἶναι λέγων εἴτε εὕρηται πρὸς τῶν φιλοσοφούντων πάλαι τἀληθὲς εἴτε καὶ μή.

ΛΥΚΙΝΟΣ

Σὺ δὲ πῶς, ὦ Ἑρμότιμε, δύναιο ἂν ἐπομοσάμενος εἰπεῖν ὅτι εὕρηται πρὸς αὐτῶν; ἐγὼ μὲν οὐκ ἂν ὀμόσαιμι. καίτοι πόσα ἄλλα παρεῖδον ἑκών σοι ἐξετάσεως μακρᾶς καὶ αὐτὰ δεόμενα;

[68] ΕΡΜΟΤΙΜΟΣ

Τὰ ποῖα;

ΛΥΚΙΝΟΣ

Οὐκ ἀκούεις τῶν Στωϊκῶν ἢ Ἐπικουρείων ἢ Πλατωνικῶν εἶναι φασκόντων τοὺς μὲν εἰδέναι τοὺς λόγους ἑκάστους, τοὺς δὲ μή, καίτοι τά γε ἄλλα πάνυ ἀξιοπίστους ὄντας;

ΕΡΜΟΤΙΜΟΣ

Ἀληθῆ ταῦτα.

ΛΥΚΙΝΟΣ

Τὸ τοίνυν διακρῖναι τοὺς εἰδότας καὶ διαγνῶναι ἀπὸ τῶν οὐκ εἰδότων μέν, φασκόντων δέ, οὔ σοι δοκεῖ πάνυ ἐργῶδες εἶναι;

ΕΡΜΟΤΙΜΟΣ

Καὶ μάλα.

ΛΥΚΙΝΟΣ

Δεήσει τοίνυν σέ, εἰ μέλλεις Στωϊκῶν τὸν ἄριστον εἴσεσθαι, εἰ καὶ μὴ ἐπὶ πάντας, ἀλλ᾽ οὖν ἐπὶ τοὺς πλείστους αὐτῶν ἐλθεῖν καὶ πειραθῆναι καὶ τὸν ἀμείνω προστήσασθαι διδάσκαλον, γυμνασάμενόν γε πρότερον καὶ κριτικὴν τῶν τοιούτων δύναμιν πορισάμενον, ὡς μή σε λάθῃ ὁ χείρων προκριθείς. καὶ σὺ καὶ πρὸς τοῦτο ὅρα ὅσου δεῖ τοῦ χρόνου, οὗ

nächste Generation ausgedehnt hast, so dass die Wahrheit sich weit jenseits des Lebensabends eines jeden Menschen befindet. Und schließlich zeigst du, dass nicht einmal das außerhalb jeden Zweifels steht, und behauptest, es sei unklar, ob die Wahrheit von den Philosophen bereits gefunden worden ist oder nicht.

LYKINOS

Und wie könntest du, Hermotimos, beschwören, dass sie von ihnen gefunden worden ist? *Ich* könnte es nicht beschwören. Und was habe ich dir zuliebe noch alles weggelassen, das ebenfalls längerer Untersuchung bedürfte!

[68] HERMOTIMOS

Das wäre?

LYKINOS

Hast du nicht davon gehört, dass von denen, die behaupten, Stoiker, Epikureer oder Platoniker zu sein, die einen die gesamte Lehre kennen, andere aber nicht, obwohl sie ansonsten ganz vertrauenswürdig sind?

HERMOTIMOS

Das stimmt!

LYKINOS

Diejenigen herauszufiltern, die sie kennen, und sie von denen zu unterscheiden, die sie nicht kennen, aber so tun, hältst du das also nicht für eine ganz schwierige Sache?

HERMOTIMOS

Und ob!

LYKINOS

So wirst du also, wenn du den besten Stoiker herausfinden willst, zwar vielleicht nicht zu allen, aber doch zu den meisten von ihnen gehen, sie prüfen und den besten zu deinem Lehrer machen müssen. Vorher allerdings solltest du trainieren und dir eine entsprechende Kritikfähigkeit aneignen, damit du nicht aus Versehen den schlechteren vorziehst. Und beachte dabei bitte auch, wie viel Zeit das kostet, was ich bewusst beiseitegelassen habe – aus Angst, du

ἑκὼν παρῆκα δεδιὼς μὴ σὺ ἀγανακτήσῃς, καίτοι τό γε μέγιστόν τε ἅμα καὶ ἀναγκαιότατον ἐν τοῖς τοιούτοις, λέγω δὴ τοῖς ἀδήλοις τε καὶ ἀμφιβόλοις, ἓν τοῦτό ἐστιν οἶμαι. καὶ μόνη σοι αὕτη πιστὴ καὶ βέβαιος ἐλπὶς ἐπὶ τὴν ἀλήθειάν τε καὶ εὕρεσιν αὐτῆς, ἄλλη δὲ οὐδ᾽ ἡτισοῦν ἢ τὸ κρίνειν δύνασθαι καὶ χωρίζειν ἀπὸ τῶν ἀληθῶν τὰ ψευδῆ ὑπάρχειν σοι καὶ κατὰ τοὺς ἀργυρογνώμονας διαγιγνώσκειν ἅ τε δόκιμα καὶ ἀκίβδηλα καὶ ἃ παρακεκομμένα, καὶ εἴ ποτε τοιαύτην τινὰ δύναμιν καὶ τέχνην πορισάμενος ἴῃς ἐπὶ τὴν ἐξέτασιν τῶν λεγομένων· εἰ δὲ μή, εὖ ἴσθι ὡς οὐδὲν κωλύσει σε τῆς ῥινὸς ἕλκεσθαι ὑφ᾽ ἑκάστων ἢ θαλλῷ προδειχθέντι ἀκολουθεῖν ὥσπερ τὰ πρόβατα· μᾶλλον δὲ τῷ ἐπιτραπεζίῳ ὕδατι ἐοικὼς ἔσῃ, ἐφ᾽ ὅ τι ἂν μέρος ἑλκύσῃ σέ τις ἄκρῳ τῷ δακτύλῳ ἀγόμενος, ἢ καὶ νὴ Δία καλάμῳ τινὶ ἐπ᾽ ὄχθῃ παραποταμίᾳ πεφυκότι καὶ πρὸς πᾶν τὸ πνέον καμπτομένῳ, κἂν μικρά τις αὔρα διαφυσήσασα διασαλεύσῃ αὐτόν.

[69] Ὡς εἴ γέ τινα εὕροις διδάσκαλον, ὃς ἀποδείξεως πέρι καὶ τῆς τῶν ἀμφισβητουμένων διακρίσεως τέχνην τινὰ εἰδὼς διδάξειέ σε, παύσῃ δηλαδὴ πράγματα ἔχων. αὐτίκα γάρ σοι τό βέλτιον φανεῖται καὶ τἀληθὲς ὑπαχθὲν τῇ ἀποδεικτικῇ ταύτῃ τέχνῃ καὶ τὸ ψεῦδος ἐλεγχθήσεται, καὶ σὺ βεβαίως ἑλόμενος καὶ κρίνας φιλοσοφήσεις καὶ τὴν τριπόθητον εὐδαιμονίαν κτησάμενος βιώσῃ μετ᾽ αὐτῆς ἅπαντα συλλήβδην ἔχων τἀγαθά.

ΕΡΜΟΤΙΜΟΣ

Εὖ γε, ὦ Λυκῖνε, παρὰ πολὺ γὰρ ταῦτα ἀμείνω καὶ ἐλπίδος οὐ μικρᾶς ἐχόμενα λέγεις, καὶ ζητητέος, ὡς ἔοικεν, ἡμῖν ἀνήρ τις τοιοῦτος, διαγνωστικούς τε καὶ διακριτικοὺς ποιήσων ἡμᾶς καὶ τὸ μέγιστον ἀποδεικτι-

würdest dich aufregen –, und doch ist bei solchen Angelegenheiten, ich meine natürlich solchen unklaren und mehrdeutigen Angelegenheiten, sie, die Kritikfähigkeit, wohl der bedeutendste und einflussreichste Faktor. Und das ist die einzige gewisse und zuverlässige Hoffnung auf die Wahrheit und ihre Entdeckung, die dir bleibt: Eine andere als das Urteilsvermögen und die Fähigkeit, Falsches von Wahrem zu sondern und wie die Münzaufseher zu durchschauen, was gültig und echt und was gefälscht ist, und schließlich, einmal im Besitz einer solchen systematischen Fähigkeit, dich an die Prüfung der einzelnen Lehren zu machen – eine andere Hoffnung als diese gibt es nicht. Andernfalls, das solltest du wissen, wird es sich nicht verhindern lassen, dass du von allen und jedem an der Nase herumgeführt wirst oder wie ein Rindvieh hinter einem vorgehaltenen Zweig herläufst.[86] Ja, mehr noch, dem Wasser in einem Fingerschälchen wirst du ähneln, das in jede beliebige Richtung mitgeht, in die man seine Fingerspitzen bewegt, oder auch, beim Zeus, einem Schilfrohr am Flussufer, das sich jedem Windstoß beugt, der hindurchweht, und sei es nur ein leiser Lufthauch. **[69]** Könntest du daher einen Meister der Beweisführung und der Lösung umstrittener Fragen finden, der dich diese Fähigkeiten zu lehren vermag, dann wirst du natürlich keine Probleme mehr haben: Denn sofort wird dir die beste Lösung vor Augen stehen und damit die Wahrheit, erschlossen durch diese Methode der Beweisführung; die Lüge wird widerlegt werden, und du wirst sicher und unfehlbar deine Wahl treffen und so, wie du entschieden hast, philosophieren. Und endlich wirst du in den Besitz der dreimal ersehnten Glückseligkeit gelangen und mit ihr leben und alle Güter auf einmal besitzen.

Hermotimos

Fein, Lykinos! Das klingt schon viel besser und ziemlich hoffnungsvoll, was du da sagst, und ich finde, wir müssen unbedingt einen solchen Mann suchen, der aus uns Diagnostiker, Kritiker und, was am wichtigsten ist, Apodeiktiker machen wird.[87] Denn was danach

κούς· ὡς τά γε μετὰ ταῦτα ῥᾴδια ἤδη καὶ ἀπράγμονα καὶ οὐ πολλῆς διατριβῆς δεόμενα. καὶ ἔγωγε ἤδη χάριν οἶδά σοι ἐξευρόντι σύντομόν τινα ταύτην ἡμῖν καὶ ἀρίστην ὁδόν.

ΛΥΚΙΝΟΣ

Καὶ μὴν οὐδέπω χάριν ἄν μοι εἰδείης εἰκότως· οὐδὲν γάρ σοι ἐξευρηκὼς ἔδειξα, ὡς ἐγγυτέρω σε ποιήσειν τῆς ἐλπίδος, τὸ δὲ πολὺ πορρωτέρω γεγόναμεν ἢ πρότερον ἦμεν καὶ κατὰ τοὺς παροιμιαζομένους »πολλὰ μοχθήσαντες ὁμοίως ἐσμέν.«

ΕΡΜΟΤΙΜΟΣ

Πῶς ταῦτο φῄς; πάνυ γὰρ λυπηρόν τι καὶ δύσελπι ἐρεῖν ἔοικας.

[70] ΛΥΚΙΝΟΣ

Ὅτι, ὦ ἑταῖρε, κἂν εὕρωμεν ὑπισχνούμενόν τινα εἰδέναι τε ἀπόδειξιν καὶ ἄλλον διδάξειν, οὐκ αὐτίκα, οἶμαι, πιστεύσομεν αὐτῷ, ἀλλά τινα ζητήσομεν τὸν κρῖναι δυνάμενον, εἰ ἀληθῆ ὁ ἀνὴρ λέγει. κἂν τούτου εὐπορήσωμεν, ἄδηλον ἔτι ἡμῖν εἰ ὁ ἐπιγνώμων οὗτος οἶδε διαγιγνώσκειν τὸν ὀρθῶς κρινοῦντα ἢ μή, καὶ ἐπ᾽ αὐτὸν αὖθις τοῦτον ἄλλου ἐπιγνώμονος, οἶμαι, δεῖ. ἡμεῖς γὰρ πόθεν ἂν εἰδείημεν διακρίνειν τὸν ἄριστα κρῖναι δυνάμενον; ὁρᾷς ὅποι τοῦτο ἀποτείνεται καὶ ὡς ἀπέραντον γίγνεται, στῆναί ποτε καὶ καταληφθῆναι μὴ δυνάμενον; ἐπεὶ καὶ τὰς ἀποδείξεις αὐτάς, ὁπόσας οἷόν τε εὑρίσκειν, ἀμφισβητουμένας ὄψει καὶ μηδὲν ἐχούσας βέβαιον. αἱ γοῦν πλεῖσται αὐτῶν δι᾽ ἄλλων ἀμφισβητουμένων πείθειν ἡμᾶς βιάζονται εἰδέναι, αἱ δὲ τοῖς πάνυ προδήλοις τὰ ἀφανέστατα συνάπτουσαι οὐδὲν αὐτοῖς κοινωνοῦντα ἀποδείξεις ὅμως

kommt, ist dann ja einfach und problemlos und bedarf keiner langen Auseinandersetzung. Und ich bin dir jedenfalls jetzt schon dankbar, weil du so eine erstklassige Abkürzung für uns entdeckt hast.

LYKINOS

Leider wirst du mir ziemlich sicher doch noch nicht dankbar sein. Denn ich habe nichts herausgefunden, und nichts habe ich dir gezeigt, was dich deiner Hoffnung näherbringen könnte, sondern wir sind viel weiter von ihr entfernt als je zuvor und können geradezu mit dem Dichter sagen: »Da steh ich nun, ich armer Tor, und bin so klug als wie zuvor.«[88]

HERMOTIMOS

Wie meinst du das? Du siehst aus, als wärest du im Begriff, etwas sehr Trauriges und Trostloses zu sagen.

[70] LYKINOS

Ich meine das so, mein Freund, dass wir, auch wenn wir einen finden sollten, der uns verspricht, er beherrsche die Kunst der Beweisführung und wolle sie auch andere lehren, ihm doch wohl nicht sofort trauen, sondern uns jemanden suchen werden, der zu beurteilen vermag, ob der Mann die Wahrheit sagt. Und wenn wir den an der Hand haben, dann wird uns immer noch nicht klar sein, ob dieser Zweitprüfer den guten Kritiker zu erkennen vermag oder nicht, und für ihn brauchen wir, glaube ich, dann wieder einen Drittprüfer. Woher sollten wir denn zu entscheiden wissen, wer am besten unterscheiden kann? Siehst du, wohin das führt und dass die Sache ins Unendliche geht, ohne jemals abschließend erfasst werden zu können?[89] Denn du wirst feststellen müssen, dass auch die Beweise selbst, so viele man finden kann, strittig sind und keine Gewissheit bieten. Die meisten von ihnen jedenfalls basieren auf anderen, die strittig sind, und versuchen auf dieser Grundlage, uns gewaltsam davon zu überzeugen, wir besäßen ein sicheres Wissen. Andere wiederum verknüpfen mit deutlich Sichtbarem Unsichtbares, das keine Berührungspunkte mit ihm aufweist, erheben aber

αὐτῶν εἶναι φάσκουσιν, ὥσπερ εἴ τις οἴοιτο ἀποδείξειν εἶναι θεούς, διότι βωμοὶ αὐτῶν ὄντες φαίνονται. ὥστε, ὦ Ἑρμότιμε, οὐκ οἶδ' ὅπως καθάπερ οἱ ἐν κύκλῳ θέοντες ἐπὶ τὴν αὐτὴν ἀρχὴν καὶ ἀπορίαν ἐπανεληλύθαμεν.

[71] ΕΡΜΟΤΙΜΟΣ

Οἷά με εἰργάσω, ὦ Λυκῖνε, ἄνθρακάς μοι τὸν θησαυρὸν ἀποφήνας, καὶ ὡς ἔοικεν ἀπολεῖταί μοι τὰ τοσαῦτα ἔτη καὶ ὁ κάματος ὁ πολύς.

ΛΥΚΙΝΟΣ

Ἀλλ', ὦ Ἑρμότιμε, πολὺ ἔλαττον ἀνιάσῃ, ἢν ἐννοήσῃς ὅτι οὐ μόνος ἔξω μένεις τῶν ἐλπισθέντων ἀγαθῶν, ἀλλὰ πάντες ὡς ἔπος εἰπεῖν περὶ ὄνου σκιᾶς μάχονται οἱ φιλοσοφοῦντες. ἢ τίς ἄρα δύναιτο δι' ἐκείνων ἁπάντων χωρῆσαι ὧν ἔφην; ὅπερ ἀδύνατον καὶ αὐτὸς λέγεις εἶναι. νῦν δὲ ὅμοιόν μοι δοκεῖς ποιεῖν ὥσπερ εἴ τις δακρύοι καὶ αἰτιῷτο τὴν τύχην, ὅτι μὴ δύναιτο ἀνελθεῖν ἐς τὸν οὐρανόν, ἢ ὅτι μὴ βύθιος ὑποδὺς εἰς τὴν θάλατταν ἀπὸ Σικελίας ἐς Κύπρον ἀναδύσεται, ἢ ὅτι μὴ ἀρθεὶς πτηνὸς αὐθημερὸν ἀπὸ τῆς Ἑλλάδος εἰς Ἰνδοὺς τελεῖ. τὸ δ' αἴτιον τῆς λύπης, ὅτι ἠλπίκει, οἶμαι, ἢ ὄναρ ποτὲ ἰδὼν τοιοῦτον ἢ αὐτὸς αὐτῷ ἀναπλάσας, οὐ πρότερον ἐξετάσας εἰ ἐφικτὰ εὔχεται καὶ κατὰ τὴν ἀνθρώπου φύσιν. καὶ δὴ καὶ σέ, ὦ ἑταῖρε, πολλὰ καὶ θαυμαστὰ ὀνειροπολοῦντα νύξας ὁ λόγος ἀπὸ τοῦ ὕπνου ἐκθορεῖν ἐποίησεν· εἶτα ὀργίζῃ αὐτῷ ἔτι μόλις τοὺς ὀφθαλμοὺς ἀνοίγων καὶ τὸν ὕπνον οὐ ῥᾳδίως ἀποσειόμενος ὑφ' ἡδονῆς ὧν ἑώρας. πάσχουσι δὲ αὐτὸ καὶ οἱ τὴν κενὴν μακαρίαν ἑαυτοῖς

dennoch den Anspruch, dieses Unsichtbare zu beweisen, wie wenn etwa einer glaubt, er könne die Existenz der Götter auf der Basis der offenkundigen Existenz von Altären beweisen. Und so, Hermotimos, sind wir, ich weiß nicht wie, gerade als ob wir im Kreis gelaufen wären, wieder beim Anfang und unserem alten unlösbaren Problem angelangt.

[71] HERMOTIMOS

Was hast du mir angetan, Lykinos! Mein Schatz – nichts als Kohlen! Und so viele Jahre, wie es aussieht, so viel Mühe und Plage – verschenkt!

LYKINOS

Aber, Hermotimos, du wirst weit weniger traurig sein, wenn du dir klar machst, dass du nicht der einzige bist, dem das erhoffte Glück versagt bleibt, sondern dass sie alle sozusagen um des Esels Schatten kämpfen, die Philosophen. Wer könnte denn den Weg durch alle jene Prüfungen gehen, von denen ich sprach? Du sagst ja selbst, dass das unmöglich ist. Aber jetzt begehst du, so kommt es mir vor, den gleichen Fehler wie einer, der weint und das Schicksal anklagt, weil er nicht in den Himmel fliegen kann oder weil er nicht auf den Meeresboden hinabsteigen und dort von Sizilien nach Zypern wandern kann, oder weil es ihm nicht gelingen will, sich auf Flügeln emporzuschwingen und noch am selben Tag von Griechenland nach Indien zu reisen. Der Grund für seinen Kummer ist, dass er, meine ich, an leeren Hoffnungen klebt, weil er mal etwas von der Art geträumt oder sich ausgemalt hatte, ohne vorher darüber nachzudenken, ob es sich denn überhaupt verwirklichen lässt, was er sich da so sehnlich wünscht, und ob es etwas ist, das in der Macht des Menschen liegt. Und so hat auch dich, mein Freund, der LOGOS aus deinen vielen bunten Träumen aufgeschreckt und aus dem Schlaf gerissen – und jetzt hast du eine Wut auf ihn, weil du gerade erst die Augen aufgeschlagen hast und aus lauter Vergnügen an dem, was du im Traum gesehen hast, den Schlaf nicht so leicht abschütteln kannst. Genauso geht es Leuten, die sich Luftschlösser

ἀναπλάττοντες, ἢν μεταξὺ πλουτοῦσιν αὐτοῖς καὶ θησαυροὺς ἀνορύττουσιν καὶ βασιλεύουσιν καὶ τὰ ἄλλα εὐδαιμονοῦσιν – οἷα πολλὰ ἡ θεὸς ἐκείνη ῥᾳδιουργεῖ, ἡ Εὐχή, μεγαλόδωρος οὖσα καὶ πρὸς οὐδὲν ἀντιλέγουσα, κἂν πτηνὸς θέλῃ τις γενέσθαι, κἂν κολοσσιαῖος τὸ μέγεθος, κἂν ὄρη ὅλα χρυσᾶ εὑρίσκειν· ἢν τοίνυν ταῦτα ἐννοοῦσιν αὐτοῖς ὁ παῖς προσελθὼν ἔρηταί τι τῶν ἀναγκαίων, οἷον ὅθεν ἄρτους ὠνητέον ⟨ἢ⟩ ὅ τι φατέον πρὸς τὸν ἀπαιτοῦντα τοὐνοίκιον ἐκ πολλοῦ περιμένοντα, οὕτως ἀγανακτοῦσιν ὡς ὑπὸ τοῦ ἐρομένου καὶ παρενοχλήσαντος ἀφαιρεθέντες ἅπαντα ἐκεῖνα τἀγαθὰ καὶ ὀλίγου δέουσι τὴν ῥῖνα τοῦ παιδὸς ἀποτραγεῖν.

[72] Ἀλλὰ σύ, ὦ φιλότης, μὴ πάθῃς αὐτὸ πρὸς ἐμέ, εἴ σε θησαυροὺς ἀνορύττοντα καὶ πετόμενον καί τινας ἐννοίας ὑπερφυεῖς ἐννοοῦντα καί τινας ἐλπίδας ἀνεφίκτους ἐλπίζοντα φίλος ὢν οὐ περιεῖδον διὰ παντὸς τοῦ βίου ὀνείρῳ ἡδεῖ μὲν ἴσως, ἀτὰρ ὀνείρῳ γε συνόντα, διαναστάντα δὲ ἀξιῶ πράττειν τι τῶν ἀναγκαίων καὶ ὅ σε παραπέμψει ἐς τὸ λοιπὸν τοῦ βίου τὰ κοινὰ ταῦτα φρονοῦντα. ἐπεὶ ὅ γε νῦν ἔπραττες καὶ ἐπενόεις, οὐδὲν τῶν Ἱπποκενταύρων καὶ Χιμαιρῶν καὶ Γοργόνων διαφέρει, καὶ ὅσα ἄλλα ὄνειροι καὶ ποιηταὶ καὶ γραφεῖς ἐλεύθεροι ὄντες ἀναπλάττουσιν οὔτε γενόμενα πώποτε οὔτε γενέσθαι δυνάμενα. καὶ ὅμως ὁ πολὺς λεὼς πιστεύουσιν αὐτοῖς καὶ κηλοῦνται ὁρῶντες ἢ ἀκούοντες τὰ τοιαῦτα διὰ τὸ ξένα καὶ ἀλλόκοτα εἶναι.

[73] Καὶ σὺ δὴ μυθοποιοῦ τινος ἀκούσας ὡς ἔστιν τις γυνὴ ὑπερφυὴς τὸ κάλλος, ὑπὲρ τὰς Χάριτας αὐτὰς ἢ τὴν Οὐρανίαν, μὴ πρότερον

bauen: Wenn bei ihnen, während sie gerade in Reichtümern schwelgen, Schätze ausgraben, auf Königsthronen residieren und andere herrliche Glückseligkeiten genießen – was jene gute Fee ja in Fülle und mit leichter Hand ausschüttet, die ILLUSION, freigiebig, wie sie ist, und keiner Bitte abgeneigt, auch wenn einer gerne Flügel hätte oder riesengroß wäre oder goldene Berge fände –,[90] wenn also bei denen, während ihnen gerade solche Dinge durch den Kopf gehen, der Diener anklopft und sie nach irgendeinem Alltagskram fragt – etwa, womit er Brot kaufen soll oder was er dem Hauswirt sagen soll, wenn der die überfällige Miete kassieren kommt –, dann kriegen sie einen Zorn, als ob ihnen der lästige Frager alle jene guten Dinge weggenommen hätte, und es fehlt nicht viel, und sie würden dem Diener die Nase abbeißen. **[72]** Du aber, mein Lieber, verschone mich mit so etwas! Ich habe eben einfach nur nicht weggeschaut, als du Schätze ausgegraben hast, geflogen bist und dich überkandidelten Vorstellungen und völlig aussichtslosen Hoffnungen hingegeben hast. Ich bin dein Freund, und deshalb konnte ich nicht mit ansehen, wie du dein ganzes Leben lang einem Traum nachhängst, einem angenehmen Traum vielleicht, aber eben doch nur einem Traum. Vielmehr verlange ich von dir, dass du aufstehst und den Alltagskram erledigst, was dich außerdem dazu bringen wird, für den Rest deines Lebens deine Aufmerksamkeit auf diese allgemeinen und alle betreffenden Dinge zu richten. Denn was du jedenfalls bis jetzt getan und gedacht hast, ist kaum zu unterscheiden von den Kentauren, den Chimären, den Gorgonen[91] und all den anderen Hirngespinsten, die Träume, Dichter und Maler so herumgaukeln lassen, unter Berufung auf ihre künstlerische Freiheit, und die weder jemals existiert haben noch jemals existieren können. Und doch glaubt die Masse an sie und ist bezaubert und hingerissen, wenn sie so etwas hört oder sieht, bloß weil es so exotisch und so ausgefallen ist. **[73]** Und gerade so hast auch du auf die bloßen Worte eines Märchenerzählers hin, der etwas von einer über alle Maßen schönen Frau fabelte, schöner noch als die Charitinnen oder gar als die

ἐξετάσας εἰ ἀληθῆ λέγει καὶ εἰ ἔστι που τῆς γῆς ἄνθρωπος αὕτη, ἤρας εὐθύς, ὥσπερ φασὶ τὴν Μήδειαν ἐξ ὀνείρατος ἐρασθῆναι τοῦ Ἰάσονος. ὃ δὲ δὴ μάλιστά σε πρὸς τὸν ἔρωτα ἐπηγάγετο καὶ τοὺς ἄλλους δέ, ὁπόσοι τοῦ αὐτοῦ σοι εἰδώλου ἐρῶσι, τοῦτο ἦν, ὥς γέ μοι εἰκάζοντι φαίνεται, τὸ τὸν λέγοντα ἐκεῖνον περὶ τῆς γυναικός, ἐπείπερ ἐπιστεύθη τὸ πρῶτον ὅτι ἀληθῆ λέγει, ἀκόλουθα ἐπάγειν· εἰς τοῦτο γὰρ ἑωρᾶτε μόνον, καὶ διὰ τοῦτο εἷλκεν ὑμᾶς τῆς ῥινός, ἐπείπερ ἅπαξ τὴν πρώτην λαβὴν ἐνεδώκατε αὐτῷ, καὶ ἦγεν ἐπὶ τὴν ἀγαπωμένην δι' ἧς ἔλεγεν εὐθείας ὁδοῦ. ῥᾴδια γάρ, οἶμαι, τὰ μετὰ ταῦτα καὶ οὐδεὶς ὑμῶν ἔτι ἐπιστρεφόμενος εἰς τὴν εἴσοδον ἐξήταζεν εἰ ἀληθής ἐστιν καὶ εἰ μὴ ἔλαθεν καθ' ἣν οὐκ ἐχρῆν εἰσελθών, ἀλλ' ἠκολούθει τοῖς τῶν προωδευκότων ἴχνεσι, καθάπερ τὰ πρόβατα πρὸς τὸν ἡγούμενον, δέον ἐπὶ τῇ εἰσόδῳ καὶ κατὰ τὴν ἀρχὴν εὐθὺς σκέψασθαι, εἴπερ εἰσιτητέον.

[74] Ὃ δέ φημι, σαφέστερον ἂν μάθοις, ἤν τι τοιοῦτον ὅμοιον παραθεωρήσῃς αὐτῷ· λέγοντος γάρ τινος τῶν μεγαλοτόλμων τούτων ποιητῶν, ὡς γένοιτό ποτε τρικέφαλος καὶ ἑξάχειρ ἄνθρωπος, ἂν τὸ πρῶτον ταῦτα ἀπραγμόνως ἀποδέξῃ μὴ ἐξετάσας εἰ δυνατόν, ἀλλὰ πιστεύσῃς, εὐθὺς ἀκολούθως ἂν ἐπάγοι τὰ λοιπά, ὡς καὶ ὀφθαλμοὺς ὁ αὐτὸς εἶχεν ἓξ καὶ ὦτα ἓξ καὶ φωνὰς τρεῖς ἅμα ἠφίει καὶ ἤσθιεν διὰ τριῶν στομάτων καὶ δακτύλους τριάκοντα εἶχεν, οὐχ ὥσπερ ἕκαστος ἡμῶν δέκα ἐν ἀμφοτέραις ταῖς χερσί· καὶ εἰ πολεμεῖν δέοι, αἱ τρεῖς μὲν χεῖρες ἑκάστη πέλτην ἢ γέρρον ἢ ἀσπίδα εἶχον, αἱ τρεῖς δὲ ἡ μὲν πέλεκυν

Himmlische selbst, ohne vorher zu überprüfen, ob er die Wahrheit sagt und ob es dieses Wesen irgendwo auf der Welt wirklich gibt, dich stante pede in sie verliebt, so wie sich Medea nur aufgrund eines Traumes in Jason verliebt haben soll.[92] Was dich aber und all die anderen, die in das gleiche Bild ihrer Vorstellung verliebt sind wie du, am allermeisten verliebt gemacht hat, das war, wie ich vermute, die Tatsache, dass jener Fabulierer in seinen Geschichten über die Frau, nachdem man ihm erst einmal vertraut hatte, dass er die Wahrheit sage, nur Folgerichtiges und Stimmiges hinzufügte.[93] Denn nur darauf habt ihr geachtet, und damit hat er euch an der Nase herumgeführt, nachdem er euch erst einmal an eurer schwachen Stelle hatte packen können: So führte er euch auf dem, wie er behauptete, schnellsten Weg ans Ziel eurer Träume. Das, was danach kam, war dann ja leicht, und keiner von euch hat sich noch einmal zum Eingang hin umgedreht und nachgeschaut, ob's denn der richtige war und ob er nicht das falsche Tor erwischt hat, sondern jeder ging brav den Spuren seiner Vorgänger nach, wie ein Rindvieh dem Hirten, obwohl man doch schon am Anfang des Weges und gleich zu Beginn hätte schauen müssen, ob man von hier aus hineingehen darf. **[74]** Was ich damit sagen will, das wirst du besser verstehen, wenn du deinen Blick auf einen anderen, aber ganz ähnlichen Fall richtest. Angenommen nämlich, einer von diesen Dichtern mit ihren kühnen Phantasie behaupte, es habe einmal einen Menschen mit drei Köpfen und sechs Händen gegeben, und du akzeptierst das erst einmal problemlos und ohne zu prüfen, ob es möglich ist, sondern in aller Gutgläubigkeit, dann wird er gleich ganz folgerichtig auch noch alles weitere hinzufügen, nämlich dass eben derselbe Mensch außerdem noch sechs Augen und Ohren gehabt habe und mit drei Stimmen gleichzeitig redete und mit drei Mündern aß und dreißig Finger hatte, nicht wie wir fünf an jeder Hand, und wenn er kämpfen musste, so hätten die einen drei Hände einen Lederschild, einen Flechtschild und einen Rundschild gehalten, von den drei anderen die erste eine Streitaxt niederfahren

κατέφερεν, ἡ δὲ λόγχην ἠφίει, ἡ δὲ τῷ ξίφει ἐχρῆτο. καὶ τίς ἔτι ἂν ἀπιστήσειε ταῦτα λέγοντι αὐτῷ; ἀκόλουθα γὰρ τῇ ἀρχῇ, περὶ ἧς ἐχρῆν εὐθὺς σκοπεῖν εἴπερ δεκτέα καὶ εἰ συγχωρητέα οὕτως ἔχειν. ἢν δὲ ἅπαξ ἐκεῖνα δῷς, ἐπιρρεῖ τὰ λοιπὰ καὶ οὔποτε στήσεται καὶ τὸ ἀπιστεῖν αὐτοῖς οὐκέτι ῥᾴδιον, ἐπείπερ ἀκόλουθα καὶ ὅμοιά ἐστιν τῇ συγχωρηθείσῃ ἀρχῇ· ἅπερ καὶ ὑμεῖς πάσχετε. ὑπὸ γὰρ δὴ ἔρωτος καὶ προθυμίας οὐκ ἐξετάσαντες τὰ κατὰ τὴν εἴσοδον ἑκάστην ὅπως ὑμῖν ἔχει, προχωρεῖτε ὑπὸ τῆς ἀκολουθίας ἑλκόμενοι, οὐκ ἐννοοῦντες εἴ τι γένοιτο ἂν ἀκόλουθόν τι αὐτῷ καὶ ψεῦδος ὄν· οἷον, εἴ τις λέγοι τὰ δὶς πέντε ἑπτὰ εἶναι καὶ σὺ πιστεύσειας αὐτῷ μὴ ἀριθμήσας ἐπὶ σαυτοῦ, ἐπάξει δηλαδὴ ὅτι καὶ τετράκις πέντε τεσσαρεσκαίδεκα πάντως ἐστὶ καὶ μέχρι ὅσου ἂν ἐθελήσῃ. οἷα καὶ ἡ θαυμαστὴ γεωμετρία ποιεῖ – κἀκείνη γὰρ τοὺς ἐν ἀρχῇ ἀλλόκοτά τινα αἰτήματα αἰτήσασα καὶ συγχωρηθῆναι αὐτῇ ἀξιώσασα οὐδὲ συστῆναι δυνάμενα – σημεῖά τινα ἀμερῆ καὶ γραμμὰς ἀπλατεῖς καὶ τὰ τοιαῦτα, ἐπὶ σαθροῖς τοῖς θεμελίοις τούτοις οἰκοδομεῖ τὰ λοιπὰ καὶ ἀξιοῖ εἰς ἀπόδειξιν ἀληθῆ λέγειν ἀπὸ ψευδοῦς τῆς ἀρχῆς ὁρμωμένη.

[75] Κατὰ ταὐτὰ τοίνυν καὶ ὑμεῖς δόντες τὰς ἀρχὰς τῆς προαιρέσεως ἑκάστης πιστεύετε τοῖς ἑξῆς καὶ γνώρισμα τῆς ἀληθείας αὐτῶν τὴν ἀκολουθίαν ἡγεῖσθε εἶναι ψευδῆ οὖσαν. εἶτα οἱ μὲν ὑμῶν ἐναποθνήσκουσιν ταῖς ἐλπίσι, πρὶν ἰδεῖν τἀληθὲς καὶ καταγνῶναι τῶν ἐξαπατησάντων ἐκείνων, οἱ δὲ κἂν αἴσθωνται ἐξηπατημένοι ὀψέ ποτε γέροντες ἤδη γενόμενοι, ὀκνοῦσιν ἀναστρέφειν αἰδούμενοι εἰ δεήσει τηλικούτους

lassen, die zweite eine Lanze geschleudert und die dritte das Schwert geschwungen. Und wer würde diesen seinen Worten noch misstrauen? Denn sie folgen ja zwangsläufig aus seiner anfänglichen Erzählung, und die ist es, bei der man gleich hätte darauf schauen sollen, ob man sie akzeptieren und glauben darf. Aber gestehst du jene Dinge erst einmal zu, dann folgt der Rest wie von selbst, und es nimmt kein Ende mehr. Diesem Rest zu misstrauen, ist dann nicht mehr so einfach, ist er doch so logisch und folgerichtig und entspricht er doch so sehr dem, was man am Anfang geglaubt hat. Und genau das ist auch euch passiert. Aus Eifer und aus Liebe zur Sache habt ihr nämlich nicht geprüft, wie es sich mit den Dingen jeweils am Eingang verhält, und nun geht ihr voran, am Gängelband der Folgerichtigkeit, ohne nachzudenken, ob man denn etwas folgerichtig nennen kann, das selbst eine Lüge ist. Wenn beispielsweise einer behauptete, dass zweimal fünf sieben ergibt, und du nähmst ihm das ohne nachzurechnen einfach ab, würde er natürlich sofort hinzufügen, dass auch viermal fünf unbedingt vierzehn macht und so fort, soweit er Lust hat. So macht es ja auch die staunenswerte Geometrie. Die konfrontiert ja ebenfalls die Anfänger mit einigen sonderbaren Axiomen und verlangt, dass man sie akzeptiert, obwohl sie sich nicht begründen lassen, irgendwelche unteilbaren Punkte und Linien ohne Breite und solches Zeugs, und auf diesem wackligen Fundament errichtet sie dann das Übrige und behauptet, dessen Wahrheit sei bewiesen, wo sie doch ihren Ausgang von derart windigen Prämissen genommen hat.[94]

[75] Gerade genauso nun akzeptiert auch ihr die Grundprämissen jeder philosophischen Lehre, vertraut den daraus gezogenen Folgerungen und meint, ihre Folgerichtigkeit sei Beleg für ihre Wahrheit – ihre Folgerichtigkeit, ihre verlogene! Und zu guter Letzt sterben die einen von euch über ihren Hoffnungen, bevor sie die Wahrheit erkannt und ihre Betrüger verdammt haben, die anderen aber, selbst wenn sie spät, schon hochbetagt, merken, dass man sie betrogen hat, zögern umzukehren – fragen sie sich doch verlegen, ob sie wohl

αὐτοὺς ὄντας ἐξομολογήσασθαι ὅτι παίδων πρᾶγμα ἔχοντες οὐ συνίεσαν· ὥστε ἐμμένουσιν τοῖς αὐτοῖς ὑπ᾽ αἰσχύνης καὶ ἐπαινοῦσι τὰ παρόντα καὶ ὁπόσους ἂν δύνωνται προτρέπουσιν ἐπὶ τὰ αὐτά, ὡς ἂν μὴ μόνοι ἐξηπατημένοι ὦσιν ἀλλὰ ἔχωσι παραμυθίαν τὸ καὶ πολλοὺς ἄλλους τὰ ὅμοια παθεῖν αὐτοῖς. καὶ γὰρ αὖ κἀκεῖνο ὁρῶσιν, ὅτι ἢν τἀληθὲς εἴπωσιν οὐκέτι σεμνοὶ ὥσπερ νῦν καὶ ὑπὲρ τοὺς πολλοὺς δόξουσιν οὐδὲ τιμήσονται ὁμοίως. οὐκ ἂν οὖν ἑκόντες εἴποιεν εἰδότες, ἀφ᾽ οἵων ἐκπεσόντες ὅμοιοι τοῖς ἄλλοις δόξουσιν. ὀλίγοις δ᾽ ἂν πάνυ ἐντύχοις ὑπ᾽ ἀνδρείας τολμῶσι λέγειν ὅτι ἐξηπάτηνται καὶ τοὺς ἄλλους ἀποτρέπειν τῶν ὁμοίων πειρωμένους. εἰ δ᾽ οὖν τινι τοιούτῳ ἐντύχοις, φιλαλήθη τε κάλει τὸν τοιοῦτον καὶ χρηστὸν καὶ δίκαιον καί, εἰ βούλει, φιλόσοφον· οὐ γὰρ ἂν φθονήσαιμι τούτῳ μόνῳ τοῦ ὀνόματος. οἱ δ᾽ ἄλλοι ἢ οὐδὲν ἀληθὲς ἴσασιν οἰόμενοι εἰδέναι ἢ εἰδότες ἀποκρύπτονται ὑπὸ δειλίας καὶ αἰσχύνης καὶ τοῦ προτιμᾶσθαι βούλεσθαι.

[76] Καίτοι πρὸς τῆς Ἀθηνᾶς ἅπαντα μὲν ἃ ἔφην ἐάσωμεν αὐτοῦ καταβαλόντες καὶ λήθη τις ἔστω αὐτῶν ὥσπερ τῶν πρὸ Εὐκλείδου ἄρχοντος πραχθέντων. ὑποθέμενοι δὲ ταύτην φιλοσοφίαν ὀρθὴν εἶναι τὴν τῶν Στωϊκῶν, ἄλλην δὲ μηδ᾽ ἡντιναοῦν, ἴδωμεν εἰ ἐφικτὴ αὕτη καὶ δυνατή ἐστιν, ἢ μάτην κάμνουσιν ὁπόσοι ἐφίενται αὐτῆς. τὰς μὲν γὰρ ὑποσχέσεις ἀκούω θαυμαστάς τινας, ἡλίκα εὐδαιμονήσουσιν οἱ ἐς τὸ ἀκρότατον ἐλθόντες, μόνους γὰρ τούτους πάντα συλλαβόντας ἕξειν τὰ τῷ ὄντι ἀγαθά. τὸ μετὰ ταῦτα δὲ σὺ ἂν ἄμεινον εἰδείης, εἴ τινι ἐντετύχη-

in ihrem hohen Alter wirklich noch eingestehen werden müssen, dass sie nicht verstanden haben, mit was für einem kinderleichten Problem sie zu tun hatten. Und deshalb bleiben sie aus Scham lieber beim Alten, verklären das, was sie gerade tun, und versuchen wen sie nur können auf denselben Weg zu bringen, damit sie nicht allein die Betrogenen sind, sondern ihnen der Trost bleibt, dass es vielen anderen genauso geht. Denn auch das ist ihnen ja klar, dass sie, wenn sie die Wahrheit zugeben, nicht mehr so erhaben wie jetzt und den anderen weit überlegen wirken werden und dass man sie auch nicht so ehrfürchtig behandeln wird. Wenn man sie nicht dazu zwingt, werden sie nichts zugeben, kennen sie doch die Positionen, die sie nicht verlassen dürfen, wenn sie nicht wie Leute wie du und ich aussehen wollen. Und du wirst wohl nur ganz wenigen begegnen, die tapfer genug sind zuzugeben, dass sie sich haben täuschen lassen, und die sich trauen, die anderen von ähnlichen Versuchen abzubringen. Und wenn du so einem begegnest, dann nenn ihn ›Freund der Wahrheit‹ und gut und gerecht und, meinetwegen, ›Freund der Weisheit‹ – eben Philosoph! Denn das wäre der einzige, dem ich diesen Titel nicht neiden würde. Die anderen aber wissen entweder nichts von der Wahrheit, obwohl sie glauben, etwas zu wissen, oder sie wissen, dass sie nichts wissen, verbergen es aber aus Feigheit, Scham und Geltungssucht.[95]

[76] Aber bei Athena, jetzt wollen wir alles, was ich gesagt habe, ruhen lassen, und vergessen soll es sein wie die Ereignisse vor dem Archontat des Eukleides.[96] Wir wollen unterstellen, die stoische Philosophie sei die richtige, sie und keine andere, und wir wollen einmal schauen, ob ihr Ziel erreichbar ist und im Bereich des Möglichen liegt, oder ob sich die, die nach diesem Ziel streben, vergeblich abmühen. Denn Versprechungen höre ich ja unglaubliche über die Glückseligkeit, die denen zuteilwird, die den Gipfel erklommen haben: Sie allein nämlich kämen in den Besitz aller wirklichen Glücksgüter zugleich. Was dahinter steht, wirst du besser wissen: Ob du nämlich schon einmal so einem Spitzenstoiker begegnet bist, einem,

κας Στωϊκῷ τοιούτῳ τῶν ἐπ᾽ ἄκρῳ, οἵῳ μήτε λυπεῖσθαι μήθ᾽ ὑφ᾽ ἡδονῆς κατασπᾶσθαι μήτε ὀργίζεσθαι, φθόνου δὲ κρείττονι καὶ πλούτου καταφρονοῦντι καὶ συνόλως εὐδαίμονι, ὁποῖον χρὴ τὸν κανόνα εἶναι καὶ γνώμονα τοῦ κατὰ τὴν ἀρετὴν βίου – ὁ γὰρ καὶ κατὰ μικρότατον ἐνδέων ἀτελής, κἂν πάντα πλείω ἔχῃ – εἰ δὲ τοῦτο οὐχί, οὐδέπω εὐδαίμων.

[77] ΕΡΜΟΤΙΜΟΣ

Οὐδένα τοιοῦτον εἶδον.

ΛΥΚΙΝΟΣ

Εὖ γ᾽, ὦ Ἑρμότιμε, ὅτι οὐ ψεύδῃ ἑκών. εἰς τί δ᾽ οὖν ἀποβλέπων φιλοσοφεῖς, ὅταν ὁρᾷς μήτε τὸν διδάσκαλον τὸν σὸν μήτε τὸν ἐκείνου μήτε τὸν πρὸ αὐτοῦ μηδ᾽ ἂν εἰς δεκαγονίαν ἀναγάγῃς μηδένα αὐτῶν σοφὸν ἀκριβῶς καὶ διὰ τοῦτο εὐδαίμονα γεγενημένον; οὐδὲ γὰρ ἂν ἐκεῖνο ὀρθῶς εἴποις ὡς ἀπόχρη κἂν πλησίον γένῃ τῆς εὐδαιμονίας, ἐπεὶ οὐδὲν ὄφελος· ὁμοίως γὰρ ἔξω τοῦ οὐδοῦ ἐστιν καὶ ἐν τῷ ὑπαίθρῳ ὅ τε παρὰ τὴν θύραν ἔξω ἑστὼς καὶ ὁ πόρρω· διαλλάττοιεν δ᾽ ἄν, ὅτι μᾶλλον οὗτος ἀνιάσεται ὁρῶν ἐγγύθεν οἵων ἐστέρηται. εἶτα ἵνα πλησίον γένῃ τῆς εὐδαιμονίας (δώσω γὰρ τοῦτό σοι) τοσαῦτα πονεῖς κατατρύχων σεαυτόν, καὶ παραδεδράμηκέ σε ὁ βίος ὁ τοσοῦτος ἐν ἀκηδίᾳ καὶ καμάτῳ καὶ ἀγρυπνίαις κάτω νενευκότα· καὶ εἰσαῦθις πονήσεις, ὡς φῄς, ἄλλα εἴκοσιν ἔτη τοὐλάχιστον, ἵνα ὀγδοηκοντούτης γενόμενος (εἴ τις ἐγγυητής ἐστί σοι ὅτι βιώσῃ τοσαῦτα) ὅμως ᾖς ἐν τοῖς μηδέπω εὐδαιμο-

der nie betrübt ist, nie Opfer seiner Begierden wird, nie in Wut gerät, einem, der seine Neidgefühle zu besiegen weiß, der Reichtümer verachtet, kurz, der glückselig ist, wie es einer sein muss, der Maß und Richtschnur eines Lebens in Vollendung sein soll – denn wer dahinter auch nur ein kleines bisschen zurückbleibt, ist unvollkommen, mag er auch sonst alles im Überfluss sein eigen nennen: Wenn er das nicht hat, dann ist er auch noch nicht im Besitz der Glückseligkeit.

[77] HERMOTIMOS

So einen habe ich noch nie gesehen.

LYKINOS

Ein Glück, Hermotimos, dass du nicht absichtlich lügst. Aber was hältst du dir denn als Vorbild vor Augen beim Philosophieren, wenn du siehst, dass weder dein Professor noch dessen Professor noch der Professor vor ihm noch irgendein anderer von ihnen, auch wenn du bis ins zehnte Glied zurückgehst, im eigentlichen Sinne weise und also glückselig gewesen ist? Denn auch wenn du behaupten würdest, es genüge, nahe an die Glückseligkeit herangekommen zu sein, hättest du ja nicht recht, denn damit wäre nichts gewonnen. Ob man nämlich in der Nähe oder weit weg vom Eingang steht, draußen im Freien vor der Tür ist man ja doch, nur mit dem Unterschied, dass sich derjenige, der in der Nähe steht, sogar noch mehr ärgert, weil er von nahem sieht, was ihm verwehrt bleibt. Und dann: Um in die Nähe der Glückseligkeit zu gelangen – und dass du das geschafft hast, will ich gerne zugeben –, mühst du dich so viele Jahre ab, zehrst deine Kräfte auf, und schon ist dein Leben – und es war doch nicht kurz! – vorüber, vertan in Erschöpfung, Müdigkeit und durchwachten Nächten, über die Bücher gebeugt! Und du willst dich – das hast du selbst gesagt – noch mindestens weitere zwanzig Jahre schinden, damit du dann als Achtzigjähriger – vorausgesetzt, es kann dir einer garantieren, dass du so lange lebst – trotz allem weiterhin zu denen gehörst, die die Glückseligkeit noch nicht erreicht haben? Außer natürlich, du glaubst, du werdest als

νοῦσιν – εἰ μὴ μόνος οἴει τεύξεσθαι τούτου καὶ αἱρήσειν διώκων ὃ πρὸ σοῦ μάλα πολλοὶ καὶ ἀγαθοὶ καὶ ὠκύτεροι παρὰ πολὺ διώκοντες οὐ κατέλαβον.

[78] Ἀλλὰ καὶ κατάλαβε, εἰ δοκεῖ, καὶ ἔχε ὅλον συλλαβών· τὸ μὲν δὴ πρῶτον οὐχ ὁρῶ ὅ τι ποτ' ἂν εἴη τἀγαθόν, ὡς ἀντάξιον δοκεῖν τῶν πόνων τῶν τοσούτων. ἔπειτα ἐς πόσον ἔτι τὸν λοιπὸν χρόνον ἀπολαύσεις αὐτοῦ γέρων ἤδη καὶ παντὸς ἡδέος ἔξωρος ὢν καὶ τὸν ἕτερον πόδα φασὶν ἐν τῇ σορῷ ἔχων; εἰ μή τι ἐς ἄλλον, ὦ γενναῖε, βίον προγυμνάζεις ἑαυτόν, ὡς ἐς ἐκεῖνον ἐλθὼν ἄμεινον διαγάγοις, εἰδὼς ὅντινα τρόπον χρὴ βιοῦν ὅμοιον ὡς εἴ τις ἐς τοσοῦτον σκευάζοι τε καὶ εὐτρεπίζοι ὡς δειπνήσων ἄμεινον ἄχρι ἂν λάθῃ ὑπὸ λιμοῦ διαφθαρείς.

[79] Ἀλλὰ μὴν οὐδ' ἐκεῖνό πω κατανενόηκας οἶμαι ὡς ἡ μὲν ἀρετὴ ἐν ἔργοις δήπου ἐστίν, οἷον ἐν τῷ δίκαια πράττειν καὶ σοφὰ καὶ ἀνδρεῖα, ὑμεῖς δὲ (τὸ δὲ ὑμεῖς ὅταν εἴπω, τοὺς ἄκρους τῶν φιλοσοφούντων φημί) ἀφέντες ταῦτα ζητεῖν καὶ ποιεῖν ῥημάτια δύστηνα μελετᾶτε καὶ συλλογισμοὺς καὶ ἀπορίας καὶ τὸ πλεῖστον τοῦ βίου ἐπὶ τούτοις διατρίβετε, καὶ ὃς ἂν κρατῇ ἐν αὐτοῖς καλλίνικος ὑμῖν δοκεῖ. ἀφ' ὧν οἶμαι καὶ τὸν διδάσκαλον τουτονὶ θαυμάζετε γέροντα ἄνδρα, ὅτι τοὺς προσομιλοῦντας ἐς ἀπορίαν καθίστησιν καὶ οἶδεν ὡς χρὴ ἐρέσθαι καὶ σοφίσασθαι καὶ πανουργῆσαι καὶ ἐς ἄφυκτα ἐμβαλεῖν, καὶ τὸν καρπὸν ἀτεχνῶς ἀφέντες – οὗτος δὲ ἦν περὶ τὰ ἔργα – περὶ τὸν φλοιὸν ἀσχολεῖσθε τὰ φύλλα καταχέοντες ἀλλήλων ἐν ταῖς ὁμιλίαις. ἢ γὰρ ἄλλα ἐστὶν ἃ πράττετε, ὦ Ἑρμότιμε, πάντες ἕωθεν εἰς ἑσπέραν;

ΕΡΜΟΤΙΜΟΣ

Οὔκ, ἀλλὰ ταῦτα.

ΛΥΚΙΝΟΣ

Ἦ οὖν οὐχὶ καὶ ὀρθῶς τις φαίη τὴν σκιὰν ὑμᾶς θηρεύειν ἐάσαντας τὸ

einziger das erreichen und endlich in Händen halten, dem vor dir so viele vergeblich nachgejagt sind, Leute, die gut waren und viel schneller als du.[97]

[78] Aber meinetwegen, bitte, fasse dein Glück und halte es fest in den Armen – also erstens vermag ich beim besten Willen nicht zu sehen, was so herrlich sein könnte, dass es einen echten Gegenwert bieten würde für so viel Plackerei. Zweitens: Wie viele Jahre wirst du denn noch etwas davon haben? Du bist alt, was das Leben schön macht, liegt hinter dir, du stehst mit einem Bein im Grabe, wie man so sagt. Es sei denn, natürlich, du trainierst schon für das nächste Leben, mein Lieber, damit du es da besser machst, weil du ja dann wissen wirst, wie man richtig lebt, so wie einer, der alles vorbereitet und aufs feinste anrichtet, um noch besser zu dinieren, und hier rückt und da ändert – und ehe er sich's versieht, ist er verhungert.

[79] Aber vor allem hast du nicht begriffen, meine ich, dass die Vollkommenheit doch wohl in der Tat liegt, also darin, gerecht, weise und tapfer *zu handeln*. Ihr hingegen – wenn ich ›ihr‹ sage, dann meine ich damit die Koryphäen der Philosophie – schiebt gerade das beiseite und studiert und produziert stattdessen eure erbärmlichen Phrasen, Syllogismen, Aporien,[98] und verschwendet euer Leben an diese Dinge, und wer in so etwas stark ist, den erklärt ihr zum herrlichen Sieger.[99] Daher kommt es wohl auch, dass ihr diesen Professor da bewundert, den Alten, weil er seine Umgebung in die Enge treibt und sich aufs Fragen versteht, auf Tricks, auf Fallstricke, aufs Festnageln; und während ihr euch die Früchte eurer Bemühungen einfach entgehen lasst – im Handeln hätten sie ja bestanden![100] –, müht ihr euch um die Rinde und bewerft euch mit Blättern in euren Diskussionen! Oder macht ihr vielleicht etwas anderes, Hermotimos, ihr alle, von früh bis spät?

HERMOTIMOS

Nein, nichts anderes.

LYKINOS

Wenn man also behaupten würde, dass ihr den Schatten jagt, aber

σῶμα ἢ τοῦ ὄφεως τὸ σύφαρ ἀμελήσαντας τοῦ ὁλκοῦ; μᾶλλον δὲ τὸ ὅμοιον ποιεῖν ὥσπερ εἴ τις ἐς ὅλμον ὕδωρ ἐγχέας ὑπέρῳ σιδηρῷ πτίττοι πράττειν ἀναγκαῖόν τι καὶ προὔργου οἰόμενος, οὐκ εἰδὼς ὅτι ἂν ἀποβάλῃ φασὶ τοὺς ὤμους πτίττων, ὕδωρ ὁμοίως τὸ ὕδωρ μένει;

[80] Καί μοι δὸς ἐνταῦθα ἤδη ἐρέσθαι σε εἰ ἐθέλοις ἂν ἔξω τῶν λόγων τὰ ἄλλα ἐοικέναι τῷ διδασκάλῳ, οὕτω μὲν ὀργίλος, οὕτω δὲ μικρολόγος, οὕτω δὲ φιλόνεικος ὢν καὶ φιλήδονος νὴ Δί', εἰ καὶ μὴ τοῖς πολλοῖς δοκεῖ. τί σιγᾷς, ὦ Ἑρμότιμε; θέλεις διηγήσομαι ἃ πρῴην ἤκουσα ὑπὲρ φιλοσοφίας τινὸς λέγοντος ἀνδρὸς πάνυ γεγηρακότος, ᾧ πάμπολλοι τῶν νέων ἐπὶ σοφίᾳ πλησιάζουσιν; ἀπαιτῶν γὰρ παρά τινος τῶν μαθητῶν τὸν μισθὸν ἠγανάκτει, λέγων ὑπερήμερον εἶναι καὶ ἐκπρόθεσμον τοῦ ὀφειλήματος, ὃν ἔδει πρὸ ἑκκαίδεκα ἡμερῶν ἐκτετικέναι τῇ ἕνῃ καὶ νέᾳ· οὕτω γὰρ συνθέσθαι.

[81] Καὶ ἐπεὶ ταῦτα ἠγανάκτει, παρεστὼς ὁ θεῖος τοῦ νεανίσκου, ἄγροικος ἄνθρωπος καὶ ἰδιώτης ὡς πρὸς τὰ ὑμέτερα· »Πέπαυσο,« εἶπεν, »ὦ θαυμάσιε, τὰ μέγιστ' ἠδικῆσθαι λέγων, εἰ ῥημάτια παρὰ σοῦ πριάμενοι μηδέπω ἐκτετίκαμεν διάφορον. καίτοι ἃ μὲν ἡμῖν πέπρακας, ἔχεις ἔτι καὶ αὐτὸς καὶ οὐδὲν ἔλαττον γέγονέ σοι τῶν μαθημάτων. τὰ δε ἄλλ' ὧν ἐξ ἀρχῆς ἐπιθυμῶν συνέστησά σοι τὸν νεανίσκον, οὐδὲν ἀμείνων γεγένηται διὰ σέ, ὃς τοὐμοῦ γείτονος Ἐχεκράτους τὴν θυγατέρα συναρπάσας παρθένον οὖσαν διέφθειρεν καὶ ὀλίγου δίκην ἔφυγε βιαίων, εἰ μὴ ἐγὼ ταλάντου ὠνησάμην τὸ πλημμέλημα παρὰ πένητος ἀνδρὸς τοῦ Ἐχεκράτους. τὴν μητέρα δέ πρῴην ἐρράπισεν, ὅτι αὐτοῦ ἐλάβετο

den Körper entkommen lasst, oder das Fleisch der Schlange für ihren Balg vernachlässigt, ja mehr noch, euch benehmt wie einer, der Wasser in einen Mörser gießt und dann mit dem Stößel darauf einhämmert, in der Meinung, etwas ausnehmend Wichtiges zu tun, ohne zu wissen, dass er sich beim Hämmern, wie man so sagt, die Schultern ausrenken mag – Wasser bleibt doch Wasser! –, wer das also behaupten würde, hätte er nicht recht? **[80]** Und lass mich dich hier schon fragen, ob du, unabhängig von der Qualität seiner Lehre, in allem Übrigen wie dein Professor sein willst, so jähzornig, so ein Kleingeist, so ein Streithammel, so ein Lustmolch – jawohl: ein Lustmolch, beim Zeus, auch wenn die meisten es nicht merken. Du schweigst, Hermotimos? Soll ich dir erzählen, was ich gestern jemanden über die Philosophie habe sagen hören, auch er hochbetagt, dem sich seiner Weisheit wegen viele Jugendliche anschließen? Der forderte von einem seiner Schüler seinen Lohn und regte sich dabei furchtbar auf: Das Geld sei längst fällig, die gesetzte Frist verstrichen, die Schuld hätte schon vor 16 Tagen am Neumondstag beglichen werden müssen, denn so sei es vertraglich vereinbart![101] **[81]** Und während er so schimpfte, da trat der Onkel des jungen Mannes, ein schlichter Mensch und in euren philosophischen Angelegenheiten ganz unbewandert, zu ihm und sagte: »Nun hör schon auf, du komischer Kauz, ständig zu behaupten, man habe dir wer weiß was angetan, bloß weil wir dir für die Wörterchen, die wir von dir kauften, noch nicht alles bezahlt haben. Du besitzt ja doch auch selbst noch das, was du uns verkauft hast, und dein Wissen ist um nichts weniger geworden. Was aber alles Übrige betrifft, worum es mir ging und weswegen ich ihn ursprünglich zu dir in die Lehre gegeben habe, so ist er durch dich kein bisschen ein besserer Mensch geworden. Stattdessen hat er die Tochter meines Nachbarn Echekrates vergewaltigt und entjungfert und beinahe hätte ich einen Prozess wegen Nötigung am Hals gehabt, wenn ich ihn nicht für ein Talent bei Echekrates, einem mittellosen Mann, ausgelöst hätte.[102] Heute Morgen hat er seine Mutter geohrfeigt, weil sie ihn

ὑπὸ κόλπου ἐκκομίζοντος τὸν κάδον, ὡς ἔχοι συμβολὰς οἶμαι καταθεῖναι. τὰ μὲν γὰρ ἐς ὀργὴν καὶ θυμὸν καὶ ἀναισχυντίαν καὶ ἐς τόλμαν καὶ ψεῦδος μακρῷ τινι ἄμεινον εἶχεν πέρυσιν ἢ νῦν. καίτοι ἐβουλόμην ἂν αὐτὸν ἐς ταῦτα ὠφελῆσθαι ὑπὸ σοῦ μᾶλλον ἤπερ ἐκεῖνα εἰδέναι, ἃ καθ' ἑκάστην ἡμέραν πρὸς ἡμᾶς οὐδὲν δεομένους ἐπὶ τὸ δεῖπνον διεξέρχεται, ὡς κροκόδειλος ἥρπασε παιδίον, καὶ ὑπέσχηται ἀποδώσειν αὐτό, ἂν ἀποκρίνηται ὁ πατὴρ οὐκ οἶδ' ὅ τι, ἢ ὡς ἀναγκαῖόν ἐστιν ἡμέρας οὔσης μὴ νύκτα εἶναι. ἐνίοτε δὲ καὶ κέρατα ἡμῖν ὁ γενναῖος ἀναφύει οὐκ οἶδ' ὅπως περιπλέκων τὸν λόγον. ἡμεῖς δὲ γελῶμεν ἐπὶ τούτοις, καὶ μάλιστα ὅταν ἐπιβυσάμενος τὰ ὦτα μελετᾷ πρὸς αὐτὸν ἕξεις τινὰς καὶ σχέσεις καὶ καταλήψεις καὶ φαντασίας καὶ τοιαῦτα πολλὰ ὀνόματα διεξιών. ἀκούομεν δὲ αὐτοῦ λέγοντος ὡς καὶ ὁ θεὸς οὐκ ἐν οὐρανῷ ἐστιν ἀλλὰ διὰ πάντων πεφοίτηκεν, οἷον ξύλων καὶ λίθων καὶ ζῴων ἄχρι καὶ τῶν ἀτιμοτάτων. καὶ τῆς γε μητρὸς ἐρομένης αὐτὸν τί ταῦτα ληρεῖ, καταγελάσας αὐτῆς 'Ἀλλὰ ἢν τὸν λῆρον τοῦτον,' ἔφη, 'ἐκμάθω ἀκριβῶς, οὐδὲν κωλύσει με μόνον πλούσιον μόνον βασιλέα εἶναι, τοὺς δὲ ἄλλους ἀνδράποδα καὶ καθάρματα νομίζεσθαι ὡς πρὸς ἐμέ.'«

[82] Τοιαῦτα τοῦ ἀνδρός εἰπόντος, ὁ φιλόσοφος ὅρα οἵαν ἀπόκρισιν ἀπεκρίνατο, ὦ Ἑρμότιμε, ὡς πρεσβυτικήν· ἔφη γάρ· »Ἀλλ' εἴ γε μὴ ἐμοὶ ἐπλησίαζεν οὗτος, οὐκ οἴει μακρῷ χείρω ἂν αὐτὸν ἐξεργάσασθαι ἢ καὶ νὴ Δία ἴσως τῷ δημίῳ παραδεδόσθαι; ὡς νῦν γε χαλινόν τινα ἐμβέβληκεν αὐτῷ ἡ φιλοσοφία καὶ ἡ πρὸς ταύτην αἰδώς, καὶ διὰ τοῦτο μετριώτερός ἐστιν ὑμῖν καὶ φορητὸς ἔτι. φέρει γάρ τινα αἰσχύνην αὐτῷ,

mit einem Krug Wein unter der Jacke erwischt hatte, den er hinausschmuggeln wollte, damit er etwas zur Party mitzubringen hätte. Was aber Jähzorn, Heftigkeit, Unverschämtheit, Dreistigkeit und Verlogenheit betrifft, da war es im vergangenen Jahr noch nicht so schlimm mit ihm wie jetzt. Und ich hätte doch so gern gehabt, dass er in dieser Hinsicht von dir lernt, lieber jedenfalls, als dass du ihm jenes Zeugs beibringst, das er uns jeden Tag, ohne dass wir ihn darum gebeten hätten, zum Abendbrot auftischt, etwa, dass ein Krokodil ein Kind geraubt habe und nun verspreche, es wieder herzugeben, wenn der Vater ich weiß nicht was antworte,[103] oder dass man, wenn es Tag sei, folgern müsse, es sei nicht Nacht. Manchmal lässt uns der kluge Schatz auch Hörner wachsen,[104] indem er einem das Wort im Mund verdreht. Wir lachen nur über solche Sachen, und am meisten, wenn er sich die Ohren verstopft und dann irgendwelche psychologischen Kategorien, Modalitäten, Katalepsen, Imaginationen und viele andere solche Wörter memoriert. Wir hören ihn sagen, dass Gott nicht im Himmel ist, sondern das All, Bäume und Felsen und lebende Wesen durchwaltet, sogar die allerverächtlichsten. Und als ihn seine Mutter fragte, warum er so dummes Zeug rede, da lachte er ihr ins Gesicht und sagte: ›Wenn ich dieses dumme Zeug gut auswendig lerne, dann wird mir nichts mehr im Wege stehen, dann werde ich allein reich, allein König sein, die anderen aber werden gegen mich wie Sklaven, gerade wie Dreck aussehen.‹[105]«

[82] Das sagte der Mann, und nun pass auf, was der Philosoph ihm antwortete, eine Antwort, Hermotimos, wie sie einem ehrwürdigen Greis so recht wohl zu Gesichte steht: »Wenn er nicht mein Schüler geworden wäre, glaubst du nicht, dass er dann noch viel schlimmere Dinge angestellt hätte oder vielleicht sogar, beim Zeus, schon unter dem Beil des Henkers gelandet wäre? Aber jetzt hat ihm die Philosophie Zügel angelegt, sie und die Ehrfurcht, die er vor ihr empfindet, und deshalb benimmt er sich euch gegenüber noch einigermaßen anständig und erträglich: Sie legt ihm eine ge-

εἰ ἀνάξιος φαίνοιτο τοῦ σχήματος καὶ τοῦ ὀνόματος, ἃ δὴ παρακολουθοῦντα παιδαγωγεῖ αὐτόν. ὥστε δίκαιος ἂν εἴην, εἰ καὶ μὴ ὧν βελτίω ἀπέφηνα, μισθὸν παρ᾽ ὑμῶν λαβεῖν, ἀλλ᾽ οὖν ἐκείνων γε ἃ μὴ δέδρακεν αἰδούμενος φιλοσοφίαν. ἐπεὶ καὶ αἱ τίτθαι τοιάδε λέγουσι περὶ τῶν παιδίων, ὡς ἀπιτητέον αὐτοῖς ἐς διδασκάλου· καὶ γὰρ ἂν μηδέπω μαθεῖν ἀγαθόν τι δύνωνται, ἀλλ᾽ οὖν φαῦλον οὐδὲν ποιήσουσιν ἐκεῖ μένοντες. ἐγὼ μὲν οὖν τὰ ἄλλα πάντα ἀποπλῆσαί μοι δοκῶ, καὶ ὅντινα ἂν ἐθέλῃς τῶν εἰδότων τὰ ἡμέτερα ἧκέ μοι ἐς αὔριον παραλαβὼν ὄψει τε ὅπως ἐρωτᾷ καὶ πῶς ἀποκρίνεται καὶ ὅσα μεμάθηκεν καὶ ὅσα ἤδη ἀνέγνωκε βιβλία περὶ ἀξιωμάτων, περὶ συλλογισμῶν, περὶ καταλήψεως, περὶ καθηκόντων καὶ ἄλλα ποικίλα. εἰ δὲ ἢ τὴν μητέρα ἔτυπτεν ἢ παρθένους συνήρπαζε, τί ταῦτα πρὸς ἐμέ; οὐ γὰρ παιδαγωγόν με ἐπεστήσατε αὐτῷ.«

[83] Τοιαῦτα γέρων ἄνθρωπος ὑπὲρ φιλοσοφίας ἔλεγε. σὺ δὲ καὶ αὐτὸς ἂν φαίης, ὦ Ἑρμότιμε, ἱκανὸν εἶναι ὡς διὰ τοῦτο φιλοσοφοίημεν, ὡς μηδὲν τῶν φαυλοτέρων πράττοιμεν; ἢ ἐπ᾽ ἄλλαις ἐλπίσιν ἐξ ἀρχῆς φιλοσοφεῖν ἠξιοῦμεν, οὐχ ὡς τῶν ἰδιωτῶν κοσμιώτεροι εἴημεν περινοστοῦντες; τί οὖν οὐκ ἀποκρίνῃ καὶ τοῦτο;

ΕΡΜΟΤΙΜΟΣ

Τί δὲ ἄλλο ἢ ὅτι καὶ δακρῦσαι ὀλίγου δέω; ἐς τοσοῦτό μου καθίκετο ὁ λόγος ἀληθὴς ὤν, καὶ ὀδύρομαι, ὅσον ἄθλιος χρόνον ἀνάλωκα καὶ προσέτι μισθοὺς οὐκ ὀλίγους τελῶν ἀντὶ τῶν πόνων. νυνὶ γὰρ ὥσπερ ἐκ

wisse Zurückhaltung auf, denn er würde sich schämen, wenn er ihres Namens und der mit ihr verbundenen Haltung unwürdig schiene, die nun mit seinem Auftreten einhergehen und so eine erzieherische Wirkung auf ihn entfalten. Daher steht es mir wohl zu, von euch einen Lohn zwar nicht für eine Besserung seines Charakters zu verlangen, aber doch für all das, was er aus Scheu vor der Philosophie *nicht* verbrochen hat. Genau deswegen müssen ja auch die Kinder, sagen die Ammen, in die Schule gehen: Denn auch wenn sie dort nichts Rechtes lernen könnten, so würden sie doch wenigstens in dieser Zeit keinen Unfug anstellen. Was nun den ganzen übrigen Lernstoff angeht, so denke ich, meine Pflicht erfüllt zu haben, und du kannst gerne morgen in Begleitung eines x-beliebigen Kenners der Materie zu uns kommen und zuschauen, wie er fragt, wie er antwortet, was er alles schon gelernt hat, und wie viele Bücher er bereits gelesen hat über Prinzipien, Syllogismen, über die Katalepse, über Pflichten und verschiedenes anderes. Und wenn er seine Mutter schlägt oder Teenies schwängert, was geht mich das an? Ihr habt mich doch nicht als Kindermädchen engagiert!«[106] **[83]** Das war es, was der alte Mann über die Philosophie zu sagen hatte. Und du, Hermotimos, würdest auch du sagen, es genüge, dass wir philosophieren, um uns nicht zu noch schlimmeren Taten hinreißen zu lassen? Oder war es uns zu Anfang bei der Philosophie nicht um etwas ganz anderes gegangen, nicht darum, dass wir dadurch, dass wir uns bemühen, anständigere Menschen wären als die normalen Leute? Warum antwortest du mir nicht auch auf diese Frage?

HERMOTIMOS

Aus welchem anderen Grund wohl als deshalb, weil ich sowieso schon mit den Tränen kämpfe? Deine Worte haben mich tief getroffen, weil sie wahr sind, und ich bin zutiefst unglücklich darüber, wie viel Zeit ich Ärmster verschwendet habe! Und Geld habe ich obendrein auch nicht wenig für die Schinderei bezahlt! Jetzt aber, als ob ich aus einem Rausch aufwachen würde, sehe ich, was das ist,

μέθης ἀνανήφων ὁρῶ οἷα μέν ἐστιν ὧν ἤρων, ὁπόσα δὲ πέπονθα διὰ ταῦτα.

[84] ΛΥΚΙΝΟΣ

Καὶ τί δεῖ δακρύων, ὦ χρηστέ; τὸ γὰρ τοῦ μύθου ἐκεῖνο πάνυ συνετόν, οἶμαι, ὃν Αἴσωπος διηγεῖτο· ἔφη γὰρ ἄνθρωπόν τινα ἐπὶ τῇ ἠϊόνι καθεζόμενον ἐπὶ τὴν κυματωγὴν ἀριθμεῖν τὰ κύματα, σφαλέντα δὲ καὶ ἄχθεσθαι καὶ ἀνιᾶσθαι, ἄχρι δὴ τὴν κερδὼ παραστᾶσαν εἰπεῖν αὐτῷ· »Τί, ὦ γενναῖε, ἀνιᾷ τῶν παρελθόντων ἕνεκα, δέον τὰ ἐντεῦθεν ἀρξάμενον ἀριθμεῖν ἀμελήσαντα ἐκείνων;« Καὶ σὺ τοίνυν, ἐπείπερ οὕτω σοι δοκεῖ, ἐς τὸ λοιπὸν ἂν ἄμεινον ποιήσαις βίον τε κοινὸν ἅπασι βιοῦν ἀξιῶν καὶ συμπολιτεύσῃ τοῖς πολλοῖς οὐδέν ἀλλόκοτον καὶ τετυφωμένον ἐλπίζων, καὶ οὐκ αἰσχυνῇ, ἤνπερ εὖ φρονῇς, εἰ γέρων ἄνθρωπος μεταμαθήσῃ καὶ μεταχωρήσεις πρὸς τὸ βέλτιον. [85] ταῦτα πάντα, ὦ φιλότης, ὁπόσα εἶπον, μή με νομίσῃς κατὰ τῆς Στοᾶς παρεσκευασμένον ἢ ἔχθραν τινὰ ἐξαίρετον πρὸς Στωϊκοὺς ἐπανῃρημένον εἰρηκέναι, ἀλλὰ κοινὸς ἐπὶ πάντας ὁ λόγος. τὰ γὰρ αὐτὰ πρὸς σὲ εἶπον ἄν, εἰ τὰ Πλάτωνος ἢ Αριστοτέλους ᾕρησο τῶν ἄλλων ἀκρίτων ἐρήμην καταγνούς. νῦν δὲ ἐπεὶ τὰ Στωϊκῶν προετίμησας, πρὸς τήν Στοὰν ἀποτετάσθαι ὁ λόγος ἔδοξεν οὐδὲν ἐξαίρετον πρὸς αὐτὴν ἔχων.

[86] ΕΡΜΟΤΙΜΟΣ

Εὖ λέγεις· ἄπειμι γοῦν ἐπ' αὐτὸ τοῦτο, ὡς μεταβαλοίμην καὶ αὐτὸ δὴ τὸ σχῆμα. ὄψει γοῦν οὐκ εἰς μακρὰν οὔτε πώγωνα ὥσπερ νῦν λάσιον καὶ βαθὺν οὔτε δίαιταν κεκολασμένην, ἀλλὰ ἄνετα πάντα καὶ ἐλεύθερα. τάχα δὲ καὶ πορφυρίδα μεταμφιάσομαι, ὡς εἰδεῖεν ἅπαντες ὅτι μηκέτι μοι τῶν λήρων ἐκείνων μέτεστιν. ὡς εἴθε γε καὶ ἐξεμέσαι δυνατὸν ἦν ἅπαντα ἐκεῖνα, ὁπόσα ἤκουσα παρ' αὐτῶν, καὶ εὖ ἴσθι, οὐκ ἂν ὤκνησα

wonach ich mich da so gesehnt habe, und was ich dafür auf mich genommen habe.

[84] LYKINOS

Was sollen die Tränen, mein Guter? Da gibt es eine sehr kluge Fabel, von Äsop, glaube ich.[107] Ein Mann, so heißt es dort, habe am Meeresufer gesessen und die Wellen in der Brandung gezählt. Als er sich vertan habe, sei er ärgerlich und traurig gewesen, bis ein Fuchs zu ihm trat und sagte: »Warum, mein Bester, trauerst du den verflossenen Wellen nach, wo du sie doch vergessen und stattdessen die kommenden zählen müsstest?« Und auch du kannst es ja, wenn du es für richtig hältst, in Zukunft besser machen, ein Leben zusammen mit allen anderen leben und ihre Gemeinschaft suchen,[108] ohne verquere und aufgeblasene Hoffnungen, und, wenn du klug bist, dann genierst du dich nicht, als alter Mann noch umzulernen und dich zum Besseren zu bekehren. [85] Denk nicht, mein Lieber, ich hätte all das, was ich vorgebracht habe, nur deshalb gesagt, weil ich etwas gegen die Stoa habe oder einen besonderen Hass gegen die Stoiker hege: Mein LOGOS richtete sich gegen alle. Ich hätte nämlich genau dasselbe gesagt, wenn du dich der Lehre Platons oder der des Aristoteles angeschlossen und die anderen ungeprüft beiseitegeschoben hättest. Da du nun aber einmal die Stoiker vorgezogen hattest, sah es so aus, als richte sich mein LOGOS gegen die Stoa, ohne sie aber doch im Besonderen zu meinen.

[86] HERMOTIMOS

Schön gesagt! Ich gehe jetzt und fange jedenfalls erst einmal damit an, dass ich auch und vor allem mein äußeres Erscheinungsbild ändere. Nur kurze Zeit, und du wirst mich ohne langen und buschigen Bart sehen, und ich werde auch nicht mehr das Leben eines Zuchthäuslers führen, sondern mich ganz locker und lässig geben! Ja, ich werde bald sogar einen purpurnen Mantel anziehen, damit alle sehen können, dass ich mit jenem öden Geschwätz nichts mehr zu tun habe. Ach, wenn es mir doch auch möglich wäre, alles das, was ich von ihnen gehört habe, wieder auszuspucken[109] – und du

καὶ ἐλλέβορον πιεῖν διὰ τοῦτο ἐς τὸ ἔμπαλιν ἢ ὁ Χρύσιππος, ὅπως μηδὲν ἔτι νοήσαιμι ὧν φασιν. σοὶ δ' οὖν οὐ μικρὰν χάριν οἶδα, ὦ Λυκῖνε, ὅτι με παραφερόμενον ὑπὸ θολεροῦ τινος χειμάρρου καὶ τραχέος, ἐπιδιδόντα ἐμαυτὸν καὶ κατὰ ροῦν συρρέοντα τῷ ὕδατι, ἀνέσπασας ἐπιστάς, τὸ τῶν τραγῳδῶν τοῦτο, θεὸς ἐκ μηχανῆς ἐπιφανείς. δοκῶ δέ μοι οὐκ ἀλόγως ἂν καὶ ξυρήσασθαι τὴν κεφαλὴν ὥσπερ οἱ ἐκ τῶν ναυαγίων ἀποσωθέντες ἐλεύθεροι, ἅτε καὶ σωτήρια τήμερον ἄξων τοσαύτην ἀχλὺν ἀποσεισάμενος τῶν ὀμμάτων. φιλοσόφῳ δὲ εἰς τὸ λοιπὸν κἂν ἄκων ποτὲ ἐν ὁδῷ βαδίζων ἐντύχω, οὕτως ἐκτραπήσομαι καὶ περιστήσομαι ὥσπερ τοὺς λυττῶντας τῶν κυνῶν.

kannst sicher sein, ich würde nicht zögern, dafür sogar Nieswurz zu trinken, allerdings genau aus dem gegenteiligen Grund wie Chrysipp, damit ich nämlich nichts mehr von dem wüsste, was sie sagen.[110] Und dir, Lykinos, danke ich wirklich herzlich, dass du mich, der ich von einem trüben und rauen Wildbach davongetragen wurde und den Kampf gegen die Strömung und die Wellen schon völlig aufgegeben hatte, wieder herausgezogen hast, vom Himmel gestiegen wie ein tragischer deus ex machina. Vielleicht wäre es auch passend, wenn ich mir, wie diejenigen, die aus einem Schiffbruch gerettet wieder ins Leben zurückgekehrt sind, die Haare abschnitte, um sie als Zeichen des Dankes für meine Rettung aus dem Nebel darzubringen, der vor meinen Augen lag.[111] Und sollte ich in Zukunft aus Versehen noch einmal einem Philosophen auf der Straße begegnen, dann werde ich ihm ausweichen und einen Bogen um ihn machen wie um einen tollwütigen Hund.[112]

ΕΥΝΟΥΧΟΣ

[1] ΠΑΜΦΙΛΟΣ

Πόθεν, ὦ Λυκῖνε, καὶ τί γελῶν ἡμῖν ἀφῖξαι; ἀεὶ μὲν γὰρ φαιδρὸς ὢν τυγχάνεις, τουτὶ δὲ πλέον τοῦ συνήθους εἶναί μοι δοκεῖ, ἐφ᾽ ὅτῳ μηδὲ κατέχειν δυνατὸς εἶ τὸν γέλωτα.

ΛΥΚΙΝΟΣ

Ἐξ ἀγορᾶς μὲν ἥκω σοι, ὦ Πάμφιλε· τοῦ γέλωτος δὲ αὐτίκα κοινωνὸν ποιήσομαί σε, ἢν ἀκούσῃς οἵᾳ δίκῃ δικαζομένῃ παρεγενόμην, φιλοσόφων πρὸς ἀλλήλους ἐριζόντων.

ΠΑΜΦΙΛΟΣ

Καὶ τοῦτο μὲν ὡς ἀληθῶς γελοῖον λέγεις, τὸ φιλοσοφοῦντας δικάζεσθαι πρὸς ἀλλήλους, δέον, εἰ καί τι μέγα εἴη, κατ᾽ εἰρήνην ἐν σφίσι διαλύεσθαι τὰ ἐγκλήματα.

[2] ΛΥΚΙΝΟΣ

Πόθεν, ὦ μακάριε, κατ᾽ εἰρήνην ἐκεῖνοι, οἵ γε ξυμπεσόντες ὅλας ἁμάξας βλασφημιῶν κατεσκέδασαν ἀλλήλων, κεκραγότες καὶ ὑπερδιατεινόμενοι;

ΠΑΜΦΙΛΟΣ

Ἦ που, ὦ Λυκῖνε, περὶ τῶν λόγων διεφέροντο τὰ συνήθη ταῦτα, ἑτερόδοξοι τυγχάνοντες;

ΛΥΚΙΝΟΣ

Οὐδαμῶς, ἀλλ᾽ ἑτεροῖόν τι τοῦτο ἦν· ὁμόδοξοι γὰρ ἄμφω καὶ ἀπὸ τῶν αὐτῶν λόγων. δίκη δὲ ὅμως συνειστήκει καὶ δικασταὶ ψηφοφοροῦντες ἦσαν οἱ ἄριστοι καὶ πρεσβύτατοι καὶ σοφώτατοι τῶν ἐν τῇ πόλει καὶ ἐφ᾽ ὧν ἄν τις ᾐδέσθη παρὰ μέλος τι φθεγξάμενος, οὐχ ὅπως ἐς τοσαύτην ἀναισχυντίαν τραπόμενος.

ΠΑΜΦΙΛΟΣ

Οὐκοῦν λέγοις ἂν ἤδη τὸ κεφάλαιον τῆς δίκης, ὡς καὶ αὐτὸς εἰδείην ὅ τι

DER EUNUCH

[1] Pamphilos

Wo kommst du her, Lykinos, und was lachst du so? Du bist zwar immer gut drauf, aber diesmal, kommt es mir vor, mehr als sonst – du kannst dich ja kaum halten vor Lachen.

Lykinos

Ich komme von der Agora, Pamphilos; und ich werde dich gleich mitlachen lassen, wenn du erst hörst, bei was für einer Verhandlung ich gerade gewesen bin: Philosophen, im Streit miteinander!

Pamphilos

Na, das hört sich wirklich witzig an, was du sagst: Philosophen, die gegeneinander prozessieren, wo sie doch selbst bei einer wichtigen Sache ihre Vorwürfe friedlich beilegen müssten!

[2] Lykinos

Wie hätten sie das wohl friedlich tun sollen, mein Lieber, wo sie einander doch bei ihrem Zusammenstoß mit ganzen Wagenladungen von Beschimpfungen überschüttet haben, unter lautem Gebrüll, und beinahe wären sie vor Anstrengung geplatzt?

Pamphilos

Da sind sie sich wohl wie üblich über ihre Lehrmeinungen in die Haare geraten, Lykinos, weil sie verschiedenen Schulen angehören?

Lykinos

Keineswegs, sondern diesmal ging es um etwas ganz anderes. Denn sie vertreten beide die gleiche Schule und die gleichen Lehrmeinungen. Zur Verhandlung war es aber trotzdem gekommen! Stimmberechtigte Richter waren die besten, ältesten und klügsten Leute, die die Stadt zu bieten hat und vor denen man sich genieren würde, den guten Ton zu verfehlen, geschweige denn sich zu solchen Unverschämtheiten zu versteigen.

Pamphilos

Magst du mir nicht allmählich mal sagen, worum es denn bei dem

σοὶ τὸ κεκινηκὸς εἴη τὸν τοσοῦτον γέλωτα.

[3] ΛΥΚΙΝΟΣ

Συντέτακται μέν, ὦ Πάμφιλε, ὡς οἶσθα, ἐκ βασιλέως μισθοφορά τις οὐ φαύλη κατὰ γένη τοῖς φιλοσόφοις, Στωϊκοῖς λέγω καὶ Πλατωνικοῖς καὶ Ἐπικουρείοις, ἔτι δὲ καὶ τοῖς ἐκ τοῦ Περιπάτου, τὰ ἴσα τούτοις ἅπασιν. ἔδει δὲ ἀποθανόντος αὐτῶν τινος ἄλλον ἀντικαθίστασθαι δοκιμασθέντα ψήφῳ τῶν ἀρίστων. καὶ τὰ ἆθλα οὐ βοείη τις ἦν, κατὰ τὸν ποιητήν, οὐδὲ ἱερεῖον, ἀλλὰ μύριαι κατὰ τὸν ἐνιαυτόν, ἐφ' ὅτῳ συνεῖναι τοῖς νέοις.

ΠΑΜΦΙΛΟΣ

Οἶδα ταῦτα· καί τινά φασιν αὐτῶν ἔναγχος ἀποθανεῖν, τῶν Περιπατητικῶν οἶμαι τὸν ἕτερον.

ΛΥΚΙΝΟΣ

Αὕτη, ὦ Πάμφιλε, ἡ Ἑλένη ὑπὲρ ἧς ἐμονομάχουν πρὸς ἀλλήλους. καὶ ἄχρι γε τούτου γελοῖον οὐδὲν πλὴν ἐκεῖνο ἴσως, τὸ φιλοσόφους εἶναι φάσκοντας καὶ χρημάτων καταφρονεῖν ἔπειτα ὑπὲρ τούτων ὡς ὑπὲρ πατρίδος κινδυνευούσης καὶ ἱερῶν πατρῴων καὶ τάφων προγονικῶν ἀγωνίζεσθαι.

ΠΑΜΦΙΛΟΣ

Καὶ μὴν καὶ τὸ δόγμα τοῦτό γέ ἐστιν τοῖς Περιπατητικοῖς, τὸ μὴ σφόδρα καταφρονεῖν χρημάτων, ἀλλὰ τρίτον τι ἀγαθὸν καὶ τοῦτο οἴεσθαι.

ΛΥΚΙΝΟΣ

Ὀρθῶς λέγεις. φασὶ γὰρ οὖν ταῦτα, καὶ κατὰ τὰ πάτρια ἐγίγνετο αὐτοῖς ὁ πόλεμος. τὰ μετὰ ταῦτα δὲ ἤδη ἄκουε.

[4] Πολλοὶ μὲν γὰρ καὶ ἄλλοι τὸν ἐπιτάφιον τοῦ ἀποθανόντος ἐκείνου ἠγωνίζοντο· δύο δὲ μάλιστα ἦσαν οἱ ἀμφήριστοι αὐτῶν, Διοκλῆς τε ὁ πρεσβύτης – οἶσθα ὃν λέγω, τὸν ἐριστικόν – καὶ Βαγώας ὁ

Prozess in erster Linie ging, damit auch ich verstehe, was dich so zum Lachen gebracht hat?

[3] LYKINOS

Wie du weißt, Pamphilos, hat der Kaiser nicht schlecht besoldete Stellen für die verschiedenen philosophischen Schulen eingerichtet, will sagen für die Stoiker, die Platoniker und die Epikureer, außerdem auch für die Peripatetiker, und zwar für alle in gleicher Höhe. Wenn einer von ihnen stirbt, dann soll ihn ein anderer nach Billigung durch das Votum der Besten ersetzen.[1] Und der Preis sollte nicht irgend so eine Ochsenhaut sein, wie es beim Dichter heißt, und auch kein Opfertier,[2] sondern zehntausend Drachmen jährlich, für die Unterrichtung der Jugend.

PAMPHILOS

Das weiß ich; und einer von ihnen, hieß es, sei jüngst verstorben, der eine von den beiden Peripatetikern, glaube ich.

LYKINOS

Das, Pamphilos, war ihre Helena, um die sie zum Zweikampf antraten. Und so weit gibt es jedenfalls nichts zu lachen, ausgenommen vielleicht, dass Leute, die von sich behaupten, Philosophen zu sein und das Geld zu verachten, dann wegen so etwas doch miteinander kämpfen, als ginge es um ihre bedrohte Heimat, die Heiligtümer ihrer Väter und die Gräber ihrer Vorfahren.

PAMPHILOS

Gewiss, aber das gehört schon auch zur Lehre des Peripatos, Geld nicht völlig zu verachten, sondern auch das für ein Gut dritter Klasse zu halten.[3]

LYKINOS

Da hast du recht. Das sagen sie ja wirklich, und so ging es in ihrem Krieg also um ihr Vaterland. Aber nun hör die Fortsetzung!

[4] Es nahmen nämlich zwar auch eine Reihe von anderen an diesen Leichenspielen teil, aber vor allem zwei, und sie waren ungefähr gleichstark, Diokles, der Alte – du weißt schon, wen ich meine, den Streithammel –, und Bagoas, der angebliche Eunuch. Den

εὐνοῦχος εἶναι δοκῶν. τὰ μὲν οὖν τῶν λόγων προηγώνιστο αὐτοῖς καὶ τὴν ἐμπειρίαν ἑκάτερος τῶν δογμάτων ἐπεδέδεικτο καὶ ὅτι τοῦ Ἀριστοτέλους καὶ τῶν ἐκείνῳ δοκούντων εἴχετο· καὶ μὰ τὸν Δί' οὐδέτερος αὐτῶν ἀμείνων ἦν. [5] τὸ δ' οὖν τέλος τῆς δίκης ἐς τοῦτο περιέστη· ἀφέμενος γὰρ ὁ Διοκλῆς τοῦ δεικνύναι τὰ αὑτοῦ μετέβαινεν ἐπὶ τὸν Βαγώαν καὶ διελέγχειν ἐπειρᾶτο μάλιστα τὸν βίον αὐτοῦ· κατὰ ταὐτὰ δὲ καὶ ὁ Βαγώας ἀντεξήταζε τὸν ἐκείνου βίον.

ΠΑΜΦΙΛΟΣ

Εἰκότως, ὦ Λυκῖνε· καὶ τὰ πλείω γε τοῦ λόγου περὶ τούτου μᾶλλον ἐχρῆν εἶναι αὐτοῖς· ὡς ἔγωγε, εἰ δικάζων ἐτύγχανον, ἐπὶ τῷ τοιούτῳ τὸ πλεῖον διατρῖψαι ἄν μοι δοκῶ, τὸν ἄμεινον βιοῦντα μᾶλλον ἢ τὸν ἐν τοῖς λόγοις αὐτοῖς προχειρότερον ζητῶν καὶ οἰκειότερον τῇ νίκῃ νομίζων.

[6] ΛΥΚΙΝΟΣ

Εὖ λέγεις, κἀμὲ ὁμόψηφον ἐν τούτῳ ἔχεις. ἐπεὶ δὲ ἅλις μὲν εἶχον βλασφημιῶν, ἅλις δὲ ἐλέγχων, τὸ τελευταῖον ἤδη ὁ Διοκλῆς ἔφη μηδὲ τὴν ἀρχὴν θεμιτὸν εἶναι τῷ Βαγώᾳ μεταποιεῖσθαι φιλοσοφίας καὶ τῶν ἐπ' αὐτῇ ἀριστείων εὐνούχῳ γε ὄντι, ἀλλὰ τοὺς τοιούτους οὐχ ὅπως τούτων ἀποκεκλεῖσθαι ἠξίου, ἀλλὰ καὶ ἱερῶν αὐτῶν καὶ περιρραντηρίων καὶ τῶν κοινῶν ἁπάντων συλλόγων, δυσοιώνιστόν τι ἀποφαίνων καὶ δυσάντητον θέαμα, εἴ τις ἕωθεν ἐξιὼν ἐκ τῆς οἰκίας ἴδοι τοιοῦτόν τινα. καὶ πολὺς ἦν ὁ περὶ τούτου λόγος, οὔτε ἄνδρα οὔτε γυναῖκα εἶναι τὸν εὐνοῦχον λέγοντος, ἀλλά τι σύνθετον καὶ μικτὸν καὶ τερατῶδες, ἔξω τῆς ἀνθρωπείας φύσεως.

ΠΑΜΦΙΛΟΣ

Καινόν γε τὸ ἔγκλημα φῄς, ὦ Λυκῖνε, καὶ ἤδη γελᾶν καὶ αὐτός, ὦ

Kampf um ihre Lehrmeinungen hatten sie schon hinter sich, beide hatten ihre dogmatische Kompetenz präsentiert, ebenso wie ihre Treue zu Aristoteles und seinen Ansichten. Und keiner von ihnen, bei Zeus, hatte die Nase vorn. **[5]** Da nahm der Prozess zum Ende hin folgende Wendung: Diokles ließ plötzlich von der Demonstration seiner Ansichten ab, ging zu Bagoas' Person über und machte sich daran, dessen Lebensführung nach Kräften unter Beschuss zu nehmen; genauso wandte sich im Gegenzug auch Bagoas der Untersuchung von Diokles' Lebensführung zu.

PAMPHILOS

Natürlich, Lykinos! Und noch besser hätten sie hierauf den größeren Teil der Diskussion verwenden sollen! Also ich, hätte ich zu richten gehabt, hätte es jedenfalls richtig gefunden, auf solche Fragen mehr Zeit zu verwenden. Ich hätte eher den mit der besseren Lebensführung als den rhetorisch Versierteren gesucht und die Meinung vertreten, dass der Sieg eher ihm gehört.

[6] LYKINOS

Da hast du recht, und ich stimme dir völlig zu. Als sie mit ihren Beschimpfungen und mit ihren Vorwürfen durch waren, da sagte Diokles zu guter Letzt, Bagoas hätte mit Fug und Recht überhaupt nie Anspruch auf die Philosophie erheben und sich mit ihren Federn schmücken dürfen, wo er doch ein Eunuch sei, und er ging noch weiter und forderte, solche Leute gehörten nicht nur von ihr ausgeschlossen, sondern auch überhaupt von den Kulten, von den Weihwasserbecken und von allen gemeinschaftlichen Zusammenkünften, und er legte dar, es sei ein widerwärtiger Anblick von schlimmer Vorbedeutung, wenn man morgens beim Verlassen des Hauses so einen zu Gesicht bekomme. Und dann ließ er sich lang und breit darüber aus, dass der Eunuch weder ein Mann noch eine Frau sei, sondern eine Art unnatürliches und monströses Mixtum Compositum.

PAMPHILOS

Das war ja mal ein origineller Vorwurf, was du da erzählst, Lykinos,

ἑταῖρε, προάγομαι τῆς παραδόξου ταύτης κατηγορίας ἀκούων. τί δ' οὖν ἅτερος; ἆρα τὴν ἡσυχίαν ἤγαγεν, ἤ τι πρὸς ταῦτα καὶ αὐτὸς ἀντειπεῖν ἐτόλμησεν;

[7] ΛΥΚΙΝΟΣ

Τὰ μὲν πρῶτα ὑπ' αἰδοῦς καὶ δειλίας – οἰκεῖον γὰρ αὐτοῖς τὸ τοιοῦτον – ἐπὶ πολὺ ἐσιώπα καὶ ἠρυθρία καὶ ἰδίων φανερὸς ἦν, τέλος δὲ λεπτόν τι καὶ γυναικεῖον ἐμφθεγξάμενος οὐ δίκαια ποιεῖν ἔφη τὸν Διοκλέα φιλοσοφίας ἀποκλείοντα εὐνοῦχον ὄντα, ἧς καὶ γυναιξὶ μετεῖναι· καὶ παρήγοντο Ἀσπασία καὶ Διοτίμα καὶ Θαργηλία συνηγορήσουσαι αὐτῷ, καί τις Ἀκαδημαϊκὸς εὐνοῦχος ἐκ Κελτῶν, ὀλίγον πρὸ ἡμῶν εὐδοκιμήσας ἐν τοῖς Ἕλλησιν. ὁ Διοκλῆς δὲ κἀκεῖνον αὐτόν, εἰ περιῆν καὶ τῶν ὁμοίων μετεποιεῖτο, εἶρξαι ἂν οὐ καταπλαγεὶς αὐτοῦ τὴν παρὰ τοῖς πολλοῖς δόξαν· καί τινας καὶ αὐτὸς ἀπεμνημόνευε λόγους καὶ πρὸς ἐκεῖνον ὑπό τε Στωϊκῶν καὶ Κυνικῶν μάλιστα εἰρημένους πρὸς τὸ γελοιότερον ἐπὶ τῷ ἀτελεῖ τοῦ σώματος.

[8] Ἐν τούτοις ἦν τοῖς δικασταῖς ἡ διατριβή· καὶ τὸ κεφάλαιον ἤδη τοῦ σκέμματος τοῦτο ἐτύγχανεν εἶναι, εἰ δοκιμαστέος εὐνοῦχος ἐπὶ φιλοσοφίαν παραγγέλλων καὶ νέων προστασίαν ἐγχειρισθῆναι ἀξιῶν, τοῦ μὲν καὶ σχῆμα καὶ σώματος εὐμοιρίαν προσεῖναι φιλοσόφῳ δεῖν λέγοντος, καὶ τὸ μέγιστον, πώγωνα βαθὺν ἔχειν αὐτὸν καὶ τοῖς προσιοῦσι καὶ μανθάνειν βουλομένοις ἀξιόπιστον καὶ πρέποντα ταῖς μυρίαις ἃς χρὴ παρὰ βασιλέως ἀποφέρεσθαι, τὸ δὲ τοῦ εὐνούχου καὶ τῶν βακήλων χεῖρον εἶναι· τοὺς μὲν γὰρ κἂν πεπειρᾶσθαί ποτε ἀνδρείας, τοῦτον δὲ ἐξ ἀρχῆς εὐθὺς ἀποκεκόφθαι καὶ ἀμφίβολόν τι ζῷον εἶναι κατὰ ταὐτὰ ταῖς

und jetzt muss tatsächlich auch ich lachen, mein Freund – was für eine völlig abwegige Anklage! Und was war mit dem anderen? Blieb er still, oder traute er sich, darauf etwas zu erwidern?

[7] LYKINOS

Zunächst schwieg er aus Scham und Feigheit – so ein Verhalten ist ja typisch für sie –, wurde ganz rot und schwitzte Blut und Wasser. Schließlich sagte er mit dünner und weibischer Stimme, es sei unfair von Diokles, ihn, nur weil er ein Eunuch sei, von der Philosophie auszuschließen, an der sogar Frauen teilhätten; und nun zog er Aspasia, Diotima und Thargelia als seine Advokatinnen bei,[4] und so einen Akademiker-Eunuchen von den Kelten, der kurz vor unserer Zeit bei den Griechen in hohem Ansehen stand.[5] Aber Diokles hätte sogar den ausgeschlossen, wenn er noch gelebt und ähnliche Ansprüche erhoben hätte, völlig unbeeindruckt von seinem Ruhm bei der Masse, und er zitierte auch einige abfällige Bemerkungen vor allem von den Stoikern und den Kynikern gegen ihn, die darauf abzielten, ihn wegen seiner körperlichen Defizite besonders lächerlich zu machen.

[8] Das waren die Fragen, mit denen sich die Richter die Zeit vertreiben durften, und als Hauptpunkt der Prüfung erwies sich dann, ob man einem Eunuchen erlauben dürfe, Werbung für die Philosophie zu machen und den Anspruch zu erheben, ihm die Fürsorge für die Jugend anzuvertrauen, wobei der eine, Diokles, behauptete, der Philosoph müsse über eine stattliche Erscheinung verfügen, körperlich exzellent bestückt sein und, das allerwichtigste, einen langen Vollbart besitzen, einen, der denjenigen, die zu ihm kämen und bei ihm studieren wollten, vertrauenswürdig vorkomme und angemessen prächtig für die zehntausend Drachmen, die er vom Kaiser kassieren solle, und in dieser Hinsicht sei der Eunuch sogar noch minderwertiger als die kastrierten Kybelepriester.[6] Denn die hätten ja wohl wenigstens irgendwann mal eine Probe ihrer Männlichkeit abgelegt, der hingegen sei von Geburt an kastriert und ein ambivalentes Wesen, genau wie die Krähen, die man weder

κορώναις, αἳ μήτε περιστεραῖς μήτε κόραξιν ἐναριθμοῖντο ἄν, [9] τοῦ δὲ οὐ σωματικὴν λέγοντος εἶναι τὴν κρίσιν, ἀλλὰ τῆς ψυχῆς καὶ τῆς γνώμης ἐξέτασιν δεῖν γίγνεσθαι καὶ τῆς τῶν δογμάτων ἐπιστήμης. εἶθ᾽ ὁ Ἀριστοτέλης ἐκαλεῖτο μάρτυς τοῦ λόγου, εἰς ὑπερβολὴν θαυμάσας Ἑρμείαν τὸν εὐνοῦχον τὸν ἐκ τοῦ Ἀταρνέως τύραννον ἄχρι τοῦ καὶ θύειν αὐτῷ κατὰ ταὐτὰ τοῖς θεοῖς. καί τι καὶ ἐτόλμα προστιθέναι ὁ Βαγώας τοιοῦτον, ὡς πολὺ ἐπιτηδειότερος τοῖς νέοις εὐνοῦχος διδάσκαλος οὐδὲ διαβολήν τινα πρὸς αὐτοὺς ἐνδέξασθαι δυνάμενος οὐδὲ τὸ τοῦ Σωκράτους ἐκεῖνο ἔγκλημα παθεῖν ἂν ὡς διαφθείρων τὰ μειράκια. ἐπεὶ δὲ καὶ εἰς τὸ ἀγένειον μάλιστα ἐσκώφθη, χαριέντως τοῦτο, ὡς γοῦν ᾤετο, προσέρριψεν· »Εἰ γὰρ ἀπὸ πώγωνος,« ἔφη, »βαθέος κρίνεσθαι δέοι τοὺς φιλοσοφοῦντας, τὸν τράγον ἂν δικαιότερον προκριθῆναι πάντων.«

[10] Ἐν τούτῳ τρίτος ἄλλος παρεστώς – τὸ δὲ ὄνομα ἐν ἀφανεῖ κείσθω – »Καὶ μήν,« ἔφη, »ὦ ἄνδρες δικασταί, οὑτοσὶ ὁ τὰς γνάθους λεῖος καὶ τὸ φώνημα γυναικεῖος καὶ τὰ ἄλλα εὐνούχῳ ἐοικὼς εἰ ἀποδύσαιτο, πάνυ ἀνδρεῖος ὑμῖν φανεῖται· εἰ δὲ μὴ ψεύδονται οἱ περὶ αὐτοῦ λέγοντες, καὶ μοιχὸς ἑάλω ποτέ, ὡς ὁ ἄξων φησίν, ἄρθρα ἐν ἄρθροις ἔχων. ἀλλὰ τότε μὲν ἐς τὸν εὐνοῦχον ἀναφυγὼν καὶ τοῦτο κρησφύγετον εὑρόμενος ἀφείθη, ἀπιστησάντων τῇ κατηγορίᾳ τῶν τότε δικαστῶν ἀπό γε τῆς φανερᾶς ὄψεως· νῦν δὲ κἂν παλινῳδῆσαί μοι δοκεῖ τοῦ προκειμένου μισθοῦ ἕνεκα.«

[11] Τούτων δὴ λεγομένων παρὰ πάντων μὲν γέλως ἐγίγνετο, ὡς τὸ εἰκός. Βαγώας δὲ μᾶλλον ἐταράττετο καὶ παντοῖος ἦν, ἐς μυρία

zu den Tauben noch zu den Raben zählen könne. [9] Der andere, Bagoas, vertrat die Auffassung, bei der Beurteilung gehe es nicht um Körperliches, sondern die Prüfung habe Seele und Geist zu betreffen, außerdem die wissenschaftliche Kenntnis der Lehrsätze. Dann wurde Aristoteles für diese Argumentation als Zeuge aufgerufen, der den Eunuchen Hermeias, den Tyrann von Atarneus, über alle Maßen bewundert hatte und so weit gegangen war, ihm wie den Göttern Opfer darzubringen.[7] Ja, Bagoas verstieg sich sogar noch zu der Behauptung, ein Eunuch sei weitaus geeigneter als Lehrer für junge Leute, weil man ihm, was sie betreffe, nichts unterstellen und er auch nicht Opfer jenes Vorwurfs werden könne, den man Sokrates gemacht habe, er verderbe die jungen Burschen.[8] Und da nicht der geringste Teil des Spotts seine Bartlosigkeit betraf, hielt er geistreich – jedenfalls fand er das – folgendes dagegen: »Wären die Philosophen«, sagte er, »nach der Länge ihres Barts zu beurteilen, dann müsste man ihnen gerechterweise den Ziegenbock vorziehen.«

[10] So standen die Dinge, als ein dritter hinzutrat – sein Name soll ungenannt bleiben – und sagte:[9] »Nun, ihr Richter, sollte der Kerl hier mit dem glatten Kinn, der Frauenstimme und insgesamt dem Erscheinungsbild des Eunuchen seine Kleider ablegen, so wird sich euch ein ziemlich männlicher Anblick bieten. Denn wenn die Gerüchte über ihn stimmen, dann wurde er schon mal als Ehebrecher erwischt, und zwar so, wie es die Gesetzestafeln formulieren, in flagranti, sozusagen mit dem Schwert in der Scheide. Aber seinerzeit redete er sich auf sein Eunuchentum hinaus, das gewährte ihm Asyl, und so kam er davon, weil die damaligen Richter der Anklage keinen Glauben schenken wollten, jedenfalls nicht nach dem äußeren Anschein. Jetzt aber, ist mein Eindruck, würde er sogar gern widerrufen, angesichts der ausgesetzten Besoldung.«

[11] Da, auf diese Ausführungen hin, erhob sich allseits Gelächter, wie sollte es anders sein. Bagoas geriet in noch größere Verwirrung und bekam Zustände, seine Gesichtsfarbe nahm alle Schattie-

τραπόμενος χρώματα καὶ ψυχρῷ τῷ ἱδρῶτι ῥεόμενος, καὶ οὔτε συγκατατίθεσθαι τῷ περὶ τῆς μοιχείας ἐγκλήματι καλῶς ἔχειν ᾤετο οὔτε ἀχρεῖον αὐτῷ τὴν κατηγορίαν ταύτην ἐς τὸν παρόντα ἀγῶνα ἡγεῖτο εἶναι.

ΠΑΜΦΙΛΟΣ

Γελοῖα, ὦ Λυκῖνε, ὡς ἀληθῶς ταῦτα καὶ ἔοικεν οὐ τὴν τυχοῦσαν ὑμῖν διατριβὴν παρεσχῆσθαι. τὸ δ' οὖν τέλος τί ἐγένετο καὶ πῶς ἔγνωσαν ὑπὲρ αὐτῶν οἱ δικασταί;

[12] ΛΥΚΙΝΟΣ

Οὐχ ὁμόψηφοι πάντες ἦσαν, ἀλλ' οἱ μὲν ἠξίουν ἀποδύσαντας αὐτὸν ὥσπερ τοὺς ἀργυρωνήτους ἐπισκοπεῖν εἰ δύναται φιλοσοφεῖν τά γε πρὸς τῶν ὄρχεων· οἱ δὲ ἔτι γελοιότερον μεταστειλαμένους τινὰς τῶν ἐξ οἰκήματος γυναικῶν κελεύειν αὐτὸν συνεῖναι καὶ ὀπυίειν, καί τινα τῶν δικαστῶν τὸν πρεσβύτατόν τε καὶ πιστότατον ἐφεστῶτα ὁρᾶν εἰ φιλοσοφεῖ. μετὰ δὲ ἐπεὶ πάντας ὁ γέλως κατεῖχε καὶ οὐδεὶς ὅστις οὐ τὴν γαστέρα ἤλγει βρασσόμενος ὑπ' αὐτοῦ, ἔγνωσαν ἀναπόμπιμον ἐς τὴν Ἰταλίαν ἐκπέμψαι τὴν δίκην.

[13] Καὶ νῦν ἅτερος μὲν πρὸς τὴν τῶν λόγων ἐπίδειξιν, ὥς φασιν, γυμνάζεται καὶ παρασκευάζεται καὶ κατηγορίαν συγκροτεῖ καὶ τὸ τῆς μοιχείας ἔγκλημα ὑποκινεῖ, ἐναντιώτατον αὐτῷ καὶ οὗτος κατὰ τοὺς φαύλους τῶν ῥητόρων τοῦτο ποιῶν καὶ εἰς τοὺς ἄνδρας τὸν ἀντίδικον ἐκ τοῦ ἐγκλήματος καταλέγων· τῷ Βαγώᾳ δὲ ἕτερα, ὥς φασι, μέλει καὶ ἀνδρίζεται τὰ πολλὰ καὶ διὰ χειρὸς ἔχει τὸ πρᾶγμα καὶ τέλος κρατήσειν ἐλπίζει ἢν ἐπιδείξῃ ὡς οὐδὲν χείρων ἐστὶν τῶν τὰς ἵππους ἀναβαινόντων ὄνων. αὕτη γάρ, ὦ ἑταῖρε, φιλοσοφίας ἀρίστη κρίσις ἔοικεν εἶναι καὶ

rungen an, kalter Schweiß lief ihm herunter, und einerseits hielt er es nicht für klug, den Vorwurf des Ehebruchs zuzugeben, andererseits dachte er sich, diese Anklage könne für seinen aktuellen Streit womöglich gar nicht nutzlos sein.

PAMPHILOS

Das, Lykinos, war echt witzig und mal nicht nur der übliche Zeitvertreib für euch. Aber wie ging es am Ende aus, und welches Urteil fällten die Richter über sie?

[12] LYKINOS

Das Meinungsbild war nicht einheitlich, sondern ein Teil forderte, man solle ihn ausziehen und ihn wie auf dem Sklavenmarkt anschauen,[10] ob er, wenigstens was seine Hoden betreffe, philosophische Potenz besitze. Andere hatten die noch lustigere Idee, man solle ein paar Frauen aus dem Freudenhaus herbeischaffen und ihm befehlen, es mit ihnen zu treiben und sie zu beschlafen, und einer von den Richtern, der Älteste und Vertrauenswürdigste, solle daneben stehen und schauen, ob er auch zunftmäßig philosophiere. Danach, als sie sich alle vor Lachen schon nicht mehr halten konnten und niemand mehr da war, den es nicht so geschüttelt hätte, dass er Bauchweh bekam, fällten sie den Beschluss, das Urteil an eine höhere Instanz in Italien zu verweisen.

[13] Und jetzt, so erzählt man sich, übt der eine für seinen rhetorischen Auftritt, er präpariert sich, schmiedet seine Anklage zusammen und baut unterschwellig den Vorwurf des Ehebruchs mit ein: Damit gerät er, wie ein schlechter Redner, zu sich selbst in Widerspruch und klassiert seinen Gegner, auf dass er zum Vorwurf passe, unter die Männer.[11] Bagoas hingegen, heißt es, hat ganz andere Sorgen, er gebärdet sich bei jeder Gelegenheit als Mann, zieht sein Ding mit fester Hand durch und hegt die Hoffnung, am Ende den Sieg davonzutragen, wenn er nur demonstrieren könne, dass er auch nicht schlechter sei als die Esel, die Stuten besteigen. Denn das, mein Freund, ist jetzt offensichtlich das entscheidende Kriterium für philosophische Kompetenz, ein unwiderleglicher Beweis.

ἀπόδειξις ἀναντίλεκτος. ὥστε καὶ τὸν υἱὸν – ἔτι δέ μοι κομιδῇ νέος ἐστίν – εὐξαίμην ἂν οὐ τὴν γνώμην οὐδὲ τὴν γλῶτταν ἀλλὰ τὸ αἰδοῖον ἕτοιμον ἐς φιλοσοφίαν ἔχειν.

Und daher sollte ich wohl darum beten, dass bei meinem Sohn – noch ist er ja jung und unschuldig – nicht der Verstand und auch nicht die Zunge, sondern der Schwanz fürs Philosophieren taugen wird.

ΔΡΑΠΕΤΑΙ

[1] ΑΠΟΛΛΩΝ

Ἀληθῆ ταῦτά φασιν, πάτερ, ὡς ἐμβάλοι τις φέρων αὑτὸν εἰς τὸ πῦρ κατέναντι Ὀλυμπίων, ἤδη πρεσβύτης ἄνθρωπος, οὐκ ἀγεννὴς θαυματοποιὸς τὰ τοιαῦτα; ἡ Σελήνη γὰρ ἡμῖν διηγεῖτο, αὐτὴ ἑωρακέναι καιόμενον λέγουσα.

ΖΕΥΣ

Καὶ πάνυ ἀληθῆ, ὦ Ἄπολλον· ὡς μή ποτε γενέσθαι ὤφελεν.

ΑΠΟΛΛΩΝ

Οὕτω χρηστὸς ὁ γέρων ἦν καὶ ἀνάξιος ἐν πυρὶ ἀπολωλέναι;

ΖΕΥΣ

Καὶ τοῦτο μὲν ἴσως· ἀλλ' ἐγὼ πολλὴν τὴν ἀηδίαν μέμνημαι ἀνασχόμενος τότε ὑπὸ κνίσης πονηρᾶς, οἵαν εἰκὸς ἀποφέρεσθαι ὀπτωμένων ἀνθρωπείων σωμάτων. εἰ γοῦν μὴ εἰς τὴν Ἀραβίαν ὡς εἶχον εὐθὺς ἀπιὼν ᾠχόμην, ἀπολώλειν ἄν, εὖ ἴσθι, ἀτοπίᾳ τοῦ καπνοῦ· καὶ ὅμως ἐν τοσαύτῃ εὐωδίᾳ καὶ ἀφθονίᾳ τῶν ἀρωμάτων καὶ ἐν λιβανωτῷ παμπόλλῳ μόλις αἱ ῥῖνες ἐπιλαθέσθαι μοι καὶ ἀπομαθεῖν ἤθελον τὴν κηλῖδα ἐκείνην τῆς ὀσμῆς, ἀλλὰ καὶ νῦν ὀλίγου δέω ναυτιᾶν ὑπομνησθεὶς αὐτῆς.

[2] ΑΠΟΛΛΩΝ

Τί δὲ βουλόμενος, ὦ Ζεῦ, τοιαῦτα εἴργασται ἑαυτόν; ἢ τί τὸ ἀγαθὸν ἀπανθρακωθῆναι ἐμπεσόντα εἰς τὴν πυράν;

ΖΕΥΣ

Τοῦτο μὲν οὐκ ἄν, ὦ παῖ, φθάνοις καὶ Ἐμπεδοκλεῖ πρὸ αὐτοῦ ἐγκαλῶν,

DIE AUSREISSER

[1] Apollon

Stimmt es, Vater, was man sagt? Dass sich einer bei den Olympischen Spielen ins Feuer geworfen hat, schon ein alter Mann, ein Gaukler und Taschenspieler von Format? Selene hat uns das nämlich erzählt und behauptet, sie habe ihn mit eigenen Augen brennen gesehen.

Zeus

Aber allerdings ist das wahr, Apollon! Wirklich, das hätte niemals passieren dürfen!

Apollon

So wertvoll war der alte Mann, und so wenig hatte er es verdient, im Feuer zu sterben?

Zeus

Na ja, das vielleicht auch. Aber ich denke an die vielen Unannehmlichkeiten, die ich damals von dem üblen Fettgeruch ertragen musste. Es war ja klar, was da hochgetragen würde, wenn Menschenfleisch gegrillt wird. Jedenfalls, hätte ich mich nicht stehenden Fußes schleunigst nach Arabien verfügt, ich wäre, glaub's mir, gestorben bei dem abartigen Qualm, und trotz allem Wohlgeruch, den Aromen *en masse* und dem allgegenwärtigen Weihrauch wollten doch meine Nasenlöcher die Erinnerung daran nur mit Mühe verdrängen und ihre Entweihung durch diesen Gestank wieder verlernen, nein, sogar jetzt noch muss ich mich beinahe erbrechen, wenn ich daran denke.

[2] Apollon

Zu welchem Zweck hat er sich denn so etwas angetan, Zeus? Oder was hat man davon, ins Feuer zu fallen und zu Kohle verbrannt zu werden?

Zeus

Das könntest du dann gleich, mein Junge, auch vor ihm schon dem

ὃς ἐς τοὺς κρατῆρας ἥλατο καὶ αὐτὸς ἐν Σικελίᾳ.

ΑΠΟΛΛΩΝ

Μελαγχολίαν τινὰ δεινὴν λέγεις. ἀτὰρ οὗτός γε τίνα ποτὲ ἄρα τὴν αἰτίαν ἔσχε τῆς ἐπιθυμίας;

[3] ΖΕΥΣ

Αὐτοῦ σοι λόγον ἐρῶ ὃν ἔλεξε πρὸς τὴν πανήγυριν, ἀπολογούμενος πρὸς αὐτοὺς ὑπὲρ τῆς τελευτῆς. ἔφη γάρ, εἴ γε μέμνημαι – ἀλλὰ τίς αὕτη σπουδῇ πρόσεισι τεταραγμένη καὶ δακρύουσα, πάνυ ἀδικουμένῃ ἐοικυῖα; μᾶλλον δὲ Φιλοσοφία ἐστίν, καὶ τοὔνομά γε τοὐμὸν ἐπιβοᾶται σχετλιάζουσα. τί, ὦ θύγατερ, δακρύεις; ἢ τί ἀπολιποῦσα τὸν βίον ἐλήλυθας; ἆρα μὴ οἱ ἰδιῶται αὖθις ἐπιβεβουλεύκασί σοι ὡς τὸ πρόσθεν, ὅτε τὸν Σωκράτην ἀπέκτειναν ὑπὸ Ἀνύτου κατηγορηθέντα, εἶτα φεύγεις διὰ τοῦτο αὐτούς;

ΦΙΛΟΣΟΦΙΑ

Οὐδὲν τοιοῦτον, ὦ πάτερ, ἀλλ᾽ ἐκεῖνοι μέν, ὁ πολὺς λεώς, ἐπῄνουν καὶ διὰ τιμῆς ἦγον, αἰδούμενοι καὶ θαυμάζοντές με καὶ μονονουχὶ προσκυνοῦντες, εἰ καὶ μὴ σφόδρα ξυνίεσαν ὧν λέγοιμι. οἱ δέ – πῶς ἂν εἴποιμι; – οἱ ξυνήθεις καὶ φίλοι φάσκοντες εἶναι καὶ τοὔνομα τοὐμὸν ὑποδυόμενοι, ἐκεῖνοί με τὰ δεινότατα εἰργάσαντο.

[4] ΖΕΥΣ

Οἱ φιλόσοφοι ἐπιβουλήν τινα ἐπιβεβουλεύκασί σοι;

ΦΙΛΟΣΟΦΙΑ

Οὐδαμῶς, ὦ πάτερ, οἵ γε ξυνηδίκηνταί μοι καὶ αὐτοί.

ΖΕΥΣ

Πρὸς τίνων οὖν ἠδίκησαι, εἰ μήτε τοὺς ἰδιώτας μήτε τοὺς φιλοσόφους αἰτιᾷ;

Empedokles vorwerfen, der ebenfalls, auf Sizilien, in den Krater gesprungen ist.

Apollon

Der muss ja ganz schön deprimiert gewesen sein. Aber mal wieder zu unserem aktuellen Kandidaten! Was hatte er denn nun für einen so drängenden Grund?

[3] Zeus

Ich zitiere dir mal seine Rede an die Festversammlung, in der er sich vor ihnen für sein Ende rechtfertigte.[1] Wenn ich das noch richtig im Kopf habe, sagte er –[2] aber wer kommt denn da gelaufen, in heller Aufregung, völlig aufgelöst, in Tränen und als ob ihr schreckliches Unrecht widerfahren wäre? Aber das ist ja Philosophia, und tatsächlich, mein Name ist es, den sie da kläglich herausschreit. Was weinst du denn, meine Tochter? Warum hast du das irdische Leben verlassen und kommst hierher? Dir stellen doch nicht etwa schon wieder diese ahnungslosen Nicht-Philosophen nach, wie früher, als sie, mithilfe von Anytos' Anklage, den Sokrates töteten, und deshalb läufst du jetzt vor ihnen davon?[3]

Philosophia

Das ist es alles nicht, Vater, nein, diese Leute, das gemeine Volk, lobten mich und hielten mich in Ehren, voller Scheu und Staunen, gerade dass sie nicht vor mir auf die Knie sanken,[4] wenn sie auch von dem, was ich alles sagte, nicht so richtig etwas verstanden. Aber meine – wie soll ich sie nennen? – angeblichen Vertrauten und Freunde, sie, die in das Gewand meines Namens geschlüpft sind: Die sind es, die mir das Fürchterlichste angetan haben!

[4] Zeus

Die Philosophen schmieden Pläne – gegen dich?

Philosophia

Nein, nein, Vater, denen hat man genau so übel mitgespielt wie mir.

Zeus

Wer hat dir denn dann Unrecht getan, wenn du weder den Philosophen noch den Laien etwas vorzuwerfen hast?

ΦΙΛΟΣΟΦΙΑ

Εἰσίν τινες, ὦ Ζεῦ, ἐν μεταιχμίῳ τῶν τε πολλῶν καὶ τῶν φιλοσοφούντων καὶ τὸ μὲν σχῆμα καὶ βλέμμα καὶ βάδισμα ἡμῖν ὅμοιοι καὶ κατὰ τὰ αὐτὰ ἐσταλμένοι· ἀξιοῦσι γοῦν ὑπ' ἐμοὶ τάττεσθαι καὶ τοὔνομα τὸ ἡμέτερον ἐπιγράφονται, μαθηταὶ καὶ ὁμιληταὶ καὶ θιασῶται ἡμῶν εἶναι λέγοντες· ὁ βίος δὲ παμμίαρος αὐτῶν, ἀμαθίας καὶ θράσους καὶ ἀσελγείας ἀνάπλεως, ὕβρις οὐ μικρὰ καθ' ἡμῶν. ὑπὸ τούτων, ὦ πάτερ, ἠδικημένη πέφευγα.

[5] ΖΕΥΣ

Δεινὰ ταῦτα, ὦ θύγατερ. ἀλλὰ τί μάλιστα ἠδικήκασί σε;

ΦΙΛΟΣΟΦΙΑ

Σκόπει, ὦ πάτερ, εἰ μικρά. σὺ γὰρ κατιδὼν τὸν βίον ἀδικίας καὶ παρανομίας μεστὸν ἅτε ἀμαθίᾳ καὶ ὕβρει ξυνόντα καὶ ταραττόμενον ὑπ' αὐτῶν, κατελεήσας τὸ ἀνθρώπειον ὑπὸ τῇ ἀγνοίᾳ ἐλαυνόμενον ἐμὲ κατέπεμψας, ἐντειλάμενος ἐπιμεληθῆναι ὡς παύσαιντο μὲν ἀδικοῦντες ἀλλήλους καὶ βιαζόμενοι καὶ ὅμοια τοῖς θηρίοις βιοῦντες, ἀναβλέψαντες δὲ πρὸς τὴν ἀλήθειαν εἰρηνικώτερον ξυμπολιτεύοιντο. ἔφης γοῦν πρός με καταπέμπων· »Ἃ μὲν πράττουσιν οἱ ἄνθρωποι καὶ ὡς διάκεινται ὑπὸ τῆς ἀμαθίας, ὦ θύγατερ, καὶ αὐτὴ ὁρᾷς. ἐγὼ δέ (ἐλεῶ γὰρ αὐτούς) σέ, ἣν μόνην ἰάσασθαι ἂν τὰ γιγνόμενα οἶμαι, προκρίνας ἐξ ἁπάντων ἡμῶν πέμπω ἰασομένην.«

[6] ΖΕΥΣ

Οἶδα πολλὰ καὶ ταῦτα εἰπὼν τότε. σὺ δὲ τὰ μετὰ ταῦτα ἤδη λέγε, ὅπως

Philosophia
Es gibt Leute, Zeus, die leben im Niemandsland zwischen der Masse und den Philosophen. Sie ähneln uns in Auftreten, Blick und Gang und tragen die gleiche Kleidung. Sie behaupten steif und fest, in meine Ränge zu gehören, und schreiben sich meinen Namen auf ihre Fahnen, nennen sich meine Schüler, Genossen und Kultbrüder. Aber ihre Lebensführung! Verbrecherisch, ein Ausbund an Unbildung, Dreistigkeit und Frechheit, eine einzige kräftige Ohrfeige für mich. Die sind es, Vater, die mir Unrecht tun und vor denen ich auf der Flucht bin.

[5] Zeus
Schlimm, das alles, meine Tochter! Aber womit haben sie sich am meisten an dir versündigt?

Philosophia
Schau einmal, Vater, ob das eine Kleinigkeit ist! Denn als du von oben hinabgeschaut und gemerkt hast, wie voll von Unrecht und Widerrechtlichkeiten das Leben ist, weil es nicht von Unbildung und Übergriffigkeiten loskommt und von ihnen in ein großes Durcheinander verwandelt wird, da überkam dich Mitleid mit der von Unwissenheit getriebenen Menschheit, und du hast mich zu ihnen hinabgeschickt mit dem Auftrag, mich darum zu kümmern, dass sie aufhören, einander Unrecht und Gewalt anzutun und wie die wilden Tiere zu leben – stattdessen sollten sie ihren Blick zur Wahrheit emporrichten und friedlicher miteinander umgehen. Jedenfalls hast du, als du mich hinunterschicktest, zu mir gesagt: »Was die Menschen alles so anrichten und wie es ihnen aufgrund ihrer Unbildung ergeht, Tochter, das siehst du ja selbst. Und deshalb – denn sie tun mir leid – habe ich dich unter uns allen ausgewählt, weil ich glaube, dass du die einzige bist, die in dieser Lage Heilung bringen könnte, und entsende dich: Heile sie!«

[6] Zeus
Ich weiß noch, dass ich damals einiges zu diesem Thema zu sagen hatte. Aber nun lass schon hören: Wie ging es danach weiter? Wie

μὲν ὑπεδέξαντό σε καταπταμένην τὸ πρῶτον, ἅτινα δὲ νῦν ὑπ᾽ αὐτῶν πέπονθας.

ΦΙΛΟΣΟΦΙΑ

Ἧιξα μέν, ὦ πάτερ, οὐκ ἐπὶ τοὺς Ἕλληνας εὐθύς, ἀλλ᾽ ὅπερ ἐδόκει μοι χαλεπώτερον τοῦ ἔργου εἶναι, τὸ βαρβάρους παιδεύειν καὶ διδάσκειν, τοῦτο πρῶτον ἠξίουν ἐργάσασθαι· τὸ Ἑλληνικὸν δὲ εἴων ὡς ῥᾷστα ὑποβαλέσθαι οἷόν τε καὶ τάχιστα, ὥς γε ᾠμην, ἐνδεξόμενον τὸν χαλινὸν καὶ ὑπαχθησόμενον τῷ ζυγῷ. ὁρμήσασα δὲ εἰς Ἰνδοὺς τὸ πρῶτον, ἔθνος μέγιστον τῶν ἐν τῷ βίῳ, οὐ χαλεπῶς ἔπεισα καταβάντας ἀπὸ τῶν ἐλεφάντων ἐμοὶ συνεῖναι, ὥστε καὶ γένος ὅλον, οἱ Βραχμᾶνες, τοῖς Νεχραίοις καὶ Ὀξυδράκαις ὅμορον, οὗτοι πάντες ὑπ᾽ ἐμοὶ τάττονται καὶ βιοῦσίν τε κατὰ τὰ ἡμῖν δοκοῦντα, τιμώμενοι πρὸς τῶν περιοίκων ἁπάντων, καὶ ἀποθνήσκουσι παράδοξόν τινα τοῦ θανάτου τρόπον.

[7] ΖΕΥΣ

Τοὺς γυμνοσοφιστὰς λέγεις. ἀκούω γοῦν τά τε ἄλλα περὶ αὐτῶν καὶ ὅτι ἐπὶ πυρὰν μεγίστην ἀναβάντες ἀνέχονται καιόμενοι, οὐδὲν τοῦ σχήματος ἢ τῆς καθέδρας ἐντρέποντες. ἀλλ᾽ οὐ μέγα τοῦτο· ἔναγχος γοῦν καὶ Ὀλυμπίασιν τὸ ὅμοιον ἐγὼ εἶδον γενόμενον, εἰκὸς δὲ καὶ σὲ παρεῖναι καιομένου τότε τοῦ γέροντος.

ΦΙΛΟΣΟΦΙΑ

Οὐδὲ ἀνῆλθον, ὦ πάτερ, εἰς Ὀλυμπίαν δέει τῶν καταράτων ἐκείνων οὓς ἔφην, ὅτι πολλοὺς αὐτῶν ἑώρων ἀπιόντας, ὡς λοιδορήσαιντο τοῖς ξυνεληλυθόσι καὶ βοῆς τὸν ὀπισθόδομον ἐμπλήσωσιν ὑλακτοῦντες, ὥστε οὐδὲ εἶδον ἐκεῖνον ὅπως ἀπέθανεν.

[8] Μετὰ δ᾽ οὖν τοὺς Βραχμᾶνας εἰς Αἰθιοπίαν εὐθύς, εἶτα εἰς

hat man dich aufgenommen, als du erstmal hinabgeflogen warst? Und was hat man dir jetzt angetan?

PHILOSOPHIA

Mein Sprung hinab, Vater, hat mich nicht gleich zu den Griechen geführt, sondern ich meinte, das als erstes tun zu sollen, was mir als der schwierigere Teil meiner Aufgabe vorkam, nämlich die Barbaren zu bilden und zu belehren. Griechenland habe ich erstmal gelassen, weil ich dachte, das könne ich sehr leicht anpacken und es würde – glaubte ich! – umgehend den Zügel akzeptieren und das Joch schultern. So führte mich meine Reise zuerst nach Indien, dem größten Volk auf der irdischen Welt, und es war nicht schwierig, sie dazu zu bringen, von den Elefanten herunterzusteigen und sich in meine Gesellschaft zu begeben, so dass ein ganzer Stamm, die Brahmanen, die Nachbarn der Nechräer und Oxydraken, komplett unter meiner Führung steht und, wenigstens sie, nach meinen Vorgaben lebt, bei allen Nachbarn in Ehren, und für das Sterben bedienen sie sich einer ziemlich merkwürdigen Todesart.

[7] ZEUS

Du meinst die Gymnosophisten.[5] Ja, ich habe schon so einiges über sie gehört, auch, dass sie auf einen gewaltigen Holzstoß steigen und es ertragen, zu verbrennen, ohne auch nur ein Iota an ihrer Haltung oder ihrem Sitz zu verändern. Allerdings ist das nichts Besonderes: Gerade neulich habe ich persönlich das Gleiche bei den Olympischen Spielen gesehen – klar, du warst natürlich auch dabei, als da der alte Mann verbrannte.

PHILOSOPHIA

Nein, Vater, ich bin nicht mal nach Olympia gereist, aus Furcht vor diesen Verfluchten, von denen ich gesprochen habe, denn ich habe viele von ihnen dahin aufbrechen gesehen, mit der Absicht, die Versammlung zu beschimpfen, das Opisthodom[6] mit Geschrei und Gebell zu füllen, und so habe ich auch verpasst, wie er gestorben ist.

[8] Nach den Brahmanen begab ich mich dann sofort nach Äthiopien, darauf nach Ägypten, und nachdem ich dort ihre Pries-

Αἴγυπτον κατέβην, καὶ ξυγγενομένη τοῖς ἱερεῦσιν καὶ προφήταις αὐτῶν καὶ τὰ θεῖα παιδεύσασα ἐς Βαβυλῶνα ἀπῆρα Χαλδαίους καὶ μάγους μυήσουσα, εἶτα εἰς Σκυθίαν ἐκεῖθεν, εἶτα εἰς Θρᾴκην, ἔνθα μοι Εὔμολπός τε καὶ Ὀρφεὺς συνεγενέσθην, οὓς καὶ προαποστείλασα ἐς τὴν Ἑλλάδα, τὸν μὲν ὡς τελέσειεν αὐτούς, τὸν Εὔμολπον – ἐμεμαθήκει γὰρ τὰ θεῖα παρ᾽ ἡμῶν ἅπαντα – τὸν δὲ ὡς ἐπᾴδων προσβιβάζοι τῇ μουσικῇ, κατὰ πόδας εὐθὺς εἱπόμην. [9] Καὶ τὸ μὲν πρῶτον εὐθὺς ἐλθοῦσαν οὔτε πάνυ ἠσπάσαντο οἱ Ἕλληνες οὔτε ὅλως ἀπέκλεισαν· κατ᾽ ὀλίγον δὲ προσομιλοῦσα ἑπτὰ ἐκ τῶν ἁπάντων ἑταίρους καὶ μαθητὰς προσηγαγόμην, καὶ ἄλλον ἐξ Σάμου καὶ ἄλλον ἐξ Ἐφέσου καὶ Ἀβδηρόθεν ἄλλον, ὀλίγους παντάπασιν.

[10] Μεθ᾽ οὓς τὸ σοφιστῶν φῦλον οὐκ οἶδ᾽ ὅπως μοι παρενεφύετο, οὔτε ζηλοῦν τἀμὰ ἐς βάθος οὔτε κομιδῇ ἀπᾷδον, ἀλλ᾽ οἷον τὸ Ἱπποκενταύρων γένος, σύνθετόν τι καὶ μικτὸν ἐν μέσῳ ἀλαζονείας καὶ φιλοσοφίας πλαζόμενον, οὔτε τῇ ἀγνοίᾳ τέλεον προσεχόμενον οὔτε ἡμᾶς ἀτενέσι τοῖς ὀφθαλμοῖς καθορᾶν δυνάμενον, ἀλλ᾽ οἷον λημῶντες ὑπὸ τοῦ ἀμβλυώττειν ἀσαφές τι καὶ ἀμυδρὸν ἡμῶν εἴδωλον ἢ σκιὰν ἐνίοτε ἰδόντες ἄν· οἱ δὲ ᾤοντο ἀκριβῶς πάντα κατανενοηκέναι. ὅθεν παρ᾽ αὐτοῖς ἡ ἀχρεῖος ἐκείνη καὶ περιττὴ σοφία καί, ὡς αὐτοὶ ᾤοντο, ἀπρόσμαχος ἀνεφλέγετο, αἱ κομψαὶ καὶ ἄποροι καὶ ἄτοποι ἀποκρίσεις καὶ δυσέξοδοι καὶ λαβυρινθώδεις ἐρωτήσεις. [11] εἶτα κωλυόμενοι καὶ ἐλεγχόμενοι πρὸς τῶν ἑταίρων τῶν ἐμῶν ἠγανάκτουν καὶ συνίσταντο

ter und Propheten in die Lehre genommen und sie in den göttlichen Dingen ausgebildet hatte, brach ich auf, um die Chaldäer und Mager[7] mit den Geheimnissen bekannt zu machen, dann von dort nach Skythien, dann nach Thrakien, wo Eumolpos und Orpheus[8] meine belehrende Gesellschaft suchten, die ich dann sogar nach Griechenland vorausschickte, den einen, damit er sie schon mal einweihe, den Eumolpos – denn er hatte von mir alles über die Götter gelernt und verstanden –, den anderen, damit er sie durch seine zauberischen Lieder an die Musik heranführe; ich folgte ihnen auf dem Fuß.

[9] Und direkt bei meiner Ankunft nahmen die Griechen mich zwar weder besonders herzlich auf noch schlossen sie mich völlig aus; nachdem wir aber ein wenig Zeit miteinander verbracht hatten, scharte ich, von ihnen allen, sieben als Gefährten und Schüler um mich, und noch einen aus Samos, einen anderen aus Ephesos und noch einen anderen aus Abdera: wenige genug insgesamt.[9]

[10] Nach denen hatte ich dann, ich weiß nicht wie und warum, das Sophistenvölkchen am Bein, das sich meine Lehren weder sehr tiefgründig zu eigen machte noch sie schlicht ablehnte, sondern wie das Volk der Hippokentauren waren auch sie eine Art Mixtum Compositum, das irgendwo in der Mitte zwischen Prahlerei und Philosophie herumirrte, weder vollständig in Unwissenheit befangen noch in der Lage, mich unverwandten Blicks im Auge zu behalten, sondern sie konnten, triefäugig sozusagen, vor lauter Fehlsichtigkeit nur ein undeutliches und unscharfes Bild oder einen Schatten von mir sehen, ab und zu – sie glaubten jedoch, alles präzise wahrzunehmen. Das ist der Grund für ihre nutzlose, wild wuchernde und, glauben sie zumindest selber, so wenig wie ein Flächenbrand bekämpfbare Schlauheit, diese cleveren, unlösbaren und unpassenden Antworten und ausweglosen und labyrinthischen Fragereien. **[11]** Als sie dann von meinen Gefährten in ihre Schranken gewiesen und überführt wurden, waren sie empört und rotteten sich gegen sie zusammen, und zuletzt zogen sie sie vor Gericht

ἐπ’ αὐτούς, καὶ τέλος δικαστηρίοις ὑπῆγον καὶ παρεδίδοσαν πιομένους τοῦ κωνείου. ἐχρῆν μὲν οὖν ἴσως τότε φυγεῖν εὐθὺς καὶ μηκέτι ἀνέχεσθαι τὴν συνουσίαν αὐτῶν· νῦν δὲ Ἀντισθένης με καὶ Διογένης καὶ μετὰ μικρὸν Κράτης καὶ Μένιππος οὗτος ἔπεισαν ὀλίγον ὅσον ἐπιμετρῆσαι τῆς μονῆς, ὡς μήποτε ὤφελον· οὐ γὰρ ἂν τοσαῦτα ἐπεπόνθειν ὕστερον.

[12] ΖΕΥΣ

Οὐδέπω μοι λέγεις, ὦ Φιλοσοφία, τίνα ἠδίκησαι, ἀλλὰ ἀγανακτεῖς μόνον.

ΦΙΛΟΣΟΦΙΑ

Καὶ μὴν ἄκουε, ὦ Ζεῦ, ἡλίκα ἐστίν. μιαρὸν γάρ τι φῦλον ἀνθρώπων καὶ ὡς τὸ πολὺ δουλικὸν καὶ θητικόν, οὐ ξυγγενόμενον ἡμῖν ἐκ παίδων ὑπ’ ἀσχολίας· ἐδούλευεν γὰρ ἢ ἐθήτευεν ἢ ἄλλας τινὰς τέχνας οἵας εἰκὸς τοὺς τοιούτους ἐμάνθανεν, σκυτεύειν ἢ τεκταίνειν ἢ περὶ πλυνοὺς ἔχειν ἢ ἔρια ξαίνειν, ὡς εὐεργὰ εἴη ταῖς γυναιξὶν καὶ εὐμήρυτα καὶ κατάγοιτο εὐμαρῶς ὁπότε ἢ κρόκην ἐκεῖναι στρέφοιεν ἢ μίτον κλώθοιεν. τοιαῦτα τοίνυν ἐν παισὶ μελετῶντες οὐδὲ ὄνομα τὸ ἡμέτερον ᾔδεσαν. ἐπεὶ δὲ εἰς ἄνδρας τελεῖν ἤρξαντο καὶ κατεῖδον τὴν αἰδῶ, ὅση παρὰ τῶν πολλῶν ἐστιν τοῖς ἑταίροις τοῖς ἐμοῖς, καὶ ὡς ἀνέχονται οἱ ἄνθρωποι τὴν παρρησίαν αὐτῶν καὶ χαίρουσιν θεραπευόμενοι καὶ συμβουλεύουσι πείθονται καὶ ἐπιτιμώντων ὑποπτήσσουσι, ταῦτα πάντα τυραννίδα οὐ μικρὰν ἡγοῦντο εἶναι.

[13] Τὸ μὲν δὴ μανθάνειν ὅσα τῇ τοιαύτῃ προαιρέσει πρόσφορα

und überantworteten sie dem Schierlingsbecher.[10] Vielleicht hätte ich doch schon damals gleich die Flucht ergreifen und ihre Gesellschaft nicht mehr tolerieren sollen; aber nun überredeten mich Antisthenes, Diogenes und kurz danach Krates und dieser Kerl, der Menippos,[11] doch noch ein bisschen zu bleiben und ihnen ein wenig von meiner Zeit zuzumessen – ach, ich hätte es bleiben lassen sollen! Dann wäre es mir hinterher nicht so übel ergangen!

[12] Zeus

Du hast mir immer noch nicht gesagt, Philosophia, worin genau man dir Unrecht getan hat, sondern regst dich die ganze Zeit bloß auf.

Philosophia

Nun, dann sollst du jetzt hören, Zeus, worum es sich handelt! Da gibt es so ein verbrecherisches Menschenvölkchen, es besteht größtenteils aus Sklaven und Lohndienern, Leuten, die wegen ihrer Erwerbstätigkeit von klein auf keine Zeit hatten, meine Gesellschaft zu suchen. Denn sie verrichteten ja eben Sklaven- oder Lohndienste oder hatten sich andere Befähigungen angeeignet, solche, wie sie für diese Art Menschen nur natürlich sind, die Schusterei, die Zimmerei, das Waschen oder das Krempeln der Wolle, damit die Frauen sie gut verarbeiten und leicht spinnen können und sie sich leicht führen lässt, wenn sie Webfäden hin- und herschießen lassen oder den Faden spinnen.[12] Solche Berufe hatten sie also schon als Kinder ausgeübt und kannten daher nicht einmal meinen Namen. Als sie dann aber erwachsen wurden und feststellten, wie viel Ehrfurcht meinen Gefährten von der Masse entgegengebracht wird und wie bereitwillig die Menschen ihre offenen Worte annehmen und sich sogar freuen, wenn sie von ihnen traktiert werden, wie sie sich von ihren Ratschlägen überzeugen lassen und vor ihrem Tadel wegducken: Da fanden sie, das alles sei doch eine keineswegs zu verachtende Form tyrannischer Alleinherrschaft.

[13] Nun, all das zu lernen, was man für so eine Lebenswahl benötigt, das dauerte lang, ja mehr noch: Es war schlichtweg un-

μακρὸν ἦν, μᾶλλον δὲ κομιδῇ ἀδύνατον, αἱ τέχναι δὲ γλίσχραι, καὶ σὺν πόνῳ καὶ μόγις ἱκανὰ παρέχειν ἐδύναντο. ἐνίοις δὲ καὶ ἡ δουλεία βαρὺ καί, ὥσπερ οὖν ἐστιν, ἀφόρητον ἐφαίνετο. ἔδοξε δὴ σκοπουμένοις τὴν ὑστάτην ἄγκυραν, ἣν ἱερὰν οἱ ναυτιλλόμενοί φασιν, καθιέναι, καὶ ἐπὶ τὴν βελτίστην ἀπόνοιαν ὁρμήσαντες, ἔτι τε καὶ τόλμαν καὶ ἀμαθίαν καὶ ἀναισχυντίαν προσπαρακαλέσαντες, αἵπερ αὐτοῖς μάλιστα συναγωνίζονται, καὶ λοιδορίας καινὰς ἐκμελετήσαντες, ὡς πρόχειροι εἶεν καὶ ἀνὰ στόμα, ταύτας μόνας ξυμβολὰς ἔχοντες – ὁρᾷς ὁποῖα πρὸς φιλοσοφίαν ἐφόδια; – σχηματίζουσιν καὶ μετακοσμοῦσιν αὑτοὺς εὖ μάλα εἰκότως καὶ πρὸς ἐμέ, οἷόν τι ἀμέλει ὁ Αἴσωπός φησι ποιῆσαι τὸν ἐν τῇ Κύμῃ ὄνον, ὃς λεοντῆν περιβαλόμενος καὶ τραχὺ ὀγκώμενος ἠξίου λέων καὶ αὐτὸς εἶναι· καί πού τινες καὶ ἦσαν ἴσως οἱ πιστεύοντες αὐτῷ.

[14] Τὰ δ' ἡμέτερα πάνυ ῥᾷστα, ὡς οἶσθα, καὶ ἐς μίμησιν πρόχειρα – τὰ προφανῆ λέγω – καὶ οὐ πολλῆς τῆς πραγματείας δεῖ τριβώνιον περιβαλέσθαι καὶ πήραν ἐξαρτήσασθαι καὶ ξύλον ἐν τῇ χειρὶ ἔχειν καὶ βοᾶν, μᾶλλον δὲ ὀγκᾶσθαι ἢ ὑλακτεῖν, καὶ λοιδορεῖσθαι ἅπασιν· τὴν ἀσφάλειαν γὰρ αὐτοῖς τοῦ μηδὲν ἐπὶ τούτῳ παθεῖν ἡ πρὸς τὸ σχῆμα αἰδὼς παρέξειν ἔμελλεν. ἡ ἐλευθερία δὲ πρόχειρος ἄκοντος τοῦ δεσπότου, κἂν εἰ βούλοιτο ἀπάγειν, παταχθησομένου τῷ ξύλῳ. καὶ τὰ ἄλφιτα οὐκέτ' ὀλίγα οὐδὲ ὡς πρὸ τοῦ μᾶζα ψιλή, τὸ δὲ ὄψον οὐ τάριχος ἢ θύμον, ἀλλὰ κρέα παντοδαπὰ καὶ οἶνος οἷος ἥδιστος, καὶ χρυσίον παρ' ὅτου ἂν ἐθέλωσι· δασμολογοῦσι γὰρ ἐπιφοιτῶντες ἤ, ὡς αὐτοί φασιν,

möglich. Das Handwerk jedoch war eine ärmliche Sache und vermochte selbst mit viel Arbeitseinsatz kaum genug zum Leben zu bringen. Einigen fiel auch die Sklaverei schwer und kam ihnen – und so ist es ja auch! – unerträglich vor. Da entschlossen sie sich also nach reiflicher Überlegung dazu, den letzten Anker zu werfen, den die Seeleute Notanker nennen, und griffen zur äußersten Verzweiflungstat, zu der sie auch noch Dreistigkeit, Unbildung und Unverschämtheit als Helferinnen riefen, ihre stärksten Bundesgenossinnen. Sie trainieren sich ganz neue Arten der Beschimpfung an, die ihnen stets zur Hand sein und auf der Zunge liegen sollen, und mit denen als einzigen Beiträgen – siehst du, mit was für einer Ausrüstung man zur Philosophie reist? – staffieren sie sich aus und hübschen sich auf, damit sie möglichst echt und ganz nach mir aussehen, wie es in Äsops Fabel der Esel in Cumae machte, der sich ein Löwenfell umwarf, mit rauer Stimme brüllte und überzeugt war, jetzt sei auch er ein Löwe; und da gab es ja ebenfalls Leute, die ihm das womöglich abgenommen haben.

[14] Meine Erscheinungsmerkmale sind ja ganz simpel, wie du weißt, und bieten sich zur Nachahmung geradezu an – ich meine das Offensichtliche –, und man muss kein Fachmann sein, um sich einen Umhang umzuhängen, einen Ranzen zu schultern, einen Stock in der Hand zu halten und rumzuplärren, besser noch: wie ein Esel zu brüllen, oder zu bellen, und alle anzuschimpfen. Denn die Sicherheit, dass ihnen dafür schon nichts geschehen würde, die sollte ihnen die Scheu garantieren, die man dem ganzen Auftreten entgegenbringt. Die Freiheit steht zu ihrer vollen Verfügung, auch gegen den Willen ihres Herrn, der, selbst wenn er sie wieder in seine Gewalt bringen und nach Hause schaffen wollte, eines mit dem Stock übergezogen bekäme. Und nie mehr nur wenig Mehl, auch nicht wie früher nur ein einfacher Fladen, und als Hauptgericht nicht Dörrfisch oder Quendel, sondern alle möglichen Sorten Fleisch und Wein, lieblich wie sonst was, und Gold von jedem, von dem sie es wünschen: Denn sie gehen jeden an und fordern ihren

ἀποκείρουσιν τὰ πρόβατα, δώσειν τε πολλοὺς οἴονται ἢ αἰδοῖ τοῦ σχήματος ἢ δέει τοῦ μὴ ἀκοῦσαι κακῶς.

[15] Καὶ γὰρ αὖ κἀκεῖνο ἑώρων, οἶμαι, ὡς ἐξ ἴσου καταστήσονται τοῖς ὀρθῶς φιλοσοφοῦσιν, οὐδέ τις ὁ δικάσων καὶ διακρινῶν τὰ τοιαῦτα ἔσται, ἢν μόνον τὰ ἔξω ᾖ ὅμοια. ἀρχὴν γὰρ οὐδὲ τὸν ἔλεγχον δέχονται, ἢν ἔρηταί τις οὑτωσὶ κοσμίως καὶ κατὰ βραχύ, ἀλλ' εὐθὺς βοῶσιν καὶ ἐπὶ τὴν ἀκρόπολιν τὴν ἑαυτῶν ἀναφεύγουσι, τὴν λοιδορίαν, καὶ πρόχειρον τὸ ξύλον. καὶ ἢν μὲν τὰ ἔργα ζητῇς, οἱ λόγοι πολλοί, ἢν δὲ ἀπὸ τῶν λόγων κρίνειν ἐθέλῃς, τὸν βίον ἀξιοῦσι σκοπεῖν.

[16] Τοιγαροῦν ἐμπέπλησται πᾶσα πόλις τῆς τοιαύτης ῥᾳδιουργίας, καὶ μάλιστα τῶν Διογένη καὶ Ἀντισθένη καὶ Κράτητα ἐπιγραφομένων καὶ ὑπὸ τῷ κυνὶ ταττομένων, οἳ τὸ μὲν χρήσιμον ὁπόσον ἔνεστι τῇ φύσει τῶν κυνῶν, οἷον τὸ φυλακτικὸν ἢ οἰκουρικὸν ἢ φιλοδέσποτον ἢ μνημονικόν, οὐδαμῶς ἐζηλώκασιν, ὑλακὴν δὲ καὶ λιχνείαν καὶ ἁρπαγὴν καὶ ἀφροδίσια συχνὰ καὶ κολακείαν καὶ τὸ σαίνειν τὸν διδόντα καὶ περὶ τραπέζας ἔχειν, ταῦτα ἀκριβῶς ἐκπεπονήκασιν.

[17] Ὄψει τοίνυν μετὰ μικρὸν οἷα ἔσται. οἱ γὰρ ἐκ τῶν ἐργαστηρίων ἅπαντες ἀναπηδήσαντες ἐρήμους τὰς τέχνας ἐάσουσιν ὅταν ὁρῶσι σφᾶς μέν, πονοῦντας καὶ κάμνοντας ἕωθεν ἐς ἑσπέραν ἐπικεκυφότας τοῖς ἔργοις, μόγις ἀποζῶντας ἐκ τῆς τοιαύτης μισθαρνίας, ἀργοὺς δὲ καὶ γόητας ἀνθρώπους ἐν ἅπασιν ἀφθόνοις βιοῦντας, αἰτοῦντας μὲν τυραννικῶς, λαμβάνοντας δὲ προχείρως, ἀγανακτοῦντας δέ, εἰ μὴ

Tribut oder, um sie selbst zu zitieren, scheren die Schafe, und sie denken sich, dass viele entweder aus Scheu vor ihrem Auftreten schon zahlen werden, oder aus Furcht, Beschimpfungen hinterhergebrüllt zu bekommen.

[15] Und auch folgendes konnten sie beobachten, glaube ich, dass sie nämlich mit den echten Philosophen auf eine Stufe gestellt werden und niemand sich zum Richter und genauen Prüfer solcher Verhältnisse aufschwingt, solange nur ihr Äußeres die Ähnlichkeit wahrt. Denn sie lassen sich von vornherein gar nicht erst auf irgendwelche Diskussionen ein, mag man sie auch noch so höflich und nur nach Details fragen, sondern plärren sofort los und ziehen sich auf ihre eigene Akropolis zurück, das Geschimpfe, und der Stock ist stets bei der Hand. Und fragt man sie nach ihren Taten – Gerede ohne Ende; willst du sie aber an ihren Reden messen, dann heißt es: Schau auf mein Leben![13]

[16] Und so kommt es, dass jetzt jede Stadt voll ist von derart arglistigem Treiben und überfüllt ist von denen, die sich nach Diogenes, Antisthenes und Krates nennen und in den Truppen des Hundes aufmarschieren, sich aber um all das, was der Gattung Hund an Nützlichem gegeben ist, wie seine Wachsamkeit, seine Hütefähigkeit, seine Anhänglichkeit an seinen Herren, sein gutes Gedächtnis, kein bisschen bemühen, das Gebell aber, die Gier, die Stehlsucht, die ständige Geilheit, das Scharwenzeln und Gewedel um jeden, der ihnen etwas zukommen lässt, und das Herumlungern um die Tische – das kultivieren sie bis zur Perfektion.

[17] Du wirst daher schon bald sehen, wohin das führt. Die Arbeiter werden sich nämlich geschlossen erheben und ihre Handwerksstuben vereinsamt zurücklassen, wenn ihnen erst einmal klar wird, wie sie selbst, die von früh bis spät schuften und sich abplacken, über ihre Arbeit gebeugt, von dieser Lohnknechtschaft trotzdem kaum leben können, während Faulpelze und Betrüger in Saus und Braus leben, Forderungen stellen wie ein Tyrann, mit gierigen Händen nach allem greifen, aufgebracht, wenn sie es nicht

λάβοιεν, οὐκ ἐπαινοῦντας δέ, οὐδ’ εἰ λάβοιεν. ταῦτα ὁ ἐπὶ Κρόνου βίος δοκεῖ αὐτοῖς καὶ ἀτεχνῶς τὸ μέλι αὐτὸ ἐς τὰ στόματα ἐσρεῖν ἐκ τοῦ οὐρανοῦ.

[18] Καὶ ἧττον ἂν δεινὸν τὸ πρᾶγμα ἦν, εἰ τοιοῦτοι ὄντες μηδὲν εἰς ἡμᾶς ἄλλο ἐξύβριζον· οἱ δέ, μάλα σεμνοὶ καὶ σκυθρωποὶ τὰ ἔξω καὶ τὰ δημόσια φαινόμενοι, ἢν παιδὸς ὡραίου ἢ γυναικὸς λάβωνται καλῆς ἢ ἐλπίσωσιν, σιωπᾶν ἄξιον οἷα ποιοῦσιν. ἔνιοι δὲ καὶ ξένων τῶν σφετέρων γυναῖκας ἀπάγουσι μοιχεύσοντες κατὰ τὸν Ἰλιέα ἐκεῖνον νεανίσκον, ὡς φιλοσοφοῖεν δὴ καὶ αὗται· εἶτα κοινὰς αὐτὰς ἅπασι τοῖς ξυνοῦσι προθέμενοι Πλάτωνός τι δόγμα οἴονται ποιεῖν, οὐκ εἰδότες ὅπως ὁ ἱερὸς ἐκεῖνος ἠξίου κοινὰς ἡγεῖσθαι τὰς γυναῖκας. **[19]** ἃ μὲν γὰρ ἐν τοῖς συμποσίοις δρῶσιν καὶ ἃ μεθύσκονται, μακρὸν ἂν εἴη λέγειν. καὶ ταῦτα ποιοῦσι, πῶς οἴει; κατηγοροῦντες αὐτοὶ μέθης καὶ μοιχείας καὶ λαγνείας καὶ φιλαργυρίας· οὐδὲν γοῦν οὕτως εὕροις ἂν ἄλλο ἄλλῳ ἐναντίον ὡς τοὺς λόγους αὐτῶν καὶ τὰ ἔργα. οἷον κολακείαν μισεῖν φασιν, κολακείας ἕνεκα τὸν Γναθωνίδην ἢ τὸν Στρουθίαν ὑπερβαλέσθαι δυνάμενοι. ἀληθεύειν τοὺς ἄλλους προτρέποντες, οὐκ ἂν οὐδὲ κινῆσαι τὴν γλῶτταν μὴ μετὰ τοῦ καὶ ψεύσασθαι δύναιντο. ἡδονὴ πᾶσιν ἐχθρὸν τῷ λόγῳ καὶ ὁ Ἐπίκουρος πολέμιος, ἔργῳ δὲ διὰ ταύτην ἅπαντα πράττουσιν. τὸ δ’ ὀξύχολον καὶ μικραίτιον καὶ πρὸς ὀργὴν ῥᾴδιον ὑπὲρ τὰ βρεφύλλια τὰ νεογνά· γέλωτα γοῦν οὐ μικρὸν παρέχουσι τοῖς θεωμένοις, ὁπόταν ὑπὸ τῆς τυχούσης αἰτίας ἐπιζέσῃ μὲν αὐτοῖς ἡ χολή, πελιδνοὶ δὲ τὴν χροιὰν

kriegen, und ohne ein freundliches Wort, nicht mal dann, wenn sie es kriegen. Und das kommt ihnen wie das goldene Zeitalter vor, es ist, als flösse ihnen ohne ihr Zutun Honig aus dem Himmel in den Mund.

[18] Das wäre nun alles nicht so schlimm, wenn sie sich darauf beschränkten, so zu sein, und uns sonst nichts antäten. Aber was sie, die sich nach außen und in der Öffentlichkeit höchst ehrwürdig und ernst geben, anstellen, wenn sie einen hübschen Burschen oder eine schöne Frau in die Finger kriegen oder darauf spekulieren, darüber schweigt man besser. Einige verschleppen sogar die Frauen ihrer eigenen Gastfreunde, um sie zum Ehebruch zu verführen, nach dem Vorbild jenes jungen Trojaners,[14] mit dem Ziel, natürlich!, dass die auch ans Philosophieren kommen. Und dann stellen sie sie allen ihren Genossen als Gemeingut zur Verfügung und glauben, damit einen Lehrsatz Platons umzusetzen,[15] ohne jede Ahnung davon, was sich der heilige Mann bei seiner Forderung nach Frauengemeinschaft eigentlich vorgestellt hatte. **[19]** Was sie bei Symposien treiben und wie sie sich da betrinken, das wäre eine lange Geschichte![16] Und das tun sie – fasst man es?! –, während sie gleichzeitig anklagend über Trunksucht, Ehebruch, Lüsternheit und Geldgier reden. Wirklich, du könntest nichts Widersprüchlicheres finden als ihre Worte und ihre Taten; so behaupten sie etwa, die Schmeichelei zu hassen, wo sie doch in Sachen Schmeichelei leicht Gnathonides oder Strouthias in den Schatten stellen können.[17] Sie treiben die anderen zur Wahrhaftigkeit an, selbst aber könnten sie ihre Zunge nicht bewegen, ohne gleichzeitig eine Lüge zu äußern. Ihren Worten nach ist ihnen allen der Lustgewinn zuwider und Epikur ihr Feind, in ihren Handlungen aber tun sie alles dafür. Wie schnell sie in die Luft gehen, wie sie sich wegen jeder Kleinigkeit empören, wie leicht sie in Zorn geraten: Darin übertreffen sie sogar Vogeljunge in ihren Nestern. Sie bringen ihr Publikum ganz schön zum Lachen, wenn ihnen beim geringsten Anlass die Galle hochkocht, sie sich ins Grüne verfärben, wild und wahnsinnig drein-

βλέπωνται, ἰταμόν τι καὶ παράφορον δεδορκότες, καὶ ἀφροῦ, μᾶλλον δὲ ἰοῦ, μεστὸν αὐτοῖς ᾖ τὸ στόμα.

[20] Μὴ σύ γε κεῖθι τύχοις, ὅτε ὁ μιαρὸς ἐκεῖνος ἐκχεῖται βόρβορος· »Χρυσίον μὲν ἢ ἀργύριον, Ἡράκλεις, οὐδὲ κεκτῆσθαι ἀξιῶ· ὀβολὸς ἱκανός, ὡς θέρμους πριαίμην· ποτὸν γὰρ ἢ κρήνη ἢ ποταμὸς παρέξει.« καὶ μετ᾽ ὀλίγον αἰτοῦσιν οὐκ ὀβολοὺς οὐδὲ δραχμὰς ὀλίγας, ἀλλὰ πλούτους ὅλους, ὥστε τίς ἔμπορος τοσοῦτον ἀπὸ τοῦ φόρτου ἐμπολήσειεν ἂν ὅσον τούτοις φιλοσοφία ἐς χρηματισμὸν συντελεῖ; εἶτ᾽ ἐπειδὰν ἱκανῶς συλλέξωνται καὶ ἐπισιτίσωνται, ἀπορρίψαντες ἐκεῖνο τὸ δύστηνον τριβώνιον ἀγροὺς ἐνίοτε καὶ ἐσθῆτας τῶν μαλθακῶν ἐπρίαντο καὶ παῖδας κομήτας καὶ συνοικίας ὅλας, μακρὰ χαίρειν φράσαντες τῇ πήρᾳ τῇ Κράτητος καὶ τῷ τρίβωνι τῷ Ἀντισθένους καὶ τῷ πίθῳ τῷ Διογένους.

[21] Οἱ ἰδιῶται δὲ ταῦτα ὁρῶντες καταπτύουσιν ἤδη φιλοσοφίας καὶ ἅπαντας εἶναι τοιούτους οἴονται κἀμὲ τῆς διδασκαλίας αἰτιῶνται, ὥστε πολλοῦ ἤδη χρόνου ἀδύνατόν μοι γεγένηται κἂν ἕνα τινὰ προσαγαγέσθαι αὐτῶν, ἀλλὰ τὸ τῆς Πηνελόπης ἐκεῖνο πάσχω· ὁπόσον γὰρ δὴ ἐγὼ ἐξυφήνω, τοῦτο ἐν ἀκαρεῖ αὖθις ἀναλύεται. ἡ Ἀμαθία δὲ καὶ ἡ Ἀδικία ἐπιγελῶσιν, ὁρῶσαι ἀνεξέργαστον ἡμῖν τὸ ἔργον καὶ ἀνήνυτον τὸν πόνον.

ΖΕΥΣ

[22] Οἷα, ὦ θεοί, πέπονθεν ἡμῖν ἡ Φιλοσοφία πρὸς τῶν καταράτων ἐκείνων. ὥστε ὥρα σκοπεῖν ὅ τι καὶ πρακτέον ἢ ὅπως αὐτοὺς μετελευστέον. ὁ μὲν γὰρ κεραυνὸς ἀπάγει μιᾷ πληγῇ καὶ ὁ θάνατος ταχύς.

ΑΠΟΛΛΩΝ

Ἐγώ σοι, ὦ πάτερ, ὑποθήσομαι· μισῶ γὰρ καὶ αὐτὸς ἤδη τοὺς ἀλαζόνας

schauen und ihnen Schaum, ja mehr noch: Gift aus dem Mund sprudelt.[18]

[20] »Mögest du nicht dort sein«,[19] wenn folgender widerwärtiger Schlamm aus ihnen quillt: »Nach dem Besitz von Gold oder Silber, beim Herakles, verlangt es mich nicht. Mir reicht eine Obole, um Bohnen zu kaufen; denn einen Trunk wird mir eine Quelle oder ein Fluss bieten.« Und schon kurze Zeit später verlangen sie nicht nur Obolen, auch nicht ein paar Drachmen, sondern ganze Reichtümer, so dass man fragen kann: Welcher Kaufmann erwirtschaftet solche Einkünfte aus seinen Waren, wie sie die Philosophie diesen Leuten zu ihrer Bereicherung verschafft? Und dann, wenn sie genug eingesammelt und beschafft haben, werfen sie ihren unsäglichen Umhang weg, kaufen sich mal ein paar Äcker, Kleidung von der weichen Sorte, langhaarige Knaben und ganze Mietskasernen, und dann heißt es »Adieu« für den Ranzen des Krates, den Mantel des Antisthenes und Diogenes' Fass.

[21] Angesichts dessen spucken die normalen Leute bereits auf die Philosophie und glauben, Philosophen seien alle so, und mich machen sie für die Unterweisung verantwortlich, so dass es mir schon seit langem unmöglich geworden ist, auch nur einen einzigen von ihnen noch auf meine Seite zu bringen – nein, vielmehr geht es mir genau wie Penelope: Alles, was ich webe, das löst sich mir in Nullkommanix wieder auf.[20] Und UNWISSENHEIT und UNGERECHTIGKEIT, die lachen sich eins und schauen zu, wie mir mein Werk ungetan ist und meine Mühe vergebens.

[22] ZEUS

Ihr Götter! Was musste sich meine PHILOSOPHIA von diesen Verfluchten alles gefallen lassen! Da ist es höchste Zeit, mir zu überlegen, was ich unternehmen oder wie ich sie mir zur Brust nehmen soll! Der Blitz wischt sie mit einem Schlag weg, und der Tod kommt schnell!

APOLLON

Ich mache dir einen Vorschlag, Vater. Denn ich hasse diese Auf-

ἀμούσους ὄντας, ὑπὲρ τῶν Μουσῶν ἀγανακτῶν. κεραυνοῦ μὲν γὰρ ἢ τῆς σῆς δεξιᾶς οὐδαμῶς ἐκεῖνοι ἄξιοι, τὸν Ἑρμῆν δὲ αὐτοκράτορα, εἰ δοκεῖ, τῆς κολάσεως κατάπεμψον ἐπ᾽ αὐτούς, ὃς ἅτε δὴ περὶ λόγους ἔχων καὶ αὐτὸς τάχιστα εἴσεται τούς τε ὀρθῶς φιλοσοφοῦντας καὶ τοὺς μή. εἶτα τοὺς μὲν ἐπαινέσεται, ὡς τὸ εἰκός, οἱ δὲ κολασθήσονται ὅπως ἂν ἐκείνῳ παρὰ τὸν καιρὸν δοκῇ.

[23] ΖΕΥΣ

Εὖ λέγεις, ὦ Ἄπολλον. ἀλλὰ καὶ σύ, ὦ Ἡράκλεις, ἅμα καὶ τὴν Φιλοσοφίαν αὐτὴν ἔχοντες ἄπιτε ὡς τάχιστα εἰς τὸν βίον. τρισκαιδέκατον γοῦν ἆθλον οἴου τοῦτον οὐ σμικρὸν ἐκτελέσειν, ἢν ἐκκόψῃς μιαρὰ οὕτω καὶ ἀναίσχυντα θηρία.

ΗΡΑΚΛΗΣ

Καὶ μὴν ἄμεινον ἦν, ὦ πάτερ, τὴν κόπρον ἐκκαθᾶραι αὖθις τὴν Αὐγέου ἢ τούτοις συμπλέκεσθαι. ἀπίωμεν δ᾽ ὅμως.

ΦΙΛΟΣΟΦΙΑ

Ἄκουσα μέν, ἀκολουθητέον δὲ κατὰ τὰ δόξαντα τῷ πατρί.

[24] ΕΡΜΗΣ

Κατίωμεν, ὡς κἂν ὀλίγους αὐτῶν ἐπιτρίψωμεν σήμερον. ποίαν δὲ χρὴ τραπέσθαι, ὦ Φιλοσοφία; σὺ γὰρ οἶσθα ὅπου εἰσίν. ἢ πρόδηλον ὅτι ἐν τῇ Ἑλλάδι;

ΦΙΛΟΣΟΦΙΑ

Οὐδαμῶς, ἢ πάνυ ὀλίγοι, ὅσοι ὀρθῶς φιλοσοφοῦσιν, ὦ Ἑρμῆ. οὗτοι δὲ οὐδὲν Ἀττικῆς πενίας δέονται, ἀλλ᾽ ἔνθα πολὺς χρυσὸς ἢ ἄργυρος ὀρύττεται, ἐκεῖ που ζητητέοι εἰσὶν ἡμῖν.

ΕΡΜΗΣ

Οὐκοῦν εὐθὺ τῆς Θρᾴκης ἀπιτέον.

schneider ebenfalls schon geraume Zeit, amusisch wie sie sind, und bin um meiner Musen willen empört. Deines Blitzes oder deiner Rechten sind die gar nicht würdig. Schick doch Hermes – wenn du es für richtig hältst: mit einer Generalvollmacht für die Art der Bestrafung – runter zu ihnen! Der wird ja, als Herr über den Logos, auch gleich wissen, wer richtig philosophiert und wer nicht. Und dann wird er die einen, wie es auch in Ordnung ist, loben, die anderen werden ihre Bestrafung erhalten, so wie er es in der jeweiligen Situation für angemessen hält.

[23] Zeus

Guter Vorschlag, Apollon! Aber du, Herakles, geh auch mit, begleitet Philosophia schleunigst zurück ins irdische Leben. Du darfst mir glauben, da wirst du deine dreizehnte Arbeit vollbringen, und keine minderwertige!, wenn du diese widerwärtigen und schamlosen Viecher ausradierst!

Herakles

Es wäre zwar sicher besser, Vater, noch einmal den Stall des Augias auszumisten, als sich mit diesen Leuten einzulassen, aber ja, wir wollen trotzdem los!

Philosophia

Sehr ungern! Aber ich muss euch ja folgen, der Vater will es so.

[24] Hermes

Wir wollen hinunter, damit wir heute wenigstens noch ein paar von ihnen zerdreschen! Wo müssen wir hin, Philosophia? Du weißt ja, wo sie sind. Offensichtlich doch in Griechenland?

Philosophia

Nein, nein, oder nur ganz wenige, Hermes, alle, die richtig philosophieren. Die hier hingegen haben keine Lust auf attische Bedürftigkeit, nein, wo Gold und Silber in Menge geschürft werden, da irgendwo müssen wir auch sie suchen.

Hermes

Also, dann schnurstracks auf nach Thrakien!

ΗΡΑΚΛΗΣ
Εὖ λέγεις, καὶ ἡγήσομαί γε ὑμῖν τῆς ὁδοῦ. οἶδα γὰρ τὰ Θρᾳκῶν ἅπαντα, συχνάκις ἐπελθών. καί μοι τήνδε ἤδη τραπώμεθα.
ΕΡΜΗΣ
Ποίαν λέγεις;
[25] ΗΡΑΚΛΗΣ
Ὁρᾶτε, ὦ Ἑρμῆ καὶ Φιλοσοφία, δύο μὲν ὄρη μέγιστα καὶ κάλλιστα ὀρῶν ἁπάντων (Αἶμός ἐστιν τὸ μεῖζον, ἡ καταντικρὺ δὲ Ῥοδόπη) πεδίον δὲ ὑποπεπταμένον πάμφορον, ἀπὸ τῶν προπόδων ἑκατέρων εὐθὺς ἀρξάμενον, καί τινας λόφους τρεῖς πάνυ καλοὺς ἀνεστηκότας, οὐκ ἀμόρφους τὴν τραχύτητα, οἷον ἀκροπόλεις πολλὰς τῆς ὑποκειμένης πόλεως. καὶ ἡ πόλις γὰρ ἤδη φαίνεται.
ΕΡΜΗΣ
Νὴ Δί᾽, ὦ Ἡράκλεις, μεγίστη καὶ καλλίστη ἁπασῶν· πόρρωθεν γοῦν ἀπολάμπει τὸ κάλλος. καί τις καὶ ποταμὸς μέγιστος παραμείβεται, πάνυ ἐν χρῷ ψαύων αὐτῆς.
ΗΡΑΚΛΗΣ
Ἕβρος μὲν οὗτος, ἡ δὲ πόλις ἔργον Φιλίππου ἐκείνου. καὶ ἡμεῖς ἤδη πρόσγειοι καὶ ὑπονέφελοι· ὥστε ἐπιβαίνωμεν ἀγαθῇ τύχῃ.
[26] ΕΡΜΗΣ
Οὕτω γινέσθω. τί δ᾽ οὖν χρὴ ποιεῖν, ἢ πῶς τὰ θηρία ἐξιχνευτέον;
ΗΡΑΚΛΗΣ
Τοῦτο μὲν σὸν ἤδη ἔργον, ὦ Ἑρμῆ· κῆρυξ γὰρ εἶ, ὥστε οὐκ ἂν φθάνοις κηρύττων.
ΕΡΜΗΣ
Οὐδὲν τοῦτο χαλεπόν, ἀλλὰ τά γε ὀνόματα οὐκ ἐπίσταμαι αὐτῶν. σὺ

Herakles
Ganz recht, und ich werde euch auf dem Weg vorangehen. Ich kenne nämlich ganz Thrakien, von vielen Expeditionen. Und hier ist bereits der Weg, wo wir lang müssen.

Hermes
Welchen meinst du?

[25] Herakles
Seht ihr da, Hermes und Philosophia, die beiden gewaltigen Berge, die schönsten von allen Bergen überhaupt (Haimos ist der höhere, der gegenüber heißt Rhodope),[21] und wie sich zu ihren Füßen eine Ebene erstreckt, in der alles wächst und die ihren Anfang an ihrer beider Ausläufern nimmt? Und seht ihr die drei wunderschönen Gipfel herausragen, in all ihrer Schroffheit doch nicht missgestaltet, als ob die Stadt zu ihren Füßen eine Vielzahl von Akropolen besäße? Und da kommt ja auch schon die Stadt in den Blick.

Hermes
Bei Zeus, Herakles, die größte und schönste aller Städte! Jedenfalls strahlt ihre Schönheit schon von weitem. Und was für ein breiter Fluss das ist, der da direkt an ihr vorbeifließt.

Herakles
Das ist der Hebros, die Stadt ist das Werk des bekannten Philipp.[22] Und da sind wir ja schon fast am Boden und unter den Wolken. Dann wollen wir mal landen, hoffen wir, dass es klappt!

[26] Hermes
So soll es geschehen.

Und was machen wir jetzt, oder wie sollen wir die Viecher aufspüren?

Herakles
Das ist nun schon deine Aufgabe, Hermes. Du bist doch Herold, also walte einfach deines Amtes!

Hermes
An sich kein Problem! Aber ich kenne doch ihre Namen nicht.

οὖν, Φιλοσοφία, λέγε οὕστινας ὀνομαστέον, καὶ τὰ σημεῖα προσέτι.

ΦΙΛΟΣΟΦΙΑ

Οὐδὲ αὐτὴ μὲν οἶδα τὸ σαφὲς οἵτινες ὀνομάζονται διὰ τὸ μὴ ξυγγεγενῆσθαί ποτε αὐτοῖς· ἀπὸ δ' οὖν τῆς ἐπιθυμίας ἣν ἔχουσι περὶ τὰ κτήματα, οὐκ ἂν ἁμάρτοις προσκαλῶν Κτήσωνας ἢ Κτησίππους ἢ Κτησικλέας ἢ Εὐκτήμονας ἢ Πολυκτήτους.

[27] ΕΡΜΗΣ

Εὖ λέγεις. ἀλλὰ τίνες οὗτοί εἰσιν ἢ τί περισκοποῦσιν καὶ αὐτοί; μᾶλλον δὲ καὶ προσίασιν καί τι καὶ ἐρέσθαι θέλουσιν.

ΔΕΣΠΟΤΑΙ

Ἆρα ἂν ἔχοιτε ἡμῖν, ὦ ἄνδρες, εἰπεῖν, ἢ σύ, ὦ βελτίστη, εἴ τινας τρεῖς γόητας ἅμα εἴδετε καί τινα γυναῖκα ἐν χρῷ κεκαρμένην εἰς τὸ Λακωνικόν, ἀρρενωπὴν καὶ κομιδῇ ἀνδρικήν;

ΦΙΛΟΣΟΦΙΑ

Παπαῖ, τὰ ἡμέτερα οὗτοι ζητοῦσιν.

ΔΕΣΠΟΤΑΙ

Πῶς τὰ ὑμέτερα; δραπέται γὰρ ἐκεῖνοι ἅπαντες. ἡμεῖς δὲ τὴν γυναῖκα μάλιστα μέτιμεν ἠνδραποδισμένην πρὸς αὐτῶν.

ΕΡΜΗΣ

Εἴσεσθε δὴ καθ' ὅ τι καὶ ζητοῦμεν αὐτούς. τὸ νῦν δὲ ἅμα κηρύττωμεν.

Εἴ τις ⟨εἶδεν⟩ ἀνδράποδον Παφλαγονικὸν τῶν ἀπὸ Σινώπης βαρβάρων, ὄνομα τοιοῦτον οἷον ἀπὸ κτημάτων, ὕπωχρον, ἐν χρῷ κουρίαν, ἐν γενείῳ βαθεῖ, πήραν ἐξημμένον καὶ τριβώνιον ἀμπεχόμενον, ὀργίλον, ἄμουσον, τραχύφωνον, λοίδορον, μηνύειν ἐπὶ ῥητῷ αὐτονόμῳ.

ΔΕΣΠΟΤΗΣ

[28] Νοῶ, οὗτος, ὃν κηρύττεις· ὡς ἐκείνῳ γε ὄνομα ἦν παρ' ἐμοὶ Κάνθαρος, καὶ ἐκόμα δὲ καὶ τὸ γένειον ἐτίλλετο καὶ τέχνην τὴν ἐμὴν ἠπίστατο·

Also, PHILOSOPHIA, sag, wen ich namentlich ausrufen soll, und gib mir außerdem ihre äußeren Kennzeichen!

PHILOSOPHIA

Ich weiß auch nicht genau, wie sie heißen – ich habe doch ihre Gesellschaft stets vermieden! Aber angesichts ihrer Besitzgier kannst du nichts falschmachen, wenn du alle Leute mit Namen Kteson, Ktesippos, Ktesikles, Euktemon oder Polyktet herbeizitierst.[23]

[27] HERMES

Gute Idee! Aber halt – wer sind denn die Leute da, wonach schauen die sich um? Ja, jetzt kommen sie sogar näher und wollen uns etwas fragen.

BESITZER

Könntet ihr uns wohl sagen, ihr Herren, oder du, werte Dame, ob ihr drei Betrüger gesehen habt, zusammen mit einer Frau, die das Haar spartanisch kurz geschnitten trägt, mit maskulinen Gesichtszügen und überhaupt insgesamt männlich?

PHILOSOPHIA

O je, die suchen unsere.

BESITZER

Wie, eure? Das sind alles ausgerissene Sklaven! Wir sind aber vor allem hinter der Frau her, die haben sie geraubt.

HERMES

Natürlich, ihr sollt gleich erfahren, weswegen wir die ebenfalls suchen. Jetzt wollen wir sie aber auf der Stelle ausrufen!

Wenn einer einen paphlagonischen Sklaven von den Barbaren aus Sinope gesehen hat, mit einem Namen, der etwas mit ›Besitz‹ zu tun hat, recht blass, kurze Haare, langer Bart, Ranzen und Umhang über der Schulter, jähzornig, ein Feind der Musen, raue Stimme, Pöbler, dann soll er ihn gegen eine Belohnung anzeigen, die er selbst festsetzen darf!

[28] EIN BESITZER

Du, den kenne ich, den du da ausrufst! Nur war bei mir sein Name Mistkäfer, da trug er die Haare noch länger, den Bart schütter, und

ἀπέκειρεν γὰρ ἐν τῷ γναφείῳ καθήμενος ὁπόσον περιττὸν τοῖς ἱματίοις τῶν κροκύδων ἐπανθεῖ.

ΦΙΛΟΣΟΦΙΑ

Ἐκεῖνος αὐτός ἐστιν, ὁ οἰκέτης ὁ σός, ἀλλὰ νῦν φιλοσόφῳ ἔοικεν ἀκριβῶς ἑαυτὸν ἐπιγνάψας.

ΔΕΣΠΟΤΗΣ

Ὢ τῆς τόλμης, ὁ Κάνθαρος φιλοσοφεῖ, φησίν, ἡμῶν δὲ οὐδεὶς λόγος.

ΑΝΔΡΕΣ

Ἀμέλει ἅπαντας ἀνευρήσομεν· ξυνίησιν γάρ, ὥς φησιν, αὕτη.

[29] ΕΡΜΗΣ

Τίς δ' οὗτος ἄλλος ὁ προσιών ἐστιν, ὦ Ἡράκλεις, ὁ καλός, ὁ τὴν κιθάραν;

ΗΡΑΚΛΗΣ

Ὀρφεύς ἐστιν, σύμπλους ἐπὶ τῆς Ἀργοῦς ἐμός, ἥδιστος κελευστῶν ἁπάντων· πρὸς γοῦν τὴν ᾠδὴν αὐτοῦ ἥκιστα ἐκάμνομεν ἐρέττοντες. χαῖρε, ὦ ἄριστε καὶ μουσικώτατε Ὀρφεῦ· οὐκ ἐπιλέλησαι γάρ που Ἡρακλέους.

ΟΡΦΕΥΣ

Νὴ καὶ ὑμεῖς γε, ὦ Φιλοσοφία καὶ Ἡράκλεις καὶ Ἑρμῆ. ἀλλὰ καιρὸς ἀποδιδόναι τὰ μήνυτρα, ὡς ἔγωγε πάνυ σαφῶς ὃν ζητεῖτε οἶδα.

ΕΡΜΗΣ

Οὐκοῦν δεῖξον, ὦ παῖ Καλλιόπης, ἔνθα ἐστίν· χρυσίου γὰρ οὐδέν, οἶμαι, δέῃ σοφὸς ὤν.

ΟΡΦΕΥΣ

Εὖ φής. ἐγὼ δὲ τὴν μὲν οἰκίαν δείξαιμ' ἂν ὑμῖν ἔνθα οἰκεῖ, αὐτὸν δὲ οὐκ ἄν, ὡς μὴ κακῶς ἀκούοιμι πρὸς αὐτοῦ· μιαρὸς γὰρ εἰς ὑπερβολὴν καὶ μόνον τοῦτο ἐκμεμελέτηκεν.

ΕΡΜΗΣ

Δεῖξον μόνον.

er übte das gleiche Handwerk wie ich: Er saß in meiner Walkerei und schabte die überschüssigen Wollflocken von den Tuchen herunter.

PHILOSOPHIA

Das ist der Kerl, dein Diener! Aber jetzt geht er als Philosoph und hat sich selbst perfekt in Form gewalkt!

BESITZER

Was für eine Frechheit – Mistkäfer, ein Philosoph – sagt sie – und von mir keine Rede!

MÄNNER

Egal, die finden wir alle wieder! Sie weiß ja Bescheid, sagt sie, die da!

[29] HERMES

Und wer ist das, Herakles, der da gerade auf uns zukommt, der hübsche, der Typ mit der Kithara?

HERAKLES

Das ist Orpheus, mein Reisegenosse auf der Argo, kein Schlagmann angenehmer als er; jedenfalls wurden wir zum Takt seines Gesangs beim Rudern immer am wenigsten müde. Guten Tag, bester und musenkundigster Orpheus! Du hast ja sicher den Herakles nicht vergessen!

ORPHEUS

Ja, ja, guten Tag auch euch, PHILOSOPHIA, Herakles und Hermes! Aber jetzt her mit der Belohnung, denn ich weiß genau, wen ihr sucht.[24]

HERMES

Na, dann zeig schon, Sohn der Kalliope, wo er steckt! Gold wirst du ja, denke ich, keines wollen, weise,[25] wie du bist.

ORPHEUS

Der Punkt geht an dich ... Ich will euch das Haus zeigen, wo er wohnt, aber nicht ihn selbst, damit ich mir keine Beschimpfungen von ihm anhören muss. Das ist nämlich ein überaus widerwärtiger Kerl, der nur das perfekt beherrscht.

HERMES

Zeig's einfach!

ΟΡΦΕΥΣ

Αὕτη πλησίον. ἐγὼ δὲ ἄπειμι ὑμῖν ἐκποδών, ὡς μηδ' ἴδοιμι αὐτόν.

[30] ΦΙΛΟΣΟΦΙΑ

Ἐπίσχες. οὐ γυναικός ἐστι φωνὴ ῥαψῳδούσης τι τῶν Ὁμήρου;

ΕΡΜΗΣ

Νὴ Δία· ἀλλ' ἀκούσωμεν ὅ τι καὶ λέγει.

ΓΥΝΗ

> Ἐχθρὸς γάρ μοι κεῖνος ὁμῶς Ἀΐδαο πύλῃσιν,
> ὃς χρυσὸν φιλέει μὲν ἐνὶ φρεσίν, ἄλλο δὲ εἴπῃ.

ΕΡΜΗΣ

Οὐκοῦν τὸν Κάνθαρόν σοι μισητέον.

ΓΥΝΗ

> Ξεινοδόκον κακὰ ῥέξεν, ὅ κεν φιλότητα παράσχῃ.

ΑΝΗΡ

Περὶ ἐμοῦ τοῦτο τὸ ἔπος, οὗ τὴν γυναῖκα ᾤχετο ἀπάγων διότι αὐτὸν ὑπεδεξάμην.

ΓΥΝΗ

> Οἰνοβαρές, κυνὸς ὄμματ' ἔχων, κραδίην δ' ἐλάφοιο,
> οὔτε ποτ' ἐν πολέμῳ ἐναρίθμιος οὔτ' ἐνὶ βουλῇ,
> Θερσίτ' ἀκριτόμυθε, κακῶν πανάριστε κολοιῶν
> μάψ, ἀτὰρ οὐ κατὰ κόσμον, ἐριζέμεναι βασιλεῦσιν.

ΔΕΣΠΟΤΗΣ

Εἰκότως τοῦ καταράτου τὰ ἔπη.

Orpheus
Hier, das da, in der Nähe! Aber ich mache mich aus dem Staub, ich möchte ihn lieber nicht sehen.

[30] Hermes
Augenblick mal – ist das nicht die Stimme einer Frau, die etwas aus Homer rezitiert?

Apollon
Bei Zeus, ja! Lasst uns mal hören, was sie sagt!

Frau

> Feindlich ist mir ja jener, so sehr wie die Tore des Hades,
> der in seinem Herzen das Gold liebt, doch anderes sagt er.[26]

Hermes
Da musst du ja einen Hass auf den Mistkäfer haben!

Frau

> Schlimmes tat er dem Gastfreund, der ihm doch Freundschaft [gewährte.[27]

Mann
Der Vers handelt von mir! Er hatte nichts Besseres zu tun, als meine Frau zu entführen – weil ich ihn gastfreundlich aufgenommen hatte!

Frau

> Schwer vom Wein, mit den Augen des Hundes, dem Herzen des [Hirschen,
> weder zählt er jemals im Krieg noch zählt er im Rate,
> dummer Schwätzer, Thersites, von schlimmen Dohlen die erste,
> weg mit dir! Es ist nicht recht, den Königen zu widersprechen.[28]

Besitzer
Ganz klar, die Verse zielen auf den verfluchten Kerl!

ΓΥΝΗ

Πρόσθε κύων, ὄπιθεν δὲ λέων, μέσση δὲ χίμαιρα
δεινὸν ἀποπνείουσα τρίτου κυνὸς ἄγριον ὁρμήν.

[31] ΥΠΟΔΟΧΕΥΣ

Οἴμοι, γύναι, ὅσα πέπονθας ὑπὸ κυνῶν τοσούτων. φασὶ δ' αὐτὴν καὶ κυεῖν ἀπ' αὐτῶν.

ΕΡΜΗΣ

Θάρρει, Κέρβερόν τινα τέξεταί σοι ἢ Γηρυόνην, ὡς ἔχοι ὁ Ἡρακλῆς οὗτος αὖθις πόνον. ἀλλὰ καὶ προΐασιν, ὥστε οὐδὲν δεῖ κόπτειν τὴν θύραν.

ΔΕΣΠΟΤΗΣ Α

Ἔχω σε, ὦ Κάνθαρε. νῦν σιωπᾷς; φέρ' ἴδωμεν ἅτινά σοι ἡ πήρα ἔχει, θέρμους ἴσως ἢ ἄρτου τρύφος. οὐ μὰ Δί', ἀλλὰ ζώνην χρυσίου.

ΗΡΑΚΛΗΣ

Μὴ θαυμάσῃς· Κυνικὸς γὰρ ἔφασκεν εἶναι τὸ πρόσθεν ἐπὶ τῆς Ἑλλάδος, ἐνταῦθα δὲ Χρυσίππειος ἀκριβῶς ἐστιν. τοιγαροῦν Κλεάνθην οὐκ εἰς μακρὰν αὐτὸν ὄψει· κρεμήσεται γὰρ ἀπὸ τοῦ πώγωνος οὕτω μιαρὸς ὤν.

[32] ΔΕΣΠΟΤΗΣ Β

Σὺ δέ, ὦ κακέ, οὐ Ληκυθίων οὑμὸς δραπέτης τυγχάνεις; οὐ μὲν οὖν ἄλλος. ὢ τοῦ γέλωτος. εἶτα τί οὐκ ἂν γένοιτο; καὶ Ληκυθίων φιλοσοφεῖ.

ΕΡΜΗΣ

Ὁ τρίτος δὲ οὗτος ἀδέσποτος ὑμῖν ἐστιν;

ΔΕΣΠΟΤΗΣ Γ

Οὐδαμῶς, ἀλλ' ὁ δεσπότης ἐγὼ ἑκὼν ἀφίημι αὐτὸν ἀπολωλέναι.

FRAU

> Vorne ein Hund und hinten ein Leu, mittendrin eine Ziege,
> schnaubt gewaltig heraus des dritten Hundes Attacke.[29]

[31] GASTGEBER
Himmel, Frau, was haben dir all diese Hunde angetan? Man behauptet sogar, sie sei von ihnen geschwängert worden.[30]
HERMES
Nur Mut, sie wird dir einen Kerberos oder einen Geryones zur Welt bringen, auf dass unser Herakles hier mal wieder Arbeit hat.[31] Aber da kommen sie ja schon, wir müssen gar nicht mehr anklopfen!
BESITZER A
Hab ich dich, Mistkäfer! Jetzt sagst du nichts mehr? Na, da wollen wir doch mal sehen, was du so in deinem Ranzen hast – vielleicht Bohnen? Oder ein Stück Brot? Nein, bei Zeus, einen Gürtel voll Gold!
HERAKLES
Kein Wunder! Früher in Griechenland behauptete er ja, er sei Kyniker, aber hier ist er eins zu eins Anhänger von Chrysipp, dem ›Goldpferdchen‹![32] Da wird es ja nicht mehr lange dauern, und du wirst einen Kleanthes vor dir haben: Wir hängen ihn an seinem Bart auf, Verbrecher, der er ist![33]
[32] BESITZER B
Und du, Mistkerl, bist du nicht Ölfläschchen, mein entlaufener Sklave? Nein, tatsächlich, er ist es und kein anderer. Ich lach mich krank! Was soll noch alles passieren? Sogar Ölfläschchen ein Philosoph!
HERMES
Und der dritte hier gehört keinem von euch?
BESITZER C
Doch – aber ich, sein Besitzer, gebe ihn nur zu gern frei – auf dass er verrecke!

ΕΡΜΗΣ

Ὅτι τί;

ΔΕΣΠΟΤΗΣ Γ

Ὅτι δεινῶς τῶν ὑποσάθρων ἐστίν. τὸ δ' ὄνομα Μυρόπνουν αὐτὸν ἐκαλοῦμεν.

ΕΡΜΗΣ

Ἡράκλεις ἀλεξίκακε, ἀκούεις; ἔπειτα πήρα καὶ βάκτρον. – καὶ αὐτὸς ἀπόλαβε τὴν γυναῖκα σύ.

ΑΝΗΡ

Μηδαμῶς. οὐκ ἂν ἀπολάβοιμι βιβλίον μοι τῶν παλαιῶν κυοῦσαν.

ΕΡΜΗΣ

Πῶς βιβλίον;

ΑΝΗΡ

Ἔστιν τι, ὦ ἀγαθέ, Τρικάρανος βιβλίον.

ΕΡΜΗΣ

Οὐδὲν ἄτοπον, ἐπεὶ καὶ Τριφάλης [, ὁ τῶν κωμικῶν εἷς].

[33] ΦΙΛΟΣΟΦΙΑ

Σόν, ὦ Ἑρμῆ, δικάζειν τὸ μετὰ τοῦτο.

ΕΡΜΗΣ

Οὕτω μοι δοκεῖ, ταύτην μέν, ἵνα μηδὲν τέρας μηδὲ πολυκέφαλον τέκῃ, οἴχεσθαι παρὰ τὸν ἄνδρα ὀπίσω ἐς τὴν Ἑλλάδα, τὼ δύο δὲ τούτω δραπετίσκω παραδοθέντε τοῖν δεσπόταιν μανθάνειν ἃ πρὸ τοῦ, τὸν μὲν ἀποπλύνειν τὰς ῥυπώσας τῶν ὀθονῶν, τὸν Ληκυθίωνα, τὸν Μυρόπνουν δὲ αὖθις ἀκεῖσθαι τῶν ἱματίων τὰ διερρωγότα, μαλάχῃ γε πρότερον μαστιγωθέντε. ἔπειτα καὶ τοῦτον παραδοθῆναι τοῖς πιττωταῖς, ὡς ἀπόλοιτο παρατιλλόμενος τὰ πρῶτα, ῥυπώσῃ προσέτι καὶ γυναικείᾳ τῇ πίττῃ, εἶτα ἐς τὸν Αἷμον ἀναχθέντα γυμνὸν ἐπὶ τῆς χιόνος μένειν συμπεποδισμένον τὼ πόδε.

HERMES
Warum das?
HERR C
Weil er einer von den besonders Verkommenen ist! Wir nannten ihn Dufte.
HERMES
Herakles, Beschützer vor allem Übel, hörst du das? Und dann ein Ranzen und ein Stock!! – Und du, nimm du deine Frau zurück!
BESITZER
Auf keinen Fall! Ich nehm doch keine Frau zurück, die mit einem Buch, so einem alten Schinken, schwanger ist!
HERMES
Wieso Buch?
BESITZER
Mein Lieber, der ›Dreikopf‹ ist doch wohl ein Buch!
HERMES
Nicht merkwürdig, der ›Dreischwanz‹ ist ja auch eines.[34]
[33] PHILOSOPHIA
An dir ist es, Hermes, ein Urteil zu fällen, wie es weitergehen soll.
HERMES
Dann beschließe ich, dass die Frau hier schleunigst ihrem Mann zurück nach Griechenland folgen soll, damit sie kein Monster mit vielen Köpfen zur Welt bringt, und die beiden Ausreißerchen hier sollen ihren Herren ausgehändigt werden und wieder lernen, was sie früher gemacht haben, der eine, Ölfläschchen, soll die verdreckten Leinentücher waschen, und der Dufte soll wieder die zerrissenen Klamotten flicken – aber erst, nachdem sie beide mit einem Malvenstrunk ausgepeitscht worden sind.[35] Und danach wird der hier den Pechsiedern überantwortet:[36] Er soll verrecken, aber erst sollen ihm alle Haare ausgerissen werden, und obendrein mit dreckigem Pech, wie Frauen es verwenden, und dann soll er auf den Haimos verbracht werden und nackt auf dem Schnee liegen bleiben – mit zusammengebundenen Füßen!

ΔΡΑΠΕΤΗΣ Α

Φεῦ τῶν κακῶν.

ΔΡΑΠΕΤΗΣ Β

ὀτοτοῖ

ΔΡΑΠΕΤΗΣ Γ

παππαιπαιάξ.

ΔΕΣΠΟΤΗΣ

Τί τοῦτο παρεντίθης τῶν τραγικῶν σου διαλόγων; ἀλλ' ἀκολούθει παρὰ τοὺς πιττωτὰς ἤδη, ἀποδυσάμενός πρότερον γε τὴν λεοντῆν, ὡς γνωσθῇς ὄνος ὤν.

AUSREISSER A
Oh, wie schrecklich!
AUSREISSER B
Ohgottohgott!
AUSREISSER C
Ohjeohjeohje!
BESITZER
Was musst du hier noch diese Bröckchen aus deinen tragischen Dialogen beitragen? Hopp, komm schon mit, ab zu den Pechsiedern – aber vorher ziehst du noch das Löwenfell aus, damit man sieht, dass du ein Esel bist!

ΣΥΜΠΟΣΙΟΝ Η ΛΑΠΙΘΑΙ

[1] ΦΙΛΩΝ

Ποικίλην, ὦ Λυκῖνε, διατριβήν φασι γεγενῆσθαι ὑμῖν χθὲς ἐν Ἀρισταινέτου παρὰ τὸ δεῖπνον καί τινας λόγους φιλοσόφους εἰρῆσθαι καὶ ἔριν οὐ σμικρὰν συστῆναι ἐπ' αὐτοῖς, εἰ δὲ μὴ ἐψεύδετο Χαρῖνος, καὶ ἄχρι τραυμάτων προχωρῆσαι τὸ πρᾶγμα καὶ τέλος αἵματι διαλυθῆναι τὴν συνουσίαν.

ΛΥΚΙΝΟΣ

Καὶ πόθεν, ὦ Φίλων, ἠπίστατο Χαρῖνος ταῦτα; οὐ γὰρ συνεδείπνει μεθ' ἡμῶν.

ΦΙΛΩΝ

Διονίκου ἔφη τοῦ ἰατροῦ ἀκοῦσαι. Διόνικος δὲ καὶ αὐτός, οἶμαι, τῶν συνδείπνων ἦν.

ΛΥΚΙΝΟΣ

Καὶ μάλα· οὐ μὴν ἐξ ἀρχῆς γε οὐδ' αὐτὸς ἅπασι παρεγένετο, ἀλλὰ ὀψὲ μεσούσης σχεδὸν ἤδη τῆς μάχης ἐπέστη ὀλίγον πρὸ τῶν τραυμάτων. ὥστε θαυμάζω εἴ τι σαφὲς εἰπεῖν ἐδύνατο μὴ παρακολουθήσας ἐκείνοις, ἀφ' ὧν ἀρξαμένη ἐς τὸ αἷμα ἐτελεύτησεν αὐτοῖς ἡ φιλονικία.

[2] ΦΙΛΩΝ

Τοιγαροῦν, ὦ Λυκῖνε, καὶ ὁ Χαρῖνος αὐτός, εἰ βουλοίμεθα τἀληθῆ ἀκοῦσαι καὶ ὅπως ἐπράχθη ἕκαστα, παρὰ σὲ ἡμᾶς ἥκειν ἐκέλευε. καὶ τὸν Διόνικον γὰρ αὐτὸν εἰπεῖν ὡς αὐτὸς μὲν οὐ παραγένοιτο ἅπασι, σὲ δὲ ἀκριβῶς εἰδέναι τὰ γεγενημένα καὶ τοὺς λόγους αὐτοὺς ⟨ἂν⟩ ἀπομνημονεῦσαι ἅτε μὴ παρέργως τῶν τοιούτων ἀλλ' ἐν σπουδῇ ἀκροώμενον. ὥστε οὐκ ἂν φθάνοις ἑστιῶν ἡμᾶς ἡδίστην ταύτην ἑστίασιν, ἧς οὐκ οἶδ' εἴ τις ἡδίων ἔμοιγε, καὶ μάλιστα ὅσῳ νήφοντες ἐν εἰρήνῃ καὶ ἀναιμωτὶ

DAS GASTMAHL ODER DIE LAPITHEN

[1] PHILON
Ein bunter Abend muss das gewesen sein, Lykinos, den ihr da gestern bei Aristainetos' Fest hattet, erzählen die Leute:[1] philosophische Diskussionen und ein handfester Streit darüber – wenn Charinos nicht gelogen hat, gab es sogar Verletzte, und die Feier hat ein blutiges Ende genommen.
LYKINOS
Und woher, Philon, will Charinos davon gewusst haben? Er war doch gar nicht auf dem Fest.
PHILON
Er behauptete, es von Dionikos, dem Arzt, gehört zu haben. Und Dionikos war, glaube ich, persönlich unter den Gästen.
LYKINOS
In der Tat. Allerdings war er nicht von Anfang an dabei und auch nicht bei allen Ereignissen, sondern er kam später, als die Schlacht schon beinahe voll im Gange war, kurz vor den ersten Verletzungen. Ich frage mich daher, ob er eine genaue Schilderung liefern konnte, wo er doch den Anfang ihres Streits gar nicht mitbekommen hat, der dann in einem Blutbad endete.
[2] PHILON
Genau deshalb, Lykinos, hat uns Charinos auch empfohlen, uns an dich zu wenden, wenn wir hören wollten, was wirklich passiert und wie alles im Einzelnen abgelaufen sei. Auch Dionikos selbst habe nämlich gesagt, er persönlich sei zwar nicht bei allem dabei gewesen, du aber wüsstest über alles, was geschehen sei, genau Bescheid und würdest dich auch an die eigentliche Unterhaltung erinnern, weil du kein nachlässiger, sondern ein aufmerksamer Zuhörer solcher Gespräche bist. Nun fang schon an und kredenze uns dieses höchst lustvolle Mahl:[2] Ein lustvolleres kann ich mir jedenfalls nicht vorstellen, und zwar vor allem deshalb, weil wir in friedlicher Nüchternheit und ohne Blutvergießen außer Reichweite der Geschütze

ἔξω βέλους ἑστιασόμεθα, εἴτε γέροντες ἐπαρῴνησάν τι παρὰ τὸ δεῖπνον εἴτε νέοι, εἰπεῖν τε ὅσα ἥκιστα ἐχρῆν ὑπὸ τοῦ ἀκράτου προαχθέντες καὶ πρᾶξαι.

[3] ΛΥΚΙΝΟΣ

Νεανικώτερα ἡμᾶς, ὦ Φίλων, ἀξιοῖς ἐκφέρειν ταῦτα πρὸς τοὺς πολλοὺς καὶ ἐπεξιέναι διηγουμένους πράγματα ἐν οἴνῳ καὶ μέθῃ γενόμενα, δέον λήθην ποιήσασθαι αὐτῶν καὶ νομίζειν ἐκεῖνα πάντα θεοῦ ἔργα τοῦ Διονύσου εἶναι, ὃς οὐκ οἶδα εἴ τινα τῶν αὑτοῦ ὀργίων ἀτέλεστον καὶ ἀβάκχευτον περιεῖδεν. ὅρα οὖν μὴ κακοήθων τινῶν ἀνθρώπων ᾖ τὸ ἀκριβῶς τὰ τοιαῦτα ἐξετάζειν, ἃ καλῶς ἔχει ἐν τῷ συμποσίῳ καταλιπόντας ἀπαλλάττεσθαι. Μισῶ γάρ, φησὶ καὶ ὁ ποιητικὸς λόγος, μνάμονα συμπόταν. καὶ οὐδὲ ὁ Διόνικος ὀρθῶς ἐποίησε πρὸς τὸν Χαρῖνον ταῦτα ἐξαγορεύσας καὶ πολλὴν τὴν ἑωλοκρασίαν κατασκεδάσας ἀνδρῶν φιλοσόφων. ἐγὼ δέ, ἄπαγε, οὐκ ἄν τι τοιοῦτον εἴποιμι.

[4] ΦΙΛΩΝ

Θρύπτῃ ταῦτα, ὦ Λυκῖνε. ἀλλ᾽ οὔτι γε πρὸς ἐμὲ οὕτως ποιεῖν ἐχρῆν, ὃς ἀκριβῶς πολὺ πλέον ἐπιθυμοῦντά σε εἰπεῖν οἶδα ἢ ἐμὲ ἀκοῦσαι, καί μοι δοκεῖς, εἰ ἀπορήσειας τῶν ἀκουσομένων, κἂν πρὸς κίονά τινα ἢ πρὸς ἀνδριάντα ἡδέως ἂν προσελθὼν ἐκχέαι πάντα συνείρων ἀπνευστί. εἰ γοῦν ἐθελήσω ἀπαλλάττεσθαι νῦν, οὐκ ἐάσεις με ἀνήκοον ἀπελθεῖν, ἀλλ᾽ ἕξεις καὶ παρακολουθήσεις καὶ δεήσῃ. κἀγὼ θρύψομαι πρὸς σὲ ἐν τῷ μέρει· καί, εἴ γε δοκεῖ, ἀπίωμεν ἄλλου αὐτὰ πευσόμενοι, σὺ δὲ μὴ λέγε.

tafeln werden, gleichgültig ob es alte Männer waren, die bei Tisch über die Stränge schlugen, oder junge, die alle der Wein dazu verführte, Ungehöriges zu sagen oder zu tun.

[3] Lykinos

Taten allzu jugendlichen Leichtsinns waren das, Philon, und da verlangst du von mir, ich solle sie der Öffentlichkeit preisgeben und in allen Einzelheiten erzählen: Taten, die in Rausch und Trunkenheit begangen wurden, wo es doch besser wäre, sie dem Vergessen zu überantworten und sich auf den Standpunkt zu stellen, dass das alles das Wirken des Gottes, des Dionysos, ist, der es kaum ertragen kann, wenn einer nicht in seine Mysterien eingeweiht ist und seinen Orgien fernbleibt! Pass also auf, dass du nicht in den Geruch gerätst, ein übler Charakter zu sein, mit deiner Forderung nach einem detaillierten Bericht über derartige Dinge, die man besser zusammen mit der Feier hinter sich lässt. Denn »ich hasse«, sagt auch schon das Dichterwort, »erinnerungsfreudige Zecher«.[3] Und auch Dionikos hat nicht recht daran getan, dem Charinos das alles auszuplaudern und die abgestandenen Reste ihres Besäufnisses literweise über die Herren auszuschütten – Philosophen immerhin. Nein, geh, so etwas will ich nicht erzählen.

[4] Philon

Du zierst dich, Lykinos! Aber vor mir bräuchtest du doch nicht so zu tun, weiß ich doch sehr wohl, dass du noch viel mehr darauf erpicht bist zu erzählen, als ich zu hören, und ich glaube, du würdest dich, wenn dir die Zuhörer ausgingen, ebenso gern an eine Säule oder an eine Statue wenden und alles an einem Stück, ohne Luft zu holen, heraussprudeln. Ich wette, wenn ich mich jetzt verabschieden will, dann wirst du mich nicht gehen lassen, bevor ich mir nicht alles angehört habe, sondern du wirst mitgehen und mir nachlaufen und bitten und betteln. Und dann bin ich an der Reihe, mich zu zieren. *[Zu einem Dritten:]* So – wenn du magst, wollen wir gehen und jemand anderen fragen. *[Zu Lykinos:]* Und du behalte deine Erzählung für dich!

ΛΥΚΙΝΟΣ

Μηδὲν πρὸς ὀργήν· διηγήσομαι γάρ, ἐπείπερ οὕτως προθυμῇ, ἀλλ' ὅπως μὴ πρὸς πολλοὺς ἐρεῖς.

ΦΙΛΩΝ

Εἰ μὴ παντάπασιν ἐγὼ ἐπιλέλησμαι Λυκίνου, αὐτὸς σὺ ἄμεινον ποιήσεις αὐτὸ καὶ φθάσεις εἰπὼν ἅπασιν, ὥστε οὐδὲν ἐμοῦ δεήσῃ. **[5]** ἀλλ' ἐκεῖνό μοι πρῶτον εἰπέ, τῷ παιδὶ τῷ Ζήνωνι ὁ Ἀρισταίνετος ἀγόμενος γυναῖκα εἱστία ὑμᾶς;

ΛΥΚΙΝΟΣ

Οὔκ, ἀλλὰ τὴν θυγατέρα ἐξεδίδου αὐτὸς τὴν Κλεανθίδα τῷ Εὐκρίτου τοῦ δανειστικοῦ, τῷ φιλοσοφοῦντι.

ΦΙΛΩΝ

Παγκάλῳ νὴ Δία μειρακίῳ, ἁπαλῷ γε μὴν ἔτι καὶ οὐ πάνυ καθ' ὥραν γάμων.

ΛΥΚΙΝΟΣ

Ἀλλ' οὐκ εἶχεν ἄλλον ἐπιτηδειότερον, οἶμαι. τοῦτον οὖν κόσμιόν τε εἶναι δοκοῦντα καὶ πρὸς φιλοσοφίαν ὡρμημένον, ἔτι δὲ μόνον ὄντα πλουτοῦντι τῷ Εὐκρίτῳ, προείλετο νυμφίον ἐξ ἁπάντων.

ΦΙΛΩΝ

Οὐ μικρὰν λέγεις αἰτίαν τὸ πλουτεῖν τὸν Εὔκριτον. ἀτὰρ οὖν, ὦ Λυκῖνε, τίνες οἱ δειπνοῦντες ἦσαν;

[6] ΛΥΚΙΝΟΣ

Τοὺς μὲν ἄλλους τί ἂν σοι λέγοιμι; οἱ δὲ ἀπὸ φιλοσοφίας καὶ λόγων, οὕσπερ ἐθέλεις, οἶμαι, ἀκοῦσαι μάλιστα, Ζηνόθεμις ἦν ὁ πρεσβύτης ὁ ἀπὸ τῆς στοᾶς καὶ ξὺν αὐτῷ Δίφιλος ὁ Λαβύρινθος ἐπίκλην, διδάσκαλος οὗτος ὢν τοῦ Ἀρισταινέτου υἱέος τοῦ Ζήνωνος· τῶν δὲ ἀπὸ τοῦ περιπάτου Κλεόδημος, οἶσθα τὸν στωμύλον, τὸν ἐλεγκτικόν· Ξίφος αὐτὸν οἱ μαθηταὶ καὶ Κοπίδα καλοῦσιν. ἀλλὰ καὶ ὁ Ἐπικούρειος Ἕρμων παρῆν, καὶ εἰσελθόντα γε αὐτὸν εὐθὺς ὑπεβλέποντο οἱ Στωϊκοὶ

LYKINOS

Nun werd doch nicht gleich wütend! Ich erzähle ja schon, wo du mich so sehr bittest! Aber dass du es ja nicht groß weitersagst!

PHILON

Wie ich meinen Lykinos kenne, wirst du das selbst besser erledigen und es noch vor mir allen Leuten erzählen, so dass du mich dafür gar nicht brauchst. [5] Aber sag mir zuerst: War es die Hochzeit seines Sohnes Zenon, zu der Aristainetos euch eingeladen hatte?

LYKINOS

Nein, es war seine Tochter Kleanthis,[4] die er dem Sohn des Eukritos zur Frau gab – du weißt schon: Vater Geldverleiher, Sohn Philosophiestudent.

PHILON

Beim Zeus, ein ausnehmend hübsches Bürschchen, aber er ist doch noch ein zarter Junge und kaum alt genug, um zu heiraten!

LYKINOS

Einen passenderen hatte er aber nicht, glaube ich. Und weil der einen ordentlichen Eindruck macht, sich zur Philosophie hingezogen fühlt und außerdem der einzige Sohn des reichen Eukritos ist, da hat er ihn eben allen anderen als Bräutigam vorgezogen.

PHILON

Eukritos' Geld – da nennst du keinen kleinen Grund! Jetzt aber, Lykinos: Wer waren die Gäste?

[6] LYKINOS

Warum sollte ich dir die Übrigen alle aufzählen? Die Vertreter von Philosophie und Rhetorik hingegen, von denen du, glaube ich, in erster Linie hören willst, waren der alte Stoiker Zenothemis[5] und mit ihm Diphilos, genannt Labyrinth, der Lehrer von Aristainetos' Sohn Zenon; von den Peripatetikern Kleodemos, du weißt schon, der Zungenfertige, der Disputiermeister, Schwert nennen ihn seine Schüler und Beil. Es war aber auch der Epikureer Hermon da, und schon bei seinem Eintreten sahen ihn die Stoiker böse an, wandten sich ab und bekundeten deutlich ihren Abscheu vor ihm wie vor

καὶ ἀπεστρέφοντο καὶ δῆλοι ἦσαν ὥς τινα πατραλοίαν καὶ ἐναγῆ μυσαττόμενοι. οὗτοι μὲν αὐτοῦ Ἀρισταινέτου φίλοι καὶ συνήθεις ὄντες παρεκέκληντο ἐπὶ δεῖπνον καὶ ξὺν αὐτοῖς ὁ γραμματικὸς Ἱστιαῖος καὶ ὁ ῥήτωρ Διονυσόδωρος. [7] διὰ δὲ τὸν νυμφίον τὸν Χαιρέαν Ἴων ὁ Πλατωνικὸς συνειστιᾶτο διδάσκαλος αὐτοῦ ὤν, σεμνός τις ἰδεῖν καὶ θεοπρεπὴς καὶ πολὺ τὸ κόσμιον ἐπιφαίνων τῷ προσώπῳ· Κανόνα γοῦν οἱ πολλοὶ ὀνομάζουσιν αὐτὸν εἰς τὴν ὀρθότητα τῆς γνώμης ἀποβλέποντες. καὶ ἐπεὶ παρῆλθεν ὑπεξανίσταντο πάντες αὐτῷ καὶ ἐδεξιοῦντο ὥς τινα τῶν κρειττόνων, καὶ ὅλως θεοῦ ἐπιδημία τὸ πρᾶγμα ἦν Ἴων ὁ θαυμαστὸς συμπαρών.

[8] Δέον δὲ ἤδη κατακλίνεσθαι ἁπάντων σχεδὸν παρόντων, ἐν δεξιᾷ μὲν εἰσιόντων αἱ γυναῖκες ὅλον τὸν κλιντῆρα ἐκεῖνον ἐπέλαβον, οὐκ ὀλίγαι οὖσαι, καὶ ἐν αὐταῖς ἡ νύμφη πάνυ ἀκριβῶς ἐγκεκαλυμμένη, ὑπὸ τῶν γυναικῶν περιεχομένη· ἐς δὲ τὸ ἀντίθυρον ἡ ἄλλη πληθύς, ὡς ἕκαστος ἀξίας εἶχε. [9] καταντικρὺ δὲ τῶν γυναικῶν πρῶτος ὁ Εὔκριτος, εἶτα Ἀρισταίνετος. εἶτα ἐνεδοιάζετο πότερον χρὴ πρότερον Ζηνόθεμιν τὸν Στωϊκὸν ἅτε γέροντα ἢ Ἕρμωνα τὸν Ἐπικούρειον, ἱερεὺς γὰρ ἦν τοῖν ἀνάκοιν καὶ γένους τοῦ πρώτου ἐν τῇ πόλει. ἀλλὰ ὁ Ζηνόθεμις ἔλυσε τὴν ἀπορίαν· »Εἰ γάρ με,« φησίν, »ὦ Ἀρισταίνετε, δεύτερον ἄξεις Ἕρμωνος τουτουί, ἀνδρός, ἵνα μηδὲν ἄλλο κακὸν εἴπω, Ἐπικουρείου, ἄπειμι ὅλον σοι τὸ συμπόσιον καταλιπών.« καὶ ἅμα τὸν παῖδα ἐκάλει καὶ ἐξιόντι ἐῴκει. καὶ ὁ Ἕρμων »Ἔχε μέν, ὦ Ζηνόθεμι, τὰ πρῶτα,« ἔφη· »ἀτὰρ εἰ καὶ μηδέν τι ἕτερον ἱερεῖ γε ὄντι ὑπεξίστασθαι καλῶς εἶχεν, εἰ καὶ τοῦ Ἐπικούρου ⟨τοῦ⟩ πάνυ καταπεφρόνηκας.« »Ἐγέλασα,« ἦ δ' ὃς ὁ Ζηνόθεμις, »Ἐπικούρειον ἱερέα,« καὶ ἅμα λέγων

einem Vatermörder und verfluchten Frevler. Sie alle waren in ihrer Eigenschaft als Aristainetos' eigene Freunde und Bekannte zum Fest eingeladen worden, und mit ihnen der Grammatiker Histiaios und der Rhetor Dionysodoros.[6] **[7]** Chaireas, dem Bräutigam, zu Gefallen war auch sein Lehrer, der Platoniker Ion,[7] zu Gast, ehrwürdig anzuschauen, von heiligmäßiger Erhabenheit, und Zucht und Unbescholtenheit standen ihm ins Gesicht geschrieben: Schließlich nennen ihn die meisten ja auch Maßstab mit Blick auf die Geradheit seiner Anschauungen. Bei seiner Ankunft machten ihm alle Platz und begrüßten ihn wie einen von den Mächtigen, kurz: der Herrgott auf Besuch, das war's, dass der vielbestaunte Ion gekommen war.

[8] Schon wurde es Zeit, sich auf den Klinen niederzulassen, es waren beinahe alle da; auf der rechten Seite der Eintretenden nahmen die Frauen das ganze Liegesofa ein, ziemlich viele waren es, und unter ihnen die Braut, sorgfältigst verschleiert, von den Frauen schützend umgeben. Gegenüber der Tür lagen all die übrigen, jeder nach seinem Rang. **[9]** Den Frauen gegenüber lagen zuerst Eukritos, dann Aristainetos. Dann gab es eine Diskussion, ob nun zuerst Zenothemis der Stoiker seinem Alter entsprechend folgen solle oder Hermon der Epikureer: Denn er war Priester der Dioskuren und entstammte der ersten Familie der Stadt. Doch Zenothemis löste diese Aporie:[8] »Aristainetos,« sagte er, »wenn du mich hinter diesem Hermon da auf den zweiten Platz verweist, einem, um nichts Schlimmeres zu sagen, Epikureer, dann lasse ich dich mit deinem ganzen Symposion hier stehen und gehe.« Mit diesen Worten rief er schon nach seinem Sklaven und machte Anstalten, den Raum zu verlassen. Da sagte Hermon: »Dann setz dich eben auf den ersten Platz, Zenothemis; allerdings hätte es dir gut zu Gesicht gestanden, einem Priester Platz zu machen, wenn schon aus keinem anderen Grund, wie sehr du auch immer den großen Epikur verachtest.« – »Dass ich nicht lache,« sagte Zenothemis, »ein Epikureer – und Priester![9]«, und mit diesen Worten nahm er Platz, nach ihm dann

κατεκλίνετο καὶ μετ᾽ αὐτὸν ὅμως ὁ Ἕρμων, εἶτα Κλεόδημος ὁ Περιπατητικός, εἶτα ὁ Ἴων καὶ ὑπ᾽ ἐκεῖνον ὁ νυμφίος, εἶτ᾽ ἐγὼ καὶ παρ᾽ ἐμὲ ὁ Δίφιλος καὶ ὑπ᾽ αὐτῷ Ζήνων ὁ μαθητής, εἶτα ὁ ῥήτωρ Διονυσόδωρος καὶ ὁ γραμματικὸς Ἱστιαῖος.

[10] ΦΙΛΩΝ

Βαβαί, ὦ Λυκῖνε, μουσεῖόν τι τὸ συμπόσιον διηγῇ σοφῶν ἀνδρῶν τῶν πλείστων, καὶ ἔγωγε τὸν Ἀρισταίνετον ἐπαινῶ, ὅτι τὴν εὐκταιοτάτην ἑορτὴν ἄγων τοὺς σοφωτάτους ἑστιᾶν πρὸ τῶν ἄλλων ἠξίωσεν, ὅ τι περ τὸ κεφάλαιον ἐξ ἑκάστης αἱρέσεως ἀπανθισάμενος, οὐχὶ τοὺς μέν, τοὺς δὲ οὔ, ἀλλὰ ἀναμὶξ ἅπαντας.

ΛΥΚΙΝΟΣ

Ἔστι γάρ, ὦ ἑταῖρε, οὐχὶ τῶν πολλῶν τούτων πλουσίων, ἀλλὰ καὶ παιδείας μέλει αὐτῷ καὶ τὸ πλεῖστον τοῦ βίου τούτοις ξύνεστιν.

[11] Εἱστιώμεθα οὖν ἐν ἡσυχίᾳ τὸ πρῶτον, καὶ παρεσκεύαστο ποικίλα. πλὴν οὐδὲν οἶμαι χρὴ καὶ ταῦτα καταριθμεῖσθαι, χυμοὺς καὶ πέμματα καὶ καρυκείας· ἅπαντα γὰρ ἄφθονα. ἐν τούτῳ δὲ ὁ Κλεόδημος ἐπικύψας ἐς τὸν Ἴωνα »Ὁρᾷς,« ἔφη, »τὸν γέροντα« – Ζηνόθεμιν λέγων, ἐπήκουον γάρ – »ὅπως ἐμφορεῖται τῶν ὄψων καὶ ἀναπέπλησται ζωμοῦ τὸ ἱμάτιον καὶ ὅσα τῷ παιδὶ κατόπιν ἑστῶτι ὀρέγει λανθάνειν οἰόμενος τοὺς ἄλλους, οὐ μεμνημένος τῶν μεθ᾽ αὐτόν; δεῖξον οὖν καὶ Λυκίνῳ ταῦτα, ὡς μάρτυς εἴη.« ἐγὼ δὲ οὐδὲν ἐδεόμην δείξοντός μοι τοῦ Ἴωνος, πολὺ πρότερον αὐτὰ ἐκ περιωπῆς ἑωρακώς.

[12] Ἅμα οὖν ταῦτα ὁ Κλεόδημος εἰρήκει καὶ ἐπεισέπαισεν ὁ Κυνικὸς Ἀλκιδάμας ἄκλητος, ἐκεῖνο τὸ κοινὸν ἐπιχαριεντισάμενος, »τὸν Μενέλαον αὐτόματον ἥκοντα«. τοῖς μὲν οὖν πολλοῖς ἀναίσχυντα ἐδόκει πεποιηκέναι καὶ ὑπέκρουον τὰ προχειρότατα, ὁ μὲν τὸ »Ἀφραί-

trotzdem Hermon, dann Kleodemos der Peripatetiker, dann Ion und unterhalb von ihm der Bräutigam, dann ich, neben mir Diphilos und unterhalb von ihm sein Schüler Zenon, dann der Rhetor Dionysodoros und der Grammatiker Histiaios.

[10] PHILON

Potztausend, Lykinos, geradezu ein Musenheiligtum beschreibst du da, ein Gastmahl fast ausschließlich weiser Männer, und ich muss den Aristainetos wirklich für seine Entscheidung loben, zu einem großen und wichtigen Fest anstelle anderer Leute die Weisesten der Weisen einzuladen, eine Blütenlese der jeweiligen Schulen, und nicht die einen schon, aber die anderen nicht, sondern alle bunt gemischt.

LYKINOS

Er gehört eben, lieber Freund, nicht zu diesen Allerweltsreichen, sondern die Bildung liegt ihm am Herzen, und er verbringt die meiste Zeit seines Lebens mit diesen Leuten.

[11] Nun, das Essen verlief zuerst ganz ruhig, und die Speisenfolge war abwechslungsreich. Aber ich denke doch, das muss ich dir nicht auch noch alles aufzählen, die Brühen und die Kuchen und die übrigen leckeren Sachen: von allem im Überfluss. Indessen beugte sich Kleodemos zu Ion: »Siehst du den Alten,« sagte er – er meinte Zenothemis, ich hörte nämlich mit –, »wie er sich mit den Köstlichkeiten vollstopft, wie er sich seinen Umhang mit Suppe bekleckert, und was er alles seinem Sklaven hinter sich gibt? Und er glaubt, die anderen würden es nicht merken, aber er denkt nicht an die in seinem Rücken! Zeig das auch mal dem Lykinos, damit er Zeuge ist!« Ich brauchte aber Ions Hinweis gar nicht, hatte ich es doch schon viel früher bemerkt, da ich von meinem Platz aus alles gut überblicken konnte. [12] Kaum hatte Kleodemos das gesagt, da platzte uneingeladen der Kyniker Alkidamas[10] herein, jenes bekannte Scherzwort auf den Lippen, wonach »ungerufen erschien Menelaos«. Die Mehrzahl fand das unverschämt und unterbrach ihn mit naheliegenden Entgegnungen: »Töricht handelst du, Mene-

νεις Μενέλαε,« ὁ δ'

Ἀλλ' οὐκ Ἀτρεΐδῃ Ἀγαμέμνονι ἥνδανε θυμῷ,

καὶ ⟨ἄλλοι⟩ ἄλλα πρὸς τὸν καιρὸν εὔστοχα καὶ χαρίεντα ὑποτονθορύζοντες· ἐς μέντοι τὸ φανερὸν οὐδεὶς ἐτόλμα λέγειν· ἐδεδοίκεσαν γὰρ τὸν Ἀλκιδάμαντα, βοὴν ἀγαθὸν ἀτεχνῶς ὄντα καὶ κρακτικώτατον κυνῶν ἁπάντων, παρ' ὃ καὶ ἀμείνων ἐδόκει καὶ φοβερώτατος ἦν ἅπασιν.

[13] Ὁ δὲ Ἀρισταίνετος ἐπαινέσας αὐτὸν ἐκέλευε θρόνον τινὰ λαβόντα καθίζεσθαι παρ' Ἱστιαῖόν τε καὶ Διονυσόδωρον. ὁ δέ »Ἄπαγε,« φησί, »γυναικεῖον λέγεις καὶ μαλθακὸν ἐπὶ θρόνου καθίζεσθαι ἢ σκίμποδος, ὥσπερ ὑμεῖς ἐπὶ μαλακῆς ταύτης εὐνῆς μικροῦ δεῖν ὕπτιοι κατακείμενοι ἑστιᾶσθε πορφυρίδας ὑποβεβλημένοι· ἐγὼ δὲ κἂν ὀρθοστάδην δειπνήσαιμι ἐμπεριπατῶν ἅμα τῷ συμποσίῳ· εἰ δὲ καὶ κάμοιμι, χαμαὶ τὸν τρίβωνα ὑποβαλόμενος κείσομαι ἐπ' ἀγκῶνος οἷον τὸν Ἡρακλέα γράφουσιν.« »Οὕτως,« ἔφη, »γιγνέσθω,« ὁ Ἀρισταίνετος, »εἴ σοι ἥδιον.« καὶ τὸ ἀπὸ τούτου περιιὼν ἐν κύκλῳ ὁ Ἀλκιδάμας ἐδείπνει ὥσπερ οἱ Σκύθαι πρὸς τὴν ἀφθονωτέραν νομὴν μετεξανιστάμενος καὶ τοῖς περιφέρουσι τὰ ὄψα συμπερινοστῶν. **[14]** καὶ μέντοι καὶ σιτούμενος ἐνεργὸς ἦν ἀρετῆς πέρι καὶ κακίας μεταξὺ διεξιὼν καὶ ἐς τὸν χρυσὸν καὶ τὸν ἄργυρον ἀποσκώπτων· ἠρώτα γοῦν τὸν Ἀρισταίνετον, τί βούλονται αὐτῷ αἱ τοσαῦται καὶ τηλικαῦται κύλικες τῶν κεραμεῶν ἴσον δυναμένων.

ἀλλ' ἐκεῖνον μὲν ἤδη διενοχλοῦντα ἔπαυσεν ἐς τὸ παρὸν Ἀρισταίνετος τῷ παιδὶ νεύσας εὐμεγέθη σκύφον ἀναδοῦναι αὐτῷ ζωρότερον ἐγχέαντα· καὶ ἐδόκει ἄριστα ἐπινενοηκέναι οὐκ εἰδὼς ὅσων κακῶν ἀρχὴν ὁ σκύφος ἐκεῖνος ἐνεδεδώκει. λαβὼν δὲ ἅμα ὁ Ἀλκιδάμας ἐσίγησε μικρὸν καὶ ἐς τοὔδαφος καταβαλὼν ἑαυτὸν ἔκειτο ἡμίγυμνος, ὥσπερ

laos«, skandierte der eine, der andere: »Nur Agamemnon, dem Sohne des Atreus, behagte das gar nicht«,[11] und sie brummelten noch weitere zur Situation passende und elegante Bemerkungen in ihre Bärte: Offen zu reden traute sich allerdings keiner, denn sie fürchteten sich vor Alkidamas, der eben wirklich ein »Meister im Schlachtruf« ist und von allen Hunden der lärmendste Kläffer.[12] Deshalb hielten ihn auch alle für eine bedeutende Persönlichkeit, und er jagte jedermann gewaltige Angst ein. **[13]** Aristainetos wollte ihn auf einen Sessel neben Histiaios und Dionysodoros komplimentieren, aber er sagte: »Zum Teufel damit! Sessel und Liegen sind was für Weiber und Schlappschwänze wie euch, die ihr euch da auf diesem weichen Lager ausstreckt, ach was: hinfläzt, und es euch, auf Purpur gebettet, schmecken lasst. Ich hingegen esse lieber im Stehen und gehe dabei im Speisesaal auf und ab. Und sollte ich müde werden, dann lege ich mich zu Boden, auf meinen Mantel, und stütze mich auf den Ellbogen, wie Herakles auf den Bildern.« – »Aber bitte doch,« sagte Aristainetos, »wenn es dir so lieber ist.« Und so spazierte Alkidamas von nun an während des Essens im Kreis herum und wechselte wie die Skythen stets zur fetteren Weide, immer auf den Spuren der Speisenträger.[13] **[14]** Allerdings arbeitete er sogar beim Essen, indem er zwischendrin Überlegungen zu Tugend und Schlechtigkeit anbrachte und sich über die goldenen und silbernen Gedecke mokierte. So fragte er etwa den Aristainetos, was er denn mit so vielen großen Weinkelchen wolle, wo es doch Becher aus Ton ebenso täten.

Aristainetos brachte Alkidamas – er wurde allmählich lästig – für den Augenblick zum Schweigen, indem er dem Diener ein Zeichen gab, ihm einen ordentlichen Pokal mit mehr Wein und weniger Wasser zu reichen. Und er war der Meinung, da eine wirklich gute Idee gehabt zu haben, nicht ahnend, was für schlimme Ereignisse[14] dieser Pokal auslösen sollte. Alkidamas packte ihn, hielt einen kurzen Moment lang den Mund und warf sich dann auf den Boden, wo er liegenblieb, halbentblößt, wie er gedroht hatte, den

ἠπειλήκει, πήξας τὸν ἀγκῶνα ὀρθόν, ἔχων ἅμα τὸν σκύφον ἐν τῇ δεξιᾷ, οἷος ὁ παρὰ τῷ Φόλῳ Ἡρακλῆς ὑπὸ τῶν γραφέων δείκνυται.

[15] Ἤδη δὲ καὶ ἐς τοὺς ἄλλους συνεχῶς περιεσοβεῖτο ἡ κύλιξ καὶ φιλοτησίαι καὶ ὁμιλίαι καὶ φῶτα εἰσεκεκόμιστο. ἐν τοσούτῳ δ' ἐγὼ τὸν παρεστῶτα τῷ Κλεοδήμῳ παῖδα οἰνοχόον ὄντα ὡραῖον ἰδὼν ὑπομειδιῶντα – χρὴ γάρ, οἶμαι, καὶ ὅσα πάρεργα τῆς ἑστιάσεως εἰπεῖν, καὶ μάλιστα εἴ τι πρὸς τὸ γλαφυρώτερον ἐπράχθη – μάλα ἤδη παρεφύλαττον ὅ τι καὶ μειδιάσειε. καὶ μετὰ μικρὸν ὁ μὲν προσῆλθεν ὡς ἀποληψόμενος παρὰ τοῦ Κλεοδήμου τὴν φιάλην, ὁ δὲ τόν τε δάκτυλον ἀπέθλιψεν αὐτοῦ καὶ δραχμὰς δύο, οἶμαι, συνανέδωκε μετὰ τῆς φιάλης· ὁ παῖς δὲ πρὸς μὲν τὸν δάκτυλον θλιβόμενον αὖθις ἐμειδίασεν, οὐ μὴν συνεῖδεν, οἶμαι, τὸ νόμισμα, ὥστε μὴ δεξαμένου ψόφον αἱ δύο δραχμαὶ παρέσχον ἐκπεσοῦσαι, καὶ ἠρυθρίασαν ἄμφω μάλα σαφῶς. ἠπόρουν δὲ οἱ πλησίον οὕτινος εἴη τὰ νομίσματα, τοῦ μὲν παιδὸς ἀρνουμένου μὴ ἀποβεβληκέναι, τοῦ δὲ Κλεοδήμου, καθ' ὃν ὁ ψόφος ἐγένετο, μὴ προσποιουμένου τὴν ἀπόρριψιν. ἠμελήθη οὖν καὶ παρώφθη τοῦτο οὐ πάνυ πολλῶν ἰδόντων πλὴν μόνου, ὡς ἐμοὶ ἔδοξε, τοῦ Ἀρισταινέτου· μετέστησε γὰρ τὸν παῖδα μικρὸν ὕστερον ἀφανῶς ὑπεξαγαγὼν καὶ τῷ Κλεοδήμῳ τινὰ παραστῆναι διένευσε τῶν ἐξώρων ἤδη καὶ καρτερῶν, ὀρεωκόμον τινὰ ἢ ἱπποκόμον. καὶ τοῦτο μὲν ὧδέ πως ἐκεχωρήκει, μεγάλης αἰσχύνης αἴτιον ⟨ἂν⟩ τῷ Κλεοδήμῳ γενόμενον, εἰ ἔφθη διαφοιτῆσαν εἰς ἅπαντας, ἀλλὰ μὴ κατέσβη αὐτίκα, δεξιῶς πάνυ τοῦ Ἀρισταινέτου τὴν παροινίαν ἐνέγκαντος.

[16] Ὁ Κυνικὸς δὲ Ἀλκιδάμας, ἐπεπώκει γὰρ ἤδη, πυθόμενος ἥτις ἡ γαμουμένη παῖς καλοῖτο, σιωπὴν παραγγείλας μεγάλῃ τῇ φωνῇ

Ellbogen aufgestützt, den Pokal in der Rechten, wie die Maler Herakles bei Pholos[15] darstellen.

[15] Auch bei den anderen Gästen kreiste der Becher jetzt unaufhörlich, man prostete einander zu und unterhielt sich, schon waren Lichter hereingebracht worden. Da sah ich in all dem Getriebe den Diener, der bei Kleodemos stand, einen hübschen Mundschenk, verstohlen lächeln – ich soll ja wohl, denke ich, auch alles erzählen, was sich am Rande des Festes ereignete, vor allem, wenn es sich um delikatere Dinge handelt –, und gleich ließ ich ihn nicht mehr aus den Augen, um herauszufinden, warum er lächelte. Kurz darauf kam er nach vorn, um Kleodemos' Schale entgegenzunehmen, der aber streichelte seinen Finger und drückte ihm, glaube ich, zusammen mit der Schale zwei Drachmen in die Hand. Der Diener lächelte erneut, als er ihm den Finger streichelte, allerdings bemerkte er, glaube ich, die Münzen nicht: So entglitten sie seinen Fingern und fielen geräuschvoll zu Boden, was die beiden erröten ließ, und zwar ziemlich heftig. Die Gäste unmittelbar daneben fragten sich, wem die Münzen gehören könnten, denn der Diener bestritt, sie verloren zu haben, und Kleodemos, an dessen Platz das Geräusch zu hören gewesen war, tat so, als ob er sie nicht hätte fallen lassen. Nun, man wandte sich darüber anderen Dingen zu und vergaß die ganze Sache: Es hatten ohnehin nicht sehr viele mitbekommen, außer einem, wie mir schien: Aristainetos. Der hieß nämlich kurz darauf den Diener sich diskret entfernen und befahl zu Kleodemos einen von den schon älteren und kräftigen, einen Esel- oder Pferdetreiber. Ja, so ging diese Angelegenheit also aus, und es hätte für Kleodemos ziemlich peinlich werden können, wenn sie bei allen Gästen die Runde gemacht hätte und nicht sofort von Aristainetos im Keim erstickt worden wäre, der den Übermut der Zecher souverän im Griff hatte.

[16] Der Kyniker Alkidamas, er hat schon einen sitzen, erkundigte sich nach dem Namen der Braut, bat mit lauter Stimme um Ruhe und sagte dann, zu den Frauen gewandt: »Auf dein Wohl,

ἀποβλέψας ἐς τὰς γυναῖκας »Προπίνω σοι,« ἔφη, »ὦ Κλεανθί, Ἡρακλέους ἀρχηγέτου.« ὡς δ᾽ ἐγέλασαν ἐπὶ τούτῳ ἅπαντες, »Ἐγελάσατε,« εἶπεν, »ὦ καθάρματα, εἰ τῇ νύμφῃ προὔπιον ἐπὶ τοῦ ἡμετέρου θεοῦ τοῦ Ἡρακλέους; καὶ μὴν εὖ εἰδέναι χρὴ ὡς, ἢν μὴ λάβῃ παρ᾽ ἐμοῦ τὸν σκύφον, οὔποτε τοιοῦτος ἂν υἱὸς αὐτῇ γένοιτο οἷος ἐγώ, ἄτρεπτος μὲν ἀλκήν, ἐλεύθερος δὲ τὴν γνώμην, τὸ σῶμα δὲ οὕτω καρτερός· καὶ ἅμα παρεγύμνου ἑαυτὸν μᾶλλον ἄχρι πρὸς τὸ αἴσχιστον. αὖθις ἐπὶ τούτοις ἐγέλασαν οἱ συμπόται, καὶ ὃς ἀγανακτήσας ἐπανίστατο δριμὺ καὶ παράφορον βλέπων καὶ δῆλος ἦν οὐκέτι εἰρήνην ἄξων. τάχα δ᾽ ἄν τινος καθίκετο τῇ βακτηρίᾳ, εἰ μὴ κατὰ καιρὸν εἰσεκεκόμιστο πλακοῦς εὐμεγέθης, πρὸς ὃν ἀποβλέψας ἡμερώτερος ἐγένετο καὶ ἔληξε τοῦ θυμοῦ καὶ ἐνεφορεῖτο συμπεριιών. [17] καὶ οἱ πλεῖστοι ἐμέθυον ἤδη καὶ βοῆς μεστὸν ἦν τὸ συμπόσιον· ὁ μὲν γὰρ Διονυσόδωρος ὁ ῥήτωρ αὑτοῦ ῥήσεις τινὰς ἐν μέρει διεξῄει καὶ ἐπῃνεῖτο ὑπὸ τῶν κατόπιν ἐφεστώτων οἰκετῶν, ὁ δὲ Ἱστιαῖος ὁ γραμματικὸς ἐρραψῴδει ὕστερος κατακείμενος καὶ συνέφερεν ἐς τὸ αὐτὸ τὰ Πινδάρου καὶ Ἡσιόδου καὶ Ἀνακρέοντος, ὡς ἐξ ἁπάντων μίαν ᾠδὴν παγγέλοιον ἀποτελεῖσθαι, μάλιστα δ᾽ ἐκεῖνα ὥσπερ προμαντευόμενος τὰ μέλλοντα,

σὺν δ᾽ ἔβαλον ῥινούς·

καὶ

ἔνθα δ᾽ ἄρ᾽ οἰμωγή τε καὶ εὐχωλὴ πέλεν ἀνδρῶν.

ὁ Ζηνόθεμις δ᾽ ἀνεγίνωσκε παρὰ τοῦ παιδὸς λαβὼν λεπτόγραμμόν τι βιβλίον.

[18] Διαλιπόντων δὲ ὀλίγον, ὥσπερ εἰώθασι, τῶν παρακομιζόντων τὰ ὄψα μηχανώμενος Ἀρισταίνετος μηδ᾽ ἐκεῖνον ἀτερπῆ τὸν καιρὸν εἶναι μηδὲ κενὸν ἐκέλευσε τὸν γελωτοποιὸν εἰσελθόντα εἰπεῖν τι ἢ

Kleanthis, bei Herakles, meinem Herrn und Meister!«[16] Als darüber alle lachen mussten, sagte er: »Ihr lacht, Abschaum, wenn ich bei unserem Schutzgott Herakles auf das Wohl der Braut trinke? Ihr solltet doch sehr genau wissen: Wenn sie nicht den Pokal aus meiner Hand nimmt, wird sie niemals so einen Mann zum Sohn haben, wie ich einer bin, wehrhaft und unerschrocken, freimütig und klug, und so kräftig gebaut.« Und mit diesen Worten entblößte er sich noch weiter, bis zu den Lenden, worüber die Gäste erneut lachen mussten. Da wurde er wütend, baute sich angriffslustig vor ihnen auf, blickte wild um sich, und es war offensichtlich, dass er gleich keinen Frieden mehr halten würde. Und er hätte wohl auf der Stelle jemandem eins mit dem Stock übergezogen, wäre nicht genau im rechten Moment ein gewaltiger Kuchen hereingebracht worden: Als er den sah, bezähmte er sich, vergaß seine Wut und schlug sich, ihm nachwandernd, weiter den Wanst voll.

[17] Die meisten waren jetzt schon stark angeheitert, und der Speisesaal hallte wider von ihren lauten Unterhaltungen: Dionysodoros, der Rhetor, deklamierte ein paar von seinen Reden, eine nach der anderen, und sonnte sich in der Bewunderung der hinter ihm aufwartenden Diener; der Grammatiker Histiaios, der neben ihm lag, rezitierte Gedichte und vermischte dabei Verse von Pindar, Hesiod und Anakreon, so dass daraus ein einzelnes Lied entstand, das fürchterlich komisch war, vor allem aber, gerade als ob er das Kommende vorausgesagt hätte, diese Verse: »Sie ließen ihre Schilde zusammenstoßen«, und »gleichzeitig schrien sie da vor Schmerz und vor Jubel.«[17] Zenothemis hingegen las währenddessen aus einem Buch mit kleiner Schrift vor, das er sich von seinem Diener hatte geben lassen.

[18] Als nun bei den Servierern, wie es normal ist, eine kleine Verzögerung eintrat, befahl Aristainetos, der sich etwas ausgedacht hatte, um auch in der Zwischenzeit keine schlechte Stimmung und Langeweile aufkommen zu lassen, den Spaßmacher[18] herein und forderte ihn auf, etwas Lustiges zum Besten zu geben oder vorzu-

πρᾶξαι γελοῖον, ὡς ἔτι μᾶλλον οἱ συμπόται διαχυθεῖεν. καὶ παρῆλθεν ἄμορφός τις ἐξυρημένος τὴν κεφαλήν, ὀλίγας ἐπὶ τῇ κορυφῇ τρίχας ὀρθὰς ἔχων· οὗτος ὠρχήσατό τε κατακλῶν ἑαυτὸν καὶ διαστρέφων, ὡς γελοιότερος φανείη, καὶ ἀνάπαιστα συγκροτῶν διεξῆλθεν αἰγυπτιάζων τῇ φωνῇ, καὶ τέλος ἐπέσκωπτεν ἐς τοὺς παρόντας. [19] οἱ μὲν οὖν ἄλλοι ἐγέλων ὁπότε σκωφθεῖεν, ἐπεὶ δὲ καὶ εἰς τὸν Ἀλκιδάμαντα ὅμοιόν τι ἀπέρριψε Μελιταῖον κυνίδιον προσειπὼν αὐτόν, ἀγανακτήσας ἐκεῖνος – καὶ πάλαι δὲ δῆλος ἦν φθονῶν αὐτῷ εὐδοκιμοῦντι καὶ κατέχοντι τὸ συμπόσιον – ἀπορρίψας τὸν τρίβωνα προὐκαλεῖτό οἱ παγκρατιάζειν, εἰς δὲ μή, κατοίσειν αὐτοῦ ἔφη τὴν βακτηρίαν. οὕτω δὴ ὁ κακοδαίμων ὁ Σατυρίων – τοῦτο γὰρ ὁ γελωτοποιὸς ἐκαλεῖτο – συστὰς ἐπαγκρατίαζε. καὶ τὸ πρᾶγμα ὑπερήδιστον ἦν, φιλόσοφος ἀνὴρ γελωτοποιῷ ἀνταιρόμενος καὶ παίων καὶ παιόμενος ἐν τῷ μέρει. οἱ παρόντες δὲ οἱ μὲν ᾐδοῦντο, οἱ δὲ ἐγέλων, ἄχρι ἀπηγόρευσε παιόμενος ὁ Ἀλκιδάμας ὑπὸ συγκεκροτημένου ἀνθρωπίσκου καταγωνισθείς. γέλως οὖν πολὺς ἐξεχύθη ἐπ' αὐτοῖς.

[20] Ἐνταῦθα Διόνικος ἐπεισῆλθεν ὁ ἰατρὸς οὐ πολὺ κατόπιν τοῦ ἀγῶνος· ἐβεβραδύκει δέ, ὡς ἔφασκε, φρενίτιδι ἑαλωκότα θεραπεύων Πολυπρέποντα τὸν αὐλητήν. καί τι καὶ γελοῖον διηγήσατο· ἔφη μὲν γὰρ εἰσελθεῖν παρ' αὐτὸν οὐκ εἰδὼς ἐχόμενον ἤδη τῷ πάθει, τὸν δὲ ταχέως ἀναστάντα ἐπικλεῖσαί τε τὴν θύραν καὶ ξιφίδιον σπασάμενον ἀναδόντα αὐτῷ τοὺς αὐλοὺς κελεύειν αὐλεῖν· εἶτα ἐπεὶ μὴ δύναιτο, παίειν σκῦτος ἔχοντα ἐς ὑπτίας τὰς χεῖρας. τέλος οὖν ἐν τοσούτῳ κινδύνῳ ἐπινοῆσαι

führen, damit die Gäste noch fröhlicher würden. Und herein kam ein hässlicher Kerl mit kahlgeschorenem Schädel, nur auf dem Scheitel hatte er noch ein paar Haare, die aufrecht standen. Der fing an zu tanzen, wobei er sich verdrehte und verrenkte, um noch witziger auszusehen, danach deklamierte er mit rhythmischem Klatschen und in ägyptisierendem Tonfall anapästische Verse,[19] und schließlich ließ er ein paar Witze über die Anwesenden vom Stapel. **[19]** Die übrigen Gäste lachten, wenn er sie neckte; als er aber auch dem Alkidamas einen Scherz dieser Art an den Kopf warf – er nannte ihn ein maltesisches Schoßhündchen[20] –, da geriet der in Wut – schon die ganze Zeit hatte man sehen können, wie er ihm missgönnte, dass er so gut ankam und der Mittelpunkt des Festes war –, riss sich den Umhang herunter und forderte ihn zum Pankration auf: Wenn er sich weigere, würde er ihm, sagte er, seinen Stock überziehen. So musste also der arme Satyrion – so hieß der Spaßmacher – zum Pankration antreten.[21] Und das war wirklich zum Schreien komisch: Ein Philosoph, der gegen einen Spaßmacher antrat und im Wechsel ihn prügelte und von ihm Prügel bezog. Den Anwesenden war es teils peinlich, andere wieder lachten und lachten, bis es Alkidamas leid wurde, sich prügeln zu lassen, und so musste er von einem Zwerg, wenn auch einem durchtrainierten, eine Niederlage einstecken. Eine Woge des Gelächters ergoss sich über sie.

[20] An dieser Stelle kam Dionikos, der Arzt, hinzu, kurz nach dem Kampf. Er habe sich verspätet, sagte er, weil er noch Polyprepon, den Aulosspieler, habe versorgen müssen, der sich eine Hirnhautentzündung zugezogen hatte. Dazu erzählte er eine lustige Geschichte.[22] Als er nämlich – so sagte er – bei Polyprepon eintrat, ohne zu wissen, dass die Krankheit bereits voll ausgebrochen war, da sprang der auf, schloss die Tür ab, zückte ein Messer, hielt ihm die Auloi hin und befahl ihm, auf ihnen zu spielen. Bei jedem Fehlversuch gab ihm Polyprepon dann mit einer Lederpeitsche eins auf die Handflächen. In dieser gefährlichen Situation sei ihm schließ-

τοιόνδε· ἐς ἀγῶνα γὰρ προκαλέσασθαι αὐτὸν ἐπὶ ῥητῷ πληγῶν ἀριθμῷ, καὶ πρῶτον μὲν αὐτὸς αὐλῆσαι πονηρῶς, μετὰ δὲ παραδοὺς τοὺς αὐλοὺς ἐκείνῳ δέξασθαι παρ' αὐτοῦ τὸ σκῦτος καὶ τὸ ξιφίδιον καὶ ἀπορρῖψαι τάχιστα διὰ τῆς φωταγωγοῦ ἐς τὸ ὕπαιθρον τῆς αὐλῆς, καὶ τὸ ἀπὸ τούτου ἀσφαλέστερος ἤδη προσπαλαίων αὐτῷ ἐπικαλεῖσθαι τοὺς γειτνιῶντας, ὑφ' ὧν ἀνασπασάντων τὸ θύριον σωθῆναι αὐτός. ἐδείκνυε δὲ καὶ σημεῖα τῶν πληγῶν καὶ ἀμυχάς τινας ἐπὶ τοῦ προσώπου.

Καὶ ὁ μὲν Διόνικος οὐ μεῖον εὐδοκιμήσας τοῦ γελωτοποιοῦ ἐπὶ τῇ διηγήσει πλησίον τοῦ Ἱστιαίου παραβύσας ἑαυτὸν ἐδείπνει ὅσα λοιπά, οὐκ ἄνευ θεοῦ τινος ἡμῖν ἐπιπαρών, ἀλλὰ καὶ πάνυ χρήσιμος τοῖς μετὰ ταῦτα γεγενημένος. **[21]** παρελθὼν γάρ τις εἰς τὸ μέσον οἰκέτης παρ' Ἑτοιμοκλέους ἥκειν λέγων τοῦ Στωϊκοῦ γραμματίδιον ἔχων κελεῦσαί οἱ ἔφη τὸν δεσπότην ἐν τῷ κοινῷ ἀναγνόντα εἰς ἐπήκοον ἅπασιν ὀπίσω αὖθις ἀπαλλάττεσθαι. ἐφέντος οὖν τοῦ Ἀρισταινέτου προσελθὼν πρὸς τὸν λύχνον ἀνεγίνωσκεν.

ΦΙΛΩΝ

Ἦ που, ὦ Λυκῖνε, τῆς νύμφης ἐγκώμιον ἢ ἐπιθαλάμιον, οἷα πολλὰ ποιοῦσιν;

ΛΥΚΙΝΟΣ

Ἀμέλει καὶ ἡμεῖς τοιοῦτόν τι ᾠήθημεν, ἀλλ' οὐδ' ἐγγὺς ἦν τούτου· ἐνεγέγραπτο γάρ·

[22] Ἑτοιμοκλῆς φιλόσοφος Ἀρισταινέτῳ.

Ὅπως μὲν ἔχω πρὸς δεῖπνα ὁ παρεληλυθώς μοι βίος ἅπας μαρτύριον ἂν γένοιτο, ὅς γε ὁσημέραι πολλῶν ἐνοχλούντων παρὰ πολὺ σοῦ πλουσιωτέρων ὅμως οὐδὲ πώποτε φέρων ἐμαυτὸν ἐπέδωκα εἰδὼς τοὺς ἐπὶ τοῖς συμποσίοις θορύβους καὶ παροινίας. ἐπὶ σοῦ δὲ μόνου εἰκότως

lich folgender Einfall gekommen: Er habe Polyprepon zum Wettkampf um eine festgesetzte Anzahl Schläge herausgefordert, und zuerst habe er selbst ganz jämmerlich geflötet, dann aber habe er Polyprepon die Auloi gegeben und dafür von ihm die Peitsche und das Messer bekommen und beides schleunigst[23] aus dem Fenster in den offenen Hof geworfen. Da habe er sich gleich sicherer gefühlt und, während er mit ihm kämpfte, nach den Nachbarn gerufen; die brachen die Tür auf, und so wurde er gerettet. Er zeigte auch die Schrammen von den Schlägen und einige blaue Flecken im Gesicht.

Auch Dionikos erntete mit seiner Geschichte nicht weniger Anerkennung als der Spaßmacher und tat sich nun, nachdem er sich neben Histiaios gequetscht hatte, an den Resten des Festmahls gütlich. Und irgendwie war es göttliche Fügung, dass er noch zu uns stieß: Er sollte sich nämlich als recht nützlich erweisen bei dem, was später geschah.

[21] Denn nun trat in die Mitte des Saales ein Diener, der verkündete, er komme von Hetoimokles, dem Stoiker.[24] Er hatte ein Schreibtäfelchen bei sich und sagte, sein Herr habe ihm aufgetragen, dies allen öffentlich zu Gehör zu bringen und dann wieder zurückzukommen. Aristainetos gab ihm die Erlaubnis zu sprechen; so trat er also zur Lampe und las laut vor.

PHILON

Wohl eines der üblichen Loblieder auf die Braut, Lykinos, oder ein Hochzeitsgedicht?

LYKINOS

Das dachten wir natürlich auch, aber von wegen! Davon konnte keine Rede sein! Da stand vielmehr folgendes: **[22]** »Hetoimokles der Philosoph grüßt Aristainetos. Von meiner Einstellung zu Festessen legt wohl mein ganzes bisheriges Leben Zeugnis ab. Jedenfalls habe ich mich, obwohl mich jeden Tag viele Leute, die viel reicher sind als du, mit Einladungen bedrängen, noch nie so einfach dafür hergegeben: Ich kenne doch das Gelärme und die Ausgelassenheit bei Gelagen! Nur in deinem Fall ärgere ich mich, zu Recht, wie ich

ἀγανακτῆσαί μοι δοκῶ, ὃς τοσοῦτον χρόνον ὑπ᾽ ἐμοῦ λιπαρῶς τεθεραπευμένος οὐκ ἠξίωσας ἐναριθμῆσαι κἀμὲ τοῖς ἄλλοις φίλοις, ἀλλὰ μόνος ἐγώ σοι ἄμοιρος, καὶ ταῦτα ἐν γειτόνων οἰκῶν. ἀνιῶμαι οὖν ἐπὶ σοὶ τὸ πλέον οὕτως ἀχαρίστῳ φανέντι· ἐμοὶ γὰρ ἡ εὐδαιμονία οὐκ ἐν ὑὸς ἀγρίου μοίρᾳ ἢ λαγωοῦ ἢ πλακοῦντος, ἃ παρ᾽ ἄλλοις ἀφθόνως ἀπολαύω τὰ καθήκοντα εἰδόσιν, ἐπεὶ καὶ τήμερον παρὰ τῷ μαθητῇ Παμμένει δειπνῆσαι πολυτελές, ὥς φασι, δεῖπνον δυνάμενος οὐκ ἐπένευσα ἱκετεύοντι, σοὶ ὁ ἀνόητος ἐμαυτὸν φυλάττων. **[23]** σὺ δὲ ἡμᾶς παραλιπὼν ἄλλους εὐωχεῖς, εἰκότως· οὔπω γὰρ δύνασαι διακρίνειν τὸ βέλτιον οὐδὲ τὴν καταληπτικὴν φαντασίαν ἔχεις. ἀλλὰ οἶδα ὅθεν μοι ταῦτα, παρὰ τῶν θαυμαστῶν σου φιλοσόφων, Ζηνοθέμιδος καὶ Λαβυρίνθου, ὧν – ἀπείη δὲ ἡ Ἀδράστεια – συλλογισμῷ ἑνὶ ἀποφράξαι ἄν μοι τάχιστα δοκῶ τὰ στόματα. ἢ εἰπάτω τις αὐτῶν, τί ἐστὶ φιλοσοφία; ἢ τὰ πρῶτα ταῦτα, τί διαφέρει σχέσις ἕξεως; ἵνα μὴ τῶν ἀπόρων εἴπω τι, κερατίναν ἢ σωρείτην ἢ θερίζοντα λόγον.

Ἀλλὰ σὺ μὲν ὄναιο αὐτῶν. ἐγὼ δὲ ὡς ἂν μόνον τὸ καλὸν ἀγαθὸν ἡγούμενος εἶναι οἴσω ῥᾳδίως τὴν ἀτιμίαν. **[24]** καίτοι ὅπως μὴ ἐς ἐκείνην ἔχῃς καταφεύγειν τὴν ἀπολογίαν ὕστερον, ἐπιλαθέσθαι λέγων ἐν τοσούτῳ θορύβῳ καὶ πράγμασι, δίς σε τήμερον προσηγόρευσα καὶ ἕωθεν ἐπὶ τῇ οἰκίᾳ καὶ ἐν τῷ ἀνακείῳ θύοντα ὕστερον. ταῦτα ἐγὼ τοῖς παροῦσιν ἀπολελόγημαι.

[25] Εἰ δὲ δείπνου ἕνεκα ὀργίζεσθαί σοι δοκῶ, τὸ κατὰ τὸν Οἰνέα ἐννόησον· ὄψει γὰρ καὶ τὴν Ἄρτεμιν ἀγανακτοῦσαν, ὅτι μόνην αὐτὴν οὐ παρέλαβεν ἐκεῖνος ἐπὶ τὴν θυσίαν τοὺς ἄλλους θεοὺς ἑστιῶν. φησὶ δὲ περὶ αὐτῶν Ὅμηρος ὧδέ πως·

meine: Da habe ich mich so lange und so intensiv um dich bemüht, und nun hältst du mich noch nicht einmal für würdig, mich unter deine Freunde zu zählen, sondern ich allein bekomme nichts ab, dabei wohne ich direkt nebenan. Es bekümmert mich mehr für dich, dass so dein Undank offenbar wird; denn für mich liegt die Glückseligkeit[25] nicht in einer Portion Schweine- oder Hasenbraten oder in einem Stück Kuchen, die ich bei anderen, die wissen, was sich gehört, reichlich genießen kann. Denn ich hätte heute auch bei meinem Schüler Pammenes ein, wie man das nennt, königliches Mahl bekommen können, habe aber abgesagt, obwohl er gebettelt hat, weil ich Dummkopf mich für dich aufgehoben habe. **[23]** Du aber hast mich übergangen und bewirtest andere – natürlich! Denn du hast ja noch nie einen Blick gehabt für das Bessere, und die kataleptische Phantasie[26] besitzt du schon gar nicht! Aber ich weiß, wem ich das zu verdanken habe: deinen tollen Philosophen, Zenothemis und Labyrinth, denen ich – Adrasteia sei fern[27] – im Handumdrehen mit einem einzigen Syllogismus[28] das Maul stopfen könnte. Soll doch mal einer von ihnen sagen, was die Philosophie ist! Oder diese erste aller Fragen, worin sich die Schesis von der Hexis unterscheidet![29] Um gar nicht erst von den Aporien zu sprechen, dem Horn, dem Haufen oder dem Schnitter.[30]

Aber bitte, viel Glück mit ihnen! In der festen Überzeugung, dass allein das Edle gut ist, trage ich die Entehrung leicht. **[24]** Trotzdem habe ich, damit du dich jedenfalls später nicht in die Ausrede flüchten kannst, du hättest die Einladung in dem ganzen Trubel bloß vergessen, dich heute zweimal angesprochen, einmal morgens vor dem Haus, dann später noch einmal beim Opfer im Dioskuren-Tempel. Somit bin ich gegenüber den Anwesenden entschuldigt. **[25]** Wenn du aber jetzt glaubst, ich sei wegen des Essens wütend, dann denke an die Geschichte von Oineus: Da kannst du nämlich sehen, dass auch Artemis zürnte, weil er nur sie allein nicht zum Opfer holte, während er die anderen Götter alle bewirtete. Davon spricht Homer ungefähr folgendermaßen:

ἢ λάθετ᾽ ἢ οὐκ ἐνόησεν, ἀάσατο δὲ μέγα θυμῷ·

καὶ Εὐριπίδης·

Καλυδὼν μὲν ἥδε γαῖα, Πελοπίας χθονὸς
ἐν ἀντιπόρθμοις, πεδί᾽ ἔχουσ᾽ εὐδαίμονα.

καὶ Σοφοκλῆς·

συὸς μέγιστον χρῆμ᾽ ἐπ᾽ Οἰνέως γύαις
ἀνῆκε Λητοῦς παῖς ἑκηβόλος θεά.

[26] Ταῦτά σοι ἀπὸ πολλῶν ὀλίγα παρεθέμην, ὅπως μάθῃς οἷον ἄνδρα παραλιπὼν Δίφιλον ἑστιᾷς καὶ τὸν υἱὸν αὐτῷ παραδέδωκας, εἰκότως· ἡδὺς γάρ ἐστι τῷ μειρακίῳ καὶ πρὸς χάριν αὐτῷ σύνεστιν. εἰ δὲ μὴ αἰσχρὸν ἦν ἐμὲ λέγειν τὰ τοιαῦτα, κἂν τι προσέθηκα, ὅπερ σύ, εἰ θέλεις, παρὰ Ζωπύρου τοῦ παιδαγωγοῦ αὐτοῦ μάθοις ἂν ἀληθὲς ὄν. ἀλλ᾽ οὐ χρὴ ταράττειν ἐν γάμοις οὐδὲ διαβάλλειν ἄλλους, καὶ μάλιστα ἐφ᾽ οὕτως αἰσχραῖς αἰτίαις· καὶ γὰρ εἰ Δίφιλος ἄξιος δύο ἤδη μαθητάς μου περισπάσας, ἀλλ᾽ ἔγωγε φιλοσοφίας αὐτῆς ἕνεκα σιωπήσομαι.

[27] Προσέταξα δὲ τῷ οἰκέτῃ τούτῳ, ἢν διδῷς αὐτῷ μοῖράν τινα ἢ συὸς ἢ ἐλάφου ἢ σησαμοῦντος, ὡς ἐμοὶ διακομίσειεν καὶ ἀντὶ τοῦ δείπνου ἀπολογία γένοιτο, μὴ λαβεῖν, μὴ καὶ δόξωμεν ἐπὶ τούτῳ πεπομφέναι.

[28] Τούτων, ὦ ἑταῖρε, ἀναγινωσκομένων μεταξὺ ἱδρώς τέ μοι περιεχεῖτο ὑπ᾽ αἰδοῦς, καὶ τοῦτο δὴ τὸ τοῦ λόγου, χανεῖν μοι τὴν γῆν ηὐχόμην ὁρῶν τοὺς παρόντας γελῶντας ἐφ᾽ ἑκάστῳ καὶ μάλιστα ὅσοι ᾔδεσαν τὸν Ἑτοιμοκλέα, πολιὸν ἄνθρωπον καὶ σεμνὸν εἶναι δοκοῦντα.

> Vergaß es, verstand's nicht, im Mute gewaltig verblendet.[31]

und Euripides:

> Das ist das Land Kalydon, der Peloponnes
> gegenüber, mit seinen glücklichen Feldern.[32]

und Sophokles:

> Ein Schwein, ein gewaltiges Ding, zu den Feldern des Oineus
> Sandte die Tochter der Leto, die fernhintreffende Göttin.[33]

[26] Nur ein paar Beispiele von vielen habe ich dir angeführt, damit du merkst, was für einen Mann du übergangen hast, um dafür Diphilos zu bewirten und ihm deinen Sohn anzuvertrauen, natürlich: Er ist dem Bürschchen ja sehr zugetan, und sie verkehren miteinander voller Hingabe. Wäre solcher Klatsch nicht unter meinem Niveau, dann könnte ich mehr erzählen, und wenn es dich interessiert, kannst du dir vom Pädagogen Zopyros[34] bestätigen lassen, dass es stimmt. Aber man soll ja keine Hochzeit stören und auch nicht andere Leute verleumden, und schon gar nicht mit so hässlichen Vorwürfen. Und wenn Diphilos es auch verdient hätte, wo er mir schon zwei Schüler abspenstig gemacht hat, so werde ich doch aus Liebe zur Philosophie schweigen.

[27] Ich habe diesem Diener aufgetragen, er solle für den Fall, dass du ihm ein Stück Schweinebraten oder Hirschfleisch oder Sesamkuchen für mich als Entschuldigung für das entgangene Mahl mitgibst, es nicht annehmen, damit es nicht so aussieht, als hätte ich ihn eigens zu dem Zweck geschickt.«

[28] Während dieser Lesung, lieber Freund, lief mir vor lauter Scham der Schweiß hinunter, und ich wäre am liebsten, wie man so schön sagt, in den Erdboden versunken, als ich sah, wie die Gäste bei jedem Satz lachten, vor allem diejenigen, die Hetoimokles kannten, einen schon ergrauten Mann von ehrwürdiger Erscheinung. Da wunderten sie sich nun, dass sie gar nicht gemerkt hatten, was

ἐθαύμαζον οὖν οἷος ὢν διαλάθοι αὐτοὺς ἐξαπατωμένους τῷ πώγωνι καὶ τῇ τοῦ προσώπου ἐντάσει. ὁ γὰρ Ἀρισταίνετος ἐδόκει μοι οὐκ ἀμελείᾳ παριδεῖν αὐτόν, ἀλλ᾽ οὔποτ᾽ ἂν ἐλπίσας κληθέντα ἐπινεῦσαι οὐδ᾽ ἂν ἐμπαρασχεῖν ἑαυτὸν τοιούτῳ τινί· ὥστε οὐδὲ τὴν ἀρχὴν πειρᾶσθαι ἠξίου. **[29]** ἐπεὶ δ᾽ οὖν ἐπαύσατό ποτε ὁ οἰκέτης ἀναγινώσκων, τὸ μὲν συμπόσιον ἅπαν εἰς τοὺς ἀμφὶ τὸν Ζήνωνα καὶ Δίφιλον ἀπέβλεπε δεδοικότας καὶ ὠχριῶντας καὶ τῇ ἀπορίᾳ τῶν προσώπων ἐπαληθεύοντας τὰ ὑπὸ τοῦ Ἑτοιμοκλέους κατηγορηθέντα· ὁ Ἀρισταίνετος δὲ ἐτετάρακτο καὶ θορύβου μεστὸς ἦν, ἐκέλευε δ᾽ ὅμως πίνειν ἡμᾶς καὶ ἐπειρᾶτο εὖ διατίθεσθαι τὸ γεγονὸς ὑπομειδιῶν ἅμα, καὶ τὸν οἰκέτην ἀπέπεμψεν εἰπὼν ὅτι ἐπιμελήσεται τούτων. μετ᾽ ὀλίγον δὲ καὶ ὁ Ζήνων ὑπεξανέστη ἀφανῶς, τοῦ παιδαγωγοῦ νεύσαντος ἀπαλλάττεσθαι ὡς κελεύσαντος τοῦ πατρός.

[30] Ὁ Κλεόδημος δὲ καὶ πάλαι τινὸς ἀφορμῆς δεόμενος – ἐβούλετο γὰρ συμπλακῆναι τοῖς Στωϊκοῖς καὶ διερρήγνυτο οὐκ ἔχων ἀρχὴν εὔλογον – τότε οὖν τὸ ἐνδόσιμον παρασχούσης τῆς ἐπιστολῆς »Τοιαῦτα,« ἔφη, »ἐξεργάζεται ὁ καλὸς Χρύσιππος καὶ Ζήνων ὁ θαυμαστὸς καὶ Κλεάνθης, ῥημάτια δύστηνα καὶ ἐρωτήσεις μόνον καὶ σχήματα φιλοσόφων, τὰ δ᾽ ἄλλα Ἑτοιμοκλεῖς οἱ πλεῖστοι· καὶ αἱ ἐπιστολαὶ ὁρᾶτε ὅπως πρεσβυτικαί, καὶ τὸ τελευταῖον Οἰνεὺς μὲν Ἀρισταίνετος, Ἑτοιμοκλῆς δὲ Ἄρτεμις. Ἡράκλεις, εὔφημα πάντα καὶ ἑορτῇ πρέποντα.« **[31]** »Νὴ Δί᾽,« εἶπεν ὁ Ἕρμων ὑπερκατακείμενος· »ἀκηκόει γάρ, οἶμαι, ὗν τινα ἐσκευάσθαι Ἀρισταινέτῳ ἐς τὸ δεῖπνον, ὥστε οὐκ ἄκαιρον ᾤετο μεμνῆσθαι τοῦ Καλυδωνίου. ἀλλὰ πρὸς τῆς Ἑστίας, ὦ Ἀρισταίνετε,

für einer er wirklich war, und dass sie sich durch seinen Bart und sein ernstes und strenges Gesicht hatten täuschen lassen. Denn ich glaube, Aristainetos hatte ihn nicht aus Unachtsamkeit übergangen; vielmehr hätte er wohl nie zu hoffen gewagt, dass Hetoimokles eine Einladung annehmen oder sich für so etwas hergeben würde. Und so hatte er es nicht für der Mühe wert gehalten, es auch nur zu versuchen.

[29] Als nun der Diener endlich fertig vorgelesen hatte, da richteten sich die Blicke aller Gäste auf Zenon und Diphilos, die vor Schreck ganz blass geworden waren und deren hilflose Gesichter die Vorwürfe des Hetoimokles bestätigten; Aristainetos war ganz verstört und innerlich aufgewühlt, forderte uns aber trotzdem zu trinken auf, versuchte schmallippig lächelnd, den Vorfall vergessen zu machen, und schickte den Diener mit den Worten weg, er werde sich darum kümmern. Kurz danach stand auch Zenon auf und zog sich unauffällig zurück, nachdem sein Pädagoge ihm mit einer Kopfbewegung zu verstehen gegeben hatte, er solle auf Anordnung seines Vaters verschwinden.

[30] Kleodemos hatte schon die ganze Zeit nur auf eine passende Gelegenheit gewartet – er wollte sich nämlich mit den Stoikern anlegen und platzte beinahe, weil er keinen rechten Anlass finden konnte –, und jetzt, wo der Brief gewissermaßen den Startschuss gegeben hatte, sagte er: »Solche Früchte verdanken wir dem edlen Chrysipp, dem herrlichen Zenon und dem Kleanthes: unseliges Geschwätz, ewige Fragereien und philosophisches Gehabe, aber eigentlich sind sie fast alle Leute wie Hetoimokles. Schaut euch diesen Brief an, ganz der eines ehrwürdigen Greises, und am Ende ist Aristainetos Oineus und Hetoimokles Artemis! Beim Herakles, nein, was für schöne Segenswünsche, und wie passend für ein Fest!« **[31]** »Allerdings, beim Zeus!« sagte Hermon, der oberhalb von ihm lag. »Hetoimokles hat, denke ich, läuten hören, dass bei Aristainetos ein Schwein auf den Tisch kommen sollte, und daher hielt er es für nicht unangebracht, die Sprache auf den kalydoni-

πέμπε ὡς τάχιστα τῶν ἀπαρχῶν, μὴ καὶ φθάσῃ ὁ πρεσβύτης ὑπὸ λιμοῦ ὥσπερ ὁ Μελέαγρος ἀπομαρανθείς. καίτοι οὐδὲν ἂν πάθοι δεινόν· ἀδιάφορα γὰρ ὁ Χρύσιππος τὰ τοιαῦτα ἡγεῖτο εἶναι.« **[32]** »Χρυσίππου γὰρ μέμνησθε ὑμεῖς,« ἔφη ὁ Ζηνόθεμις ἐπεγείρας ἑαυτὸν καὶ φθεγξάμενος παμμέγεθες, »ἢ ἀφ' ἑνὸς ἀνδρὸς οὐκ ἐννόμως φιλοσοφοῦντος, Ἑτοιμοκλέους τοῦ γόητος, μετρεῖτε τὸν Κλεάνθην καὶ Ζήνωνα, σοφοὺς ἄνδρας; τίνες δὴ καὶ ὄντες ὑμεῖς ἐρεῖτε ταῦτα; οὐ σὺ μὲν τῶν Διοσκούρων ἤδη, ὦ Ἕρμων, τοὺς πλοκάμους περικέκαρκας χρυσοῦς ὄντας καὶ δώσεις δίκην παραδοθεὶς τῷ δημίῳ, σὺ δὲ τὴν Σωστράτου γυναῖκα τοῦ μαθητοῦ ἐμοίχευες, ὦ Κλεόδημε, καὶ καταληφθεὶς τὰ αἴσχιστα ἔπαθες; οὐ σιωπήσεσθε οὖν τοιαῦτα συνεπιστάμενοι αὑτοῖς;« »Ἀλλ' οὐ μαστροπὸς ἐγὼ τῆς ἐμαυτοῦ γυναικός,« ἦ δ' ὃς ὁ Κλεόδημος, »ὥσπερ σύ, οὐδὲ τοῦ ξένου μαθητοῦ λαβὼν τοὐφόδιον παρακαταθήκας ἔπειτα ὤμοσα κατὰ τῆς Πολιάδος μὴ εἰληφέναι, οὐδ' ἐπὶ τέτταρσι δραχμαῖς δανείζω, οὐδὲ ἄγχω τοὺς μαθητάς, ἢν μὴ κατὰ καιρὸν ἀποδῶσι τοὺς μισθούς.« »Ἀλλ' ἐκεῖνο,« ἔφη ὁ Ζηνόθεμις, »οὐκ ἂν ἔξαρνος γένοιο μὴ οὐχὶ φάρμακον ἀποδόσθαι Κρίτωνι ἐπὶ τὸν πατέρα.«

[33] Καὶ ἅμα, ἔτυχε γὰρ πίνων, ὁπόσον ἔτι λοιπὸν ἐν τῇ κύλικι, περὶ ἥμισυ σχεδόν, κατεσκέδασεν αὐτοῖν. ἀπέλαυσε δὲ καὶ ὁ Ἴων τῆς γειτονήσεως, οὐκ ἀνάξιος ὤν. ὁ μὲν οὖν Ἕρμων ἀπεξύετο ἐκ τῆς κεφαλῆς τὸν ἄκρατον προνενευκὼς καὶ τοὺς παρόντας ἐμαρτύρετο, οἷα ἐπεπόνθει. ὁ Κλεόδημος δέ – οὐ γὰρ εἶχε κύλικα – ἐπιστραφεὶς προσέπτυσέν τε τὸν

schen Eber zu bringen. Aber, bei Hestia, Aristainetos, schick dem Alten nur schleunigst seinen Teil am Erstlingsopfer, bevor er am Ende noch vor Hunger eingeht wie Meleager. Andererseits sollte ihm das doch nichts ausmachen: Chrysipp hielt so etwas ja für indifferent.[35]« **[32]** »*Ihr* redet von Chrysipp?«, röhrte Zenothemis und richtete sich auf. »Ihr nehmt einen einzigen Mann, der nicht einmal regelgerecht philosophieren kann, Hetoimokles den Scharlatan, zum Maßstab, um Denker wie Kleanthes und Zenon zu beurteilen? Wer seid ihr denn, dass ihr euch so zu reden traut! Hast du denn nicht, Hermon, den Statuen der Dioskuren die Locken abgeschoren, weil sie aus Gold waren? Dafür wirst du noch büßen, wenn du dich erst in den Händen des Henkers befindest. Und du, Kleodemos, hast du es nicht mit der Frau deines Schülers Sostratos getrieben und hast die peinlichsten Folgen tragen müssen, als man dich ertappt hat?[36] Wollt ihr also nicht still sein, wo ihr genau wisst, was ihr auf dem Kerbholz habt?« – »Immerhin mache ich nicht bei meiner eigenen Frau den Zuhälter,« antwortete Kleodemos, »so wie du, und ich habe mir auch nicht von einem Schüler aus dem Ausland sein Reisegeld anvertrauen lassen und dann bei der Athena Polias geschworen, ich hätte es nie bekommen, und ich verleihe mein Geld auch nicht auf vier Prozent, und ich gehe meinen Schülern auch nicht an die Gurgel, wenn sie ihre Studiengebühren nicht pünktlich zahlen.« »Du wirst aber nicht abstreiten wollen,« sagte Zenothemis, »dass du dem Kriton für seinen Vater Gift verkauft hast.«

[33] Und mit diesen Worten schüttete er ihnen beiden, er hatte nämlich gerade den Kelch in der Hand, seinen restlichen Wein, fast noch die Hälfte, ins Gesicht. Auch Ion, der daneben saß, bekam seinen Teil ab, und verdient hatte er es durchaus. Hermon beugte sich vor, um sich den Wein vom Kopf zu wischen, und rief die Anwesenden zu Zeugen an für das, was man ihm angetan hatte. Kleodemos, der keinen Kelch hatte, drehte sich zu Zenothemis um, spuckte ihm ins Gesicht und packte ihn mit der Linken am Bart,

Ζηνόθεμιν καὶ τῇ ἀριστερᾷ τοῦ πώγωνος λαβόμενος ἔμελλε παίσειν κατὰ κόρρης, καὶ ἀπέκτεινεν ἂν τὸν γέροντα, εἰ μὴ Ἀρισταίνετος ἐπέσχε τὴν χεῖρα καὶ ὑπερβὰς τὸν Ζηνόθεμιν ἐς τὸ μέσον αὐτοῖν κατεκλίθη, ὡς διασταῖεν ὑπὸ διατειχίσματι αὐτῷ εἰρήνην ἄγοντες.

[34] Ἐν ὅσῳ δὲ ταῦτ' ἐγίνετο, ποικίλα, ὦ Φίλων, ἐγὼ πρὸς ἐμαυτὸν ἐνενόουν ⟨οἷον⟩ τὸ πρόχειρον ἐκεῖνο, ὡς οὐδὲν ὄφελος ἦν ἄρα ἐπίστασθαι τὰ μαθήματα, εἰ μή τις καὶ τὸν βίον ῥυθμίζοι πρὸς τὸ βέλτιον· ἐκείνους γοῦν περιττοὺς ὄντας ἐν τοῖς λόγοις ἑώρων γέλωτα ἐπὶ τῶν πραγμάτων ὀφλισκάνοντας. ἔπειτα δὲ εἰσῄει με, μὴ ἄρα τὸ ὑπὸ τῶν πολλῶν λεγόμενον ἀληθὲς ᾖ καὶ τὸ πεπαιδεῦσθαι ἀπάγῃ τῶν ὀρθῶν λογισμῶν τοὺς ἐς μόνα τὰ βιβλία καὶ τὰς ἐν ἐκείνοις φροντίδας ἀτενὲς ἀφορῶντας· τοσούτων γοῦν φιλοσόφων παρόντων οὐδὲ κατὰ τύχην ἕνα τινὰ ἔξω ἁμαρτήματος ἦν ἰδεῖν, ἀλλ' οἱ μὲν ἐποίουν αἰσχρά, οἱ δ' ἔλεγον αἴσχιω· οὐδὲ γὰρ ἐς τὸν οἶνον ἔτι ἀναφέρειν εἶχον τὰ γινόμενα λογιζόμενος οἷα ὁ Ἑτοιμοκλῆς ἄσιτος ἔτι καὶ ἄποτος ἐγεγράφει. **[35]** ἀνέστραπτο οὖν τὸ πρᾶγμα, καὶ οἱ μὲν ἰδιῶται κοσμίως πάνυ ἑστιώμενοι οὔτε παροινοῦντες οὔτε ἀσχημονοῦντες ἐφαίνοντο, ἀλλ' ἐγέλων μόνον καὶ κατεγίνωσκον αὐτῶν, οἶμαι, οὓς γε ἐθαύμαζον οἰόμενοί τινας εἶναι ἀπὸ τῶν σχημάτων, οἱ σοφοὶ δὲ ἠσέλγαινον καὶ ἐλοιδοροῦντο καὶ ὑπερενεπίμπλαντο καὶ ἐκεκράγεσαν καὶ εἰς χεῖρας ᾖεσαν. ὁ θαυμάσιος δὲ Ἀλκιδάμας καὶ ἐνούρει ἐν τῷ μέσῳ οὐκ αἰδούμενος τὰς γυναῖκας. καὶ ἐμοὶ ἐδόκει, ὡς ἂν ἄριστά τις εἰκάσειεν, ὁμοιότατα εἶναι τὰ ἐν τῷ συμποσίῳ οἷς περὶ τῆς

um ihm eine Backpfeife zu verpassen, und er hätte den Alten umgebracht, wenn Aristainetos ihm nicht die Hand festgehalten hätte, über Zenothemis hinübergestiegen wäre und sich zwischen sie gelegt hätte, damit sie, mit ihm als Sperrmauer,[37] Abstand und Frieden halten müssten.

[34] Währenddessen, Philon, gingen mir die verschiedensten Gedanken durch den Kopf, zum Beispiel[38] jener naheliegende, dass ein großes Wissen zu überhaupt nichts nutze ist, wenn man nicht auch sein Leben zum Besseren hin ordnet: Jedenfalls musste ich mitansehen, wie diese Leute, großartig im Formulieren, sich zum Gespött machten, wenn es ans Handeln ging. Dann fragte ich mich, ob vielleicht wahr ist, was viele Leute sagen, dass die Bildung diejenigen, die immer nur in ihre Bücher und auf die Gedanken darin starren, vom Weg der Vernunft und des gesunden Menschenverstandes abbringt. Da waren hier nun so viele Philosophen versammelt, und das Schicksal wollte es, dass darunter nicht ein einziger ohne Fehl zu sehen war, sondern die einen taten Peinliches, die anderen gaben noch Peinlicheres von sich. Dabei konnte ich das, was hier vor sich ging, noch nicht einmal auf den Wein schieben, wenn ich daran dachte, was Hetoimokles, nüchtern und mit leerem Magen, geschrieben hatte. **[35]** Eine verkehrte Welt also! Die Privatleute unter den Gästen verhielten sich ordentlich, ganz so, wie es sich für ein Fest gehört; man konnte sehen, dass sie weder betrunken über die Stränge schlugen noch sich gehen ließen. Sie lachten nur und schauten voller Verachtung, glaube ich, auf die anderen, die sie zuvor immer bewundert hatten, solange sie aufgrund von deren Gehabe gedacht hatten, es seien bedeutende Menschen. Die weisen Männer hingegen vergaßen jede Zurückhaltung, beschimpften einander, schlugen sich die Bäuche voll, grölten herum und wurden handgreiflich. Der herrliche Alkidamas pinkelte sogar mitten in den Saal, ohne sich vor den Frauen zu genieren. Und mich erinnerte – dieser Vergleich ist wirklich mehr als treffend – das, was sich bei diesem Gelage abspielte, sehr an die Geschichte von Eris, wie sie die

Ἔριδος οἱ ποιηταὶ λέγουσιν· οὐ γὰρ κληθεῖσαν αὐτὴν ἐς τοῦ Πηλέως τὸν γάμον ῥῖψαι τὸ μῆλον εἰς τὸ σύνδειπνον, ἀφ' οὗ τοσοῦτον πόλεμον ἐπ' Ἰλίῳ γεγενῆσθαι. καὶ ὁ Ἑτοιμοκλῆς τοίνυν ἐδόκει μοι τὴν ἐπιστολὴν ἐμβαλὼν ἐς τὸ μέσον ὥσπερ τι μῆλον οὐ μείω τῆς Ἰλιάδος κακὰ ἐξεργάσασθαι.

[36] Οὐ γὰρ ἐπαύσαντο οἱ ἀμφὶ τὸν Ζηνόθεμιν καὶ Κλεόδημον φιλονικοῦντες, ἐπεὶ μέσος αὐτῶν ὁ Ἀρισταίνετος ἐγένετο· ἀλλά »Νῦν μέν,« ἔφη ὁ Κλεόδημος, »ἱκανόν, εἰ ἐλεγχθείητε ἀμαθεῖς ὄντες, αὔριον δὲ ἀμυνοῦμαι ὑμᾶς ὅντινα καὶ χρὴ τρόπον· ἀπόκριναί μοι οὖν, ὦ Ζηνόθεμι, ἢ σὺ ἢ ὁ κοσμιώτατος Δίφιλος, καθ' ὅ τι ἀδιάφορον εἶναι λέγοντες τῶν χρημάτων τὴν κτῆσιν οὐδὲν ἀλλ' ἢ τοῦτο ἐξ ἁπάντων σκοπεῖτε ὡς πλείω κτήσεσθε καὶ διὰ τοῦτο ἀμφὶ τοὺς πλουσίους ἀεὶ ἔχετε καὶ δανείζετε καὶ τοκογλυφεῖτε καὶ ἐπὶ μισθῷ παιδεύετε, πάλιν τε αὖ τὴν ἡδονὴν μισοῦντες καὶ τῶν Ἐπικουρείων κατηγοροῦντες αὐτοὶ τὰ αἴσχιστα ἡδονῆς ἕνεκα ποιεῖτε καὶ πάσχετε, ἀγανακτοῦντες εἴ τις μὴ καλέσειεν ἐπὶ δεῖπνον· εἰ δὲ καὶ κληθείητε, τοσαῦτα μὲν ἐσθίοντες, τοσαῦτα δὲ τοῖς οἰκέταις ἐπιδιδόντες« – καὶ ἅμα λέγων τὴν ὀθόνην περισπᾶν ἐπεχείρει, ἣν ὁ παῖς εἶχε τοῦ Ζηνοθέμιδος, μεστὴν οὖσαν παντοδαπῶν κρεῶν, καὶ ἔμελλε λύσας ἀπορρίπτειν αὐτὰ ἐς τὸ ἔδαφος, ἀλλ' ὁ παῖς οὐκ ἀνῆκε καρτερῶς ἀντεχόμενος. [37] καὶ ὁ Ἕρμων »Εὖ γε,« ἔφη, »ὦ Κλεόδημε, εἰπάτωσαν οὕτινος ἕνεκα ἡδονῆς κατηγοροῦσιν αὐτοὶ ἥδεσθαι ὑπὲρ τοὺς ἄλλους ἀξιοῦντες.« »Οὔκ, ἀλλὰ σύ,« ἦ δ' ὃς ὁ Ζηνόθεμις, »εἰπέ, ὦ Κλεόδημε, καθ' ὅ τι οὐκ ἀδιάφορον ἡγῇ τὸν πλοῦτον.« »Οὐ μὲν οὖν, ἀλλὰ σύ.« καὶ ἐπὶ πολὺ τὸ τοιοῦτον ἦν, ἄχρι δὴ ὁ Ἴων προκύψας εἰς τὸ

Dichter erzählen: Sie soll ja, weil sie nicht zum Hochzeitsfest des Peleus eingeladen worden war, den Apfel zwischen die Tischgesellschaft geworfen haben, woraus dann ein so ungeheurer Krieg, der vor Troja, hervorgegangen war. Und Hetoimokles, so kam es mir vor, war wahrlich mit seinem Brief, den er wie einen Apfel in unsere Mitte geworfen hatte, für nicht geringere Katastrophen als die der *Ilias* verantwortlich.

[36] Denn auch nachdem Aristainetos sich zwischen sie gelegt hatte, hörten Zenothemis und Kleodemos nicht auf, sich hartnäckig weiterzuzanken. Vielmehr sagte Kleodemos: »Für jetzt soll es genügen, wenn ihr als Dummköpfe entlarvt werdet, aber morgen will ich es euch so heimzahlen, wie es sich außerdem noch gehört. Antworte mir daher, Zenothemis, du oder der Tugendbold Diphilos, wie es kommt, dass ihr den Gelderwerb als gleichgültig bezeichnet, aber an nichts anderes denkt als bloß daran, wie ihr noch mehr anhäufen könnt, und euch deswegen immer an die Reichen haltet und Geld zu Wucherzinsen verleiht und Studiengebühren erhebt, und warum ihr die Lust verabscheut und die Epikureer anklagt,[39] selber aber, wenn es euch nur Lust bereitet, die schlimmsten und peinlichsten Dinge tut und mit euch machen lasst und euch schon ärgert, wenn man euch nicht zum Essen einlädt. Lädt man euch aber ein, dann esst ihr so viel, und so viel gebt ihr euren Dienern ...« – und mit diesen Worten versuchte er die Stofftasche an sich zu reißen, die der Sklave des Zenothemis hielt und die mit den verschiedensten Fleischsorten gefüllt war, und beinahe hätte er sie geöffnet und das Fleisch auf den Boden geworfen, aber der Sklave ließ nicht los und hielt kräftig dagegen. **[37]** Und Hermon sagte: »Bravo, Kleodemos! Sollen sie doch mal erklären, wieso sie die Lust anklagen, aber selbst mehr als alle anderen auf Lustgewinn aus sind.« – »O nein, sag du doch, Kleodemos,« antwortete Zenothemis, »wie du dazu kommst, den Reichtum nicht für etwas Gleichgültiges zu halten.« – »Nein, du!« Und so ging es einige Zeit hin und her, bis endlich Ion sich vorbeugte, so dass man ihn besser sehen konnte,

ἐμφανέστερον »Παύσασθε,« ἔφη· »ἐγὼ γάρ, εἰ δοκεῖ, λόγων ἀφορμὰς ὑμῖν ἀξίων τῆς παρούσης ἑορτῆς καταθήσω ἐς τὸ μέσον· ὑμεῖς δὲ ἀφιλονίκως ἐρεῖτε καὶ ἀκούσεσθε ὥσπερ ἀμέλει καὶ παρὰ τῷ ἡμετέρῳ Πλάτωνι ἐν λόγοις ἡ πλείστη διατριβὴ ἐγένετο.« πάντες ἐπῄνεσαν οἱ παρόντες, καὶ μάλιστα οἱ ἀμφὶ τὸν Ἀρισταίνετόν τε καὶ Εὔκριτον, ἀπαλλάξασθαι τῆς ἀηδίας οὕτω γοῦν ἐλπίσαντες. καὶ μετῆλθέν τε ὁ Ἀρισταίνετος ἐπὶ τὸν αὑτοῦ τόπον εἰρήνην γεγενῆσθαι ἐλπίσας, **[38]** καὶ ἅμα εἰσεκεκόμιστο ἡμῖν τὸ ἐντελὲς ὀνομαζόμενον δεῖπνον, μία ὄρνις ἑκάστῳ καὶ κρέας ὑὸς καὶ λαγῷα καὶ ἰχθὺς ἐκ ταγήνου καὶ σησαμοῦντες καὶ ὅσα ἐντραγεῖν, καὶ ἐξῆν ἀποφέρεσθαι ταῦτα. προὔκειτο δὲ οὐχ ἓν ἑκάστῳ πινάκιον, ἀλλ' Ἀρισταινέτῳ μὲν καὶ Εὐκρίτῳ ἐπὶ μιᾶς τραπέζης κοινόν, καὶ τὰ παρ' αὑτῷ ἑκάτερον ἐχρῆν λαβεῖν· Ζηνοθέμιδι δὲ τῷ Στωϊκῷ καὶ Ἕρμωνι τῷ Ἐπικουρείῳ ὁμοίως κοινὸν καὶ τούτοις· εἶτα ἑξῆς Κλεοδήμῳ καὶ Ἴωνι, μεθ' οὓς τῷ νυμφίῳ καὶ ἐμοί, τῷ Διφίλῳ δὲ τὰ ἀμφοῖν, ὁ γὰρ Ζήνων ἀπεληλύθει. καὶ μέμνησό μοι τούτων, ὦ Φίλων, διότι δή ἐστί τι καὶ ἐν αὐτοῖς χρήσιμον ἐς τὸν λόγον.

ΦΙΛΩΝ

Μεμνήσομαι δή.

[39] ΛΥΚΙΝΟΣ

Ὁ τοίνυν Ἴων »Πρῶτος οὖν ἄρχομαι,« ἔφη, »εἰ δοκεῖ.« καὶ μικρὸν ἐπισχὼν »Ἐχρῆν μὲν ἴσως,« ἔφη, »τοιούτων ἀνδρῶν παρόντων περὶ ἰδεῶν τε καὶ ἀσωμάτων εἰπεῖν καὶ ψυχῆς ἀθανασίας· ἵνα δὲ μὴ ἀντιλέγωσί μοι ὁπόσοι μὴ κατὰ ταὐτὰ φιλοσοφοῦσιν, περὶ γάμων ἐρῶ τὰ εἰκότα. τὸ μὲν οὖν ἄριστον ἦν μὴ δεῖσθαι γάμων, ἀλλὰ πειθομένους Πλάτωνι

und sagte: »Schluss jetzt! Wenn ihr einverstanden seid, werde ich ein Thema stellen, das euch zu Reden animieren soll, wie sie dieses festlichen Anlasses würdig sind. Ihr sollt sprechen und einander zuhören, ohne euch zu zanken, ganz genau so, wie auch bei unserem Platon die meiste Zerstreuung und Unterhaltung von den Reden herrührte.« Die Gäste waren alle sehr angetan, insbesondere Aristainetos und Eukritos, die hofften, auf diese Weise würden die Unannehmlichkeiten endlich ein Ende haben.

Aristainetos kehrte sogar an seinen alten Platz zurück in der Hoffnung, jetzt sei wieder Friede eingekehrt, **[38]** und zugleich wurde uns der sogenannte letzte Gang serviert, ein Vogel für jeden, Schweinefleisch, Hase, Bratfisch, Sesamkuchen und Knabberzeug, und das alles durfte man auch mit nach Hause nehmen. Es stand aber nicht eine Platte mit Essen vor jedem, sondern Aristainetos und Eukritos hatten eine zusammen auf einem Tisch, und jeder von beiden sollte das nehmen, was sich auf seiner Seite befand; Zenothemis der Stoiker und Hermon der Epikureer hatten genauso eine gemeinsame Platte, dann der Reihe nach Kleodemos und Ion, nach ihnen der Bräutigam und ich; Diphilos bekam Essen für zwei serviert, denn Zenon hatte ja das Fest verlassen. Und merk dir das genau, Philon, denn auch das wird für meinen Bericht noch wirklich wichtig sein.

PHILON

Ich merke es mir, versprochen!

[39] LYKINOS

Nun also Ion! »Wenn ihr einverstanden seid, rede ich als erster«, sagte er. »Ich sollte vielleicht«, fuhr er nach einer kurzen Pause fort, »angesichts der Anwesenheit so bedeutender Männer über die Welt der Ideen und der immateriellen Dinge sprechen und über die Unsterblichkeit der Seele. Um aber zu vermeiden, dass mir diejenigen widersprechen, die nicht nach dieser Doktrin philosophieren, werde ich gebührende und passende Worte zur Ehe sagen. Das Beste wäre nun, man würde überhaupt nicht zu heiraten brauchen

καὶ Σωκράτει παιδεραστεῖν· μόνοι γοῦν οἱ τοιοῦτοι ἀποτελεσθεῖεν ἂν πρὸς ἀρετήν· εἰ δὲ δεῖ καὶ γυναικείου γάμου, κατὰ τὰ Πλάτωνι δοκοῦντα κοινὰς εἶναι ἐχρῆν τὰς γυναῖκας, ὡς ἔξω ζήλου εἴημεν.«

[40] Γέλως ἐπὶ τούτοις ἐγένετο ὡς οὐκ ἐν καιρῷ λεγομένοις. Διονυσόδωρος δέ »Παῦσαι,« ἔφη, »βαρβαρικὰ ἡμῖν ᾄδων· ποῦ γὰρ εὑρίσκοιμεν τὸν ζῆλον ἐπὶ τούτου καὶ παρὰ τίνι;«

»Καὶ σὺ γὰρ φθέγγῃ, κάθαρμα;« εἶπεν ὁ Ἴων, καὶ Διονυσόδωρος ἀντελοιδορεῖτο τὰ εἰκότα. ἀλλ᾽ ὁ γραμματικὸς Ἱστιαῖος ὁ βέλτιστος, »Παύσασθε,« ἔφη· »ἐγὼ γὰρ ὑμῖν ἐπιθαλάμιον ἀναγνώσομαι.« **[41]** καὶ ἀρξάμενος ἀνεγίνωσκεν. ἦν δὲ ταῦτα, εἴ γε μέμνημαι, τὰ ἐλεγεῖα·

Ἢ οἵη ποτ᾽ ἄρ᾽ ἥ γ᾽ Ἀρισταινέτου ἐν μεγάροισι
δῖα Κλεανθὶς ἄνασσ᾽ ἐτρέφετ᾽ ἐνδυκέως,
προὔχουσ᾽ ἀλλάων πασάων παρθενικάων,
κρέσσων τῆς Κυθέρης ἠδ᾽ αὐτῆς Ἑλένης.
νυμφίε, καὶ σὺ δὲ χαῖρε, † κρατερῶν κράτιστε ἐφήβων †,
κρέσσων Νιρῆος καὶ Θέτιδος παϊδός.
ἄμμες δὴ αὖθ᾽ ὑμῖν τοῦτον θαλαμήϊον ὕμνον
ξυνὸν ἐπ᾽ ἀμφοτέροις πολλάκις ᾀσόμεθα.

[42] Γέλωτος οὖν ἐπὶ τούτοις, ὡς τὸ εἰκός, γενομένου ἀρέσθαι ἤδη τὰ παρακείμενα ἔδει, καὶ ἀνείλοντο οἱ ἀμφὶ τὸν Ἀρισταίνετον καὶ Εὔκριτον τὰ πρὸ αὑτοῦ ἑκάτερος κἀγὼ τἀμὰ καὶ ὁ Χαιρέας ὅσα ἐκείνῳ ἔκειτο καὶ Ἴων ὁμοίως καὶ ὁ Κλεόδημος. ὁ δὲ Δίφιλος ἠξίου καὶ τὰ τῷ Ζήνωνι δὴ ἀπόντι παραδοθέντα φέρεσθαι καὶ ἔλεγε μόνῳ οἱ παρατεθῆναι αὐτὰ καὶ πρὸς τοὺς διακόνους ἐμάχετο, καὶ ἀντέσπων τῆς ὄρνιθος ἀντεπειλημμένοι ὥσπερ τὸν Πατρόκλου νεκρὸν ἀνθέλκοντες, καὶ τέλος ἐνικήθη καὶ

und stattdessen auf Platon und Sokrates hören und Knaben lieben. Denn nur solche können auf dem Pfad der Tugend zur Vollendung gelangen. Wenn man aber schon Frauen heiraten muss, dann sollten die Frauen, wie es schon Platon für richtig hielt, allen gemeinsam gehören,[40] denn dann wären wir allen Eifer los.« **[40]** Über diese Ausführungen mussten alle lachen, entsprachen sie doch nicht ganz den Erfordernissen der Situation. »Hör auf,« sagte Dionysodoros, »uns die Ohren mit solchem barbarischen Gerede vollzuleiern! Wo und bei wem sollten wir wohl hierfür das Wort ›Eifer‹ finden?[41]« – »Du musst gerade das Maul aufreißen, du Abschaum!« sagte Ion, und Dionysodoros pöbelte entsprechend zurück. Da sagte der treffliche Histiaios, der Grammatiker: »Seid still! Ich werde euch nämlich jetzt ein Hochzeitslied vorlesen.« **[41]** Und schon fing er zu lesen an, und zwar die folgenden elegischen Verse, wenn ich mich recht erinnere:

In Aristainetos' fürstlichem Hause wuchs und gedieh
Kleanthis, die göttliche Frau, und keine war schöner als sie.
Unter allen anderen jungen Frauen ragt sie heraus,
Besser als Aphrodite, ja als Helena sieht sie aus.
Bräutigam, sei mir gegrüßt, bester von Deinen Gefährten:
Besser bist du als Nireus, als Thetis' Achill, die Geehrten.
Wieder und wieder wollen wir dies Lied für euch singen,
Zu eurer Hochzeit den Hymnos als Ständchen euch bringen.[42]

[42] Nachdem man, wie nicht anders zu erwarten, auch über dieses Lied gelacht hatte, war es an der Zeit, die Reste für zu Hause einzupacken, und so nahmen sich Aristainetos und Eukritos jeder das, was vor ihm lag, ich das meine und Chaireas das, was ihm gehörte, und genauso Ion und Kleodemos. Diphilos wollte jedoch auch Zenons Portion mitnehmen, denn Zenon war ja fort, und behauptete, das sei alles ihm allein serviert worden. Er kämpfte mit den Dienern, und sie zogen an dem Vogel und ließen nicht locker, als ob es jedem von ihnen darum ginge, den Leichnam des Patroklos zu

ἀφῆκε πολὺν γέλωτα παρασχὼν τοῖς συμπόταις, καὶ μάλιστα ἐπεὶ ἠγανάκτει μετὰ τοῦτο ὡς ἂν τὰ μέγιστα ἠδικημένος.

[43] Οἱ δὲ ἀμφὶ τὸν Ἕρμωνα καὶ Ζηνόθεμιν ἅμα κατέκειντο, ὥσπερ εἴρηται, ὁ μὲν ὑπεράνω ὁ Ζηνόθεμις, ὁ δ᾽ ὑπ᾽ αὐτόν· παρέκειτο δ᾽ αὐτοῖς τὰ μὲν ἄλλα πάντα ἴσα, καὶ ἀνείλοντο εἰρηνικῶς· ἡ δὲ ὄρνις ⟨ἡ πρὸ τοῦ Ἕρμωνος⟩ πιμελεστέρα, οὕτως, οἶμαι, τυχόν. ἔδει δὲ καὶ ταύτας ἀναιρεῖσθαι τὴν ἑαυτοῦ ἑκάτερον. ἐν τούτῳ τοίνυν ὁ Ζηνόθεμις – καί μοι, ὦ Φίλων, πάνυ πρόσεχε τὸν νοῦν, ὁμοῦ γάρ ἐσμεν ἤδη τῷ κεφαλαίῳ τῶν πραχθέντων – ὁ δὴ Ζηνόθεμις, φημί, τὴν παρ᾽ αὐτῷ ἀφεὶς τὴν πρὸ τοῦ Ἕρμωνος ἀνείλετο πιοτέραν, ὡς ἔφην, οὖσαν· ὁ δ᾽ ἀντεπελάβετο καὶ οὐκ εἴα πλεονεκτεῖν. βοὴ τὸ ἐπὶ τούτοις, καὶ συμπεσόντες ἔπαιον ἀλλήλους ταῖς ὄρνισιν αὐταῖς εἰς τὰ πρόσωπα, καὶ τῶν πωγώνων ἐπειλημμένοι ἐπεκαλοῦντο βοηθεῖν, ὁ μὲν τὸν Κλεόδημον ὁ Ἕρμων, ὁ δὲ Ζηνόθεμις Ἀλκιδάμαντα καὶ Δίφιλον, καὶ συνίσταντο οἱ μὲν ὡς τοῦτον, οἱ δ᾽ ὡς ἐκεῖνον πλὴν μόνου τοῦ Ἴωνος· ἐκεῖνος δὲ μέσον ἑαυτὸν ἐφύλαττεν.

[44] Οἱ δ᾽ ἐμάχοντο συμπλακέντες, καὶ ὁ μὲν Ζηνόθεμις σκύφον ἀράμενος ἀπὸ τῆς τραπέζης κείμενον πρὸ τοῦ Ἀρισταινέτου ῥίπτει ἐπὶ τὸν Ἕρμωνα,

κἀκείνου μὲν ἅμαρτε, παραὶ δέ οἱ ἐτράπετ᾽ ἄλλῃ,

διεῖλε δὲ τοῦ νυμφίου τὸ κρανίον ἐς δύο χρηστῷ μάλα καὶ βαθεῖ τραύματι. βοὴ οὖν παρὰ τῶν γυναικῶν ἐγένετο καὶ κατεπήδησαν ἐς τὸ μεταίχμιον αἱ πολλαί, καὶ μάλιστα ἡ μήτηρ τοῦ μειρακίου, ἐπεὶ τὸ αἷμα εἶδε· καὶ ἡ νύμφη δὲ ἀνεπήδησε φοβηθεῖσα περὶ αὐτοῦ. ἐν τοσούτῳ δὲ ὁ Ἀλκιδάμας ἠρίστευεν τῷ Ζηνοθέμιδι συμμαχῶν, καὶ πατάξας τῇ βακτηρίᾳ τοῦ Κλεοδήμου μὲν τὸ κρανίον, τοῦ Ἕρμωνος δὲ τὴν σιαγόνα ἐπέτριψεν καὶ τῶν οἰκετῶν ἐνίους βοηθεῖν αὐτοῖς ἐπιχειροῦντας

sich herüberzuziehen,[43] und schließlich wurde Diphilos besiegt und musste loslassen, worüber die Gäste vor Lachen brüllten, vor allem deshalb, weil er danach so beleidigt war, als ob ihm das schlimmste Unrecht geschehen sei.

[43] Hermon und Zenothemis lagen auf einer Kline, wie ich erzählt habe, Zenothemis oben, Hermon unterhalb von ihm. Ihnen hatte man alles Übrige in gleicher Menge serviert, und sie packten es friedlich ein; der Vogel, der vor Hermon lag, war allerdings (rein zufällig, glaube ich) ein klein wenig fetter: Aber auch die hätten sie, jeder seinen, einpacken sollen. Da ließ Zenothemis – pass gut auf, Philon, jetzt kommen wir nämlich zum Höhepunkt der Ereignisse –, Zenothemis, sagte ich, ließ seinen Vogel los und griff nach dem, der vor Hermon lag, weil der, wie gesagt, fetter war. Aber Hermon hielt ihn fest und wollte nicht zulassen, dass Zenothemis mehr haben sollte. Lautes Gezeter, dann fielen sie übereinander her, droschen einander die Vögel ins Gesicht, packten sich gegenseitig am Bart und riefen um Hilfe, Hermon den Kleodemos, Zenothemis Alkidamas und Diphilos, und die Herren ergriffen Partei, die einen für diesen, die anderen für jenen, außer Ion: Der wahrte strikte Neutralität. [44] Die anderen jedoch kämpften, ineinander verkeilt. Da griff sich Zenothemis einen Pokal, der vor Aristainetos auf dem Tisch gestanden hatte, schleuderte ihn auf Hermon,

> und schoss an jenem vorbei, eine andre Bahn nahm das [Geschoss,[44]

und spaltete dem Bräutigam den Schädel, die Wunde war ordentlich tief. Da kreischten die Frauen los, und die meisten warfen sich zwischen die Fronten, vorneweg die Mutter des Bürschchens, als sie das Blut sah. Auch die Braut fuhr hoch, in höchster Angst um ihn. Bei all dem zeichnete sich Alkidamas als Kampfgenosse des Zenothemis aus und zertrümmerte mit seinem Knüppel dem Kleodemos den Schädel, dem Hermon zermalmte er den Kiefer und verwundete einige Diener, die ihnen zu helfen versuchten. Trotzdem ließen

κατέτρωσεν· οὐ μὴν ἀπετράποντο ἐκεῖνοι, ἀλλ' ὁ μὲν Κλεόδημος ὀρθῷ τῷ δακτύλῳ τὸν ὀφθαλμὸν τοῦ Ζηνοθέμιδος ἐξώρυττε καὶ τὴν ῥῖνα προσφὺς ἀπέτραγεν, ὁ δὲ Ἕρμων τὸν Δίφιλον ἐπὶ ξυμμαχίαν ἥκοντα τοῦ Ζηνοθέμιδος ἀφῆκεν ἐπὶ κεφαλὴν ἀπὸ τοῦ κλιντῆρος. **[45]** ἐτρώθη δὲ καὶ Ἱστιαῖος ὁ γραμματικὸς διαλύειν αὐτοὺς ἐπιχειρῶν, λάξ, οἶμαι, εἰς τοὺς ὀδόντας ὑπὸ τοῦ Κλεοδήμου Δίφιλον εἶναι οἰηθέντος. ἔκειτο οὖν ἄθλιος κατὰ τὸν αὑτοῦ Ὅμηρον »αἷμ' ἐμέων«. πλὴν ταραχῆς γε καὶ δακρύων μεστὰ ἦν πάντα. καὶ αἱ μὲν γυναῖκες ἐκώκυον τῷ Χαιρέᾳ περιχυθεῖσαι, οἱ δὲ ἄλλοι κατέπαυον. μέγιστον δὲ ἦν ἁπάντων κακῶν ὁ Ἀλκιδάμας, ἐπεὶ ἅπαξ τὸ καθ' αὑτὸν ἐτρέψατο, παίων τὸν προστυχόντα· καὶ πολλοὶ ἄν, εὖ ἴσθι, ἔπεσον εἰ μὴ κατέαξε τὴν βακτηρίαν. ἐγὼ δὲ παρὰ τὸν τοῖχον ὀρθὸς ἐφεστὼς ἑώρων ἕκαστα οὐκ ἀναμιγνὺς ἑαυτὸν ὑπὸ τοῦ Ἱστιαίου διδαχθείς, ὡς ἔστιν ἐπισφαλὲς διαλύειν τὰ τοιαῦτα. Λαπίθας οὖν καὶ Κενταύρους εἶδες ἄν, τραπέζας ἀνατρεπομένας καὶ αἷμα ἐκκεχυμένον καὶ σκύφους ῥιπτομένους.

[46] Τέλος δὲ ὁ Ἀλκιδάμας ἀνατρέψας τὸ λυχνίον σκότος μέγα ἐποίησε, καὶ τὸ πρᾶγμα, ὡς τὸ εἰκός, μακρῷ χαλεπώτερον ἐγεγένητο· καὶ γὰρ οὐ ῥᾳδίως εὐπόρησαν φωτὸς ἄλλου, ἀλλὰ πολλὰ ἐπράχθη καὶ δεινὰ ἐν τῷ σκότῳ. καὶ ἐπεὶ παρῆν τις λύχνον ποτὲ κομίζων, κατελήφθη Ἀλκιδάμας μὲν τὴν αὐλητρίδα ἀπογυμνῶν καὶ πρὸς βίαν συνενεχθῆναι αὐτῇ σπουδάζων, Διονυσόδωρος δὲ ἄλλο τι γελοῖον ἐφωράθη πεποιηκώς· σκύφος γὰρ ἐξέπεσεν ἐκ τοῦ κόλπου ἐξαναστάντος αὐτοῦ. εἶτ' ἀπολογούμενος Ἴωνα ἔφη ἀνελόμενον ἐν τῇ ταραχῇ δοῦναι αὐτῷ, ὅπως μὴ ἀπόλοιτο, καὶ ὁ Ἴων κηδεμονικῶς ἔλεγε τοῦτο πεποιηκέναι.

[47] Ἐπὶ τούτοις διελύθη τὸ συμπόσιον τελευτῆσαν ἐκ τῶν

sich ihre Gegner nicht so leicht in die Flucht schlagen, im Gegenteil! Kleodemos bohrte dem Zenothemis mit gestrecktem Zeigefinger das Auge aus, packte ihn an der Nase und biss sie ihm ab, und Hermon warf den Diphilos, der zur Unterstützung des Zenothemis herbeigeeilt war, kopfüber von der Kline hinunter. **[45]** Bei dem Versuch, sie zu trennen, wurde auch Histiaios, der Grammatiker, verwundet, indem er, ich glaube: von Kleodemos, der ihn für Diphilos hielt, einen Tritt in die Zähne bekam. Da lag er nun, der Arme, und »spie noch Blut«, ganz wie bei seinem Homer.[45] Kurz, ein gewaltiges Durcheinander und Geheule. Die Frauen flatterten um Chaireas herum und schrien und jammerten, die übrigen Gäste versuchten zu schlichten. Das größte Übel von allen stellte Alkidamas dar, der, nachdem er sich nun einmal zum Herrn des Schlachtfeldes gemacht hatte, auf jeden eindrosch, der ihm in den Weg kam. Und viele wären zu Boden gegangen, da kannst du sicher sein, wenn ihm nicht sein Knüppel zerbrochen wäre. Ich drückte mich aufrecht an die Wand und beobachtete alles, ohne mich einzumischen, wohl belehrt durch das Beispiel des Histiaios, wie riskant es ist, in einer solchen Situation vermitteln zu wollen. Lapithen und Kentauren hättest du nun hier sehen können, umgekippte Tische, Blut in Strömen, Pokale im Flug.[46]

[46] Zuletzt kippte Alkidamas die Lampe um und stürzte alles in tiefe Dunkelheit, wodurch die Sache natürlich nur umso schlimmer wurde. Denn so schnell hatten sie kein anderes Licht zur Hand, und viele schreckliche Dinge geschahen in der Dunkelheit. Als endlich jemand kam und Licht brachte, ertappten wir Alkidamas dabei, wie er gerade die Flötenspielerin auszog und vergewaltigen wollte, und Dionysodoros wurde bei einer anderen lustigen Sache erwischt: Ihm fiel nämlich beim Aufstehen ein Pokal aus dem Mantel. Er redete sich dann damit heraus, Ion habe ihn aufgehoben und ihn ihm in der Aufregung gegeben, damit er nicht verloren ginge, und Ion, rührend besorgt, bestätigte das.

[47] So endete schließlich dieses tränenreiche Gastmahl doch

δακρύων αὖθις εἰς γέλωτα ἐπὶ τῷ Ἀλκιδάμαντι καὶ Διονυσοδώρῳ καὶ Ἴωνι. καὶ οἵ τε τραυματίαι φοράδην ἐξεκομίζοντο πονηρῶς ἔχοντες, καὶ μάλιστα ὁ πρεσβύτης ὁ Ζηνόθεμις ἀμφοτέραις τῇ μὲν τῆς ῥινός, τῇ δὲ τοῦ ὀφθαλμοῦ ἐπειλημμένος, βοῶν ἀπόλλυσθαι ὑπ᾽ ἀλγηδόνων, ὥστε καὶ τὸν Ἕρμωνα καίπερ ἐν κακοῖς ὄντα – δύο γὰρ ὀδόντας ἐξεκέκοπτο – ἀντιμαρτύρεσθαι λέγοντα »Μέμνησο μέντοι, ὦ Ζηνόθεμι, ὡς οὐκ ἀδιάφορον ἡγῇ τὸν πόνον.« καὶ ὁ νυμφίος δὲ ἀκεσαμένου τὸ τραῦμα τοῦ Διονίκου ἀπήγετο ἐς τὴν οἰκίαν ταινίαις κατειλημένος τὴν κεφαλήν, ἐπὶ τὸ ζεῦγος ἀνατεθεὶς ἐφ᾽ οὗ τὴν νύμφην ἀπάξειν ἔμελλε, πικροὺς ἄθλιος τοὺς γάμους ἑορτάσας· καὶ τῶν ἄλλων δὲ ὁ Διόνικος ἐπεμελεῖτο δὴ τὰ δυνατά, καὶ καθευδήσοντες ἀπήγοντο ἐμοῦντες οἱ πολλοὶ ἐν ταῖς ὁδοῖς. ὁ μέντοι Ἀλκιδάμας αὐτοῦ ἔμεινεν· οὐ γὰρ ἠδυνήθησαν ἐκβαλεῖν τὸν ἄνδρα, ἐπεὶ ἅπαξ καταβαλὼν ἑαυτὸν ἐπὶ τῆς κλίνης πλαγίως ἐκάθευδε.

[48] Τοῦτό σοι τέλος, ὦ καλὲ Φίλων, ἐγένετο τοῦ συμποσίου, ἢ ἄμεινον τὸ τραγικὸν ἐκεῖνο ἐπειπεῖν,

πολλαὶ μορφαὶ τῶν δαιμονίων,
πολλὰ δ᾽ ἀέλπτως κραίνουσι θεοί,
καὶ τὰ δοκηθέντ᾽ οὐκ ἐτελέσθη·

ἀπροσδόκητα γὰρ ὡς ἀληθῶς ἀπέβη καὶ ταῦτα. ἐκεῖνό γε μεμάθηκα ἤδη, ὡς οὐκ ἀσφαλὲς ἄπρακτον ὄντα συνεστιᾶσθαι τοιούτοις φιλοσόφοις.

noch in Gelächter über Alkidamas, Dionysodoros und Ion.[47] Die Verwundeten wurden auf Bahren hinausgetragen; es ging ihnen schlecht, vor allem dem alten Zenothemis, der mit einer Hand seine Nase, mit der anderen sein Auge betastete und schrie, er sterbe vor Schmerzen, so dass Hermon, obwohl er selbst auch nicht gut dran war – zwei Zähne waren ihm ausgeschlagen worden –, das als Zeugenaussage gegen die stoische Philosophie nahm: »Merk dir, Zenothemis,« sagte er, »dass du den Schmerz für etwas nicht Gleichgültiges hältst!« Der Bräutigam wurde, nachdem Dionikos seine Wunde verarztet hatte, nach Hause gebracht, mit einem Verband um den Kopf; man hatte ihn auf den Wagen gelegt, auf dem er die Braut hätte heimführen sollen – ein bitteres Hochzeitsfest hatte der Arme gefeiert! Auch um die anderen kümmerte sich Dionikos, so gut er konnte, und sie wurden zum Schlafen nach Hause gebracht, wobei sich die meisten noch auf der Straße erbrachen. Alkidamas hingegen blieb, wo er war. Sie konnten den Kerl nicht hinausschaffen, nachdem er sich erst einmal quer über die Kline geworfen hatte und eingeschlafen war.[48]

[48] Das, werter Philon, war das Ende des Gastmahls, oder besser noch, ich zitiere jenen bekannten tragischen Schlussvers:[49]

In vielen Gestalten erscheint das Werk der Unsterblichen,
Vieles, was wir nie gehofft, führen die Götter zu Ende,
Vieles Gehoffte ward nicht vollzogen.

Denn in der Tat: Auch dies ging ganz gegen die Erwartung aus. Das jedenfalls habe ich jetzt gelernt: Dass es, wenn man selbst nicht mitmischen will, nicht ungefährlich ist, mit solchen Philosophen zu speisen.

ΒΙΩΝ ΠΡΑΣΙΣ

[1] ΖΕΥΣ

Σὺ μὲν διατίθει τὰ βάθρα καὶ παρασκεύαζε τὸν τόπον τοῖς ἀφικνουμένοις, σὺ δὲ στῆσον ἑξῆς παραγαγὼν τοὺς βίους, ἀλλὰ κοσμήσας πρότερον, ὡς εὐπρόσωποι φανοῦνται καὶ ὅτι πλείστους ἐπάξονται· σὺ δέ, ὦ Ἑρμῆ, κήρυττε καὶ συγκάλει.

ΕΡΜΗΣ

Ἀγαθῇ τύχῃ τοὺς ὠνητὰς ἤδη παρεῖναι πρὸς τὸ πωλητήριον. ἀποκηρύξομεν δὲ βίους φιλοσόφους παντὸς εἴδους καὶ προαιρέσεων ποικίλων. εἰ δέ τις τὸ παραυτίκα μὴ ἔχει τἀργύριον καταβαλέσθαι, εἰς νέωτα ἐκτίσει καταστήσας ἐγγυητήν.

ΖΕΥΣ

Πολλοὶ συνίασιν· ὥστε χρὴ μὴ διατρίβειν μηδὲ κατέχειν αὐτούς. πωλῶμεν οὖν.

[2] ΕΡΜΗΣ

Τίνα πρῶτον ἐθέλεις παραγάγωμεν;

ΖΕΥΣ

Τουτονὶ τὸν κομήτην, τὸν Ἰωνικόν, ἐπεὶ καὶ σεμνός τις εἶναι φαίνεται

ΕΡΜΗΣ

Οὗτος ὁ Πυθαγορικὸς κατάβηθι καὶ πάρεχε σεαυτὸν ἀναθεωρεῖσθαι τοῖς συνειλεγμένοις.

ΖΕΥΣ

Κήρυττε δή.

ΕΡΜΗΣ

Τὸν ἄριστον βίον πωλῶ, τὸν σεμνότατον. τίς ὠνήσεται; τίς ὑπὲρ ἄνθρωπον εἶναι βούλεται; τίς εἰδέναι τὴν τοῦ παντὸς ἁρμονίαν καὶ ἀναβιῶναι πάλιν;

LEBEN UNTERM HAMMER[1]

[1] Zeus

Du da, stell hier mal die Podeste her und mach Platz für die Besucher! Und du da, bring die Leben und stell sie nebeneinander auf, aber richte sie vorher ein bisschen her, damit sie hübsch aussehen und möglichst viele Leute anlocken.[2] Und du, Hermes, mach die Ansage und ruf sie zusammen!

Hermes

Auf gutes Glück! Die Käufer mögen sich jetzt an der Verkaufsstelle einfinden! Wir versteigern heute Philosophenleben jeder Art und diverser Schulen. Sollte jemand gerade nicht genug Bargeld dabeihaben, kann er einen Bürgen stellen und den Kaufbetrag nächstes Jahr entrichten.

Zeus

Ganz schön viele, die da zusammenkommen! Dann sollten wir jetzt nicht trödeln und sie nicht länger hinhalten. Los geht's mit dem Verkauf!

[2] Hermes

Welches sollen wir denn als erstes vorführen?[3]

Zeus

Das da mit den langen Haaren, das aus Ionien.[4] Das macht auch einen richtig ehrwürdigen Eindruck.

Hermes

Du, das Pythagoreerleben da, komm runter und lass die Versammlung dich mal von oben bis unten anschauen!

Zeus

Nun ruf ihn schon aus!

Hermes

Ich verkaufe hier das beste Leben, das ehrwürdigste. Wer kauft es? Wer will sich über Menschenmaß erheben? Wer will die Harmonie des Alls verstehen und wiedergeboren werden?

ΑΓΟΡΑΣΤΗΣ

Τὸ μὲν εἶδος οὐκ ἀγεννής. τί δὲ μάλιστα οἶδεν;

ΕΡΜΗΣ

Ἀριθμητικήν, ἀστρονομίαν, γεωμετρίαν, τερατείαν, μουσικήν, γοητείαν. μάντιν ἄκρον βλέπεις.

ΑΓΟΡΑΣΤΗΣ

Ἔξεστιν αὐτὸν ἀνακρίνειν;

ΕΡΜΗΣ

Ἀνάκρινε ἀγαθῇ τύχῃ.

[3] ΑΓΟΡΑΣΤΗΣ

Ποδαπὸς εἶ σύ;

ΠΥΘΑΓΟΡΑΣ

Σάμιος.

ΑΓΟΡΑΣΤΗΣ

Ποῦ δὲ ἐπαιδεύθης;

ΠΥΘΑΓΟΡΑΣ

Ἐν Αἰγύπτῳ παρὰ τοῖς ἐκεῖ σοφοῖσι.

ΑΓΟΡΑΣΤΗΣ

Φέρε δέ, ἢν πρίωμαί σε, τί με διδάξει;

ΠΥΘΑΓΟΡΑΣ

Διδάξομαι μὲν οὐδέν, ἀναμνήσω δέ.

ΑΓΟΡΑΣΤΗΣ

Πῶς ἀναμνήσεις;

ΠΥΘΑΓΟΡΑΣ

Καθαρὴν πρότερον τὴν ψυχὴν ἐργασάμενος καὶ τὸν ἐπ᾽ αὐτῇ ῥύπον ἐκκλύσας.

ΑΓΟΡΑΣΤΗΣ

Καὶ δὴ νόμισον ἤδη ἐκκεκαθάρθαι με, τις ὁ τρόπος τῆς ἀναμνήσεως;

ΠΥΘΑΓΟΡΑΣ

Τὸ μὲν πρῶτον ἡσυχίη μακρὴ καὶ ἀφωνίη καὶ πέντε ὅλων ἐτέων λαλέειν μηδέν.

Käufer
Vom Aussehen her macht er keinen schlechten Eindruck. Was kann er denn am besten?
Hermes
Arithmetik, Astronomie, Geometrie, Scharlatanerie, Musik, Düperie. Du hast hier einen Spitzenseher vor dir![5]
Käufer
Darf man ihm ein paar Fragen stellen?
Hermes
Frag nur zu, und viel Erfolg!
[3] Käufer
Woher kommst du?
Pythagoras
Aus Samos.
Käufer
Wo wurdest du ausgebildet?
Pythagoras
In Ägypten, bei den dortigen Weisen.
Käufer
Na gut, wenn ich dich kaufen sollte, was wirst du mich dann lehren?
Pythagoras
Ich werde dich nichts lehren, sondern deine Erinnerung wachrufen.
Käufer
Wie willst du meine Erinnerung wachrufen?
Pythagoras
Indem ich zunächst deine Seele reinige und ihre Schmutzschicht abwasche.
Käufer
Gut, nimm mal an, ich sei schon komplett gereinigt: Wie geht das dann mit der Erinnerung?
Pythagoras
Zuerst lange Stille und Schweigen und über ganze fünf Jahre kein Wort.

ΑΓΟΡΑΣΤΗΣ
Ὥρα σοι, ὦ βέλτιστε, τὸν Κροίσου παῖδα παιδεύειν· ἐγὼ γὰρ λάλος, οὐκ ἀνδριὰς εἶναι βούλομαι. τί δὲ μετὰ τὴν σιωπὴν ὅμως καὶ τὴν πενταετίαν;
ΠΥΘΑΓΟΡΑΣ
Μουσουργίῃ καὶ γεωμετρίῃ ἐνασκήσεαι.
ΑΓΟΡΑΣΤΗΣ
Χάριεν λέγεις, εἰ πρῶτόν με κιθαρῳδὸν γενόμενον κᾆτα εἶναι σοφὸν χρή.
[4] ΠΥΘΑΓΟΡΑΣ
Εἶτ᾽ ἐπὶ τουτέοισιν ἀριθμέειν.
ΑΓΟΡΑΣΤΗΣ
Οἶδα καὶ νῦν ἀριθμεῖν.
ΠΥΘΑΓΟΡΑΣ
Πῶς ἀριθμέεις;
ΑΓΟΡΑΣΤΗΣ
Ἕν, δύο, τρία, τέτταρα.
ΠΥΘΑΓΟΡΑΣ
Ὁρᾷς; ἃ σὺ δοκέεις τέσσαρα, ταῦτα δέκα ἐστὶ καὶ τρίγωνον ἐντελὲς καὶ ἡμέτερον ὅρκιον.
ΑΓΟΡΑΣΤΗΣ
Οὐ μὰ τὸν μέγιστον τοίνυν ὅρκον τὰ τέτταρα, οὔποτε θειοτέρους λόγους ἤκουσα οὐδὲ μᾶλλον ἱερούς.
ΠΥΘΑΓΟΡΑΣ
Μετὰ δέ, ὦ ξεῖνε, εἴσεαι γῆς τε πέρι καὶ ἠέρος καὶ ὕδατος καὶ πυρὸς ἥτις αὐτέοισιν ἡ φορὴ καὶ ὁκοῖα ἐόντα μορφὴν ὅκως κινέονται.
ΑΓΟΡΑΣΤΗΣ
Μορφὴν γὰρ ἔχει τὸ πῦρ ἢ ἀὴρ ἢ ὕδωρ;
ΠΥΘΑΓΟΡΑΣ
Καὶ μάλα ἐμφανέα· οὐ γὰρ οἷά τε ἀμορφίῃ καὶ ἀσχημοσύνῃ κινέεσθαι. καὶ ἐπὶ τουτέοισι δὲ γνώσεαι τὸν θεὸν ἀριθμὸν ἐόντα καὶ νόον καὶ ἁρμονίην.

Käufer
Dann, mein Guter, erziehst du wohl besser den Sohn des Kroisos![6] Ich rede nämlich gern und mag keine Statue sein. Aber trotzdem, was kommt denn nach dem Schweigen und den fünf Jahren?
Pythagoras
Dann bekommst du ein Training in Musik[7] und Geometrie.
Käufer
Gefällt mir, was du da sagst – erst soll ich also Kitharaspieler werden, und dann weise!
[4] Pythagoras
Danach dann zählen!
Käufer
Zählen kann ich schon.
Pythagoras
Wie zählst du denn?
Käufer
Eins, zwei, drei, vier.
Pythagoras
Siehst du? Was du für Vier hältst, das ist Zehn und vollendetes Dreieck und das, worauf wir schwören.[8]
Käufer
Nein, bei – der Vier, wenn das jetzt also der höchste Schwur ist: Noch nie habe ich göttlichere Worte gehört, oder heiligere!
Pythagoras
Danach, Fremder, wirst du Kenntnisse über die Erde erlangen, über die Luft, das Wasser und das Feuer, was ihr Kraftfluss ist, welche Gestalt sie besitzen und wie sie sich bewegen.
Käufer
Haben denn Feuer, Luft oder Wasser eine Gestalt?
Pythagoras
Das ist doch ganz offensichtlich, denn ohne Gestalt und Form könnten sie sich nicht bewegen. Und danach wirst du lernen, dass Gott Zahl ist und Denken und Harmonie.

ΑΓΟΡΑΣΤΗΣ

Θαυμάσια λέγεις.

[5] ΠΥΘΑΓΟΡΑΣ

Πρὸς δὲ τοῖσδεσι τοῖσιν εἰρημένοισι καὶ σεωυτὸν ἕνα δοκέοντα ἄλλον ὁρεόμενον καὶ ἄλλον ἐόντα εἴσεαι.

ΑΓΟΡΑΣΤΗΣ

Τί φῄς; ἄλλος εἰμὶ καὶ οὐχ οὗτος ὅσπερ νῦν πρὸς σὲ διαλέγομαι;

ΠΥΘΑΓΟΡΑΣ

Νῦν μὲν οὗτος, πάλαι δὲ ἐν ἄλλῳ σώματι καὶ ἐν ἄλλῳ οὐνόματι ἐφαντάζεο· χρόνῳ δὲ αὖτις ἐς ἄλλον μεταβήσεαι.

ΑΓΟΡΑΣΤΗΣ

Τοῦτο φῄς, ἀθάνατον ἔσεσθαί με ἀλλαττόμενον ἐς μορφὰς πλείονας; [6] ἀλλὰ τάδε μὲν ἱκανῶς. τὰ δ' ἀμφὶ δίαιταν ὁποῖός τις εἶ;

ΠΥΘΑΓΟΡΑΣ

Ἐμψυχήϊον μὲν οὐδὲ ἓν σιτέομαι, τὰ δὲ ἄλλα πλὴν κυάμων.

ΑΓΟΡΑΣΤΗΣ

Τίνος ἕνεκα; ἢ μυσάττῃ τοὺς κυάμους;

ΠΥΘΑΓΟΡΑΣ

Οὔκ, ἀλλὰ ἱροί εἰσι καὶ θωυμαστὴ αὐτέων ἡ φύσις· πρῶτον μὲν γὰρ τὸ πᾶν γονή εἰσι, καὶ ἢν ἀποδύσῃς κύαμον ἔτι χλωρὸν ἐόντα, ὄψεαι τοῖσιν ἀνδρηΐοισι μορίοισιν ἐμφερέα τὴν φυήν· ἑψηθέντα δὲ ἢν ἀφῇς ἐς τὴν σεληναίην νυξὶ μεμετρημένῃσιν, αἷμα ποιήσεις. τὸ δὲ μέζον, Ἀθηναίοισι νόμος κυάμοισι τὰς ἀρχὰς αἱρέεσθαι.

ΑΓΟΡΑΣΤΗΣ

Καλῶς πάντα ἔφης καὶ ἱεροπρεπῶς. ἀλλὰ ἀπόδυθι, καὶ γυμνὸν γάρ σε ἰδεῖν βούλομαι. ὦ Ἡράκλεις, χρυσοῦς αὐτῷ ὁ μηρός ἐστι. θεός, οὐ βρο-

Käufer
Wundervolle und erstaunliche Dinge sagst du!
[5] Pythagoras
Zusätzlich zu dem, was ich schon gesagt habe, wirst du auch erkennen, dass du, der du glaubst, ein einziger zu sein, als ein anderer wahrgenommen wirst und auch wirklich ein anderer bist.
Käufer
Wie bitte? Ich bin ein anderer und nicht derjenige, als der ich jetzt mit dir rede?
Pythagoras
Der bist du jetzt, aber früher erschienst du in einem anderen Körper und unter anderem Namen; und im Laufe der Zeit wirst du wieder in einen anderen übergehen.
Käufer
Meinst du damit, dass ich dadurch, dass ich mich in mehrere Gestalten verwandle, unsterblich sein werde? **[6]** Aber lassen wir es damit mal gut sein! Wie steht es mit deiner Ernährung?
Pythagoras
Belebtes esse ich gar nicht, aber alles andere schon, außer Bohnen.[9]
Käufer
Warum das? Magst du Bohnen nicht?
Pythagoras
Nein, das ist es nicht, aber sie sind heilig, und wundersam ist ihre Natur. Erstens ist sie als Ganzes nämlich Zeugungsorgan, und schälst du die noch grüne Bohne, dann siehst du, dass ihre Struktur den Hoden ähnelt; kochst du sie und legst sie eine bestimmte Anzahl von Nächten ins Mondlicht, wirst du Blut produzieren. Noch wichtiger aber: Bei den Athenern ist es gesetzlich vorgeschrieben, Ämter mit Hilfe von Bohnen auszulosen.
Käufer
Das hast du alles sehr schön und heiligmäßig gesagt. Aber jetzt zieh dich mal aus, denn ich will dich auch einmal nackt begutachten. – Beim Herakles! Sein Schenkel ist aus Gold![10] Ein Gott scheint er zu

τός τις εἶναι φαίνεται· ὥστε ὠνήσομαι πάντως αὐτόν. πόσου τοῦτον ἀποκηρύττεις;

ΕΡΜΗΣ

Δέκα μνῶν.

ΑΓΟΡΑΣΤΗΣ

Ἔχω τοσούτου λαβών.

ΖΕΥΣ

Γράφε τοῦ ὠνησαμένου τὸ ὄνομα καὶ ὅθεν ἐστίν.

ΕΡΜΗΣ

Ἰταλιώτης, ὦ Ζεῦ, δοκεῖ τις εἶναι τῶν ἀμφὶ Κρότωνα καὶ Τάραντα καὶ τὴν ταύτῃ Ἑλλάδα· καίτοι οὐχ εἷς, ἀλλὰ τριακόσιοι σχεδὸν ἐώνηνται κατὰ κοινὸν αὐτόν.

ΖΕΥΣ

Ἀπαγέτωσαν· ἄλλον παράγωμεν.

[7] ΕΡΜΗΣ

Βούλει τὸν αὐχμῶντα ἐκεῖνον, τὸν Ποντικόν;

ΖΕΥΣ

Πάνυ μὲν οὖν.

ΕΡΜΗΣ

Οὗτος ὁ τὴν πήραν ἐξηρτημένος, ὁ ἐξωμίας, ἐλθὲ καὶ περίιθι ἐν κύκλῳ τὸ συνέδριον. βίον ἀνδρικὸν πωλῶ, βίον ἄριστον καὶ γεννικόν, βίον ἐλεύθερον· τίς ὠνήσεται;

ΑΓΟΡΑΣΤΗΣ

Ὁ κῆρυξ πῶς ἔφης σύ; πωλεῖς τὸν ἐλεύθερον;

ΕΡΜΗΣ

Ἔγωγε.

ΑΓΟΡΑΣΤΗΣ

Εἶτ' οὐ δέδιας μή σοι δικάσηται ἀνδραποδισμοῦ ἢ καὶ προκαλέσηταί σε εἰς Ἄρειον πάγον;

sein, kein Sterblicher. Da kaufe ich ihn doch auf jeden Fall! Für wie viel bietest du den an?

HERMES

Für zehn Minen.[11]

KÄUFER

Dafür nehm ich ihn.

ZEUS

Schreib Namen und Wohnort des Käufers auf!

HERMES

Ich denke, Zeus, er kommt aus Italien, von den Leuten um Kroton, Tarent und den griechischen Siedlungen dort. Aber es hat ihn nicht einer gekauft, sondern beinahe dreihundert Leute zusammen, aus ihrer Gemeinschaftskasse.[12]

ZEUS

Sie sollen ihn mitnehmen! Wir wollen ein anderes Leben vorführen!

[7] HERMES

Willst du das struppige da, das vom Pontos?[13]

ZEUS

Unbedingt.

HERMES

Du da mit dem Ranzen auf der Schulter und den nackten Armen, komm her und mach mal die Runde um die Versammlung.[14] Ich verkaufe hier ein Leben der Männlichkeit, ein vorzügliches und edles Leben, ein freies Leben! Wer will es kaufen?

KÄUFER

He du, Herold, was sagst du da? Du verkaufst einen Freien?

HERMES

Allerdings.

KÄUFER

Und du hast keine Angst, dass man dir wegen Menschenhandels den Prozess macht oder dich vor den Areopag zitiert?

ΕΡΜΗΣ
Οὐδὲν αὐτῷ μέλει τῆς πράσεως· οἴεται γὰρ εἶναι παντάπασιν ἐλεύθερος.
ΑΓΟΡΑΣΤΗΣ
Τί δ᾽ ἄν τις αὐτῷ χρήσαιτο ῥυπῶντι καὶ οὕτω κακοδαιμόνως διακειμένῳ; πλὴν εἰ μὴ σκαπανέα γε καὶ ὑδροφόρον αὐτὸν ἀποδεικτέον.
ΕΡΜΗΣ
Οὐ μόνον, ἀλλὰ καὶ ἢν θυρωρὸν αὐτὸν ἐπιστήσῃς, πολὺ πιστοτέρῳ χρήσῃ τῶν κυνῶν. ἀμέλει κύων αὐτῷ καὶ τὸ ὄνομα.
ΑΓΟΡΑΣΤΗΣ
Ποδαπὸς δέ ἐστιν ἢ τίνα τὴν ἄσκησιν ἐπαγγέλλεται;
ΕΡΜΗΣ
Αὐτὸν ἐροῦ· κάλλιον γὰρ οὕτω ποιεῖν.
ΑΓΟΡΑΣΤΗΣ
Δέδια τὸ σκυθρωπὸν αὐτοῦ καὶ κατηφές, μή με ὑλακτήσῃ προσελθόντα ἢ καὶ νὴ Δία δάκῃ γε. οὐχ ὁρᾷς ὡς διῆρται τὸ ξύλον καὶ συνέσπακε τὰς ὀφρῦς καὶ ἀπειλητικόν τι καὶ χολῶδες ὑποβλέπει;
ΕΡΜΗΣ
Μὴ δέδιθι· τιθασὸς γάρ ἐστι.
[8] ΑΓΟΡΑΣΤΗΣ
Τὸ πρῶτον, ὦ βέλτιστε, ποδαπὸς εἶ;
ΔΙΟΓΕΝΗΣ
Παντοδαπός.
ΑΓΟΡΑΣΤΗΣ
Πῶς λέγεις;
ΔΙΟΓΕΝΗΣ
Τοῦ κόσμου πολίτην ὁρᾷς.
ΑΓΟΡΑΣΤΗΣ
Ζηλοῖς δὲ δὴ τίνα;

Hermes
Dem ist die Versteigerung egal. Er glaubt nämlich, er sei in jedem Falle frei.

Käufer
Und was soll man mit so einem verdreckten Kerl in seinem armseligen Zustand anfangen? Außer man lässt ihn Gräben ausheben und Wasser holen.

Hermes
Nicht nur das, sondern du kannst ihn auch als Pförtner abstellen, und da wird er dir zuverlässiger dienen als jeder Hund. Übrigens ist Hund auch sein Name.[15]

Käufer
Woher kommt er, und welchen Beruf gibt er an?

Hermes
Frag ihn doch selbst – das ist viel besser.

Käufer
Ich hab aber Angst vor seiner verdrießlichen und finsteren Miene! Nicht, dass er mich noch anbellt, wenn ich näherkomme, oder mich, bei Zeus, sogar beißt. Siehst du nicht, wie er den Stock erhoben hält, die Brauen runzelt und mich drohend und gallig anschielt?

Hermes
Keine Angst! Der tut nichts!

[8] Käufer
Also erstens, mein Guter, woher kommst du?

Diogenes
Von überall her.

Käufer
Wie bitte?

Diogenes
Vor dir siehst du einen Weltbürger.[16]

Käufer
Wen nimmst du dir denn zum Vorbild?

ΔΙΟΓΕΝΗΣ

Τὸν Ἡρακλέα.

ΑΓΟΡΑΣΤΗΣ

Τί οὖν οὐχὶ καὶ λεοντῆν ἀμπέχῃ; τὸ μὲν γὰρ ξύλον ἔοικας αὐτῷ.

ΔΙΟΓΕΝΗΣ

Τουτί μοι λεοντῆ, τὸ τριβώνιον. στρατεύομαι δὲ ὥσπερ ἐκεῖνος ἐπὶ τὰς ἡδονάς, οὐ κελευστός, ἀλλὰ ἑκούσιος, ἐκκαθᾶραι τὸν βίον προαιρούμενος.

ΑΓΟΡΑΣΤΗΣ

Εὖ γε τῆς προαιρέσεως. ἀλλὰ τί μάλιστα εἰδέναι σε φῶμεν; ἢ τίνα τὴν τέχνην ἔχεις;

ΔΙΟΓΕΝΗΣ

Ἐλευθερωτής εἰμι τῶν ἀνθρώπων καὶ ἰατρὸς τῶν παθῶν· τὸ δὲ ὅλον ἀληθείας καὶ παρρησίας προφήτης εἶναι βούλομαι.

[9] ΑΓΟΡΑΣΤΗΣ

Εὖ γε, ὦ προφῆτα· ἢν δὲ πρίωμαί σε, τίνα με τὸν τρόπον διασκήσεις;

ΔΙΟΓΕΝΗΣ

Πρῶτον μὲν παραλαβών σε καὶ ἀποδύσας τὴν τρυφὴν καὶ ἀπορίᾳ συγκατακλείσας τριβώνιον περιβαλῶ, μετὰ δὲ πονεῖν καὶ κάμνειν καταναγκάσω χαμαὶ καθεύδοντα καὶ ὕδωρ πίνοντα καὶ ὧν ἔτυχεν ἐμπιμπλάμενον, τὰ δὲ χρήματα, ἢν ἔχῃς, ἐμοὶ πειθόμενος εἰς τὴν θάλατταν φέρων ἐμβαλεῖς, γάμου δὲ ἀμελήσεις καὶ παίδων καὶ πατρίδος, καὶ πάντα σοι ταῦτα λῆρος ἔσται, καὶ τὴν πατρῴαν οἰκίαν ἀπολιπὼν ἢ τάφον οἰκήσεις ἢ πυργίον ἔρημον ἢ καὶ πίθον· ἡ πήρα δέ σοι θέρμων ἔσται μεστὴ καὶ ὀπισθογράφων βιβλίων· καὶ οὕτως ἔχων εὐδαιμονέστερος εἶναι φήσεις

DIOGENES
Herakles.
KÄUFER
Warum trägst du dann nicht auch noch ein Löwenfell? Denn was den Stock betrifft, da ähnelst du ihm.
DIOGENES
Das hier ist mein Löwenfell, der Umhang. Wie Herakles ziehe ich gegen jede Art der Lust zu Felde, nicht auf Befehl, sondern freiwillig, weil ich mir vorgenommen habe, das Leben von Grund auf zu reinigen.
KÄUFER
Kompliment für den Vorsatz! Aber – was, sollen wir sagen, ist dein besonderes Wissensgebiet? Oder welche Kompetenzen besitzt du?
DIOGENES
Befreier der Menschen bin ich und Heiler ihrer Leiden. Und insgesamt nehme ich in Anspruch, der Verkünder von Wahrheit und freier Rede zu sein.
[9] KÄUFER
Kompliment, Verkünder! Und gesetzt den Fall, ich kaufe dich, wie wirst du mich dann trainieren?
DIOGENES
Zuerst nehm ich dich her, ziehe dir dein Luxusleben aus, sperre dich mit Bedürftigkeit zusammen und lege dir einen Umhang um. Danach zwinge ich dich, Mühen und Anstrengungen zu ertragen, indem du auf dem Boden schläfst, Wasser trinkst und deinen Bauch mit dem füllst, was dir gerade über den Weg läuft. Dein Geld, falls du welches hast, wirst du auf meinen Befehl zum Meer tragen und hineinwerfen, Ehe, Kinder und Heimat werden dir gleichgültig sein, überhaupt wird das alles für dich nur dummes Gerede sein, und du wirst dein Vaterhaus verlassen und entweder in einem Grab oder einem verlassenen Türmchen oder sogar in einem Fass[17] deine Wohnung aufschlagen. Deinen Ranzen wirst du mit Lupinen füllen und mit beidseits beschrifteten Rollen.[18] Verhältst du dich so, wirst

τοῦ μεγάλου βασιλέως. ἢν μαστιγοῖ δέ τις ἢ στρεβλοῖ, τούτων οὐδὲν ἀνιαρὸν ἡγήσῃ.

ΑΓΟΡΑΣΤΗΣ

Πῶς τοῦτο φὴς τὸ μὴ ἀλγεῖν μαστιγούμενον; οὐ γὰρ χελώνης ἢ καράβου τὸ δέρμα περιβέβλημαι.

ΔΙΟΓΕΝΗΣ

Τὸ Εὐριπίδειον ἐκεῖνο ζηλώσεις μικρὸν ἐναλλάξας.

ΑΓΟΡΑΣΤΗΣ

Τὸ ποῖον;

[10] ΔΙΟΓΕΝΗΣ

Ἡ φρήν σοι ἀλγήσει, ἡ δὲ γλῶττα ἔσται ἀνάλγητος. ἃ δὲ μάλιστα δεῖ προσεῖναι, ταῦτά ἐστιν· ἰταμὸν χρὴ εἶναι καὶ θρασὺν καὶ λοιδορεῖσθαι πᾶσιν ἑξῆς καὶ βασιλεῦσι καὶ ἰδιώταις· οὕτω γὰρ ἀποβλέψονταί σε καὶ ἀνδρεῖον ὑπολήψονται. βάρβαρος δὲ ἡ φωνὴ ἔστω καὶ ἀπηχὲς τὸ φθέγμα καὶ ἀτεχνῶς ὅμοιον κυνί, καὶ πρόσωπον δὲ ἐντεταμένον καὶ βάδισμα τοιούτῳ προσώπῳ πρέπον, καὶ ὅλως θηριώδη τὰ πάντα καὶ ἄγρια. αἰδὼς δὲ καὶ ἐπιείκεια καὶ μετριότης ἀπέστω, καὶ τὸ ἐρυθριᾶν ἀπόξυσον τοῦ προσώπου παντελῶς. δίωκε δὲ τὰ πολυανθρωπότατα τῶν χωρίων, καὶ ἐν αὐτοῖς τούτοις μόνος καὶ ἀκοινώνητος εἶναι θέλε μὴ φίλον, μὴ ξένον προσιέμενος· κατάλυσις γὰρ τὰ τοιαῦτα τῆς ἀρχῆς. ἐν ὄψει δὲ πάντων, ἃ μηδὲ ἰδίᾳ ποιήσειεν ἄν τις, θαρρῶν ποίει, καὶ τῶν ἀφροδισίων αἱροῦ τὰ γελοιότερα, καὶ τέλος, ἤν σοι δοκῇ, πολύποδα ὠμὸν ἢ σηπίαν φαγὼν ἀπόθανε. ταύτην σοι τὴν εὐδαιμονίαν προξενοῦμεν.

du schließlich selbst sagen, dass du glücklicher bist als der Großkönig.[19] Und wenn man dich auspeitscht oder foltert, dann wirst du das für völlig unbeschwerlich halten.

Käufer
Wie meinst du das: keine Schmerzen, wenn ich ausgepeitscht werde? Ich trage doch keinen Panzer wie eine Schildkröte oder eine Languste!

Diogenes
Du hältst dich einfach an jenen berühmten Euripidesvers, in leichter Abwandlung.

Käufer
Welchen?

[10] Diogenes
Im Herzen Schmerz, kein Laut des Schmerzes auf der Zunge.[20] Was du aber am dringendsten benötigst, ist das Folgende: Draufgängerisch musst du sein und frech, alle gleichermaßen anpöbeln, Könige wie Normalbürger. Denn dann werden sie dich bewundernd anstaunen und für einen richtigen Mann halten. Sprich unartikuliert, und lass deine Stimme misstönend klingen, einfach ganz wie die eines Hundes, dein Gesicht muss angespannt sein und dein Gang zu deinem Gesicht passen, und insgesamt musst du dir in jeder Hinsicht den Anschein tierischer Wildheit geben. Weg mit Zurückhaltung, Schicklichkeit, Mäßigkeit, und wisch dir jedes Erröten vom Gesicht, und zwar vollständig! Such die Orte mit den größten Menschenansammlungen auf und nimm dir vor, genau dort allein und ohne Gesellschaft zu verweilen und niemanden an dich heranzulassen, weder gute Bekannte noch Fremde. Denn das wäre das Ende deiner Herrschaft! Tue unerschrocken vor aller Augen das, was man nicht einmal in seinen vier Wänden tun würde, befriedige deine sexuellen Bedürfnisse auf eher lächerliche Weise, und zu guter Letzt, wenn dir danach ist, verspeise einen rohen Kraken oder Tintenfisch und stirb.[21] Da hast du die Glückseligkeit, die ich dir verschaffen werde!

[11] ΑΓΟΡΑΣΤΗΣ

Ἄπαγε· μιαρὰ γὰρ καὶ οὐκ ἀνθρώπινα λέγεις.

ΔΙΟΓΕΝΗΣ

Ἀλλὰ ῥᾷστά γε, ὦ οὗτος, καὶ πᾶσιν εὐχερῆ μετελθεῖν· οὐ γάρ σοι δεήσει παιδείας καὶ λόγων καὶ λήρων, ἀλλ' ἐπίτομος αὕτη σοι πρὸς δόξαν ἡ ὁδός· κἂν ἰδιώτης ᾖς, ἤτοι σκυτοδέψης ἢ ταριχοπώλης ἢ τέκτων ἢ τραπεζίτης, οὐδέν σε κωλύσει θαυμαστὸν εἶναι, ἢν μόνον ἡ ἀναίδεια καὶ τὸ θράσος παρῇ καὶ λοιδορεῖσθαι καλῶς ἐκμάθῃς.

ΑΓΟΡΑΣΤΗΣ

Πρὸς ταῦτα μὲν οὐ δέομαί σου. ναύτης δ' ἂν ἴσως ἢ κηπουρὸς ἐν καιρῷ γένοιο, καὶ ταῦτα, ἢν ἐθέλῃ σε ἀποδόσθαι οὑτοσὶ τὸ μέγιστον δύ' ὀβολῶν.

ΕΡΜΗΣ

Ἔχε λαβών· καὶ γὰρ ἄσμενοι ἀπαλλαξόμεθα ἐνοχλοῦντος αὐτοῦ καὶ βοῶντος καὶ ἅπαντας ἁπαξαπλῶς ὑβρίζοντος καὶ ἀγορεύοντος κακῶς.

[12] ΖΕΥΣ

Ἄλλον κάλει τὸν Κυρηναῖον, τὸν ἐν τῇ πορφυρίδι, τὸν ἐστεφανωμένον.

ΕΡΜΗΣ

Ἄγε δή, πᾶς πρόσεχε· πολυτελὲς τὸ χρῆμα καὶ πλουσίων δεόμενον. βίος οὗτος ἥδιστος, βίος τρισμακάριστος. τίς ἐπιθυμεῖ τρυφῆς; τίς ὠνεῖται τὸν ἁβρότατον;

ΑΓΟΡΑΣΤΗΣ

Ἐλθὲ σύ γε καὶ λέγε ἅπερ εἰδὼς τυγχάνεις· ὠνήσομαι γάρ σε, ἢν ὠφέλιμος ᾖς.

ΕΡΜΗΣ

Μὴ ἐνόχλει αὐτόν, ὦ βέλτιστε, μηδὲ ἀνάκρινε· μεθύει γάρ. ὥστε οὐκ ἂν

[11] Käufer
Weg mit dir! Das ist ja grauenhaft und unmenschlich, was du da sagst!
Diogenes
Das schon, Mensch, aber dafür auch höchst einfach und für jeden leicht erreichbar. Denn dafür brauchst du keine Bildung, keine Rhetorik, kein Geschwätz, sondern hier wartet auf dich die Abkürzung zum Ruhm. Und bist du auch ein ganz normaler Mensch, ein Gerber, Pökelfischhändler, Zimmermann oder Geldwechsler, wird dir doch nichts im Wege stehen, Gegenstand der Bewunderung zu sein, solange du nur über Schamlosigkeit und Frechheit verfügst und anständig rumzupöbeln verstehst.[22]
Käufer
Dafür kann ich dich nicht brauchen. Du könntest, wenn's hochkommt, vielleicht als Seemann oder Gärtner arbeiten, und das auch nur, wenn dich der gute Mann hier für höchstens zwei Obolen abgeben will.[23]
Hermes
Da hast du ihn! Den werden wir liebend gern los, er ist lästig, schreit rum und beleidigt und beschimpft einfach jeden.
[12] Zeus
Ruf ein anderes Leben her – das aus Kyrene, mit seinem Purpurmantel und seinem Kranz![24]
Hermes
Na, dann mal los! Aufgepasst, ihr alle! Hier habe ich eine Kostbarkeit, nur was für Wohlhabende! Ein Leben in Annehmlichkeit, ein Leben in dreifacher Seligkeit! Wer hat Lust auf Genuss? Wer kauft dieses Luxusschätzchen?
Käufer
Komm mal her, du, und sag, was du so weißt! Wenn du nützlich bist, kaufe ich dich!
Hermes
Geh ihn nicht zu hart an, mein Guter, und frag ihn nicht aus – er

ἀποκρίναιτό σοι, τὴν γλῶτταν, ὡς ὁρᾷς, διολισθάνων.

ΑΓΟΡΑΣΤΗΣ

Καὶ τίς ἂν εὖ φρονῶν πρίαιτο διεφθαρμένον οὕτω καὶ ἀκόλαστον ἀνδράποδον; ὅσων δὲ καὶ ἀποπνεῖ μύρων, ὡς δὲ καὶ σφαλερὸν βαδίζει καὶ παράφορον. ἀλλὰ κἂν σύ γε, ὦ Ἑρμῆ, λέγε ὁποῖα πρόσεστιν αὐτῷ καὶ ἃ μετιὼν τυγχάνει.

ΕΡΜΗΣ

Τὸ μὲν ὅλον, συμβιῶναι δεξιὸς καὶ συμπιεῖν ἱκανὸς καὶ κωμάσαι μετὰ αὐλητρίδος ἐπιτήδειος ἐρῶντι καὶ ἀσώτῳ δεσπότῃ· τὰ ἄλλα δὲ πεμμάτων ἐπιστήμων καὶ ὀψοποιὸς ἐμπειρότατος, καὶ ὅλως σοφιστὴς ἡδυπαθείας. ἐπαιδεύθη μὲν οὖν Ἀθήνησιν, ἐδούλευσε δὲ καὶ περὶ Σικελίαν τοῖς τυράννοις καὶ σφόδρα εὐδοκίμει παρ' αὐτοῖς. τὸ δὲ κεφάλαιον τῆς προαιρέσεως, ἁπάντων καταφρονεῖν, ἅπασι χρῆσθαι, πανταχόθεν ἐρανίζεσθαι τὴν ἡδονήν.

ΑΓΟΡΑΣΤΗΣ

Ὥρα σοι ἄλλον περιβλέπειν τῶν πλουσίων τούτων καὶ πολυχρημάτων· ἐγὼ μὲν γὰρ οὐκ ἐπιτήδειος ἱλαρὸν ὠνεῖσθαι βίον.

ΕΡΜΗΣ

Ἄπρατος ἔοικεν ἡμῖν οὗτος, ὦ Ζεῦ, μένειν.

[13] ΖΕΥΣ

Μετάστησον· ἄλλον παράγε· μᾶλλον δὲ τὼ δύο τούτω, τὸν γελῶντα τὸν Ἀβδηρόθεν καὶ τὸν κλάοντα τὸν ἐξ Ἐφέσου· ἅμα γὰρ αὐτὼ πεπρᾶσθαι βούλομαι.

ΕΡΜΗΣ

Κατάβητον ἐς τὸ μέσον. τὼ ἀρίστω βίω πωλῶ, τὼ σοφωτάτω πάντων ἀποκηρύττομεν.

ΑΓΟΡΑΣΤΗΣ

Ὦ Ζεῦ τῆς ἐναντιότητος. ὁ μὲν οὐ διαλείπει γελῶν, ὁ δέ τινα ἔοικε

ist doch betrunken! Da wird er dir wohl kaum antworten, du siehst ja, wie er lallt.

KÄUFER

Und wer bitte, der noch bei Verstand ist, soll einen so verdorbenen und undisziplinierten Sklaven kaufen? Wie der nach Parfüm riecht! Und wie er torkelt und wankt! Aber dann sag halt du, Hermes, was er draufhat und was für Betätigungen er so nachgeht!

HERMES

Alles in allem ist er ein guter Kumpel, ein tüchtiger Zechkumpan und für einen Herrn mit einem Faible für Erotik und Ausschweifung genau der richtige, wenn's darum geht, sich mit Aulosspielerinnen herumzutreiben. Im Übrigen ist er ein Süßspeisenkenner und ein routinierter Küchenchef, und überhaupt: ein Experte in Sachen Wohlleben. In Athen ausgebildet,[25] hat er auch schon bei den Tyrannen auf Sizilien gedient und ihre höchste Anerkennung genossen. Die Quintessenz seiner Einstellung: Auf alles herabschauen, alles verwenden, und aus jeder Quelle Lust scheffeln.[26]

KÄUFER

Da musst du dich nach einem anderen umschauen, einem von den Reichen und Geldsäcken hier. Ein fröhliches Leben kann ich mir nämlich nicht leisten.

HERMES

Ich habe den Eindruck, Zeus, auf dem hier bleiben wir sitzen.

[13] ZEUS

Stell es zur Seite und bring ein anderes Leben – am besten die beiden da, den Lachsack aus Abdera und die Heulsuse aus Ephesos! Die will ich nämlich im Doppelpack verkaufen.[27]

HERMES

Kommt mal hier runter zu uns, ihr beiden! Ich verkaufe zwei Superleben, wir bringen die beiden allerklügsten Köpfe unter den Hammer!

KÄUFER

Bei Zeus, was für ein Gegensatz! Der eine hört nicht auf zu lachen,

πενθεῖν· δακρύει γοῦν τὸ παράπαν. τί ταῦτα, ὦ οὗτος; τί γελᾷς;

ΔΗΜΟΚΡΙΤΟΣ

Ἐρωτᾷς; ὅτι μοι γελοῖα πάντα δοκέει τὰ πρήγματα ὑμέων καὶ αὐτοὶ ὑμέες.

ΑΓΟΡΑΣΤΗΣ

Πῶς λέγεις; καταγελᾷς ἡμῶν ἁπάντων καὶ παρ᾽ οὐδὲν τίθεσαι τὰ ἡμέτερα πράγματα;

ΔΗΜΟΚΡΙΤΟΣ

Ὧδε ἔχει· σπουδαῖον γὰρ ἐν αὐτέοισιν οὐδέν, κενεὰ δὲ πάντα καὶ ἀτόμων φορὴ καὶ ἀπειρίη.

ΑΓΟΡΑΣΤΗΣ

Οὐ μὲν οὖν, ἀλλὰ σὺ κενὸς ὡς ἀληθῶς καὶ ἄπειρος. ὢ τῆς ὕβρεως, οὐ παύσῃ γελῶν; **[14]** σὺ δὲ τί κλάεις, ὦ βέλτιστε; πολὺ γὰρ οἶμαι κάλλιον σοὶ προσλαλεῖν.

ΗΡΑΚΛΕΙΤΟΣ

Ἡγέομαι γάρ, ὦ ξεῖνε, τὰ ἀνθρωπήϊα πρήγματα ὀϊζυρὰ καὶ δακρυώδεα καὶ οὐδὲν αὐτέων ὅ τι μὴ ἐπικήριον· τὸ δὴ οἰκτείρω τε σφέας καὶ ὀδύρομαι, καὶ τὰ μὲν παρεόντα οὐ δοκέω μεγάλα, τὰ δὲ ἐν ὑστέρῳ χρόνῳ ἐσόμενα πάμπαν ἀνιηρά, λέγω δὲ τὰς ἐκπυρώσιας καὶ τὴν τοῦ ὅλου συμφορήν· ταῦτα ὀδύρομαι καὶ ὅτι ἔμπεδον οὐδέν, ἀλλ᾽ ὅκως ἐς κυκεῶνα τὰ πάντα συνειλέονται καί ἐστι τὠυτὸ τέρψις ἀτερψίη, γνῶσις ἀγνωσίη, μέγα μικρόν, ἄνω κάτω περιχωρέοντα καὶ ἀμειβόμενα ἐν τῇ τοῦ αἰῶνος παιδιῇ.

ΑΓΟΡΑΣΤΗΣ

Τί γὰρ ὁ αἰών ἐστι;

ΗΡΑΚΛΕΙΤΟΣ

Παῖς παίζων, πεσσεύων, ⟨συμφερόμενος⟩, διαφερόμενος.

der andere scheint um jemanden zu trauern – jedenfalls ist er in Tränen gebadet. He du, was soll das? Warum lachst du?

DEMOKRIT

Das fragst du? Weil mir alles lächerlich vorkommt, eure Angelegenheiten genauso wie ihr selbst.

KÄUFER

Wie bitte? Du lachst uns alle aus und hältst nichts von unseren Angelegenheiten?

DEMOKRIT

So ist es. Nichts in ihnen verdient ernste Bemühung, alles ist öde und leer, Strom von Atomen und Unendlichkeit.

KÄUFER

Oh nein, sondern in Wirklichkeit bist du selbst öde und unendlich – unendlich dumm![28] – Was für eine Unverschämtheit, hörst du nicht auf zu lachen? **[14]** Und du, warum weinst du, mein Guter? Ich glaube, es lohnt sich mehr, mit dir zu sprechen!

HERAKLIT

Ich vertrete die Meinung, Fremder, dass die Angelegenheiten der Menschen bejammerns- und beweinenswert sind und unter ihnen nichts ist, was nicht der Zerstörung bestimmt wäre. Deshalb bemitleide und beklage ich sie, und vom Gegenwärtigen halte ich nichts für bedeutend, das Zukünftige aber samt und sonders für trist – ich meine die Weltenbrände und den Zusammenbruch des Alls. Das beklage ich, und außerdem, dass nichts fest und sicher besteht, sondern alles wie in einem Mischgetränk zusammengerührt wird und ein und dasselbe ist: Fröhlichkeit und Unfröhlichkeit, Kenntnis und Unkenntnis, groß und klein, alles treibt im Kreis, aufwärts und abwärts, und wechselt seinen Platz im Spiel der Ewigkeit.

KÄUFER

Was ist denn die Ewigkeit?

HERAKLIT

Ein Kind, das spielt, seine Figuren rückt, ⟨mal einig⟩[29], mal im Streit.

ΑΓΟΡΑΣΤΗΣ
Τί δὲ ἄνθρωποι;
ΗΡΑΚΛΕΙΤΟΣ
Θεοὶ θνητοί.
ΑΓΟΡΑΣΤΗΣ
Τί δὲ θεοί;
ΗΡΑΚΛΕΙΤΟΣ
Ἄνθρωποι ἀθάνατοι.
ΑΓΟΡΑΣΤΗΣ
Αἰνίγματα λέγεις, ὦ οὗτος, ἢ γρίφους συντίθης; ἀτεχνῶς γὰρ ὥσπερ ὁ Λοξίας οὐδὲν ἀποσαφεῖς.
ΗΡΑΚΛΕΙΤΟΣ
Οὐδὲν γάρ μοι μέλει ὑμέων.
ΑΓΟΡΑΣΤΗΣ
Τοιγαροῦν οὐδὲ ὠνήσεταί σέ τις εὖ φρονῶν.
ΗΡΑΚΛΕΙΤΟΣ
Ἐγὼ δὲ κέλομαι πᾶσιν ἡβηδὸν οἰμώζειν, τοῖσιν ὠνεομένοισι καὶ τοῖσιν οὐκ ὠνεομένοισι.
ΑΓΟΡΑΣΤΗΣ
Τουτὶ τὸ κακὸν οὐ πόρρω μελαγχολίας ἐστίν· οὐδέτερον δὲ ὅμως αὐτῶν ἔγωγε ὠνήσομαι.
ΕΡΜΗΣ
Ἄπρατοι καὶ οὗτοι μένουσιν.
ΖΕΥΣ
Ἄλλον ἀποκήρυττε.
[15] ΕΡΜΗΣ
Βούλει τὸν Ἀθηναῖον ἐκεῖνον, τὸν στωμύλον;
ΖΕΥΣ
Πάνυ μὲν οὖν.
ΕΡΜΗΣ
Δεῦρο ἐλθὲ σύ. βίον ἀγαθὸν καὶ συνετὸν ἀποκηρύττομεν. τίς ὠνεῖται τὸν ἱερώτατον;

Käufer
Was sind die Menschen?
Heraklit
Sterbliche Götter.
Käufer
Was die Götter?
Heraklit
Unsterbliche Menschen.
Käufer
Sprichst du in Rätseln, Mensch, oder entwirfst du Denksportaufgaben? Du machst es genau wie Loxias und formulierst nichts klar und deutlich.[30]
Heraklit
Mir liegt ja auch nichts an euch.
Käufer
Tja, dann wird dich auch keiner kaufen, der noch bei Verstand ist.
Heraklit
Was mich betrifft, könnt ihr alle zum Teufel gehen, Mann für Mann, Käufer wie Nichtkäufer.
Käufer
Dieses Leiden ist nicht weit von einer Melancholie entfernt.[31] Trotzdem werde ich keinen von denen kaufen.
Hermes
Da bleiben wir also auch auf denen sitzen.
Zeus
Biete ein anderes Leben an!
[15] Hermes
Das aus Athen da, ja? Das Schwätzerleben?
Zeus
Unbedingt!
Hermes
He du, komm her! Wir bringen hier ein gutes und verständiges Leben unter den Hammer. Wer will es kaufen, in all seiner Heiligkeit?

ΑΓΟΡΑΣΤΗΣ

Εἰπέ μοι, τί μάλιστα εἰδὼς τυγχάνεις;

ΣΩΚΡΑΤΗΣ

Παιδεραστής εἰμι καὶ σοφὸς τὰ ἐρωτικά.

ΑΓΟΡΑΣΤΗΣ

Πῶς οὖν ἐγὼ πρίωμαί σε; παιδαγωγοῦ γὰρ ἐδεόμην τῷ παιδὶ καλῷ ὄντι μοι.

ΣΩΚΡΑΤΗΣ

Τίς δ᾽ ἂν ἐπιτηδειότερος ἐμοῦ γένοιτο συνεῖναι καλῷ; καὶ γὰρ οὐ τῶν σωμάτων ἐραστής εἰμι, τὴν ψυχὴν δὲ ἡγοῦμαι καλήν. ἀμέλει κἂν ὑπὸ ταὐτὸν ἱμάτιόν μοι κατακέωνται, ἀκούσει αὐτῶν λεγόντων μηδὲν ὑπ᾽ ἐμοῦ δεινὸν παθεῖν.

ΑΓΟΡΑΣΤΗΣ

Ἄπιστα λέγεις, τὸ παιδεραστὴν ὄντα μὴ πέρα τῆς ψυχῆς πολυπραγμονεῖν, καὶ ταῦτα ἐπ᾽ ἐξουσίας, ὑπὸ τῷ αὐτῷ ἱματίῳ κατακείμενον.

[16] ΣΩΚΡΑΤΗΣ

Καὶ μὴν ὀμνύω γέ σοι τὸν κύνα καὶ τὴν πλάτανον οὕτω ταῦτα ἔχειν.

ΑΓΟΡΑΣΤΗΣ

Ἡράκλεις τῆς ἀτοπίας τῶν θεῶν.

ΣΩΚΡΑΤΗΣ

Τί σὺ λέγεις; οὐ δοκεῖ σοι ὁ κύων εἶναι θεός; οὐχ ὁρᾷς τὸν Ἄνουβιν ἐν Αἰγύπτῳ ὅσος; καὶ τὸν ἐν οὐρανῷ Σείριον καὶ τὸν παρὰ τοῖς κάτω Κέρβερον;

[17] ΑΓΟΡΑΣΤΗΣ

Εὖ λέγεις, ἐγὼ δὲ διημάρτανον. ἀλλὰ τίνα βιοῖς τὸν τρόπον;

ΣΩΚΡΑΤΗΣ

Οἰκῶ μὲν ἐμαυτῷ τινα πόλιν ἀναπλάσας, χρῶμαι δὲ πολιτείᾳ ξένῃ καὶ

Käufer
Sag mir, was kannst du denn so am besten?
Sokrates
Ich bin ein Knabenliebhaber und verstehe mich auf die Erotik.[32]
Käufer
Warum sollte ich dich dann kaufen? Ich bin ja hier, weil ich einen Erzieher für meinen Sohn suche, und der ist ein schöner Junge.
Sokrates
Wer wäre geeigneter als ich für die Gesellschaft eines Schönen? Und ich bin ja auch kein Liebhaber von Körpern, sondern die Seele ist es, die ich für schön halte. Keine Sorge, auch wenn sie mit mir unter demselben Mantel liegen, wirst du nicht von ihnen hören, dass ihnen etwas Schlimmes durch mich widerfahren wäre.[33]
Käufer
Ich glaube kein Wort von dem, was du sagst: Dass einer, der Knaben liebt, jenseits der Seele nicht auch noch alles mögliche andere treibt, und erst recht, wenn sich die Gelegenheit bietet, weil er unter dem gleichen Mantel liegt.
[16] Sokrates
Nun, ich schwöre dir beim Hund und bei der Platane, dass es sich so verhält.[34]
Käufer
Beim Herakles, was für abseitige Götter!
Sokrates
Was sagst du da? Du hältst den Hund nicht für einen Gott? Kennst du nicht den Anubis in Ägypten und weißt nicht, wie bedeutend er ist? Und am Himmel den Sirius und in der Unterwelt den Kerberos?
[17] Käufer
Du hast recht, da lag ich falsch. Aber wie sieht es mit deiner Lebensführung aus?
Sokrates
Ich wohne in einer Stadt, die ich mir selbst ausgedacht habe, be-

νόμους νομίζω τοὺς ἐμούς.

ΑΓΟΡΑΣΤΗΣ

Ἓν ἐβουλόμην ἀκοῦσαι τῶν δογμάτων.

ΣΩΚΡΑΤΗΣ

Ἄκουε δὴ τὸ μέγιστον, ὃ περὶ τῶν γυναικῶν μοι δοκεῖ· μηδεμίαν αὐτῶν μηδενὸς εἶναι μόνου, παντὶ δὲ μετεῖναι τῷ βουλομένῳ τοῦ γάμου.

ΑΓΟΡΑΣΤΗΣ

Τοῦτο φής, ἀνῃρῆσθαι τοὺς περὶ μοιχείας νόμους;

ΣΩΚΡΑΤΗΣ

Νὴ Δία, καὶ ἁπλῶς γε πᾶσαν τὴν περὶ τὰ τοιαῦτα μικρολογίαν.

ΑΓΟΡΑΣΤΗΣ

Τί δὲ περὶ τῶν ἐν ὥρᾳ παίδων σοι δοκεῖ;

ΣΩΚΡΑΤΗΣ

Καὶ οὗτοι ἔσονται τοῖς ἀρίστοις ἆθλον φιλῆσαι λαμπρόν τι καὶ νεανικὸν ἐργασαμένοις.

[18] ΑΓΟΡΑΣΤΗΣ

Βαβαὶ τῆς φιλοδωρίας. τῆς δὲ σοφίας τί σοι τὸ κεφάλαιον;

ΣΩΚΡΑΤΗΣ

Αἱ ἰδέαι καὶ τὰ τῶν ὄντων παραδείγματα· ὁπόσα γὰρ δὴ ὁρᾷς, τὴν γῆν, τὰ ἐπὶ γῆς, τὸν οὐρανόν, τὴν θάλατταν, ἁπάντων τούτων εἰκόνες ἀφανεῖς ἑστᾶσιν ἔξω τῶν ὅλων.

ΑΓΟΡΑΣΤΗΣ

Ποῦ δὲ ἑστᾶσιν;

ΣΩΚΡΑΤΗΣ

Οὐδαμοῦ· εἰ γάρ που εἶεν, οὐκ ἂν εἶεν.

ΑΓΟΡΑΣΤΗΣ

Οὐχ ὁρῶ ταῦθ' ἅπερ λέγεις τὰ παραδείγματα.

ΣΩΚΡΑΤΗΣ

Εἰκότως· τυφλὸς γὰρ εἶ τῆς ψυχῆς τὸν ὀφθαλμόν. ἐγὼ δὲ πάντων ὁρῶ

diene mich einer fremdartigen Verfassung und befolge meine eigenen Gesetze.[35]

KÄUFER

Ich würde gern mal einen deiner Erlasse hören!

SOKRATES

So höre denn den wichtigsten Erlass, den hinsichtlich der Frauen: Keine von ihnen darf nur einem Mann angehören, mit jedem, der will, muss sie die Ehe vollziehen.

KÄUFER

Du willst sagen, dass die Ehebruchsgesetze aufgehoben sind?

SOKRATES

Allerdings, bei Zeus, und überhaupt jede Art von Kleingeisterei in diesen Dingen.

KÄUFER

Und was ist dein Beschluss hinsichtlich der Knaben im reifen Alter?

SOKRATES

Auch sie werden ein Kampfpreis für die Besten sein, die sie küssen dürfen, wenn sie eine prächtige und kraftvolle Tat vollbracht haben.[36]

[18] KÄUFER

Oh je, wie freigiebig! Und was ist für dich das Herzstück der Weisheit?

SOKRATES

Die Ideen und Modelle des Seienden. Denn alles, was du siehst, die Erde, die Dinge auf der Erde, den Himmel, das Meer: Für all das stehen unsichtbare Urbilder außerhalb des Alls.

KÄUFER

Wo stehen sie?

SOKRATES

Nirgends. Wären sie irgendwo, wären sie ja nicht.[37]

KÄUFER

Ich vermag das nicht zu sehen, was du Modelle nennst.

SOKRATES

Natürlich nicht. Du bist ja auch blind, auf dem Auge der Seele. Ich

εἰκόνας καὶ σὲ ἀφανῆ κἀμὲ ἄλλον, καὶ ὅλως διπλᾶ πάντα.

ΑΓΟΡΑΣΤΗΣ

Τοιγαροῦν ὠνητέος εἶ σοφὸς καὶ ὀξυδερκής τις ὤν. φέρε ἴδω τί καὶ πράξεις με ὑπὲρ αὐτοῦ σύ;

ΕΡΜΗΣ

Δύο τάλαντα.

ΑΓΟΡΑΣΤΗΣ

Ὠνησάμην ὅσου φῄς. τἀργύριον μέντοι εἰς αὖθις καταβαλῶ.

[19] ΕΡΜΗΣ

Τί σοι τοὔνομα;

ΑΓΟΡΑΣΤΗΣ

Δίων ὁ Συρακούσιος.

ΕΡΜΗΣ

Ἄγε λαβὼν ἀγαθῇ τύχῃ. τὸν Ἐπικούρειον σὲ ἤδη καλῶ. τίς ὠνήσεται τοῦτον; ἔστι μὲν τοῦ γελῶντος ἐκείνου μαθητὴς καὶ τοῦ μεθύοντος, οὓς μικρῷ πρόσθεν ἀπεκηρύττομεν. ἓν δὲ πλέον οἶδεν αὐτῶν, παρ᾽ ὅσον δυσσεβέστερος τυγχάνει· τὰ δὲ ἄλλα ἡδὺς καὶ λιχνείᾳ φίλος.

ΑΓΟΡΑΣΤΗΣ

Τίς ἡ τιμή;

ΕΡΜΗΣ

Δύο μναῖ.

ΑΓΟΡΑΣΤΗΣ

Λάμβανε· τὸ δεῖνα δέ, ὅπως εἰδῶ, τίσι χαίρει τῶν ἐδεσμάτων;

ΕΡΜΗΣ

Τὰ γλυκέα σιτεῖται καὶ τὰ μελιτώδη καὶ μάλιστά γε τὰς ἰσχάδας.

ΑΓΟΡΑΣΤΗΣ

Χαλεπὸν οὐδέν· ὠνησόμεθα γὰρ αὐτῷ παλάθας τῶν Καρικῶν.

hingegen sehe die Bilder von allem, ein unsichtbares Du und ein anderes unsichtbares Ich, und überhaupt alles doppelt.[38]

Käufer

Na, dann muss ich dich kaufen, so weise und scharfsichtig, wie du bist. Lass mal sehen, was für einen Preis machst du mir für ihn?

Hermes

Zwei Talente.[39]

Käufer

Für den Preis schlag ich ein. Ich zahle aber erst später.

[19] Hermes

Wie heißt du?

Käufer

Dion aus Syrakus.[40]

Hermes

Nimm ihn mit, und viel Glück! Jetzt rufe ich dich, das Epikureerleben. Wer will den kaufen? Er ist zwar ein Schüler von jenem Lacher und dem Betrunkenen, die wir gerade eben zur Versteigerung gestellt haben. Aber in einem Punkt des Wissens ist er ihnen doch voraus, insofern als er gottloser ist.[41] Im Übrigen ist er ein angenehmer Zeitgenosse und ein Freund von Leckereien.

Käufer

Sein Preis?

Hermes

Zwei Minen.

Käufer

Da hast du sie! Ach, da fällt mir ein, nur damit ich's weiß: Was isst er denn gern?

Hermes

Süßes mag er, Honigkuchen und am liebsten Feigen.

Käufer

Kein Problem. Dann kaufen wir ihm Fruchtkuchen aus Karien.[42]

[20] ΖΕΥΣ

Ἄλλον κάλει, τὸν ἐν χρῷ κουρίαν ἐκεῖνον, τὸν σκυθρωπόν, τὸν ἀπὸ τῆς στοᾶς.

ΕΡΜΗΣ

Εὖ λέγεις· ἐοίκασι γὰρ πολύ τι πλῆθος αὐτὸν περιμένειν τῶν ἐπὶ τὴν ἀγορὰν ἀπηντηκότων. αὐτὴν τὴν ἀρετὴν πωλῶ, τῶν βίων τὸν τελειότατον. τίς ἅπαντα μόνος εἰδέναι θέλει;

ΑΓΟΡΑΣΤΗΣ

Πῶς τοῦτο φῄς;

ΕΡΜΗΣ

Ὅτι μόνος οὗτος σοφός, μόνος καλός, μόνος δίκαιος ἀνδρεῖος βασιλεὺς ῥήτωρ πλούσιος νομοθέτης καὶ τὰ ἄλλα ὁπόσα ἐστίν.

ΑΓΟΡΑΣΤΗΣ

Οὐκοῦν καὶ μάγειρος μόνος, καὶ νὴ Δία γε σκυτοδέψης ἢ τέκτων καὶ τὰ τοιαῦτα;

ΕΡΜΗΣ

Ἔοικεν.

[21] ΑΓΟΡΑΣΤΗΣ

Ἐλθέ, ὦγαθέ, καὶ λέγε πρὸς τὸν ὠνητὴν ἐμὲ ποῖός τις εἶ, καὶ πρῶτον εἰ οὐκ ἄχθῃ πιπρασκόμενος καὶ δοῦλος ὤν.

ΧΡΥΣΙΠΠΟΣ

Οὐδαμῶς· οὐ γὰρ ἐφ' ἡμῖν ταῦτά ἐστιν. ἃ δὲ οὐκ ἐφ' ἡμῖν, ἀδιάφορα εἶναι συμβέβηκεν.

ΑΓΟΡΑΣΤΗΣ

Οὐ μανθάνω ᾗ καὶ λέγεις.

ΧΡΥΣΙΠΠΟΣ

Τί φῄς; οὐ μανθάνεις ὅτι τῶν τοιούτων τὰ μέν ἐστι προηγμένα, τὰ δ' ἀνάπαλιν ἀποπροηγμένα;

ΑΓΟΡΑΣΤΗΣ

Οὐδὲ νῦν μανθάνω.

[20] ZEUS
Ruf ein anderes her, das glattrasierte Leben da, mit dem mürrischen Gesicht, das aus der Säulenhalle.[43]
HERMES
Gute Idee! Es warten, wie es aussieht, sowieso schon eine Menge Marktgänger darauf, dass er drankommt. – Ich verkaufe hier die Tugend in Person, unter allen Leben das vollkommenste. Wer will allein alles wissen?
KÄUFER
Wie meinst du das?
HERMES
Dass dieser allein weise, allein schön, allein gerecht, tapfer, König, Redner, reich, Gesetzgeber und alles andere ist, was es gibt.
KÄUFER
Ist er nicht vielleicht auch allein Koch und, bei Zeus, Gerber und Zimmermann und so etwas?
HERMES
So sieht's aus.
[21] KÄUFER
Komm mal her, guter Mann, und sag mir, deinem Käufer, wer du bist, und zuerst einmal, ob du nicht unglücklich darüber bist, verkauft zu werden und ein Sklave zu sein.
CHRYSIPP
Aber nein! Denn das steht nicht in meiner Macht. Und was nicht in meiner Macht steht, das ist eben gleichgültig.
KÄUFER
Ich versteh' nicht, wie du das meinst.
CHRYSIPP
Was sagst du da? Du verstehst nicht, dass von solchen Dingen die einen vorzuziehen, die anderen wiederum nicht vorzuziehen sind?[44]
KÄUFER
Ich versteh's immer noch nicht.

ΧΡΥΣΙΠΠΟΣ

Εἰκότως· οὐ γὰρ εἶ συνήθης τοῖς ἡμετέροις ὀνόμασιν οὐδὲ τὴν καταληπτικὴν φαντασίαν ἔχεις, ὁ δὲ σπουδαῖος ὁ τὴν λογικὴν θεωρίαν ἐκμαθὼν οὐ μόνον ταῦτα οἶδεν, ἀλλὰ καὶ σύμβαμα καὶ παρασύμβαμα ὁποῖα καὶ ὁπόσον ἀλλήλων διαφέρει.

ΑΓΟΡΑΣΤΗΣ

Πρὸς τῆς σοφίας, μὴ φθονήσῃς κἂν τοῦτο εἰπεῖν, ὅ τι τὸ σύμβαμα καὶ τὸ παρασύμβαμα· καὶ γὰρ οὐκ οἶδα ὅπως ἐπλήγην ὑπὸ τοῦ ῥυθμοῦ τῶν ὀνομάτων.

ΧΡΥΣΙΠΠΟΣ

Ἀλλ᾽ οὐδεὶς φθόνος· ἢν γάρ τις χωλὸς ὢν αὐτῷ ἐκείνῳ τῷ χωλῷ ποδὶ προσπταίσας λίθῳ τραῦμα ἐξ ἀφανοῦς λάβῃ, ὁ τοιοῦτος εἶχε μὲν δήπου σύμβαμα τὴν χωλείαν, τὸ τραῦμα δὲ παρασύμβαμα προσέλαβεν.

[22] ΑΓΟΡΑΣΤΗΣ

Ὢ τῆς ἀγχινοίας· τί δὲ ἄλλο μάλιστα φῂς εἰδέναι;

ΧΡΥΣΙΠΠΟΣ

Τὰς τῶν λόγων πλεκτάνας αἷς συμποδίζω τοὺς προσομιλοῦντας καὶ ἀποφράττω καὶ σιωπᾶν ποιῶ, φιμὸν ἀτεχνῶς αὐτοῖς περιτιθείς· ὄνομα δὲ τῇ δυνάμει ταύτῃ ὁ ἀοίδιμος συλλογισμός.

ΑΓΟΡΑΣΤΗΣ

Ἡράκλεις, ἄμαχόν τινα καὶ βίαιον λέγεις.

ΧΡΥΣΙΠΠΟΣ

Σκόπει γοῦν· ἔστι σοι παιδίον;

ΑΓΟΡΑΣΤΗΣ

Τί μήν;

ΧΡΥΣΙΠΠΟΣ

Τοῦτο ἢν πως κροκόδειλος ἁρπάσῃ πλησίον τοῦ ποταμοῦ πλαζόμενον

CHRYSIPP

Natürlich nicht. Du bist ja auch nicht mit unserer Terminologie vertraut und besitzt auch die kataleptische Vorstellungskraft nicht.[45] Wer sich jedoch die Theorie der Logik ernsthaft angeeignet hat, der weiß nicht nur das, sondern auch, was primäres und sekundäres Prädikat sind und wie sie sich voneinander unterscheiden.

KÄUFER

Bei deiner Klugheit, sei doch bitte so gut und sag auch mir, was das primäre Prädikat und das sekundäre Prädikat ist! Denn ich bin ich weiß nicht wie erschlagen von dem Getrommel dieser Begriffe.

CHRYSIPP

Das tue ich doch gern. Wenn einer lahm ist und mit seinem lahmen Fuß gegen einen Stein stößt und sich dabei unversehens verletzt, dann hatte der als primäres Prädikat natürlich bereits die Lahmheit, und die Verletztheit erhält er als sekundäres Prädikat dazu.

[22] KÄUFER

Was für ein Scharfsinn! Und was, behauptest du, kannst du außerdem besonders gut?

CHRYSIPP

Die Wörterschlingen, mit denen ich meine Mitdiskutanten fessle, ihnen den Weg versperre und sie zum Verstummen bringe, indem ich ihnen ganz einfach einen Maulkorb anlege. Diese Fähigkeit heißt ›Syllogismus‹ – der berühmt-berüchtigte.[46]

KÄUFER

Beim Herakles, ein unbesiegbares und gewalttätiges Ding ist das, wovon du sprichst.

CHRYSIPP

Pass einmal auf! Hast du ein Kind?

KÄUFER

Wieso?

CHRYSIPP

Wenn ein Krokodil das erwischt, wie es gerade in der Nähe des Flusses herumläuft, es sich schnappt und dir dann verspricht, es

εὑρών, κᾆτά σοι ἀποδώσειν ὑπισχνῆται αὐτό, ἢν εἴπῃς τἀληθὲς ὅ τι δέδοκται αὐτῷ περὶ τῆς ἀποδόσεως τοῦ βρέφους, τί φήσεις αὐτὸν ἐγνωκέναι;

ΑΓΟΡΑΣΤΗΣ

Δυσαπόκριτον ἐρωτᾷς. ἀπορῶ γὰρ ὁπότερον εἰπὼν ἀπολάβοιμι. ἀλλὰ σὺ πρὸς Διὸς ἀποκρινάμενος ἀνάσωσαί μοι τὸ παιδίον, μὴ καὶ φθάσῃ αὐτὸ καταπιών.

ΧΡΥΣΙΠΠΟΣ

Θάρρει· καὶ ἄλλα γάρ σε διδάξομαι θαυμασιώτερα.

ΑΓΟΡΑΣΤΗΣ

Τὰ ποῖα;

ΧΡΥΣΙΠΠΟΣ

Τὸν θερίζοντα καὶ τὸν κυριεύοντα καὶ ἐπὶ πᾶσι τὴν Ἠλέκτραν καὶ τὸν ἐγκεκαλυμμένον.

ΑΓΟΡΑΣΤΗΣ

Τίνα τοῦτον τὸν ἐγκεκαλυμμένον ἢ τίνα τὴν Ἠλέκτραν λέγεις;

ΧΡΥΣΙΠΠΟΣ

Ἠλέκτραν μὲν ἐκείνην τὴν πάνυ, τὴν Ἀγαμέμνονος, ἣ ταὐτὰ οἶδέ τε ἅμα καὶ οὐκ οἶδεν· παρεστῶτος γὰρ αὐτῇ τοῦ Ὀρέστου ἔτι ἀγνῶτος καὶ τὰ ὀστᾶ δὴ τοῦ Ὀρέστου ἔχοντος οἶδε μὲν Ὀρέστην, ὅτι ἀδελφὸς αὐτῆς, ὅτι δὲ οὗτος Ὀρέστης ἀγνοεῖ. τὸν δ' αὖ ἐγκεκαλυμμένον καὶ πάνυ θαυμαστὸν ἀκούσῃ λόγον· ἀπόκριναι γάρ μοι, τὸν πατέρα οἶσθα τὸν σεαυτοῦ;

ΑΓΟΡΑΣΤΗΣ

Ναί.

ΧΡΥΣΙΠΠΟΣ

Τί οὖν; ἤν σοι παραστήσας τινὰ ἐγκεκαλυμμένον ἔρωμαι »τοῦτον οἶσθα;«, τί φήσεις;

wieder herzugeben, wenn du ihm sagen kannst, was es tatsächlich hinsichtlich der Herausgabe des Kindchens beschlossen hat, welchen Beschluss wirst du ihm dann unterstellen?[47]

KÄUFER

Da stellst du eine schwer zu beantwortende Frage. Ich habe keine Ahnung, welche der beiden Antworten ich geben muss, um es wiederzubekommen. Nein, bei Zeus, gib du die Antwort und rette mein Kind, bevor das Krokodil es am Ende noch verschluckt!

CHRYSIPP

Nur Mut! Ich will dich ja auch noch anderes lehren, Erstaunlicheres.

KÄUFER

Was denn?

CHRYSIPP

Den ›Schnitter‹, den ›Herrn‹ und dazu noch die ›Elektra‹ und den ›Verhüllten‹.

KÄUFER

Wen meinst du denn mit diesem ›Verhüllten‹ oder mit ›Elektra‹?

CHRYSIPP

Mit ›Elektra‹ meine ich die bekannte Elektra, Agamemnons Tochter, die ein und dasselbe zugleich wusste und nicht wusste. Denn als Orest, noch unerkannt von ihr, zu ihr trat und angeblich die Knochen Orests bei sich hatte[48], da wusste sie zwar, dass Orest ihr Bruder ist, dass aber dieser Mann Orest war, das wusste sie nicht.[49] Den ›Verhüllten‹ wiederum, ja, da wirst du jetzt ein absolut staunenswertes Argument hören. Sag mir nämlich mal: Kennst du deinen Vater?

KÄUFER

Ja.

CHRYSIPP

Was nun? Wenn ich dir einen Verhüllten präsentiere und dich frage: »Kennst du den?« Was wirst du sagen?

ΑΓΟΡΑΣΤΗΣ

Δηλαδὴ ἀγνοεῖν.

[23] ΧΡΥΣΙΠΠΟΣ

Ἀλλὰ μὴν αὐτὸς οὗτος ἦν ὁ πατὴρ ὁ σός· ὥστε εἰ τοῦτον ἀγνοεῖς, δῆλος εἶ τὸν πατέρα τὸν σὸν ἀγνοῶν.

ΑΓΟΡΑΣΤΗΣ

Οὐ μὲν οὖν· ἀλλ' ἀποκαλύψας αὐτὸν εἴσομαι τὴν ἀλήθειαν. ὅμως δ' οὖν τί σοι τῆς σοφίας τὸ τέλος, ἢ τί πράξεις πρὸς τὸ ἀκρότατον τῆς ἀρετῆς ἀφικόμενος;

ΧΡΥΣΙΠΠΟΣ

Περὶ τὰ πρῶτα κατὰ φύσιν τότε γενήσομαι, λέγω δὲ πλοῦτον, ὑγίειαν καὶ τὰ τοιαῦτα. πρότερον δὲ ἀνάγκη πολλὰ προπονῆσαι λεπτογράφοις βιβλίοις παραθήγοντα τὴν ὄψιν καὶ σχόλια συναγείροντα καὶ σολοικισμῶν ἐμπιπλάμενον καὶ ἀτόπων ῥημάτων· καὶ τὸ κεφάλαιον, οὐ θέμις γενέσθαι σοφόν, ἢν μὴ τρὶς ἐφεξῆς τοῦ ἐλλεβόρου πίῃς.

ΑΓΟΡΑΣΤΗΣ

Γενναῖά σου ταῦτα καὶ δεινῶς ἀνδρικά. τὸ δὲ γνίφωνα εἶναι καὶ τοκογλύφον – καὶ γὰρ τάδε ὁρῶ σοι προσόντα – τί φῶμεν, ἀνδρὸς ἤδη πεπωκότος τὸν ἐλλέβορον καὶ τελείου πρὸς ἀρετήν;

ΧΡΥΣΙΠΠΟΣ

Ναί· μόνῳ γοῦν τὸ δανείζειν πρέποι ἂν τῷ σοφῷ· ἐπεὶ γὰρ ἴδιον αὐτοῦ συλλογίζεσθαι, τὸ δανείζειν δὲ καὶ λογίζεσθαι τοὺς τόκους πλησίον εἶναι δοκεῖ τῷ συλλογίζεσθαι, μόνου ἂν εἴη τοῦ σπουδαίου καθάπερ ἐκεῖνο καὶ τοῦτο, καὶ οὐ μόνον γε ἁπλοῦς, ὥσπερ οἱ ἄλλοι, τοὺς τόκους, ἀλλὰ

KÄUFER
Natürlich, dass ich ihn nicht kenne.

[23] CHRYSIPP
Aber nun war genau dieser Verhüllte dein Vater. Wenn du daher den nicht kennst, dann ergibt sich daraus schlagend, dass du deinen Vater nicht kennst.

KÄUFER
Aber gar nicht! Sondern wenn ich ihn enthülle, werde ich die Wahrheit wissen. Aber nun gut – was bezweckst du denn mit deiner Weisheit, oder was wirst du tun, wenn du zum Gipfel der Tugend gelangst?[50]

CHRYSIPP
Dann werde ich mich mit den ersten natürlichen Gütern beschäftigen, ich meine: Reichtum, Gesundheit und so weiter. Zuvor muss aber einige Arbeit geleistet werden, indem man mit engzeilig geschriebenen Büchern seine Sicht schärft, Kommentare verfasst und sich mit Solözismen[51] und ungewöhnlichen Wörtern vollstopft. Und die Hauptsache: Es ist ein Weltgesetz, dass du nicht weise werden kannst, bevor du nicht dreimal hintereinander Nieswurz getrunken hast.[52]

KÄUFER
All dein Tun ist edel und entschieden männlich. Aber: ein Geizhals zu sein und ein Wucherer – denn ich kann sehen, dass du auch diese Eigenschaften besitzt[53] –, was wollen wir da sagen? Passt das zu einem Mann, der schon Nieswurz intus hat und von vollkommener Tugend ist?

CHRYSIPP
Ja! Überhaupt dürfte sich das Geldverleihen allein für den Weisen gehören. Denn da das Ziehen von Schlusssätzen ja sein Geschäft ist und das Verleihen von Geld wie das Berechnen von Zinssätzen dem Ziehen von Schlusssätzen recht nah zu stehen scheint, dürfte doch wohl jenes wie dieses allein Sache eines seriösen Mannes sein, und zwar nicht nur einfache Zinsen zu nehmen, wie die übrigen Leute,

καὶ τούτων ἑτέρους τόκους λαμβάνειν· ἢ γὰρ ἀγνοεῖς ὅτι τῶν τόκων οἱ μέν εἰσι πρῶτοί τινες, οἱ δὲ δεύτεροι, καθάπερ αὐτῶν ἐκείνων ἀπόγονοι; ὁρᾷς δὲ δὴ καὶ τὸν συλλογισμὸν ὁποῖά φησιν· εἰ τὸν πρῶτον τόκον λήψεται, ⟨λήψεται⟩ καὶ τὸν δεύτερον· ἀλλὰ μὴν τὸν πρῶτον λήψεται, ⟨λήψεται⟩ ἄρα καὶ τὸν δεύτερον.

[24] ΑΓΟΡΑΣΤΗΣ

Οὐκοῦν καὶ μισθῶν πέρι τὰ αὐτὰ φῶμεν, οὓς σὺ λαμβάνεις ἐπὶ τῇ σοφίᾳ παρὰ τῶν νέων, καὶ δῆλον ὅτι μόνος ὁ σπουδαῖος μισθὸν ἐπὶ τῇ ἀρετῇ λήψεται;

ΧΡΥΣΙΠΠΟΣ

Μανθάνεις· οὐ γὰρ ἐμαυτοῦ ἕνεκα λαμβάνω, τοῦ δὲ διδόντος αὐτοῦ χάριν· ἐπεὶ γάρ ἐστιν ὁ μέν τις ἐκχύτης, ὁ δὲ περιεκτικός, ἐμαυτὸν μὲν ἀσκῶ εἶναι περιεκτικόν, τὸν δὲ μαθητὴν ἐκχύτην.

ΑΓΟΡΑΣΤΗΣ

Καὶ μὴν τοὐναντίον ἐχρῆν τὸν νέον μὲν εἶναι περιεκτικόν, σὲ δὲ τὸν μόνον πλούσιον ἐκχύτην.

ΧΡΥΣΙΠΠΟΣ

Σκώπτεις, ὦ οὗτος. ἀλλ' ὅρα μή σε ἀποτοξεύσω τῷ ἀναποδείκτῳ συλλογισμῷ.

ΑΓΟΡΑΣΤΗΣ

Καὶ τί δεινὸν ἀπὸ τοῦ βέλους;

[25] ΧΡΥΣΙΠΠΟΣ

Ἀπορία καὶ σιωπὴ καὶ διαστραφῆναι τὴν διάνοιαν. ὃ δὲ μέγιστον, ἢν ἐθέλω, τάχιστά σε ἀποδείξω λίθον.

ΑΓΟΡΑΣΤΗΣ

Πῶς λίθον; οὐ γὰρ Περσεὺς σύ, ὦ βέλτιστε, εἶναί μοι δοκεῖς.

ΧΡΥΣΙΠΠΟΣ

Ὧδέ πως· ὁ λίθος σῶμά ἐστι;

sondern sogar Zinseszinsen. Oder weißt du nicht, dass von den Zinsen die einen sozusagen erste sind, die anderen zweite, so als wären sie deren Nachkommen? Und da kannst du gleich sehen, was man Syllogismus nennt: Wenn man den ersten Zins nimmt, nimmt man auch den zweiten; nun nimmt man den ersten, also nimmt man auch den zweiten.

[24] KÄUFER

Wollen wir dann nicht das gleiche auch über den Lohn sagen, den du von den jungen Leuten für deine Weisheit nimmst, und ist es nicht offensichtlich, dass nur der ernsthafte Mann Lohn für die Tugend nehmen kann?

CHRYSIPP

Das siehst du sehr richtig. Ich nehme ja den Lohn nicht meinetwegen, sondern um des Gebers willen. Denn da der eine sozusagen ein Ausschütter ist, der andere ein Behälter, übe ich mich darin, der Behälter zu sein, der Schüler aber der Ausschütter.

KÄUFER

Dabei müsste es doch im Gegenteil so sein, dass der junge Mann der Behälter ist, du hingegen, der allein reiche, der Ausschütter.

CHRYSIPP

Du machst wohl Witze, Mensch! Pass bloß auf, dass ich dich nicht mit dem unbeweisbaren Syllogismus niederschieße!

KÄUFER

Und was für eine Gefahr droht mir von diesem Geschoss?

[25] CHRYSIPP

Ratlosigkeit, Schweigen und Gedankenverhedderung. Und das Tollste: Wenn ich will, erweise ich dich auf der Stelle als Stein.

KÄUFER

Wie bitte, als Stein? Du wirkst gar nicht wie Perseus auf mich, mein Bester![54]

CHRYSIPP

Ungefähr so: Ist der Stein eine Substanz?

ΑΓΟΡΑΣΤΗΣ
Ναί.
ΧΡΥΣΙΠΠΟΣ
Τί δέ; τὸ ζῷον οὐ σῶμα;
ΑΓΟΡΑΣΤΗΣ
Ναί.
ΧΡΥΣΙΠΠΟΣ
Σὺ δὲ ζῷον;
ΑΓΟΡΑΣΤΗΣ
Ἔοικα γοῦν.
ΧΡΥΣΙΠΠΟΣ
Λίθος ἄρα εἶ σῶμα ὤν.
ΑΓΟΡΑΣΤΗΣ
Μηδαμῶς. ἀλλ' ἀνάλυσόν με πρὸς τοῦ Διὸς καὶ ἐξ ὑπαρχῆς ποίησον ἄνθρωπον.
ΧΡΥΣΙΠΠΟΣ
Οὐ χαλεπόν· ἀλλ' ἔμπαλιν ἴσθι ἄνθρωπος. εἰπὲ γάρ μοι, πᾶν σῶμα ζῷον;
ΑΓΟΡΑΣΤΗΣ
Οὔ.
ΧΡΥΣΙΠΠΟΣ
Τί δέ; λίθος ζῷον;
ΑΓΟΡΑΣΤΗΣ
Οὔ.
ΧΡΥΣΙΠΠΟΣ
Σὺ δὲ σῶμα εἶ;
ΑΓΟΡΑΣΤΗΣ
Ναί.
ΧΡΥΣΙΠΠΟΣ
Σῶμα δὲ ὢν ζῷον εἶ;
ΑΓΟΡΑΣΤΗΣ
Ναί.

Käufer
Ja.
Chrysipp
Was denn? Ist das Lebewesen keine Substanz?
Käufer
Doch.
Chrysipp
Und du bist ein Lebewesen?
Käufer
Ich denke doch.
Chrysipp
Also bist du ein Stein, da du ja eine Substanz bist.
Käufer
Bloß nicht! Erlöse mich doch bitte, bei Zeus, und mache mich wieder zum Menschen.
Chrysipp
Kein Problem! Sei erneut ein Mensch! Sag mir: Ist jede Substanz ein Lebewesen?
Käufer
Nein.
Chrysipp
Was denn? Ist ein Stein ein Lebewesen?
Käufer
Nein.
Chrysipp
Aber du bist eine Substanz?
Käufer
Ja.
Chrysipp
Aber obwohl du Substanz bist, bist du ein Lebewesen?
Käufer
Ja.

ΧΡΥΣΙΠΠΟΣ

Οὐκ ἄρα λίθος εἶ ζῷόν γε ὤν.

ΑΓΟΡΑΣΤΗΣ

Εὖ γε ἐποίησας, ὡς ἤδη μου τὰ σκέλη καθάπερ τῆς Νιόβης ἀπεψύχετο καὶ πάγια ἦν. ἀλλὰ ὠνήσομαί γε σέ. πόσον ὑπὲρ αὐτοῦ καταβαλῶ;

ΕΡΜΗΣ

Μνᾶς δώδεκα.

ΑΓΟΡΑΣΤΗΣ

Λάμβανε.

ΕΡΜΗΣ

Μόνος δὲ αὐτὸν ἐώνησαι;

ΑΓΟΡΑΣΤΗΣ

Μὰ Δί', ἀλλ' οὗτοι πάντες οὓς ὁρᾷς.

ΕΡΜΗΣ

Πολλοί γε καὶ τοὺς ὤμους καρτεροὶ καὶ τοῦ θερίζοντος λόγου ἄξιοι.

[26] ΖΕΥΣ

Μὴ διάτριβε· ἄλλον κάλει.

ΕΡΜΗΣ

Τὸν Περιπατητικόν, σέ φημι, τὸν καλόν, τὸν πλούσιον. ἄγε δή, ὠνήσασθε τὸν συνετώτατον, τὸν ἅπαντα ὅλως ἐπιστάμενον.

ΑΓΟΡΑΣΤΗΣ

Ποῖος δέ τίς ἐστιν;

ΕΡΜΗΣ

Μέτριος, ἐπιεικής, ἁρμόδιος τῷ βίῳ, τὸ δὲ μέγιστον, διπλοῦς.

ΑΓΟΡΑΣΤΗΣ

Πῶς λέγεις;

ΕΡΜΗΣ

Ἄλλος μὲν ὁ ἔκτοσθεν φαινόμενος, ἄλλος δὲ ὁ ἔντοσθεν εἶναι δοκεῖ·

CHRYSIPP
Also bist du kein Stein, da du ja ein Lebewesen bist.
KÄUFER
Das hast du gut gemacht, meine Beine waren schon kalt und steif, wie die der Niobe.[55] Also gut, ich werde dich kaufen. Wie viel muss ich für ihn zahlen?
HERMES
Zwölf Minen.
KÄUFER
Da, nimm!
HERMES
Kaufst du ihn allein?
KÄUFER
Nein, bei Zeus, sondern alle hier mit mir, die du siehst.
HERMES
Eine Menge Leute jedenfalls, und sie sehen so aus, als könnten sie einiges schultern und kämen mit dem ›Schnitter‹ klar.[56]
[26] ZEUS
Trödle nicht rum – ruf ein anderes!
HERMES
Das Peripatetikerleben, dich meine ich, das schöne, das reiche! Vorwärts, kauft ihn, diesen Ausbund an Klugheit, diesen absoluten Alleswisser!
KÄUFER
Wie ist der so?
HERMES
Maßvoll, anständig, den Lebensumständen angepasst, und das wichtigste: doppelt.
KÄUFER
Wie meinst du das?
HERMES
Nach außen erscheint er so, nach innen scheint er anderer zu sein.

ὥστε ἢν πρίῃ αὐτόν, μέμνησο τὸν μὲν ἐξωτερικόν, τὸν δὲ ἐσωτερικὸν καλεῖν.

ΑΓΟΡΑΣΤΗΣ

Τί δὲ γινώσκει μάλιστα;

ΕΡΜΗΣ

Τρία εἶναι τὰ ἀγαθά, ἐν ψυχῇ, ἐν σώματι, ἐν τοῖς ἐκτός.

ΑΓΟΡΑΣΤΗΣ

Ἀνθρώπινα φρονεῖ. πόσου δέ ἐστιν;

ΕΡΜΗΣ

Εἴκοσι μνῶν.

ΑΓΟΡΑΣΤΗΣ

Πολλοῦ λέγεις.

ΕΡΜΗΣ

Οὔκ, ὦ μακάριε· καὶ γὰρ αὐτὸς ἔχειν τι ἀργύριον δοκεῖ, ὥστε οὐκ ἂν φθάνοις ὠνούμενος. ἔτι δὲ εἴσῃ αὐτίκα μάλα παρ' αὐτοῦ πόσον μὲν ὁ κώνωψ βιοῖ τὸν χρόνον, ἐφ' ὁπόσον δὲ βάθος ἡ θάλαττα ὑπὸ τοῦ ἡλίου καταλάμπεται, καὶ ὁποία τίς ἐστιν ἡ ψυχὴ τῶν ὀστρείων.

ΑΓΟΡΑΣΤΗΣ

Ἡράκλεις τῆς ἀκριβολογίας.

ΕΡΜΗΣ

Τί δὲ εἰ ἀκούσειας ἄλλα πολλῷ τούτων ὀξυδερκέστερα, γονῆς τε πέρι καὶ γενέσεως καὶ τῆς ἐν ταῖς μήτραις τῶν ἐμβρύων πλαστικῆς, καὶ ὡς ἄνθρωπος μὲν γελαστικόν, ὄνος δὲ οὐ γελαστικὸν οὐδὲ τεκταινόμενον οὐδὲ πλοϊζόμενον;

ΑΓΟΡΑΣΤΗΣ

Πάνσεμνα φῂς καὶ ὀνησιφόρα τὰ μαθήματα, ὥστε ὠνοῦμαι αὐτὸν ⟨τῶν⟩ εἴκοσιν.

[27] ΕΡΜΗΣ

Εἶέν.

Daher denk dran, solltest du ihn kaufen, den einen exoterisch, den anderen esoterisch zu nennen![57]

KÄUFER

Worauf versteht er sich am meisten?

HERMES

Dass es drei Klassen von Gütern gebe: in der Seele, im Körper, in den äußeren Dingen.

KÄUFER

Er denkt in menschlichen Maßstäben. Wie viel kostet er?

HERMES

Zwanzig Minen.

KÄUFER

Ganz schön viel.

HERMES

Aber nein, mein Lieber! Er scheint ja auch selbst über Geld zu verfügen, so dass du ihn gar nicht schnell genug kaufen kannst. Außerdem wirst du gleich sehr viel von ihm lernen, zum Beispiel, wie lang die Mücke lebt, bis in welche Tiefe das Meer von der Sonne erhellt wird, und von welcher Art die Seele der Muscheln ist.

KÄUFER

Beim Herakles, was für eine Detailverliebtheit!

HERMES

Was wirst du erst sagen, wenn du noch andere, viel scharfsichtigere Dinge als dies zu hören bekommst, über die Zeugung, die Geburt, die Formung der Embryonen in der Gebärmutter, und dass der Mensch ein Wesen ist, das lacht, der Esel aber eines, das weder lacht noch Häuser baut noch zur See fährt?

KÄUFER

Hochehrwürdige Kenntnisse nennst du da, und so nutzbringend, dass ich ihn für die zwanzig kaufe.

[27] HERMES

Abgemacht.

ΖΕΥΣ
Τίς λοιπὸς ἡμῖν;
ΕΡΜΗΣ
Καταλείπεται ὁ Σκεπτικὸς οὗτος. σὺ ὁ Πυρρίας πρόσιθι καὶ ἀποκηρύττου κατὰ τάχος. ἤδη μὲν ὑπορρέουσιν οἱ πολλοὶ καὶ ἐν ὀλίγοις ἡ πρᾶσις ἔσται. ὅμως δὲ τίς καὶ τοῦτον ὠνήσεται;
ΑΓΟΡΑΣΤΗΣ
Ἔγωγε. ἀλλὰ πρῶτον εἰπέ μοι, σὺ τί ἐπίστασαι;
ΠΥΡΡΙΑΣ
Οὐδέν.
ΑΓΟΡΑΣΤΗΣ
Πῶς τοῦτο ἔφησθα;
ΠΥΡΡΙΑΣ
Ὅτι οὐδὲν ὅλως εἶναί μοι δοκεῖ.
ΑΓΟΡΑΣΤΗΣ
Οὐδὲ ἡμεῖς ἄρα ἐσμέν τινες;
ΠΥΡΡΙΑΣ
Οὐδὲ τοῦτο οἶδα.
ΑΓΟΡΑΣΤΗΣ
Οὐδὲ ὅτι σύ τις ὢν τυγχάνεις;
ΠΥΡΡΙΑΣ
Πολὺ μᾶλλον ἔτι τοῦτο ἀγνοῶ.
ΑΓΟΡΑΣΤΗΣ
Ὢ τῆς ἀπορίας. τί δέ σοι τὰ σταθμία ταυτὶ βούλεται;
ΠΥΡΡΙΑΣ
Ζυγοστατῶ ἐν αὐτοῖς τοὺς λόγους καὶ πρὸς τὸ ἴσον ἀπευθύνω, καὶ ἐπειδὰν ἀκριβῶς ὁμοίους τε καὶ ἰσοβαρεῖς ἴδω, τότε δὴ τότε ἀγνοῶ τὸν ἀληθέστερον.
ΑΓΟΡΑΣΤΗΣ
Τῶν ἄλλων δὲ τί ἂν πράττοις ἐμμελῶς;
ΠΥΡΡΙΑΣ
Τὰ πάντα πλὴν δραπέτην μεταδιώκειν.

ZEUS
Was haben wir noch?
HERMES
Da ist noch dieses Skeptikerleben übrig. Du, Rotschopf,[58] komm vor und lass dich schleunigst unter den Hammer bringen! Die Leute verlaufen sich schon, die Auktion wird nur noch vor wenigen stattfinden. Aber trotzdem: Wer will das da noch kaufen?
KÄUFER
Ich. Aber sag mir erst: Was kannst du?
PYRRHIAS
Nichts.
KÄUFER
Wie meinst du das?
PYRRHIAS
Dass ich der Überzeugung bin, dass nichts existiert.
KÄUFER
Also existieren auch wir nicht?
PYRRHIAS
Nicht einmal das weiß ich.
KÄUFER
Auch nicht, dass du hier und jetzt selbst existierst?
PYRRHIAS
Das weiß ich erst recht nicht.
KÄUFER
Was für eine Ratlosigkeit! Und was willst du mit der Waage da?
PYRRHIAS
Auf ihr wäge ich die Argumente und bringe sie ins Gleichgewicht, und wenn ich exakt gleiche und gleich gewichtige sehe, dann, ja dann – weiß ich nicht, welches das wahrere ist.
KÄUFER
Und von allem Übrigen, was kannst du da richtig gut?
PYRRHIAS
Alles, außer einen flüchtigen Sklaven zu verfolgen.

ΑΓΟΡΑΣΤΗΣ

Τί δὲ τοῦτό σοι ἀδύνατον;

ΠΥΡΡΙΑΣ

Ὅτι, ὦγαθέ, οὐ καταλαμβάνω.

ΑΓΟΡΑΣΤΗΣ

Εἰκότως· βραδὺς γὰρ καὶ νωθής τις εἶναι δοκεῖς. ἀλλὰ τί σοι τὸ τέλος τῆς ἐπιστάσεως;

ΠΥΡΡΙΑΣ

Ἡ ἀμαθία καὶ τὸ μήτε ἀκούειν μήτε ὁρᾶν.

ΑΓΟΡΑΣΤΗΣ

Οὐκοῦν καὶ τυφλὸς ἅμα καὶ κωφὸς εἶναι λέγεις;

ΠΥΡΡΙΑΣ

Καὶ ἄκριτός γε προσέτι καὶ ἀναίσθητος καὶ ὅλως τοῦ σκώληκος οὐδὲν διαφέρων.

ΑΓΟΡΑΣΤΗΣ

Ὠνητέος εἶ διὰ ταῦτα. πόσου τοῦτον ἄξιον χρὴ φάναι;

ΕΡΜΗΣ

Μνᾶς Ἀττικῆς·

ΑΓΟΡΑΣΤΗΣ

Λάμβανε. τί φῄς, ὦ οὗτος; ἐώνημαί σε;

ΠΥΡΡΙΑΣ

Ἄδηλον.

ΑΓΟΡΑΣΤΗΣ

Μηδαμῶς· ἐώνημαι γὰρ καὶ τἀργύριον κατέβαλον.

ΠΥΡΡΙΑΣ

Ἐπέχω περὶ τούτου καὶ διασκέπτομαι.

ΑΓΟΡΑΣΤΗΣ

Καὶ μὴν ἀκολούθει μοι, καθάπερ χρὴ ἐμὸν οἰκέτην.

ΠΥΡΡΙΑΣ

Τίς οἶδεν εἰ ἀληθῆ ταῦτα φῄς;

Käufer

Warum kannst du das nicht?

Pyrrhias

Weil ich, guter Mann, nicht in der Lage bin, etwas zu erfassen.[59]

Käufer

Natürlich. Du kommst mir in der Tat langsam und träge vor. Aber was ist das Ziel deines Innehaltens und Überprüfens?[60]

Pyrrhias

Unwissenheit und die Unfähigkeit, zu hören und zu sehen.

Käufer

Du willst also sagen, dass du blind und taub bist?

Pyrrhias

Ja, und obendrein nicht urteilsfähig, wahrnehmungslos, und überhaupt unterscheide ich mich kein bisschen vom Regenwurm.

Käufer

Also, dafür muss ich dich jetzt einfach kaufen! Auf wie viel sollen wir ihn taxieren?

Hermes

Eine attische Mine.

Käufer

Da, nimm sie! Na, was sagst du jetzt, Mensch? Habe ich dich gekauft?

Pyrrhias

Weiß nicht.

Käufer

Aber nein! Ich hab' dich doch gekauft und das Geld bezahlt.

Pyrrhias

Ich enthalte mich des Urteils in dieser Sache und prüfe weiter.

Käufer

Na, dann folge mir, wie es sich für meinen Diener gehört!

Pyrrhias

Wer weiß, ob du da die Wahrheit sagst?

ΑΓΟΡΑΣΤΗΣ

Ὁ κῆρυξ καὶ ἡ μνᾶ καὶ οἱ παρόντες.

ΠΥΡΡΙΑΣ

Πάρεισι γὰρ ἡμῖν τινες;

ΑΓΟΡΑΣΤΗΣ

Ἀλλ᾽ ἔγωγέ σε ἤδη ἐμβαλὼν ἐς τὸν μυλῶνα πείσω εἶναι δεσπότης κατὰ τὸν χείρω λόγον.

ΠΥΡΡΙΑΣ

Ἔπεχε περὶ τούτου.

ΑΓΟΡΑΣΤΗΣ

Μὰ Δί᾽, ἀλλ᾽ ἤδη γε ἀπεφηνάμην.

ΕΡΜΗΣ

Σὺ μὲν παῦσαι ἀντιτείνων καὶ ἀκολούθει τῷ πριαμένῳ, ὑμᾶς δὲ εἰς αὔριον παρακαλοῦμεν· ἀποκηρύξειν γὰρ τοὺς ἰδιώτας καὶ βαναύσους καὶ ἀγοραίους βίους μέλλομεν.

Käufer
Der Auktionator, die Mine und die Anwesenden!

Pyrrhias
Es gibt hier Anwesende?

Käufer
Na, sobald ich dich in die Mühle werfe, wirst du dich schon davon überzeugen lassen, dass ich dein Herr bin, auch wenn meine Argumente schwächer sind.

Pyrrhias
Enthalte dich in dieser Sache des Urteils!

Käufer
Nein, bei Zeus, ich habe mein Urteil bereits gesprochen.

Hermes
Und du hör jetzt mit der Widersprecherei auf und folge dem Käufer! Euch laden wir für morgen ein. Denn da wollen wir die Leben der normalen Menschen, der Handwerker und der Marktleute unter den Hammer bringen!

ΑΝΑΒΙΟΥΝΤΕΣ Η ΑΛΙΕΥΣ

[1] ΣΩΚΡΑΤΗΣ

Βάλλε βάλλε τὸν κατάρατον ἀφθόνοις τοῖς λίθοις· ἐπίβαλλε τῶν βώλων· προσεπίβαλλε καὶ τῶν ὀστράκων· παῖε τοῖς ξύλοις τὸν ἀλιτήριον· ὅρα μὴ διαφύγῃ· καὶ σὺ βάλλε, ὦ Πλάτων· καὶ σύ, ὦ Χρύσιππε, καὶ σὺ δέ, καὶ πάντες ἅμα συνασπίσωμεν ἐπ' αὐτόν,

ὡς πήρη πήρηφιν ἀρήγῃ, βάκτρα δὲ βάκτροις,

κοινὸς γὰρ πολέμιος, καὶ οὐκ ἔστιν ἡμῶν ὅντινα οὐχ ὕβρικε. σὺ δέ, ὦ Διόγενες, εἴ ποτε καὶ ἄλλοτε, χρῶ τῷ ξύλῳ· μηδὲ ἀνῆτε· διδότω τὴν ἀξίαν βλάσφημος ὤν. τί τοῦτο; κεκμήκατε, ὦ Ἐπίκουρε καὶ Ἀρίστιππε; καὶ μὴν οὐκ ἐχρῆν.

ἀνέρες ἔστε, σοφοί, μνήσασθε δὲ θούριδος ὀργῆς.

[2] Ἀριστότελες, ἐπισπούδασον· ἔτι θᾶττον. εὖ ἔχει· ἑάλωκεν τὸ θηρίον. εἰλήφαμέν σε, ὦ μιαρέ. εἴσῃ γοῦν αὐτίκα οὕστινας ἡμᾶς ὄντας ἐκακηγόρεις. τῷ τρόπῳ δέ τις αὐτὸν καὶ μετέλθῃ; ποικίλον γάρ τινα θάνατον ἐπινοῶμεν κατ' αὐτοῦ πᾶσιν ἡμῖν ἐξαρκέσαι δυνάμενον· καθ' ἕκαστον γοῦν ἑπτάκις δίκαιός ἐστιν ἀπολωλέναι.

ΦΙΛΟΣΟΦΟΣ

Ἐμοὶ μὲν ἀνασκολοπισθῆναι δοκεῖ αὐτόν.

ΑΛΛΟΣ

Νὴ Δία, μαστιγωθέντα γε πρότερον.

ΑΛΛΟΣ

Πολὺ πρότερον τοὺς ὀφθαλμοὺς ἐκκεκολάφθω.

DIE WIEDERGÄNGER ODER DER FISCHER

[1] SOKRATES
Los, schmeißt Steine ohne Ende, schmeißt schon, auf den verfluchten Kerl! Schmeißt Lehmklumpen hinterher![1] Schmeißt noch Tonscherben oben drauf! Schlagt ihn mit den Stöcken, den Plagegeist! Aufgepasst, dass er nicht entwischt! Du, Platon, schmeiß auch, und du, Chrysipp, he, und du da, du auch. Kommt, wir gehen geschlossen auf ihn los,

auf dass Ranzen den Ranzen helfe, Knüppel den Knüppeln,[2]

denn er ist unser aller Feind, und keiner unter uns, an dem er sich noch nicht vergriffen hätte! Du, Diogenes, jetzt, wenn je, benutze deinen Stock! Lasst nicht locker! Das soll er uns bezahlen, der Verleumder! Was ist los? Seid ihr schon schlapp, Epikur und Aristipp?[3] Das geht jetzt nicht!

Seid Männer, ihr Weisen, und denkt dran, euch stürmisch in [Wut zu versetzen![4]

[2] Aristoteles, hierher! Schneller! So ist's gut! Jetzt haben wir das Vieh! Du bist in unserer Gewalt, du übles Subjekt! Gleich wirst du wissen, was für Leute wir sind, die du schlechtgemacht hast. Wie soll man ihn denn jetzt bestrafen? Wir müssen uns einen abwechslungsreichen Tod für ihn ausdenken, einen, der uns alle zufriedenstellen kann – hat er doch für jeden von uns siebenmal den Tod verdient!
PHILOSOPH
Ich meine, wir sollten ihn kreuzigen!
EIN ANDERER
Ja, bei Zeus, aber erst peitschen wir ihn aus!
EIN ANDERER
Aber davor reißen wir ihm die Augen aus!

ΑΛΛΟΣ
Τὴν γλῶτταν αὐτὴν ἔτι πολὺ πρότερον ἀποτετμήσθω.
ΣΩΚΡΑΤΗΣ
Σοὶ δὲ τί, Ἐμπεδόκλεις, δοκεῖ;
ΕΜΠΕΔΟΚΛΗΣ
Εἰς τοὺς κρατῆρας ἐμπεσεῖν αὐτόν, ὡς μάθῃ μὴ λοιδορεῖσθαι τοῖς κρείττοσιν.
ΠΛΑΤΩΝ
Καὶ μὴν ἄριστον ἦν καθάπερ τινὰ Πενθέα ἢ Ὀρφέα

λακιστὸν ἐν πέτραισιν εὑρέσθαι μόρον,

ἵνα ἂν καὶ τὸ μέρος αὐτοῦ ἕκαστος ἔχων ἀπηλλάττετο.
[3] ΠΑΡΡΗΣΙΑΔΗΣ
Μηδαμῶς· ἀλλὰ πρὸς Ἱκεσίου φείσασθέ μου.
ΣΩΚΡΑΤΗΣ
Ἄραρεν· οὐκ ἂν ἀφεθείης ἔτι. ὁρᾷς δὲ δὴ καὶ τὸν Ὅμηρον ἅ φησιν,

ὡς οὐκ ἔστι λέουσι καὶ ἀνδράσιν ὅρκια πιστά.

ΠΑΡΡΗΣΙΑΔΗΣ
Καὶ μὴν καθ' Ὅμηρον ὑμᾶς καὶ αὐτὸς ἱκετεύσω· αἰδέσεσθε γὰρ ἴσως τὰ ἔπη καὶ οὐ παρόψεσθε ῥαψῳδήσαντά με·

ζωγρεῖτ' οὐ κακὸν ἄνδρα καὶ ἄξια δέχθε ἄποινα,
χαλκόν τε χρυσόν τε, τὰ δὴ φιλέουσι σοφοί περ.

ΣΩΚΡΑΤΗΣ
Ἀλλ' οὐδὲ ἡμεῖς ἀπορήσομεν πρὸς σὲ Ὁμηρικῆς ἀντιλογίας. ἄκουε γοῦν·

Ein anderer
Und noch davor soll ihm die Zunge abgeschnitten werden!
Sokrates
Und du, Empedokles, was meinst du?
Empedokles
Wir sollten ihn in einen Vulkan fallen lassen, das wird ihn lehren, keine Leute anzupöbeln, die stärker und besser sind![5]
Platon
Aber das mit Abstand beste wäre doch, wenn, wie eine Art Pentheus oder Orpheus,

> er fänd' zerfetzt, zerschlagen, auf dem Fels den Tod,[6]

dann hätte auch jeder beim Abschied sein eigenes Souvenir.
[3] Parrhesiades[7]
Bitte nicht! Nein, bei Hikesios, verschont mich![8]
Sokrates
Vergiss es! Du kommst nicht mehr frei! Du kennst doch die Stelle bei Homer:

> Denn verbindliche Eide gibt's nicht zwischen Löwen und
> [Menschen.[9]

Parrhesiades
Gut, dann werde auch ich euch auf homerische Weise um Gnade bitten. Vielleicht habt ihr ja Ehrfurcht vor dem Epos und werdet nicht abwinken, wenn ich rhapsodiere:

> Nehmt mich gefangen, löst teuer mich aus, denn kein übler
> [Mann bin ich:
> Erz bekommt ihr und Gold, was doch auch die Weisen sehr
> [schätzen.[10]

Sokrates
Nun, auch wir geraten nicht in Verlegenheit, wenn es um eine Entgegnung im homerischen Stil geht. Hör zu:

μὴ δή μοι φύξιν γε, κακηγόρε, βάλλεο θυμῷ
χρυσόν περ λέξας, ἐπεὶ ἵκεο χεῖρας ἐς ἁμάς.

ΠΑΡΡΗΣΙΑΔΗΣ
Οἴμοι τῶν κακῶν. ὁ μὲν Ὅμηρος ἡμῖν ἄπρακτος, ἡ μεγίστη ἐλπίς. ἐπὶ τὸν Εὐριπίδην δή μοι καταφευκτέον· τάχα γὰρ ἂν ἐκεῖνος σώσειέ με.

μὴ κτεῖνε· τὸν ἱκέτην γὰρ οὐ θέμις κτανεῖν.

ΠΛΑΤΩΝ
Τί δέ; οὐχὶ κἀκεῖνα Εὐριπίδου ἐστίν,

οὐ δεινὰ πάσχειν δεινὰ τοὺς εἰργασμένους;

ΠΑΡΡΗΣΙΑΔΗΣ

Νῦν οὖν ἕκατι ῥημάτων κτενεῖτέ με;

ΠΛΑΤΩΝ
Νὴ Δία· φησὶ γοῦν ἐκεῖνος αὐτός,

ἀχαλίνων στομάτων
ἀνόμου τ' ἀφροσύνας
τὸ τέλος δυστυχία.

[4] ΠΑΡΡΗΣΙΑΔΗΣ
Οὐκοῦν ἐπεὶ δέδοκται πάντως ἀποκτιννύναι καὶ οὐδεμία μηχανὴ τὸ διαφυγεῖν με, φέρε τοῦτο γοῦν εἴπατέ μοι, τίνες ὄντες ἢ τί πεπονθότες ἀνήκεστον πρὸς ἡμῶν ἀμείλικτα ὀργίζεσθε καὶ ἐπὶ θανάτῳ συνειλήφατε;

ΠΛΑΤΩΝ
Ἅτινα μὲν εἴργασαι ἡμᾶς τὰ δεινά, σεαυτὸν ἐρώτα, ὦ κάκιστε, καὶ τοὺς καλοὺς ἐκείνους σου λόγους ἐν οἷς φιλοσοφίαν τε αὐτὴν κακῶς ἠγόρευες

Dass du mir, Übelreder, nur ja nicht an Flucht denkst im Herzen,
während du mir von Gold sprichst! Du bist jetzt in meinen
[Händen![11]

PARRHESIADES
Oh, was für eine schlimme Lage! Nichts vermag Homer für mich zu bewegen, er, meine größte Hoffnung. Da muss ich meine Zuflucht bei Euripides nehmen. Vielleicht kann er mich ja retten.[12]

Verschon mich! Nicht ist's recht, zu töten den, der fleht![13]

PLATON
Ach, wie? Ist nicht auch das Folgende von Euripides?

Nicht schlimm ist's, leidet Schlimmes, der die Tat vollbracht![14]

PARRHESIADES

Um bloßer Worte willen leid' ich jetzt den Tod?[15]

PLATON
Genau, bei Zeus! Eben jener sagt doch auch:

Des zügellosen Munds,
der sittenlosen Dummheit
Ende ist Unheil.[16]

[4] PARRHESIADES
Da ihr ja nun fest beschlossen habt, mich zu töten, und jeder Fluchtversuch zum Scheitern verurteilt ist, so sagt mir doch bitte wenigstens, wer ihr eigentlich seid oder welchen unheilbaren Schaden ihr durch mich erlitten habt, dass euer Zorn auf mich so unversöhnlich ist und ihr mich eingefangen habt, um mich zu töten!
PLATON
Was du uns Schlimmes getan hast, das frag dich selbst, du Bösewicht, und deine allerliebste Schrift, in der du die Philosophie selbst schlecht gemacht und dich an uns versündigt hast! Wie auf dem

καὶ εἰς ἡμᾶς ὕβριζες, ὥσπερ ἐξ ἀγορᾶς ἀποκηρύττων σοφοὺς ἄνδρας, καὶ τὸ μέγιστον, ἐλευθέρους· ἐφ' οἷς ἀγανακτήσαντες ἀνεληλύθαμεν ἐπὶ σὲ παραιτησάμενοι πρὸς ὀλίγον τὸν Ἀϊδωνέα, Χρύσιππος οὑτοσὶ καὶ Ἐπίκουρος καὶ ὁ Πλάτων ἐγὼ καὶ Ἀριστοτέλης ἐκεῖνος καὶ ὁ σιωπῶν οὗτος Πυθαγόρας καὶ Διογένης καὶ ἅπαντες ὁπόσους διέσυρες ἐν τοῖς λόγοις.

[5] ΠΑΡΡΗΣΙΑΔΗΣ

Ἀνέπνευσα· οὐ γὰρ ἀποκτενεῖτέ με, εἰ μάθητε ὁποῖος ἐγὼ περὶ ὑμᾶς ἐγενόμην· ὥστε ἀπορρίψατε τοὺς λίθους, μᾶλλον δὲ φυλάττετε. χρήσεσθε γὰρ αὐτοῖς κατὰ τῶν ἀξίων.

ΠΛΑΤΩΝ

Ληρεῖς. σὲ δὲ χρὴ τήμερον ἀπολωλέναι, καὶ ἤδη γε

λάϊνον ἕσσο χιτῶνα κακῶν ἕνεχ' ὅσσα ἔοργας.

ΠΑΡΡΗΣΙΑΔΗΣ

Καὶ μήν, ὦ ἄριστοι, ὃν ἐχρῆν μόνον ἐξ ἁπάντων ἐπαινεῖν οἰκεῖόν τε ὑμῖν ὄντα καὶ εὔνουν καὶ ὁμογνώμονα καί, εἰ μὴ φορτικὸν εἰπεῖν, κηδεμόνα τῶν ἐπιτηδευμάτων εὖ ἴστε ἀποκτενοῦντες, ἢν ἐμὲ ἀποκτείνητε τοσαῦτα ὑπὲρ ὑμῶν πεπονηκότα. ὁρᾶτε οὖν μὴ κατὰ τοὺς πολλοὺς τῶν νῦν φιλοσόφων αὐτοὶ ποιεῖτε, ἀχάριστοι καὶ ὀργίλοι καὶ ἀγνώμονες φαινόμενοι πρὸς ἄνδρα εὐεργέτην.

ΠΛΑΤΩΝ

Ὢ τῆς ἀναισχυντίας. καὶ χάριν σοι τῆς κακηγορίας προσοφείλομεν; οὕτως ἀνδραπόδοις ὡς ἀληθῶς οἴει διαλέγεσθαι; ἢ καὶ εὐεργεσίαν καταλογιῇ πρὸς ἡμᾶς ἐπὶ τῇ τοσαύτῃ ὕβρει καὶ παροινίᾳ τῶν λόγων;

[6] ΠΑΡΡΗΣΙΑΔΗΣ

Ποῦ γὰρ ἐγὼ ὑμᾶς ἢ πότε ὕβρικα, ὃς ἀεὶ φιλοσοφίαν τε θαυμάζων

Markt hast du uns feilgeboten, weise und – das ist der Gipfel! – freie Männer![17] Das hat uns in Rage versetzt, und darum haben wir Hades um ein bisschen Zeit gebeten und sind zu dir an die Oberwelt zurückgekommen, Chrysipp hier, Epikur, ich selbst, Platon, Aristoteles da drüben und der große Schweiger, Pythagoras, außerdem Diogenes und alle, die du noch in deiner Schrift durchgehechelt hast.

[5] PARRHESIADES

Uff, ich atme auf! Ihr werdet mich ja doch nicht töten, wenn ihr erst erfahrt, wie ich mich um euch verdient gemacht habe. Also, werft die Steine weg, oder nein: Behaltet sie lieber! Ihr werdet sie noch brauchen, für die Richtigen!

PLATON

Dummes Zeug! Du musst heute noch sterben, und schon
trägst du ein steinernes Kleid wegen all deiner üblen Taten![18]

PARRHESIADES

Dann, meine Besten, werdet ihr allerdings gerade den töten, den ihr als einzigen von allen loben und preisen müsstet als euren engen Freund, Förderer, Gesinnungsgenossen und, wäre es nicht unverschämt, das jetzt zu sagen, Sachwalter eurer Angelegenheiten; das solltet ihr euch bewusst machen, wenn ihr mich tötet, mich, der ich solche Mühen um euch ausgestanden habe. Da seht mal zu, dass ihr es nicht genauso wie die meisten der heutigen Philosophen macht, die sich undankbar, aufbrausend und unverständig gegenüber ihrem Wohltäter zeigen!

PLATON

Oh, diese Unverschämtheit! Jetzt sollen wir dir sogar noch dankbar sein für deine üble Nachrede? Glaubst du tatsächlich, du sprichst hier mit Sklavenseelen? Oder willst du so eine Misshandlung, so einen verbalen Vollrausch noch als Wohltat uns gegenüber ausgeben?

[6] PARRHESIADES

Wo oder wann hätte ich euch denn misshandelt, ich, der ich stets

διατετέλεκα καὶ ὑμᾶς αὐτοὺς ὑπερεπαινῶν καὶ τοῖς λόγοις οἷς καταλελοίπατε ὁμιλῶν; αὐτὰ γοῦν ἅ φημι ταῦτα, πόθεν ἄλλοθεν ἢ παρ᾽ ὑμῶν λαβὼν καὶ κατὰ τὴν μέλιτταν ἀπανθισάμενος ἐπιδείκνυμαι τοῖς ἀνθρώποις; οἱ δὲ ἐπαινοῦσι καὶ γνωρίζουσιν ἕκαστον τὸ ἄνθος ὅθεν καὶ παρ᾽ ὅτου καὶ ὅπως ἀνελεξάμην, καὶ λόγῳ μὲν ἐμὲ ζηλοῦσι τῆς ἀνθολογίας, τὸ δ᾽ ἀληθὲς ὑμᾶς καὶ τὸν λειμῶνα τὸν ὑμέτερον, οἳ τοιαῦτα ἐξηνθήκατε ποικίλα καὶ πολυειδῆ τὰς βαφάς, εἴ τις ἀναλέξασθαί τε αὐτὰ ἐπίσταιτο καὶ ἀναπλέξαι καὶ ἁρμόσαι, ὡς μὴ ἀπᾴδειν θάτερον θατέρου. ἔσθ᾽ ὅστις οὖν ταῦτα εὖ πεπονθὼς παρ᾽ ὑμῶν κακῶς ἂν εἰπεῖν ἐπιχειρήσειεν εὐεργέτας ἄνδρας, ἀφ᾽ ὧν εἶναί τις ἔδοξεν; ἐκτὸς εἰ μὴ κατὰ τὸν Θάμυριν ἢ τὸν Εὔρυτον εἴη τὴν φύσιν ὡς ταῖς Μούσαις ἀντᾴδειν, παρ᾽ ὧν εἴληφε τὴν ᾠδήν, ἢ τῷ Ἀπόλλωνι ἐριδαίνειν ἐναντία τοξεύων, καὶ ταῦτα δοτῆρι ὄντι τῆς τοξικῆς.

[7] ΠΛΑΤΩΝ

Τοῦτο μέν, ὦ γενναῖε, κατὰ τοὺς ῥήτορας εἴρηταί σοι· ἐναντιώτατον γοῦν ἐστι τῷ πράγματι καὶ χαλεπωτέραν σου ἐπιδείκνυσι τὴν τόλμαν, εἴ γε τῇ ἀδικίᾳ καὶ ἀχαριστία πρόσεστιν, ὃς παρ᾽ ἡμῶν τὰ τοξεύματα, ὡς φῄς, λαβὼν καθ᾽ ἡμῶν ἐτόξευες, ἕνα τοῦτον ὑποθέμενος τὸν σκοπόν, ἅπαντας ἡμᾶς ἀγορεύειν κακῶς· τοιαῦτα παρὰ σοῦ ἀπειλήφαμεν ἀνθ᾽ ὧν σοι τὸν λειμῶνα ἐκεῖνον ἀναπετάσαντες οὐκ ἐκωλύομεν δρέπεσθαι καὶ τὸ προκόλπιον ἐμπλησάμενον ἀπελθεῖν· ὥστε διά γε τοῦτο μάλιστα δίκαιος ἂν εἴης ἀποθανεῖν.

und ohne Unterlass die Philosophie bewundert, euch selbst über den grünen Klee gelobt und mich mit den Schriften beschäftigt habe, die ihr hinterlassen habt? Und genau das, was ich vorbringe: Von wem anders als von euch hätte ich das denn übernommen und wie die Biene aus der Blüte gesaugt, um es den Menschen zu präsentieren? Und die sind voll der Anerkennung, jeder weiß genau, woher jede Blüte stammt und von wem und wie ich sie gepflückt habe, und nach außen hin bewundern sie für diese Blütenlese mich, in Wahrheit bewundern sie aber euch und die Wiese, die eurige, die ihr so viele bunte und immer wieder andersfarbige Blumen habt emporsprießen lassen – versteht man nur, sie zu pflücken, miteinander zu verflechten und so zum Strauß zu binden, dass sie sich nicht beißen. Und da soll es jemanden geben, der von euch all dies Gute erfahren hat und jetzt hingeht und euch, seine Wohltäter, durch die er doch ist, was er ist, schlechtzumachen versucht? Er besäße denn den Charakter eines Thamyris oder eines Eurytos, dass er sich, wie der eine, im Gesang mit den Musen anlegt, die ihm doch sein Gesangstalent erst verliehen haben, oder, wie der andere, mit Apoll um die Wette bogenschießen will, der ihm doch die Gabe des Bogenschießens erst geschenkt hat.

[7] Platon

Das hast du, du ach so braver Mann, rhetorisch perfekt formuliert! Aber es steht im krassesten Widerspruch zu deinem Tun, und es macht dein verwegenes Unternehmen erkennbar noch schlimmer, wenn tatsächlich zu deiner Ungerechtigkeit auch noch Undankbarkeit kommt und du, der du von uns, wie du sagst, die Bogenausrüstung erhalten hast, sie nun gegen uns in Anschlag gebracht hast, mit nur einem einzigen Ziel: uns allen übel nachzureden! Das ist es, was wir von dir als Gegenleistung für jene Blumenwiese erhalten haben, die wir vor dir ausgebreitet haben, ohne dich daran zu hindern, zu pflücken und mit voller Schürze nach Hause zu gehen. Und so hättest du es schon deswegen mehr als verdient, zu sterben!

[8] ΠΑΡΡΗΣΙΑΔΗΣ

Ὁρᾶτε; πρὸς ὀργὴν ἀκούετε καὶ οὐδὲν τῶν δικαίων προσίεσθε. καίτοι οὐκ ἂν ᾠήθην ποτὲ ὡς ὀργὴ Πλάτωνος ἢ Χρυσίππου ἢ Ἀριστοτέλους ἢ τῶν ἄλλων ὑμῶν καθίκοιτο ἄν, ἀλλά μοι ἐδοκεῖτε μόνοι δὴ πόρρω εἶναι τοῦ τοιούτου. πλὴν ἀλλὰ μὴ ἄκριτόν γε, ὦ θαυμάσιοι, μηδὲ πρὸ δίκης ἀποκτείνητέ με. ὑμέτερον γοῦν καὶ τοῦτο ἦν, μὴ βίᾳ μηδὲ κατὰ τὸ ἰσχυρότερον πολιτεύεσθαι, δίκῃ δὲ τὰ διάφορα λύεσθαι διδόντας λόγον καὶ δεχομένους ἐν τῷ μέρει. ὥστε δικαστὴν ἑλόμενοι κατηγορήσατε μὲν ὑμεῖς ἢ ἅμα πάντες ἢ ὅντινα ἂν χειροτονήσητε ὑπὲρ ἁπάντων, ἐγὼ δὲ ἀπολογήσομαι πρὸς τὰ ἐγκλήματα. κᾆτα ἢν μέν τι ἀδικῶν φαίνωμαι καὶ τοῦτο περὶ ἐμοῦ γνῷ τὸ δικαστήριον, ὑφέξω δηλαδὴ τὴν ἀξίαν· ὑμεῖς δὲ βίαιον οὐδὲν τολμήσετε· ἢν δὲ τὰς εὐθύνας ὑποσχὼν καθαρὸς ὑμῖν καὶ ἀνεπίληπτος εὑρίσκωμαι, ἀφήσουσί με οἱ δικασταί, ὑμεῖς δὲ εἰς τοὺς ἐξαπατήσαντας ὑμᾶς καὶ παροξύναντας καθ' ἡμῶν τὴν ὀργὴν τρέψατε.

[9] ΠΛΑΤΩΝ

Τοῦτο ἐκεῖνο· εἰς πεδίον τὸν ἵππον, ὡς παρακρουσάμενος τοὺς δικαστὰς ἀπέλθῃς. φασὶ γοῦν ῥήτορά σε καὶ δικανικόν τινα εἶναι καὶ πανοῦργον ἐν τοῖς λόγοις. τίνα δὲ καὶ δικαστὴν ἐθέλεις γενέσθαι, ὅντινα μὴ σὺ δωροδοκήσας, οἷα πολλὰ ποιεῖτε, ἄδικα πείσεις ὑπὲρ σοῦ ψηφίσασθαι;

ΠΑΡΡΗΣΙΑΔΗΣ

Θαρρεῖτε τούτου γε ἕνεκα· οὐδένα τοιοῦτον διαιτητὴν ὕποπτον ἢ ἀμφίβολον ἀξιώσαιμ' ἂν γενέσθαι καὶ ὅστις ἀποδώσεταί μοι τὴν ψῆφον.

[8] Parrhesiades
Seht ihr? Alles, was ihr hört, bezieht ihr auf eure Wut, und ihr lasst kein einziges gerechtes Argument an euch heran! Dabei hätte ich nie geglaubt, dass in einen Platon, Chrysipp, Aristoteles oder einen anderen von euch etwas wie Wut fahren könnte, sondern ich hatte gemeint, ihr wäret als einzige von so etwas weit entfernt. Nun, jedenfalls solltet ihr mich nicht ohne Urteil und auch nicht vor einem Prozess töten, ihr merkwürdigen Leute! Denn auch das war doch eure Einstellung: im öffentlichen Leben nicht gewalttätig und nicht nach dem Recht des Stärkeren zu agieren, und Meinungsverschiedenheiten auf rechtliche Weise beizulegen, indem man wechselseitig Rechenschaft leistet und sich leisten lässt. Deshalb wählt erst einen Richter und dann klagt mich an, entweder alle miteinander oder durch einen, den ihr als euren Sprecher bestimmt, und ich werde mich gegen eure Anklagen verteidigen. Sollte sich dann zeigen, dass ich gegen Recht und Gesetz verstoßen habe, und das Gericht in diesem Sinne gegen mich erkennen, dann werde ich die angemessene Strafe selbstverständlich auf mich nehmen. Und ihr werdet euch zu keiner Gewalttat verstiegen haben! Solltet ihr aber, nachdem ich mich gerechtfertigt habe, einsehen, dass ich rein unschuldig und tadellos bin, dann werden mich die Richter freisprechen – und ihr, wendet dann eure Wut gegen diejenigen, die euch betrogen und gegen mich aufgestachelt haben.

[9] Platon
Na sicher doch! Galoppierende Pferde noch anspornen![19] Auf dass du die Richter übervorteilst und heil davonkommst! Es heißt ja, du seiest ein erfahrener Prozessrhetoriker und raffinierter Schurke im Reden.[20] Wen stellst du dir denn als Richter vor, den du nicht – so macht ihr das ja ständig – durch Bestechung dazu bringen würdest, ein ungerechtes Urteil zu fällen, zu deinen Gunsten?

Parrhesiades
Da seid mal ganz unbesorgt! Ich werde keinen solchen verdächtigen oder zweifelhaften Schiedsrichter verlangen, einen, der für mich

ὁρᾶτε γοῦν· τὴν Φιλοσοφίαν αὐτὴν μεθ' ὑμῶν ποιοῦμαι δικάστριαν ἔγωγε.

ΠΛΑΤΩΝ

Καὶ τίς ἂν κατηγορήσειεν, εἴ γε ἡμεῖς δικάσομεν;

ΠΑΡΡΗΣΙΑΔΗΣ

Οἱ αὐτοὶ κατηγορεῖτε καὶ δικάζετε· οὐδὲν οὐδὲ τοῦτο δέδια. τοσοῦτον ὑπερφέρω τοῖς δικαίοις καὶ ἐκ περιουσίας ἀπολογήσεσθαι ὑπολαμβάνω.

[10] ΠΛΑΤΩΝ

Τί ποιῶμεν, ὦ Πυθαγόρα καὶ Σώκρατες; ἔοικε γὰρ ἀνὴρ οὐκ ἄλογα προκαλεῖσθαι δικάζεσθαι ἀξιῶν.

ΣΩΚΡΑΤΗΣ

Τί δὲ ἄλλο ἢ βαδίζωμεν ἐπὶ τὸ δικαστήριον καὶ τὴν Φιλοσοφίαν παραλαβόντες ἀκούσωμεν ὅ τι καὶ ἀπολογήσεται; τὸ πρὸ δίκης γὰρ οὐχ ἡμέτερον, ἀλλὰ δεινῶς ἰδιωτικόν, ὀργίλων τινῶν ἀνθρώπων καὶ τὸ δίκαιον ἐν τῇ χειρὶ τιθεμένων. παρέξομεν οὖν ἀφορμὰς τοῖς κακηγορεῖν ἐθέλουσιν καταλεύσαντες ἄνδρα μηδὲ ἀπολογησάμενον ὑπὲρ ἑαυτοῦ, καὶ ταῦτα δικαιοσύνῃ χαίρειν αὐτοὶ λέγοντες. ἢ τί ἂν εἴποιμεν Ἀνύτου καὶ Μελήτου πέρι, τῶν ἐμοῦ κατηγορησάντων, ἢ τῶν τότε δικαστῶν, εἰ οὗτος τεθνήξεται μηδὲ τὸ παράπαν ὕδατος μεταλαβών;

ΠΛΑΤΩΝ

Ἄριστα παραινεῖς, ὦ Σώκρατες· ὥστε ἀπίωμεν ἐπὶ τὴν Φιλοσοφίαν. ἡ δὲ δικασάτω, καὶ ἡμεῖς ἀγαπήσομεν οἷς ἂν ἐκείνη διαγνῷ.

[11] ΠΑΡΡΗΣΙΑΔΗΣ

Εὖ γε, ὦ σοφώτατοι, ἀμείνω ταῦτα καὶ νομιμώτερα. τοὺς μέντοι λίθους φυλάττετε, ὡς ἔφην· δεήσει γὰρ αὐτῶν μικρὸν ὕστερον ἐν τῷ δικαστηρίῳ.

stimmen wird. Schaut her! Ich mache PHILOSOPHIA persönlich zur Richterin, zusammen mit euch.

PLATON

Und wer soll dich bitte anklagen, wenn wir als Richter fungieren?

PARRHESIADES

Ihr sollt in einer Person die Anklage vortragen und das Urteil sprechen. Ich fürchte nichts, nicht einmal das! So sehr verdanke ich meine Überlegenheit gerechten Gründen, so sehr gehe ich davon aus, für meine Verteidigung über mehr als genug Argumente zu verfügen.

[10] PLATON

Was sollen wir tun, Pythagoras und Sokrates? Mir scheint das keine unvernünftige Forderung zu sein, die der Mann da stellt, mit seiner Bitte um einen Prozess.

SOKRATES

Was anderes als vor Gericht zu gehen, PHILOSOPHIA beizuziehen und uns anzuhören, was er denn zu seiner Verteidigung vorbringen wird? Selbstjustiz kommt für uns ja nicht infrage, sondern wäre absolut unprofessionell, die Art jähzorniger Menschen, die das Recht in die eigenen Hände nehmen. Wir würden doch all denen, die uns Übles nachreden wollen, Angriffsflächen bieten, wenn wir einen Mann steinigten, ohne ihm die Gelegenheit zur Verteidigung zu lassen, und das, wo wir behaupten, Freude an der Gerechtigkeit zu haben. Oder was sollen wir über Anytos und Meletos sagen, meine eigenen Ankläger, oder über die damaligen Richter, wenn der hier ohne ein Tröpfchen Wasser zu Tode kommt?[21]

PLATON

Ein vorzüglicher Rat, Sokrates! Also, auf zu PHILOSOPHIA! Sie soll das Urteil fällen, und wir wollen mit ihrem Beschluss zufrieden sein!

[11] PARRHESIADES

Bravo, ihr Weisesten! Das ist besser und auch treuer. Aber behaltet, wie gesagt, ruhig eure Steine! Ihr werdet sie gleich nachher bei Gericht noch brauchen.

Ποῦ δὲ τὴν Φιλοσοφίαν εὕροι τις ἄν; οὐ γὰρ οἶδα ἔνθα οἰκεῖ· καίτοι πάνυ πολὺν ἐπλανήθην χρόνον ἀναζητῶν τὴν οἰκίαν, ὡς συγγενοίμην αὐτῇ. εἶτα ἐντυγχάνων ἄν τισι τριβώνια περιβεβλημένοις καὶ πώγωνας βαθεῖς καθειμένοις παρ' αὐτῆς ἐκείνης ἥκειν φάσκουσιν, οἰόμενος εἰδέναι αὐτοὺς ἀνηρώτων· οἱ δὲ πολὺ μᾶλλον ἐμοῦ ἀγνοοῦντες ἢ οὐδὲν ὅλως ἀπεκρίναντό μοι, ὡς μὴ ἐλέγχοιντο οὐκ εἰδότες, ἢ ἄλλην θύραν ἀντ' ἄλλης ἐπεδείκνυον. οὐδέπω γοῦν καὶ τήμερον ἐξευρεῖν δεδύνημαι τὴν οἰκίαν.

[12] Πολλάκις δὲ ἢ αὐτὸς εἰκάσας ἢ ξεναγήσαντός τινος ἧκον ἂν ἐπί τινας θύρας βεβαίως ἐλπίσας τότε γοῦν εὑρηκέναι, τεκμαιρόμενος τῷ πλήθει τῶν εἰσιόντων τε καὶ ἐξιόντων, ἁπάντων σκυθρωπῶν καὶ τὰ σχήματα εὐσταλῶν καὶ φροντιστικῶν τὴν πρόσοψιν· μετὰ τούτων οὖν συμπαραβυσθεὶς καὶ αὐτὸς εἰσῆλθον ἄν. εἶτα ἑώρων γύναιόν τι οὐχ ἁπλοϊκόν, εἰ καὶ ὅτι μάλιστα εἰς τὸ ἀφελὲς καὶ ἀκόσμητον ἑαυτὴν ἐπερρύθμιζεν, ἀλλὰ κατεφάνη μοι αὐτίκα οὐδὲ τὸ ἄνετον δοκοῦν τῆς κόμης ἀκαλλώπιστον ἐῶσα οὐδὲ τοῦ ἱματίου τὴν ἀναβολὴν ἀνεπιτηδεύτως περιστέλλουσα· πρόδηλος δὲ ἦν κοσμουμένη αὐτοῖς καὶ πρὸς εὐπρέπειαν τῷ ἀθεραπεύτῳ δοκοῦντι προσχρωμένη. ὑπεφαίνετο δέ τι καὶ ψιμύθιον καὶ φῦκος, καὶ τὰ ῥήματα πάνυ ἑταιρικά, καὶ ἐπαινουμένη ὑπὸ τῶν ἐραστῶν εἰς κάλλος ἔχαιρε, καὶ εἰ δοίη τις προχείρως ἐδέχετο, καὶ τοὺς πλουσιωτέρους ἂν παρακαθισαμένη πλησίον τοὺς πένητας τῶν ἐραστῶν οὐδὲ προσέβλεπεν. πολλάκις δὲ καὶ γυμνωθείσης αὐτῆς κατὰ τὸ ἀκούσιον ἑώρων περιδέραια χρυσᾶ τῶν κλοιῶν παχύτερα. ταῦτα ἰδὼν ἐπὶ πόδα ἂν εὐθὺς ἀνέστρεφον, οἰκτείρας δηλαδὴ τοὺς κακοδαίμονας

Aber wo ließe sich jetzt Philosophia finden? Ich habe nämlich keine Ahnung, wo sie wohnt. Dabei bin ich landauf, landab gezogen auf der Suche nach ihrem Haus, um sie kennenzulernen. Da begegnete ich einigen Leuten, die Umhänge und lange Bärte trugen und behaupteten, sie kämen von ihr. Im Glauben, sie wüssten Bescheid, fragte ich sie nach dem Weg; aber weil sie noch viel weniger Ahnung hatten als ich, antworteten sie mir entweder überhaupt nicht, um nicht als ahnungslos entlarvt zu werden, oder zeigten mir immer wieder andere Türen. Jedenfalls habe ich es bis heute nicht geschafft, ihr Haus zu finden.

[12] Oft kam ich auf eigene Vermutung oder mit fremder Führung zu irgendwelchen Türen, jedes Mal in der festen Hoffnung, jetzt hätte ich sie aber endlich gefunden, wie ich aus der Menge der Leute schloss, die dort ein- und ausgingen, alles streng dreinschauende Männer, von seriösem Auftreten und, nach ihrem Aussehen zu urteilen, gedankenversunken; ich mischte mich unter sie und drängte mich mit ihnen hinein. Drinnen bekam ich eine junge Frau zu Gesicht, nicht von unschuldiger Schlichtheit, obwohl sie sich möglichst einfach und ungeschminkt hergerichtet hatte, aber mir war sofort klar, dass weder ihr loses Haar ungestylt noch der Faltenwurf ihres Kleids absichtslos war. Es stand völlig außer Frage, dass sie sich für sie zurechtgemacht hatte und sich, um Anstand auszustrahlen, scheinbar ganz natürlich gab. Da zeigte sich auch ein Ansatz von Schminke und Rouge, sie sprach ganz wie eine Hetäre, und freute sich, wenn sie von ihren Liebhabern für ihre Schönheit gepriesen wurde; gab einer mit vollen Händen, ließ sie ihn zu sich, und während sie die Reicheren ganz nah bei sich platzierte, würdigte sie die Ärmeren unter ihren Liebhabern keines Blickes. Oft ließ sie wie unbeabsichtigt ein Stückchen Haut sehen, und dann konnte ich goldene Colliers erspähen, dicker als Halseisen. Bei diesem Anblick machte ich gleich auf dem Fuße kehrt, natürlich voll des Mitleids für die armen Kerle, die sich von ihr herumführen ließen,

ἐκείνους ἑλκομένους πρὸς αὐτῆς οὐ τῆς ῥινὸς ἀλλὰ τοῦ πώγωνος καὶ κατὰ τὸν Ἰξίονα εἰδώλῳ ἀντὶ τῆς Ἥρας συνόντας.

[13] ΠΛΑΤΩΝ

Τοῦτο μὲν ὀρθῶς ἔλεξας· οὐ γὰρ πρόδηλος οὐδὲ πᾶσι γνώριμος ἡ θύρα. πλὴν ἀλλ' οὐδὲν δεήσει βαδίζειν ἐπὶ τὴν οἰκίαν· ἐνταῦθα γὰρ ἐν Κεραμεικῷ ὑπομενοῦμεν αὐτήν. ἡ δὲ ἤδη που ἀφίξεται ἐπανιοῦσα ἐξ Ἀκαδημίας, ὡς περιπατήσειε καὶ ἐν τῇ Ποικίλῃ· τοῦτο γὰρ ὁσημέραι ποιεῖν ἔθος αὐτῇ· μᾶλλον δὲ ἤδη πρόσεισιν. ὁρᾷς τὴν κόσμιον τὴν ἀπὸ τοῦ σχήματος, τὴν προσηνῆ τὸ βλέμμα, τὴν ἐπὶ συννοίας ἠρέμα βαδίζουσαν;

ΠΑΡΡΗΣΙΑΔΗΣ

Πολλὰς ὁμοίας ὁρῶ τό γε σχῆμα καὶ τὸ βάδισμα καὶ τὴν ἀναβολήν. καίτοι μία πάντως ἥ γε ἀληθὴς Φιλοσοφία καὶ ἐν αὐταῖς.

ΠΛΑΤΩΝ

Εὖ λέγεις. ἀλλὰ δηλώσει ἥτις ἐστὶ φθεγξαμένη μόνον.

[14] ΦΙΛΟΣΟΦΙΑ

Παπαῖ· τί Πλάτων καὶ Χρύσιππος ἄνω καὶ Ἀριστοτέλης καὶ οἱ λοιποὶ ἅπαντες, αὐτὰ δὴ τὰ κεφάλαιά μου τῶν μαθημάτων; τί αὖθις εἰς τὸν βίον; ἆρά τι ὑμᾶς ἐλύπει τῶν κάτω; ὀργιζομένοις γοῦν ἐοίκατε. καὶ τίνα τοῦτον συλλαβόντες ἄγετε; ἦ που λωποδύτης τις ἢ ἀνδροφόνος ἢ ἱερόσυλός ἐστιν;

ΠΛΑΤΩΝ

Νὴ Δία, ὦ Φιλοσοφία, πάντων γε ἱεροσύλων ἀσεβέστατος, ὃς τὴν ἱερωτάτην σὲ κακῶς ἀγορεύειν ἐπεχείρησεν καὶ ἡμᾶς ἅπαντας, ὁπόσοι τι παρὰ σοῦ μαθόντες τοῖς μεθ' ἡμᾶς καταλελοίπαμεν.

ΦΙΛΟΣΟΦΙΑ

Εἶτα ἠγανακτήσατε λοιδορησαμένου τινός, καὶ ταῦτα εἰδότες ἐμέ, οἷα πρὸς τῆς Κωμῳδίας ἀκούουσα ἐν Διονυσίοις ὅμως φίλην τε αὐτὴν

nicht an der Nase, sondern am Bart, und wie Ixion nur die Gesellschaft eines Bildes anstelle von Hera selbst genossen.[22]

[13] PLATON

Das hast du ganz richtig dargestellt. Ihre Tür zeigt sich nämlich nicht jedem und ist auch nicht jedem bekannt. Doch egal: Wir brauchen gar nicht zu ihrem Haus zu gehen – wir wollen sie hier, im Kerameikos, erwarten.[23] Sie wird hier schon irgendwo vorbeikommen auf dem Rückweg von der Akademie, um auch noch in der Poikile zu lustwandeln.[24] Das tut sie nämlich normalerweise täglich – ah, da kommt sie ja schon! Siehst du die Frau da voller Anstand, mit dem leutseligen Blick, die da, die so ruhig und bedachtsam einherschreitet?

PARRHESIADES

Da kenne ich viele, ganz ähnlich in Haltung, Schritt und Faltenwurf. Und doch ist nur eine einzige unter ihnen die wahre PHILOSOPHIA.

PLATON

Da hast du recht. Aber wer sie ist, wird dir deutlich werden, sobald sie erst spricht.

[14] PHILOSOPHIA

Potzblitz! Was tun denn Platon und Chrysipp hier oben, und Aristoteles und all die Übrigen, die Häupter meiner Lehre? Warum wieder im Leben? Hat euch etwas dort unten nicht gefallen? Ihr seht jedenfalls wütend aus. Und wen habt ihr da am Schlafittchen? So einen Plünderer, Mörder oder Schänder von Heiligtümern?

PLATON

Bei Zeus, PHILOSOPHIA, ja, von allen Heiligtumsschändern der schlimmste Frevler, denn er hat sich erdreistet, dich, die heiligste, schlechtzumachen und uns alle, die wir, was wir von dir lernen durften, unseren Nachfolgern hinterlassen haben.

PHILOSOPHIA

Und da seid ihr ärgerlich geworden, nur weil euch einer angepöbelt hat, und das, wo ihr doch wisst, was ich mir an den Dionysien von

ἥγημαι καὶ οὔτε ἐδικασάμην οὔτε ᾐτιασάμην προσελθοῦσα, ἐφίημι δὲ παίζειν τὰ εἰκότα καὶ τὰ συνήθη τῇ ἑορτῇ; οἶδα γὰρ ὡς οὐκ ἄν τι ὑπὸ σκώμματος χεῖρον γένοιτο, ἀλλὰ τοὐναντίον ὅπερ ἂν ᾖ καλόν, ὥσπερ τὸ χρυσίον ἀποσμώμενον τοῖς κόμμασι, λαμπρότερον ἀποστίλβει καὶ φανερώτερον γίγνεται. ὑμεῖς δὲ οὐκ οἶδα ὅπως ὀργίλοι καὶ ἀγανακτικοὶ γεγόνατε. τί δ' οὖν αὐτὸν ἄγχετε;

ΑΝΑΒΙΟΥΝΤΕΣ

Μίαν ἡμέραν ταύτην παραιτησάμενοι ἥκομεν ἐπ' αὐτὸν ὡς ὑπόσχῃ τὴν ἀξίαν ὧν δέδρακεν. φῆμαι γὰρ ἡμῖν διήγγελλον οἷα ἔλεγεν εἰς τὰ πλήθη καθ' ἡμῶν.

[15] ΦΙΛΟΣΟΦΙΑ

Εἶτα πρὸ δίκης οὐδὲ ἀπολογησάμενον ἀποκτενεῖτε; δῆλος γοῦν ἐστιν εἰπεῖν τι θέλων.

ΑΝΑΒΙΟΥΝΤΕΣ

Οὔκ, ἀλλ' ἐπὶ σὲ τὸ πᾶν ἀνεβαλόμεθα, καὶ σοὶ ὅτι ἂν δοκῇ, τοῦτο ποιήσει τέλος τῆς δίκης.

ΦΙΛΟΣΟΦΙΑ

Τί φῂς σύ;

ΠΑΡΡΗΣΙΑΔΗΣ

Τοῦτο αὐτό, ὦ δέσποινα Φιλοσοφία, ἥπερ καὶ μόνη τἀληθὲς ἂν ἐξευρεῖν δύναιο· μόλις γοῦν εὑρόμην πολλὰ ἱκετεύσας τὸ σοὶ φυλαχθῆναι τὴν δίκην.

ΑΝΑΒΙΟΥΝΤΕΣ

Νῦν, ὦ κατάρατε, δέσποιναν αὐτὴν καλεῖς; πρῴην δὲ τὸ ἀτιμότατον Φιλοσοφίαν ἀπέφαινες ἐν τοσούτῳ θεάτρῳ ἀποκηρύττων κατὰ μέρη δύ' ὀβολῶν ἕκαστον εἶδος αὐτῆς τῶν λόγων.

der Komödie anhören musste, und dass ich sie trotzdem für meine Freundin halte und weder gegen sie prozessiert noch ihr Vorwürfe gemacht habe, vielmehr die üblichen festtypischen Witzeleien hinnehme? Weiß ich doch, dass durch Sticheln nichts schlechter werden kann, sondern dass dadurch im Gegenteil alles, was schön ist, wie durch Hämmern gereinigtes Gold,[25] strahlender glänzt und stärker leuchtet. Ihr dagegen habt euch, warum auch immer, zu Zornnickeln und Miesepetern entwickelt. Also, warum geht ihr ihm an die Gurgel?

WIEDERGÄNGER

Diesen einen Tag haben wir uns ausgebeten[26] und sind zurückgekommen – zu ihm,[27] damit er die verdiente Strafe für seine Missetaten erhält. Es ist nämlich gerüchteweise zu uns gedrungen, was er in aller Öffentlichkeit gegen uns vorgebracht hat.

[15] PHILOSOPHIA

Und da wollt ihr ihn noch vor einem Prozess töten, ohne eine Möglichkeit zur Verteidigung? Man sieht doch deutlich, dass er etwas sagen möchte.

WIEDERGÄNGER

Nein, wir haben die ganze Sache an dich verwiesen, und dein Urteil wird unsere Streitigkeit beenden.

PHILOSOPHIA

Was sagst du dazu?

PARRHESIADES

Das gleiche, Herrin PHILOSOPHIA, denn du bist ja die einzige, die die Wahrheit herausfinden kann. Nur mit Mühe und mit viel Bitten und Betteln konnte ich erreichen, dass dir die Prozessführung vorbehalten bleibt.

WIEDERGÄNGER

Jetzt, Verfluchter, nennst du sie Herrin? Erst vor kurzem hast du PHILOSOPHIA als ein vollkommen ehrloses Ding deklariert, indem du vor einem riesigen Publikum jedes ihrer Lehrsysteme der Reihe nach für zwei Obolen zum Kauf angeboten hast.[28]

ΦΙΛΟΣΟΦΙΑ

Ὁρᾶτε μὴ οὐ Φιλοσοφίαν οὗτός γε ἀλλὰ γόητας ἄνδρας ἐπὶ τῷ ἡμετέρῳ ὀνόματι πολλὰ καὶ μιαρὰ πράττοντας ἠγόρευεν κακῶς.

ΠΑΡΡΗΣΙΑΔΗΣ

Εἴσῃ αὐτίκα, ἢν ἐθέλῃς ἀπολογουμένου ἀκούειν μόνον.

ΦΙΛΟΣΟΦΙΑ

Ἀπίωμεν εἰς Ἄρειον πάγον, μᾶλλον δὲ εἰς τὴν ἀκρόπολιν αὐτήν, ὡς ἂν ἐκ περιωπῆς ἅμα καταφανείη πάντα ἐν τῇ πόλει. **[16]** ὑμεῖς δέ, ὦ φίλαι, ἐν τῇ Ποικίλῃ τέως περιπατήσατε· ἥξω γὰρ ὑμῖν ἐκδικάσασα τὴν δίκην.

ΠΑΡΡΗΣΙΑΔΗΣ

Τίνες δέ εἰσιν, ὦ Φιλοσοφία; πάνυ γάρ μοι κόσμιαι καὶ αὗται δοκοῦσιν.

ΦΙΛΟΣΟΦΙΑ

Ἀρετὴ μὲν ἡ ἀνδρώδης αὕτη, Σωφροσύνη δὲ ἐκείνη καὶ Δικαιοσύνη ἡ παρ' αὐτήν. ἡ προηγουμένη δὲ Παιδεία, ἡ ἀμυδρὰ δὲ καὶ ἀσαφὴς τὸ χρῶμα ἡ Ἀλήθειά ἐστιν.

ΠΑΡΡΗΣΙΑΔΗΣ

Οὐχ ὁρῶ ἥντινα καὶ λέγεις.

ΦΙΛΟΣΟΦΙΑ

Τὴν ἀκαλλώπιστον ἐκείνην οὐχ ὁρᾷς, τὴν γυμνήν, τὴν ὑποφεύγουσαν ἀεὶ καὶ διολισθάνουσαν;

ΠΑΡΡΗΣΙΑΔΗΣ

Ὁρῶ νῦν μόλις. ἀλλὰ τί οὐχὶ καὶ ταύτας ἄγεις, ὡς πλῆρες γένοιτο καὶ ἐντελὲς τὸ συνέδριον; τὴν Ἀλήθειαν δέ γε καὶ συνήγορον ἀναβιβάσασθαι πρὸς τὴν δίκην βούλομαι.

ΦΙΛΟΣΟΦΙΑ

Νὴ Δία, ἀκολουθήσατε καὶ ὑμεῖς· οὐ βαρὺ γὰρ μίαν δικάσαι δίκην, καὶ

PHILOSOPHIA
Passt nur auf, dass der nicht PHILOSOPHIA, sondern Betrüger schlecht gemacht hat, die unter eurem Namen viel Schlimmes angerichtet haben.
PARRHESIADES
Das sollst du gleich erfahren, wenn du nur meiner Verteidigung lauschen willst!
PHILOSOPHIA
Wir wollen uns zum Areopag begeben, besser noch gleich zur Akropolis! Aus der Umschau wird dann wohl alles, was in der Stadt so vor sich geht, klar zutage treten. **[16]** Ihr, meine Freundinnen, lustwandelt währenddessen in der Poikile; ich bin gleich wieder bei euch, sobald ich mit dem Verfahren durch bin.
PARRHESIADES
Wer sind sie, PHILOSOPHIA? Auch sie sind so voller Anstand, kommt es mir vor.
PHILOSOPHIA
Die mit dem männlichen Auftreten hier ist TUGEND, die dort ist MÄSSIGKEIT und neben ihr GERECHTIGKEIT. Die vor ihnen Gehende ist BILDUNG, und die Verschwommene hier, die mit dem verwaschenen Teint, das ist WAHRHEIT.
PARRHESIADES
Ich sehe nicht, wen du meinst.
PHILOSOPHIA
Die da, die ungeschminkte, siehst du sie nicht, die nackte, die sich ständig zu entziehen und zu entschlüpfen scheint?
PARRHESIADES
Jetzt sehe ich sie so gerade. Aber warum willst du sie nicht auch alle mitnehmen, damit die Gruppe der Beisitzer groß und vollständig ist? Und WAHRHEIT hätte ich für den Prozess gern als Anwältin an meiner Seite!
PHILOSOPHIA
Gut, bei Zeus, dann kommt halt auch ihr mit! Ist ja nicht so be-

ταῦτα περὶ τῶν ἡμετέρων ἐσομένην.

[17] ΑΛΗΘΕΙΑ

Ἄπιτε ὑμεῖς· ἐγὼ γὰρ οὐδὲν δέομαι ἀκούειν ἃ πάλαι οἶδα ὁποῖά ἐστιν.

ΦΙΛΟΣΟΦΙΑ

Ἀλλ' ἡμῖν, ὦ Ἀλήθεια, ἐν δέοντι συνδικάζοις ἂν καὶ καταμηνύοις ἕκαστα.

ΑΛΗΘΕΙΑ

Οὐκοῦν ἐπάγωμαι καὶ τὼ θεραπαινιδίω τούτω συνοικοτάτω μοι ὄντε;

ΦΙΛΟΣΟΦΙΑ

Καὶ μάλα ὁπόσας ἂν ἐθέλῃς.

ΑΛΗΘΕΙΑ

Ἕπεσθον, ὦ Ἐλευθερία καὶ Παρρησία, μεθ' ἡμῶν, ὡς τὸν δείλαιον τουτονὶ ἀνθρωπίσκον ἐραστὴν ἡμέτερον ὄντα καὶ κινδυνεύοντα ἐπὶ μηδεμιᾷ προφάσει δικαίᾳ σῶσαι δυνηθῶμεν. σὺ δέ, ὦ Ἔλεγχε, αὐτοῦ περίμεινον.

ΠΑΡΡΗΣΙΑΔΗΣ

Μηδαμῶς, ὦ δέσποινα, ἡκέτω δὲ καὶ οὗτος, εἰ καί τις ἄλλος· οὐ γὰρ τοῖς τυχοῦσι θηρίοις προσπολεμῆσαι δεήσει με ἀλαζόσιν ἀνθρώποις καὶ δυσελέγκτοις, ἀεί τινας ἀποφυγὰς εὑρισκομένοις, ὥστε ἀναγκαῖος ὁ Ἔλεγχος.

ΕΛΕΓΧΟΣ

Ἀναγκαιότατος μὲν οὖν· ἄμεινον δέ, εἰ καὶ τὴν Ἀπόδειξιν παραλάβοις.

ΑΛΗΘΕΙΑ

Ἕπεσθε πάντες, ἐπείπερ ἀναγκαῖοι δοκεῖτε πρὸς τὴν δίκην.

[18] ΑΝΑΒΙΟΥΝΤΕΣ

Ὁρᾷς; προσεταιρίζεται καθ' ἡμῶν, ὦ Φιλοσοφία, τὴν Ἀλήθειαν.

schwerlich, in einem einzigen Fall Recht zu sprechen, und sowieso nicht, wo es um unsere eigenen Angelegenheiten geht.

[17] Wahrheit

Geht ihr nur! Ich brauche nichts anzuhören, wovon ich schon längst weiß, wie es sich verhält.

Philosophia

Aber uns, Wahrheit, kämst du gerade recht, um uns bei der Urteilsfindung zu unterstützen und alles im Detail darzulegen.

Wahrheit

Kann ich dann auch meine beiden Lieblingsdienerinnen hier mitnehmen?

Philosophia

Natürlich, alle, die du willst!

Wahrheit

Begleitet uns, Freiheit und Offene Rede, damit wir dieses arme Menschenkind hier retten – er liebt uns doch heiß und schwebt ohne gerechten Grund in Gefahr. Aber du, Widerlegung, warte hier!

Parrhesiades

Auf keinen Fall, Herrin! Die[29] soll auch kommen – wer, wenn nicht sie! Denn ich werde mit frechen und schwer zu widerlegenden Menschen, keinen x-beliebigen Tieren, zu kämpfen haben, die eine Ausflucht nach der anderen zu finden wissen – da ist Widerlegung unentbehrlich!

Widerlegung

Absolut unentbehrlich! Und du nimmst besser auch noch Beweis mit!

Wahrheit

Begleitet mich alle, da es ja so aussieht, als wärt ihr unentbehrlich für die Verhandlung!

[18] Wiedergänger

Siehst du, Philosophia? Jetzt zieht er schon Wahrheit gegen uns auf seine Seite!

ΦΙΛΟΣΟΦΙΑ
Εἶτα δέδιτε, ὦ Πλάτων καὶ Χρύσιππε καὶ Ἀριστότελες, μή τι ψεύσηται ὑπὲρ αὐτοῦ Ἀλήθεια οὖσα;

ΑΝΑΒΙΟΥΝΤΕΣ
Οὐ τοῦτο, ἀλλὰ δεινῶς πανοῦργός ἐστιν καὶ κολακικός· ὥστε παραπείσει αὐτήν.

ΦΙΛΟΣΟΦΙΑ
[19] Θαρρεῖτε· οὐδὲν μὴ γένηται ἄδικον, Δικαιοσύνης ταύτης συμπαρούσης. ἀνίωμεν οὖν. ἀλλὰ εἰπέ μοι σύ, τί σοι τοὔνομα;

ΠΑΡΡΗΣΙΑΔΗΣ
Ἐμοί; Παρρησιάδης Ἀληθίωνος τοῦ Ἐλεγξικλέους.

ΦΙΛΟΣΟΦΙΑ
Πατρὶς δέ;

ΠΑΡΡΗΣΙΑΔΗΣ
Σύρος, ὦ Φιλοσοφία, τῶν Ἐπευφρατιδίων. ἀλλὰ τί τοῦτο; καὶ γὰρ τούτων τινὰς οἶδα τῶν ἀντιδίκων μου οὐχ ἧττον ἐμοῦ βαρβάρους τὸ γένος· ὁ τρόπος δὲ καὶ ἡ παιδεία οὐ κατὰ Σολέας ἢ Κυπρίους ἢ Βαβυλωνίους ἢ Σταγειρίτας. καίτοι πρός γε σὲ οὐδὲν ἂν ἔλαττον γένοιτο οὐδ' εἰ τὴν φωνὴν βάρβαρος εἴη τις, εἴπερ ἡ γνώμη ὀρθὴ καὶ δικαία φαίνοιτο οὖσα.

[20] ΦΙΛΟΣΟΦΙΑ
Εὖ λέγεις· ἄλλως γοῦν ἠρόμην. ἡ τέχνη δέ σοι τίς; ἄξιον γὰρ ἐπίστασθαι τοῦτό γε.

ΠΑΡΡΗΣΙΑΔΗΣ
Μισαλαζών εἰμι καὶ μισογόης καὶ μισοψευδὴς καὶ μισότυφος καὶ μισῶ πᾶν τὸ τοιουτῶδες εἶδος τῶν μιαρῶν ἀνθρώπων· πάνυ δὲ πολλοί εἰσιν, ὡς οἶσθα.

ΦΙΛΟΣΟΦΙΑ
Ἡράκλεις, πολυμισῆ τινα μέτει τὴν τέχνην.

PHILOSOPHIA

Und da habt ihr Angst, Platon, Chrysipp, Aristoteles, dass sie, WAHRHEIT!, zu seinen Gunsten lügt?

WIEDERGÄNGER

Das nicht, aber er ist ein gewaltiger Trickser und Liebediener! Da wird er sie schon rumkriegen.

[19] PHILOSOPHIA

Keine Sorge! Es wird ganz sicher nichts Unrechtes geschehen, GERECHTIGKEIT hier ist doch dabei! Lasst uns jetzt hochsteigen. Aber du, sag mir: Wie heißt du?

PARRHESIADES

Ich? Parrhesiades, Alethions Sohn, Elenxikles' Sohn.[30]

PHILOSOPHIA

Herkunftsort?

PARRHESIADES

Ich bin Syrer, PHILOSOPHIA, von den Bewohnern des Euphratufers. Aber wozu das? Ich weiß doch, dass einige von meinen Prozessgegnern hier nicht weniger als ich barbarischer Abstammung sind: Aber ihr Charakter und ihre Bildung entsprechen trotzdem nicht denen der Bewohner von Soloi, Zypern, Babylon oder Stageira.[31] Jedoch dürfte man vor dir selbst dann nicht weniger wert sein, wenn man eine Barbarensprache spräche, solange nur die Gesinnung erkennbar gerade und gerecht ist.

[20] PHILOSOPHIA

Gut gesagt! Ich habe auch nur einfach so gefragt. Was für einen Beruf übst du aus? Das zu erfahren ist nämlich schon wichtig.

PARRHESIADES

Ich hasse Prahler, hasse Betrüger, hasse Lügner, hasse Wichtigtuer, hasse jede solche Sorte schurkischer Menschen. Und das sind ganz schön viele, wie du weißt.

PHILOSOPHIE

Herakles, da hast du ja einen hässlichen Beruf!

ΠΑΡΡΗΣΙΑΔΗΣ
Εὖ λέγεις· ὁρᾷς γοῦν ὁπόσοις ἀπεχθάνομαι καὶ ὡς κινδυνεύω δι᾽ αὐτήν.

Οὐ μὴν ἀλλὰ καὶ τὴν ἐναντίαν αὐτῇ πάνυ ἀκριβῶς οἶδα, λέγω δὲ τὴν ἀπὸ τοῦ φιλο τὴν ἀρχὴν ἔχουσαν· φιλαλήθης τε γὰρ καὶ φιλόκαλος καὶ φιλαπλοϊκὸς καὶ ὅσα τῷ φιλεῖσθαι συγγενῆ. πλὴν ἀλλ᾽ ὀλίγοι πάνυ ταύτης ἄξιοι τῆς τέχνης, οἱ δὲ ὑπὸ τῇ ἐναντίᾳ ταττόμενοι καὶ τῷ μίσει οἰκειότεροι πεντακισμύριοι. κινδυνεύω τοιγαροῦν τὴν μὲν ὑπ᾽ ἀργίας ἀπομαθεῖν ἤδη, τὴν δὲ πάνυ ἠκριβωκέναι.

ΦΙΛΟΣΟΦΙΑ
Καὶ μὴν οὐκ ἐχρῆν· τοῦ γὰρ αὐτοῦ καὶ τάδε, φασί, καὶ τάδε· ὥστε μὴ διαίρει τὼ τέχνα· μία γὰρ ἐστὸν δύ᾽ εἶναι δοκοῦσα.

ΠΑΡΡΗΣΙΑΔΗΣ
Ἄμεινον σὺ ταῦτα οἶσθα, ὦ Φιλοσοφία. τὸ μέντοι ἐμὸν τοιοῦτόν ἐστιν, οἷον τοὺς μὲν πονηροὺς μισεῖν, ἐπαινεῖν δὲ τοὺς χρηστοὺς καὶ φιλεῖν.

[21] ΦΙΛΟΣΟΦΙΑ
Ἄγε δή, πάρεσμεν γὰρ ἔνθα ἐχρῆν, ἐνταῦθά που ἐν τῷ προνάῳ τῆς Πολιάδος δικάσωμεν. ἡ Ἱέρεια διάθες ἡμῖν τὰ βάθρα, ἡμεῖς δὲ ἐν τοσούτῳ προσκυνήσωμεν τὴν θεόν.

ΠΑΡΡΗΣΙΑΔΗΣ
Ὦ Πολιάς, ἐλθέ μοι κατὰ τῶν ἀλαζόνων σύμμαχος ἀναμνησθεῖσα ὁπόσα ἐπιορκούντων ὁσημέραι ἀκούεις αὐτῶν· καὶ ἃ πράττουσι δὲ μόνη ὁρᾷς ἅτε δὴ ἐπὶ σκοπῆς οἰκοῦσα. νῦν καιρὸς ἀμύνασθαι αὐτούς. ἐμὲ δὲ ἤν που κρατούμενον ἴδῃς καὶ πλείους ὦσιν αἱ μέλαιναι, σὺ προσθεῖσα τὴν σεαυτῆς σῶζέ με.

Parrhesiades

Wohl wahr! Du siehst jedenfalls, mit wie vielen Leuten ich auf Kriegsfuß stehe und in welche Bredouillen mich mein Beruf bringt.

Allerdings ist das nicht alles. Ich kenne auch die entgegengesetzte Profession sehr genau, ich meine diejenige, die auf Liebe beruht: Denn ich liebe Wahres, liebe Schönes, liebe Einfaches und überhaupt alles, was zum Lieben gehört. Allerdings haben nur wenige die Zuwendung dieses Berufs verdient, die hingegen, die unter sein Gegenteil fallen und besser zum Hassen passen, sind fünfzigtausend. Und so laufe ich Gefahr, den einen Beruf aus Mangel an Gelegenheit allmählich zu verlernen, in dem anderen hingegen mich nur allzu gut auszukennen.

Philosophia

Ganz unnötig! Das eine wie das andere, heißt es ja, ist Sache der gleichen Person. Also dividiere die beiden Berufe nicht auseinander! Es soll nur ein einziger Beruf sein, auch wenn es aussieht, als wären es zwei.

Parrhesiades

Das wirst du besser wissen, Philosophia. Meine Aufgabe ist jedenfalls etwas in der Art: die Bösen zu hassen, die Guten zu loben und zu lieben.[32]

[21] Philosophia

Also los, jetzt sind wir da, wo wir hinwollten, irgendwo dort in der Vorhalle der Polias wollen wir verhandeln![33] Du, Priesterin, stell uns das Podest auf; in der Zwischenzeit wollen wir der Göttin unsere Reverenz erweisen!

Parrhesiades

Oh Polias, komm und steh mir bei gegen die Prahler! Denk an all die Meineide, die du sie täglich hast schwören hören! Und du allein siehst ihre Taten, wohnst du doch auf hoher Warte. Jetzt ist die Zeit gekommen, sich gegen sie zur Wehr zu setzen. Solltest du sehen, dass ich unterliege und die schwarzen Steine in der Mehrzahl sind, dann lege du deinen Stein hinzu und rette mich![34]

[22] ΦΙΛΟΣΟΦΙΑ

Εἶέν· ἡμεῖς μὲν ὑμῖν καὶ δὴ καθήμεθα ἕτοιμοι ἀκούειν τῶν λόγων, ὑμεῖς δὲ προελόμενοί τινα ἐξ ἁπάντων, ὅστις ἄριστα κατηγορήσειν δοκεῖ, συνείρετε τὴν κατηγορίαν καὶ διελέγχετε· οὐ γὰρ οἷόν τε πάντας ἅμα λέγειν. σὺ δέ, ὦ Παρρησιάδη, ἀπολογήσῃ τὸ μετὰ τοῦτο.

ΠΛΑΤΩΝ

Τίς οὖν ὁ ἐπιτηδειότατος ἐξ ἡμῶν ἂν γένοιτο πρὸς τὴν δίκην;

ΑΝΑΒΙΟΥΝΤΕΣ

Σύ, ὦ Πλάτων. ἥ τε γὰρ μεγαλόνοια θαυμαστὴ καὶ ἡ καλλιφωνία δεινῶς Ἀττικὴ καὶ τὸ κεχαρισμένον καὶ πειθοῦς μεστὸν ἥ τε σύνεσις καὶ τὸ ἀκριβὲς καὶ τὸ ἐπαγωγὸν ἐν καιρῷ τῶν ἀποδείξεων, πάντα ταῦτά σοι ἀθρόα πρόσεστιν· ὥστε τὴν προηγορίαν δέχου καὶ ὑπὲρ ἁπάντων εἰπὲ τὰ εἰκότα. νῦν ἀναμνήσθητι πάντων ἐκείνων καὶ συμφόρει εἰς τὸ αὐτό, εἴ τί σοι πρὸς Γοργίαν ἢ Πῶλον ἢ Πρόδικον ἢ Ἱππίαν εἴρηται· δεινότερος οὗτός ἐστιν. ἐπίπαττε οὖν καὶ τῆς εἰρωνείας καὶ τὰ κομψὰ ἐκεῖνα καὶ συνεχῆ ἐρώτα, κἄν σοι δοκῇ, κἀκεῖνό που παράβυσον, ὡς ὁ μέγας ἐν οὐρανῷ Ζεὺς πτηνὸν ἅρμα ἐλαύνων ἀγανακτήσειεν ἄν, εἰ μὴ οὗτος ὑπόσχοι τὴν δίκην.

[23] ΠΛΑΤΩΝ

Μηδαμῶς, ἀλλά τινα τῶν σφοδροτέρων προχειρισώμεθα, Διογένη τοῦτον ἢ Ἀντισθένη ἢ Κράτητα ἢ καὶ σέ, ὦ Χρύσιππε· οὐ γὰρ δὴ κάλλους ἐν τῷ παρόντι καὶ δεινότητος συγγραφικῆς ὁ καιρός, ἀλλά τινος ἐλεγκτικῆς καὶ δικανικῆς παρασκευῆς· ῥήτωρ δὲ ὁ Παρρησιάδης ἐστίν.

ΔΙΟΓΕΝΗΣ

Ἀλλ' ἐγὼ αὐτοῦ κατηγορήσω· οὐδὲ γὰρ πάνυ μακρῶν οἶμαι τῶν λόγων

[22] PHILOSOPHIA
So sei es. Nun, wir haben uns jetzt hier für euch niedergelassen und sind bereit, eure Reden zu hören. Sucht ihr einen aus eurer Mitte aus, den ihr für den fähigsten Ankläger haltet, stellt eure Klage zusammen und entkräftet seine Behauptungen! Es geht ja nicht, dass ihr alle gleichzeitig redet. Und danach, Parrhesiades, bist du mit deiner Verteidigung dran.

PLATON
Wer von uns könnte denn der geeignetste Sprecher für diesen Prozess sein?

WIEDERGÄNGER
Du, Platon! Die Erhabenheit deiner Gedanken, der unfassbar attische Wohlklang deiner Sprache, deine Anmut und Überzeugungskraft, dein Verstand, deine Präzision, die mitreißende und auf den Punkt gezielte Kraft deiner Beweisführung: Das alles findet sich in dir vereint. Übernimm daher das Sprecheramt und trage in unser aller Namen das Richtige und Angemessene vor! Wenn du je gegen Gorgias, Polos, Prodikos oder Hippias geredet hast: Jetzt ruf dir das alles in Erinnerung und pack es auf einen Haufen! Denn der da ist gefährlicher! Kleistere deine Ironie obendrauf, stell deine bekannten pausenlosen raffinierten Fragen und stopf noch, wenn du es für richtig hältst, jenes berühmte Bild mit dazu, wie der gewaltige Zeus im Himmel auf seinem geflügelten Wagen zürnen würde, wenn der Kerl da nicht zur Rechenschaft gezogen würde.[35]

[23] PLATON
Auf keinen Fall! Wir wollen im Gegenteil lieber einen der vehementeren Kollegen beauftragen, den Diogenes hier oder Antisthenes oder Krates, oder auch dich, Chrysipp. Denn das ist jetzt nicht der Moment für Schönheit oder Darstellungskraft, sondern für eine Streitmacht gerichtlicher Debattenkunst: Ein Rhetor ist der Parrhesiades!

DIOGENES
Nun, dann werde ich ihn anklagen! Ich glaube nämlich, da wird keine lange Rede nötig sein. Und überhaupt bin ich weit mehr ge-

δεήσεσθαι. καὶ ἄλλως ὑπὲρ ἅπαντας ὕβρισμαι δύ' ὀβολῶν πρῴην ἀποκεκηρυγμένος.

ΠΛΑΤΩΝ

Ὁ Διογένης, ὦ Φιλοσοφία, ἐρεῖ τὸν λόγον ὑπὲρ ἁπάντων. μέμνησο δέ, ὦ γενναῖε, μὴ τὰ σεαυτοῦ μόνον πρεσβεύειν ἐν τῇ κατηγορίᾳ, τὰ κοινὰ δὲ ὁρᾶν· εἰ γάρ τι καὶ πρὸς ἀλλήλους διαφερόμεθα ἐν τοῖς δόγμασι, σὺ δὲ τοῦτο μὲν μὴ ἐξέταζε, μηδὲ ὅστις ἐστὶν ὁ ἀληθέστερος νῦν λέγε, ὅλως δὲ ὑπὲρ Φιλοσοφίας αὐτῆς ἀγανάκτει περιυβρισμένης καὶ κακῶς ἀκουούσης ἐν τοῖς Παρρησιάδου λόγοις, καὶ τὰς προαιρέσεις ἀφείς, ἐν αἷς διαλλάττομεν, ὃ κοινὸν ἅπαντες ἔχομεν, τοῦτο ὑπερμάχει. ὅρα· σὲ μόνον προεστησάμεθα καὶ ἐν σοὶ τὰ πάντα ἡμῶν νῦν κινδυνεύεται, ἢ σεμνότατα δόξαι ἢ τοιαῦτα πιστευθῆναι οἷα οὗτος ἀπέφηνε.

[24] ΔΙΟΓΕΝΗΣ

Θαρρεῖτε, οὐδὲν ἐλλείψομεν· ὑπὲρ ἁπάντων ἐρῶ. κἂν ἡ Φιλοσοφία δὲ πρὸς τοὺς λόγους ἐπικλασθεῖσα – φύσει γὰρ ἥμερος καὶ πρᾷός ἐστιν – ἀφεῖναι διαβουλεύηται αὐτόν, ἀλλ' οὐ τὰ ἐμὰ ἐνδεήσει· δείξω γὰρ αὐτῷ ὅτι μὴ μάτην ξυλοφοροῦμεν.

ΦΙΛΟΣΟΦΙΑ

Τοῦτο μὲν μηδαμῶς, ἀλλὰ τῷ λόγῳ μᾶλλον· ἄμεινον γὰρ ἤπερ τῷ ξύλῳ. μὴ μέλλε δ' οὖν. ἤδη γὰρ ἐγκέχυται τὸ ὕδωρ καὶ πρὸς σὲ τὸ δικαστήριον ἀποβλέπει.

ΠΑΡΡΗΣΙΑΔΗΣ

Οἱ λοιποὶ καθιζέτωσαν, ὦ Φιλοσοφία, καὶ ψηφοφορείτωσαν μεθ' ὑμῶν, Διογένης δὲ κατηγορείτω μόνος.

schädigt worden als alle anderen, weil er mich ja neulich für zwei Obolen verramscht hat.

PLATON

PHILOSOPHIA, Diogenes wird für uns reden. Und denk dran, du Tapferer, bei der Anklage nicht nur in deiner eigenen Sache tätig zu werden, sondern unser gemeinsames Anliegen im Blick zu behalten. Denn es mag zwar sein, dass wir in unseren philosophischen Ansichten nicht immer miteinander übereinstimmen, aber bitte unterzieh das jetzt keiner Prüfung und halte auch keinen Vortrag darüber, wer die wahrere Lehre vertritt, sondern entfessle deinen ganzen Zorn für PHILOSOPHIA, der man übel mitgespielt hat und die in Parrhesiades' Schriften schlecht wegkommt, und lass die schulmäßigen Ausrichtungen mal beiseite, in denen wir nicht einer Meinung sind, sondern entfalte deine ganze Kampfkraft für das, wofür wir gemeinsam stehen. Schau: Dich haben wir allein in die erste Reihe gestellt, und unsere ganze Sache steht und fällt mit dir: Entweder behalten wir unseren Nimbus der Ehrwürdigkeit, oder man wird von uns genau das glauben, was der dargelegt hat.

[24] DIOGENES

Keine Angst, ich werde nichts versäumen! Ich werde für uns alle sprechen. Und sollte auch PHILOSOPHIA unter seinen Worten einknicken – sie ist ja ein sanftes und mildes Wesen – und zu dem Schluss kommen, ihn freizusprechen, nun, dann soll es an mir nicht fehlen! Ich werde ihm zeigen, dass unsere Stöcke durchaus Sinn und Zweck haben!

PHILOSOPHIA

Nein, so ganz bestimmt nicht! Bitte nur verbal! Das ist besser als mit dem Stock! Aber nun Schluss mit den Vorreden: Das Wasser ist schon eingeschüttet, und das Tribunal schaut auf dich!

PARRHESIADES

Die Übrigen sollen bei euch Platz nehmen, PHILOSOPHIA, und mit euch gemeinsam abstimmen, und Diogenes soll die Klage allein führen!

ΦΙΛΟΣΟΦΙΑ

Οὐ δέδιας οὖν μή σου καταψηφίσωνται;

ΠΑΡΡΗΣΙΑΔΗΣ

Οὐδαμῶς· πλείοσι γοῦν κρατῆσαι βούλομαι.

ΦΙΛΟΣΟΦΙΑ

Γενναῖά σου ταῦτα· καθίσατε δ' οὖν. σὺ δέ, ὦ Διόγενες, λέγε.

[25] ΔΙΟΓΕΝΗΣ

Οἷοι μὲν ἡμεῖς ἄνδρες ἐγενόμεθα παρὰ τὸν βίον, ὦ Φιλοσοφία, πάνυ ἀκριβῶς οἶσθα καὶ οὐδὲν δεῖ λόγων· ἵνα γὰρ τὸ κατ' ἐμὲ σιωπήσω, ἀλλὰ Πυθαγόραν τοῦτον καὶ Πλάτωνα καὶ Ἀριστοτέλη καὶ Χρύσιππον καὶ τοὺς ἄλλους τίς οὐκ οἶδεν ὅσα εἰς τὸν βίον καλὰ εἰσεκομίσαντο; ἃ δὲ τοιούτους ὄντας ἡμᾶς ὁ τρισκατάρατος οὑτοσὶ Παρρησιάδης ὕβρικεν ἤδη ἐρῶ.

Ῥήτωρ γάρ τις, ὥς φασιν, ὤν, ἀπολιπὼν τὰ δικαστήρια καὶ τὰς ἐν ἐκείνοις εὐδοκιμήσεις, ὁπόσον ἢ δεινότητος ἢ ἀκμῆς ἐπεπόριστο ἐν τοῖς λόγοις, τοῦτο πᾶν ἐφ' ἡμᾶς συσκευασάμενος οὐ παύεται μὲν ἀγορεύων κακῶς γόητας καὶ ἀπατεῶνας ἀποκαλῶν, τὰ πλήθη δὲ ἀναπείθων καταγελᾶν ἡμῶν καὶ καταφρονεῖν ὡς τὸ μηδὲν ὄντων· μᾶλλον δὲ καὶ μισεῖσθαι πρὸς τῶν πολλῶν ἤδη πεποίηκεν αὐτούς τε ἡμᾶς καὶ σὲ τὴν Φιλοσοφίαν, φληνάφους καὶ λήρους ἀποκαλῶν τὰ σὰ καὶ τὰ σπουδαιότατα ὧν ἡμᾶς ἐπαίδευσας ἐπὶ χλεύῃ διεξιών, ὥστε αὐτὸν μὲν κροτεῖσθαι καὶ ἐπαινεῖσθαι πρὸς τῶν θεατῶν, ἡμᾶς δὲ ὑβρίζεσθαι. φύσει γὰρ τοιοῦτόν ἐστιν ὁ πολὺς λεώς, χαίρουσι τοῖς ἀποσκώπτουσιν καὶ λοιδορουμένοις, καὶ μάλισθ' ὅταν τὰ σεμνότατα εἶναι δοκοῦντα διασύρηται, ὥσπερ ἀμέλει καὶ πάλαι ἔχαιρον Ἀριστοφάνει καὶ Εὐπόλιδι Σωκράτη

PHILOSOPHIA
Du hast also keine Angst, dass sie dich verurteilen?
PARRHESIADES
Kein bisschen! Ich will mit der Mehrheit der Stimmen siegen.[36]
PHILOSOPHIA
Dein Vorhaben ehrt dich. Also, setzt euch zu uns! Und du, Diogenes, sprich!
[25] DIOGENES
Was wir im Leben für Männer waren, das weißt du, PHILOSOPHIA, ganz genau, und es bedarf hier keiner Ausführungen. Denn um von mir und meinen Angelegenheiten zu schweigen: Aber Pythagoras hier, Platon, Aristoteles, Chrysipp und die anderen – wer weiß denn nicht, welche Segnungen sie dem Leben geschenkt haben? Doch was uns, solchen Männern!, dieser dreimal verfluchte Parrhesiades hier angetan hat, das will ich jetzt sagen.

Nachdem er, ein Rhetor, wie es heißt, die Gerichtshöfe und Ruhm und Anerkennung in ihnen aufgegeben hat, bringt er jetzt all das, was er an Wortgewalt oder oratorischer Reife erlangt hat, gegen uns in Stellung und findet kein Ende damit, uns übel nachzureden und uns lautstark als Gauner und Betrüger zu bezeichnen. Und genauso unaufhörlich bringt er die Massen dazu, sich über uns lustig zu machen und uns zu verachten, als wären wir nichts, ja, mehr noch, er hat es geschafft, dass wir von den Leuten sogar gehasst werden, wir persönlich und auch du, PHILOSOPHIA, indem er alles, was mit dir zu tun hat, als Geschwätz und Unfug deklariert und das Eigentliche und Kostbarste all dessen, was du uns gelehrt hast, spöttisch durchhechelt, mit dem Effekt, dass er Beifall und Lob der Zuschauer erhält, wir aber malträtiert werden. So ist es ja immer mit den Leuten: An Spöttern und Pöblern finden sie ihr Vergnügen, und ganz besonders dann, wenn das, was den Anschein größter Ehrwürdigkeit hat, in den Schmutz gezogen wird, wie sie übrigens auch seinerzeit an Aristophanes und Eupolis ihren Spaß hatten, die un-

τουτονὶ ἐπὶ χλεύῃ παράγουσιν ἐπὶ τὴν σκηνὴν καὶ κωμῳδοῦσιν ἀλλοκότους τινὰς περὶ αὐτοῦ κωμῳδίας.

Καίτοι ἐκεῖνοι μὲν καθ᾽ ἑνὸς ἀνδρὸς ἐτόλμων τοιαῦτα, καὶ ἐν Διονυσίου ἐφειμένον αὐτὸ ἔδρων, καὶ τὸ σκῶμμα ἐδόκει μέρος τι τῆς ἑορτῆς, καὶ

ὁ θεὸς ἴσως ἔχαιρε φιλόγελώς τις ὤν.

[26] ὁ δὲ τοὺς ἀρίστους συγκαλῶν, ἐκ πολλοῦ φροντίσας καὶ παρασκευασάμενος καὶ βλασφημίας τινὰς εἰς παχὺ βιβλίον ἐγγράψας, μεγάλῃ τῇ φωνῇ ἀγορεύει κακῶς Πλάτωνα, Πυθαγόραν, Ἀριστοτέλη τοῦτον, Χρύσιππον ἐκεῖνον, ἐμὲ καὶ ὅλως ἅπαντας οὔτε ἑορτῆς ἐφιείσης οὔτε ἰδίᾳ τι πρὸς ἡμῶν παθών· εἶχε γὰρ ἄν τινα συγγνώμην αὐτῷ τὸ πρᾶγμα, εἰ ἀμυνόμενος, ἀλλὰ μὴ ἄρχων αὐτὸς ἔδρα.

Καὶ τὸ πάντων δεινότατον, ὅτι τοιαῦτα ποιῶν καὶ τὸ σὸν ὄνομα, ὦ Φιλοσοφία, ὑποδύεται καὶ ὑπελθὼν τὸν Διάλογον ἡμέτερον οἰκέτην ὄντα, τούτῳ συναγωνιστῇ καὶ ὑποκριτῇ χρῆται καθ᾽ ἡμῶν, ἔτι καὶ Μένιππον ἀναπείσας ἑταῖρον ἡμῶν ἄνδρα συγκωμῳδεῖν αὐτῷ τὰ πολλά, ὃς μόνος οὐ πάρεστιν οὐδὲ κατηγορεῖ μεθ᾽ ἡμῶν, προδοὺς τὸ κοινόν.

[27] Ἀνθ᾽ ὧν ἁπάντων ἄξιόν ἐστιν ὑποσχεῖν αὐτὸν τὴν δίκην. ἢ τί γὰρ ἂν εἰπεῖν ἔχοι τὰ σεμνότατα διασύρας ἐπὶ τοσούτων μαρτύρων; χρήσιμον γοῦν καὶ πρὸς ἐκείνους τὸ τοιοῦτον, εἰ θεάσαιντο αὐτὸν κολασθέντα, ὡς μηδὲ ἄλλος τις ἔτι καταφρονοίη Φιλοσοφίας· ἐπεὶ τό γε τὴν ἡσυχίαν ἄγειν καὶ ὑβριζόμενον ἀνέχεσθαι οὐ μετριότητος, ἀλλὰ ἀνανδρίας καὶ εὐηθείας εἰκότως ἂν νομίζοιτο. τὰ μὲν γὰρ τελευταῖα τίνι φορητά; ὃς καθάπερ τὰ ἀνδράποδα παραγαγὼν ἡμᾶς ἐπὶ τὸ πωλητήριον καὶ κήρυκα ἐπιστήσας ἀπημπόλησεν, ὥς φασιν, τοὺς μὲν ἐπὶ πολλῷ,

seren Sokrates hier, der Menge zum Spott, auf die Bühne zerrten und zur Hauptfigur abstruser Komödien machten.

Und doch wagten die solche Dreistigkeiten nur gegen einen einzelnen Mann und taten damit nur das, was man an den Dionysien eben darf, und so wirkte der Spott eben nur als Teil des Festes, wobei

vielleicht der Gott sich freute, der Gelächter liebt.[37]

[26] Der aber ruft die höchsten Persönlichkeiten zusammen – schon lange hatte er das geplant und vorbereitet und Beleidigungen in ein dickes Buch geschrieben – und schmäht mit lauter Stimme Platon, Pythagoras, hier Aristoteles, da Chrysipp, mich und einfach alle, ohne die Freizügigkeit eines Festes oder dass wir ihm etwas getan hätten; man könnte seine Aktion ja noch irgendwie entschuldigen, wenn er sich nur gewehrt, aber nicht angefangen hätte.[38]

Aber das Allerschlimmste ist doch, dass er dafür unter den Schutz deines Namens, Philosophia, geschlüpft ist, heimlich die Gunst des Dialogos, unseres Dieners, gewonnen hat und ihn als Schauspielerkomplizen gegen uns benutzt, ja obendrein sogar den Menipp, unseren Kampfgefährten, dazu gebracht hat, bei vielen seiner Komödien mitzuspielen – Menipp, der jetzt als einziger nicht hier ist und nicht zusammen mit uns Klage führt, dieser Verräter an der gemeinsamen Sache![39]

[27] Für all das verdient er es, bestraft zu werden. Oder was könnte er noch vorbringen, nachdem er die ehrwürdigsten Gegenstände durchgehechelt hat, vor so vielen Zeugen? Für die könnte das ja noch nützlich sein, wenn sie sähen, wie er bestraft wird, auf dass es nie mehr einer wagen würde, Philosophia zu verachten. Denn nicht zu reagieren und sich malträtieren zu lassen wird man natürlich kaum für ein Zeichen von Mäßigung halten, sondern von Feigheit und Naivität. Wer kann denn seine allerneueste Aktion dulden? Bei der er uns wie Sklaven auf den Verkaufsplatz getrieben, einen Auktionator daneben postiert und uns, wie man erzählt, verraten und verkauft hat, die einen für viel Geld, ein paar für eine atti-

ἐνίους δὲ μνᾶς Ἀττικῆς, ἐμὲ δὲ ὁ παμπονηρότατος οὗτος δύ' ὀβολῶν· οἱ παρόντες δὲ ἐγέλων.

Ἀνθ' ὧν αὐτοί τε ἀνεληλύθαμεν ἀγανακτήσαντες καὶ σὲ ἀξιοῦμεν τιμωρήσειν ἡμῖν τὰ ἔσχατα ὑβρισμένοις.

[28] ΑΝΑΒΙΟΥΝΤΕΣ

Εὖ γε, ὦ Διόγενες, ὑπὲρ ἁπάντων καλῶς ὁπόσα ἐχρῆν ἅπαντα εἴρηκας.

ΦΙΛΟΣΟΦΙΑ

Παύσασθε ἐπαινοῦντες· ἔγχει τῷ ἀπολογουμένῳ. σὺ δὲ ὁ Παρρησιάδης λέγε ἤδη ἐν τῷ μέρει· σοὶ γὰρ τὸ ὕδωρ ῥεῖ νῦν. μὴ μέλλε οὖν.

[29] ΠΑΡΡΗΣΙΑΔΗΣ

Οὐ πάντα μου, ὦ Φιλοσοφία, κατηγόρησε Διογένης, ἀλλὰ τὰ πλείω καὶ ὅσα ἦν χαλεπώτερα οὐκ οἶδα ὅ τι παθὼν παρέλιπεν. ἐγὼ δὲ τοσούτου δέω ἔξαρνος γενέσθαι ὡς οὐκ εἶπον αὐτά, ἢ ἀπολογίαν τινὰ μεμελετηκὼς ἀφῖχθαι, ὥστε καὶ εἴ τινα ἢ αὐτὸς ἀπεσιώπησεν ἢ ἐγὼ μὴ πρότερον ἔφθην εἰρηκώς, νῦν προσθήσειν μοι δοκῶ. οὕτως γὰρ ἂν μάθοις οὕστινας ἀπεκήρυττον καὶ κακῶς ἠγόρευον ἀλαζόνας καὶ γόητας ἀποκαλῶν. καί μοι μόνον τοῦτο παραφυλάττετε, εἰ ἀληθῆ περὶ αὐτῶν ἐρῶ. εἰ δέ τι βλάσφημον ἢ τραχὺ φαίνοιτο ἔχων ὁ λόγος, οὐ τὸν διελέγχοντα ἐμέ, ἀλλ' ἐκείνους ἂν οἶμαι δικαιότερον αἰτιάσεσθε, τοιαῦτα ποιοῦντας.

Ἐγὼ γὰρ ἐπειδὴ τάχιστα συνεῖδον ὁπόσα τοῖς ῥητορεύουσιν ἀναγκαῖον τὰ δυσχερῆ προσεῖναι, ἀπάτην καὶ ψεῦδος καὶ θρασύτητα καὶ βοὴν καὶ ὠθισμοὺς καὶ μυρία ἄλλα, ταῦτα μέν, ὥσπερ εἰκὸς ἦν, ἀπέφυγον, ἐπὶ δὲ τὰ σά, ὦ Φιλοσοφία, καλὰ ὁρμήσας ἠξίουν ὁπόσον ἔτι

sche Mine, und mich, dieser Oberschurke, für zwei Obolen.[40] Die Anwesenden haben sich schlapp gelacht.[41]

Das ist es, weswegen wir in unserem Zorn an die Oberwelt zurückgekehrt sind und dich bitten, uns zu rächen, denen man aufs Übelste mitgespielt hat.

[28] Wiedergänger

Bravo, Diogenes, du hast in unserem Namen alles vorzüglich vorgebracht, was gesagt werden musste!

Philosophia

Schluss mit dem Beifall! Gieß das Wasser für den Verteidiger ein. Jetzt, Parrhesiades, bist du dran. Das Wasser läuft schon für dich, also leg los!

[29] Parrhesiades

Die Anklage, Philosophia, die Diogenes gegen mich geführt hat, war unvollständig, ja, den größeren Teil und das, was noch viel anstößiger war, hat er – ich weiß nicht, was in ihn gefahren ist – ausgelassen. Ich bin so weit davon entfernt, zu behaupten, ich hätte das alles gar nicht gesagt, und mit einer einstudierten Verteidigungsrede hierherzukommen, dass ich auch dann, wenn er selbst etwas verschwiegen oder ich es etwa früher noch gar nicht gesagt hätte, jetzt beabsichtige, es hinzuzufügen. Denn auf diese Weise wirst du verstehen, was für Leute ich da zum Verkauf angeboten und als Prahler und Gauner geschmäht habe. Passt dabei bitte auf, ob ich über sie die Wahrheit sage! Sollte es euch so vorkommen, als enthielte meine Rede Ehrenrühriges und Harsches, dann werdet ihr mit größerem Recht nicht mir, dem Kritiker, sondern den Leuten, die so agieren, Vorwürfe machen.

Als mir seinerzeit klar wurde, was für unerfreuliche Eigenschaften jemand unbedingt besitzen muss, der im rhetorischen Geschäft tätig ist, die Fähigkeit zu betrügen und zu lügen, Dreistigkeit, eine Brüllstimme, Ellbogen und tausenderlei weiteres, da wandte ich mich selbstverständlich davon ab und deinem schönen Reich zu, Philosophia, und es schien mir richtig, die verbleibende Zeit mei-

μοι λοιπὸν τοῦ βίου καθάπερ ἐκ ζάλης καὶ κλύδωνος εἰς εὔδιόν τινα λιμένα ἐσπλεύσας ὑπὸ σοὶ σκεπόμενος καταβιῶναι.

[30] Κἀπειδὴ μόνον παρέκυψα εἰς τὰ ὑμέτερα, σὲ μέν, ὥσπερ ἀναγκαῖον ἦν, καὶ τούσδε ἅπαντας ἐθαύμαζον ἀρίστου βίου νομοθέτας ὄντας καὶ τοῖς ἐπ᾽ αὐτὸν ἐπειγομένοις χεῖρα ὀρέγοντας, τὰ κάλλιστα καὶ συμφορώτατα παραινοῦντας, εἴ τις μὴ παραβαίνοι αὐτὰ μηδὲ διολισθάνοι, ἀλλ᾽ ἀτενὲς ἀποβλέπων εἰς τοὺς κανόνας οὓς προτεθείκατε, πρὸς τούτους ῥυθμίζοι καὶ ἀπευθύνοι τὸν ἑαυτοῦ βίον, ὅπερ νὴ Δία καὶ τῶν καθ᾽ ὑμᾶς αὐτοὺς ὀλίγοι ποιοῦσιν.

[31] Ὁρῶν δὲ πολλοὺς οὐκ ἔρωτι φιλοσοφίας ἐχομένους ἀλλὰ δόξης μόνον τῆς ἀπὸ τοῦ πράγματος ἐφιεμένους, καὶ τὰ μὲν πρόχειρα ταῦτα καὶ δημόσια καὶ ὁπόσα παντὶ μιμεῖσθαι ῥᾴδιον εὖ μάλα ἐοικότας ἀγαθοῖς ἀνδράσι, τὸ γένειον λέγω καὶ τὸ βάδισμα καὶ τὴν ἀναβολήν, ἐπὶ δὲ τοῦ βίου καὶ τῶν πραγμάτων ἀντιφθεγγομένους τῷ σχήματι καὶ τὰ ἐναντία ὑμῖν ἐπιτηδεύοντας καὶ διαφθείροντας τὸ ἀξίωμα τῆς ὑποσχέσεως, ἠγανάκτουν, καὶ τὸ πρᾶγμα ὅμοιον ἐδόκει μοι καθάπερ ἂν εἴ τις ὑποκριτὴς τραγῳδίας μαλθακὸς αὐτὸς ὢν καὶ γυναικίας Ἀχιλλέα ἢ Θησέα ἢ καὶ τὸν Ἡρακλέα ὑποκρίνοιτο αὐτὸν μήτε βαδίζων μήτε βοῶν ἡρωϊκόν, ἀλλὰ θρυπτόμενος ὑπὸ τηλικούτῳ προσωπείῳ, ὃν οὐδ᾽ ἂν ἡ Ἑλένη ποτὲ ἢ Πολυξένη ἀνάσχοιτο πέρα τοῦ μέτρου αὐταῖς προσεοικότα, οὐχ ὅπως ὁ Ἡρακλῆς ὁ Καλλίνικος, ἀλλά μοι δοκεῖ τάχιστ᾽ ἂν ἐπιτρῖψαι τῷ ῥοπάλῳ παίων τοῦτον αὐτόν τε καὶ τὸ προσωπεῖον, οὕτως ἀτίμως κατατεθηλυμμένος πρὸς αὐτοῦ.

[32] Τοιαῦτα καὶ αὐτὸς ὑμᾶς πάσχοντας ὑπ᾽ ἐκείνων ὁρῶν οὐκ

nes Lebens, als ob ich aus Sturm und Wellental in einen heiteren und ruhigen Hafen eingelaufen wäre, unter deiner Hut zu verbringen.

[30] Ich hatte kaum einen Fuß auf euer Gebiet gesetzt, da war ich schon – wie hätte es anders sein sollen? – voller Bewunderung für dich und sie alle hier, Gesetzgeber für das beste Leben, die ihre Hand denen, die danach strebten, entgegenstreckten, ihnen die schönsten und nützlichsten Ratschläge erteilten, wenn man nicht dagegen verstieß und wankelmütig wurde, sondern, den Blick unverwandt auf die Regeln gerichtet, die ihr aufgestellt hattet, sein Leben nach ihnen gestaltete und ausrichtete – was allerdings, bei Zeus, sogar von den Leuten in eurer eigenen Zeit[42] nur wenige getan haben.

[31] Wie ich wahrnahm, dass viele sich nicht aus Drang und Verlangen an die Philosophie hielten, sondern nur auf das damit verbundene Ansehen aus waren und zwar, was die bekannten leicht verfügbaren, öffentlichkeitswirksamen und für jeden ohne weiteres imitierbaren Merkmale betrifft, ganz und gar wie gute Männer aussahen – den Bart meine ich, den Gang und die Kleidung –, in den harten Tatsachen ihrer Lebensführung aber ihrem Äußeren widersprachen, Anliegen verfolgten, die den euren entgegengesetzt waren, und die hohe Wertschätzung ruinierten, die aus ihrer vielversprechenden Haltung erwuchs, da empfand ich große Verbitterung, und die ganze Angelegenheit kam mir vor, wie wenn ein Tragödienschauspieler, selbst ein weichlicher und weibischer Typ, den Achill, den Theseus oder sogar Herakles persönlich gäbe, doch ohne den ausgreifenden Gang oder die dröhnende Stimme eines wahren Helden, sondern unter der Maske so unmännlich, dass nicht einmal Helena oder Polyxena es ertragen würden, wenn er sich ihnen allzu sehr angleichen würde, nicht zu reden von Herakles Kallinikos[43] – nein, ich denke, der würde einen, der ihn auf so ehrabschneidende Weise zum Weib gemacht hätte, umgehend mit seiner Keule zusammendreschen, ihn selbst und seine Maske gleich mit.[44]

[32] Mir ging es genauso: Als ich mitansehen musste, wie auch

ἤνεγκα τὴν αἰσχύνην τῆς ὑποκρίσεως, εἰ πίθηκοι ὄντες ἐτόλμησαν ἡρώων προσωπεῖα περιθέσθαι ἢ τὸν ἐν Κύμῃ ὄνον μιμήσασθαι, ὃς λεοντῆν περιβαλόμενος ἠξίου λέων αὐτὸς εἶναι, πρὸς ἀγνοοῦντας τοὺς Κυμαίους ὀγκώμενος μάλα τραχὺ καὶ καταπληκτικόν, ἄχρι δή τις αὐτὸν ξένος καὶ λέοντα ἰδὼν καὶ ὄνον πολλάκις ἤλεγξε καὶ ἀπεδίωξε παίων τοῖς ξύλοις.

Ὃ δὲ μάλιστά μοι δεινόν, ὦ Φιλοσοφία, κατεφαίνετο, τοῦτο ἦν· οἱ γὰρ ἄνθρωποι εἴ τινα τούτων ἑώρων πονηρὸν ἢ ἄσχημον ἢ ἀσελγές τι ἐπιτηδεύοντα, οὐκ ἔστιν ὅστις οὐ Φιλοσοφίαν αὐτὴν ᾐτιᾶτο καὶ τὸν Χρύσιππον εὐθὺς ἢ Πλάτωνα ἢ Πυθαγόραν ἢ ὅτου ἐπώνυμον αὐτὸν ὁ διαμαρτάνων ἐκεῖνος ἐποιεῖτο καὶ οὗ τοὺς λόγους ἐμιμεῖτο· καὶ ἀπὸ τοῦ κακῶς βιοῦντος πονηρὰ περὶ ὑμῶν εἴκαζον τῶν πρὸ πολλοῦ τεθνηκότων· οὐ γὰρ παρὰ ζῶντας ὑμᾶς ἡ ἐξέτασις αὐτοῦ ἐγίγνετο, ἀλλ᾽ ὑμεῖς μὲν ἐκποδών, ἐκεῖνον δὲ ἑώρων σαφῶς ἅπαντες δεινὰ καὶ ἄσεμνα ἐπιτηδεύοντα, ὥστε ἐρήμην ἡλίσκεσθε μετ᾽ αὐτοῦ καὶ ἐπὶ τὴν ὁμοίαν διαβολὴν συγκατεσπᾶσθε.

[33] Ταῦτα οὐκ ἤνεγκα ὁρῶν ἔγωγε, ἀλλ᾽ ἤλεγχον αὐτοὺς καὶ διέκρινον ἀφ᾽ ὑμῶν· ὑμεῖς δέ, τιμᾶν ἐπὶ τούτοις δέον, εἰς δικαστήριόν με ἄγετε. οὐκοῦν ἤν τινα καὶ τῶν μεμυημένων ἰδὼν ἐξαγορεύοντα ταῖν θεαῖν τὰ ἀπόρρητα καὶ ἐξορχούμενον ἀγανακτήσω καὶ διελέγξω, ἐμὲ τὸν ἀσεβοῦντα ἡγήσεσθε εἶναι; ἀλλ᾽ οὐ δίκαιον. ἐπεὶ καὶ οἱ ἀγωνοθέται μαστιγοῦν εἰώθασιν, ἤν τις ὑποκριτὴς Ἀθηνᾶν ἢ Ποσειδῶνα ἢ τὸν Δία ὑποδεδυκὼς μὴ καλῶς ὑποκρίνηται μηδὲ κατ᾽ ἀξίαν τῶν θεῶν, καὶ οὐ δή

ihr euch so etwas von ihnen gefallen lassen müsst, da konnte ich die Schändlichkeit dieser Verstellung nicht ertragen: Sie wagten es, als die Affen, die sie waren, Heroenmasken anzulegen, oder es dem berühmten Esel von Kyme nachzutun, der sich ein Löwenfell umwarf, dafürhielt, er sei tatsächlich ein Löwe, und die ahnungslosen Kymäer schrecklich aggressiv anbrüllte, bis dann ein Fremder, der schon oft sowohl Löwen als auch Esel gesehen hatte, ihn entlarvte und mit Stockschlägen davonjagte.

Als besonders schlimm erwies sich in meinen Augen aber folgendes, PHILOSOPHIA: Wenn nämlich die Leute einen von denen bei einer schurkischen, unschicklichen oder ausschweifenden Handlung beobachteten, dann gab es niemanden, der dafür nicht PHILOSOPHIA persönlich und gleich auch Chrysipp, Platon, Pythagoras verantwortlich gemacht hätte, oder wessen Namen der Verbrecher sich sonst immer angeeignet hatte und wessen Worte er auf den Lippen führte; und von ihm und seiner schlechten Lebensführung schlossen sie auf Schurkentum eurerseits, die ihr doch schon lange tot wart. Denn seine Eignungsprüfung erfolgte ja nicht zu euren Lebzeiten, sondern ihr wart fort, aber ihn konnten sie alle klar und deutlich dabei sehen, wie er schlimme Dinge tat, denen jede Ehrwürdigkeit abging, und so wurdet ihr in Abwesenheit mit ihm in Sippenhaft genommen und in den Abgrund der gleichen Verleumdung gezogen.

[33] Das zu sehen konnte ich jedenfalls nicht ertragen, stattdessen versuchte ich, sie zu entlarven und die Unterschiede zwischen ihnen und euch sichtbar zu machen – und da zerrt ihr mich, dem ihr dafür doch Ehren erweisen müsstet, vor Gericht! Ja, wenn ich mich über einen Eingeweihten aufrege, den ich die Geheimnisse der beiden Göttinnen ausplaudern und in verräterischer Pantomime darstellen sehe, und ihn deshalb bloßstelle, werdet ihr dann finden, ich sei der Frevler?[45] Nein, das wäre nicht gerecht! Pflegen doch auch die Agonotheten die Schauspieler auspeitschen zu lassen, die in die Rolle der Athena, des Poseidon oder des Zeus schlüpfen, sie

που ὀργίζονται αὐτοῖς ἐκεῖνοι, διότι τὸν περικείμενον αὐτῶν τὰ προσωπεῖα καὶ τὸ σχῆμα ἐνδεδυκότα ἐπέτρεψαν παίειν τοῖς μαστιγοφόροις, ἀλλὰ καὶ ἥδονται μᾶλλον μαστιγουμένῳ· οἰκέτην μὲν γάρ τινα ἢ ἄγγελον μὴ δεξιῶς ὑποκρίνασθαι μικρὸν τὸ πταῖσμα, τὸν Δία δὲ ἢ τὸν Ἡρακλέα μὴ κατ' ἀξίαν ἐπιδείξασθαι τοῖς θεαταῖς, ἀποτρόπαιον ὡς αἰσχρόν.

[34] Καὶ γὰρ αὖ καὶ τόδε πάντων ἀτοπώτατόν ἐστιν, ὅτι τοὺς μὲν λόγους ὑμῶν πάνυ ἀκριβοῦσιν οἱ πολλοὶ αὐτῶν, καθάπερ δὲ ἐπὶ τοῦτο μόνον ἀναγιγνώσκοντες αὐτοὺς καὶ μελετῶντες, ὡς τἀναντία ἐπιτηδεύοιεν, οὕτως βιοῦσιν. πάντα μὲν γὰρ ὅσα φασὶν οἷον καταφρονεῖν καὶ δόξης καὶ μόνον τὸ καλὸν ἀγαθὸν οἴεσθαι καὶ ἀόργητον εἶναι καὶ τῶν λαμπρῶν τούτων ὑπερορᾶν καὶ ἐξ ἰσοτιμίας αὐτοῖς διαλέγεσθαι, καλά, ὦ θεοί, καὶ σοφὰ καὶ θαυμάσια λίαν ὡς ἀληθῶς. οἱ δὲ καὶ αὐτὰ ταῦτα ἐπὶ μισθῷ διδάσκουσιν καὶ τοὺς πλουσίους τεθήπασιν καὶ πρὸς τὸ ἀργύριον κεχήνασιν, ὀργιλώτεροι μὲν τῶν κυνιδίων ὄντες, δειλότεροι δὲ τῶν λαγωῶν, κολακικώτεροι δὲ τῶν πιθήκων, ἀσελγέστεροι δὲ τῶν ὄνων, ἁρπακτικώτεροι δὲ τῶν γαλῶν, φιλονικότεροι δὲ τῶν ἀλεκτρυόνων. τοιγαροῦν γέλωτα ὀφλισκάνουσιν ὠθιζόμενοι ἐπ' αὐτὰ καὶ περὶ τὰς τῶν πλουσίων πυλῶνας ἀλλήλους παραγκωνιζόμενοι καὶ δεῖπνα πολυάνθρωπα δειπνοῦντες καὶ ἐν αὐτοῖς τούτοις ἐπαινοῦντες φορτικῶς καὶ πέρα τοῦ καλῶς ἔχοντος ἐμφορούμενοι καὶ μεμψίμοιροι φαινόμενοι καὶ ἐπὶ τῆς κύλικος ἀτερπῆ καὶ ἀπῳδὰ φιλοσοφοῦντες καὶ τὸν ἄκρατον οὐ φέροντες· οἱ ἰδιῶται δὲ ὁπόσοι πάρεισιν, γελῶσι δηλαδὴ καὶ καταπτύουσιν φιλοσοφίας, εἰ τοιαῦτα καθάρματα ἐκτρέφει.

[35] Τὸ δὲ πάντων αἴσχιστον, ὅτι μηδενὸς δεῖσθαι λέγων ἕκαστος

aber nicht schön und nicht so spielen, wie es Göttern gebührt, und die Götter wiederum sind nicht im geringsten zornig auf sie, weil sie einen, der ihre Maske angelegt und ihre Pose eingenommen hat, den Peitschenträgern zum Verprügeln übergeben haben, sondern sie freuen sich vermutlich sogar über die Auspeitschung: Denn einen Diener oder Boten stümperhaft darzustellen ist ein leichtes Vergehen, Zeus allerdings oder Herakles den Zuschauern nicht in der angemessenen Würde vorzuführen, diese Abscheulichkeit sei uns fern!

[34] Und dann ist, andersherum, noch widersinniger als alles andere die Tatsache, dass die meisten von ihnen zwar eure Schriften in- und auswendig kennen, aber so leben, als ob sie sie gleichsam nur zu dem Zweck gelesen und einstudiert hätten, das Gegenteil zu tun.[46] Denn alles, was sie behaupten, wie etwa, man müsse Geld und Ruhm verachten und nur das Schöne für gut ansehen, seine Emotionen unter Kontrolle halten, auf die Reichen und Mächtigen herabschauen, jawohl, und sich mit ihnen von gleich zu gleich unterhalten – alles das ist nur zu schön, ihr Götter, zu weise und zu wundervoll, wirklich! Und genau das lehren sie – gegen Lohn! Sie bestaunen die Reichen und sperren das Maul weit auf, für den Geldstrom, und dabei sind sie aggressiver als kleine Pinscher, feiger als Hasen, liebedienerischer als Affen, wollüstiger als Esel, diebischer als Wiesel und streitsüchtiger als Hähne. Und so machen sie sich lächerlich, wenn sie sich nach all dem drängen, einander vor den Türen der Reichen wegschubsen, an Dinnereinladungen mit zahllosen Gästen teilnehmen und dabei ihren Gastgeber über Gebühr und unter Missachtung des ästhetisch Erträglichen preisen, während sie sich den Wanst vollschlagen, sich als nörgelnde Kritiker geben, beim Becher unerquickliche und abgeschmackte philosophische Banalitäten von sich geben und den ungemischten Wein nicht vertragen. Natürlich lachen sich die anwesenden normalen Leute eins und spucken auf die Philosophie, dafür, dass sie solche Kotzbrocken großzieht.

[35] Besonders hässlich ist dabei, dass jeder von ihnen zwar be-

αὐτῶν, ἀλλὰ μόνον πλούσιον εἶναι τὸν σοφὸν κεκραγὼς μικρὸν ὕστερον προσελθὼν αἰτεῖ καὶ ἀγανακτεῖ μὴ λαβών, ὅμοιον ὡς εἴ τις ἐν βασιλικῷ σχήματι ὀρθὴν τιάραν ἔχων καὶ διάδημα καὶ τὰ ἄλλα ὅσα βασιλείας γνωρίσματα μεταίτης ὢν φαίνοιτο καὶ τῶν ὑποδεεστέρων δεόμενος.

Ὅταν μὲν οὖν λαβεῖν αὐτοὺς δέῃ, πολὺς ὁ περὶ τοῦ κοινωνικὸν εἶναι δεῖν λόγος καὶ ὡς ἀδιάφορον ὁ πλοῦτος καί, »Τί γὰρ τὸ χρυσίον ἢ τἀργύριον, οὐδὲν τῶν ἐν τοῖς αἰγιαλοῖς ψήφων διαφέρον;« ὅταν δέ τις ἐπικουρίας δεόμενος ἑταῖρος ἐκ παλαιοῦ καὶ φίλος ἀπὸ πολλῶν ὀλίγα αἰτῇ προσελθών, σιωπὴ καὶ ἀπορία καὶ ἀμαθία καὶ παλινῳδία τῶν δογμάτων πρὸς τὸ ἐναντίον· οἱ δὲ πολλοὶ περὶ φιλίας ἐκεῖνοι λόγοι καὶ ἡ ἀρετὴ καὶ τὸ καλὸν οὐκ οἶδα ὅποι ποτὲ οἴχεται ταῦτα ἀποπτάμενα πάντα, πτερόεντα ὡς ἀληθῶς ἔπη, μάτην ὁσημέραι πρὸς αὐτῶν ἐν ταῖς διατριβαῖς σκιαμαχούμενα. **[36]** μέχρι γὰρ τούτου φίλος ἕκαστος αὐτῶν, εἰς ὅσον ἂν μὴ ἀργύριον ἢ χρυσίον ᾖ προκείμενον ἐν τῷ μέσῳ· ἢν δέ τις ὀβολὸν ἐπιδείξῃ μόνον, λέλυται μὲν ἡ εἰρήνη, ἄσπονδα δὲ κἀκήρυκτα πάντα, καὶ τὰ βιβλία ἐξαλήλιπται καὶ ἡ ἀρετὴ πέφευγεν. οἷόν τι καὶ οἱ κύνες πάσχουσιν ἐπειδάν τις ὀστοῦν εἰς μέσους αὐτοὺς ἐμβάλῃ· ἀναπηδήσαντες δάκνουσιν ἀλλήλους καὶ τὸν προαρπάσαντα τὸ ὀστοῦν ὑλακτοῦσιν.

Λέγεται δὲ καὶ βασιλεύς τις Αἰγύπτιος πιθήκους ποτὲ πυρριχίζειν διδάξαι καὶ τὰ θηρία – μιμηλότατα δέ ἐστι τῶν ἀνθρωπίνων – ἐκμαθεῖν τάχιστα καὶ ὀρχεῖσθαι ἁλουργίδας ἀμπεχόμενα καὶ προσωπεῖα περικείμενα, καὶ μέχρι γε πολλοῦ εὐδοκιμεῖν τὴν θέαν, ἄχρι δὴ θεατής τις ἀστεῖος κάρυα ὑπὸ κόλπου ἔχων ἀφῆκεν εἰς τὸ μέσον· οἱ δὲ πίθηκοι ἰδόντες καὶ ἐκλαθόμενοι τῆς ὀρχήσεως, τοῦθ᾽ ὅπερ ἦσαν, πίθηκοι ἐγένοντο ἀντὶ πυρριχιστῶν καὶ συνέτριβον τὰ προσωπεῖα καὶ τὴν ἐσθῆτα

hauptet, überhaupt nichts zu benötigen, sondern herumplärrt, reich sei allein der Weise, um aber gleich darauf hinzugehen, Forderungen zu stellen und vergrätzt zu sein, wenn er nichts bekommt, ganz wie wenn sich einer in königlichem Staat mit hochaufragender Tiara, Diadem, und was es sonst so an königlichen Symbolen gibt, als Bettler erwiese und nach niedrigeren Besitztümern strebte.

Wann immer einer etwas haben will, gibt es großes Gerede über den Gemeinsinn und die Bedeutungslosigkeit des Reichtums und »Was sind denn schon Gold oder Silber? Nichts anderes als Kiesel am Strand!« Ersucht sie aber ein guter alter Freund um Hilfe und erbittet nur ein klein wenig von ihrem großen Besitz, dann schweigen sie und winden sich, wissen von nichts und widerrufen ihre Lehren bis hin zu deren Gegenteil. Ihre zahlreichen Darlegungen über die Freundschaft sind dann, genau wie die Tugend und das Schöne, auf einen Schlag samt und sonders entfleucht, keine Ahnung wohin, im wahrsten Sinne geflügelte Worte, die ihnen ohne jeden Nutzen bloß zu ihrem täglichen argumentativen Schattenboxen gedient haben. **[36]** Jeder ist nur so lange ihr Freund, wie kein Silber oder Gold im Spiel ist. Zeigt man ihnen aber auch nur einen Obolos, dann war's das mit Frieden, Verabredungen und Vereinbarungen: alles ungültig, die Bücher sind ausradiert, die Tugend verbannt. Genau wie bei den Hunden, wenn man ihnen einen Knochen hinwirft: Sie springen los, beißen einander und verbellen den, der den Knochen als erster wegschnappt.

Es soll einmal ein ägyptischer König[47] Affen den Waffentanz beigebracht haben; die Tiere, die ja menschliches Verhalten besonders gern nachmachen, lernten schnell und tanzten in Purpur und mit Masken, und die Vorführung war lange in aller Munde, bis schließlich ein gewitzter Zuschauer Nüsse, die er bei sich hatte, mitten unter sie warf. Sie sehen und ihren Tanz vergessen war eins! Anstelle von Waffentänzern wurden die Affen wieder zu dem, was sie waren, nämlich Affen, sie zertrampelten die Masken, zerrissen ihr Kostüm und prügelten sich um die reiche Ernte, die Ordnung

κατερρήγνυον καὶ ἐμάχοντο περὶ τῆς ὀπώρας πρὸς ἀλλήλους, τὸ δὲ σύνταγμα τῆς πυρρίχης διελέλυτο καὶ κατεγελᾶτο ὑπὸ τοῦ θεάτρου.

[37] Τοιαῦτα καὶ οὗτοι ποιοῦσιν, καὶ ἔγωγε τοὺς τοιούτους κακῶς ἠγόρευον καὶ οὔποτε παύσομαι διελέγχων καὶ κωμῳδῶν, περὶ ὑμῶν δὲ ἢ τῶν ὑμῖν παραπλησίων – εἰσὶ γάρ, εἰσί τινες ὡς ἀληθῶς φιλοσοφίαν ζηλοῦντες καὶ τοῖς ὑμετέροις νόμοις ἐμμένοντες – μὴ οὕτως μανείην ἔγωγε ὡς βλάσφημον εἰπεῖν τι ἢ σκαιόν. ἢ τί γὰρ ἂν εἰπεῖν ἔχοιμι; τί γὰρ ὑμῖν τοιοῦτον βεβίωται; τοὺς δὲ ἀλαζόνας ἐκείνους καὶ θεοῖς ἐχθροὺς ἄξιον οἶμαι μισεῖν. ἢ σὺ γάρ, ὦ Πυθαγόρα καὶ Πλάτων καὶ Χρύσιππε καὶ Ἀριστότελες, τί φατε; προσήκειν ὑμῖν τοὺς τοιούτους ἢ οἰκεῖόν τι καὶ συγγενὲς ἐπιδείκνυσθαι τῷ βίῳ; νὴ Δι᾽ Ἡρακλῆς, φασίν, καὶ πίθηκος. ἢ διότι πώγωνας ἔχουσι καὶ φιλοσοφεῖν φάσκουσι καὶ σκυθρωποί εἰσι, διὰ τοῦτο χρὴ ὑμῖν εἰκάζειν αὐτούς; ἀλλὰ ἤνεγκα ἄν, εἰ πιθανοὶ γοῦν ἦσαν καὶ ἐπὶ τῆς ὑποκρίσεως αὐτῆς· νῦν δὲ θᾶττον ἂν γὺψ ἀηδόνα μιμήσαιτο ἢ οὗτοι φιλοσόφους.

Εἴρηκα ὑπὲρ ἐμαυτοῦ ὁπόσα εἶχον. σὺ δέ, ὦ Ἀλήθεια, μαρτύρει πρὸς αὐτοὺς εἰ ἀληθῆ ἐστιν.

[38] ΦΙΛΟΣΟΦΙΑ

Μετάστηθι, ὦ Παρρησιάδη· ἔτι πορρωτέρω. τί ποιῶμεν ἡμεῖς; πῶς ὑμῖν εἰρηκέναι ἁνὴρ ἔδοξεν;

ΑΡΕΤΗ

Ἐγὼ μέν, ὦ Φιλοσοφία, μεταξὺ λέγοντος αὐτοῦ κατὰ τῆς γῆς δῦναι εὐχόμην· οὕτως ἀληθῆ πάντα εἶπεν. ἐγνώριζον γοῦν ἀκούουσα ἕκαστον τῶν ποιούντων αὐτὰ καὶ ἐφήρμοζον μεταξὺ τοῖς λεγομένοις, τοῦτο μὲν εἰς τόνδε, τοῦτο δὲ ὁ δεῖνα ποιεῖ· καὶ ὅλως ἔδειξε τοὺς ἄνδρας ἐναργῶς

des Waffentanzes war zum Teufel, und die Zuschauer hatten etwas zu lachen.

[37] Genauso machen sie es, solche Leute sind es, über die ich schlecht geredet habe, und ich werde nie aufhören, sie zu entlarven und mich über sie lustig zu machen, aber über euch oder diejenigen, die euch nahestehen – denn ja, es gibt sie, die wirklich und wahrhaftig der Philosophie anhängen und ganz im Rahmen eurer Vorschriften leben –, etwas Blasphemisches oder Dummes zu sagen: Möge ich jedenfalls mich niemals zu solchem Irrsinn versteigen! Was sollte ich denn da auch sagen? Was von deren Art hätte es denn in eurem Leben gegeben? Ich meine, es ist richtig, diese dreisten Götterfeinde zu hassen. Oder du, Pythagoras, du, Platon, du, Chrysipp, und du, Aristoteles: Inwiefern, sagt ihr, sind solche Leute mit euch verwandt, oder was, das zu euch passt oder worin sie euch nahestehen, zeigen sie in ihrer Lebensführung? Bei Zeus: Herakles und der Affe, wie das Sprichwort sagt.[48] Oder muss man sie nur deshalb, weil sie lange Bärte tragen, behaupten, Philosophen zu sein, und finster dreinschauen, mit euch vergleichen? Ich ertrüge sie ja, wären sie wenigstens in ihrer Schauspielerei glaubwürdig. Aber wie es aussieht, könnte eher ein Geier eine Nachtigall geben als die einen Philosophen.

Was ich zu meiner Verteidigung zu sagen hatte, habe ich gesagt. Nun bezeuge du, WAHRHEIT, vor ihnen, dass es auch die Wahrheit war!

[38] PHILOSOPHIA
Tritt zurück, Parrhesiades! Noch weiter! Wie wollen wir verfahren? Wie, findet ihr, hat der Mann gesprochen?

TUGEND
Also ich, PHILOSOPHIA, habe mir schon während seiner Rede gewünscht, in den Boden zu versinken – so sehr stimmte alles, was er sagte. Jedenfalls habe ich beim Zuhören jeden einzelnen von denen erkannt, die sich so aufführen, und konnte alles gleich bei der ersten Erwähnung zuordnen: Das passt auf den, und das macht der und

καθάπερ ἐπί τινος γραφῆς τὰ πάντα προσεοικότας, οὐ τὰ σώματα μόνον ἀλλὰ καὶ τὰς ψυχὰς αὐτὰς εἰς τὸ ἀκριβέστατον ἀπεικάσας.

ΦΙΛΟΣΟΦΙΑ

Κἀγὼ πάνυ ἠρυθρίασα, ὦ Ἀρετή. ὑμεῖς δὲ τί φατέ;

ΑΝΑΒΙΟΥΝΤΕΣ

Τί δὲ ἄλλο ἢ ἀφεῖσθαι αὐτὸν τοῦ ἐγκλήματος καὶ φίλον ἡμῖν καὶ εὐεργέτην ἀναγεγράφθαι; τὸ γοῦν τῶν Ἰλιέων ἀτεχνῶς πεπόνθαμεν· τραγῳδόν τινα τοῦτον ἐφ' ἡμᾶς κεκινήκαμεν ᾀσόμενον τὰς Φρυγῶν συμφοράς. ᾀδέτω δ' οὖν καὶ τοὺς θεοῖς ἐχθροὺς ἐκτραγῳδείτω.

ΔΙΟΓΕΝΗΣ

Καὶ αὐτός, ὦ Φιλοσοφία, πάνυ ἐπαινῶ τὸν ἄνδρα καὶ ἀνατίθεμαι τὰ κατηγορούμενα καὶ φίλον ποιοῦμαι αὐτὸν γενναῖον ὄντα.

[39] ΦΙΛΟΣΟΦΙΑ

Εὖ ἔχει· πρόσιθι Παρρησιάδη· ἀφίεμέν σε τῆς αἰτίας, καὶ ἁπάσαις κρατεῖς, καὶ τὸ λοιπὸν ἴσθι ἡμέτερος ὤν.

ΠΑΡΡΗΣΙΑΔΗΣ

Προσεκύνησα τήν γε πρώτην· μᾶλλον δέ, τραγικώτερον αὐτὸ ποιήσειν μοι δοκῶ· σεμνότερον γάρ·

> ὦ μέγα σεμνὴ Νίκη, τὸν ἐμὸν
> βίοτον κατέχοις
> καὶ μὴ λήγοις στεφανοῦσα.

ΑΡΕΤΗ

Οὐκοῦν δευτέρου κρατῆρος ἤδη καταρχώμεθα· προσκαλῶμεν κἀκεί-

der. Insgesamt hat er die Männer so klar gezeichnet wie auf einem Gemälde, in jedem Detail ähnlich, und nicht nur ihr körperliches Erscheinungsbild, nein, auch ihre seelische Verfassung hat er absolut getreu dargestellt.

PHILOSOPHIA

Ja, TUGEND, auch ich bin knallrot geworden. Und ihr, was sagt ihr dazu?

WIEDERGÄNGER

Was wohl anderes, als dass er von der Anklage freigesprochen und unter unsere Freunde und Wohltäter gezählt werden soll? Uns geht es genau wie den Trojanern späterer Zeit: Da haben wir jetzt mit ihm einen Tragöden zu uns geholt, der uns die Leidensgeschichten der Phryger vortragen wird. Also, er soll sein Lied anstimmen und die Tragödie der Götterfeinde für uns aufführen![49]

DIOGENES

Auch ich, PHILOSOPHIA, muss dem Mann wirklich ein Kompliment machen. Ich ziehe meine Anklage zurück und erkläre ihn zu meinem Freund, edel wie er ist.

[39] PHILOSOPHIA

Sehr gut! Tritt vor, Parrhesiades! Wir sprechen dich hiermit von der Anklage frei, dein Sieg ist einstimmig.[50] Du darfst sicher sein, in Zukunft zu den Unseren zu gehören!

PARRHESIADES

Zunächst einmal meine tiefste Verehrung! Nein – ich denke, ich will das tragischer formulieren – das ist der Würde des Augenblicks angemessener:

> Oh, hochehrwürdige Nike, mögest du mein
> Leben bewahren
> und stets aufs Neue bekränzen![51]

TUGEND

Wollen wir dann jetzt nicht einen zweiten Mischkrug ansetzen[52] und auch diese Leute herzitieren, damit sie bestraft werden für das,

νους, ὡς δίκην ὑπόσχωσιν ἀνθ' ὧν εἰς ἡμᾶς ὑβρίζουσι· κατηγορήσει δὲ Παρρησιάδης ἑκάστου.

ΦΙΛΟΣΟΦΙΑ

Ὀρθῶς, ὦ Ἀρετή, ἔλεξας. ὥστε σύ, παῖ Συλλογισμέ, κατακύψας εἰς τὸ ἄστυ προσκήρυττε τοὺς φιλοσόφους.

[40] ΣΥΛΛΟΓΙΣΜΟΣ

Ἄκουε, σίγα· τοὺς φιλοσόφους ἥκειν εἰς ἀκρόπολιν ἀπολογησομένους ἐπὶ τῆς Ἀρετῆς καὶ Φιλοσοφίας καὶ Δίκης.

ΠΑΡΡΗΣΙΑΔΗΣ

Ὁρᾷς; ὀλίγοι ἀνίασι γνωρίσαντες τὸ κήρυγμα, καὶ ἄλλως δεδίασι τὴν Δίκην· οἱ πολλοὶ δὲ αὐτῶν οὐδὲ σχολὴν ἄγουσιν ἀμφὶ τοὺς πλουσίους ἔχοντες. εἰ δὲ βούλει πάντας ἥκειν, κατὰ τάδε, ὦ Συλλογισμέ, κήρυττε –

ΦΙΛΟΣΟΦΙΑ

Μηδαμῶς, ἀλλὰ σύ, ὦ Παρρησιάδη, προσκάλει καθ' ὅ τι σοι δοκεῖ.

[41] ΠΑΡΡΗΣΙΑΔΗΣ

Οὐδὲν τόδε χαλεπόν. Ἄκουε, σίγα. ὅσοι φιλόσοφοι εἶναι λέγουσιν καὶ ὅσοι προσήκειν αὑτοῖς οἴονται τοῦ ὀνόματος, ἥκειν εἰς ἀκρόπολιν ἐπὶ τὴν διανομήν. δύο μναῖ ἑκάστῳ δοθήσονται καὶ σησαμαῖος πλακοῦς· ὃς δ' ἂν πώγωνα βαθὺν ἐπιδείξηται, καὶ παλάθην ἰσχάδων οὗτός γε προσεπιλήψεται. κομίζειν δ' ἕκαστον σωφροσύνην μὲν ἢ δικαιοσύνην ἢ ἐγκράτειαν μηδαμῶς· οὐκ ἀναγκαῖα γὰρ ταῦτά γε, ἢν μὴ παρῇ· πέντε δὲ συλλογισμοὺς ἐξ ἅπαντος· οὐ γὰρ θέμις ἄνευ τούτων εἶναι σοφόν.

> κεῖται δ' ἐν μέσσοισι δύο χρυσοῖο τάλαντα,
> τῷ δόμεν, ὃς μετὰ πᾶσιν ἐριζέμεν ἔξοχος εἴη.

was sie uns angetan haben? Und Parrhesiades soll gegen jeden einzelnen von ihnen Klage führen!

PHILOSOPHIA

Ein hervorragender Vorschlag, TUGEND! Also, SYLLOGISMUS, mein Junge, beug dich mal schnell in die Stadt runter und zitiere die Philosophen her!

[40] SYLLOGISMUS

Ruhe! Alle mal herhören! Die Philosophen sollen zur Akropolis kommen, um sich vor TUGEND, PHILOSOPHIA und RECHT zu verteidigen.

PARRHESIADES

Siehst du! Einige wenige haben die Aufforderung verstanden und kommen hier herauf, und sowieso respektieren sie RECHT. Aber die Mehrzahl hat keine Zeit, die müssen bei den Reichen bleiben. Wenn du willst, dass sie alle kommen, dann musst du, SYLLOGISMUS, die Ansage folgendermaßen gestalten –

PHILOSOPHIA

Nein, nein, Parrhesiades, ruf du sie her, und zwar so, wie du es für richtig hältst!

[41] PARRHESIADES

Kein Problem! Alle mal herhören! Alle, die behaupten, Philosophen zu sein, und meinen, der Name stehe ihnen zu, sollen auf die Akropolis zur Geschenkeverteilung kommen. Jeder bekommt zwei Minen und einen Sesamkuchen. Wer einen langen Bart vorweisen kann, der bekommt sogar noch Feigenmarmelade obendrauf. Mäßigkeit, Gerechtigkeit oder Selbstbeherrschung bitte auf jeden Fall zuhause lassen; wir kommen hier gut ohne sie aus; aber von jedem fünf Syllogismen! Ohne sie weise zu sein verbieten Brauch und Sitte:

> Es liegen hier in der Mitte von euch von Gold zwei Talente,
> geben woll'n wir sie dem, der im Streiten von allen der Beste![53]

[42] ΦΙΛΟΣΟΦΙΑ

Βαβαί, ὅσοι· πλήρης μὲν ἡ ἄνοδος ὠθιζομένων ἐπὶ τὰς δύο μνᾶς, ὡς ἤκουσαν μόνον· παρὰ δὲ τὸ Πελασγικὸν ἄλλοι καὶ κατὰ τὸ Ἀσκληπιεῖον ἕτεροι καὶ παρὰ τὸν Ἄρειον ⟨πάγον⟩ ἔτι πλείους, ἔνιοι δὲ καὶ κατὰ τὸν Τάλω τάφον, οἱ δὲ καὶ πρὸς τὸ Ἀνακεῖον προσθέμενοι κλίμακας ἀνέρπουσι βομβηδὸν νὴ Δία καὶ βοτρυδὸν ἐσμοῦ δίκην, ἵνα καὶ καθ' Ὅμηρον εἴπω· ἀλλὰ κἀκεῖθεν εὖ μάλα πολλοὶ κἀντεῦθεν

μυρίοι, ὅσσα τε φύλλα καὶ ἄνθεα γίνεται ὥρῃ.

μεστὴ δὲ ἡ ἀκρόπολις ἐν βραχεῖ »κλαγγηδὸν προκαθιζόντων« καὶ πανταχοῦ πήρα κολακεία πώγων ἀναισχυντία βακτηρία λιχνεία συλλογισμὸς φιλαργυρία· οἱ ὀλίγοι δέ, ὁπόσοι πρὸς τὸ πρῶτον κήρυγμα ἐκεῖνο ἀνῄεσαν, ἀφανεῖς καὶ ἄσημοι, ἀναμιχθέντες τῷ πλήθει τῶν ἄλλων, καὶ λελήθασιν ἐν τῇ ὁμοιότητι τῶν ἄλλων σχημάτων.

ΠΑΡΡΗΣΙΑΔΗΣ

Τοῦτο γοῦν τὸ δεινότατόν ἐστιν, ὦ Φιλοσοφία, καὶ ὅ τις ἂν μέμψαιτο μάλιστά σου, τὸ μηδὲν ἐπιβαλεῖν γνώρισμα καὶ σημεῖον αὐτοῖς· πιθανώτεροι γὰρ οἱ γόητες οὗτοι πολλάκις τῶν ἀληθῶς φιλοσοφούντων.

ΦΙΛΟΣΟΦΙΑ

Ἔσται τοῦτο μετ' ὀλίγον, ἀλλὰ δεχώμεθα ἤδη αὐτούς.

[43] ΠΛΑΤΩΝΙΚΟΣ

Ἡμᾶς πρώτους χρὴ τοὺς Πλατωνικοὺς λαβεῖν.

ΠΥΘΑΓΟΡΙΚΟΣ

Οὔκ, ἀλλὰ τοὺς Πυθαγορικοὺς ἡμᾶς· πρότερος γὰρ ὁ Πυθαγόρας ἦν.

ΣΤΩΙΚΟΣ

Ληρεῖτε· ἀμείνους ἡμεῖς οἱ ἀπὸ τῆς Στοᾶς.

[42] PHILOSOPHIA
Du liebes bisschen, wie viele sind das denn?! Die Auffahrt ist verstopft mit all den Leuten, die sich nach den zwei Minen drängen, nur aufs Hörensagen hin. Bei der Pelasgischen Mauer sind noch andere und noch weitere beim Asklepieion und beim Areopag noch mehr, einige sogar beim Grab des Talos, andere auch beim Anakeion[54] – dort haben sie Leitern angelegt und kriechen herauf, mit Gesumm und Gebrumm, bei Zeus, und in ganzen Trauben wie ein Schwarm, mit Homer zu sprechen. Oh, und von da kommen auch ganz schön viele, und von da,

> abertausende, wie die Blätter und Blüten im Frühling.[55]

Nicht mehr lange, dann ist die Akropolis voll, »und sie sitzen mit lautem Geschrei«, und wo man hinschaut: Ranzen, Schmeicheleien, Bart, Unverschämtheit, Stock, Naschsucht, Syllogismus, Geldgier. Aber die paar wenigen, die sich schon beim ersten Aufruf auf den Weg hinauf gemacht hatten, die sieht und erkennt man nicht, sie gehen völlig in der Menge auf und verschwinden zwischen den ähnlichen Gestalten der anderen.
PARRHESIADES
Das ist wirklich dein schlimmstes Versäumnis, PHILOSOPHIA, und das könnte man dir am ehesten zum Vorwurf machen: dass du sie mit keinem Erkennungszeichen versehen hast. Denn diese Betrüger wirken oft viel glaubwürdiger als die echten Philosophen.
PHILOSOPHIA
Das werde ich sehr bald tun – aber jetzt wollen wir sie erst einmal in Empfang nehmen!
[43] PLATONIKER
Wir Platoniker müssen als erste was kriegen!
PYTHAGOREER
Nein, sondern wir Pythagoreer! Denn Pythagoras war vorher da.
STOIKER
Unsinn! Wir von der Stoa sind die Besseren!

ΠΕΡΙΠΑΤΗΤΙΚΟΣ

Οὐ μὲν οὖν, ἀλλ᾽ ἔν γε τοῖς χρήμασι πρῶτοι ἂν ἡμεῖς εἴημεν οἱ ἐκ τοῦ Περιπάτου.

ΕΠΙΚΟΥΡΕΙΟΣ

Ἡμῖν τοῖς Ἐπικουρείοις τοὺς πλακοῦντας δότε καὶ τὰς παλάθας· περὶ δὲ τῶν μνῶν περιμενοῦμεν, κἂν ὑστάτους δέῃ λαβεῖν.

ΑΚΑΔΗΜΑΙΚΟΣ

Ποῦ τὰ δύο τάλαντα; δείξομεν γὰρ οἱ Ἀκαδημαϊκοὶ ὅσον τῶν ἄλλων ἐσμὲν ἐριστικώτεροι.

ΣΤΩΙΚΟΣ

Οὐχ ἡμῶν γε τῶν Στωϊκῶν παρόντων.

[44] ΦΙΛΟΣΟΦΙΑ

Παύσασθε φιλονικοῦντες· ὑμεῖς δὲ οἱ Κυνικοὶ μὴ παίετε ἀλλήλους τοῖς ξύλοις· ἐπ᾽ ἄλλα γὰρ ἴστε κεκλημένοι. καὶ νῦν ἔγωγε ἡ Φιλοσοφία καὶ Ἀρετὴ αὕτη καὶ Ἀλήθεια δικάσομεν οἵτινες οἱ ὀρθῶς φιλοσοφοῦντές εἰσιν. εἶτα ὅσοι μὲν ἂν εὑρεθῶσιν κατὰ τὰ ἡμῖν δοκοῦντα βιοῦντες, εὐδαιμονήσουσιν ἄριστοι κεκριμένοι· τοὺς γόητας δὲ καὶ οὐδὲν ἡμῖν προσήκοντας κακοὺς κακῶς ἐπιτρίψομεν, ὡς μὴ ἀντιποιῶνται τῶν ὑπὲρ αὐτοὺς ἀλαζόνες ὄντες. τί τοῦτο; φεύγετε; νὴ Δία, κατὰ τῶν γε κρημνῶν οἱ πολλοὶ ἁλλόμενοι. κενὴ δ᾽ οὖν ἡ ἀκρόπολις, πλὴν ὀλίγων τούτων ὁπόσοι μεμενήκασιν οὐ φοβηθέντες τὴν κρίσιν. **[45]** οἱ ὑπηρέται ἀνέλεσθε τὴν πήραν, ἣν ὁ Κυνικὸς ἀπέρριψεν ἐν τῇ τροπῇ. φέρ᾽ ἴδω τί καὶ ἔχει· ἦ που θέρμους ἢ βιβλίον ἢ ἄρτους τῶν αὐτοπυριτῶν;

⟨ΥΠΗΡΕΤΗΣ⟩

Οὔκ, ἀλλὰ χρυσίον τουτὶ καὶ μύρον καὶ μαχαίριον κουρευτικὸν καὶ κάτοπτρον καὶ κύβους.

ΦΙΛΟΣΟΦΙΑ

Εὖ γε, ὦ γενναῖε. τοιαῦτα ἦν σοι τὰ ἐφόδια τῆς ἀσκήσεως καὶ μετὰ

PERIPATETIKER
Gar nicht! In Gelddingen müssen wir vom Peripatos die Nase vorn haben!
EPIKUREER
Gebt uns Epikureern die Kuchen und die Marmeladen. Was die Minen betrifft, so warten wir gern, auch wenn wir sie dann erst als letzte kriegen.
AKADEMIKER
Wo sind die zwei Talente? Wir Akademiker werden euch beweisen, wie viel streitsüchtiger als die anderen wir sind.
STOIKER
Werdet ihr nicht, solange wir Stoiker noch da sind.
[44] PHILOSOPHIA
Hört mit dem Gezanke auf! Und ihr Kyniker schlagt euch nicht mit den Stöcken! Wisset, dass ihr zu einem anderen Zweck gerufen worden seid! Jetzt werden ich, PHILOSOPHIA, TUGEND hier und WAHRHEIT beurteilen, wer die richtigen Philosophen sind. Und bei wem sich dann herausstellt, dass er gemäß unseren Lehrsätzen lebt, der wird die beste Bewertung erhalten und Glückseligkeit erlangen; aber die Betrüger, die nicht zu uns passen, die werden wir übel zurichten, auf dass sie ihre frechen Ansprüche gegen Leute aufgeben, die ihnen überlegen sind. Ja, was soll das? Ihr lauft weg? Bei Zeus, da springen die meisten den Abhang hinunter. Die Akropolis ist leer, außer den wenigen hier, die geblieben sind, weil sie keine Angst vor der Beurteilung haben. [45] He, ihr Diener, hebt mal den Ranzen auf, den der Kyniker auf der Flucht weggeworfen hat! Mal sehen, was da drin ist! Doch wohl Bohnen, oder ein Buch, oder ein Vollkornbrot?
⟨DIENER⟩
Nein, sondern das Gold hier, und Parfüm, Rasiermesser, Spiegel und Würfel.
PHILOSOPHIA
Na großartig! Das ist also der Proviant deiner Selbstkasteiung, und

τούτων ἠξίους λοιδορεῖσθαι πᾶσιν καὶ τοὺς ἄλλους παιδαγωγεῖν;

ΠΑΡΡΗΣΙΑΔΗΣ

Τοιοῦτοι μὲν οὖν ὑμῖν οὗτοι. χρὴ δὲ ὑμᾶς σκοπεῖν ὅντινα τρόπον ἀγνοούμενα ταῦτα πεπαύσεται καὶ διαγνώσονται οἱ ἐντυγχάνοντες, οἵτινες οἱ ἀγαθοὶ αὐτῶν εἰσι καὶ οἵτινες αὖ πάλιν οἱ τοῦ ἑτέρου βίου.

ΦΙΛΟΣΟΦΙΑ

Σύ, ὦ Ἀλήθεια, ἐξεύρισκε· ὑπὲρ σοῦ γὰρ τοῦτο γένοιτ᾽ ἄν, ὡς μὴ ἐπικρατῇ σου τὸ Ψεῦδος μηδὲ ὑπὸ τῇ Ἀγνοίᾳ λανθάνωσιν οἱ φαῦλοι τῶν ἀνδρῶν σε τοὺς χρηστοὺς μεμιμημένοι.

[46] ΑΛΗΘΕΙΑ

Ἐπ᾽ αὐτῷ, εἰ δοκεῖ, Παρρησιάδῃ ποιησώμεθα τὸ τοιοῦτον, ἐπεὶ χρηστὸς ὦπται καὶ εὔνους ἡμῖν καὶ σέ, ὦ Φιλοσοφία, μάλιστα θαυμάζων, παραλαβόντα μεθ᾽ ἑαυτοῦ τὸν Ἔλεγχον ἅπασι τοῖς φάσκουσι φιλοσοφεῖν ἐντυγχάνειν. εἶθ᾽ ὃν μὲν ἂν εὕρῃ γνήσιον ὡς ἀληθῶς φιλοσοφίας, στεφανωσάτω θαλλοῦ στεφάνῳ καὶ εἰς τὸ Πρυτανεῖον καλεσάτω, ἢν δέ τινι – οἷοι πολλοί εἰσι – καταράτῳ ἀνδρὶ ὑποκριτῇ φιλοσοφίας ἐντύχῃ, τὸ τριβώνιον περισπάσας ἀποκειράτω τὸν πώγωνα ἐν χρῷ πάνυ τραγοκουρικῇ μαχαίρᾳ καὶ ἐπὶ τοῦ μετώπου στίγματα ἐπιβαλέτω ἢ ἐγκαυσάτω κατὰ τὸ μεσόφρυον· ὁ δὲ τύπος τοῦ καυτῆρος ἔστω ἀλώπηξ ἢ πίθηκος.

ΦΙΛΟΣΟΦΙΑ

Εὖ γε, ὦ Ἀλήθεια, φῄς· ὁ δὲ ἔλεγχος, Παρρησιάδη, τοιόσδε ἔστω, οἷος ὁ τῶν ἀετῶν πρὸς τὸν ἥλιον εἶναι λέγεται, οὐ μὰ Δί᾽ ὥστε κἀκείνους ἀντιβλέπειν τῷ φωτὶ καὶ πρὸς ἐκεῖνο δοκιμάζεσθαι, ἀλλὰ προθεὶς χρυσίον

damit nimmst du dir das Recht, alle anzupöbeln und andere erziehen zu wollen?

Parrhesiades

So sind diese Leute eben! Ihr müsst überlegen, wie man es anstellt, dass so etwas nicht mehr unbekannt bleibt und jeder, der mit ihnen zu tun bekommt, feststellen kann, wer die Guten sind und wer, im Gegenteil, auf die Seite des anderen Lebens gehört.[56]

Philosophia

Lass du dir da etwas einfallen, Wahrheit! Das sollte ja wohl auch in deinem eigenen Interesse sein, damit Verlogenheit dich nicht in den Schatten stellt und dir nicht, unter dem Einfluss von Unwissenheit, die minderwertigen Menschen entgehen, die die Brauchbaren bloß nachäffen.

[46] Wahrheit

Wenn du einverstanden bist, überlassen wir das dem Parrhesiades, der macht ja einen brauchbaren Eindruck und sieht aus, als sei er uns wohlgesonnen und voller Bewunderung für dich, Philosophia. Er soll Widerlegung mitnehmen und sich jeden einzelnen von denen vorknöpfen, die sich als Philosophen ausgeben. Und jeden echten Anhänger der Philosophie, den er findet, soll er mit einem Ölzweig bekränzen und ins Prytaneion beordern,[57] aber wenn er auf einen dieser Verfluchten trifft, der nur den Philosophen spielt – wie viele werden das sein! –, dann soll er ihm den Umhang herunterreißen, den Bart abscheren, bis ganz auf die Haut, mit einer Schafschere,[58] und auf die Stirn, zwischen die Augenbrauen, soll er ihm ein Mal punzen oder einbrennen. Und das Brandzeichen soll ein Fuchs oder ein Affe sein.

Philosophia

Ein guter Vorschlag, Wahrheit! Die Widerlegung, Parrhesiades, soll so ablaufen, wie wenn der Adler in die Sonne blickt, natürlich, bei Zeus, nicht so, dass auch sie gegen das Licht schauen müssen und, wenn sie das können, approbiert werden, sondern indem du ihnen Gold, Ruhm, Lust vorhältst, und bei wem du dann sehen

καὶ δόξαν καὶ ἡδονὴν ὃν μὲν ἂν αὐτῶν ἴδῃς ὑπερορῶντα καὶ μηδαμῶς ἑλκόμενον πρὸς τὴν ὄψιν, οὗτος ἔστω ὁ τῷ θαλλῷ στεφόμενος, ὃν δ᾽ ἂν ἀτενὲς ἀποβλέποντα καὶ τὴν χεῖρα ὀρέγοντα ἐπὶ τὸ χρυσίον, ἀπάγειν ἐπὶ τὸ καυτήριον τοῦτον ἀποκείρας πρότερον τὸν πώγωνα ὡς ἔδοξεν.

[47] ΠΑΡΡΗΣΙΑΔΗΣ

Ἔσται ταῦτα, ὦ Φιλοσοφία, καὶ ὄψει αὐτίκα μάλα τοὺς πολλοὺς αὐτῶν ἀλωπεκίας ἢ πιθηκοφόρους, ὀλίγους δὲ καὶ ἐστεφανωμένους· εἰ βούλεσθε μέντοι, κἀνταῦθα ὑμῖν ἀνάξω τινὰς ἤδη αὐτῶν.

ΦΙΛΟΣΟΦΙΑ

Πῶς λέγεις; ἀνάξεις τοὺς φυγόντας;

ΠΑΡΡΗΣΙΑΔΗΣ

Καὶ μάλα, ἤνπερ ἡ ἱέρειά μοι ἐθελήσῃ πρὸς ὀλίγον χρῆσαι τὴν ὁρμιὰν ἐκείνην καὶ τὸ ἄγκιστρον, ὅπερ ὁ ἁλιεὺς ἀνέθηκεν ὁ ἐκ Πειραιῶς.

ΙΕΡΕΙΑ

Ἰδοὺ δὴ λαβέ, καὶ τὸν κάλαμόν γε ἅμα, ὡς πάντα ἔχῃς.

ΠΑΡΡΗΣΙΑΔΗΣ

Οὐκοῦν, ὦ ἱέρεια, καὶ ἰσχάδας μοί τινας δὸς ἀνύσασα καὶ ὀλίγον τοῦ χρυσίου.

ΙΕΡΕΙΑ

Λάμβανε.

ΦΙΛΟΣΟΦΙΑ

Τί πράττειν ἁνὴρ διανοεῖται; δελεάσας τὸ ἄγκιστρον ἰσχάδι καὶ τῷ χρυσίῳ καθίσας ἐπὶ τὸ ἄκρον τοῦ τειχίου καθῆκεν εἰς τὴν πόλιν. τί ταῦτα, ὦ Παρρησιάδη, ποιεῖς; ἦ που τοὺς λίθους ἁλιεύσειν διέγνωκας ἐκ τοῦ Πελασγικοῦ;

ΠΑΡΡΗΣΙΑΔΗΣ

Σιώπησον, ὦ Φιλοσοφία, καὶ τὴν ἄγραν περίμενε· σὺ δέ, ὦ Πόσειδον

kannst, dass er über dies alles hinwegsieht und sich von dem Anblick kein bisschen verlocken lässt, der soll es sein, der mit dem Ölzweig bekränzt wird, bei wem du aber siehst, dass er draufstarrt und die Hand nach dem Gold ausstreckt, den führe zum Brenneisen ab – nachdem du ihm vorher, wie abgemacht, den Bart geschoren hast.

[47] PARRHESIADES

So soll es geschehen, PHILOSOPHIA, und unverzüglich wirst du die meisten von ihnen mit dem Brandzeichen eines Fuchses oder eines Affen sehen, aber nur sehr wenige mit einem Kranz. Wenn ihr allerdings Lust habt, dann kann ich euch auch jetzt schon ein paar von ihnen hier heraufholen.

PHILOSOPHIA

Wie bitte? Du kannst die Flüchtigen hier heraufholen?

PARRHESIADES

Aber gewiss doch, wenn die Priesterin mir für einen Augenblick die Leine dort und den Haken leihen will, die der Fischer aus dem Piräus als Weihgabe niedergelegt hat.

PRIESTERIN

Hier, nimm, und auch die Rute gleich mit, damit du alles zusammenhast!

PARRHESIADES

Gib mir doch bitte auch rasch noch ein paar von den Feigen, Priesterin, und ein bisschen von dem Gold!

PRIESTERIN

Da hast du's.

PHILOSOPHIA

Was hat der Mann vor? Jetzt spießt er eine Feige und Gold als Köder auf den Haken, setzt sich auf die Mauer und lässt die Leine in die Stadt hinunter. Was machst du denn da, Parrhesiades? Hast du vor, die Steine aus der Pelasgischen Mauer zu angeln?

PARRHESIADES

Still, PHILOSOPHIA, warte die Beute ab! Und du, oh Poseidon der

ἀγρεῦ καὶ Ἀμφιτρίτη φίλη, πολλοὺς ἡμῖν ἀνάπεμπε τῶν ἰχθύων. [48] ἀλλ᾽ ὁρῶ τινα λάβρακα εὐμεγέθη, μᾶλλον δὲ χρύσοφρυν· οὔκ, ἀλλὰ γαλεός ἐστιν. πρόσεισι γοῦν τῷ ἀγκίστρῳ κεχηνώς· ὀσφρᾶται τοῦ χρυσίου· πλησίον ἤδη ἐστίν· ἔψαυσεν· εἴληπται· ἀνασπάσωμεν. καὶ σύ, ὦ Ἔλεγχε, ἀνάσπα· Ἔλεγχε, συνεπιλαβοῦ τῆς ὁρμιᾶς.

ΕΛΕΓΧΟΣ

Ἄνω ἐστί. φέρ᾽ ἴδω τίς εἶ, ὦ βέλτιστε ἰχθύων; κύων οὗτός γε. Ἡράκλεις τῶν ὀδόντων. τί τοῦτο, ὦ γενναιότατε; εἴληψαι λιχνεύων περὶ τὰς πέτρας, ἔνθα λήσειν ἤλπισας ὑποδεδυκώς; ἀλλὰ νῦν ἔσῃ φανερὸς ἅπασιν ἐκ τῶν βραγχίων ἀπηρτημένος. ἐξέλωμεν τὸ ἄγκιστρον καὶ τὸ δέλεαρ. μὰ Δί᾽ ἔπιεν. τουτὶ κενόν σοι τὸ ἄγκιστρον· ἡ δ᾽ ἰσχὰς ἤδη προσέσχηται καὶ τὸ χρυσίον ἐν τῇ κοιλίᾳ.

ΠΑΡΡΗΣΙΑΔΗΣ

Ἐξεμεσάτω νὴ Δία, ὡς καὶ ἐπ᾽ ἄλλους δελεάσωμεν. εὖ ἔχει· τί φῄς, ὦ Διόγενες; οἶσθα τοῦτον ὅστις ἐστίν, ἢ προσήκει τί σοι ἁνήρ;

ΔΙΟΓΕΝΗΣ

Οὐδαμῶς.

ΠΑΡΡΗΣΙΑΔΗΣ

Τί οὖν; πόσου ἄξιον αὐτὸν χρὴ φάναι; ἐγὼ μὲν γὰρ δύ᾽ ὀβολῶν πρῴην αὐτὸν ἐτιμησάμην.

ΔΙΟΓΕΝΗΣ

Πολὺ λέγεις· ἄβρωτός τε γάρ ἐστιν καὶ εἰδεχθὴς καὶ σκληρὸς καὶ ἄτιμος· ἄφες αὐτὸν ἐπὶ κεφαλὴν κατὰ τῆς πέτρας· σὺ δὲ ἄλλον ἀνάσπασον καθεὶς τὸ ἄγκιστρον. ἐκεῖνο μέντοι ὅρα, ὦ Παρρησιάδη, μὴ καμπτόμενός σοι ὁ κάλαμος ἀποκλασθῇ.

Fischer und du, liebe Amphitrite,[59] schick uns viele Fische hoch! **[48]** Aber da sehe ich ja schon einen ziemlich großen Meerwolf, oder vielmehr eine Goldbrasse – ach nein, es ist ein Hai – er nähert sich dem Haken, das Maul weit aufgerissen: Er riecht das Gold. Jetzt ist er ganz nah. Er schluckt ihn! Gefangen! Wir wollen ihn hochziehen! Hilf mir beim Hochziehen, WIDERLEGUNG! WIDERLEGUNG, pack die Leine mit an!

WIDERLEGUNG

Er ist oben. Will mal sehen, wer du bist, mein lieber Fisch! Das ist ein Hundshai.[60] Herakles, was für Zähne! Na, wie findest du das, du toller Hecht? Hat es dich erwischt, wie du um die Felsen geschwänzelt bist, auf der Suche nach einem guten Bissen, da, wo du gehofft hast, heimlich untertauchen zu können? Aber jetzt werden dich alle sehen, an den Kiemen aufgehängt! Wir wollen mal den Haken und den Köder rausholen. Bei Zeus! Er hat sie verschluckt! Da, der Haken, leer! Die Feige hat er schon intus, und das Gold auch, in seinem Magen.

PARRHESIADES

Bei Zeus, das soll er mal wieder ausspucken, das brauchen wir noch als Köder für andere! So ist es gut. Was sagst du, Diogenes? Weißt du, wer das ist, oder gehört der Mann irgendwie zu dir?

DIOGENES

Ganz bestimmt nicht!

PARRHESIADES

Also was? Wie viel, sollen wir sagen, ist er wert? Ich habe ihn ja neulich auf zwei Obolen taxiert.

DIOGENES

Ganz schön teuer! Der ist ja ungenießbar, sieht scheußlich aus, grätig und wertlos. Schmeiß ihn kopfüber den Felsen runter! Und wirf die Angel aus und zieh noch einen rauf. Aber pass nur auf, Parrhesiades, dass sich deine Rute nicht zu stark biegt und plötzlich bricht!

ΠΑΡΡΗΣΙΑΔΗΣ

Θάρρει, ὦ Διόγενες· κοῦφοί εἰσι καὶ τῶν ἀφύων ἐλαφρότεροι.

ΔΙΟΓΕΝΗΣ

Νὴ Δί', ἀφυέστατοί γε· ἀνάσπα δὲ ὅμως.

[49] ΠΑΡΡΗΣΙΑΔΗΣ

Ἰδού τις ἄλλος ὑπόπλατυς ὥσπερ ἡμίτομος ἰχθὺς πρόσεισιν, ψῆττά τις, κεχηνὼς εἰς τὸ ἄγκιστρον· κατέπιεν, ἔχεται, ἀνεσπάσθω. τίς ἐστιν;

ΕΛΕΓΧΟΣ

Ὁ Πλατωνικὸς εἶναι λέγων.

ΠΑΡΡΗΣΙΑΔΗΣ

Καὶ σύ, ὦ κατάρατε, ἥκεις ἐπὶ τὸ χρυσίον; τί φῄς, ὦ Πλάτων; τί ποιῶμεν αὐτόν;

[50] ΠΛΑΤΩΝ

Ἀπὸ τῆς αὐτῆς πέτρας καὶ οὗτος· ἐπ' ἄλλον καθείσθω.

ΠΑΡΡΗΣΙΑΔΗΣ

Καὶ μὴν ὁρῶ τινα πάγκαλον προσιόντα, ὡς ἂν ἐν βυθῷ δόξειεν, ποικίλον τὴν χρόαν, ταινίας τινὰς ἐπὶ τοῦ νώτου ἐπιχρύσους ἔχοντα. ὁρᾷς, ὦ Ἔλεγχε;

ΕΛΕΓΧΟΣ

Ὁ τὸν Ἀριστοτέλη προσποιούμενος οὗτός ἐστιν. Ἦλθεν, εἶτα πάλιν ἄπεισιν. περισκοπεῖ ἀκριβῶς, αὖθις ἐπανῆλθεν, ἔχανεν, εἴληπται, ἀνιμήσθω.

ΑΡΙΣΤΟΤΕΛΗΣ

Μὴ ἀνέρῃ με, ὦ Παρρησιάδη, περὶ αὐτοῦ· ἀγνοῶ γὰρ ὅστις ἐστίν.

ΠΑΡΡΗΣΙΑΔΗΣ

Οὐκοῦν καὶ οὗτος, ὦ Ἀριστότελες, κατὰ τῶν πετρῶν. **[51]** ἀλλ' ἦν ἰδού, πολλούς που τοὺς ἰχθῦς ὁρῶ κατὰ ταὐτὸν ὁμόχροας, ἀκανθώδεις καὶ

PARRHESIADES
Keine Sorge, Diogenes! Alles Leichtgewichte und windiger als Blindfische.

DIOGENES
Allerdings, bei Zeus, so was von Blindfische![61] Zieh sie trotzdem rauf!

[49] PARRHESIADES
Schau, da kommt noch einer, platt wie ein halbierter Fisch, eine Art Flunder, das Maul weit offen für den Haken – geschluckt, gefangen, hoch mit ihm! Wen haben wir da?

WIDERLEGUNG
Einen Plattoniker, wie er sich nennt.[62]

PARRHESIADES
Sogar du, Verfluchter, kommst zum Gold? Was meinst du, Platon? Was sollen wir mit dem machen?

[50] PLATON
Über denselben Felsen, den auch! Und runter mit dem Haken für einen anderen!

PARRHESIADES
Oh, da sehe ich einen wunderschönen näherkommen,[63] soweit man das im tiefen Wasser erkennen kann, einen ganz bunten, mit goldenen Streifen auf dem Rücken. Siehst du ihn, WIDERLEGUNG?

WIDERLEGUNG
Das ist der, der so tut, als sei er Aristoteles! Er kommt, dann schwimmt er wieder weg. Schaut sich alles ganz genau an – da ist er wieder, Maul auf, gefangen, hoch mit ihm![64]

ARISTOTELES
Frag mich bloß nicht nach ihm, Parrhesiades! Keine Ahnung, wer das ist.

PARRHESIADES
Dann also auch ab mit ihm über die Felsen, Aristoteles! [51] Aber schau mal hier, ganz viele Fische sehe ich da, auf einem Fleck, alle von gleicher Färbung, mit Dornen und sehr schuppiger Haut,

τὴν ἐπιφάνειαν ἐκτετραχυσμένους, ἐχίνων δυσληπτοτέρους. ἦ που σαγήνης ἐπ᾽ αὐτοὺς δεήσει;

⟨ΦΙΛΟΣΟΦΙΑ⟩

Ἀλλ᾽ οὐ πάρεστιν. ἱκανὸν εἰ κἂν ἕνα τινὰ ἐκ τῆς ἀγέλης ἀνασπάσαιμεν. ἥξει δὲ ἐπὶ τὸ ἄγκιστρον δηλαδὴ ὃς ἂν αὐτῶν θρασύτατος ᾖ.

ΕΛΕΓΧΟΣ

Κάθες, εἰ δοκεῖ, σιδηρώσας γε πρότερον ἐπὶ πολὺ τῆς ὁρμιᾶς, ὡς μὴ ἀποπρίσῃ τοῖς ὀδοῦσι καταπιὼν τὸ χρυσίον.

ΠΑΡΡΗΣΙΑΔΗΣ

Καθῆκα. καὶ σὺ δέ, ὦ Πόσειδον, ταχεῖαν ἐπιτέλει τὴν ἄγραν. βαβαί, μάχονται περὶ τοῦ δελέατος, καὶ οἱ μὲν συνάμα πολλοὶ περιτρώγουσι τὴν ἰσχάδα, οἱ δὲ προσφύντες ἔχονται τοῦ χρυσίου. εὖ ἔχει· περιεπάρη τις μάλα καρτερός. φέρ᾽ ἴδω τίνος ἐπώνυμον σεαυτὸν εἶναι λέγεις; καίτοι γελοῖός εἰμι ἀναγκάζων ἰχθὺν λαλεῖν· ἄφωνοι γὰρ οὗτοί γε. ἀλλὰ σύ, ὦ Ἔλεγχε, εἰπὲ ὅντινα ἔχει διδάσκαλον αὐτοῦ.

ΕΛΕΓΧΟΣ

Χρύσιππον τουτονί.

ΠΑΡΡΗΣΙΑΔΗΣ

Μανθάνω· διότι χρυσίον προσῆν, οἶμαι, τῷ ὀνόματι. σὺ δ᾽ οὖν, Χρύσιππε, πρὸς τῆς Ἀθηνᾶς εἰπέ, οἶσθα τοὺς ἄνδρας ἢ τοιαῦτα παραινεῖς αὐτοῖς ποιεῖν;

ΧΡΥΣΙΠΠΟΣ

Νὴ Δί᾽, ὑβριστικὰ ἐρωτᾷς, ὦ Παρρησιάδη, προσήκειν τι ἡμῖν ὑπολαμβάνων τοιούτους ὄντας.

ΠΑΡΡΗΣΙΑΔΗΣ

Εὖ γε, ὦ Χρύσιππε, γενναῖος εἶ. οὗτος δὲ καὶ αὐτὸς ἐπὶ κεφαλὴν μετὰ τῶν ἄλλων, ἐπεὶ καὶ ἀκανθώδης ἐστί, καὶ δέος μὴ διαπαρῇ τις τὸν λαιμὸν ἐσθίων.

[52] ΦΙΛΟΣΟΦΙΑ

Ἅλις, ὦ Παρρησιάδη, τῆς ἄγρας, μὴ καί τίς σοι, οἷοι πολλοί εἰσιν,

schwerer zu fangen als Seeigel.[65] Brauchen wir für die wohl ein Netz?

⟨PHILOSOPHIA⟩[66]

Keins da. Es reicht, wenn wir aus dem Schwarm einen einzelnen hochziehen. Natürlich wird der dreisteste von ihnen zum Haken kommen.

WIDERLEGUNG

Wenn du meinst, dann lass den Haken herunter, aber sichere deine Leine vorher ein gutes Stück mit Eisen, damit er sie, wenn er das Gold schluckt, nicht durchbeißt.

PARRHESIADES

Hab sie unten. Und du, Poseidon, schenke mir rasche Beute! Oh je, da kämpfen sie um den Köder, und die einen nagen alle gleichzeitig an der Feige, die anderen kleben wie festgewachsen am Gold. Prima! Da hängt ein besonders kräftiger am Haken! Wollen mal sehen: Na, welchen Beinamen gibst du dir denn? Ach, ich bin ja lächerlich! Einen Fisch zum Sprechen bringen wollen! Die sind doch stumm. Aber sag du mir, WIDERLEGUNG, wen er als Lehrmeister hat.

WIDERLEGUNG

Den Chrysipp hier.

PARRHESIADES

Ich verstehe! Weil in seinem Namen Gold steckt, denke ich.[67] Du, Chrysipp, sag mir, bei Athena: Kennst du die Leute, oder geschieht es auf deine Empfehlung, dass sie sich so aufführen?

CHRYSIPP

Bei Zeus, mit dieser Frage trittst du mir zu nahe, Parrhesiades; du unterstellst ja, solche Leute hätten etwas mit uns zu tun.

PARRHESIADES

Gut, Chrysipp! Du bist ein braver Kerl! Ab mit ihm, kopfüber, zusammen mit den anderen, so dornig, wie der ist, da muss man ja Angst haben, dass er einem beim Essen die Gurgel durchbohrt.

[52] PHILOSOPHIA

Genug gefangen, Parrhesiades! Nicht dass bei der Menge am Ende

οἴχηται ἀποσπάσας τὸ χρυσίον καὶ τὸ ἄγκιστρον, εἶτά σε ἀποτίσαι τῇ ἱερείᾳ δεήσῃ. ὥστε ἡμεῖς μὲν ἀπίωμεν περιπατήσουσαι· καιρὸς δὲ καὶ ὑμᾶς ἀπιέναι ὅθεν ἥκετε, μὴ καὶ ὑπερήμεροι γένησθε τῆς προθεσμίας. σφὼ δέ, σὺ καὶ ὁ Ἔλεγχος, ὦ Παρρησιάδη, ἐν κύκλῳ ἐπὶ πάντας αὐτοὺς ἰόντες ἢ στεφανοῦτε ἢ ἐγκαίετε, ὡς ἔφην.

ΠΑΡΡΗΣΙΑΔΗΣ

Ἔσται ταῦτα, ὦ Φιλοσοφία. χαίρετε, ὦ βέλτιστοι ἀνδρῶν. ἡμεῖς δὲ κατίωμεν, ὦ Ἔλεγχε, καὶ τελῶμεν τὰ παρηγγελμένα.

ΕΛΕΓΧΟΣ

Ποῖ δὲ καὶ πρῶτον ἀπιέναι δεήσει; μῶν εἰς τὴν Ἀκαδημίαν ἢ εἰς τὴν Στοάν; ⟨ἢ⟩ ἀπὸ τοῦ Λυκείου ποιησώμεθα τὴν ἀρχήν;

ΠΑΡΡΗΣΙΑΔΗΣ

Οὐδὲν διοίσει τοῦτο. πλὴν οἶδά γε ὡς ἔνθα ἂν ἀπέλθωμεν, ὀλίγων μὲν τῶν στεφάνων, πολλῶν δὲ τῶν καυτηρίων δεησόμεθα.

noch einer den Haken mit dem Gold abreißt und dir entwischt, und du darfst das dann der Priesterin ersetzen! So, wir wollen zurückgehen und noch ein wenig lustwandeln! Und auch ihr müsst jetzt zurück dorthin, woher ihr gekommen seid, nicht dass ihr noch den Termin versäumt, den man euch gesetzt hat![68] Und ihr beiden, du, Parrhesiades, und du, Widerlegung, klappert sie alle ab und bekränzt oder brandmarkt sie, wie ich es angeordnet habe.

Parrhesiades

So wird es geschehen, Philosophia. Adieu, ihr besten aller Männer! Und wir, Widerlegung, wollen hinuntergehen und unseren Auftrag erledigen!

Widerlegung

Wohin müssen wir denn als erstes? Zur Akademie oder zur Stoa? Oder wollen wir mit dem Lykeion anfangen?[69]

Parrhesiades

Das wird keinen Unterschied machen. Ich weiß nur, dass wir, egal, wohin wir kommen, nur wenige Kränze, aber viele Brandeisen brauchen werden.

ΑΛΚΥΩΝ Η ΠΕΡΙ ΜΕΤΑΜΟΡΦΩΣΕΩΝ

[1] ΧΑΙΡΕΦΩΝ

Τίς ἡ φωνὴ προσέβαλεν ἡμῖν, ὦ Σώκρατες, πόρρωθεν ἀπὸ τῶν αἰγιαλῶν καὶ τῆς ἄκρας ἐκείνης; ὡς ἡδεῖα ταῖς ἀκοαῖς. τί ποτ᾽ ἄρ᾽ ἐστὶ τὸ φθεγγόμενον ζῷον; ἄφωνα γὰρ δὴ τά γε καθ᾽ ὕδατος διαιτώμενα.

ΣΩΚΡΑΤΗΣ

Θαλαττία τις, ὦ Χαιρεφῶν, ὄρνις ἀλκυὼν ὀνομαζομένη, πολύθρηνος καὶ πολύδακρυς, περὶ ἧς δὴ παλαιὸς ἀνθρώποις μεμύθευται λόγος· φασὶ γυναῖκά ποτε οὖσαν Αἰόλου τοῦ Ἕλληνος θυγατέρα κουρίδιον ἄνδρα τὸν ἑαυτῆς τεθνεῶτα θρηνεῖν πόθῳ φιλίας, Κήϋκα τὸν Τραχίνιον τὸν Ἑωσφόρου τοῦ ἀστέρος, καλοῦ πατρὸς καλὸν υἱόν· εἶτα δὴ πτερωθεῖσαν διά τινα δαιμονίαν βούλησιν εἰς ὄρνιθος τρόπον περιπέτεσθαι τὰ πελάγη ζητοῦσαν ἐκεῖνον, ἐπειδὴ πλαζομένη γῆν πέρι πᾶσαν οὐχ οἵα τ᾽ ἦν εὑρεῖν.

[2] ΧΑΙΡΕΦΩΝ

Ἀλκυὼν τοῦτ᾽ ἔστιν, ὃ σὺ φῄς; οὐ πώποτε πρόσθεν ἠκηκόειν τῆς φωνῆς, ἀλλά μοι ξένη τις τῷ ὄντι προσέπεσε· γοώδη γοῦν ὡς ἀληθῶς τὸν ἦχον ἀφίησι τὸ ζῷον. πηλίκον δέ τι καὶ ἔστιν, ὦ Σώκρατες;

ΣΩΚΡΑΤΗΣ

Οὐ μέγα· μεγάλην μέντοι διὰ τὴν φιλανδρίαν εἴληφε παρὰ θεῶν τιμήν· ἐπὶ γὰρ τῇ τούτων νεοττείᾳ καὶ τὰς ἀλκυονίδας προσαγορευομένας ἡμέρας ὁ κόσμος ἄγει κατὰ χειμῶνα μέσον διαφερούσας ταῖς εὐδίαις, ὧν ἐστι καὶ ἡ τήμερον παντὸς μᾶλλον. οὐχ ὁρᾷς ὡς αἴθρια μὲν τὰ ἄνωθεν, ἀκύμαντον δὲ καὶ γαλήνιον ἅπαν τὸ πέλαγος, ὅμοιον ὡς εἰπεῖν κατόπτρῳ;

ΧΑΙΡΕΦΩΝ

Λέγεις ὀρθῶς· φαίνεται γὰρ ἀλκυονὶς ἡ τήμερον ὑπάρχειν ἡμέρα, καὶ χθὲς δὲ τοιαύτη τις ἦν. ἀλλὰ πρὸς θεῶν, πῶς ποτε χρὴ πεισθῆναι τοῖς ἐξ

DER EISVOGEL ODER ÜBER VERWANDLUNGEN[1]

[1] CHAIREPHON
Was für eine Stimme dringt da von fern zu uns, Sokrates, aus Richtung der Küste und des Vorgebirges dort? Wie tut sie den Ohren wohl! Was ist das denn für ein Lebewesen, das sie hervorbringt? Was im Wasser lebt, besitzt doch gar keine Stimme.

SOKRATES
Ein Seevogel, Chairephon.[2] Eisvogel heißt er, ständig klagt er und weint, und so gibt es bei den Menschen einen Mythos über ihn; es heißt, einst habe die Tochter des Aiolos, des Sohnes des Hellen,[3] den Tod ihres Bräutigams beklagt, aus Sehnsucht nach seiner Liebe, des Keyx aus Trachis,[4] des Sohnes des Morgensterns – schöner Sohn eines schönen Vaters. Und da seien ihr, durch göttlichen Willen, Flügel gewachsen; nun fliege sie wie ein Vogel über das Meer, auf der Suche nach ihm, da sie ihn, obwohl sie die ganze Erde durchstreifte, dennoch nirgends finden konnte.

[2] CHAIREPHON
Ein Eisvogel ist das, sagst du? Nie zuvor habe ich seine Stimme gehört, nein, wirklich, wie etwas ganz Fremdartiges hat sie mich getroffen. Und doch: In der Tat, wie eine Totenklage klingt der Laut, den das Tier hervorbringt. Wie groß ist es denn, Sokrates?

SOKRATES
Nicht groß; groß ist hingegen die Ehre, die ihm die Götter für seine Gattenliebe erwiesen haben. In seiner Brutzeit beschert uns die Welt ja die so genannten Tage des Eisvogels, die Alkyonstage, mitten im Winter, Tage mit perfektem Wetter, wie der heutige, besser geht es nicht. Siehst du nicht, wie da oben alles wolkenlos ist, und ohne Welle, ohne Lüftchen das ganze Meer, sozusagen wie ein Spiegel?

CHAIREPHON
Recht hast du. Ja, es kommt mir so vor, als wäre der heutige Tag ein alkyonischer, und gestern war genauso einer. Aber bei den Göttern: Wie könnte es sich denn empfehlen, Sokrates, den Alten zu glau-

ἀρχῆς, ὦ Σώκρατες, ὡς ἐξ ὀρνίθων γυναῖκές ποτε ἐγένοντο ἢ ὄρνιθες ἐκ γυναικῶν; παντὸς γὰρ μᾶλλον ἀδύνατον φαίνεται πᾶν τὸ τοιοῦτον.

[3] ΣΩΚΡΑΤΗΣ

Ὦ φίλε Χαιρεφῶν, ἐοίκαμεν ἡμεῖς τῶν δυνατῶν τε καὶ ἀδυνάτων ἀμβλυωποί τινες εἶναι κριταὶ παντελῶς· δοκιμάζομεν γὰρ δὴ κατὰ δύναμιν ἀνθρωπίνην ἄγνωστον οὖσαν καὶ ἄπιστον καὶ ἀόρατον· πολλὰ οὖν φαίνεται ἡμῖν καὶ τῶν εὐπόρων ἄπορα καὶ τῶν ἐφικτῶν ἀνέφικτα, συχνὰ μὲν καὶ δι' ἀπειρίαν, συχνὰ δὲ καὶ διὰ νηπιότητα φρενῶν· τῷ ὄντι γὰρ νήπιος ἔοικεν εἶναι πᾶς ἄνθρωπος, καὶ ὁ πάνυ γέρων, ἐπεί τοι μικρὸς πάνυ καὶ νεογιλὸς ὁ τοῦ βίου χρόνος πρὸς τὸν πάντα αἰῶνα. τί δ' ἄν, ὦγαθέ, οἱ ἀγνοοῦντες τὰς τῶν θεῶν καὶ δαιμονίων δυνάμεις ἢ τὰς τῆς ὅλης φύσεως ἔχοιεν ἂν εἰπεῖν, πότερον δυνατὸν ἢ ἀδύνατόν τι τῶν τοιούτων; ἑώρας, Χαιρεφῶν, τρίτην ἡμέραν ὅσος ἦν ὁ χειμών; καὶ ἐνθυμηθέντι γάρ τῳ δέος ἐπέλθοι τὰς ἀστραπὰς ἐκείνας καὶ βροντὰς ἀνέμων τε ἐξαίσια μεγέθη· ὑπέλαβεν ἄν τις τὴν οἰκουμένην ἅπασαν καὶ δὴ συμπεσεῖσθαι.

[4] Μετὰ μικρὸν δὲ θαυμαστή τις κατάστασις εὐδίας ἐγένετο καὶ διέμεινεν αὕτη γε ἕως τοῦ νῦν. πότερον οὖν οἴει μεῖζόν τι καὶ ἐργωδέστερον εἶναι τοιαύτην αἰθρίαν ἐξ ἐκείνης τῆς ἀνυποστάτου λαίλαπος καὶ ταραχῆς μεταθεῖναι καὶ εἰς γαλήνην ἀγαγεῖν τὸν ἅπαντα κόσμον, ἢ γυναικὸς εἶδος μεταπλασθὲν εἰς ὄρνιθός τινος ποιῆσαι; τὸ μὲν γὰρ τοιοῦτον καὶ τὰ παιδάρια τὰ παρ' ἡμῖν τὰ πλάττειν ἐπιστάμενα, πηλὸν ἢ κηρὸν ὅταν λάβῃ, ῥᾳδίως ἐκ τοῦ αὐτοῦ πολλάκις ὄγκου μετασχηματίζει πολλὰς ἰδεῶν φύσεις. τῷ δαιμονίῳ δὲ μεγάλην καὶ οὐδὲ συμβλητὴν ὑπεροχὴν ἔχοντι πρὸς τὰς ἡμετέρας δυνάμεις εὐχερῆ τυχὸν ἴσως ἅπαντα

ben, dass es eine Zeit gab, in der aus Vögeln Frauen wurden oder aus Frauen Vögel? So etwas ist doch offensichtlich schlichtweg unmöglich.

[3] SOKRATES

Mein lieber Chairephon, mir kommt es so vor, als wäre unser Urteil über möglich und unmöglich ausnehmend kurzsichtig, bilden wir uns doch unsere Meinung, so gut wir es als Menschen eben vermögen in all unserer Ahnungslosigkeit, geringen Vertrauenswürdigkeit und Blindheit. So kommt es, dass uns vieles, was verfügbar ist, unverfügbar, was in unserer Macht steht, unerreichbar vorkommt, oft aus Unerfahrenheit, oft auch aus Kindlichkeit des Gemüts. Tatsächlich kommt mir ja jeder Mensch wie ein Kind vor, selbst in fortgeschrittenem Alter, denn wirklich! – unsere Lebenszeit ist doch winzig, wie die eines Neugeborenen, im Vergleich zum Alter des Kosmos. Wie soll denn, mein Guter, wer die Macht der Götter und göttlichen Wesen oder die der ganzen Natur nicht kennt, sagen können, ob solche Dinge möglich oder unmöglich sind? Hast du gesehen, Chairephon, was für einen Sturm wir vorgestern hatten? Und was für eine Angst konnte einen befallen, wenn man sich diese Blitze bewusst machte, den Donner und die ungeheuerliche Gewalt der Winde! Man hätte glauben können, jetzt gehe wirklich die ganze Welt unter.

[4] Aber nicht lang, da herrschte wie durch ein Wunder gutes Wetter, und das blieb so, bis jetzt. Was hältst du jetzt also für bedeutender und mühsamer: aus jenem Wirbelsturm, der alles mit sich riss und verheerte, so einen blauen Himmel zu machen und die ganze Welt wieder zur Ruhe zu bringen, oder eine Frau in einen Vogel umzubilden? So etwas machen ja sogar unsere Kinder, die sich aufs Kneten verstehen: Sie nehmen Lehm oder Wachs, und formen denselben Klumpen mit leichter Hand zu immer neuen Kreationen. Da wird es doch vielleicht der göttlichen Macht, die im Vergleich zu unseren Kräften große und unvergleichliche Überlegenheit besitzt, leichtfallen, alles Derartige zu bewerkstelligen, und noch mehr. Um

τὰ τοιαῦτα καὶ λίαν. ἐπεὶ τὸν ὅλον οὐρανὸν πόσῳ τινὶ σαυτοῦ δοκεῖς εἶναι μείζω φράσαις ἄν;

[5] ΧΑΙΡΕΦΩΝ

Τίς δ' ἀνθρώπων, ὦ Σώκρατες, νοῆσαι δύναιτ' ἂν ἢ ὀνομάσαι τι τῶν τοιούτων; οὐδὲ γὰρ εἰπεῖν ἐφικτόν.

ΣΩΚΡΑΤΗΣ

Οὔκουν δὴ θεωροῦμεν καὶ ἀνθρώπων πρὸς ἀλλήλους συμβαλλομένων μεγάλας τινὰς ὑπεροχὰς ἐν ταῖς δυνάμεσιν καὶ ἐν ταῖς ἀδυναμίαις ὑπαρχούσας; ἡ γὰρ τῶν ἀνδρῶν ἡλικία πρὸς τὰ νήπια παντελῶς βρέφη, τὰ πεμπταῖα ἐκ γενετῆς ἢ δεκαταῖα, θαυμαστὴν ὅσην ἔχει τὴν διαφορὰν δυνάμεώς τε καὶ ἀδυναμίας ἐν πάσαις σχεδὸν ταῖς κατὰ τὸν βίον πράξεσιν, καὶ ὅσα διὰ τῶν τεχνῶν τούτων οὕτω πολυμηχάνων καὶ ὅσα διὰ τοῦ σώματος καὶ τῆς ψυχῆς ἐργάζονται· ταῦτα γὰρ τοῖς νέοις, ὥσπερ εἶπον, παιδίοις οὐδ' εἰς νοῦν ἐλθεῖν δυνατὰ φαίνεται.

[6] Καὶ τῆς ἰσχύος δὲ τῆς ἑνὸς ἀνδρὸς τελείου τὸ μέγεθος ἀμέτρητον ὅσην ἔχει τὴν ὑπεροχὴν πρὸς ἐκεῖνα· μυριάδας γὰρ τῶν τοιούτων εἷς ἀνὴρ πάνυ πολλὰς χειρώσαιτ' ἂν ῥᾳδίως· ἡ γὰρ ἡλικία παντελῶς ἄπορος δήπου πάντων καὶ ἀμήχανος ἐξ ἀρχῆς παρακολουθεῖ τοῖς ἀνθρώποις κατὰ φύσιν. ὁπηνίκα οὖν ἄνθρωπος, ὡς ἔοικεν, ἀνθρώπου τοσούτῳ διαφέρει, τί νομίσωμεν τὸν σύμπαντα οὐρανὸν πρὸς τὰς ἡμετέρας δυνάμεις φανῆναι ἂν τοῖς τὰ τοιαῦτα θεωρεῖν ἐφικνουμένοις; πιθανὸν οὖν ἴσως δόξει πολλοῖς, ὅσην ἔχει τὸ μέγεθος τοῦ κόσμου τὴν ὑπεροχὴν πρὸς τὸ Σωκράτους ἢ Χαιρεφῶντος εἶδος, τηλικοῦτον καὶ τὴν δύναμιν αὐτοῦ καὶ τὴν φρόνησιν καὶ διάνοιαν ἀνάλογον διαφέρειν τῆς περὶ ἡμᾶς διαθέσεως.

[7] Σοὶ μὲν οὖν καὶ ἐμοὶ καὶ ἄλλοις πολλοῖς τοιούτοις οὖσι πόλλ'

wie viel, was würdest du sagen, glaubst du denn, ist der Himmel insgesamt größer als du?

[5] Chairephon

Welcher Mensch, Sokrates, wäre fähig, in solchen Fragen Erkenntnisse zu gewinnen oder zu formulieren? Das in Worte zu fassen – nein, nicht einmal das ist uns erreichbar.

Sokrates

Beobachten wir denn nicht auch bei den Menschen, vergleichen wir sie miteinander, gewaltige Überschüsse an Stärken wie an Schwächen? So weist ja das Lebensalter der Erwachsenen gegenüber den ganz kleinen Säuglingen, fünf Tage nach der Geburt oder zehn Tage, einen unfassbaren Unterschied an Stärke und Schwäche in nahezu allen Lebensverrichtungen auf, sowohl in all dem, was sie mithilfe ihrer so raffinierten technischen Mittel, als auch in all dem, was sie mit ihrem Körper und ihrer Seele bewirken. Denn das kann ja offenkundig den kleinen Kindern, wie ich sagte, noch nicht einmal in den Sinn kommen.

[6] Selbst die Körperkraft auch nur eines einzigen erwachsenen Mannes – wie unermesslich ist sie derjenigen der Kinder überlegen! Ein einzelner Mann könnte ganze Myriaden von ihnen leicht überwältigen. In diesem Alter sind Menschen ja vollständig hilflos, und ihrer Natur entsprechend vermögen sie noch keinerlei Mittel und Wege zu ersinnen. Wenn sich nun schon, wie es aussieht, der Mensch vom Menschen so weit unterscheidet, was sollen wir dann denken, wie sich der Himmel in seiner Gesamtheit im Vergleich mit unseren Stärken für jemanden darstellen würde, dem es gelänge, sich davon ein Bild zu machen? Viele werden es dann womöglich für wahrscheinlich halten, dass der Überlegenheit der Größe des Alls gegenüber der Statur eines Sokrates oder eines Chairephon auch der Unterschied seiner Macht, seiner Vernunft und seines Verstandes zu unserer Konstitution entspricht.

[7] Zudem fällt vieles, was dir und mir und vielen anderen, die so sind wie wir, unmöglich ist, anderen ganz leicht. So ist ja auch

ἄττ' ἀδύνατα τῶν ἑτέροις πάνυ ῥᾳδίων· ἐπεὶ καὶ αὐλῆσαι τοῖς ἀναύλοις καὶ ἀναγνῶναι ἢ γράψαι τοῖς ἀγραμμάτοις γραμματικὸν τρόπον ἀδυνατώτερόν ἐστιν, τέως ἂν ὦσιν ἀνεπιστήμονες, τοῦ ποιῆσαι γυναῖκας ἐξ ὀρνίθων ἢ ὄρνιθας ἐκ γυναικῶν. ἡ δὲ φύσις ἐν κηρίῳ σχεδὸν παραβάλλουσα ζῷον ἄπουν καὶ ἄπτερον πόδας ὑποθεῖσα καὶ πτερώσασα ποικιλίᾳ τε φαιδρύνασα πολλῇ καὶ καλῇ καὶ παντοδαπῇ χρωμάτων μέλιτταν ἀπέδειξε σοφὴν θείου μέλιτος ἐργάτιν, ἔκ τε ᾠῶν ἀφώνων καὶ ἀψύχων πολλὰ γένη πλάττει πτηνῶν τε καὶ πεζῶν καὶ ἐνύδρων ζῴων, τέχναις, ὡς λόγος τινῶν, ἱεραῖς αἰθέρος μεγάλου προσχρωμένη.

[8] Τὰς οὖν ἀθανάτων δυνάμεις μεγάλας οὔσας θνητοὶ καὶ σμικροὶ παντελῶς ὄντες καὶ οὔτε τὰ μεγάλα δυνάμενοι καθορᾶν οὔτ' αὖ τὰ σμικρά, τὰ πλείω δ' ἀποροῦντες καὶ τῶν περὶ ἡμᾶς συμβαινόντων παθῶν, οὐκ ἂν ἔχοιμεν εἰπεῖν βεβαίως οὔτ' ἀλκυόνων πέρι οὔτ' ἀηδόνων· κλέος δὲ μύθων, οἷον παρέδοσαν πατέρες, τοιοῦτον καὶ παισὶν ἐμοῖς, ὦ ὄρνι θρήνων μελῳδέ, παραδώσω τῶν σῶν ὕμνων πέρι, καὶ σοῦ τὸν εὐσεβῆ καὶ φίλανδρον ἔρωτα πολλάκις ὑμνήσω γυναιξὶ ταῖς ἐμαῖς Ξανθίππῃ τε καὶ Μυρτοῖ λέγων τά τε ἄλλα, πρὸς δὲ καὶ τιμῆς οἵας ἔτυχες παρὰ θεῶν. ἆρά γε καὶ σὺ ποιήσεις τι τοιοῦτον, ὦ Χαιρεφῶν;

ΧΑΙΡΕΦΩΝ

Πρέπει γοῦν, ὦ Σώκρατες, καὶ τὰ ὑπὸ σοῦ ῥηθέντα διπλασίαν ἔχει τὴν παράκλησιν πρὸς γυναικῶν τε καὶ ἀνδρῶν ὁμιλίαν.

das Spiel des Aulos denen, die nicht Aulos spielen können, und das Lesen und Schreiben den Schriftunkundigen, jedenfalls solange sie es noch nicht gelernt haben, im eigentlichen Sinne von Schreiben noch unmöglicher, als Frauen aus Vögeln oder Vögel aus Frauen zu bilden. Die Natur hingegen wirft, als ob sie in Wachs arbeite, ein fuß- und flügelloses Wesen hin, unterlegt ihm Füße, setzt ihm Flügel an, verleiht ihm durch zahlreiche, schöne und vielfältige Farben Buntheit und Leuchtkraft: Und heraus kommt die kluge Biene, die Produzentin des göttlichen Honigs. Aus stummen und seelenlosen Eiern gestaltet die Natur die vielen Gattungen der Lebewesen in der Luft, auf der Erde und im Wasser, wobei sie, wie manche behaupten, auch noch heilige Handwerkstechniken des gewaltigen Äthers zum Einsatz bringt.

[8] Angesichts dessen also, dass wir, verglichen mit den Fähigkeiten der Unsterblichen in all ihrer Größe, selbst nur sterblich und winzig sind und weder die großen noch auch wieder die kleinen Dinge genau zu sehen vermögen, ja sogar der Mehrzahl der uns selbst betreffenden Ereignisse hilflos gegenüberstehen, können wir wohl weder über Eisvögel noch über Nachtigallen[5] irgendetwas mit Gewissheit sagen. Was uns die Mythen über deine Lieder künden, du Vogelsänger der Klage, das werde ich so, wie meine Väter es mir weitergaben, auch meinen eigenen Kindern weitergeben, und ich werde deine reine und gattenfreundliche Liebe hymnisch preisen, wenn ich meinen Frauen, der Xanthippe und der Myrto,[6] nicht nur deine übrige Geschichte erzähle, sondern dazu noch, welche Ehre dir von den Göttern zuteil wurde. Und du, Chairephon, wirst auch du etwas in der Art tun?

Chairephon

Das gehört sich wohl so, Sokrates, und deine Worte enthalten eine zweifache Aufforderung für die Ehe, sowohl für die Frauen als auch für die Männer.

ΣΩΚΡΑΤΗΣ

Οὐκοῦν ἀσπασαμένοις τὴν Ἀλκυόνα προάγειν ἤδη πρὸς ἄστυ καιρὸς ἐκ τοῦ Φαληρικοῦ.

ΧΑΙΡΕΦΩΝ

Πάνυ μὲν οὖν· ποιῶμεν οὕτω.

SOKRATES

Nun ist es Zeit, Alkyone einen Gruß zuzurufen und vom Phalerischen Hafen zur Stadt[7] aufzubrechen.

CHAIREPHON

In der Tat![8] So wollen wir es machen!

ΚΥΝΙΚΟΣ

[1] ΛΥΚΙΝΟΣ

Τί ποτε σύ, οὗτος, πώγωνα μὲν ἔχεις καὶ κόμην, χιτῶνα δὲ οὐκ ἔχεις καὶ γυμνοδερκῇ καὶ ἀνυποδητεῖς τὸν ἀλήτην καὶ ἀπάνθρωπον βίον καὶ θηριώδη ἐπιλεξάμενος καὶ ἀεὶ τοῖς ἐναντίοις τὸ ἴδιον δέμας οὐχ ὡς οἱ πολλοὶ διαχρησάμενος περινοστεῖς ἄλλοτε ἀλλαχοῦ, καὶ εὐνηθησόμενος ἐπὶ ξηροῦ δαπέδου, ὡς ἄσην πάμπολλον τουτὶ τὸ τριβώνιον φέρειν, οὐ μέντοι καὶ τοῦτο λεπτὸν οὐδὲ μαλακὸν οὐδὲ ἀνθηρόν;

ΚΥΝΙΚΟΣ

Οὐδὲ γὰρ δέομαι· τοιοῦτον δὲ ὁποῖον ἂν πορισθείη ῥᾷστα καὶ τῷ κτησαμένῳ πράγματα ὡς ἐλάχιστα παρέχον· τοιοῦτον γὰρ ἀρκεῖ μοι. **[2]** σὺ δὲ πρὸς θεῶν εἰπέ μοι, τῇ πολυτελείᾳ οὐ νομίζεις κακίαν προσεῖναι;

ΛΥΚΙΝΟΣ

Καὶ μάλα.

ΚΥΝΙΚΟΣ

Τῇ δὲ εὐτελείᾳ ἀρετήν;

ΛΥΚΙΝΟΣ

Καὶ μάλα.

ΚΥΝΙΚΟΣ

Τί ποτε οὖν ὁρῶν ἐμὲ τῶν πολλῶν εὐτελέστερον διαιτώμενον, τοὺς δὲ πολυτελέστερον, ἐμὲ αἰτιᾷ καὶ οὐκ ἐκείνους;

ΛΥΚΙΝΟΣ

Ὅτι οὐκ εὐτελέστερόν μοι, μὰ Δία, τῶν πολλῶν διαιτᾶσθαι δοκεῖς, ἀλλ᾽ ἐνδεέστερον, μᾶλλον δὲ τελέως ἐνδεῶς καὶ ἀπόρως· διαφέρεις γὰρ οὐδὲν σὺ τῶν πτωχῶν, οἳ τὴν ἐφήμερον τροφὴν μεταιτοῦσιν.

DER KYNIKER

[1] Lykinos

He, du, warum lässt du dir denn den Bart und das Haar lang wachsen, trägst aber keine Kleidung, gehst nackt und ohne Schuhe, lebst freiwillig wie ein Bettler, ja wie ein menschenscheues Tier, reibst deinen Körper, anders als alle anderen, in ständigen Widrigkeiten auf, treibst dich mal hier, mal dort herum, und schläfst auf dem harten Boden, so dass dein Umhang hier ganz verdreckt ist, und dabei ist er schon selbst wirklich nicht gerade fein, weich und mit Blüten bestickt?

Kyniker

Weil ich das alles nicht brauche! Nur das, was sich am leichtesten verschaffen lässt und seinem Besitzer die geringsten Probleme bereitet. Das genügt mir. **[2]** Aber du, sag mir doch, bei den Göttern, bist du nicht der Meinung, dass mit einem aufwendigen Lebensstil Schlechtigkeit verbunden ist?

Lykinos

Aber sehr!

Kyniker

Und mit der Schlichtheit Tugend?

Lykinos

Aber sehr!

Kyniker

Wenn du also siehst, wie ich mein Leben viel schlichter als die große Masse führe, die hingegen reicher und prächtiger, warum machst du denn dann mir Vorwürfe und nicht denen?

Lykinos

Weil es mir vorkommt, als würdest du dein Leben nicht, bei Zeus, schlichter als die Masse führen, sondern bedürftiger, nein, eigentlich völlig in Mangel und Mittellosigkeit. Unterscheidest du dich doch kein bisschen von den Bettlern, die ihren täglichen Lebensunterhalt erschnorren!

[3] ΚΥΝΙΚΟΣ

Βούλει οὖν ἴδωμεν, ἐπεὶ προελήλυθεν ἐνταῦθα ὁ λόγος, τί τὸ ἐνδεὲς καὶ τί τὸ ἱκανόν ἐστιν;

ΛΥΚΙΝΟΣ

Εἴ σοι δοκεῖ.

ΚΥΝΙΚΟΣ

Ἆρ᾽ οὖν ἱκανὸν μὲν ἑκάστῳ ὅπερ ἂν ἐξικνῆται πρὸς τὴν ἐκείνου χρείαν, ἢ ἄλλο τι λέγεις;

ΛΥΚΙΝΟΣ

Ἔστω τοῦτο.

ΚΥΝΙΚΟΣ

Ἐνδεὲς δὲ ὅπερ ἂν ἐνδεέστερον ᾖ τῆς χρείας καὶ μὴ ἐξικνῆται πρὸς τὸ δέον;

ΛΥΚΙΝΟΣ

Ναί.

ΚΥΝΙΚΟΣ

Οὐδὲν ἄρα τῶν ἐμῶν ἐνδεές ἐστιν· οὐδὲν γὰρ αὐτῶν ὅ τι οὐ τὴν χρείαν ἐκτελεῖ τὴν ἐμήν.

[4] ΛΥΚΙΝΟΣ

Πῶς τοῦτο λέγεις;

ΚΥΝΙΚΟΣ

Ἐὰν σκοπῇς πρὸς ὅ τι γέγονεν ἕκαστον ὧν δεόμεθα, οἷον οἰκία, ἆρ᾽ οὐχὶ σκέπης;

ΛΥΚΙΝΟΣ

Ναί.

ΚΥΝΙΚΟΣ

Τί δέ; ἐσθὴς τοῦ χάριν; ἆρα οὐχὶ καὶ αὐτῆς τῆς σκέπης;

ΛΥΚΙΝΟΣ

Ναί.

ΚΥΝΙΚΟΣ

Τῆς δὲ σκέπης αὐτῆς πρὸς θεῶν τίνος ἐδεήθημεν ἕνεκα; οὐχ ὥστε

[3] KYNIKER
Sollen wir mal schauen – da unser Gespräch ja jetzt so weit gediehen ist –, was der Mangel und was das Ausreichende ist?
LYKINOS
Wenn du magst.
KYNIKER
Ist dann also ausreichend für jeden das, was seinen Bedarf deckt? Oder würdest du sagen: etwas anderes?
LYKINOS
Nehmen wir das mal an!
KYNIKER
Mangel hingegen, was dem Bedarf mangelt und nicht das Notwendige abdeckt?
LYKINOS
Ja.
KYNIKER
Dann ist also nichts von meinem Besitz mangelhaft. Denn es befindet sich nichts darunter, was meine Bedürfnisse nicht völlig erfüllt.
[4] LYKINOS
Wie meinst du das?
KYNIKER
Wenn du mal schauen willst, wozu jedes Einzelne dient, dessen wir bedürfen: zum Beispiel ein Haus – nicht zur Bedeckung?
LYKINOS
Doch.
KYNIKER
Und weiter? Ein Kleidungsstück wofür? Dient nicht auch das der Bedeckung?
LYKINOS
Ja.
KYNIKER
Und die Bedeckung selbst als solche, wozu erbitten wir von den

ἄμεινον ἔχειν τὸν σκεπόμενον;

ΛΥΚΙΝΟΣ

Δοκεῖ μοι.

ΚΥΝΙΚΟΣ

Πότερ᾽ οὖν τὼ πόδε κάκιον ἔχειν δοκῶ σοι;

ΛΥΚΙΝΟΣ

Οὐκ οἶδα.

ΚΥΝΙΚΟΣ

Ἀλλ᾽ οὕτως ἂν μάθοις· τί ποδῶν ἔστ᾽ ἔργον;

ΛΥΚΙΝΟΣ

Πορεύεσθαι.

ΚΥΝΙΚΟΣ

Κάκιον οὖν πορεύεσθαί σοι δοκοῦσιν οἱ ἐμοὶ πόδες ἢ ⟨οἱ⟩ τῶν πολλῶν;

ΛΥΚΙΝΟΣ

Τοῦτο μὲν οὐκ ἴσως.

ΚΥΝΙΚΟΣ

Οὐ τοίνυν οὐδὲ χεῖρον ἔχουσιν, εἰ μὴ χεῖρον τὸ ἑαυτῶν ἔργον ἀποδιδόασιν.

ΛΥΚΙΝΟΣ

Ἴσως.

ΚΥΝΙΚΟΣ

Τοὺς μὲν δὴ πόδας οὐδὲν φαίνομαι χεῖρον διακειμένους τῶν πολλῶν ἔχειν.

ΛΥΚΙΝΟΣ

Οὐκ ἔοικας.

ΚΥΝΙΚΟΣ

Τί δέ; τοὐμὸν σῶμα τὸ λοιπὸν ἆρα κάκιον; εἰ γὰρ κάκιον, καὶ ἀσθενέστερον, ἀρετὴ γὰρ σώματος ἰσχύς. ἆρ᾽ οὖν τὸ ἐμὸν ἀσθενέστερον;

Göttern die Behebung dieses Mangels? Nicht, damit es dem Bedeckten besser geht?

LYKINOS

Meine ich auch.

KYNIKER

Sehe ich so aus, als gehe es meinen Füßen allzu schlecht?

LYKINOS

Keine Ahnung.

KYNIKER

Das kannst du leicht herausfinden, und zwar folgendermaßen: Was ist die Aufgabe der Füße?

LYKINOS

Die Fortbewegung.

KYNIKER

Und sehen meine Füße so aus, als bewegten sie sich schlechter fort als die der Masse?

LYKINOS

Das nun nicht gerade.

KYNIKER

Ergo geht es ihnen nicht schlechter, wenn sie ihre Aufgabe nicht schlechter erledigen.

LYKINOS

Mag sein.

KYNIKER

Was meine Füße betrifft, so scheine ich dir also nicht schlechter dran zu sein als die Masse.

LYKINOS

Kommt mir nicht so vor.

KYNIKER

Und? Was ist mit dem Rest meines Körpers? Geht es dem schlechter? Denn wenn es ihm schlechter geht, dann ist er auch schwächer; die Stärke ist ja die Tugend des Körpers. Also: Ist mein Körper schwächer?

ΛΥΚΙΝΟΣ
Οὐ φαίνεται.
ΚΥΝΙΚΟΣ
Οὐ τοίνυν οὔθ' οἱ πόδες φαίνοιντό μοι σκέπης ἐνδεῶς ἔχειν οὔτε τὸ λοιπὸν σῶμα· εἰ γὰρ ἐνδεῶς εἶχον, κακῶς ἂν εἶχον. ἡ γὰρ ἔνδεια πανταχοῦ κακὸν καὶ χεῖρον ἔχειν ποιεῖ ταῦτα οἷς ἂν προσῇ. ἀλλὰ μὴν οὐδὲ τρέφεσθαί γε φαίνεται χεῖρον τὸ σῶμα τοὐμόν, ὅτι ἀπὸ τῶν τυχόντων τρέφεται.
ΛΥΚΙΝΟΣ
Δῆλον γάρ.
ΚΥΝΙΚΟΣ
Οὐδὲ εὔρωστον, εἰ κακῶς ἐτρέφετο· λυμαίνονται γὰρ αἱ πονηραὶ τροφαὶ τὰ σώματα.
ΛΥΚΙΝΟΣ
Ἔστι ταῦτα.
[5] ΚΥΝΙΚΟΣ
Τί ποτ' οὖν, εἰπέ μοι, τούτων οὕτως ἐχόντων αἰτιᾷ μου καὶ φαυλίζεις τὸν βίον καὶ φῂς ἄθλιον;
ΛΥΚΙΝΟΣ
Ὅτι, νὴ Δία, τῆς φύσεως, ἣν σὺ τιμᾷς, καὶ τῶν θεῶν γῆν ἐν μέσῳ κατατεθεικότων, ἐκ δὲ αὐτῆς ἀναδεδωκότων πολλὰ κἀγαθά, ὥστε ἔχειν ἡμᾶς πάντα ἄφθονα μὴ πρὸς τὴν χρείαν μόνον, ἀλλὰ καὶ πρὸς ἡδονήν, σὺ πάντων τούτων ἢ τῶν γε πλείστων ἄμοιρος εἶ καὶ οὐδενὸς μετέχεις αὐτῶν οὐδὲν μᾶλλον ἢ τὰ θηρία· πίνεις μὲν γὰρ ὕδωρ ὅπερ καὶ τὰ θηρία, σιτῇ δὲ ὅπερ ἂν εὑρίσκῃς, ὥσπερ οἱ κύνες, εὐνὴν δὲ οὐδὲν κρείττω τῶν κυνῶν ἔχεις· χόρτος γὰρ ἀρκεῖ σοι καθάπερ ἐκείνοις. ἔτι δὲ ἱμάτιον φορεῖς οὐδὲν ἐπιεικέστερον ἀκλήρου. καίτοι εἰ σὺ τούτοις ἀρκούμενος ὀρθῶς φρονήσεις, ὁ θεὸς οὐκ ὀρθῶς ἐποίησε τοῦτο μὲν πρόβατα ποιήσας

LYKINOS
Wie es aussieht, nicht.
KYNIKER
Meine Füße bedürfen also offensichtlich nicht der Bedeckung, ebenso wenig wie der Rest meines Körpers. Hätten sie einen Mangel, dann ginge es ihnen ja schlecht. Denn der Mangel sorgt dafür, dass es überall dem, was er befällt, schlecht und noch schlechter geht. Nun scheint dir aber ja mein Körper nicht schlechter genährt zu sein, nur weil er sich von dem ernährt, was gerade zur Hand ist.
LYKINOS
Das sieht man ja.
KYNIKER
Er wäre ja kaum kräftig, wenn er schlecht ernährt würde, denn schlechte Ernährung verheert den Körper.
LYKINOS
So ist es.
[5] KYNIKER
Wo sich das alles doch nun so verhält, sag mir, warum machst du dann mir Vorwürfe, redest mein Leben schlecht und nennst es armselig?
LYKINOS
Weil du, bei Zeus, während doch die Natur, die du so verehrst, und die Götter die Erde allen zur Verfügung stellten und viele gute Dinge aus ihr haben emporwachsen lassen, so dass wir alles im Überfluss besitzen, und nicht bloß für den Bedarf, sondern auch zu unserer Freude, an all dem oder jedenfalls am allermeisten keinen Anteil nimmst und daran nicht mehr teilhast als die Tiere: Du trinkst nämlich das Wasser, das auch die Tiere trinken, wie die Hunde frisst du, was du gerade findest, und ein Schlaflager hast du auch kein besseres als die Hunde: Gras genügt dir ja, wie ihnen auch. Außerdem trägst du einen Umhang, der kein bisschen anständiger ist als der eines Armen. Und doch kann, wenn es von richtigem Denken zeugt, dass du dich damit zufriedengibst, der

ἔμμαλλα, τοῦτο δ' ἀμπέλους ἡδυοίνους, τοῦτο δὲ τὴν ἄλλην παρασκευὴν θαυμαστῶς ποικίλην καὶ ἔλαιον καὶ μέλι καὶ τὰ ἄλλα, ὡς ἔχειν μὲν ἡμᾶς σιτία παντοδαπά, ἔχειν δὲ ποτὸν ἡδύ, ἔχειν δὲ χρήματα, ἔχειν δὲ εὐνὴν μαλακήν, ἔχειν δὲ οἰκίας καλὰς καὶ τὰ ἄλλα πάντα θαυμαστῶς κατεσκευασμένα· καὶ γὰρ αὖ τὰ τῶν τεχνῶν ἔργα δῶρα τῶν θεῶν ἐστι. τὸ δὲ πάντων τούτων ζῆν ἀπεστερημένον ἄθλιον μέν, εἰ καὶ ὑπὸ ἄλλου τινὸς ἀπεστέρητο καθάπερ οἱ ἐν τοῖς δεσμωτηρίοις· πολὺ δὲ ἀθλιώτερον, εἴ τις αὐτὸς ἑαυτὸν ἀποστεροίη πάντων τῶν καλῶν, μανία ἤδη τοῦτό γε σαφής.

[6] ΚΥΝΙΚΟΣ

Ἀλλ' ἴσως ὀρθῶς λέγεις. ἐκεῖνο δέ μοι εἰπέ, εἴ τις ἀνδρὸς πλουσίου προθύμως καὶ φιλοφρόνως ἑστιῶντος καὶ ξενίζοντος πολλοὺς ἅμα καὶ παντοδαπούς, τοὺς μὲν ἀσθενεῖς, τοὺς δὲ ἐρρωμένους, κἄπειτα παραθέντος πολλὰ καὶ παντοδαπά, πάντα ἁρπάζοι καὶ πάντα ἐσθίοι, μὴ τὰ πλησίον μόνον, ἀλλὰ καὶ τὰ πόρρω τὰ τοῖς ἀσθενοῦσι παρεσκευασμένα ὑγιαίνων αὐτός, καὶ ταῦτα μίαν μὲν κοιλίαν ἔχων, ὀλίγων δὲ ὥστε τραφῆναι δεόμενος, ὑπὸ τῶν πολλῶν ἐπιτριβήσεσθαι μέλλων, οὗτος ὁ ἀνὴρ ποῖός τις δοκεῖ σοι εἶναι; ἆρά γε φρόνιμος;

ΛΥΚΙΝΟΣ

Οὐκ ἔμοιγε.

ΚΥΝΙΚΟΣ

Τί δέ; σώφρων;

ΛΥΚΙΝΟΣ

Οὐδὲ τοῦτο.

[7] ΚΥΝΙΚΟΣ

Τί δέ; εἴ τις μετέχων τῆς αὐτῆς ταύτης τραπέζης τῶν μὲν πολλῶν καὶ

Gott es nicht richtig gemacht haben, als er hier die Schafe wollig schuf, dort die Weinstöcke mit lieblichem Wein, dort wieder die ganze übrige Zurichtung der Welt in wundersamer Vielfalt, und Öl und Honig und alles Übrige, so dass wir Speisen verschiedenster Art haben können, auch liebliche Getränke und Geld, auch ein weiches Bett, schöne Häuser und alles Übrige, was uns so herrlich bereitet ist. Denn es sind ja doch auch die technischen Leistungen Gaben der Götter. Ein Leben zu führen, in dem man all dieser Dinge beraubt ist, das ist schon dann armselig, wenn man ihrer durch einen anderen beraubt wurde, wie die Leute, die im Gefängnis sitzen; noch viel armseliger ist es aber, wenn man sich all der schönen Dinge selbst beraubt: Das ist schon ganz eindeutig Wahnsinn.

[6] Kyniker

Na, da hast du vielleicht recht. Aber sag mir doch folgendes: Angenommen, ein reicher Mann tischte bereitwillig und freigiebig auf und lüde viele verschiedene Leute auf einmal ein, Kranke wie Gesunde, und setzte ihnen dann viele ganz verschiedene Speisen vor. Und jetzt griffe einer danach und äße alles, nicht nur das, was in seiner Nähe steht, sondern auch das, was weit weg von ihm steht und eigentlich für die Kranken aufgetragen war, obwohl er selbst bei bester Gesundheit ist, und das, wo er doch auch nur *einen* Bauch hat und für seine Ernährung nur wenig braucht und sich von so viel Essen den Magen verderben wird: Wofür würdest du diesen Mann halten? Etwa für vernünftig?

Lykinos

Nein, natürlich nicht.

Kyniker

Wofür dann? Für mäßig?

Lykinos

Das auch nicht.

[7] Kyniker

Und? Wenn einer an dem selben Tisch säße und die zahlreichen ver-

ποικίλων ἀμελεῖ, ἓν δὲ τῶν ἔγγιστα κειμένων ἐπιλεξάμενος, ἱκανῶς ἔχον πρὸς τὴν ἑαυτοῦ χρείαν, τοῦτο ἐσθίοι κοσμίως καὶ τούτῳ μόνῳ χρῷτο, τοῖς δὲ ἄλλοις οὐδὲ προσβλέποι, τοῦτον οὐχ ἡγῇ σωφρονέστερον καὶ ἀμείνω ἄνδρα ἐκείνου;

ΛΥΚΙΝΟΣ

Ἔγωγε.

ΚΥΝΙΚΟΣ

Πότερον οὖν συνίης, ἢ ἐμὲ δεῖ λέγειν;

ΛΥΚΙΝΟΣ

Τὸ ποῖον;

ΚΥΝΙΚΟΣ

Ὅτι ὁ μὲν θεὸς τῷ ξενίζοντι καλῶς ἐκείνῳ ἔοικε παρατιθεὶς πολλὰ καὶ ποικίλα καὶ παντοδαπά, ὅπως ἔχωσιν ἁρμόζοντα, τὰ μὲν ὑγιαίνουσι, τὰ δὲ νοσοῦσι, καὶ τὰ μὲν ἰσχυροῖς, τὰ δὲ ἀσθενοῦσιν, οὐχ ἵνα χρώμεθα ἅπασι πάντες, ἀλλ' ἵνα τοῖς καθ' ἑαυτὸν ἕκαστος καὶ τῶν καθ' ἑαυτὸν ὅτουπερ ἂν τύχῃ μάλιστα δεόμενος.

[8] Ὑμεῖς δὲ τῷ δι' ἀπληστίαν τε καὶ ἀκρασίαν ἁρπάζοντι πάντα τούτῳ μάλιστα ἐοίκατε πᾶσι χρῆσθαι ἀξιοῦντες καὶ τοῖς ἁπανταχοῦ, μὴ τοῖς παρ' ὑμῖν μόνον, οὐ γῆν οὐ θάλατταν τὴν καθ' αὑτοὺς αὐταρκεῖν νομίζοντες, ἀλλ' ἀπὸ περάτων γῆς ἐμπορευόμενοι τὰς ἡδονὰς καὶ τὰ ξενικὰ τῶν ἐπιχωρίων ἀεὶ προτιμῶντες καὶ τὰ πολυτελῆ τῶν εὐτελῶν καὶ τὰ δυσπόριστα τῶν εὐπορίστων, καθόλου δὲ πράγματα καὶ κακὰ ἔχειν μᾶλλον ἐθέλοντες ἢ ἄνευ πραγμάτων ζῆν· τὰ γὰρ δὴ πολλὰ καὶ τίμια καὶ εὐδαιμονικὰ παρασκευάσματα, ἐφ' οἷς ἀγάλλεσθε, διὰ πολλῆς ὑμῖν ταῦτα κακοδαιμονίας καὶ ταλαιπωρίας παραγίγνεται. σκόπει γάρ, εἰ βούλει, τὸν πολύευκτον χρυσόν, σκόπει τὸν ἄργυρον, σκόπει τὰς

schiedenen Gerichte ignorierte und von denen in seiner nächsten Nähe nur eines wählte, das seinen Bedürfnissen genügte, dieses ordentlich verspeiste und nur davon nähme, die übrigen aber nicht einmal eines Blickes würdigte: Hältst du den nicht für mäßiger und auch für einen besseren Mann als den vorigen?

Lykinos

Das tue ich.

Kyniker

Verstehst du jetzt also, oder muss ich es aussprechen?

Lykinos

Was denn?

Kyniker

Dass der Gott jenem perfekten Gastgeber gleicht, da er ein reiches Angebot unterschiedlichster Speisen auftischt, damit sie passen und angemessen sind, die einen für Gesunde, die anderen für Kranke, andere für Kräftige, wieder andere für Schwache, aber nicht dafür, dass wir alle von allem nehmen, sondern jeder von dem, was sich in seiner Reichweite befindet, und von den Speisen in seiner Reichweite das, was er gerade am dringendsten benötigt.

[8] Aber dem, der, gierig und nimmersatt, alles an sich rafft, dem gleicht ihr in jeder Hinsicht genau, meint ihr doch, es stünde euch zu, von allem zu nehmen, wo es sich auch befindet, nicht etwa nur von dem, was in eurer Nähe ist, nein, ihr meint nicht, dass Land und Meer in eurer Nähe genügen, sondern von den Rändern der Welt lasst ihr die Genüsse kommen, zieht immer das Fremde dem Einheimischen vor,[1] das Aufwendige dem Schlichten, das, woran schwer zu kommen ist, dem, was man sich leicht verschaffen kann, und überhaupt habt ihr lieber Schwierigkeiten und Ärger, als ohne Schwierigkeiten zu leben. Denn es ist ja so, dass all die vielen Anschaffungen, die ihr so in Ehren haltet, die euch so glücklich machen und auf die ihr euch so viel einbildet, euch zum Preis von viel Elend und Plackerei zuteil werden. Schau doch bitte nur auf das ach so ersehnte Gold, schau auf das Silber, schau auf die Prunk-

οἰκίας τὰς πολυτελεῖς, σκόπει τὰς ἐσθῆτας τὰς ἐσπουδασμένας, σκόπει τὰ τούτοις ἀκόλουθα πάντα, πόσων πραγμάτων ἐστὶν ὤνια, πόσων πόνων, πόσων κινδύνων, μᾶλλον δὲ αἵματος καὶ θανάτου καὶ διαφθορᾶς ἀνθρώπων πόσης, οὐ μόνον ὅτι πλέοντες ἀπόλλυνται διὰ ταῦτα πολλοὶ καὶ ζητοῦντες καὶ δημιουργοῦντες δεινὰ πάσχουσιν, ἀλλ' ὅτι καὶ πολυμάχητά ἐστι καὶ ἐπιβουλεύετε ἀλλήλοις διὰ ταῦτα καὶ φίλοις φίλοι καὶ πατράσι παῖδες καὶ γυναῖκες ἀνδράσιν. οὕτως οἶμαι καὶ τὴν Ἐριφύλην διὰ τὸν χρυσὸν προδοῦναι τὸν ἄνδρα.

[9] Καὶ ταῦτα μέντοι πάντα γίνεται, τῶν τε ποικίλων ἱματίων οὐδέν τι μᾶλλον θάλπειν δυναμένων, τῶν δὲ χρυσορόφων οἰκιῶν οὐδέν τι μᾶλλον σκεπουσῶν, τῶν δὲ ἐκπωμάτων τῶν ἀργυρῶν οὐκ ὠφελούντων τὸν πότον οὐδὲ τῶν χρυσῶν, οὐδ' αὖ τῶν ἐλεφαντίνων κλινῶν τὸν ὕπνον ἡδίω παρεχομένων, ἀλλ' ὄψει πολλάκις ἐπὶ τῆς ἐλεφαντίνης κλίνης καὶ τῶν πολυτελῶν στρωμάτων τοὺς εὐδαίμονας ὕπνου λαχεῖν οὐ δυναμένους. ὅτι μὲν γὰρ αἱ παντοδαπαὶ περὶ τὰ βρώματα πραγματεῖαι τρέφουσι μὲν οὐδὲν μᾶλλον, λυμαίνονται δὲ τὰ σώματα καὶ τοῖς σώμασι νόσους ἐμποιοῦσι, τί δεῖ λέγειν; **[10]** τί δὲ καὶ λέγειν, ὅσα τῶν ἀφροδισίων ἕνεκα πράγματα ποιοῦσί τε καὶ πάσχουσιν οἱ ἄνθρωποι; καίτοι ῥᾴδιον θεραπεύειν ταύτην τὴν ἐπιθυμίαν, εἰ μή τις ἐθέλοι τρυφᾶν. καὶ οὐδ' εἰς ταύτην ἡ μανία καὶ διαφθορὰ φαίνεται τοῖς ἀνθρώποις ἀρκεῖν, ἀλλ' ἤδη καὶ τῶν ὄντων τὴν χρῆσιν ἀναστρέφουσιν ἑκάστῳ χρώμενοι πρὸς ὃ μὴ πέφυκεν, ὥσπερ εἴ τις ἀνθ' ἁμάξης ἐθέλοι τῇ κλίνῃ καθάπερ ἁμάξῃ χρήσασθαι.

ΛΥΚΙΝΟΣ

Καὶ τίς οὗτος;

ΚΥΝΙΚΟΣ

Ὑμεῖς, οἳ τοῖς ἀνθρώποις ἅτε ὑποζυγίοις χρῆσθε, κελεύετε δὲ αὐτοὺς ὥσπερ ἁμάξας τὰς κλίνας τοῖς τραχήλοις ἄγειν, αὐτοὶ δ' ἄνω κατάκει-

paläste, schau auf die Designerklamotten, schau auf alles, was das nach sich zieht: Mit wie vielen Schwierigkeiten ist das erkauft, wie vielen Mühen, wie vielen Risiken, ja, schlimmer: mit wie viel Blut und Tod! Wie viele Menschen haben dran glauben müssen, nicht nur, weil sie dafür in Scharen auf See untergehen und beim Suchen und beim Schaffen und Werken Schlimmes zu erdulden haben, sondern auch deshalb, weil all dies heiß umkämpft ist und weil ihr um dieser Dinge willen einander auflauert, Freunde den Freunden, Kinder den Vätern, Frauen ihren Männern. Genauso hat, denke ich, auch Eriphyle des Goldes wegen ihren Mann verraten.[2]

[9] Und indessen geschieht alles das, obwohl farbenfrohe Kleider einen kein bisschen mehr wärmen können, die Häuser mit ihren goldenen Dächern kein bisschen mehr Schutz bieten, die silbernen Pokale das Getränk nicht verbessern, die goldenen ebenso wenig, und auch die Betten aus Elfenbein keinen süßeren Schlaf gewähren, nein, du wirst oft genug sehen, wie die Reichen in einem Bett aus Elfenbein und unter ihren kostbaren Decken keinen Schlaf finden können. Und dass ja das ganze Getue um das Essen sie kein bisschen mehr nährt, aber den Körper in Aufruhr versetzt und ihn krank macht, was soll man dazu sagen? [10] Und warum soll man aufzählen, was die Menschen alles nur für Sex anstellen und sich gefallen lassen? Dabei lässt sich diese Begierde doch leicht zufriedenstellen, wenn man nicht gerade die Luxusvariante will. Und auch dafür genügt den Menschen Wahnsinn und Vernichtung offensichtlich nicht, sondern sie müssen auch noch die üblichen Gebrauchsweisen der Dinge pervertieren und alles und jedes gerade dafür benutzen, wofür es nicht da ist – wie wenn einer anstelle eines Fahrzeugs lieber sein Bett als Fahrzeug benutzen will.

Lykinos

Und wer soll das sein?

Kyniker

Na, ihr! Ihr benutzt Menschen wie Zugochsen und befehlt ihnen, Betten auf ihren Hälsen zu tragen, als wären sie Fahrzeuge, ihr aber

σθε τρυφῶντες καὶ ἐκεῖθεν ὥσπερ ὄνους ἡνιοχεῖτε τοὺς ἀνθρώπους, ταύτην ἀλλὰ μὴ ταύτην τρέπεσθαι κελεύοντες· καὶ οἱ ταῦτα μάλιστα ποιοῦντες μάλιστα μακαρίζεσθε. [11] οἱ δὲ τοῖς κρέασι μὴ τροφῇ χρώμενοι μόνον, ἀλλὰ καὶ βαφὰς μηχανώμενοι δι᾽ αὐτῶν, οἷοί γέ εἰσιν οἱ τῇ πορφύρᾳ βάπτοντες, οὐχὶ καὶ αὐτοὶ παρὰ φύσιν χρῶνται τοῖς τοῦ θεοῦ κατασκευάσμασιν;

ΛΥΚΙΝΟΣ

Νὴ Δία· δύναται γὰρ βάπτειν, οὐκ ἐσθίεσθαι μόνον τὸ τῆς πορφύρας κρέας.

ΚΥΝΙΚΟΣ

Ἀλλ᾽ οὐ πρὸς τοῦτο γέγονεν· ἐπεὶ καὶ τῷ κρατῆρι δύναιτ᾽ ἄν τις βιαζόμενος ὥσπερ χύτρᾳ χρήσασθαι, πλὴν οὐ πρὸς τοῦτο γέγονεν. ἀλλὰ γὰρ πῶς ἅπασαν τὴν τούτων τις κακοδαιμονίαν διελθεῖν δύναιτ᾽ ἄν; τοσαύτη τίς ἐστι. σὺ δέ μοι, διότι μὴ βούλομαι ταύτης μετέχειν, ἐγκαλεῖς· ζῶ δὲ καθάπερ ὁ κόσμιος ἐκεῖνος, εὐωχούμενος τοῖς κατ᾽ ἐμαυτὸν καὶ τοῖς εὐτελεστάτοις χρώμενος, τῶν δὲ ποικίλων καὶ παντοδαπῶν οὐκ ἐφιέμενος.

[12] Κἄπειτα εἰ θηρίου βίον βραχέων δεόμενος καὶ ὀλίγοις χρώμενος δοκῶ σοι ζῆν, κινδυνεύουσιν οἱ θεοὶ καὶ τῶν θηρίων εἶναι χείρονες κατά γε τὸν σὸν λόγον· οὐδενὸς γὰρ δέονται. ἵνα δὲ καταμάθῃς ἀκριβέστερον τό τε ὀλίγων καὶ τὸ πολλῶν δεῖσθαι ποῖόν τι ἑκάτερόν ἐστιν, ἐννόησον ὅτι δέονται πλειόνων οἱ μὲν παῖδες τῶν τελείων, αἱ δὲ γυναῖκες τῶν ἀνδρῶν, οἱ δὲ νοσοῦντες τῶν ὑγιαινόντων, καθόλου δὲ πανταχοῦ τὸ χεῖρον τοῦ κρείττονος πλειόνων δεῖται. διὰ τοῦτο θεοὶ μὲν οὐδενός, οἱ δὲ ἔγγιστα θεοῖς ἐλαχίστων δέονται.

[13] Ἢ νομίζεις τὸν Ἡρακλέα τὸν πάντων ἀνθρώπων ἄριστον, θεῖον δὲ ἄνδρα καὶ θεὸν ὀρθῶς νομισθέντα, διὰ κακοδαιμονίαν περινοστεῖν γυμνὸν, δέρμα μόνον ἔχοντα καὶ μηδενὸς τῶν αὐτῶν ὑμῖν

liegt obendrauf, in Luxus und Schwelgerei, lenkt von da aus die Menschen, als wären es Esel, und lasst sie den Weg da, aber he! nicht den da! einschlagen. Und wer das am ausgiebigsten praktiziert, den preist ihr als den allerglückseligsten! [11] Und wer Fleisch nicht nur zur Ernährung verwendet, sondern auch auf seiner Basis Färbemittel ersinnt, wie etwa die Purpurfärber, bedient nicht auch der sich dessen, was der Gott zur Verfügung gestellt hat, gegen alle Natur?

Lykinos

Bei Zeus, stimmt! Das Fleisch der Purpurschnecke kann ja auch zum Färben, nicht nur zum Essen dienen.

Kyniker

Aber dafür ist es nicht da! Man kann ja auch einen Mischkrug gewaltsam als Topf benutzen – nur ist er dafür nicht da! Aber wie könnte man die Verrücktheit dieser Leute vollständig erfassen? Sie ist so riesig. Und da machst du mir Vorwürfe, weil ich mich daran nicht beteiligen möchte? Ich lebe wie jener zurückhaltende Gast, ich lasse es mir mit den Dingen in meiner Reichweite gut gehen und bediene mich an den schlichtesten von ihnen, doch nach Buntheit und Vielfalt strebe ich nicht.

[12] Und noch etwas: Wenn du meinst, dass ich das Leben eines Tieres lebe, weil meine Bedürfnisse gering sind und ich mit wenigem zufrieden bin, dann stehen am Ende sogar noch die Götter, jedenfalls nach deiner Auffassung, unter den Tieren: Denn ihnen geht ja nichts ab. Damit du aber genauer verstehst, was das beides heißt: wenig und viel zu brauchen, mach dir klar, dass Kinder mehr brauchen als Erwachsene, Frauen mehr als Männer, Kranke mehr als Gesunde, dass also grundsätzlich das Schwächere mehr braucht als das Stärkere. Das ist der Grund, weshalb Götter gar nichts und diejenigen, die den Göttern am nächsten kommen, besonders wenig brauchen.

[13] Oder denkst du, Herakles, der beste aller Menschen, ein göttlicher Mann, ja, zu Recht als Gott verehrt, sei aus lauter Elend nackt umhergezogen, nur mit einem Fell und ohne jedes Bedürfnis, wie ihr es empfindet?[3] Nein, elend war er nicht, wo er doch sogar

δεόμενον; ἀλλ᾽ οὐ κακοδαίμων ἦν ἐκεῖνος, ὃς καὶ τῶν ἄλλων ἀπήμυνε τὰ κακά, οὐδ᾽ αὖ πένης, ὃς γῆς καὶ θαλάττης ἦρχεν· ἐφ᾽ ὅ τι γὰρ ὁρμήσειεν, ἁπανταχοῦ πάντων ἐκράτει καὶ οὐδενὶ τῶν τότε ἐνέτυχεν ὁμοίῳ οὐδὲ κρείττονι ἑαυτοῦ, μέχριπερ ἐξ ἀνθρώπων ἀπῆλθεν. ἢ σοὶ δοκεῖ στρωμάτων καὶ ὑποδημάτων ἀπόρως ἔχειν καὶ διὰ τοῦτο περιιέναι τοιοῦτος; οὐκ ἔστιν εἰπεῖν, ἀλλ᾽ ἐγκρατὴς καὶ καρτερικὸς ἦν καὶ κρατεῖν ἤθελε καὶ τρυφᾶν οὐκ ἐβούλετο. ὁ δὲ Θησεὺς ὁ τούτου μαθητὴς οὐ βασιλεὺς μὲν ἦν πάντων Ἀθηναίων, υἱὸς δὲ Ποσειδῶνος, ὥς φασιν, ἄριστος δὲ τῶν καθ᾽ αὑτόν; [14] ἀλλ᾽ ὅμως κἀκεῖνος ἤθελεν ἀνυπόδητος εἶναι καὶ γυμνὸς βαδίζειν καὶ πώγωνα καὶ κόμην ἔχειν ἤρεσκεν αὐτῷ, καὶ οὐκ ἐκείνῳ μόνῳ, ἀλλὰ καὶ πᾶσι τοῖς παλαιοῖς ἤρεσκεν· ἀμείνους γὰρ ἦσαν ὑμῶν, καὶ οὐκ ἂν ὑπέμειναν οὐδὲ εἷς αὐτῶν οὐδὲν μᾶλλον ἢ τῶν λεόντων τις ξυρώμενος· ὑγρότητα γὰρ καὶ λειότητα σαρκὸς γυναιξὶ πρέπειν ἡγοῦντο, αὐτοὶ δ᾽ ὥσπερ ἦσαν, καὶ φαίνεσθαι ἄνδρες ἤθελον καὶ τὸν πώγωνα κόσμον ἀνδρὸς ἐνόμιζον ὥσπερ καὶ ἵππων χαίτην καὶ λεόντων γένεια, οἷς ὁ θεὸς ἀγλαΐας καὶ κόσμου χάριν προσέθηκέ τινα· οὑτωσὶ δὲ καὶ τοῖς ἀνδράσι τὸν πώγωνα προσέθηκεν. ἐκείνους οὖν ἐγὼ ζηλῶ τοὺς παλαιοὺς καὶ ἐκείνους μιμεῖσθαι βούλομαι, τοὺς δὲ νῦν οὐ ζηλῶ τῆς θαυμαστῆς ταύτης εὐδαιμονίας ἣν ἔχουσι καὶ περὶ τραπέζας καὶ ἐσθῆτας καὶ λεαίνοντες καὶ ψιλούμενοι πᾶν τοῦ σώματος μέρος καὶ μηδὲ τῶν ἀπορρήτων μηδέν, ᾗ πέφυκεν, ἔχειν ἐῶντες.

[15] Εὔχομαι δέ μοι τοὺς μὲν πόδας ὁπλῶν ἱππείων οὐδὲν διαφέρειν, ὥσπερ φασὶ τοὺς Χείρωνος, αὐτὸς δὲ μὴ δεῖσθαι στρωμάτων ὥσπερ οἱ λέοντες, οὐδὲ τροφῆς δεῖσθαι πολυτελοῦς μᾶλλον ἢ οἱ κύνες· εἴη δέ μοι

von anderen das Böse abwehrte, und arm war er auch nicht, wo er doch über Land und Meer herrschte: Denn wohin er auch seine Schritte lenkte, überall war er Herr über alles, und nie ist er unter den damaligen Menschen einem begegnet, der ihm gleich oder gar überlegen gewesen wäre, bis er das menschliche Dasein verließ. Oder glaubst du, er habe sich keine Decken und Schuhe beschaffen können und sei deshalb in diesem Aufzug herumgelaufen? Nein, das kann man nicht sagen – vielmehr war er selbstbeherrscht und abgehärtet, er wollte stark sein, und im Luxus schwelgen wollte er nicht. Und Theseus, sein Schüler und Mitstreiter? War er nicht König über alle Athener, nicht, wie es heißt, Sohn des Poseidon, nicht der beste unter den Menschen seiner Zeit? **[14]** Trotzdem war es auch sein Wille, auf Schuhe zu verzichten und nackt zu gehen, einen Bart und das Haar lang zu tragen gefiel ihm,[4] und nicht nur ihm gefiel das, sondern allen in der alten Zeit; denn sie waren besser als ihr, und sie hätten es nicht hingenommen, auch nicht einer von ihnen, nicht mehr als ein Löwe es hinnähme: geschoren zu werden! Einen geschmeidigen und glatten Körper hielten sie für Frauenzierde, aber sie selbst wollten auch nach dem aussehen, was sie waren, nämlich Männer, und sie hielten den Bart für den Schmuck des Mannes, wie die Mähne des Pferdes und die Haarpracht des Löwen, denen der Gott die Anmut strahlender Schönheit und schmückenden Glanzes verliehen hat: Und genau zu diesem Zweck hat er auch den Männern den Bart verliehen. Jene Männer der alten Zeit sind es, denen ich nacheifere, sie, denen ich gleichen will, denen von heute hingegen eifere ich nicht nach und beneide sie nicht darum, wie reich und glücklich sie sind mit ihren Tischen und Kleidern und damit, jedes Körperteil zu glätten und zu epilieren und nicht einmal von den unaussprechlichen Körperteilen auch nur eines so zu lassen, wie die Natur es geschaffen hat.

[15] Ich bin stolz darauf, dass sich meine Füße nicht ein bisschen von Pferdehufen unterscheiden – genau wie bei Chiron, heißt es[5] – und ich für mich keine Decken brauche, wie die Löwen, und auch

γῆν μὲν ἅπασαν εὐνὴν αὐτάρκη ἔχειν, οἶκον δὲ τὸν κόσμον νομίζειν, τροφὴν δὲ αἱρεῖσθαι τὴν ῥᾴστην πορισθῆναι. χρυσοῦ δὲ καὶ ἀργύρου μὴ δεηθείην μήτ' οὖν ἐγὼ μήτε τῶν ἐμῶν φίλων μηδείς· πάντα γὰρ τὰ κακὰ τοῖς ἀνθρώποις ἐκ τῆς τούτων ἐπιθυμίας φύονται, καὶ στάσεις καὶ πόλεμοι καὶ ἐπιβουλαὶ καὶ σφαγαί. ταυτὶ πάντα πηγὴν ἔχει τὴν ἐπιθυμίαν τοῦ πλείονος· ἀλλ' ἡμῶν αὕτη ἀπείη, καὶ πλεονεξίας μήποτε ὀρεχθείην, μειονεκτῶν δ' ἀνέχεσθαι δυναίμην.

[16] Τοιαῦτά σοι τά γε ἡμέτερα, πολὺ δήπου διάφωνα τοῖς τῶν πολλῶν βουλήμασι· καὶ θαυμαστὸν οὐδέν, εἰ τῷ σχήματι διαφέρομεν αὐτῶν, ὁπότε καὶ τῇ προαιρέσει τοσοῦτον διαφέρομεν. θαυμάζω δέ σου πῶς ποτε κιθαρῳδοῦ μέν τινα νομίζεις στολὴν καὶ σχῆμα, καὶ αὐλητοῦ νὴ Δία σχῆμα, καὶ στολὴν τραγῳδοῦ, ἀνδρὸς δὲ ἀγαθοῦ σχῆμα καὶ στολὴν οὐκέτι νομίζεις, ἀλλὰ τὴν αὐτὴν αὐτὸν οἴει δεῖν ἔχειν τοῖς πολλοῖς, καὶ ταῦτα τῶν πολλῶν κακῶν ὄντων. εἰ μὲν δεῖ ἑνὸς ἰδίου σχήματος τοῖς ἀγαθοῖς, τί πρέποι ἂν μᾶλλον ἢ τοῦθ' ὅπερ ἀναιδέστατον τοῖς ἀκολάστοις ἐστὶ καὶ ὅπερ ἀπεύξαιντ' ἂν οὗτοι μάλιστα ἔχειν;

[17] Οὐκοῦν τό γε ἐμὸν σχῆμα τοιοῦτόν ἐστιν, αὐχμηρὸν εἶναι, λάσιον εἶναι, τρίβωνα ἔχειν, κομᾶν, ἀνυποδητεῖν, τὸ δ' ὑμέτερον ὅμοιον τῷ τῶν κιναίδων, καὶ διακρίνειν οὐδὲ εἷς ἂν ἔχοι, οὐ τῇ χροιᾷ τῶν ἱματίων, οὐ τῇ μαλακότητι, οὐ τῷ πλήθει τῶν χιτωνίσκων, οὐ τοῖς ἀμφιέσμασιν, οὐχ ὑποδήμασιν, οὐ κατασκευῇ τριχῶν, οὐκ ὀδμῇ· καὶ γὰρ καὶ ἀπόζετε ἤδη παραπλήσιον ἐκείνοις οἱ εὐδαιμονέστατοι οὗτοι μά-

keine kostspielige Ernährung benötige, nicht mehr als die Hunde. Es sei mir vergönnt, die ganze Erde als bescheidene Bettstatt zu besitzen, die Welt als mein Haus anzusehen, und als Nahrung mir das zu holen, was sich am einfachsten beschaffen lässt. Gold aber und Silber möge ich nie besitzen wollen, weder ich noch einer meiner Freunde, denn aus der Gier danach erwächst den Menschen alles Schlechte, Aufstand, Krieg, Intrige, Gemetzel: Alles das hat seinen Ursprung in der Gier nach mehr. Nein, die sei fern von uns, und möge ich nie nach dem Mehrhaben streben, aber die Kraft besitzen, das Wenigerhaben auszuhalten!

[16] So, da hast du meine Ansicht! Sie widerspricht offenkundig und weitgehend dem Wollen und Wünschen der Masse, und es gibt gar keinen Grund, sich zu wundern, wenn wir uns in unserem Auftreten von ihnen unterscheiden, wo wir uns doch auch so sehr in unserer Lebenswahl unterscheiden. Allerdings wundert es mich doch, wie du denn eine rechte Vorstellung von Haltung und Gewandung eines Kitharöden besitzen kannst, genauso, bei Zeus, von der Haltung eines Aulosspielers und von der Gewandung eines Tragödienschauspielers, aber von der Haltung und Gewandung eines guten Mannes schon keine solche Vorstellung mehr hast, sondern meinst, er müsse genau dieselben haben wie die Masse, und das, wo die Masse doch aus lauter schlechten Menschen besteht. Wenn denn die Guten eine ganz spezifische Haltung benötigen: Welche würde sie besser zieren als diejenige, die den Zügellosen als besonders schändlich gilt und die diese Leute am entschiedensten von sich weisen würden?

[17] Von dieser Art ist also jedenfalls meine Haltung: schmutzig zu sein, zottelig zu sein, einen Umhang zu tragen, das Haar lang, barfuß, während eure Haltung an die von Perverslingen erinnert, und wirklich: Keiner könnte euch voneinander unterscheiden, weder an der Farbe eurer Mäntel noch an ihrer Weichheit, nicht an der Menge eurer Unterwäsche, nicht an eurer Kleidung, nicht am Schuhwerk, nicht an der Frisur, nicht am Geruch: Denn ihr riecht ja schon fast genauso wie die, und am meisten diese Hyperreichen.

λιστα. καίτοι τί ἂν δῴη τις ἀνδρὸς τὴν αὐτὴν τοῖς κιναίδοις ὀδμὴν ἔχοντος; τοιγαροῦν τοὺς μὲν πόνους οὐδὲν ἐκείνων μᾶλλον ἀνέχεσθε, τὰς δὲ ἡδονὰς οὐδὲν ἐκείνων ἧττον· καὶ τρέφεσθε τοῖς αὐτοῖς καὶ κοιμᾶσθε ὁμοίως καὶ βαδίζετε, μᾶλλον δὲ βαδίζειν οὐκ ἐθέλετε, φέρεσθε δὲ ὥσπερ τὰ φορτία οἱ μὲν ὑπ' ἀνθρώπων, οἱ δὲ ὑπὸ κτηνῶν· ἐμὲ δὲ οἱ πόδες φέρουσιν ὅποιπερ ἂν δέωμαι. κἀγὼ μὲν ἱκανὸς καὶ ῥίγους ἀνέχεσθαι καὶ θάλπος φέρειν καὶ τοῖς τῶν θεῶν ἔργοις μὴ δυσχεραίνειν, διότι ἄθλιός εἰμι, ὑμεῖς δὲ διὰ τὴν εὐδαιμονίαν οὐδενὶ τῶν γινομένων ἀρέσκεσθε καὶ πάντα μέμφεσθε καὶ τὰ μὲν παρόντα φέρειν οὐκ ἐθέλετε, τῶν δὲ ἀπόντων ἐφίεσθε, χειμῶνος μὲν εὐχόμενοι θέρος, θέρους δὲ χειμῶνα, καὶ καύματος μὲν ῥῖγος, ῥίγους δὲ καῦμα καθάπερ οἱ νοσοῦντες δυσάρεστοι καὶ μεμψίμοιροι ὄντες· αἰτία δὲ ἐκείνοις μὲν ἡ νόσος, ὑμῖν δὲ ὁ τρόπος.

[18] Κἄπειτα δὲ ἡμᾶς μετατίθεσθε καὶ ἐπανορθοῦτε τὰ ἡμέτερα, ⟨ὡς⟩ κακῶς βουλευομένοις πολλάκις περὶ ὧν πράττομεν, αὐτοὶ ἄσκεπτοι ὄντες περὶ τῶν ἰδίων καὶ μηδὲν αὐτῶν κρίσει καὶ λογισμῷ ποιοῦντες, ἀλλ' ἔθει καὶ ἐπιθυμίᾳ. τοιγαροῦν οὐδὲν ὑμεῖς διαφέρετε τῶν ὑπὸ χειμάρρου φερομένων· ἐκεῖνοί τε γάρ, ὅπου ἂν ἴῃ τὸ ῥεῦμα, ἐκεῖ φέρονται, καὶ ὑμεῖς ὅπου ἂν αἱ ἐπιθυμίαι. πάσχετε δὲ παραπλήσιόν τι ὅ φασι παθεῖν τινα ἐφ' ἵππον ἀναβάντα μαινόμενον· ἁρπάσας γὰρ αὐτὸν ἔφερεν ἄρα ὁ ἵππος· ὁ δὲ οὐκέτι καταβῆναι τοῦ ἵππου θέοντος ἐδύνατο. καί τις ἀπαντήσας ἠρώτησεν αὐτὸν ποίαν ἄπεισιν; ὁ δὲ εἶπεν· »Ὅπου ἂν τούτῳ δοκῇ,« δεικνὺς τὸν ἵππον. καὶ ὑμᾶς ἄν τις ἐρωτᾷ, ποῖ φέρεσθε, τἀληθὲς ἐθέλοντες λέγειν ἐρεῖτε ἁπλῶς μέν, ὅπουπερ ἂν ταῖς ἐπιθυμίαις δοκῇ, κατὰ μέρος δέ, ὅπουπερ ἂν τῇ ἡδονῇ δοκῇ, ποτὲ δέ, ὅπου τῇ δόξῃ,

Und doch: Welchen Wert besitzt wohl ein Mann, der genauso riecht wie ein Perversling? Entsprechend haltet ihr Anstrengungen nicht besser aus als die, Vergnügungen aber nicht schlechter. Ihr ernährt euch wie sie, ihr schlaft und bewegt euch genauso; nein – ihr wollt euch ja nicht bewegen, ihr lasst euch tragen wie Pakete, mal von Menschen, mal von Lasttieren. Mich hingegen tragen meine eigenen Füße, wohin immer ich will. Und ich bin auch stark genug, Kälte auszuhalten, Hitze zu ertragen und mich nicht zu ärgern über das, was von den Göttern kommt, weil ich arm bin, aber ihr seid wegen eures Wohlstands mit nichts zufrieden, was geschieht, an allem und jedem nörgelt ihr herum und wollt die Dinge nicht so ertragen, wie sie eben sind, ihr strebt nach dem, was nicht da ist, im Winter fleht ihr den Sommer, im Sommer den Winter herbei, wenn es heiß ist, soll es kalt sein, wenn es kalt ist, dann heiß, wie Kranke seid ihr ewig unzufrieden und nörgelsüchtig: Aber bei denen ist die Krankheit schuld, bei euch der Charakter.[6]

[18] Und dann wieder wollt ihr uns ändern und bessern, als wären wir ständig schlecht beraten in dem, was wir tun, wo ihr doch selbst so unvorsichtig in euren eigenen Angelegenheiten seid und euch um keine einzige mit Urteilskraft und Kalkül kümmert, sondern nur so, wie man das halt tut, und nach Lust und Laune. Und so seid ihr kein bisschen anders als Leute, die von einem Wildbach davongerissen werden: Die werden ja auch dorthin getragen, wohin die Strömung fließt – und ihr dorthin, wohin eure Begierden fließen. Es geht euch ganz ähnlich wie einem, der auf ein Pferd gestiegen war, das zum Durchgehen neigte. Das raste nämlich jetzt mit ihm los, das Pferd, und im vollen Galopp konnte er nicht mehr absteigen. Da fragte ihn einer, der ihm begegnete, wohin er denn unterwegs sei, der aber zeigte auf das Pferd und antwortete: »Wohin das da will!« Sollte euch einer fragen, wohin es euch treibt, dann werdet ihr ihm, wenn ihr bereit seid, die Wahrheit zu sagen, im allgemeinen antworten: »Wohin unsere Gier will«, und konkreter: »Wohin das Vergnügen will«, dann wieder: »Wohin Ruhm und

ποτὲ δὲ αὖ, τῇ φιλοκερδίᾳ· ποτὲ δὲ ὁ θυμός, ποτὲ δὲ ὁ φόβος, ποτὲ δὲ ἄλλο τι τοιοῦτον ὑμᾶς ἐκφέρειν φαίνεται· οὐ γὰρ ἐφ᾽ ἑνός, ἀλλ᾽ ἐπὶ πολλῶν ὑμεῖς γε ἵππων βεβηκότες ἄλλοτε ἄλλων, καὶ μαινομένων πάντων, φέρεσθε. τοιγαροῦν ἐκφέρουσιν ὑμᾶς εἰς βάραθρα καὶ κρημνούς. ἴστε δ᾽ οὐδαμῶς πρὶν πεσεῖν ὅτι πείσεσθαι μέλλετε.

[19] Ὁ δὲ τρίβων οὗτος, οὗ καταγελᾶτε, καὶ ἡ κόμη καὶ τὸ σχῆμα τοὐμὸν τηλικαύτην ἔχει δύναμιν, ὥστε παρέχειν μοι ζῆν ἐφ᾽ ἡσυχίας καὶ πράττοντι ὅ τι βούλομαι καὶ συνόντι οἷς βούλομαι· τῶν γὰρ ἀμαθῶν ἀνθρώπων καὶ ἀπαιδεύτων οὐδεὶς ἂν ἐθέλοι μοι προσιέναι διὰ τὸ σχῆμα, οἱ δὲ μαλακοὶ καὶ πάνυ πόρρωθεν ἐκτρέπονται· προσίασι δὲ οἱ κομψότατοι καὶ ἐπιεικέστατοι καὶ ἀρετῆς ἐπιθυμοῦντες. οὗτοι μάλιστά μοι προσίασι· τοῖς γὰρ τοιούτοις ἐγὼ χαίρω συνών. θύρας δὲ τῶν καλουμένων εὐδαιμόνων οὐ θεραπεύω, τοὺς δὲ χρυσοῦς στεφάνους καὶ τὴν πορφύραν τῦφον νομίζω καὶ τῶν ἀνθρώπων καταγελῶ. **[20]** ἵνα δὲ μάθῃς περὶ τοῦ σχήματος, ὡς οὐκ ἀνδράσι μόνον ἀγαθοῖς, ἀλλὰ καὶ θεοῖς πρέποντος ἔπειτα καταγελᾷς αὐτοῦ, σκέψαι τὰ ἀγάλματα τῶν θεῶν, πότερά σοι δοκοῦσιν ὁμοίως ἔχειν ὑμῖν ἢ ἐμοί; καὶ μὴ μόνον γε τῶν Ἑλλήνων, ἀλλὰ καὶ τῶν βαρβάρων τοὺς ναοὺς ἐπισκόπει περιιών, πότερον αὐτοὶ οἱ θεοὶ κομῶσι καὶ γενειῶσιν ὡς ἐγὼ ἢ καθάπερ ὑμεῖς ἐξυρημένοι πλάττονται καὶ γράφονται. καὶ μέντοι καὶ ἀχίτωνας ὄψει τοὺς πολλοὺς ὥσπερ ἐμέ. τί ἂν οὖν ἔτι τολμῴης περὶ τούτου τοῦ σχήματος λέγειν ὡς φαῦλον, ὁπότε καὶ θεοῖς φαίνεται πρέπον;

Ansehen wollen«, dann wieder: »Wohin die Gewinnsucht will«, und mal scheint euch die Leidenschaft, bald die Angst, bald irgendetwas anderes Derartiges aus der Bahn zu tragen. Denn ihr sitzt nicht auf einem einzigen, sondern auf vielen Pferden, immer wieder auf anderen, allen mit einem Hang zum Durchgehen, und lasst euch treiben. Und so tragen sie euch dann eben in den Abgrund und über die Klippe, und ihr wisst noch nicht einmal, was euch gleich passieren wird – bis ihr abstürzt.

[19] Dieser Umhang hier, über den ihr lacht, mein langes Haar und mein Auftreten besitzen solche Macht, dass sie mir ein Leben in Ruhe ermöglichen, ein Leben, in dem ich tue, was ich will, und mit denen verkehre, mit denen ich will. Denn von den dummen und ungebildeten Menschen will gewiss keiner mit mir zusammenkommen, meines Auftretens wegen, und die Weichlinge gehen mir sogar schon von weitem aus dem Weg; hingegen gesellen sich zu mir die Geistreichsten, die Anständigsten, diejenigen, die nach Tugend streben. Die vor allem suchen meine Gesellschaft; und mit solchen Leuten verbringe ich gern meine Zeit. Hingegen liebedienere ich nicht um die Türen der so genannten Glückskinder, Kränze aus Gold und eine purpurne Toga halte ich für Aufgeblasenheit, und ihre Träger lache ich aus! **[20]** Damit du auch begreifst, wie es mit meiner Haltung steht, dass sie nämlich nicht nur gute Männer ziert, sondern sogar die Götter – und du verlachst sie! –, wirf mal einen Blick auf die Standbilder der Götter, ob du meinst, dass sie eher euch oder eher mir zu ähneln scheinen. Und schau mal bei einem Rundgang nicht nur die Tempel der Griechen, sondern auch die der Barbaren an, ob die Götter das Haar lang tragen und einen Bart haben wie ich, oder ob sie wie ihr glattrasiert gestaltet und gemalt werden. Da wirst du allerdings die Mehrheit von ihnen ohne Unterkleid sehen, wie mich. Wie kannst du es dann noch wagen, über diese Erscheinungsweise zu lästern – wo sie doch offensichtlich sogar Göttern zur Zierde gereicht?

ANMERKUNGEN

Δημώνακτος Βίος / Das Leben des Demonax

1 Eine von Lukian sicher unabhängige Überlieferung zu Demonax gibt es nicht. Die Schrift wurde in der älteren Forschung verschiedentlich für unecht gehalten; aber es kann auch nicht ausgeschlossen werden, dass Lukian Demonax überhaupt erfunden hat. Sostratos aus Böotien, der ein freies und unabhängiges Leben auf dem Parnass führte, wird hingegen auch in Philostrats *Leben der Sophisten* 2,1,7 erwähnt, der aus einer langen Unterhaltung des Herodes Atticus (s. u. Anm. 23) mit ihm zitiert, für den Sostratos das Musterbild eines Attikers war.

2 Eine solche Schrift, wenn es sie denn gab, ist nicht erhalten.

3 Σω-στρατος: Retter des Heeres.

4 Zu Epiktet s. u. Anm. 38. Agathobulos: ein Kyniker des 2. Jh.s n. Chr., vgl. *Tod des Peregrinos* 17 (Bd. VIII). Ob es sich bei Demetrios um den in Rom wirkenden, antimonarchistischen Kyniker des 1. Jh. n. Chr. handelt, ist unsicher; Demonax müsste, um bei ihm gehört zu haben, bereits im letzten Viertel des 1. Jh.s gelebt haben. Da er allerdings gemäß (63) fast hundert Jahre alt wurde, ist das nicht ausgeschlossen.

5 Timokrates von Herakleia, ein schulunabhängiger Intellektueller, lebte zur Regierungszeit Trajans, also gegen Ende des 1., Anfang des 2. Jh. n. Chr.

6 Gemeint ist Diogenes aus Sinope, der Begründer der kynischen Philosophie, die sich durch besondere Anspruchslosigkeit der Lebensführung und rücksichtslose Offenheit der Rede auszeichnete.

7 Ein gemeinschaftliches Leben ist das Ideal, das Lykinos *Hermotimos* 84 (in diesem Band) seinem Freund anstelle der Beschäftigung mit der Schulphilosophie empfiehlt.

8 Eupolis *Demoi fr.* 102.5 K.–A.

9 Die Handschriften überliefern hier πρὸ αὐτοῦ; mit Macleod ist Gesners Konjektur vorzuziehen.

10 Die Anklage, die schließlich zu Sokrates' Hinrichtung im Jahr 399 v. Chr. führte, ist in Platons *Apologie* dokumentiert. Seine offiziellen Ankläger hießen Anytos und Meletos.

11 Demeter und Kore (Persephone). Die Mysterien wurden alle fünf Jahre gefeiert, in der Kaiserzeit waren nicht nur attische Bürger eingeweiht. Der Eingeweihte hatte über den Ritus unbedingtes Stillschweigen zu bewahren.

12 Demonax spielt hier wahrscheinlich auf die Hinrichtung des Sokrates an.

13 Zu dem berühmten Sophisten und Eunuchen Favorinos von Arles vgl. *Eunuch* 7 (in diesem Band; Anm. 5); zum Thema des *Eunuch* passt das folgende Bart-Diktum (13).

14 Παιδεία ist zugleich Bezeichnung des emphatischen Bildungsdiskurses der Kaiserzeit und, wie hier, für die allgemeine Erziehung und Schulbildung.

15 Im *Eunuch* (in diesem Band) ist es hingegen gerade der Gegner des Eunuchen Bagoas, Diokles, der den Bart als Merkmal eines Philosophen einklagt. Hier muss man zum Verständnis des Witzes bedenken, dass Demonax, gerade weil er sich keiner speziellen philosophischen Richtung angeschlossen hatte, als Philosoph womöglich nur an seinem Äußeren – und das heißt primär: an seinem Bart – erkennbar war, was dann Favorinos zu seiner Frage veranlasste.

16 Es ist nicht klar, wer hiermit gemeint ist.

17 Lykeion, Akademie, (Stoa) Poikile: bevorzugte Treffpunkte der Akademiker, Platoniker, Stoiker in Athen. Schweigen des Pythagoras: Angeblich verordnete Pythagoras seinen Adepten zu Beginn ihrer Ausbildung eine mehrjährige Schweigepflicht.

18 Die Obszönität des Witzes resultiert aus der Doppeldeutigkeit des Verbs περαίνειν, das sowohl im Sinne des Syllogismus ›zur Schlussfolgerung gelangen‹ als auch ›durchbohren‹ und dann ›beschlafen‹ bedeutet.

19 Demonax verspottet den Knaben als passiven Sexualpartner, der ›Ring‹ steht für den Anus. Harmon (Loeb) lässt anstelle des Knaben ein junges Mädchen auftreten.

20 Der römische Name Honoratus (›der Geehrte‹) weist auf eine oberschichtliche Abstammung hin, die zu einem Kyniker nicht passt. Aus den ersten drei Buchstaben des ›Bärenfells‹ – ἄρκτου δέρματι – leitet Demonax daher *Ἀρκεσίλαος* ab, den Namen des berühmten Begründers der Schule der Mittleren Akademie zu Beginn des 3. Jh.s v. Chr.; die beiden griechischen Begriffe haben etymologisch allerdings nichts miteinander zu tun. Arkesilaos war besonders bekannt für seine Forderung, sich grundsätzlich aller Entscheidungen zu enthalten – möglicherweise zielt der Witz also darauf, dass der Kyniker sich nicht entscheiden kann, ob er seinem Namen (und also seiner Abstammung) oder seinem Kynikertum gerecht werden soll.

21 Anspielung auf Kyniker, die ›hündischen‹ Philosophen. Das Leben des Peregrinos Proteus behandelt Lukian in der Satire *Vom Tod des Peregrinos* (Bd. VIII). Peregrinos nahm die kynische Observanz besonders ernst; er wählte bei den Olympischen Spielen des Jahres 165 n. Chr. den Freitod.

22 Die Annahme der Existenz von ›Gegenfüßlern‹ (Antipoden) hängt mit der Auffassung der Gestalt der Erde als Kugel zusammen. Der ›Schatten im Wasser‹ steht hier als Symbol für die Nichtigkeit der Spekulation.

23 Gemeint ist Herodes Atticus, Zeitgenosse Lukians, athenischer Politiker, bedeutender Intellektueller und Euerget (101/2–177/78 n. Chr.). Vom Verlust seiner Tochter, seines Sohnes und seiner Frau Regilla gebeutelt, galt er als maßlos und emotional unbeherrscht, wie sich etwa bei der hier erwähnten Trauer um seinen jungen Schüler Polydeukes zeigte.

24 Die Dialektik ist die Kunst der wissenschaftlichen Gesprächsführung zur Klärung strittiger Sachverhalte; sie setzt – darauf geht die Pointe – präzisen Sprachgebrauch voraus.

25 Marcus Gavius Cornelius Cethegus war Legat in der *provincia Asia* 165 n. Chr.; das Konsulamt bekleidete er erst fünf Jahre später.

26 Der Witz spielt auf den hellenistischen Dichter Apollonios von Rhodos an, der ein Epos *Argonautika* verfasste. Dort soll Jason das goldene Vlies holen; möglicherweise geht die Pointe darauf, dass sich diese Reise für den Philosophen – gemeint ist möglicherweise Apollonios von Tyana – als besonders lukrativ erweisen könnte.

27 Hier dürfte auf Platons Lehre von der Dreiteilung der Seele angespielt sein, wie sie in der *Politeia* vertreten wird.

28 S. Anm. 23.

29 Eumolpos war der Sohn des Poseidon und der Thrakerin Chione. Seine Mutter versuchte ihn zu ertränken, doch Poseidon rettete ihn und brachte ihn nach Äthiopien. Aufgrund eines Gewaltverbrechens musste er zurück nach Thrakien fliehen, wo er in die Königsfamilie einheiratete. Auch von dort musste er wegen eines Deliktes emigrieren und kam nach Attika, wo er in die eleusinischen Mysterien eingeweiht wurde und den ersten Hierophanten ernannte. Bald übertrug man ihm dieses Amt persönlich, seine Familie behielt es viele hundert Jahre lang.

30 Die Antwort ist zwar spöttisch gemeint, nimmt aber die moderne Formulierung des Massenerhaltungssatzes vorweg. Die Mine (μνᾶ) war, wie auch das ›Talent‹, die ›Drachme‹ und die ›Obole‹, an verschiedenen Orten des Mittelmeerraums zugleich eine Währungs- und eine Gewichtseinheit. Das in Attika durch sie bezeichnete Gewicht entspricht, ins metrische System umgerechnet, ca. 430 g. Es geht hier also um eine Holzladung von 430 kg.

31 Auspeitschen gehörte zur Erziehung eines freien Spartaners.

32 Der Name des Vaters der mythischen Danae, A-krisios, lässt sich mit etymologischem Witz als ›ohne Urteil‹ verstehen, obwohl das initiale α eigentlich kopulative Bedeutung hat, also den ›Mann von gutem Urteil‹ bezeichnet.

33 Hypereides, ein attischer Anwalt, Redner und Politiker (390–322 v. Chr.), war wegen seines ausschweifenden Lebenswandels häufig Gegenstand von Spott und Satire; vgl. Athenaios *Deipnosophistai* 8,341E ff. und 13,590C. Dem Kyniker

wird hier also vorgeworfen, die strikte Bedürfnislosigkeit seiner Observanz für sich nur zu behaupten, ohne sie auch zu leben. Zugleich kann ›Hypereides‹ auch ›Sohn der Keule (ὕπερον)‹ bedeuten, was zum aggressiven Auftreten des Kynikers passt.

34 Das Pankration, eine Allkampfdisziplin, ähnelt dem heutigen Catchen; allerdings wurde ernsthaft gekämpft.

35 Honig diente in der Antike als Süßungsmittel.

36 Kynegeiros (in anderen Texten auch: Kynaigeiros), Bruder des Tragikers Aischylos, fiel 490 v. Chr. in der Schlacht bei Marathon, als er versuchte, ein feindliches Schiff an der Flucht zu hindern, indem er es am Knauf des Hecks festhielt. Dabei wurde ihm die Hand abgeschlagen; vgl. Herodot *Historien* 6,114. Ein Gemälde der Schlacht befand sich in der Stoa Poikile, daher ihr Name (›Bunte Stoa‹). Offensichtlich handelt es sich bei der Statue der Anekdote eben gerade nicht um die des Kynegeiros, sondern um eine andere mit einer Beschädigung.

37 Gemeint ist hier die Schule des Aristoteles, benannt nach den Umgängen (περίπατοι) des Lykeion. Rufinus ist ansonsten nicht bekannt.

38 Epiktet (50–128 n. Chr.) war ein stoischer Philosoph. Sein Schüler Arrian tradierte seine Lehre in den *Diatriben* (Lehrgesprächen), außerdem im *Handbüchlein* (Enchiridion). Epiktet war vor allem an der lebenspraktischen Umsetzung seiner Lehre interessiert und unterschied sorgfältig zwischen wesentlichen Dingen, die uns unmittelbar angehen und in unserer Macht stehen, und unwesentlichen, für die das nicht gilt. Hierauf beruht Demonax' Witz. Alternativ ließe sich mit Theodor Fischer vermuten, Epiktet sei selbst unverheiratet gewesen.

39 Der Witz lässt sich im Deutschen nicht wirklich nachbilden; offensichtlich deshalb hat Wieland diesen Abschnitt ohne Markierung unübersetzt gelassen. Die von Aristoteles entwickelten zehn Grundbegriffe von Wirklichkeitsaussagen (Substanz, Quantität, Qualität etc.) heißen im Griechischen κατηγορίαι, was in der Gerichtssprache auch »Anklagen« bedeutet; der Witz wird womöglich dadurch verstärkt, dass die Status-Lehre der kaiserzeitlichen Rhetorik die anstehenden Gerichtsfälle ebenfalls mithilfe eines kategorialen Systems analysierte. Herminos, ein peripatetischer Philosoph des 2. Jh. n. Chr., verfasste einen gängigen Kommentar zu Aristoteles' Schrift *Kategorien*.

40 ›Erbarmen‹ (ἔλεος) wurde in Athen und Epidauros als Gottheit verehrt. Hinter der Pointe dürfte nicht zuletzt eine antirömische Intention stecken (die im *Demonax* auch an anderen Stellen zu bemerken ist): Dem ›Erbarmen‹ kultische Ehren zu erweisen und zugleich ein grausames Spektakel wie einen römischen Gladiatorenkampf auszurichten, passt entschieden nicht zusammen.

41 An dieser Stelle überliefern die Handschriften statt Russells hier übernommener ökonomischer Konjektur τινα ein bloßes τὸν, das Harmon (Loeb) in der

Annahme eines ausgefallenen Eigennamens zu τὸν ... τὸν ergänzt hat; das übernimmt auch Macleod (OCT).

42 Homer *Ilias* 9,320.

43 Thersites, der Typus des unheroischen einfachen Soldaten, tritt in der *Ilias* als Gegenspieler der griechischen Anführer auf und versucht ohne Erfolg, die Abfahrt des Heeres zu erzwingen.

44 Aristipp aus Kyrene (ca. 435–355 v. Chr.) gilt als Begründer des Hedonismus; er vertrat also die Auffassung, die Lustempfindung – allgemeiner: die positive Empfindung – sei das erstrebenswerte Gute. Daraus resultierte seine Lebenseinstellung, gelassen und heiter, vor allem aber unabhängig zu sein, und darin vertritt er in der Tat die gleiche Auffassung wie Demonax. Essentiell ist hierbei die Beschränkung der Philosophie auf einen kaum systematisierten ethischen, lebenspraktischen Kern, die Aristipp mit Sokrates und Diogenes, Demonax' weiteren Vorbildern, teilt und die Lukian seine auktorialen Masken auch in anderen Dialogen vertreten lässt.

45 Diese Verbindung polemisiert gegen die archaische Formel, man müssen seinen Freunden nutzen, seinen Feinden schaden.

46 *Carmina popularia* (PMG) 19 P.

Νιγρῖνος / Nigrinos

1 Nichts nötigt zu der Annahme, in diesem Brief eine non-fiktionale Äußerung Lukians zu sehen; auch der Autorname kann als Maske verwendet werden, gerade angesichts dessen, dass der Adressat, Nigrinos, unbekannt ist – möglicherweise ist sein Name auch fiktiv – und auch im folgenden Gespräch mit namenlosen Sprechern gearbeitet wird. Auffällig ist die dreistufige Anlage des Texts: Nigrinos' lange Rede über den Sittenverfall in Rom (12–34) ist eingebettet in einen Dialog zwischen zwei anonymen Gesprächspartnern (1–11. 35–38), der wiederum als Werk aus der Feder des ›Loukianos‹ seinem Brief an Nigrinos beigelegt ist; dialogische und monologische Partien wechseln sich hier also ab. Der Brief selbst scheint sich dem Plan am Ende des Gesprächs zu verdanken, man wolle Nigrinos um ›Heilung‹ angehen, was – da Nigrinos in Rom, A. und B. jedoch in Athen sind (2. 3. 30) – am ehesten brieflich möglich ist. Allerdings stellt sich dann die Frage, ob die Inszenierung als Dialog nicht als Ironiesignal zu verstehen ist, zumal Nigrinos in der folgenden Darstellung nicht frei von Selbstgefälligkeit ist und manches an der Darstellung von A.'s Begegnung mit Nigrinos übertrieben pathetisch wirkt. Falls es einen realen Hintergrund für diesen Text gäbe, enthielte der *Nigrinos* ein gutes Maß an freundlich verbrämter Kritik.

2 Vgl. Thukydides *Historien* 2,40,3.

3 Die Abwendung von den Freunden, also die Verweigerung der Teilnahme am Leben der Gemeinschaft, dem κοινὸς βίος, ist einer Hauptvorwürfe, die Lykinos gegen Hermotimos erhebt (*Hermotimos* 84).

4 Das sich dem Besucher bietende Bild des Philosophen mit dem Buch in der Hand zwischen den Büsten der Meister sollte misstrauisch machen; das Motiv des ›Buchs in der Hand‹ setzt Lukian sonst auch gern ein, um Bildungsprätention vorzuführen (vgl. prägnant *Rhetoriklehrer* 15 und *Gegen den ungebildeten Büchernarren* 18; beide Band VII; etwas zurückhaltender *Hermotimos* 1 (in diesem Band) und raffiniert in sein Gegenteil verkehrt in *Bilder* 9 (Band V), wo Panthea zwar ebenfalls ein Buch trägt, aber offensichtlich tatsächlich darin gelesen hat und sich über das Gelesene mit jemandem unterhält). ›Wie ein Buch‹ redet im Folgenden, ohne Rücksicht auf seinen Gast, auch Nigrinos.

5 Ambrosia und Nektar – die Begriffe weisen etymologisch auf ›Unvergänglichkeit‹ – sind die traditionelle Nahrung der griechischen Götter.

6 Die ›Sirenen‹ (Homer *Odyssee* 12) und die ›Lotophagen‹ (Homer *Odyssee* 9) waren zwei der Hindernisse auf Odysseus' Heimreise von Troja; sie bedrohten ihn und seine Gefährten mit dem Vergessen. Odysseus musste sich gegen die Bezauberung der Sirenen durch das Verstopfen der Ohren und seine Gefährten gegen die Narkotika der Lotophagen durch Schläge schützen – diese mythologischen Anspielungen bergen daher einiges Ironiepotential.

7 Die Metaphorik der Blindheit des inneren Auges entwickelt Platon ausführlich in seinem *Staat*; auf diesen Text und sein berühmtes ›Höhlengleichnis‹ verweist auch das Bild des Weges aus der Finsternis in den hellen Sonnenschein.

8 Vgl. Homer *Ilias* 8,293.

9 Eupolis *Demoi* fr. 102,7 K.-A.

10 Bei den Dramenwettbewerben im klassischen Athen wurden die besten Tragödien und Komödien durch Abstimmung ermittelt und mit Preisen gekrönt. Hier geht es offensichtlich um kaiserzeitliche Wiederaufführungen ganzer Stücke oder berühmter Einzelszenen.

11 Athen als die Schule Griechenlands ist ein Bild, das erstmals Perikles in seiner Leichenrede zu Beginn des Peloponnesischen Krieges entwarf; vgl. Thukydides *Historien* 2,35ff., v. a. 2,41,1. Nigrinos geht noch darüber hinaus und lässt Athen zur Schule des gesamten Imperium Romanum avancieren.

12 Die Panathenäen waren ein in Athen jährlich (so genannte Kleine Panathenäen) bzw. alle fünf Jahre (Große Panathenäen) am Geburtstag der Athena gefeiertes Fest.

13 Nigrinos spielt hier als Platoniker (2) auf Platons Metaphysik an.

14 So Odysseus (Homer *Odyssee* 11,93f.), als er zur Unterwelt gelangt, dem zivilisationsfernsten Punkt seiner Irrfahrt.

15 Vgl. Homer *Ilias* 11,163f.

16 Erneut eine Anspielung auf den Sirenenmythos der *Odyssee*, wie schon in (3); vgl. Anm. 6.

17 Eine ausführliche Darstellung dieser Vorgänge findet sich in *Die Brotgelehrten* (Band VIII).

18 Hiermit ist das für den Philosophen typische Habit gemeint, auf das Lukian in seinen philosophischen Texten immer wieder zu sprechen kommt und das schon zwei Generationen vor Lukian Dion von Prusa in seiner Rede *Von der äußeren Erscheinung* (or. 72) eindringlich beschrieben hat.

19 Vgl. hierzu die eingehende Beschreibung eines solchen völlig entgleisenden Festes in *Das Gastmahl oder Die Lapithen* (in diesem Band).

20 Die Quelle dieser Formulierung ist nicht erhalten. Offensichtlich soll damit jemand bezeichnet werden, der selbst zu einfachstem und offensichtlich richtigem Verhalten nicht imstande ist.

21 Der Stilfehler des Solözismus besteht in der fehlerhaften Verbindung von Wörtern, wenn also eine Formulierung zu wenige oder zu viele Wörter oder in der falschen Reihenfolge enthält. Lukian hat ihm eine eigene Schrift gewidmet (*Der falsche Sophist oder Der Solözist*, Band VII).

22 Momos ist der Gott des Tadels und der Kritik und kommt bei Lukian in der zweiten Hälfte des *Tragödienzeus* ausführlich selbst zu Wort (Band III).

23 Nachdem Odysseus von seinen Erlebnissen in der Unterwelt berichtet hat sowie nach dem endgültigen Abschluss seiner Erzählung, schweigen die Phäaken erst einmal, so beeindruckt sind sie; vgl. Homer *Odyssee* 11,333f. und 13,1f.

24 Die Aufzählung erinnert an Sappho *fr.* 31, die Beschreibung der körperlichen Symptome dessen, der dem geliebten Menschen gegenübersitzt und ihm zuhört. A.'s Begegnung mit Nigrinos wird hier also als erotisches Erlebnis verschlüsselt.

25 Zitiert aus Homer *Ilias* 17,599.

26 Neben den Skythen waren die Antike hindurch vor allem die Kreter als Bogenschützen berühmt, so dass hier wahrscheinlich in den Manuskripten eine Verschreibung von Κρῆτες zu Κουρῆτες vorliegt.

27 Vgl. Homer *Ilias* 8,282. Agamemnon fordert Teukros auf, einen Pfeil auf Hektor zu schießen, den Teukros jedoch dann nicht nur zweimal verfehlt, sondern von dem er obendrein durch einen Steinwurf kampfunfähig gemacht wird; auch hier wird also eventuell durch die Anspielung eine gewisse ironische Distanz signalisiert.

28 Die erneute Anspielung auf den Lotos der *Odyssee* (s. o. Anm. 6), dessen Genuss jede Urteilsfähigkeit aussetzen lässt, markiert auch am Ende des Gesprächs eine freundliche ironische Distanzierung, die durch die folgende Erwähnung der an-

steckenden Tollwut noch verstärkt wird; das gleiche Bild findet sich am Ende des *Hermotimos* (in diesem Band) für den irregeleiteten Adepten der Philosophie, sowie am Ende der *Lügenfreunde* (Band VIII) für die Faszination phantastischer Geschichten, der man sich nicht entziehen kann.

29 Der mysische König Telephos wurde im Vorfeld des trojanischen Krieges von Achill verwundet. Als die Wunde nicht heilen wollte, bat er, da ihm der Orakelspruch verkündet wurde, nur wer die Wunde geschlagen habe, könne sie auch heilen, Achill um Hilfe, die ihm auch gewährt wurde. In einer alternativen Version des Euripides schlich sich Telephos als Bettler verkleidet in Agamemons Palast zu Argos, wo Achill weilte, brachte Agamemnons kleinen Sohn Orest in seine Gewalt und erpresste damit seine Heilung. In den Quellen wird allerdings betont, dass Achill selbst keine ärztlichen Fähigkeiten besitzt, aber bereit ist, etwas Rost von seinem Speer als Medikament abzugeben. Insofern spricht auch diese finale Anspielung nicht für Nigrinos' Kompetenzen.

Ἑρμότιμος ἢ Περὶ Αἱρέσεων / Hermotimos oder Lebensentscheidungen

1 Der zweite Teil des griechischen Titels, περὶ αἱρέσεων, ist mehrdeutig; im Deutschen muss man eine Entscheidung zwischen den beiden Bedeutungsmöglichkeiten (a) *Von den philosophischen Schulen* und (b) *Von den Lebensentscheidungen* treffen. Zwar geht es in diesem Dialog um Defizite aller philosophischen Denkrichtungen, aber zum einen ist Hermotimos selbst Stoiker, zum anderen wird nicht eigentlich über Dogmata diskutiert, sondern die Frage gestellt, wie man – unabhängig von jedweder ideologisch-doktrinären Grundlage – richtig lebt. Dies begründet die Entscheidung für (b), zumal in der Tat von *mehreren* konkreten Richtungswechseln der Lebensführung die Rede ist: Nicht nur hat sich Hermotimos absichtlich für ein Philosophiestudium entschieden (15), sondern auch Lykinos behauptet, früher einmal vor dieser Entscheidung gestanden zu sein (24), und schließlich schlägt Hermotimos einen völlig neuen und entgegengesetzten Lebensweg ein (86).

2 Der Ausspruch stammt aus den Aphorismen des Arztes Hippokrates von Kos (ca. 460–370 v. Chr.): ὁ βίος βραχύς, ἡ δὲ τέχνη μακρή (1,1: Das Leben ist kurz, die Kunst ist lang). Die hier gewählte deutsche Übersetzung folgt J. W. v. Goethe (*Faust* I, ›Nacht‹). Hermotimos nimmt in tragischer Ironie die Katastrophe seiner Lebensführung vorweg, denn Hippokrates' Sentenz hat noch eine Fortsetzung, die der gebildete Leser kennen wird: ὁ δὲ καιρὸς ὀξύς, ἡ δὲ πεῖρα σφαλερή, ἡ δὲ κρίσις χαλεπή (der rechte Augenblick ist schnell vorüber, die Erfahrung trü-

gerisch, die Entscheidung schwierig). Ob Hermotimos' spätere Heilung erfolgreich ist, wird auch am Ende noch ungewiss sein.

3 Hier wird erstmalig auf Aristophanes' Komödie *Die Wolken* angespielt (*Wo.* 184–195), in der Sokrates Gegenstand der Verspottung ist.

4 Hermotimos bezieht sich hier auf Hesiod *Werke und Tage* 289f., wonach die Götter vor die Tugend den Schweiß gesetzt haben und der Weg zu ihr lang und steil und anfangs auch steinig ist.

5 Dies setzt das vorangegangene Hesiod-Zitat fort, wonach der Weg zur Tugend leichter wird, wenn man in die Nähe des Gipfels gelangt.

6 Entfernt ähnlich Hesiod *Werke und Tage* 40; das Sprichwort ist alt und wird in anderen Quellen auch Pythagoras zugeschrieben.

7 Lykinos spielt hier auf Homer *Ilias* 8,18–26 an. Dort verbietet Zeus den übrigen Göttern die Teilnahme am Kriegsgeschehen: Er sei so stark, dass sie ihn nicht an einer goldenen Kette vom Himmel herab-, er sie aber allein alle miteinander heraufziehen könne.

8 Die Großen Mysterien von Eleusis, in die in der Kaiserzeit ein großer Teil der Bevölkerung eingeweiht war, fanden, ebenso wie die Olympischen Spiele und das athenische Fest der Großen Panathenäen alle fünf, die Kleinen Mysterien alle drei, die Kleinen Panathenäen jedes Jahr statt.

9 Damit sind die antiken West- und Ostgrenzen der bekannten Welt bezeichnet, Gibraltar (›Säulen des Herakles‹) und Indien.

10 Die am westlichen Indusufer gelegene Bergfeste Aornos wurde von Alexander 328 v. Chr. eingenommen. Lykinos wählt dieses Beispiel wohl wegen der für griechische Ohren mitklingenden, sachlich nicht korrekten, Etymologie α-ορνις (den Vögeln unerreichbar), womit die Vergeblichkeit von Hermotimos' Tun vorweggenommen wird.

11 Kleinwüchsige Pygmäenvölker lebten nach homerischer Auffassung jenseits der Ränder der bewohnten Welt und kämpften alljährlich gegen die Kraniche, die ihre Saat attackierten (vgl. Homer *Ilias* 3,1–9). Nicht also einmal als minderwertige Gegner sehen die Stoiker, so Lykinos, den ›Laienpöbel‹ an.

12 Lykinos spielt auf Homer *Ilias* 5,440–442 an, wo die »am Boden Wandelnden« wie hier in ihrer Niedrigkeit den unsterblichen Göttern gegenübergestellt werden.

13 Als Chaldäer – ursprünglich der Name eines Stammes im südlichen Babylonien – wurden die in Magie, Prophetie und Astronomie erfahrenen babylonischen Priester bezeichnet (vgl. Herodot *Historien* 1,181), dann (auch pejorativ) allgemein die Astrologen.

14 Hermotimos käut hier einen stoischen Lehrsatz (vgl. SVF 3,54) wider, wonach Glückseligkeit nicht quantitativ, sondern ausschließlich qualitativ bestimmt ist.

15 Dies sind die seit Platon kanonischen vier Kardinaltugenden; an die Stelle des Platonischen ›rechten Maßes‹ (σωφροσύνη) ist hier das (stoische) ›Edle‹ (καλόν) getreten.

16 Herakles' Frau Deianeira hatte das Blut des von Herakles getöteten Kentauren Nessos aufbewahrt, um es als Liebeszauber einzusetzen, und tränkte damit Herakles' Gewand. Die dadurch hervorgerufenen Verätzungen waren so schwer, dass Herakles sich, um den Schmerzen ein Ende zu machen, auf dem Berg Oita (NW-Griechenland in der Nähe der Stadt Herakleia Trachinia) verbrennen ließ. Herakles, Sohn des Zeus und der Sterblichen Alkmene, galt den Stoikern als höchste Verkörperung von Tugend und Vernunft.

17 Hinter dieser Frage verbirgt sich die Platonische Forderung an den Philosophen, nach der Schau des höchsten Seins in die ›irdische Höhle‹ zurückzukehren und sich um die Aufklärung der unwissenden Menschen zu bemühen. Hermotimos hingegen verschwendet, wie man sieht, an die einfache Masse keinen Gedanken.

18 Fiktiver Ort des Gesprächs ist Athen, in dem in klassischer Zeit neun Archonten die höchste Exekutivgewalt vertraten; zwar gab es auch anderorts Archonten, aber Athen war für so ein ›sokratisches‹ Widerlegungsgespräch prädestiniert. Für Ausländerangelegenheiten war in Athen der Archon Polemarchos zuständig.

19 Dies ist durchaus proleptisch gemeint. Hermotimos wird sich nicht nur diesen Weg sparen, sondern auch den bereits thematisierten Weg auf den Berg der Tugend.

20 Vgl. insgesamt die Schilderung am Ende des *Gastmahls* (in diesem Band), die dem vorliegenden Text stark ähnelt, nur ausführlicher gehalten ist. Ein Peripatetiker dieses Namens ist nicht bekannt; womöglich ist aber hier auf den sophistischen Gesprächspartner des Sokrates in Platons Dialog *Euthydemos* angespielt, der dort als tückischer Diskutierer karikiert wird.

21 Dass Hermotimos' Lehrer seinen Sklaven – nach dem phrygischen König, unter dessen Berührung sich alles in Gold verwandelte – Midas genannt hat, ist ein weiteres Zeichen seiner Geldgier.

22 Hier übernehme ich die Lesart der Handschrift L.

23 Die folgende Anspielung auf Homer (vgl. Anm. 24) wird hier durch die Verwendung einer epischen Vokabel (ἀναιμωτί, ohne Blutvergießen: bspw. *Ilias* 17,363) angekündigt.

24 Der Becher des Nestor wird in *Ilias* 11,632–637 beschrieben. Der greise Nestor und der Arzt Machaon haben sich in Nestors Zelt zurückgezogen und nehmen eine Stärkung zu sich, die ihnen in jenem Becher kredenzt wird, der so schwer und wuchtig ist, dass ihn allein Nestor ohne Mühe heben kann. Der Witz dieser Anspielung liegt darin, dass Nestor als bereits hochbetagter Mann weniger wegen

seiner Körperkraft als wegen seiner großen Erfahrung und Klugheit hohes Ansehen genießt. Hermotimos' alter Professor hingegen besitzt nur Nestors Kraft – und die auch nur, um seinem Gegner den Becher um die Ohren zu schlagen.

25 Diese Altersangabe ist ein Gemeinplatz, da man in der Antike die Reife des Mannes in sein vierzigstes Lebensjahr setzte (sog. ἀκμή-Topos). Das war der Zeitpunkt, an dem die zentralen Weichenstellungen für das weitere Leben stattfanden; in diesem Sinne ist die Angabe auch hier zu verstehen.

26 Der Name ›Hermo-timos‹ bedeutet ›er, dem von Hermes Ehre verliehen wird‹; vgl. unten Anm. 69.

27 Epikur (341–271 v. Chr.) vertrat die Ansicht, die Welt bestehe aus Konglomeraten kleinster Teilchen (Atomen). Für seine Ethik folgt daraus, dass der Tod nur die Auflösung solcher Konglomerate ist und es daher keinen Grund für Todesangst gibt. Antisthenes (ca. 455–360 v. Chr.) vertrat in seiner Lebensführung einen rigiden Sokratismus des Fragens und Bezweifelns und stand daher Diogenes aus Sinope nah, dessen Lebensdaten unklar sind. Diogenes bemühte sich, durch sein Leben völlige Autarkie von Herkommen, Brauch, wirtschaftlicher Sicherheit zu demonstrieren. Auch über Pythagoras aus Samos (Akmé um 532/31 v. Chr.) ist nicht viel Sicheres bekannt. Seine Schule, eher ein religiöser Bund, insistierte auf der Notwendigkeit innerer Reinheit für die Erkenntnis und lehrte die Reinkarnation. Die Erkenntnis des pythagoreischen Weisen richtet sich auf die mathematisch erfassbare und den Kosmos durchwaltende Harmonie.

28 Lykinos spielt hier verkürzt darauf an, dass Chairephon das delphische Orakel nach dem Weisesten aller Menschen befragte und darauf die Antwort erhielt, das sei Sokrates. Sokrates reagierte darauf allerdings, im Gegensatz zu Hermotimos, bescheiden, indem er behauptete, er wisse nur, dass er nichts wisse.

29 Vgl. hierzu gut *Leben unterm Hammer* 20 (in diesem Band).

30 *Margites* ist der Titelheld eines in der Antike Homer zugeschriebenen, nur in wenigen Fragmenten überlieferten komischen Epos, und von sprichwörtlicher Torheit; darüber hinaus scheint er auch Züge eines Eulenspiegels getragen zu haben.

31 Die Kyniker bemühten sich, anders als die Stoiker, um ein besonders ungepflegtes Äußeres, um so auch nach außen ihre Bedürfnislosigkeit zu demonstrieren.

32 Der griechische Begriff ἀδιάφορον (indifferent, gleichgültig) ist ein stoischer Fachterminus und bezeichnet die Mitte zwischen wertvollen Tugenden und wertlosen Lastern. Die Dinge in der Mitte – Äußeres, Reichtum, gutes Essen etc. – sind an sich weder gut noch schlecht, sondern gleichgültig. Der Rückgriff auf die populäre Lehre von der goldenen Mitte hingegen weist Hermotimos nicht als besonders originellen Denker aus und entspricht auch nicht der stoischen Lehre, da diese die indifferenten Dinge nicht als erstrebenswert ansieht.

33 Der athenische Bildhauer Phidias (v. a. zwischen 460 und 430 v. Chr. tätig) schuf die monumentalen Götterbilder der Athena Parthenos im athenischen Parthenon und des Zeus Olympios im Zeustempel von Olympia. Kurz nach ihm, mindestens bis 403 v. Chr., wirkte in Athen sein Schüler Alkamenes, ungefähr zeitgleich mit ihm im attischen Eleutherai der Bronzegießer Myron, der vor allem für seine Tierbronzen berühmt war (›Myrons Kuh‹). Heute noch bekannt sind seine Athena-Marsyas-Gruppe und sein Diskuswerfer.

34 Momos, der personifizierte Tadel, tritt in Lukians Schriften öfter auf. Aus Bezeugungen an anderen Stellen (vgl. etwa *Nigrinos* 32 [in diesem Band]) und bei früheren Schriftstellern lässt sich die hier nur angedeutete Anekdote vervollständigen. Danach tadelte Momos an Poseidons Stier, dass er die Hörner nicht direkt unterhalb der Augen trage und deshalb nicht genau sehen könne, wohin er stoße, und an Athenas Haus, dass es keine Räder habe und man deshalb bösen Nachbarn nicht entgehen könne. Die Anekdote orientiert sich in Plot und Figurenstruktur erkennbar am Mythos des Paris-Urteils: Paris jedoch, im Gegensatz zu Momos, der auf die soziale Tauglichkeit der drei Erfindungen schaut – wie auch Lykinos am Ende des Gesprächs die gesellschaftliche Leistung der Philosophie zum entscheidenden Kriterium machen wird –, richtete sich in seinem Urteil, genau wie Hermotimos, allein nach dem Äußeren.

35 Lynkeus, der ›Luchsäugige‹, war für seine Sehschärfe berühmt, die es ihm erlaubte, sogar durch feste Gegenstände hindurchzublicken.

36 Die Übernahme der Untersuchung durch Lykinos, weil sich der Gesprächspartner verweigert, könnte Sokrates' Verhalten in Platon *Gorgias* 505c–506c imitieren.

37 Die Formulierung lehnt sich an Platon *Euthydemos* 278d an.

38 Das Verfahren, persönliche Perfektion und perfekte Staatskonstitution zueinander in Beziehung zu setzen, nimmt seinen Ausgang in der Sophistik und mit Platons *Staat*. Insbesondere bei den Sokratikern (Antisthenes) und in der Stoa (Zenon) wurde es modifiziert und elaboriert; die Ausführungen hier passen besser auf das stoische als auf das platonische Modell.

39 Attika war in klassischer Zeit in zehn, seit hellenistischer Zeit in zwölf Verwaltungseinheiten, Phylen, eingeteilt. Die Phratrien hingegen waren prädemokratische Familien- und Gefolgschaftsverbände, die auch nach Einführung der Demokratie unterhalb der Phylen und neben der eigentlichen Verwaltungsuntereinheit der Demen (›Dörfer‹) bestehen blieben. Die Einschreibung in ihre Listen sicherte das volle Bürgerrecht.

40 ἀλλ' ἐγὼ οὐ πιθόμην (aber ich folgte ihm nicht) ist eine in den Homerischen Epen dreimal belegte Wendung; sie wird dort fortgeführt mit ἦ τ' ἂν πολὺ κέρδιον ἦεν (dabei wäre das einträglicher gewesen); vgl. bspw. Homer *Ilias* 5,201. Man hat

in der älteren Forschung hieraus auf eine autobiographische Aussage Lukians geschlossen, ohne jedoch zu berücksichtigen, dass die Figur Lykinos nicht mit ihrem Autor identisch ist. Eine Fortführung der rhetorischen Erziehung beim Philosophen gehörte in höheren Kreisen zur Bildung, so dass dieses Erlebnis, das Lykinos in sein 25. Lebensjahr legt, ein bloßer biographischer Topos sein kann. In subtiler Fortführung der Homerimitation vervollständigt Lykinos den Versanfang ebenfalls daktylisch (ὑπ' ἀνοίας καὶ νεότητος), vermeidet auf diese Weise aber auch demonstrativ, den Weg zum Philosophen als ›einträglich‹ zu bezeichnen.

41 Anders als beim eingangs zitierten Hesiod (2, s. Anm. 4) ist hier nicht mehr klar, dass der steinige Weg sicher der beste ist. Damit nimmt Lykinos seinen späteren Nachweis vorweg, dass es kein sicheres Entscheidungskriterium gibt.

42 Lykinos setzt hier mit einem Argument der skeptischen Philosophie ein, dem Diaphonie-Tropus (vgl. Sextus Empiricus *Pyrrhonische Hypothesen* 1, 164f.): Die Differenz begründeter Meinungen muss zum Innehalten führen.

43 Korinth galt in der Antike wohl aufgrund seines Reichtums als Handelszentrum und aufgrund der Annehmlichkeiten, die ein solches Zentrum seinen Gästen bot, als Stadt der Glückseligkeit (εὐδαιμονία).

44 Ebenso wie Korinth galten auch das Land der Hyperboreer im hohen Norden und Indien als ideale Räume; bei den Hyperboreern verbringe, so hieß es, Apoll die Wintermonate, wenn er nicht in Delphi weile, Indien wurde als Land der Wunder angesehen. Da jedoch alles, was über beide Weltgegenden erzählt wurde, immer auch im Verdacht stand, erfunden zu sein, warnt Lykinos hier indirekt Hermotimos noch zusätzlich vor allzu großer Leichtgläubigkeit.

45 Vgl. bspw. Theokrit *Idyllen* 13,70 u. a.

46 Heute das nördliche Afghanistan.

47 Lykinos spielt hier auf ein Ereignis bei den Leichenspielen für Achills Freund Patroklos an; vgl. Homer *Ilias* 23,850–883. Teukros durchschießt die Schnur, mit der die Taube gebunden war, Meriones vermag den Vogel aber noch im Flug herunterzuschießen. Dadurch, dass Teukros sein Ziel verfehlte, bestand also durchaus die Möglichkeit, es gänzlich unerreichbar zu machen. Entsprechend erklärt auch Lykinos im Folgenden, dass, wer bei der Wahl seines Lebensweges einen Fehler mache, Gefahr laufe, sich das Erreichen des eigentlichen Zieles – der Glückseligkeit – nicht nur zu erschweren, sondern womöglich auf immer zu verbauen.

48 Diese Vorstellung hat Lukian im *Doppelt Angeklagten* (Bd. VII) und im *Fischer* (in diesem Band) intensiv ausgearbeitet. In Platons *Protagoras* und *Gorgias* finden sich zahlreiche Analogien zum Einbau solcher fiktiver Szenarien in den Gesprächsgang.

49 Die Äthiopier lebten nach der ältesten Überlieferung im äußersten Südosten der Welt. Herodot (*Historien* 3,17–25) betont ihre besondere Weisheit; hier ist also wohl ebenfalls eine Spitze gegen den Weisheitssucher Hermotimos beabsichtigt.

50 Beide Völker waren in der Antike für ihre herausragenden Fähigkeiten im Bogenschießen berühmt. Athen hielt sich in klassischer Zeit sogar eine Polizeitruppe von skythischen Bogenschützen.

51 Vgl. Homer *Ilias* 16,70. Achill, der immer noch dem Kampf fernbleibt, fordert Patroklos dazu auf, den von Trojanern bedrängten Griechen in seiner, Achills, Rüstung zu helfen: Die Trojaner wagten sich immer dreister nach vorn, seit sie das Funkeln seines Helms nicht mehr sähen.

52 Platon reiste zweimal nach Sizilien, in der Hoffnung, dort mit Unterstützung des Tyrannen Dionysios I. von Syrakus (430–367 v. Chr.) und durch seinen Vertrauten Dion (409–354 v. Chr.) Ansätze seiner politischen Philosophie in die Praxis umsetzen zu können. Die folgende Anekdote ist bei Platon nirgends belegt; dass sie gerade ihm, der allgemein als der aristokratischste unter den Philosophen gilt, in den Mund gelegt wird, bringt einen komödischen Ton in die Diskussion.

53 Gelon war einer der Vorgänger des Dionysios I. von Syrakus, gest. 478 v. Chr.

54 Hestia ist die Göttin des (olympischen) Herdfeuers.

55 An diesem Punkt könnte das Gespräch beendet werden, da das fallibilistische Ergebnis – die Notwendigkeit des Scheiterns finaler Erkenntnis – bereits erreicht ist. Für dieses Einsicht ist Hermotimos aber noch nicht bereit. Er ist umgekehrt jedoch auch nicht in der Lage, Lykinos etwa die Evidenz der Seinsschau entgegenzuhalten, die beispielsweise für die Platonische Philosophie so relevant ist.

56 Dies ist ein impliziter weiterer Hinweise, dass Hermotimos trotz seiner langen Ausbildung die Prioritäten noch nicht recht zu setzen weiß.

57 Das Pankration, der ›Allkampf‹, war als Sportart seit 648/47 v. Chr. bei den Olympischen Spielen zugelassen. Es handelt sich um einen beliebten Kampfsport, der Elemente des Boxens und des Ringens vereinigte.

58 Mastigophoren, Peitschenträger, begleiteten im Allgemeinen offizielle Persönlichkeiten auf ihren Amtsgängen. Sie repräsentierten und exekutierten zugleich deren Amtsgewalt, vergleichbar den römischen Liktoren.

59 Ähnlich rüde unterbricht Sokrates seine Gesprächspartner – vgl. Platon *Gorgias* 460a5 und 490b1, *Protagoras* 349e1 – in dem Augenblick, wo ein irreversibler Punkt im Dialog erreicht ist.

60 Das Losgleichnis hat gegenüber dem Schalengleichnis einen zweifachen Argumentationsfortschritt gebracht. Zum einen bewegt sich das Gespräch jetzt auf

einem höheren Abstraktionsniveau, zum anderen ist ein gewichtiges Argument zu Hermotimos' Gunsten erschüttert worden: Auch komplexere logische Operationen als simple Ausschlussverfahren – wie im Falle der Schale – können nicht die Vollständigkeit der Untersuchung ersetzen.

61 Hier ist eine Schaltstelle des Gesprächs erreicht, an der Lykinos die bisherigen Schritte und Gleichnisse zusammenfasst. Es wird deutlich, wie er Hermotimos' Wahrheitsbegriff zum immer Abstrakteren transformiert hat: Dem Bild der Stadt (Korinth) entspricht die goldene Schale, entspricht das Buchstabenlos, entspricht schließlich das Los mit den beliebigen Symbolen. Die ›Wahrheit‹, über deren Wesen zu Beginn keinerlei Zweifel zu bestehen schien, ist auf diesem Weg zu einer beliebigen Größe geworden. Der Vergleich des ›schönen Menschen‹ wendet die Diskussion der konkreten Frage zu, wie viel Zeit man sich für die geforderte Gesamtprüfung nehmen muss und kann.

62 Ariadne, Tochter des kretischen Königs Minos und der Pasiphaë, verliebte sich in den athenischen Prinzen Theseus, der nach Kreta gekommen war, um den Minotaurus zu töten, dem Athen als Tributzahlung alljährlich jeweils sieben junge Männer und Frauen opfern musste. Sie gab ihm ein Wollknäuel mit, so dass er aus dem Labyrinth, in dem der Minotaurus lebte, nach seinem Sieg über das Ungeheuer wieder herausfinden konnte. Der Vergleich greift auf das später (54ff.) abgehandelte Thema vor, ob es ein Kriterium für die Entscheidung zwischen verschiedenen Lehrmeinungen gibt. Aus dem Vergleich resultiert implizit, dass jede der von den philosophischen Schulen vertretenen Ansichten über das Wesen der letzten Wahrheit dem gefräßigen Scheusal Minotaurus entspricht; genauso hat sich auch Hermotimos von der Philosophie sein Leben auffressen lassen, wie er am Ende verzweifelt einsehen wird.

63 Die Maxime stammt aus einer Komödie des sizilischen Dichters Epicharm (um 488 v. Chr.).

64 Die fünf Schweigejahre gehörten in der pythagoreischen Philosophie zu einer Vorbereitungsphase der körperlichen und seelischen Reinigung, die der Adept zu durchlaufen hatte (vgl. Diogenes Laertios *Leben der Philosophen* 8,10).

65 Dies ein verkappter spöttischer Hinweis auf die gewaltige schriftliche Hinterlassenschaft des Chrysipp.

66 Auch in *Leben unterm Hammer* (in diesem Band) werden insgesamt zehn Philosophenleben versteigert: Pythagoras, Diogenes, Aristipp, Demokrit, Heraklit, Sokrates (als Vertreter der Platonischen Schule), Epikur, Chrysipp (als Vertreter der Stoa), ein Peripatetiker (als Vertreter der Schule des Aristoteles), Pyrrhias (als Vertreter des Pyrrhon, des Gründers der skeptischen Schule).

67 Fast wortgleich reagiert in Platons *Gorgias* 513c4 Kallikles mit Unbehagen auf Sokrates' Gesprächsführung.

68 Der fiktive Name von Hermotimos' Vater, Menekrates (›Bleibestark‹), nimmt ironisch das aktuelle Motiv von der Notwendigkeit eines langen Lebens der beständigen Prüfung auf. Tithonos, Gemahl der Eos (Morgenröte), wird wie Ganymed unter die Götter versetzt. Eos vergisst aber, für ihn ebenfalls nicht nur Unsterblichkeit, sondern auch ewige Jugend zu erbitten. Daher stirbt Tithonos zwar nicht, welkt aber dahin, bis er auf die Größe einer Zikade geschrumpft ist und nur noch Zirplaute von sich gibt: Das ist das Maß, auf das Lykinos Hermotimos' Arroganz zurechtstutzt.

69 Hier spielt Lykinos mit dem Namen seines Gesprächspartners: Für ein ›Geschenk des Hermes‹, ein ἑρμαῖον, hielt man Glücksfunde. Hermotimos, der ›von Hermes Geehrte‹ wird hier als Goldesel für denjenigen dargestellt, der seine Naivität auszunutzen weiß.

70 Ein ähnlicher Gegensatz zwischen der falschen Zeugenschaft vieler und der wahren Zeugenschaft des einen findet sich bei Platon *Gorgias* 472e2–7, 474a5–7, 475e8–476a2.

71 Hermotimos macht sich also eines Zirkelschlusses schuldig.

72 Ich übernehme hier die Textgestaltung der Handschrift E, die den ganzen Passus dem Lykinos gibt, während in Γ οὕτως (deshalb) Hermotimos gegeben wird.

73 ›Das hat doch nichts mit Dionysos zu tun‹ (οὐδὲν πρὸς τὸν Διόνυσον) ist eine Redensart, die besagt, dass etwas am eigentlichen Thema vorbeigeht. Sie ist im Zusammenhang mit der Entwicklung des klassischen griechischen Dramas entstanden, dessen Stoffe und Themen sich zunehmend vom eigentlichen ›Sitz im Leben‹, den Aufführungen im Rahmen des athenischen Dionysosfestes, zu entfernen schienen.

74 Vgl. Platon *Euthydemos* 302b, *Sophistes* 235af.

75 Den Sprecherwechsel an dieser Stelle konjiziert Macleod; er findet sich nicht in den Handschriften.

76 Wie Herakles galt auch Odysseus in der stoischen Philosophie als Leitbild wegen seiner Standhaftigkeit und Beharrlichkeit auf der Suche nach seinem Ziel. Er verbrachte zehn Jahre vor Troja und weitere zehn Jahre auf der Irrfahrt bis zu seiner Heimkehr nach Ithaka.

77 Gemeint ist hier das Getränk der Götter, der Nektar; Hermotimos' Ambitionen zielten ja auf eine Art Vergöttlichung seiner selbst.

78 Die Obole ist die kleinste Münze der griechischen Währung; sechs Obolen ergeben eine Drachme, 100 Drachmen eine Mine, 60 Minen ein Talent.

79 Die 50 Töchter des Danaos wurden in der Unterwelt dafür bestraft, dass sie ihre Ehemänner in der Hochzeitsnacht umgebracht hatten. Zur Strafe mussten sie Wasser in ein durchlöchertes Fass schöpfen. Die indirekte Charakterisierung der Philosophie als ein ›Fass ohne Boden‹, also als eine Angelegenheit, mit der man

nicht ›zu Rande‹ kommt, enthält einer versteckte Polemik, da Lykinos das Danaidenfass als Gegenbild einführt: Das Fass der Danaiden wird niemals voll, das Fass der Philosophie niemals leer. Der Aspekt der ›unendlichen und fruchtlosen Beschäftigung‹ bleibt in beiden Fällen gleich.

80 Den gleichen Vorwurf macht in Platons *Gorgias* 505d4 Kallikles dem Sokrates, als der auf der Fortführung des Gesprächs besteht.

81 Hier spielt Lykinos auf Homer *Ilias* 13,775 an. Paris wehrt sich gegen Hektors Vorwurf mangelnder Tapferkeit und bietet an, an anderer Stelle weiterzukämpfen. So wirft Hermotimos Lykinos vor, mit seiner argumentativen Geschicklichkeit nur seine innere Schwäche zu vertuschen, und beschimpft ihn als Betrüger. In ironischer Verkehrung der Kräfteverhältnisse entspricht hierbei Hermotimos dem Hektor, Lykinos dem Paris, und auch die homerische Grundkonstellation ist die gleiche: Wie die Brüder Hektor und Paris für die gleiche Sache kämpfen, so geht es den Freunden Hermotimos und Lykinos um dasselbe Ziel: Wie man die Philosophie in das eigene Leben integrieren kann.

82 Der semantisch reiche Begriff λόγος besitzt zum einen eine sprachliche (Wort, Darlegung, Gespräch, Rede), zum anderen eine kognitiv-argumentative (Beweis, Rationalität, Logik, Raisonnement) Bedeutungsebene; beide Ebenen sind hier angesprochen. Der griechische Begriff ist mangels eines ähnlich umfassenden deutschen Pendants in der Übersetzung beibehalten worden. Auch in anderen Werken lässt Lukian einen personifizierten Logos auftreten; dieser ist trotz seines Rationalitätsanspruchs allerdings nicht zur Gänze vertrauenswürdig.

83 Ein solches Ritual ist außerhalb Lukians, der das Motiv auch in *Vom Saal* (Band I) 18 verwendet, nicht bezeugt.

84 Die Allegorie des Fischers, der nur Nutzloses in seinem Netz heraufholt, führt Lukian ebenfalls im Zusammenhang mit der Philosophie im zweiten Teil seines *Fischers* (in diesem Band) breit aus. Wer in den Gewässern der Philosophie fischt, erjagt keinen bleibenden Gewinn.

85 Auch dies eine Anspielung auf die Sokratische Gesprächsführung; vgl. Platon *Euthydemos* 302b.

86 Dieselbe Metaphorik für falsche Verlockungen findet sich bereits bei Platon *Phaidros* 230d.

87 ›Apodeiktiker‹ ist hier im Sinne des Verbs ἀποδεικνύναι (beweisen) verwendet.

88 Der griechische Text hat an dieser Stelle ein Sprichwort: πολλὰ μοχθήσαντες ὁμοίως ἐσμέν (so viele Mühen – und keinen Schritt weiter).

89 Dies ist ein klassisches Beispiel für den skeptischen Tropus des ›regressus ad infinitum‹, in Verbindung mit einem Zirkelschluss: Um die Wahrhaftigkeit des Prüfers erkennen zu können, brauchen wir ein Wissen um das Wesen der Wahrhaftigkeit; zugleich geht die Suche nach immer neuen Prüfern ins Unendliche.

90 Wünsche dieser Art kritisiert Lykinos auch in Lukians Dialog *Das Schiff* (Band VIII).

91 Fabelwesen der griechischen Mythologie: Kentauren waren Wesen mit Pferdeleib, Menschenrumpf und Menschenkopf, Chimären dreigeteilte Ungeheuer (vorn Löwe, in der Mitte Ziege, hinten Schlange), Gorgonen geflügelte Frauen mit Schlangenhaaren, deren Blick den Betrachter zu Stein erstarren ließ. In Platon *Phaidros* 229c–230a setzt Sokrates an die Stelle der Beschäftigung mit solchen Mythen die Aufforderung, sich mit der Erkenntnis seiner selbst zu befassen.

92 Diese Version des Mythos ist ansonsten nicht bekannt; üblicherweise verliebt sich Medea in Iason, als sie ihn nach seiner Ankunft erstmals erblickt; vgl. Apollonios Rhodios *Argonautica* 3,287–298.

93 Hier argumentiert Lykinos mit dem skeptischen Annahme-Tropus (τρόπος ἐξ ὑποθέσεως): Man kann dem infiniten Regress nicht dadurch entgehen, dass man eine erste Ursache begründungslos setzt, da mit guten Gründen auch andere Ursachen angenommen werden könnten. Die von Lykinos gewählten Beispiele sind zwar polemisch banal: Jedoch darf eben überhaupt nichts nur aus sich heraus als sicher und richtig akzeptiert werden.

94 Das Zahlenbeispiel erinnert an Hermotimos' ersten Versuch in 35ff., der drohenden Aporie zu entkommen. Seine eigene großmäulige Behauptung, sich an evidente Prämissen gehalten zu haben, gerät hier zum Beweis seiner Leichtgläubigkeit.

95 Im ersten Teil zitiert Lykinos Sokrates' bekannte Formulierung seines Nicht-Wissens, aus dem der athenische Philosoph aber eben nie einen Hehl gemacht hat.

96 Unter dem Archon Eukleides wurde 403/2 v. Chr. das ionische Alphabet in Athen eingeführt und von da an für die Aufzeichnung von Gesetzestexten verwendet. Wichtiger für den Zusammenhang hier ist aber die unter seinem Archontat erlassene Amnestie für alle während des Peloponnesischen Krieges begangenen Verbrechen. ›Alles zu vergessen‹ heißt hier also, das ganze Gespräch zu vergessen und zum Anfang zurückzukehren, zu der Frage: Verhalten sich die Philosophen ihren eigenen Dogmen entsprechend?

97 Lykinos spielt hier eventuell auf Homer *Ilias* 21,106f. an, in der Achill die Tötung eines um sein Leben flehenden Gegners mit der Begründung ablehnt, auch Patroklos habe sterben müssen und sei doch ein so viel besserer Mann gewesen. Im Grunde sagt Lykinos damit, dass niemand dem Versagen der Erkenntnis entgehen könne, und wäre er auch ein noch so genialischer Denker; denn auch Achill ist ja dem frühen Tod verfallen. Die Anspielung macht also deutlich, in welch eine persönliche und existenzielle Phase die Unterhaltung nun getreten ist.

98 Syllogismen sind Schluss- und Beweisverfahren, Aporien Fragestellungen, die

mithilfe der Logik nicht oder nur schwer lösbar sind; vgl. die Parodie in *Leben unterm Hammer* (in diesem Band) 22–25.

99 Das griechische καλλίνικος bezeichnet in erster Linie den Sieger im sportlichen oder musischen Wettkampf. Von den Heroen wurde es vor allem Herakles verliehen, der – vgl. Anm. 16 – eine Leitfigur der Stoa war. Die Stoiker verraten in ihrem Alltagshandeln also ihre eigenen Ideale, und sie verraten sie insbesondere in ihrem Verzicht auf die Umsetzung ihrer Doktrin in praktisches Handeln, wie Lykinos im Folgenden erläutert; denn Herakles ist eben vor allem für seine Taten berühmt.

100 Hier spielt Lykinos darauf an, dass die Stoiker die drei Säulen der Philosophie – Logik, Metaphysik, Ethik – mit einem Obstgarten zu vergleichen pflegten. Der den Garten schützende Zaun ist die Logik, der Baum ist die Metaphysik, die Früchte sind die Ethik. Dies macht klar, dass das Objekt der Lukianischen Kritik in diesem Dialog primär die Stoa ist, wenn Lykinos auch in 85 betont, seine Kritik richte sich gegen alle philosophischen Schulen gleichermaßen; allerdings stellten andere Schulen, etwa der Kynismus, das rechte *Handeln* stärker in den Vordergrund.

101 Im klassischen Athen wurden Schulden monatsweise gestundet und waren am Neumondstag fällig.

102 Ein Talent – vgl. oben Anm. 78 – entsprach etwa dem 12.000fachen Tageslohn für einen einfachen Arbeiter. Echekrates (mit dem sprechenden Namen: ›Machthaber‹) war damit ein gemachter Mann.

103 Dies war eine der berüchtigten stoischen Aporien. Sie ist ausführlich dargestellt im *Fischer* (in diesem Band) 22.

104 Dies ein weiterer stoischer Syllogismus, berichtet bei Diogenes Laertios *Sophistenleben* 7,187: (A) Wenn du etwas nicht verloren hast, besitzt du es. (B) Du hast keine Hörner verloren. (C) Du trägst also Hörner. Die obszöne Konnotation ist im Griechischen die gleiche wie im Deutschen, was die bissige Ironie des Onkels erklärt, der hier nur eine weitere Unverschämtheit seines Neffen zu sehen vermag.

105 Sehr ähnlich hatte sich Hermotimos in 1 über das Ziel seiner philosophischen Studien geäußert.

106 In Platons *Gorgias* 456c6–457c3 lehnt der namhafte Sophist ebenfalls die Verantwortung für das ab, was seine Schüler mit dem Wissen anstellen, das sie bei ihm erworben haben.

107 Die Fabel ist ansonsten nicht bekannt und findet sich auch in keiner der großen Sammlungen.

108 Diese Haltung wird an dem Musterphilosophen Demonax gerühmt (*Demonax* 5, in diesem Band).

109 Eine solche Kur macht ein anderer Gesprächspartner der Lykinos, der rhetorische Adept Lexiphanes, in dem nach ihm benannten Dialog (Band VII) am Ende tatsächlich durch, bevor ihm eine heilende Diät verschrieben wird.

110 Dass Chrysipp zur Reinigung des Gehirns die Einnahme eines Absuds von Nieswurz (ἐλλέβορον) empfahl, ist eine in der gesamten Antike kolportierte Legende. Die Therapie sollte der Stärkung des Gedächtnisses dienen.

111 Das Bild des Schiffsbruchs einer Karriere arbeitet Lukian in aller Ausführlichkeit in *Die Brotgelehrten* (Band VIII) 1f. aus.

112 Als tollwütige Hunde bezeichnet Tychiades' Gesprächspartner Philokles auch die fabulierenden Gebildeten in den *Lügenfreunden* (Band VIII) 40. Dort tröstet ihn Tychiades abschließend, man habe ja die Wahrheit und die Vernunft als Leitfaden – ein Trost, den es für Hermotimos so nicht mehr geben kann.

Εὐνοῦχος / Der Eunuch

1 Wenn der im folgenden geschilderte Vorgang nicht fiktiv ist, muss er nach 178 n. Chr. stattgefunden haben. Marc Aurel hatte 176 n. Chr. vier Lehrstühle für Philosophie eingerichtet und ihre Besetzung dem Herodes Atticus übertragen. Herodes starb 178 n. Chr.; entsprechend ist hier von einer Auswahljury die Rede.

2 Vgl. Homer *Ilias* 22,159. Dort geht es, im Zweikampf zwischen Hektor und Achill, nicht um einen Preis für den Wettlauf, sondern um Hektors nacktes Leben, womit Lykinos klar macht, wie irrelevant der Streit der Philosophen in Wahrheit ist. Die Anspielung auf diese Passage setzt sich in den folgenden Zeilen mit den Hinweisen auf ›Helena‹, die umkämpfte Heimat und die Leichenspiele noch fort.

3 Leicht greifbar ist die peripatetische Güterlehre in Pisos Referat in Ciceros *De finibus bonorum et malorum*, dort bündig V,68: Die erste Güterklasse betrifft die Seele, die zweite den Körper, die dritte alle äußeren Werte (Eltern, Heimat etc.); zu dieser dritten Klasse zählt dann auch der Besitz.

4 Aspasia war die Frau des athenischen Politikers Perikles. Sie stammte aus Ionien, war also nicht athenische Bürgerin, was zu dem Gerücht, sie sei nicht mehr als eine Hetäre gewesen, beigetragen haben dürfte. Ihre intellektuellen Fähigkeiten und Interessen konnte sie auch an andere Athenerinnen weitergeben, an Perikles' politischen Bestrebungen soll sie partizipiert haben. Sokrates suchte ihre Gesellschaft (vgl. Xenophon *Memorabilia* 2,6,36; so auch Lukian *Bilder* 17 [Bd. V] und *Vom Tanz* 25 [Bd. V]. Ihre genauen Lebensdaten sind nicht bekannt. Diotima ist eine wohl fiktive Priesterin aus Mantineia, die Sokrates in

Platons *Symposion* (201d1–212a7) als Gewährsfrau für seine Lehre vom metaphysisch Schönen zitiert. Thargelia war eine Hetäre aus Milet und die spätere Ehefrau des Antiochos von Thessalien; nach seinem Tod regierte sie 30 Jahre lang weiter und konnte Dareios auf seinem Zug nach Griechenland abwehren; Aspasia soll sie als ihr Vorbild angesehen haben.

5 Hiermit kann kaum ein anderer als Favorinos von Arles gemeint sein (ca. 80–160 n. Chr.), ein akademischer Philosoph und begeisternder Redner, der mit seinem Eunuchentum sogar kokettiert haben soll; Philostrat beschäftigt sich mit ihm ausgiebig in seinen *Sophistenleben* 1,8. Die dortige Beschreibung seines Äußeren entspricht in Teilen der hier von Bagoas gegebenen, ebenso die Vorwürfe gegen seine Lebensführung, die Philostrat referiert.

6 Der uralte Fruchtbarkeitskult der Großen Mutter, Kybele, nahm seinen Ausgang in Phrygien und breitete sich über Griechenland und bis nach Rom aus. Charakteristisch für ihn waren aus griechischer Sicht die orgiastischen und oft blutigen Kultfeiern. Bei den Priestern, Βάκη(ε)λοι, lat. *Galli*, waren Selbstentmannung und Vergraben des kastrierten Gliedes zur Ehrung der Göttin und Steigerung der Fruchtbarkeit nicht selten.

7 Vgl. zu Hermeias von Atarneus (an der kleinasiatischen Küste gegenüber von Lesbos) Diogenes Laertios 5,3f. Aristoteles verbrachte die Jahre 347–345 v. Chr. bei ihm, vollzog dort wohl auch eine erste Schulgründung und heiratete Hermeias' Tochter (Nichte?) Pythias. Hermeias starb gegen 341 als geheimer Verbündeter der Makedonen unter Philipp gegen Persien. Die Behauptung, Aristoteles habe Hermeias geopfert, findet sich ebenfalls bei Diogenes Laertios 5,4 kolportiert.

8 Vgl. Platon *Apologie* 24b8f.

9 Die Figur des namenlosen Dritten, der das Fass zum Überlaufen bringt, tritt auch in *Tod des Peregrinos* 7–30 auf (Band VIII). Dort ist zwar denkbar, dass der Sprecher sich selbst meint; allerdings mischt er ab 39 dann auch selbst in der Gerüchteküche um die Selbstverbrennung des Peregrinos kräftig mit. Auch hier spricht Lykinos möglicherweise von sich selbst.

10 Vgl. *Leben unterm Hammer* (in diesem Band).

11 Gemeint ist hier, dass ein guter Redner aus der Persönlichkeit seines Gegners die Berechtigung des Vorwurfs zwingend ableitet, während Diokles sich jetzt genötigt sieht, seine frühere Charakterisierung des Bagoas auf den Kopf zu stellen, um den Ehebruchsvorwurf plausibilisieren zu können.

Δραπέται / Die Ausreißer

1 Der hier verhandelte Fall ist der spektakuläre Suizid des Peregrinos Proteus (100–165 n. Chr.) bei den Olympischen Spielen. Sein Leben und sein Ende hat Lukian in der Satire *Vom Tod des Peregrinos* behandelt (Bd. VIII), die in der Schriftenfolge der Handschriftengruppe γ diesem Text unmittelbar vorausgeht; der hier von Zeus verwendete Begriff für Lebensende (τελευτή) passt gut zum Titel jener Schrift. Daraus lässt sich für die Reihenfolge und relative Datierung der Originalpublikationen jedoch kein Argument ableiten. Denn Peregrinos' Selbstmord war ein sensationelles Ereignis, weshalb Lukian hier auch ohne die explizite Nennung seines Namens auskommen kann. Einzig wird man festhalten wollen, dass die Publikation beider Schriften zeitlich einigermaßen nah zu jener Aktion erfolgt sein könnte, aber Aktualität war in der Antike angesichts der aufwendigeren Kommunikationswege nicht so kurzlebig wie heute.

2 Lukian vermeidet hier erneut, wie schon in *Vom Tod des Peregrinos* 5 und 36 (Band VIII), die Erklärung der genauen Hintergründe der Selbstverbrennung, wohl zur Steigerung der ethischen Fragwürdigkeit des Vorgangs.

3 Motivisch vergleichbar tritt zu Beginn des *Doppelt Angeklagten* (Bd. VII) Dike, die Personifikation des Rechts, auf und flieht zu Zeus, weil sie die irdische Ungerechtigkeit nicht mehr ertragen kann.

4 Vgl. genau dieses Motiv in der Biographie des *Demonax* 67 (in diesem Band).

5 Die Bezeichnung der Brahmanen als ›Stamm‹ (γένος) ist auffällig, da sie in den übrigen antiken Erwähnungen zu Recht als höchste (Priester-)Kaste angesehen werden, wie auch heutzutage die oberste Kaste der indischen Bevölkerung ›Brahmanen‹ genannt wird; hierfür steht auch Zeus' Benennung als Gymnosophisten, die ›nackten Weisen‹. Die Nechräer sind ansonsten nicht bekannt, die Oxydraken leisteten gegen Alexanders Vorstoß nach Indien Widerstand.

6 Das Opisthodom ist hier die rückwärtige Halle des Zeus-Tempels in Olympia. In ihr trug beispielsweise Herodot aus seinen *Historien* vor.

7 Chaldäer: Priesterkaste der Babylonier; Mager: Priesterkaste der Meder und Perser.

8 Eumolpos: s. *Demonax* 34 (in diesem Band; Anm. 29). Orpheus: Sohn der Muse Kalliope, Meister auf der Lyra, der mit seiner Musik auch die Tiere und die Elemente verzauberte und seine verstorbene Eurydike aus dem Hades ›freisingen‹ konnte. Der schließliche Verlust der Eurydike ließ ihn das weitere Zusammensein mit Frauen ablehnen, die ihn dafür bei einem Dionysosfest töteten und seinen Kopf in den Hebros warfen, den er singend und nach Eurydike rufend hinabtrieb. Er nahm auch am Zug der Argonauten teil.

9 Die Rede ist hier von den sieben Weisen (nach Platon: Thales, Pittakos, Bias,

Solon, Kleobulos, Myson, Chilon), ergänzt durch Pythagoras (von Samos), Heraklit (aus Ephesos) und Demokrit (aus Abdera).

10 Dies bezieht sich auf das Schicksal des Sokrates.

11 Alle vier sind Vertreter der kynischen Philosophie und treten in den *Totengesprächen* (Band IV) des Öfteren auf; Menippos hat Lukian auch in weiteren Schriften als auktoriale Maske eingesetzt.

12 Bereits Zeus merkte (12 Anf.) an, dass Philosophia ein wenig zur Geschwätzigkeit neige; das wird hier auf die Spitze getrieben.

13 Dieser Paragraph enthält in dichter Folge einige der Motive, die auch in Lukians übrigen Texten zur Philosophie eine Rolle spielen. Die hier vermissten ›Richter und Prüfer‹ treten im *Eunuch* und im *Fischer* in Erscheinung; auf die ›Akropolis‹ zieht man sich im *Fischer* zurück; den ›Stock bei der Hand‹ hat der Kyniker Alkidamas im *Symposion*, und großen ›Wortreichtum‹ entfaltet der anonyme *Kyniker*.

14 Gemeint ist Paris, der Helena verführte, die Ehefrau seines Gastfreundes Menelaos in Sparta.

15 Die Frauengemeinschaft des Idealstaates beschreibt Platon *Staat* 5,459–461.

16 Dieses Verhalten der Philosophen wird ausführlich beschrieben im *Gastmahl* (in diesem Band).

17 Beide Namen sind fiktiv und weisen ihre Träger als Parasiten aus – also in antiker Terminologie als Menschen, die sich an der Großzügigkeit anderer schadlos halten, indem sie ihnen um den Bart gehen; in der Neuen Komödie treten sie als Figuren auf. ›Gnathonides‹ referiert auf γνάθος (Kiefer), ›Strouthias‹ auf στροῦθος, den Spatz, der bereits in der Antike als gefräßig galt.

18 Ein solches Verhalten wird im *Eunuch* (in diesem Band) ausführlich erzählt.

19 Philosophia zitiert hier Kirkes Mahnung an Odysseus, nicht in die Nähe der gefräßigen Charybdis zu kommen: Homer *Odyssee* 12,106.

20 Philosophia unterschlägt hier allerdings, dass in der *Odyssee* Penelope selbst es ist, die nachts ihre Webarbeit vom Tag wieder aufdröselt, um die Freier zu betrügen. Das wirft möglicherweise auch ein schlechtes Licht auf Philosophia selbst; vgl. unten zu Orpheus (29, mit Anm. 24).

21 Haimos war der griechische Name des heute ›Balkangebirge‹ genannten Gebirgszugs mit dem Hauptkamm in Bulgarien. Die Rhodopen liegen südlich davon, zwischen Balkangebirge und Ägäis.

22 Heute die Mariza. Stadt: Philippopolis (heute: Plowdiw).

23 Alle Namen sind von gr. κτάομαι (erwerben, besitzen) abgeleitet.

24 Implizit wird hier Orpheus eher negativ charakterisiert, wie oben möglicherweise Philosophia (21, mit Anm. 20), obwohl er doch von ihr als einer ihrer ersten treuen Gefolgsleute bezeichnet wurde (8). Er ist offensichtlich nur an

Geld interessiert – auch wenn der clevere Hermes schnell dafür sorgt, dass er zurückstecken muss –, seine Begrüßung fällt eher summarisch aus, und er will seine alte Bekanntschaft mit Herakles (den er nur als zweiten begrüßt) nicht auffrischen; zuletzt macht er sich rasch und feige davon. Auch von hier aus fällt also ein schlechtes Licht auf die Philosophie insgesamt.

25 ›Weise‹, gr. σοφός, soll hier an den φιλόσοφος (›Freund der Weisheit‹) erinnern.

26 Homer *Ilias* 9,312f. Achill äußert hier allgemein seinen Abscheu gegen Menschen, die das eine denken und das andere sagen: Das wird von der ›Frau‹ auf die Geldgier zugespitzt.

27 Homer *Ilias* 3,354.

28 Hier sind mehrere Verse der *Ilias* zu einem Miniatur-Cento zusammengesetzt: 1,225, 2,202, 2,246 (hier ist der Versschluss, der Thersites immerhin rhetorische Qualitäten bescheinigt, ins Negative verändert; Dohlen galten sprichwörtlich als dreiste Schreihälse, vgl. etwa Aristophanes *Ritter* 1020), 2,214.

29 Homer *Ilias* 6,181f.; beschrieben wird das Ungeheuer Chimaira. Im ersten Vers ist der ›Drache‹ der homerischen Chimaira durch einen ›Hund‹ ersetzt, im zweiten Vers Homers ›Feuerhauch‹ durch die ›Attacke des dritten Hundes‹. ›Hund‹ richtet sich gegen die drei Kyniker, die wiederum an den Höllenhund Kerberos denken lassen, der anschließend in 31 erwähnt wird. Eine komödientypische Pointe könnte darin bestehen, in ὁρμήν (Attacke) auch ὀσμήν (Gestank) mitzuhören.

30 Das griechische Wortspiel κυνῶν (Hunde/Kyniker) und κυεῖν (schwanger sein) lässt sich im Deutschen nicht wiedergeben.

31 Der dreiköpfige Hund Kerberos bewachte die Toten in der Unterwelt und wurde von Herakles in seiner zwölften Arbeit vor Eurystheus' Thron geschleift; der dreileibige König von Cadiz, Geryones, wurde von Herakles in seiner zehnten Arbeit getötet, seine Menschenfleisch fressenden Herden ebenfalls zu Eurystheus gebracht. Die Dreizahl verweist implizit darauf, dass alle drei Ausreißer sich an der Frau sexuell vergangen haben; vgl. im Folgenden auch 32.

32 Ein weiteres nur kommentierend übersetzbares Wortspiel, das die Philosophen ins Tierische rückt und auch den Stoikern, vertreten durch Chrysippos aus Soloi (ca. 281–208 v. Chr.), einen ihrer Schulgründer, der auch dem Ideal des stoischen Weisen erstmals Kontur verlieh, Geldsucht unterstellt.

33 Kleanthes aus Assos (ca. 331–232 v. Chr.) gehört ebenfalls zu den Gründergestalten der Stoa. Seine Karriere entspricht in mancher Hinsicht der Karikatur, die PHILOSOPHIA in 12f. von den Halbphilosophen gibt, da er zunächst als Faustkämpfer, Gärtner und Bäcker tätig war. Der Witz über ihn ist unverständlich; möglicherweise ist, neben der schieren Assonanz *Kantharos* / *Kleanthes* ein Anklang an κλαίω (*klaiō*, weinen, klagen) intendiert, da im folgenden Satz die avi-

sierte Bestrafung des Kantharos als Grund für seine Gleichsetzung mit Kleanthes genannt wird; dies liegt umso näher, als die Aussprache des Diphthongs *αι* (in *κλαιω*) sich im Laufe der griechischen Sprachgeschichte von [ai] zu [ɛ] (→ *klèō*) verschob. In den *Wahren Geschichten* 2,31 (Band VI) wird auf der Insel der Verdammten Kinyras an seinem Geschlechtsteil aufgehängt, und in den *Totengesprächen* 9 (Band IV) wird einem Philosophen der Bart mit dem Beil abgehackt.

34 »Dreikopf« war der Titel einer Satire des Historikers Theopomp auf die drei Städte Athen, Sparta und Theben, die die griechische Welt des 4. Jh.s v. Chr. dominiert hatten, »Dreischwanz« der Titel einer nicht erhaltenen Komödie des Aristophanes. Hieraus erklärt sich wohl auch der erklärende Zusatz [ὁ τῶν κωμικῶν εἷς], den Macleod zu Recht athetiert. Der bösartige Witz insinuiert erneut, dass alle drei Ausreißer miteinander die entführte Ehefrau vergewaltigt haben; s. o. 31.

35 Mit Malven pflegte man in Sündenbock-Ritualen den Auszutreibenden zu peitschen. Ich übernehme hier de Jongs Konjektur μαστιγωθέντε; die Handschriften überliefern μαστιγωθέντα.

36 Gemeint ist der Anführer der Ausreißerbande, Mistkäfer (Kantharos).

Συμπόσιον ἢ Λαπίθαι / Das Gastmahl oder Die Lapithen

1 Die zuerst gebrochene, dann wieder vereinfachte Erzählsituation imitiert Platons *Symposion*; dort wird die Erzählsituation ausführlich entfaltet (*Symp.* 172a–174a).

2 Vgl. Platon *Symposion* 185e.

3 Das Zitat stammt von einem unbekannten Lyriker.

4 Die Namen von Aristainetos' Kindern spielen auf die bedeutendsten Autoritäten der Stoiker an, nämlich Zenon von Kition und Kleanthes von Assos. Mit dieser Namenswahl hat Aristainetos also seine Hingabe an die (stoische) Philosophie dokumentiert.

5 Ebenfalls ein sprechender Name, zu übersetzen etwa als ›göttliches Recht des Zenon‹.

6 In Platons *Euthydemos* wird ein historischer Sophist dieses Namens von Sokrates demontiert; dies wird Dionysodoros in diesem Text selbst übernehmen.

7 In Platons Dialog *Ion* wird der gleichnamige Rhapsode von Sokrates der Uninspiriertheit und Eitelkeit überführt; vgl. im Folgenden 39f.

8 Die Formulierung spielt auf die Logikübungen der Stoa an; Beispiele finden sich in *Leben unterm Hammer* 22–25 (in diesem Band).

9 Nach der Lehre Epikurs waren die Götter dem atomaren Werden und Vergehen

entzogen und lebten, ohne irgendeinen Einfluss auf den Kosmos oder die Menschen zu nehmen, in Zwischenwelten. Priester sind daher überflüssig, und so zeigt die Tatsache, dass der Epikureer Hermon ein Priester ist, dass er nicht nach der Doktrin seiner Schule philosophiert.

10 Die Frechheit, ohne Einladung zu kommen, passt zu der absichtsvoll anstößigen Lebensweise der Kyniker. Das Motiv des ungeladenen Gastes (*akletos*, ungerufen) ist ein Topos literarischer *Symposien*. In Platons *Symposion* ist es der Politiker Alkibiades (man beachte die Namensähnlichkeit mit Alkidamas), der ohne Einladung in die Versammlung platzt.

11 Alle Zitate stammen aus Homers *Ilias* (2,408; 7,109; 1,24); Alkidamas' Scherzwort war laut Plutarch *Quaestiones convivales* 7,6 eine beliebte Entschuldigungsfloskel, wenn man uneingeladen kam.

12 Der ›Meister im Schlachtruf‹ ist Menelaos, auf den sich Alkidamas' Homerzitat in der *Ilias* (bspw. 2,408) bezieht.

13 Der Verweis auf die Skythen hat insofern proleptischen Charakter, als die Skythen dafür bekannt waren, unverdünnten Wein zu trinken – eine barbarische Sitte, die Alkidamas gleich auch selbst praktizieren wird (14).

14 Die griechische Formulierung zitiert Herodot *Historien* 5,97, der damit den Auslöser der Perserkriege bezeichnet. Dies weist auf die spätere Schlacht der Philosophen voraus.

15 Der freundliche Kentaur Pholos bewirtete Herakles mit einem Fass Wein, woraufhin die anderen Kentauren, vom Duft des Weins angelockt, über den Helden herfielen, der sie dann mit seinen vergifteten Pfeilen tötete. Ähnlich wie Herakles unter den Kentauren wütete, wird Alkidamas später (45) alle Gäste in Reichweite niederknüppeln.

16 Die Kyniker fassten ebenso wie die Stoiker, indem sie die Arbeiten des Helden allegorisch als Überwindung menschlicher Laster und Versuchungen interpretierten, Herakles als Sinnbild des idealen Weisen auf. Dieser, selbst aus einem Ehebruch hervorgegangen, konnte allerdings kaum als vorbildlicher Ehegatte gelten: Seine erste Frau, Megara, tötete er im Wahnsinn; durch den Irrtum seiner zweiten Frau, Deianeira, die er betrogen hatte, verlor er sein Leben. Er war darüber hinaus als Schürzenheld bekannt. In seinem Namen auf das Wohl der Braut zu trinken, ist daher einigermaßen taktlos.

17 Vgl. Homer *Ilias* 4,446–451 und 8,60–65, zwei Schlachtszenen, in denen nicht individuelle Kämpfer, sondern die beiden Heere aufeinanderstoßen, weshalb Lykinos das Zitat dieser Verse im Rückblick auf das Finale (43–47) als prophetisch ansehen kann.

18 Ein *gelotopoiós* gehörte zum festen Inventar eines aufwendigen Symposions. Platon lässt die Teilnehmer seines Gastmahls grundsätzlich auf solche Unter-

haltungseinlagen verzichten, Xenophon hingegen gibt dem Auftritt des Spaßmachers Philippos breiten Raum.

19 Anapäste beruhen auf einem Versfuß, der aus zwei Kürzen und einer Länge, optional zwei Längen besteht.

20 Die Insel Malta war für ihre Zucht von Kleinhunden berühmt. Alkidamas, den Kyniker, als harmloses, nur für die weibliche Gesellschaft gedachtes ›Hündchen‹ (vgl. *Die Brotgelehrten* 34f., Bd. VIII) zu bezeichnen, musste ihn, der auf seine Wehrhaftigkeit und Stärke so stolz war (vgl. 16), empfindlich treffen.

21 Das Pankration war neben Ringen und Faustkampf die dritte griechische Kampfsportdisziplin, in der außer Beißen und Kratzen alles erlaubt war. Alkidamas steht jetzt nackt im Festsaal. Er versagt gegenüber Satyrion, obwohl er vorher noch geprahlt hatte (12, 16).

22 Die Erzählung des Dionikos präfiguriert in gewisser Weise die spätere Katastrophe beim Gastmahl, insofern sich der Arzt mit einer anerkannten Persönlichkeit – hierauf weist auch der fiktive Name Polyprepon, der etwa mit ›Herr Großartig‹ wiederzugeben wäre – auseinanderzusetzen hat, deren unrühmliches Verhalten einer Erkrankung zuzuschreiben ist. Das vergleichbar rüde Benehmen der hochgestellten Philosophen lässt sich hingegen nicht auf diese Weise entschuldigen.

23 Da Dionikos sicher beide ›Waffen‹ aus dem Fenster wirft, folgt der griechische Text hier der Gestaltung von Jacobitz, der vor ἀπορρῖψαι ein καὶ ergänzt und nach σκῦτος, der Handschriftengruppe γ folgend, nicht interpungiert.

24 Auch dieser Name ist sprechend und bedeutet etwa ›derjenige, der sich gern rufen lässt‹, was zu seinem im Folgenden berichteten Verhalten passt. Zugleich bearbeitet Lukian hier das symposiale Motiv des ungeladenen Gastes: a-kle-tos, vgl. Hetoimo-kle-s: Hetoimokles, der stets gern geladen wird und auch hier gern geladen worden wäre, aber uneingeladen geblieben ist, kommt, anders als es das *akletos*-Motiv vorsieht, nun gerade nicht, macht sich aber durch seinen Brief in der Gesellschaft so breit, als wäre er persönlich anwesend.

25 Der antiken Ethik galt das Erlangen von *eudaimonia* als höchstes Ziel; vgl. hierzu den Diskussionsgang im *Hermotimos* (in diesem Band). Die von Hetoimokles offiziell vertretene Stoa definierte Glück als innere Freiheit von Affekten (*apatheia*), von der sich also Hetoimokles genau in dem Augenblick verabschiedet, in dem er sie für sich in Anspruch nimmt; vgl. Epiktet *Enchiridion* 15, der das ›apathische‹ Verhalten gerade mit dem angemessenen Benehmen bei einem Gastmahl vergleicht.

26 In der stoischen Erkenntnistheorie dient die ›kataleptische Phantasie‹ der physischen Erfassung der Sinneseindrücke, die dann, um den Status von festem Wissen zu erhalten, von der gesunden Vernunft bestätigt werden müssen. Erst nach dieser Bestätigung spricht man davon, mit Hilfe des Vorstellungsvermögens (*phantasia*)

etwas ›erfasst‹ (*katalepsis*) zu haben. Da Hetoimokles einem affektbedingten Irrtum unterliegt, ist es gerade er selbst, der kein kataleptisches Wissen besitzt.

27 Adrasteia (die Unentrinnbare) ist ein Beiname der Göttin Nemesis (Rache). Sie wartet auf denjenigen, der unvorsichtige Behauptungen aufstellt, um ihn zu Fall zu bringen.

28 Der Syllogismus ist ein Schlussverfahren, das Beweisführung und Argumentation rationalisiert und systematisiert.

29 In stoischer Sicht ist ideales Verhalten (ἀρετή) erlernbar. Daher lassen sich unterschiedliche Habitualisierungsgrade benennen: *Skhesis* (σχέσις) bezeichnet temporäre, *Hexis* (ἕξις) fest etablierte seelische Einstellungen.

30 Der ›Haufen‹ (*Sorites*) basiert auf der Prämisse, dass ein Körnerhaufen aus Körnern besteht, woraus sich die Frage ergibt, beim wievielten Korn ein Haufen beginne oder aufhöre, ein Haufen zu sein. Der ›Schnitter‹: (1) Wenn du ernten wirst, ist es nicht so, dass du vielleicht ernten wirst oder vielleicht nicht, sondern du erntest in jedem Fall; (2) Wenn du nicht ernten wirst, erntest du entsprechend in jedem Fall nicht; (3) Notwendigerweise wirst du entweder ernten oder nicht ernten. (4) Du wirst daher vielleicht ernten, vielleicht auch nicht. Die logisch erreichte Conclusio (4) widerspricht den Prämissen (1) und (2).

31 Vgl. Homer *Ilias* 9,537.

32 Vgl. Euripides *fr.* 515 Radt (aus dem *Meleager*).

33 Sophokles *fr.* *401 Radt (aus dem *Meleager*).

34 Kinder aus gutem Hause standen unter der Aufsicht eines eigenen Sklaven, dem ›Kinderführer‹ (*paidagogos*).

35 Die Stoa unterschied gute, schlechte und indifferente (*adiaphora*) Dinge: Letztere tragen weder zum Glück bei noch verhindern sie es. So ist beispielsweise Essen an sich notwendig, die Qualität eines Essens hingegen ist indifferent.

36 Das attische Gesetz gestattete dem Ehemann, der einen Ehebrecher *in flagranti* ertappte, als drastische Strafmaßnahme die rektale Verabreichung eines Rettichs (*rhaphanodismos*).

37 Hier verkehrt Lukian ein Motiv aus Platon *Symposion* 213a–c und 222e in sein Gegenteil: Dort hatte sich Alkibiades zwischen Agathon und Sokrates gelegt, was von Agathon als Versuch gedeutet wurde, seine und Sokrates' wechselseitige erotische Anziehung zu unterbinden, während hier ein Streit geschlichtet werden muss.

38 Ich übernehme hier den Einschub von Fritzsche.

39 Die Lehre Epikurs zielte auf die Erreichung von *eudaimonia* als eines Zustandes permanenter Lust (*hedone*), mithin die Vermeidung von allem, was Unruhe und Schmerz hervorruft. Lust wird also bereits dadurch erreicht, dass die natürlichen Bedürfnisse – Hunger, Durst, Müdigkeit etc. – angemessen gestillt wer-

den. Alle darüber hinaus gehenden Lustempfindungen sind überflüssig. Gleichwohl war es leicht, diese Lehre im Sinne eines (vom Epikureismus keineswegs intendierten) Laisser-faire als anstößig zu diskreditieren.

40 Die Frauengemeinschaft als Faktor eines idealen Staatswesens entwickelt Sokrates in Platon *Staat* 5,457cff.; sie sollte zur Eintracht der Bürger beitragen. Zu bedenken ist hierbei, dass die Frauengemeinschaft also kein Ziel in sich darstellt, sondern nur im Zusammenhang sämtlicher von Platon erörterter Maßnahmen zur Erschaffung eines Idealstaats sinnvoll ist. Dies ignoriert Ion hier.

41 Als Rhetor sollte Dionysodoros auf guten Stil achten; dazu gehört auch der korrekte Wortgebrauch. Tatsächlich ist das griechische ζῆλος im Sinne von ›Eifersucht‹ an dieser Stelle durchaus angemessen; zugleich bedeutet es aber auch die bewunderte Nachahmung stilistischer Vorbilder, an die Dionysodoros, in seinen professionellen Scheuklappen befangen, wohl ausschließlich denkt und daher Ion einen falschen Wortgebrauch unterstellt, allerdings zu Unrecht; damit erweist auch er sich als Fachidiot und defizitärer Vertreter seines Standes.

42 Histiaios' Gedicht ist, von seiner Inhaltslosigkeit abgesehen, durch diverse sprachliche Missgriffe und metrische Fehler (besonders in v. 1 und v. 5) entstellt; der besonders missglückte v. 5 hat zu einer Vielzahl von Korrekturvorschlägen Anlass gegeben, aber wahrscheinlich hat Macleod mit seiner Überlegung recht, der Vers sei absichtlich verhunzt, um Histiaios' poetische Ahnungslosigkeit zu demonstrieren. Die Bezeichnung des Lieds als ›Hymnos‹ ist ebenfalls irreführend, weil Hymnen sich für gewöhnlich an Gottheiten richten. Harmon kommentierte seine Übersetzung in Loeb folgendermaßen: »The translator's version is perhaps better than the original: it could not be worse.« Dem kann sich dieser Übersetzer nur anschließen. Die elegischen Verse des Originals sind in der Übersetzung durch – rhythmisch vergleichbar unsaubere – Hexameter und durch (der antiken Lyrik an sich fremde) Reime ersetzt worden; Histiaios verwendet allerdings zumindest den Binnenreim abundant (v. 4, v. 6).

43 Vgl. Homer *Ilias* 17,394f.

44 Vgl. Homer *Ilias* 11,233 und 13,605.

45 Vgl. Homer *Ilias* 15,11.

46 Hier erfolgt nun die Erklärung des zweiten Titels »Die Lapithen«. Dem Mythos zufolge waren zur Hochzeit des Lapithenkönigs Peirithoos mit Hippodameia die wilden Kentauren geladen, die sich betrunken an der Braut vergreifen wollten. Beim anschließenden Kampf behielten die Lapithen, unterstützt von Theseus, die Oberhand. Hier wird allerdings keine Unterscheidung zwischen Menschen und Tiermenschen getroffen, vielmehr stehen ›Lapithen und Kentauren‹ für die Philosophen insgesamt. Bei diesem Fest gibt es kein Gut und Böse, sondern nur unerträglich schlechtes Benehmen auf allen Seiten.

47 Auch der Schluss spielt auf Platons *Symposion* an, wo (223d) Sokrates seine schon schlaftrunkenen Gesprächspartner, den Tragödiendichter Agathon und den Komödiendichter Aristophanes, zu dem Zugeständnis zwingt, dass es Sache ein und desselben Dichters sei, Komödien *und* Tragödien zu verfassen. Wie Platons *Symposion* weist auch Lukians Dialog komische und tragische Züge auf.

48 Dieses Motiv greift parodistisch das Finale von Platons *Symposion* auf; dort schlafen ebenfalls einige Teilnehmer noch im Speiseraum ein.

49 Vgl. Euripides *Alkestis* 1159, ebenso *Andromache* 1284–1288 und *Helena* 1688–1692. Den charakteristischen Schlussvers ›So ging dieses Drama aus‹ greift Lykinos gleich im Anschluss auf.

Βίων Πρᾶσις / Leben unterm Hammer

1 Das folgende Geschehen besitzt insgesamt kaum Züge einer Versteigerung, sondern eher eines Verkaufs; auf Diogenes allerdings bietet der Käufer einen niedrigen Preis (11). Theodor Fischer wählte in seiner Übersetzung von 1866/67 den Titel »Die Lebensversteigerung«.

2 Am Ende des Dialogs kündigt Hermes an, am folgenden Tag auch noch die ›Leben‹ der Privatleute, der Handwerker und der Händler zur Versteigerung zu bringen. Diese Abrechnung ist also ähnlich global wie die Urteile der Totenversammlung im *Totenorakel* (Bd. IV) und der Götterversammlung im *Ikaromenippos* (Bd. III). Das Basismotiv – dass man die zu einem passende Lebensform (auch vor der Geburt) frei wählen kann – ist eine bei Lukian immer wieder in unterschiedlichster Ausgestaltung vertretene Position, wahrscheinlich abgeleitet aus der postmortalen Lebenswahl in Platons *Politeia*, Buch 10.
Die hier angedeutete Situation ist wohl so vorzustellen, dass die Leben etwas erhöht auf mehreren Podesten einem (sitzenden: vgl. συνέδριον in 7) Käuferpublikum präsentiert werden. Diese Anordnung entspricht gleichzeitig der Aufführungssituation des Textes mit einem oder womöglich mehreren Sprechern und einem ihnen gegenübersitzenden Publikum. Dadurch wird der Oktroi, dass man für seine Lebenswahl selbst verantwortlich ist, noch verstärkt.

3 Hermes ruft im Folgenden die Philosophen nicht namentlich, sondern wie hier mit dem Attribut ihrer Schulzugehörigkeit auf. Auch wenn die Figurenbezeichnungen im griechischen Text hier und später immer die Eigennamen der Schulgründer notieren, werden die Figuren fiktionsintern dennoch nie so angesprochen und auch nie nach ihren Namen gefragt, sondern nur über ihren Herkunftsort bestimmt. Hieraus lässt sich schließen, dass es bei der Versteigerung nicht um jene Philosophen selbst geht – die ja bereits verstorben sind und erst im

folgenden Dialog, dem *Fischer* (in diesem Band), aus der Unterwelt nach oben kommen, um sich über ihre Behandlung im vorliegenden Text zu beschweren –, sondern um die gleich anfangs angekündigten βίοι, Lebensformen. Da βίος ein maskulines Nomen ist, ergibt sich im Griechischen, anders als im Deutschen, wo ›Leben‹ ein sächliches Nomen ist, eine reizvolle Ambivalenz zwischen der Bezeichnung der Lebensform und der ihres Begründers. Die Übersetzung changiert notgedrungen zwischen Neutrum und Maskulinum.

4 Samos, Pythagoras' Herkunftsort (3), gehört zum Sprachraum des ionischen Dialekts, den Pythagoras in seinen folgenden Ausführungen verwendet, ebenso wie später Demokrit und Heraklit. Die Übersetzung imitiert das nicht.

5 Pythagoras aus Samos (ca. 570–510 v. Chr.), gestorben in Metapont in Unteritalien, wo er, in Kroton, eine – in ihrer Zielsetzung aus heutiger Sicht unklare – Lebensgemeinschaft mit einigen Anhängern seiner Philosophie unterhielt, die wohl auch eine Gütergemeinschaft pflegten (vgl. unten 6). Seine philosophische Lehre umfasste so weite und differente Gebiete wie Mathematik, Astronomie, Musik, Politik und Religion. Daneben könnte seine Lehre auch schamanistische Züge besessen haben. Die von ihm überlieferten strengen Lebensregeln – Schweige- und Essgebote – tragen jedenfalls stark religiöse Charakteristika. Er vertrat auch die Lehre der Seelenwanderung (Metempsychose); die Erinnerung an früher Gelebtes war möglich (vgl. 3, 5, 6).

6 Kroisos, der König von Lydien, hatte einen Sohn, Atys, der stumm war. Als er bei der Einnahme von Sardis durch die Perser seinen Vater lebensgefährlich bedroht sah, konnte er plötzlich zum ersten Mal sprechen; vgl. Herodot *Historien* 1,85.

7 Pythagoras gilt auch als der Erfinder der mathematischen Proportionen zwischen den musikalischen Intervallen.

8 Die Vierheit, Tetraktys, war Kernbestandteil der pythagoreischen Zahlenlehre. Die Summe der Zahlen von 1 bis 4 ergibt 10 und damit die Grundlage des Dezimalsystems. Das vollendete Dreieck ist das rechtwinklige Dreieck, in dem die Quadrate auf den Katheten zusammen die gleiche Fläche besitzen wie das Quadrat auf der Hypotenuse (Satz des Pythagoras).

9 Das Bohnenverbot des ansonsten vegetarischen Pythagoreismus war die Antike hindurch berühmt; sein Sinn ist bis heute ungeklärt. Die hier gegebene Erklärung ist spöttisch intendiert, wurde aber ebenfalls kolportiert.

10 Dass einer von Pythagoras' Schenkeln aus Gold gewesen sei, wurde sowohl von seinen Anhängern bewundernd als auch von seinen Gegnern spöttisch behauptet und verweist angeblich auf seine göttliche Abkunft.

11 Eine athenische Mine entsprach in klassischer Zeit – auf die sich die kaiserzeitliche Bildungsliteratur meist bezieht; in der Kaiserzeit selbst war die römische Währung geläufiger – ungefähr 430 g Silber und wurde in Form von 25 Tetra-

drachmen gemünzt. Zehn Minen (250 Tetradrachmen) sind ein exorbitanter Preis; ein Sklave kostete üblicherweise um die drei Minen.

12 Kroton und Tarent am südwestlichen und am nördlichen Rand des italienischen Stiefelbogens waren zwei der zahlreichen griechischen Koloniesiedlungen in Unteritalien (südlich von Capua) und Sizilien. Hier, in der so genannten Magna Graecia, wurde auch in römischer Zeit noch lange Griechisch gesprochen. Die Pythagoreer bildeten in Kroton eine Lebensgemeinschaft. Die Zahl 300 wird auch bei Diogenes Laertios 8.3 für den ursprünglichen Bund genannt.

13 Der Kyniker Diogenes stammt aus Sinope am Schwarzen Meer (Pontos Euxeinos).

14 Zur Lebenseinstellung und zu zentralen Maximen des Kynismus vgl. Lukians *Kyniker*, außerdem den Auftritt des Alkidamas im *Gastmahl* 13 (beide in diesem Band). Dort umkreist auch Alkidamas anfangs die Festgesellschaft.

15 Der Schulname ›Kynismus‹ leitet sich von *κύων*, Hund, ab und bezieht sich auf das hundeartige Leben dieser Philosophen: Ungepflegtheit, Heimatlosigkeit, Ernährung auf Zufallsbasis, Aggressivität und Ungeniertheit; eine kritische Diskussion des Namens findet sich in *Ausreißer* 16 (in diesem Band).

16 Der Kyniker fühlte sich nicht an Familie, Polis oder Land gebunden.

17 Wie es der Überlieferung nach Diogenes selbst tat.

18 Opisthographe Rollen waren keine Luxusausgaben, sondern boten für den Kaufpreis mehr Inhalt, waren also für Bildungsbeflissene mit kleinem Portemonnaie gedacht.

19 Das Glück besteht aus Sicht des Kynismus in der völligen Unabhängigkeit von allen äußeren Gütern, Werten und allgemeinen Ansichten, schließlich auch von der Todesangst (vgl. 10).

20 Diogenes spielt hier auf einen berühmten Vers aus Euripides' *Hippolytos* (612) an: ἡ γλῶσσ᾽ ὀμώμοχ᾽, ἡ δὲ φρὴν ἀνώμοτος (die Zunge hat geschworen, doch mein Herz kennt keinen Schwur).

21 Die Souveränität, den Zeitpunkt des eigenen Todes frei zu wählen, besitzt auch der kynismusaffine Demonax (*Demonax* 65; in diesem Band).

22 Die Karikatur dieser Auffassung in den *Ausreißern* (in diesem Band) 12f.

23 Eine Obole entsprach im klassischen Athen dem Sechstel einer Drachme. Zwei Obolen hatten eher den Wert einer Aufwandsentschädigung.

24 Das ›Leben aus Kyrene‹ bezieht sich auf Aristippos (ca. 435–355 v. Chr.), den Begründer des Hedonismus.

25 Aristipp war ein Schüler des Sokrates.

26 Das griechische Verb ἐρανίζεσθαι bedeutet auch ›Geld einsammeln‹ und könnte darauf anspielen, dass Aristipp sich als erster für philosophische Unterweisung entlohnen ließ.

27 Demokrit aus Abdera in Thrakien (ca. 460–370 v. Chr.), Hauptvertreter der Atomistik und des Materialismus, und Heraklit aus Ephesos in Ionien (ca. 520–460 v. Chr.), der eine Philosophie des steten Werdens und Vergehens vertrat, wurden schon in der Antike gern als Paar des lachenden und des weinenden Philosophen zusammengestellt; so auch in der späteren europäischen Tradition.

28 Das griechische ἄπειρος ist ein Homonym und bedeutet einerseits ›unendlich‹, andererseits ›ahnungslos‹.

29 συμφερόμενος (*mal einig*) ist nur in der Handschrift Γ überliefert, dort als Glosse über διαφερόμενος notiert. Es könnte sich daher um eine spätere Ergänzung in Anlehnung an Heraklit Fragment B 10 D.–K. handeln.

30 Heraklit galt schon in der Antike als besonders dunkel. Von Lukian ist die Anekdote überliefert, er habe unter Heraklits Namen unklar formulierte Fragmente verfasst, sie einem zeitgenössischen Philosophen untergeschoben und dessen Interpretationen dann öffentlich verspottet. ›Loxias‹, der Krumme, ist ein Beiname des weissagenden Apoll, aufgrund der Mehrdeutigkeit seiner Orakelsprüche.

31 Tatsächlich galt sowohl im anonymen kaiserzeitlichen Demokrit-Briefroman als auch später in der Geschichte der Melancholie nicht Heraklit, sondern Demokrit als der melancholische Philosoph.

32 Sokrates' Qualitäten als Erotiker werden vor allem in Platons *Phaidros* und *Symposion* geschildert. Daneben ist das Begehren, Eros, in Platons Philosophie die Macht, die beim Aufstieg des Denkens schließlich den Durchbruch zur Ideenwelt ermöglicht.

33 So bestätigt es, vorwurfsvoll, Alkibiades in Platons *Symposion* (216d–219d).

34 Sokrates' Schwur »beim Hund« ist in Platons Werk vielfach überliefert, der Schwur »bei der Platane« allerdings nicht; im *Phaidros* 236d/e ist es vielmehr sein Gesprächspartner Phaidros, der ihm anbietet, bei der Platane zu schwören. Hintergrund dieser ›Rhadamanthys-Eid‹ genannten Schwüre war wahrscheinlich der Wunsch, die Namen der Götter nicht durch zu häufigen Gebrauch im Alltag zu profanieren.

35 Hier bezieht sich Sokrates auf die von ihm in Platons *Politeia* entworfene ideale Polis, zu deren Regeln auch die im Folgenden erwähnte Frauengemeinschaft gehört (*Pol.* 5,449). In den *Wahren Geschichten* (2,17; Band VI) heißt es, Platon (!) lebe auf einem abgetrennten Stück der Insel der Seligen in seiner eigenen Polis und nach seinen eigenen Gesetzen. Die Vermischung sokratischen und platonischen Gedankenguts verstärkt den Eindruck, dass nicht die historischen Philosophen verkauft werden, sondern deren (akademische) Philosophie.

36 Möglicherweise greift dies im Ansatz auf Platon *Politeia* 10,613 zurück; dort spricht Sokrates von den Preisen, die den Gerechten erwarten.

37 ›Sein‹ wird hier in einem ontologischen Sinne verwendet. Das Sein der Ideen außerhalb von Raum und Zeit ist das eigentliche, wahre Sein.

38 Gemeint ist: das Urbild und das an ihm teilhabende Abbild.

39 Zwei Talente, 120 Minen, entsprechen dem Preis für zwei Segelschiffe; s. o. Anm. 11.

40 Dion aus Syrakus (409–354 v. Chr.) versuchte, unter dem Tyrannen Dionysios II. seine Machtbasis zu vergrößern, und scheint bei seinen politischen Überlegungen auch auf Platons staatsphilosophische Konzepte zurückgegriffen zu haben; in welchem Umfang, ist allerdings unklar. Platon reist daher 366 v. Chr. nach Sizilien, Dion musste jedoch kurz darauf ins Exil nach Griechenland gehen. Platon folgte ihm 365, und Dion wurde Mitglied der Akademie.

41 Die Lehre Epikurs (ca. 341–271 v. Chr.) beruhte auf einer materialistischen Grundlage: Alles entsteht aus dem freien Fall der Atome und löst sich wieder in ihn auf. Stabile Entitäten wie Götter haben in diesem Weltbild keinen Platz. Epikur relegierte sie in ›Zwischenwelten‹ und sprach ihnen jeden Einfluss auf das menschliche Leben ab.

42 Epikurs Lehre wurde gern als Hedonismus missdeutet, was hier satirisch aufgegriffen wird. Der Käufer ist offensichtlich vermögend, wenn er sich Importe aus dem weit entfernten Karien leisten kann.

43 Von der ›Bunten Säulenhalle‹ (Stoa poikile) an der Athener Agora, dem bevorzugten Versammlungsort der Stoiker in ihrer Gründungszeit, leitet sich ihr Schulname ab.

44 Die Stoa unterschied zunächst zwischen guten, schlechten und gleichgültigen Dingen (vgl. Chrysipps vorangehende Bemerkung). Die gleichgültigen Dinge – eben das, was wir nicht eigentlich wählen oder vermeiden können – sind insofern indifferent, als sie keine ethische Relevanz besitzen. Unter ihnen gibt es gleichwohl Vorzuziehendes und nicht Vorzuziehendes. So gehört etwa die Nahrungsaufnahme als etwas Unvermeidliches zu den gleichgültigen Dingen, aber in diesem Rahmen ist eine gesunde und ausgewogene Ernährung vorzuziehen, eine ungesunde und einseitige Ernährung hingegen nicht.

45 Die stoische Kognitionslehre postulierte, dass die Wahrnehmungen der Sinnesorgane einen mentalen ›Erfassungsprozess‹ (Katalepsis) durchlaufen müssten, um dann dem Denken zur Verfügung zu stehen.

46 Syllogismus: Schlussfolgerung aus zwei miteinander korrelierten Prämissen nach dem Muster (P1) Alle Menschen sind sterblich, (P2) Hans ist ein Mensch, (S) Hans ist sterblich. Ein satirisch gemeintes Beispiel folgt in 23.

47 Unter anderem anhand solcher Fragen – weitere folgen im Text – wurde in der Stoa das logische Argumentieren eingeübt. Hierbei ging es auch um die Entlarvung von Fangschlüssen.

48 Das Textstück *und angeblich … hatte* (καὶ τὰ ὀστᾶ … ἔχοντος) ist nur in der Handschriftenklasse γ überliefert.

49 Chrysipp bezieht sich auf Sophokles' *Elektra*. Orest, nach der Ermordung Agamemnons geflohen, kehrt zurück, um Rache zu nehmen, und trifft Elektra am Grab ihres Vaters. Er gibt vor, ein Fremder zu sein und ihr Asche und Knochen des verstorbenen Orest zu bringen, bevor es zur Wiedererkennung kommt.

50 Diese Frage bildet einen der Ausgangspunkte der Diskussion im *Hermotimos* (3–8; in diesem Band).

51 Solözismen sind Satzbrüche.

52 Nieswurz, ein dem Fingerhut verwandtes Heilmittel, wurde bei Herzkrankheiten eingesetzt; es sollte auch bei Störungen der Ratio wirken. Angeblich hatte Chrysipp das Mittel dreimal zu sich genommen; hierauf wird auch in den *Wahren Geschichten* (2,18; Band VI) angespielt.

53 Diese Nebenbemerkung wird verständlich, wenn man bedenkt, dass hier ein ›Leben‹ versteigert wird, dessen charakterlichen Merkmale also für die ›Käufer‹ so sichtbar sein müssen wie die körperlichen Merkmale eines Sklaven auf dem Markt.

54 Dies spielt auf den Mythos von Perseus an. Mit Medusa konfrontiert, deren Anblick jeden zu Stein erstarren ließ, zeigte er ihr in seinem Schild ihr Spiegelbild, worauf sie selbst zu Stein wurde.

55 Niobe hatte gegenüber der Göttin Leto mit ihrem Kinderreichtum geprahlt. Letos Kinder Apoll und Artemis töteten daraufhin alle Kinder der Niobe, die aus Kummer darüber zu Stein wurde.

56 Der ›Schnitter‹ (s. o. 22) war ein weiteres stoisches Logik-Rätsel, zugleich konnotiert er harte Feldarbeit. Zu solcher harter Logik-Arbeit sind die Stoiker geeignet und in der Lage, auch einiges an Mühe und Plage auszuhalten, worauf die ›kräftigen Schultern‹ hinweisen; der griechische Begriff καρτερός bedeutet auch, dass man sich und sein Leben unter Kontrolle hat.

57 Im Werk des Aristoteles wurden zwei Arten von Schriften unterschieden, die einen für die Publikation (exoterische Werke; sie sind alle verloren), die anderen für den schulinternen Gebrauch (esoterische Schriften).

58 Pyrrhias ist ein geläufiger Sklavenname mit Anspielung auf rotes Haar. Hier tritt an diese Stelle die Anspielung auf Pyrrhon aus Elis (ca. 362–270 v. Chr.), den Begründer der älteren Skepsis. Sie behauptete die letztliche Unerkennbarkeit aller Dinge und Sachverhalte, weshalb darüber auch kein Urteil gefällt werden könne. Entscheidungen setzen daher immer Innehalten (ἐποχή) voraus und können nur nach bestem Wissen und Gewissen, aber ohne Anspruch auf Richtigkeit getroffen werden.

59 Hier ist auf die Wahrnehmungstheorie der Stoa angespielt, die davon aus-

geht, dass eine Sinnesperzeption erst durch die ›erfassende Vorstellungskraft‹ (καταληπτικὴ φαντασία) bearbeitet werden muss, bevor sie zu einem Gegenstand des Denkens werden kann. Diese Möglichkeit der Erfassung sieht die Skepsis kritisch. Das griechische καταλαμβάνειν ist vom Simplex λαμβάνειν abgeleitet, das konkret ›ergreifen‹ heißt.

60 Das Innehalten – zu vergleichen auch mit dem Stillstand der Waage bei Gleichgewicht – führt zur Einsicht, dass es kein wirkliches Wissen gibt und den Sinneswahrnehmungen nicht zu trauen ist.

Ἀναβιοῦντες ἢ Ἁλιεύς / Die Wiedergänger oder Der Fischer

1 Der Anfang zitiert wörtlich Aristophanes *Acharner* 281 und weitere Komödienpassagen; der erste Satz mutet entsprechend stark trochäisch an, ohne gleichwohl ein echter Vers zu sein. In den *Acharnern* agiert Dikaiopolis als angeblicher Gesellschaftsfeind, der vom Chor verfolgt wird. Im Laufe der Komödie stellt sich allerdings heraus, dass er ganz im Gegenteil als einziger das Wohl der Polis im Sinn hat, so dass sich der Chor schließlich auf seine Seite schlägt. Wie üblich in der Komödie ist der Protagonist erfolgreich, so dass aus der Anspielung von vornherein klar wird, dass auch Parrhesiades als Sieger aus dieser Auseinandersetzung hervorgehen wird; der ›Chor‹, die Philosophen, wird vollständig zu ihm überlaufen. Der Text ist in seiner Struktur eines der besten Beispiele für Lukians literarische Kreation des komödischen Dialogs, also eines Mischgenres aus (philosophischem) Dialog und Komödie.

2 Sokrates zitiert hier Homer *Ilias* 2,363, allerdings mit der leichten Abweichung, dass die Einteilung des Heeres nach Phratrien (φρήτρῃ) und Phylen (φῦλα), die Nestor Agamemnon empfiehlt, durch das assonante πήρῃ und durch βάκτρα ersetzt wird. Ranzen und Stock waren die Kennzeichen des kynischen Philosophen.

3 Dass gerade Epikur und Aristipp unterstellt wird, sie würden schon müde, nimmt ihre philosophische Propagierung der Lust als höchstes Gut satirisch aufs Korn.

4 Erneut zitiert Sokrates Homer, hier *Ilias* 6,112, wo Hektor die Troer zum Kampf ruft, wobei Sokrates die ›Freunde‹ (φίλοι) durch σοφοί und die ›Wehrkraft‹ (ἀλκή) durch ὀργή ersetzt. Hierin liegt schon eine latente Kritik, denn der selbstbeherrschte Philosoph sollte sich seinen Emotionen eigentlich nicht so ungebremst hingeben. Die phraseologische Verantwortung für solche der figuralen Aussageabsicht widerstreitenden Konnotationen liegt bei der Stimme des Autors.

5 Empedokles empfiehlt hier als Bestrafung den Modus seines Selbstmordes; er stürzte sich in den Ätna.

6 Vgl. Tragica adespota *fr.* 291 Radt.

7 Der Eigenname des Protagonisten, Parrhesiades, leitet sich von παρρησία, der offenen Rede, ab, die als ›Seitentugend‹ der Philosophie zu gelten hat und entsprechend in 17 als stumme Nebenfigur der Philosophia auftreten wird. Dieser ›Sohn der offenen Rede‹ wird im Folgenden eine breitangelegte Polemik gegen die zeitgenössischen Philosophen (nicht: die Philosophie!) entfalten. Performativ interessant ist, dass sein Name hier nur als Sprecherbezeichnung erscheint und binnendialogisch erst bei Beginn des eigentlichen Prozesses unter dem Vorsitz der Philosophia in 19 explizit fällt; vgl. hierzu Anm. 30. Für einen Leser ist seine Identität zu diesem späten Zeitpunkt daher schon seit langem klar, die Namensnennung erfolgt dort also scheinbar ein wenig *post festum*. Denkt man sich den Dialog, wie es seine dramatische Struktur nahelegt, allerdings tatsächlich aufgeführt, dann ist der Zuhörer über die Identität des Protagonisten lange in Unklarheit gehalten worden – zumal der immer wieder fallende Verweis auf die Schrift *Unterm Hammer* eigentlich einen ›Loukianós‹ als Wortführer erwarten lassen würde. Im Übrigen liefert der Text weder hier noch später interne Gründe für die Zuweisung von Sprechern in diesem ersten Teil, so dass man sogar erwägen könnte, dass bei einer Aufführung die Sprecher durch Requisiten kenntlich waren, etwa der Kyniker Diogenes durch Stock und Ranzen. Eine solche Aufführung wäre dennoch wohl eher nicht vollständig dramatisiert erfolgt, sondern durch eine Gruppe interagierender Sprecher. Insgesamt treten in diesem Dialog 25 verschiedene Figuren auf; allerdings dürften einzelne Sprecher mehrere der quantitativ geringeren Rollen übernommen haben.

8 Zeus Hikesios, der göttliche Beschützer der Schutzflehenden.

9 Das Zitat stammt aus Homer *Ilias* 22,262: Achill lehnt Hektors Bitte ab, den Leichnam des im anstehenden Zweikampf Unterlegenen an die jeweiligen Parteien auszuliefern.

10 Frei nach Homer *Ilias* 6,46 u. 48.

11 Frei nach Homer *Ilias* 10,447f.

12 Genauso nimmt auch Dikaiopolis in Aristophanes' *Acharnern* Zuflucht zu Euripides, der ihn mit der nötigen Kostümierung ausstatten soll.

13 Euripides Incert. Fab. *fr.* 937 Radt.

14 Euripides *Orestes* 413.

15 Euripides Incert. Fab. *fr.* 938 Radt.

16 Euripides *Bakchen* 387–389.

17 Platon bezieht sich hier auf *Leben unterm Hammer* (in diesem Band).

18 Homer *Ilias* 3,57.

19 Hier zitiert sich Platon in leichter Abwandlung selbst (*Theaitetos* 183d8).

20 Die Wendung πανοῦργον ἐν τοῖς λόγοις könnte auf den Titel der Prolalie Πρὸς τὸν εἰπόντα Προμηθεὺς εἶ ἐν λόγοις (Der literarische Prometheus; Bd. I) anspielen, in der dem Sprecher Neuerungssucht vorgeworfen wird.

21 Die Anklage gegen Sokrates, die 399 v. Chr. zu seiner Hinrichtung führte, wurde von Meletos und Anytos vorgetragen. Die Redezeit für Anklage und Verteidigung wurde mit Hilfe einer Wasseruhr gemessen.

22 Ixion, König Thessaliens, von Zeus mit der Gastfreundschaft des Olymps geehrt, verliebte sich in Hera, die sich ihm entzog und ihn durch ein bloßes Wolkenbild ihrer selbst täuschte. Zur Strafe ließ Zeus ihn im Tartaros aufs Rad flechten. Parrhesiades' Mitleid mit den irregeführten Philosophen ist jedoch nur vorgetäuscht, wie der Vergleich zeigt. Denn Ixion war vor der Episode auf dem Olymp bereits ein Betrüger und Mörder gewesen – das wirft kein gutes Licht auf die scheinbar nur naiven Philosophen.

23 Der Kerameikos war das Töpfer- und Gräberviertel Athens und ist daher als Auferstehungsort der Philosophen passend gewählt.

24 Die Akademie war Platons eigenes Schulgelände vor den Toren Athens, die (Stoa) Poikile eine Säulenhalle an der athenischen Agora, in der sich die Stoiker trafen, und schließlich bringt Platon über das Verb ›(lust)wandeln‹ (περιπατεῖν) auch noch die Philosophenschule des Aristoteles, den Peripatos, ins Spiel.

25 An den athenischen Dionysien wurden unter anderem Komödien aufgeführt, darunter im Jahr 423 Aristophanes' *Wolken*, in denen Sokrates eingehend verspottet wurde (von dem wiederum Plutarch (*De liberis educandis* 10c–d) berichtet, er habe den Spott gelassen ertragen). Die κόμματα (Hammerschläge), durch die Gold stärker glänzt, greifen die σκώμματα (Spott) lautmalerisch auf; das soll durch die Ähnlichkeit von ›Sticheln‹ und ›Hämmern‹ wiedergegeben werden.

26 Zu ergänzen: von Hades, der seine Erlaubnis zum Verlassen der Unterwelt geben musste.

27 Mit dieser zurückhaltenden Formulierung verschleiert Platon, angesichts Philosophias kritischer Haltung, dass die Philosophen anfangs wie ein Lynchmob aufgetreten sind.

28 Hier sagen die Wiedergänger nicht die Wahrheit. Die Philosophenleben wurden teilweise zu exorbitanten Preisen losgeschlagen; allein Diogenes haben Zeus und Hermes für nur zwei Obolen ›hergeschenkt‹.

29 Im Griechischen ist Ἔλεγχος ein männlicher Begleiter der PHILOSOPHIA.

30 Namensbildung: Alethion von ἀλήθεια (Wahrheit), Elenxikles von ἔλεγχος (Widerlegung), die beide bereits als Philosophias Begleiter aufgetreten sind. Zur Bedeutung des Namens Parrhesiades s. o. Anm. 7.

31 Chrysipp stammte aus Soloi in Kilikien, Zenon aus Kition auf Zypern, der (nicht mit dem berühmten Kyniker zu verwechselnde) Stoiker Diogenes (2. Jh. v. Chr.) aus Babylon, Aristoteles schließlich aus Stageira auf der Chalkidike.

32 Diese weitgefasste Definition erinnert an die archaische Maxime, den Feinden zu schaden, den Freunden zu nützen.

33 Nimmt man eine dramatisierende Inszenierung an, ist hier ein (sicher nur angedeuteter) Ortswechsel vorzustellen; auch im Folgenden ist zu sehen – etwa in 22 –, dass hier nicht an eine ausgefeilte konkrete Szenerie zu denken ist, sondern die Imaginationskraft der Rezipienten durch Wortregie gelenkt wird. Das weitere Gespräch findet auf der Akropolis statt; die Prozesseröffnung, bei der als erstes die Personalien des Beklagten erhoben werden, ist schon auf dem Weg hinauf erledigt worden. *Polias*: Beiname der Athena als Beschützerin der Polis; ihr Tempel: der Parthenon.

34 Hier spielt Parrhesiades auf den Prozess an, bei dem auf dem Areopag die Erinyen Orest wegen Muttermordes anklagten. Die menschlichen Richter verurteilten Orest mit einer Stimme Mehrheit; daraufhin gab Athena als Vorsitzende ihren Stimmstein für Orest, der daher gemäß dem Rechtsprinzip des *in dubio pro reo* freigesprochen wurde.

35 Vgl. Platon *Phaidros* 246e4f. Das Zitat bricht allerdings nach der Erwähnung des geflügelten Wagens um und ersetzt den Weltenlenker Zeus durch das Bild eines verärgerten Mäzens der Philosophie.

36 Dies ein Rückverweis auf die Orest-Anspielung (s. o. Anm. 34).

37 Comica adespota *fr.* 237 Kock.

38 Die Angaben in diesem Abschnitt sind von besonderem Interesse für die Publikationsgeschichte Lukians. Hier wird ein klarer Unterschied zwischen einer dramatischen oder dramatisierenden Aufführung – wie sie, s. o. Anm. 7, der *Fischer* aber möglicherweise erfahren hat – und einer lesenden Rezeption gemacht. Wenn sich Diogenes' Ausführungen an dieser Stelle zunächst immer noch auf *Leben unterm Hammer* beziehen, dann war die Publikation einer schriftlichen Fassung, die als Vorlage für eine Lesung diente, eine sekundäre Maßnahme, die – anders als heutzutage – nicht primär einer weiteren Verbreitung des Textes diente, sondern dem Erreichen eines elitären Publikums (οἱ ἄριστοι), das die Lesung lieber im kleinen Kreis und nicht in der Zuschauermenge eines Theatrons, die hier mit ›Leute‹ und ›Masse‹ (οἱ πολλοί, τὰ πλήθη) bezeichnet wird, rezipieren wollte. Dass es Lukian gerade auch um dieses Sonderpublikum zu tun war, zeigen nicht zuletzt seine Prolalien (s. Bd. I); es waren dann wohl diese Bildungskreise, die für eine Verbreitung des Textes durch Abschriften etc. sorgten, wenn ihnen das Buch gefiel, das einem von ihnen auch als Geschenk, etwa zu den Saturnalien, verehrt werden konnte (vgl. *Briefe an Kronos* 9; Bd. III).

Dickes Buch: Hier bezieht sich Diogenes wohl in verächtlicher Verstärkung auf die kallimacheische Abwertung langer zugunsten kürzerer, dafür elaborierterer Texte, die in der pointierten Formel μέγα βιβλίον μέγα κακόν (großes Buch – großes Übel) kondensierte.

39 Unklar ist, ob Diogenes hier wieder allgemein über Lukians Œuvre spricht oder sich weiterhin auf das im vorangehenden Paragraphen genannte ›dicke Buch‹ bezieht, dessen offensichtlicher Umfang nahelegen könnte, dass es nicht nur *Leben unterm Hammer* enthielt, sondern auch noch weitere oder womöglich – da er über *Leben unterm Hammer* in 27 spricht – nur weitere Schriften: Die Erwähnung der Philosophia als literarischer Figur könnte hier an die *Ausreißer* denken lassen (in diesem Band), der Hinweis auf Dialogos an den *Doppelt Angeklagten* (Bd. VII) und auf Menipp an den *Ikaromenippos* (Bd. III) oder – wenn auch wohl eher weniger, da dort nicht auffällig viel Philosophenspott zu finden ist – die *Totengespräche* (Bd. IV).

40 Zu den Verkaufswerten vgl. Anm. 11, 23 und 39 zu *Leben unterm Hammer.*

41 Vgl. die ähnliche Reaktion der Umstehenden im Finale des *Eunuch* (in diesem Band).

42 Die Handschriftengruppe β hat καθ' ἡμᾶς (in unserer Zeit). Bezöge man das auf die Zeit des Sprechers, nähme Parrhesiades hier bereits vorweg, was er ab 31 ausführen wird. Attraktiv ist, akzeptiert man die Lesart von β, Harmons Überlegung, ὅπερ ... ποιοῦσιν sei eine Glosse, in der ein empörter Schreiber seine eigene Epoche kritisiere. Harmon bleibt jedoch bei der – auch hier mit OCT übernommenen – *lectio difficilior* καθ' ὑμᾶς und versteht die Formulierung mit Fritzsche als Bezeichnung für die unmittelbaren Schulanhänger der Philosophen. Eine solche Differenzierung zwischen engeren und fernerstehenden Anhängern der Philosophie wird aber von Parrhesiades' Polemik nicht getragen, der nur diachron zwischen den Protophilosophen und ihrem zeitgenössischen missratenen philosophischen Nachwuchs unterscheidet. Die hier gewählte Übersetzung bringt demgegenüber zum Ausdruck, dass selbst in der vom kaiserzeitlichen Klassizismus verherrlichten alten Zeit die Protophilosophen in ihrem Umfeld nicht durch die Bank die erhofften erzieherischen Ergebnisse erzielt hätten; ποιοῦσιν wird dabei als ein – im Griechischen sehr geläufiges – empathisches historisches Präsens aufgefasst.

43 Kallinikos: Beiname des Herakles: ›schöner Sieger‹.

44 Die eigentliche Pointe bei der Erwähnung des Herakles nach Helena und Polyxena besteht darin, dass Herakles selbst in Frauenkleidern bei Königin Omphale dienen musste, die dafür sein Löwenfell und seine Keule übernahm.

45 Mysteriengeheimnisse – wie die der Mysterien von Eleusis, die den *beiden Göttinnen* Demeter und Persephone gewidmet waren – durften nicht an Unein-

geweihte verraten werden. Berüchtigt dafür, gegen dieses Verbot verstoßen und die kultischen Vorgänge zuhause nachgestellt zu haben, war der athenische Politiker Alkibiades (450–404 v. Chr.).

46 Die folgende Schilderung findet sich dramatisiert und vertieft im *Gastmahl* (in diesem Band) und detailliert in den *Brotgelehrten* (Bd. VIII).

47 Gemeint sein dürften die makedonischen Könige Ägyptens, nicht die ägyptischen Pharaonen. Die Anekdote erinnert an Ptolemaios' Kamel im *Literarischen Prometheus* 4 (Bd. I).

48 Das Scholion bemerkt hierzu, dieses ›Sprichwort‹ sei auf das ganz Gegensätzliche und Unvergleichbare gemünzt; so auch antike Sprichwortsammlungen, ohne jedoch eine hierzu passende Fabel oder Anekdote zu erzählen.

49 Gemeint ist: Wie den späteren Trojanern in einer Tragödie der frühere Fall ihrer eigenen Stadt vorgeführt wird, so müssen die früheren Philosophen eine ähnlich bittere Erfahrung machen, wenn ihnen die spätere Tragödie ihrer Zunft vor Augen geführt wird.

50 Vgl. Anm. 34.

51 Dies sind die formelhaften Schlussverse einiger Euripides-Tragödien (*Iphigenie bei den Taurern*, *Phoenissen*, *Orestes*).

52 Beim Gastmahl wurden die Schalen aus einem Mischkrug gefüllt; je nach Länge des Abends konnte die Mischung aus Wein und Wasser mehrmals angesetzt werden.

53 Vgl. Homer *Ilias* 18,507f. (aus der Schildbeschreibung). In den ersten anderthalb Versen weicht Parrhesiades nur leicht von Homer ab, mit der zweiten Vershälfte des letzten Verses allerdings führt er die herbeigelockten Philosophen aufs Glatteis. Denn im Original soll der beste und gerechteste Richter mit dem Gold belohnt werden (ὃς μετὰ τοῖσι δίκην ἰθύντατα εἴποι). Auch im *Fischer* werden am Ende die Richter, also die alten Philosophen, die ihnen zustehende Ehre und Achtung wiedergewonnen haben, während die neuen Philosophen, die hier zum (durchaus negativ gemeinten) »Streiten« gerufen werden, den Schaden haben.

54 Pelasgische Mauer: ein altes Mauerstück am südlichen Felshang der Akropolis, östlich davon das Asklepiosheiligtum; der Areopag ist ein Hügel im Westen der Akropolis, das Anakeion ein heute nicht mehr zu lokalisierender Dioskuren-Tempel am Ostabhang der Akropolis. Talos wurde von seinem Onkel Daidalos aus Neid über sein Erfindertalent von der Akropolis hinabgestoßen; sein Grab wurde am Südhang der Akropolis gezeigt (Pausanias 1,21,4).

55 Vgl. Homer *Ilias* 2,89, 2,468 und 2,463: Homerische Gleichnisse zur Beschreibung sich bewegender Volksmassen.

56 Dies spielt wohl auf eine ethische Tradition an, wie sie sich in der Erzählung von

Herakles am Scheideweg manifestiert: Man muss sich für ein Leben der Tugend oder der Schlechtigkeit entscheiden.

57 Zum Essen im Prytaneion, der athenischen Staatskanzlei, wurden Persönlichkeiten eingeladen, die sich um die Stadt verdient gemacht hatten. Sokrates forderte in seiner Verteidigungsrede gerade diese Art der Anerkennung seines verdienstvollen Philosophierens.

58 In den *Totengesprächen* 20,9 (Bd. IV) diskutieren Hermes und Diogenes, ob sie den langen Bart eines falschen Philosophen mit der Axt oder der Säge entfernen sollen, da er für Charons Kahn zu schwer sei.

59 Amphitrite, Gemahlin des Meergottes Poseidon.

60 ›Hundshai‹ als Anspielung auf die ›hündische‹ Philosophie der Kyniker. ›Meerwolf‹ und ›Goldbrasse‹ sollen auf die Gefräßigkeit und Geldgier der falschen Philosophen anspielen.

61 Im Griechischen ein Wortspiel zwischen ἀφύη (Sardelle) und ἀφυής (untauglich).

62 Neben der primären Assonanz von πλατύς (platt) und Πλάτων (Platon) ist womöglich auch eine Anspielung auf den berühmten Mythos von den halbierten Menschen in Platons *Symposion* intendiert.

63 Vgl. hierzu *Leben unterm Hammer* 26.

64 Harmon erklärt die Buntheit des Fisches mit der angeblich bei den Peripatetikern beliebten bunten Kleidung; das hier geschilderte Verhalten des Fisches bezieht sich wohl auf die analytische Herangehensweise der Aristoteliker, die Buntheit auf ihre vielfältigen, ›bunten‹, wissenschaftlichen Interessen.

65 Die Stoiker hatten zahlreiche Anhänger und waren für ihr seriöses Aussehen berühmt; das ist es, was Hermotimos (*Hermotimos* 16–18 [in diesem Band]) an ihnen von Anfang an fasziniert und ihn in ihre Reihen gezogen hat. Die Dornigkeit spielt auf die Vorliebe der Stoiker für Fangfragen und knifflige logische Probleme an; vgl. *Leben unterm Hammer* 22f. (in diesem Band).

66 Der Sprecherwechsel ist nicht sicher überliefert.

67 Χρύσ-ιππος, wörtlich ›Gold-pferd‹.

68 Dies richtet sich an die Wiedergänger, denen Hades nur einen Tag für ihren Gang an die Oberwelt zugestanden hatte.

69 Das Lykeion, ein Gymnasion östlich der Akropolis, diente mit seiner Wandelhalle (Peripatos) der Schule des Aristoteles als Aufenthalt, während die Schule Platons sich in der Akademie befand, einem Gymnasion nordwestlich von Athen.

Ἀλκυὼν ἢ Περὶ Μεταμορφώσεων / Der Eisvogel oder Über Verwandlungen

1 Dieser Dialog wird, obgleich unzweifelhaft für Lukian überliefert, in der Forschung meist für unecht gehalten: Diogenes Laertios 3,62 berichtet, der Philosoph und Rhetor Favorinos (vgl. *Eunuch* 7, in diesem Band) habe ihn einem Philosophen der Akademie namens Leon zugeordnet; Athenaios *Gelehrte beim Mahl* 506C listet ihn als Werk Platons. Auch wenn der Verweis auf Favorinos (ca. 80–160 n. Chr.) zutrifft, folgt daraus jedoch nicht unbedingt, dass Lukian, dessen exakte biographische Daten nicht feststehen, nicht der Autor sein könnte, und das Argument, hier erinnere nichts an Lukian, wie wir ihn kennen (oder zu kennen meinen), besitzt wenig Wert.

2 Das Gespräch findet zwischen Sokrates und Chairephon statt. Dazu gibt es in Platons Dialogen kein Pendant, obwohl der historische Chairephon in Sokrates' Leben eine bedeutsame Rolle spielte. Er war es nämlich, der als dessen eifriger Anhänger das delphische Orakel fragte, wer der weiseste Mensch sei, und darauf, so heißt es, die Antwort ›Sokrates‹ erhielt; vgl. Platon *Apologie* 21a.

3 Dieser Aiolos ist nicht mit dem gleichnamigen, aus Odysseus' Irrfahrtenerzählungen bekannten Windgott identisch.

4 Trachis: Stadt in Thessalien.

5 Die Nachtigall soll aus der Metamorphose Philomelas, der Tochter des mythischen attischen Königs Pandion, hervorgegangen sein. Ihre Schwester Prokne hatte den thrakischen König Tereus geheiratet, der sich jedoch in Philomela verliebte, sie vergewaltigte und ihr dann, um sich ihres Schweigens zu versichern, die Zunge herausschnitt. Prokne tötete darauf ihren und Tereus' Sohn Itys und setzte ihn Tereus zum Mahl vor. Als dieser sie und Philomela erschlagen wollte, verwandelten die Götter ihn in einen Wiedehopf, Prokne in eine Schwalbe, Itys in einen Strandläufer und Philomela, ihrem Namen (die ›Melodienliebende‹) entsprechend, in eine Nachtigall.

6 Ob Myrto die erste oder zweite Ehefrau des Sokrates war oder er mit Xanthippe und Myrto in Bigamie lebte, darüber wurde in der Antike geklatscht. Wahrscheinlichkeit kann keine erhaltene Version für sich beanspruchen. Mit beiden Frauen lebte Sokrates dem Vernehmen nach häufig in Unfrieden, worauf er hier mit der »Gattenfreundlichkeit« der Alkyone ironisch anzuspielen scheint.

7 Etwas spät bekommen wir den Ort des Gesprächs nachgeliefert, Phaleron, den alten Hafen Athens. Diese Angabe passt jedoch zu der knappen Ortsbeschreibung zu Beginn des Dialogs. Nach Ausweis Plutarchs und des Pausanias fanden in den mythischen Erzählungen über Attika von hier aus alle Ausfahrten statt;

insofern ist der Ort als Hintergrund der Diskussion über einen Mythos angemessen.

8 Πάνυ μὲν οὖν (»In der Tat«) ist eine in Platons Dialogen mehr als häufig gebrauchte affirmative Formel.

Κυνικός / Der Kyniker

1 Das Argument ist insofern antirömisch, als es zur imperialen Selbstwahrnehmung Roms gehörte, aufgrund des ausgedehnten Herrschaftsgebietes auch auf die exotischsten Genüsse Anspruch erheben zu können.

2 Eriphyle verriet ihren Mann Amphiaraos, der am Zug der Sieben gegen Theben nicht teilnehmen wollte, zum Preis eines goldenen Halsbandes. Amphiaraos trug seinem Sohn auf, seine Mutter zu töten, sobald er von seinem Tod in der Schlacht erführe, und so geschah es.

3 Herakles wurde in der kynischen und in der stoischen Philosophie als größtes Vorbild verehrt. Eine satirische Darstellung hiervon findet sich im *Gastmahl* 12–14 (in diesem Band).

4 Dies greift fast wörtlich Lykinos' Beschreibung des Kynikers in 1 auf.

5 Der Kentaur Chiron war der Lehrer des Herakles.

6 Ganz vergleichbar fordert der Stoiker Epiktet (*Enchiridion* 8), man solle die Umstände so annehmen, wie sie seien, und dürfe ihnen nicht ständig seinen Willen aufzwingen wollen.